「満洲移民」の歴史と記憶

一開拓団内のライフヒストリーからみるその多声性

趙 彦民
ZHAO Yanmin

明石書店

「満州移民」の歴史と記憶

一開拓団内のライフヒストリーからみるその多声性

◉目次

第二章　長野県における満洲移民送出のプロセスと地域的基盤
――大正期から一九四五年までを中心に

第三章　満洲開拓をめぐる集団的記憶
――長野県第七次中和鎮信濃村開拓団を事例として

第三部　戦後のなかの満洲

終章 …… 517

序章

1　問題の所在

本研究は、近代以降の日本帝国の膨張とともに対外的な支配が急速に拡大するなか、一九世紀の前半に中国東北部に作り上げられた「満洲」[*1]という「国家」を舞台として、満洲にかかわった個々人、とりわけ満洲農業移民（以下、「満洲移民」と略し、括弧をとって表記する）と呼ばれる人々を対象とするものである。

これまで、満洲移民を対象とした研究は、もっぱら歴史学[*2]と社会学などの分野において蓄積されてきた。歴史学の研究については、ほとんどが一九三二年の満洲移民の始まりから日本帝国の崩壊とともに満洲への支配が終結する一九四五年までの期間に限定され、おもに満洲移民の政策や制度を中心に研究の射程とされてきた。これらの研究は、戦前における日本の植民地支配の構造を究明するにあたって不可欠な研究の一環と位置づけられてきた。しかしながら、そのような政策や制度の下に生きてきた個々人については、長い間研究の対象としては取り上げられてこなかった。その上、日本帝国が崩壊したあとの満洲移民がどうなっていったのかという戦後の視点は看過されがちである。一方、社会学の分野においては満洲移民を対象として扱う研究はごく限られており、そのなかには満洲移民の戦前と戦後の連続性の視点から重要な成果をあげている研究も見られるが、満洲移民の戦後を十分にとらえているとは言い難い。それゆえに、よりトータルに満洲移民の歴史の全体像をとらえるには、戦前だけでなく、戦後も含めた現在までの長い歴史のなかで積み重ねられた、主体としての移民個々人の経験を通して満洲移民の歴史を分析する視線が必要となる。

そのため、本研究では、満洲移民の事業が実施された一九三二年から現在に至る期間を考察対象とし、満洲・中国・日本という異なる社会空間のなかで生きてきた彼らが、満洲をどのように経験したのか、戦後の中国・日本の二つの社会をいかに生き抜いてきたのかという個々人の経験に着目し、彼らの「人生の軌跡」を跡づけながら、戦後という時空性と関連させて考察することを主要な課題とする。具体的には、旧長野県第七次中和鎮信濃村開拓団（以下、「中和開拓団」と略す）を事例として取り上げ、一つの集団に視点を据えて満洲をめぐる集団としての記憶と、個々人としての記憶や解釈をトータルに検証し、これまで公的な歴史の記述からこぼれおち、軽視されてきた主体側の「声」を拾い上げ、満洲移民の歴史をとらえなおす作業を試みる。

2　先行研究のレビューと課題設定

満洲移民に関する学問的蓄積は、先に触れたように歴史学と社会学による研究が主流となっている。これに対して、日本の終戦後に満洲移民から発生した残留日本人については、八〇年代以降の新来外国人の増加による日本におけるエスニック研究の広がり、戦争や植民地に関する研究の展開を背景として、中国から帰国・来日した残留日本人とその家族も次第に研究の対象となった。以下では、満洲移民および中国残留日本人に関する先行研究を整理したうえで、本研究の位置づけおよび具体的な研究諸課題を示す。

（1）満洲移民に関する歴史学的研究

歴史学の研究では、日本帝国による植民地支配と抵抗というマクロな政治経済システムの解明の枠組みのなかで進められてきた。まず、一九六〇年代に書かれた山田豪一による論考があげられる。山田は、一九三二年から一九三八年までの期間、満洲への日本人移民の送出が推進された過程で発生した現地中国人の抵抗としての反満抗日運動について詳細に検討した（山田 一九六二）。続いて六〇年代末から七〇年代には、戦前期における日本帝国主義による植民地支配の構造を解明するにあたり、満洲支配の究明が不可欠な研究の一環として位置づけられ、満洲国を対象とした研究が全面的に展開されてきた。

こうした流れのなか、満州史研究会は、日本帝国主義による満洲支配の経済的特質を経済統制政策、金融問題、移民労働政策、土地商租権問題という諸側面から論じていた（満州史研究会編 一九七二）。そのなかでも、松村高夫による満洲国の成立以降から終戦に至る時期における満洲への日本人、朝鮮人、および中国人の移民・労働政策の形成と展開についての論考（松村 一九七二）が注目される。この時期には、土地制度史の視点から満洲移民を移民用地の収奪過程と関連させて論じたもの（浅田喬二 一九六八、一九七三）や、満洲農業移民事業を農村経済更生運動との関連で日本のファシズムの侵略主義・排外主義を示すものであるとする研究があげられる（森武麿 一九七一、高橋泰隆 一九七四、一九七六）。

また、六〇年代になってから、満洲からの引揚者たちはそれまで封印してきた満洲の体験を徐々に語り始めた。そのなかには、満洲支配に携わったエリートたちの回想録[*3]もあれば、逃避行や引揚げの苦しい体験を綴った一般の人々の体験記[*4]もある。記述の内容は様々であるが、これらの言説は「日本帝国の満州支配の論理を肯定するマスターナラティブに補完してしまうかたち[*5]」となるものが多く、あるいは被害者としての側面を強調する傾向にあった。このような風潮に対して、七〇年代以降、浅田喬二らは満洲移民が日本帝国主義による満洲支配の一翼を担っていたことに関して五つの課題を設定した。すなわち、①満洲移民政策の立案と実施、②満洲移民の送出機関とその機能、③分村移民の立案と実施、④満洲への朝鮮人移民と日本帝国主義による満洲植民地化過程との関連、⑤

「在満中国人」による抗日活動などである。浅田らの研究は、これらの側面から満洲移民史の全体像について批判的かつ実証的な研究を展開し、明らかにしようとした画期的なものであった（満洲移民史研究会編 一九七六）。これらの研究は、今日満洲移民を研究するにあたって、最も基礎的な歴史研究となっている。こうした日本帝国主義による植民地支配の構造を解明する視角に立った満洲移民研究は、一つの到達点を示したと言える。

そのほか、七〇年代後半の山田昭次編（一九七八）『近代民衆の記録〈6〉満州移民』は、満洲移民を対象とした聞き取り調査を行い、聞き取りから整理した記録や満洲移民によって書かれた日記および多数の一次資料などをもとにまとめられたものである。ほぼ同時期の小林弘二（一九七七）『満州移民の村――信州泰阜村の昭和史』は、長野県南部にある過疎村泰阜村の事例を取り上げ、歴史における個人の体験のなかに日中関係史の一ページを見出そうとした。

一九八〇年代には、管見の限り、満洲移民を対象とした特に注目されるような研究成果は見当たらない。九〇年代に入ってからの満洲移民研究には、高橋泰隆（一九九七）『昭和戦前期の農村と満州移民』がある。本書は、著者が七〇年代に発表した論考をまとめたもので、満洲農業移民を昭和恐慌後の農村・農業と関連させて論じたものである。近年では、アメリカの歴史学者ルイーズ・ヤング（二〇〇一）『総動員帝国――満洲と戦時帝国主義の文化』が、満洲国を帝国主義と近代性によって生み出された「総動員帝国」と位置づけ、満洲国における軍事・経済・開拓移民の三つの観点から国家と社会がどのように動員されたかを分析した。そのなかで、移民の送出に関しては、「国家の建設」と「帝国の建設」という相互作用の過程において満洲開拓移民送出の推進装置が構築されたこと、国家が社会内部により深く介入していたことを指摘する。そのほか、移民用地の獲得プロセスを究明するとともに、日本人移民の入植が現地住民に与えた影響について論じたもの（劉含発 二〇〇三）や、開拓団の経営および満洲移民の生活実態究明を主たる目的とする研究（今井良一 二〇〇五）もあげられる。

一方、中国では、近代における日中関係史の枠組みのなかで満洲移民が日本帝国主義による中国東北部への侵略の一翼を担っていたこと、またそのことにより現地の人々がいかに被害を受けたかという側面から研究が展開してきた。例えば、王希亮、孙继武、高乐才、王胜今、孙春日などの歴史学や人口学的研究が代表的なものとしてあげられる。王希亮は、満洲移民を対象とした研究ではないが、日本帝国主義が満洲を支配した一四年余りの間、満洲における政府形態と統治実態がいかに傀儡国家であったのかを追究してきた（王希亮 一九九一）。また、日本人農業移民の入植により、ローカルな中国社会に多大な被害がもたらされたことに関しては、文献資料を中心に満洲移民の形態、移民政策の形成、そして現地における土地の略奪と開拓団の経営などを論じたもの（高乐才 二〇〇〇）や、人口学の視点から、日本人の満洲への流入とそれに伴う現地に対する侵害という側面からなされた研究（王胜今 二〇〇五）や、かつての日本人開拓団の入植地である農村部における聞き取り調査を中心に、被害の実態について報告したもの（孙继武・郑敏编 二〇〇二）がある。そのほかに、満洲日本人農業移民を対象とするものではなく、日本帝国主義による朝鮮人の農業移民に注目し、朝鮮人農業移民に関する政策の形成、入植の過程および入植後の生活実態、日本人農業移民との相関関係などについて論じたものとして、孙春日による満洲における朝鮮人開拓民の歴史研究があげられる（孙春日 二〇〇三）。

以上のような歴史学における満洲移民を対象とした研究は、日本帝国主義による満洲支配という植民地研究の一環として位置づけられている。これらの研究のほとんどは一九三二年の満洲建国に伴う満洲移民政策の始まりを起点とし、一九四五年八月の満洲国崩壊を終点とした期間に限定され、満洲移民にかかわる日本側における政策、制度の実施とその過程および植民地支配の実態の究明などに力を注ぎ、多面的な角度から実証的に解明しようとする試みである。確かに、こういった研究は先駆的で優れた成果を出しているが、そうした政策や制度の下に置かれていた個々人は満洲でいったいどのような生活を送っていたのか、満洲の経験が果たしてどのようなものであったのか、そして終戦後の体験がどのようなものであったのかというような主体となる個々人の経験を基軸に据えた視点が欠けている。その上、満洲移民の戦後を視野に入れ、戦前と関連づけて検討する研究はほとんど見られない。こうした歴史の分野における満洲移民の研究について、森武麿が「戦前で終わることなく、戦後史との連続性を考える必要」（森 二〇〇五）があると指摘し、既存の満洲移民研究が抱える問題を明らかにしている。本研究は以上の問とする試みである。

題意識を共有しつつ、満洲移民の戦後という視点を取り入れながら、主体側の経験に視点を据えて解答を見出そう

(2) 満洲移民に関する社会学的研究

歴史学の研究に対して、満洲移民を対象とした社会学研究の蓄積はそれほど多くはない。いち早く満洲移民体験者の全人生という視点を取り入れながら、満洲体験および戦後体験を扱ったのは、蘭信三(一九九四)『「満洲移民」の歴史社会学』である。本書は、本研究と最も類似した問題意識を持っているため、本書を詳細に検討する。

蘭の研究は、本書の冒頭で述べているように「今日では余り知られていない満洲移民を対象として、満洲移民を体験した人々の主観的に『生きられた世界』(world as lived)を記述し、解釈する」(蘭 一九九四:一七)ことを目的としている。

蘭は満洲移民の「生きられた世界」を「満州移住、そこでの開拓生活、終戦後の満州での難民生活、引き揚げ後の国内開拓生活、中国での約三十余年の『残留』生活と帰国後の生活」(蘭 一九九四:一九)と表現している。そして、こうした「満洲移民体験者の全人生を対象」に彼らの「固有な社会的意味世界」を明らかにするため、「研究者である私(および社会学)の仮説を出来るだけ排除し、彼らの視点に立って彼らのリアリティを出来るだけ精確に把握し記述する」ことに努めると述べている(蘭 一九九四:三二)。調査法は生活史法を主として、質問用紙を用いた面接調査、計算機による二次資料の多変量解析、そして若干の観察などが行われている。その成果は、これまで他者に理解されがたい満洲移民の体験を、移民を送り出した社会的な構造という客観的側面と満洲移民経験者自身の主観的側面の二つの側面から解明しようとする試みであった。そして、蘭は満洲移民が過去の満洲体験と戦後体験をいかに解釈し、構成しているのかについて再解釈を行うことで、理解可能な方向に導くことができたと言えよう。

以下では、具体的に蘭の研究成果を三点にまとめて説明していきたい。第一に、移民を送り出した社会的構造の客観的要因の分析である。満洲移民を送出する客観的な要因として、蘭は満洲移民の府県別による送出の偏りにつ

いて多変量解析を用いて分析を行っている。その結果、従来の農村の疲弊と過剰農家が満洲移民を送り出したとする「貧困＝移民」の一般論を修正し、満洲移民送出に際して、社会経済的要因よりも移民行政的要因が重要であることを指摘している。

第二に、移民経験者の主観的要因については、質問紙法と生活史法の二つの方法を併用しながら、個人における渡満動機として七つの要因を抽出する。七つの要因とは、経済的要因、社会的要因、家族的要因、満洲憧憬、国策共鳴、町村勧誘、海外志向性である。こうした満洲移民個人史と満洲移住の動機分析により、満洲移民を「食いっぱぐれタイプ、社会的不適応タイプ、満州憧憬タイプ、勧誘タイプ、開拓嫁タイプ、国策共鳴タイプ、家族随伴タイプ」（蘭 一九九四：一三六–一三七）という七つのタイプに類型化した。類型ごとに事例を提示し、渡満の動機と個人の意味づけとの関連性を示した。

第三に、「満州移民体験者の全人生を対象」とする戦後の体験についての扱いである。熊本県から送り出した東陽開拓団と、ある中国残留婦人の生活史という二つの事例を取り上げて説明がなされている。前者において、蘭は東陽開拓団の満洲開拓、終戦後の残留、そして引揚げというプロセスのなかで、生死をともに生きてきた個々の体験が、「運命の共同体」となり、それゆえに「彼らは強い信頼関係の『きずな』と共同意識で結ばれ」、それが引揚げ後まもなくの日本での生活困窮を抜け出す際、国内入植という再集団化の大きな要因となっていたと分析している。一方、後者について、蘭はある中国残留婦人を事例として取り上げ、終戦後の中国社会に生きる不安感や疎外感を覚えるなかで日本への郷愁が強くなり、それが生きていく支えとなったとする、「一人きり」の残留婦人の生活世界のありようを描いた（蘭 一九九四）。以上は、蘭による満洲移民を対象とした研究の検討である。

そのほか、猪股祐介（二〇〇二）「『満洲移民』の植民地経験――岐阜県郡上村開拓団を事例として」は、岐阜県郡上村開拓団を事例に元団員から得た聞き書きと既存の文献資料とをつき合せながら、満洲移民の営農形態や民族意識の考察を通して、経済構造のなかで満洲移民と他民族の間に「対立」と「断絶」という民族関係が形成されたことを分析した。

そして、近年では記憶という概念を用いて満洲移民や中国残留日本人の体験をとらえようとした研究が徐々に出始めている。例えば、先に続き、猪股祐介（二〇〇七）「想起される『満洲』――岐阜県郡上村開拓団を事例として」においては、三人の事例を中心に満洲の体験、引揚げの体験および戦後開拓の体験がどのように回想され、意味づけられ、再構築されているのかを検討した。坂部晶子（二〇〇七）「慰霊というコメモレイションと当事者の語りのあいだ――開拓団の逃避行の記憶をめぐって」は、満洲移民の逃避行の体験に焦点を当てた考察から、逃避行の体験が戦後の日本社会において表出された際には集合的記憶が個人的記憶を回収しきれず、両者のあいだに「落差」が存在することを明らかにしている。一方、残留日本人を対象とした研究として、蘭信三（二〇〇七）「中国『残留』日本人の記憶の語り――語りの変化と『語りの磁場』をめぐって」は、日中関係や国際情勢の変化に伴い中国残留日本人をめぐる歴史認識や社会認識が大きく転換されるなか、戦後の日本社会に排除された中国残留日本人の記憶の語りが、一九七二年の日中国交回復以降、「祖国に訴え（かけ）る」語りから「祖国を訴える」語りへと変化してきたと解釈している。これに続き、南誠（二〇〇七）「『中国残留日本人』の語られ方――記憶・表象するテレビ・ドキュメンタリー」は、戦後の日本社会で中国残留日本人がどのように忘却され、いかに記憶されたかを分析したうえで、残留日本人を扱ったドキュメンタリーを素材に、これまで日本社会に浸透してきた中国残留日本人の「戦争犠牲者」という言説が、メディアや語らない残留日本人の代弁者らによって生産され、いまの日本社会に定着しているとみなしている。

以上は、満洲移民および中国残留日本人を対象としたおもな社会学の研究である。こうした社会学分野の研究には、大きく言えば、二つの傾向がある。一つは、蘭信三の『「満州移民」の歴史社会学』を代表とする満洲移民および中国残留日本人に関する個人史、生活史などの研究である。蘭の研究は、満洲移民や残留日本人の全人生を対象とした研究であるが、具体的には、次の研究課題の節で詳しく検討する。他方、現代日本社会における満洲移民や中国残留日本人の記憶について、特定の時期や特定の研究対象に限定し、検討したものがある。この「記憶論」の枠組みのなかで検討された諸成果は、当事者の記憶というフィルターを通して、満洲の体験や引揚げの体験が現代の日本社会でいかに表象され、語られてきたかに主眼を置いたものである。本研究は、ある特定の時期や対象の歴史的事実を明らかにするよりも、長い歴史の流れのなかでその歴史を実践した個々人の人生の全体を対象として、彼らの「人生の軌跡」に注目しながら、満洲の経験が自らの人生にどのような影響を与え、いかに語ってきたかを明らかにしようとするものである。

(3) 中国残留日本人[*6]に関する研究

一九四五年の日本の終戦に伴い、満洲の奥地に送り出された開拓団の生活は日常から非日常へと転化し、難民生活に陥っていた。一年間余りの難民生活を経て、一九四六年に日本への集団引揚げが始まり、一九五八年まで続けられた。そのなかで、様々な理由により引揚げのチャンスに恵まれず、一九七二年の日中国交正常化まで中国に残留せざるを得なかった人たちが、いわゆる中国残留孤児、中国残留婦人と呼ばれる。

中国残留日本人の帰国は、一九七二年の日中国交正常化以降である。一九八一年に残留孤児の第一次肉親捜しが始まり、そして一九九四年に残留婦人に対する帰国の規制の緩和により、八〇年代の後半から九〇年代の前半にかけて残留日本人の帰国はピークを迎えた。いま現在、日本に暮らしている残留婦人や残留孤児とその家族は、約一〇万人[*7]いると推定されている。

こうした残留孤児や残留婦人の帰国は日本社会に多くの感動を与えた。直ちに残留日本人の問題を取り上げたのは、メディアやジャーナリスト、小説家たちである[*8]。一方、残留日本人を対象とした学術的な研究は、日本社会におけるエスニック集団の増加、植民地や戦争体験をめぐる研究の展開などを背景に、九〇年代に入ってから次第に注目されるようになった。

中国帰国者を対象とした先行研究は、在日のほかのマイノリティ集団に比べると、研究の蓄積がそれほど多くはない。そのようななか、八〇年代末の鄭暎恵（一九八八）「ある『中国帰国者』における家族——適応過程に生じた家族の葛藤」は、中国帰国者の家族に焦点を当て、彼らが日本社会に適応する過程で過剰な同化の圧力により解体の危機にさらされていると指摘した。九〇年代以降、中国帰国者の日本社会への適応を着眼点とした研究が展開されてきた。例えば、江畑敬介他編（一九九六）『移住と適応――中国帰国者の適応過程と援助体制に関する研究』は、精神医学の視点から、所沢市にある中国帰国者定着促進センターの入所者を対象とし、中国帰国者が、日本社会への適応過程でどのようにして定着・自立を果たしていくか、その経時的変化を明らかにするとともに、適応障碍の減少と予防に必要な援助様式および援助組織を明らかにした研究である。

二〇〇〇年以降、中国帰国者研究は多岐にわたって進められてきた。代表的なものとして、蘭信三を編者とする『中国帰国者の生活世界』（二〇〇〇）は、社会学、文化人類学、教育心理学、教育社会学、教育学、日本語教育などの視点から中国帰国者と日本社会との間に生じた様々な状況や問題を取り上げ、中国帰国者の適応状況と行政の受け入れ支援体制、また中国帰国者の二世・三世の適応に伴う諸問題、そして中国帰国者と日本社会、中国帰国者と中国社会などについて論じている。また、同じく蘭信三を編者とする『アジア遊学』〈特集・中国残留孤児の叫び――終わらない戦後〉第八五号（二〇〇六）は、論文集という形で、中国帰国者の戦前・戦後をめぐる状況を①歴史的視点、②日中関係と中国帰国者をめぐる日中双方の社会状況の視点、③中国帰国者を主体とするライフヒストリーの視点、④ナショナリズムの視点、⑤グローバリゼーションの視点から多角的に論じている。

また、日中関係史の視点から、呉万虹（二〇〇四）『中国残留日本人の研究――移住・漂流・定着の国際関係論』は中国残留日本人の歴史を移住、漂流、定着の三ステップに区分し、中国残留日本人のアイデンティティと帰国、定着、適応の問題を既存の文献資料に基づいて分析した研究である。他方、中国残留日本人を対象としたものではないが、残留孤児の養父母を対象に考察した研究がある。浅野慎一・佟岩（二〇〇六a）『異国の父母――中国残留孤児を育てた養父母の群像』は、残留孤児の養父母たちへのインタビューに基づいて、養父母の実像を描いており、同（二〇〇六c）「中国残留孤児の労働・生活と国家賠償訴訟――兵庫県原告団にみる『日本の地で、日本人として人間らしく生きる権利』」は兵庫県原告団の残留孤児を対象に、日中社会を生きてきた残留孤児の実態調査を踏まえたうえで、日本社会に対する残留孤児たちの要望に言及している。

これらの研究は、日本社会における中国帰国者の適応にかかわる諸問題、アイデンティティの問題、引揚げの問題、残留孤児の養父母の問題などを中心に展開されてきた。こうした研究を背景に、拙著（二〇〇七ａ）『満洲愛国信濃村の生活――中国残留孤児達の家族史』は、長野県から送り出された中和開拓団を事例として、元団員、残留婦人、残留孤児らへのライフヒストリー・インタビューを用いて、歴史の文脈のなかで生きてきた残留孤児とその家族の世代史を描いた。

そのほか、南誠による日中の両国における日中関係の記録資料を駆使しながら集団引揚げのプロセスを解明するとともに中国残留日本人が残留を強いられた要因を突き止める研究、[*9] 山下知子によるライフヒストリーの手法で残留婦人の生きてきた世界を描き、残留婦人を取り巻く地域社会とのかかわりに焦点を当て、満洲を軸とした一つの地域の歴史を明らかにしようとした研究[*10]も優れた先行研究としてあげられる。

以上で述べてきたように八〇年代後半以降で、中国帰国者をめぐる研究は、学際的に多岐にわたり展開されてきた。その流れのなかで、九〇年代における中国帰国者研究は、基本的に日本社会における中国帰国者の適応問題、中国帰国者と日本社会とのかかわりに重点が置かれていると考えられる。これに対して、二〇〇〇年以降の中国帰国者研究は、日中双方の視点を取り入れつつ、戦後の日中両社会における中国帰国者を取り巻く状況に関する検討を徐々に掘り下げてきた。これらの研究は①日本社会への適応にかかわる諸問題、②アイデンティティの問題、③引揚げの問題、④多文化共生に生じる諸問題、⑤残留孤児たちの養父母問題の五つの方向に大きくまとめられるが、全体を見渡すと中国残留日本人という主体側に焦点を当てた研究がまだ薄く、その上、中国残留日本人と中国社会とのかかわりがまだ十分に掘り下げられていないと言える。現代日本社会における中国残留日本人の問題は、中国社会とのかかわり、そして過去の歴史研究と結びつけて考察していくことが重要と思われる。

（4）研究課題

以上のように、歴史学や社会学などの分野における満洲移民や中国残留日本人を対象とした諸研究を検討してきた。先に述べたように、歴史学の研究において一九四五年の終戦までの移民に関する立案、政策を中心とした研究が進む一方、社会学などの研究では、終戦後の満洲移民および中国残留日本人を対象とし、個人と現代日本社会のかかわりのなかで生じた諸問題を扱っているものが多い。これらの研究では満洲移民の戦前と戦後を分け、期間と対象を特定した分析が行われる傾向がある。しかし、満洲移民の全体像をとらえるには、戦前と戦後を貫いてきた個々人の歴史に焦点を当て考察していくことが有効と考える。そこで、個々人の経験を通して満洲移民の全体像をとらえなおし、かつ個々人が持つ満洲の経験を戦後とリンクさせながら、戦後における満洲移民の歴史的記憶のあり方を明らかにするのが本研究の課題である。

以下では、先行研究を手がかりとしながら、本研究と先行研究との相違点、位置づけについて明確にしておきたい。先に取り上げた社会学者の蘭信三の『「満州移民」の歴史社会学』と似たような問題意識を持つため、本研究は蘭の研究を検討しながら、課題の設定を行う。その際には、地域／集団／個人といったレベルで満洲移民の戦前と戦後をトータルにとらえていきたい。地域としては、これまで筆者がフィールド調査を行ってきた長野県を選定し[*11]、そこから送り出された中和開拓団を事例に、該団の個々人を対象として重層的に考察していく。

第一に、蘭は各都府県において満洲移民を送出する際、「社会経済的要因よりも移民行政的要因が重要な要因である」と明らかにしている。そこで、本研究では長野県を対象地域としてさらに一歩踏み込んだ考察を行う。長野県において各地方からの満洲移民を送出する際、移民行政の要因として具体的にどのように移民政策が作られてきたか、いかに満洲移民の送出を推進したか。そして、その政策が地域でどのように行き渡っていたのか、県民はそれに対してどう受け止めていたのかというプロセスを明らかにしていく。

考察にあたって、まず、移民送出に深くかかわった信濃教育会、信濃海外協会という行政組織に注目し、移民に関する行政的な要因を探る。分析にあたって、長野県立図書館で収集した信濃海外協会の資料、昭和初期から昭和二〇年まで信濃教育会が発行した『信濃教育』という雑誌に掲載された満洲移民との関連論考を中心とする一方、実際にその動員を受けて満洲に渡った移民への聞き取り調査をもとに双方の考察を行う。

第二に、先に述べたように満洲移民を対象として扱った歴史学の分野では、満洲移民の個々人に焦点を当てた研究はほとんど見られない。社会学の分野において蘭は初めて満洲移民の個人を対象にライフヒストリー法を用いて分析を行ったが、まず目に留まるのは蘭による聞き書きから得たライフヒストリーの扱いである。蘭の研究においては、満洲移民に対するインタビューが一次資料として結論を導くことになっているはずだが、彼らへの聞き取り資料があまり引用されていない。つまり、結論の分析につなぐための個人のライフヒストリーは必要な情報として示されていない。

本研究では、同じ個人のライフヒストリーを扱う研究として、まず個々人に焦点を当てて、彼（彼女）らの人生の軌跡を丹念に跡づけながら、個人の経験のなかからそれぞれの社会・歴史をとらえていく。具体的には、集団引揚者、残留者（残留婦人・残留孤児）、未帰還者（現在でも中国での生活を選択する残留日本人）のそれぞれを調査対象者としたライフヒストリーを再構成し、彼らの語りを通して、彼らの経験した満洲・中国・日本がどのような存在であったのか、自ら経験した社会の現実に対して、いかなる意味づけをし、生きてきたのかを明らかにしたい。このような異なる個人の経験を積み重ねることによって、集団としての満洲移民像を浮かび上がらせることができるであろう。

前述の課題に対して、次に現地社会の人々が満洲開拓をどのように記憶し語っているかを明らかにする。蘭の研究はあくまでも植民地側における日本人の満洲の経験であり、日本人の開拓団が入植した現地の中国社会とどのような関係があるのかについては言及されてこなかった。ここでは、個人を通して満洲という植民地の経験を見るときに、植民される側である現地の人々にとっての満洲とは何かを考察する必要があると考える。日本の植民地制度の下に置かれた満洲は中国人、日本人、朝鮮人などの人々が出会う場として存在し、彼らは相互行為のなかでコミュニケーションを確立し、あるいは対抗する形になっていたのである。そういったプロセスのなかで、日本人の開拓団と現地の人々はどのような関係を持っていたのか。日本人の現地への入植が、現地の人々にどのような影響を与えたのかを知る必要がある。本書では、中和開拓団の入植地である中和鎮の周辺における聞き取り調査をもとに検討していく。

第三に、満洲移民の戦後についてである。満洲移民の戦後は、それぞれの社会を生きてきた中国残留日本人と集団引揚者を対象としてとらえていく。中国残留日本人については、①戦後の中国社会における中国残留日本人に関する政策と、②中国残留日本人の「残留」と「帰国」の過程で形成された「人的なつながり」という二つの課題を検討する。①に関してはこれまでほとんど研究されてこなかった。②は蘭の研究と関連して言えば、蘭は集団引揚者と残留者についてカテゴリーごとにそれぞれの「縦の分析」を行ったものの、両者の間の「横の関係性」を見出せていない。また、蘭が描いた「一人きり」の残留婦人像(蘭 一九九四)と、これを受けて「緩やかな日本人同士の繋がりがあった」(山下 二〇〇三、二〇〇九)可能性を指摘した山下の研究を踏まえ、中国社会に取り残された残留日本人のネットワークを検証する。ここでは、中和開拓団を事例に中国と日本の二つの社会を生きてきた残留孤児や残留婦人の経験を考察しながら、残留日本人のネットワーク、そして集団引揚者と残留者との関係性について検討する。

次に、集団引揚者についてである。蘭は東陽開拓団における満洲開拓、避難生活、引揚げという過程で、団員の間には強い信頼関係で結ばれた「きずな」と共同意識が生まれたとし、そして引揚げ後まもなくの日本での生活困窮を抜け出す際には、再び集団として国内の未開地へ再入植することに結びついたと述べている(蘭 一九九四)。こうした蘭が指摘した戦後の厳しい日本社会を生き抜くための「生活手段としての再集団化」に対して、六〇~七〇年代から行われた元開拓団単位での慰霊・建碑・記念誌の発刊、訪中などの活動により形成された「シンボルとしての再集団化」もある。そこで、本書では後者の可視化された満洲開拓の記憶が戦後の日本社会でどのように語られ提示されているのか、どのように継承されようとしているのかを課題として明らかにする。

3　分析の枠組み・方法・資料

(1) 分析の枠組み

以上のような研究課題を考察するにあたって、一九三二年に満洲移民の事業が始まってから現在に至るまでの間の歴史を縦軸とし、満洲、中国、日本という異なる社会空間に生きてきた個々人の生活を横軸として設定する。二つの軸をクロスさせるという考察方法の狙いは、満洲移民の戦前と戦後の連続性を時系列で分析し、その歴史のなかで生きた個々人の生活に焦点を当てることによって、個々人を対象とした満洲移民の歴史像を浮かび上がらせることである。また、それと同時にこの時期のマクロな日中関係史の一側面も見えてくると思われる。

(2) 方法

本研究において、基本的な視点として歴史を実践した個人を中心に考える。個々人の生きた経験をとらえる方法として、ライフヒストリーという手法を用いる。個人という行為主体を対象とした研究の背景には、言うまでもなく、構造機能主義の客観的アプローチに対して、現象学的社会学やシンボリック相互作用論、エスノメソドロジーなどの社会学的な理論をもとに主体の視点、主体の主観的な意味づけ、解釈を重視するという主観的アプローチによる批判があったからである。現在、ライフヒストリー法は、個人の社会的・歴史的リアリティの側面をとらえる一つの有効な手段として社会学や人類学など多くの分野に活用されている。

本研究において対象となる戦前（満洲）・戦後（中国／日本）の社会に生きてきた満洲移民の個々人は、満洲に入植してからどのような生活をしていたか、終戦後にはどのような避難生活をしてきたか、そして集団引揚げを一つの分岐点として、日本に帰国できた人々はいかに戦後の日本社会を生き抜いてきたか。一方、中国に残留せざるを得なかった人たちは中国社会でどのように生き、日中国交正常化以降、どのように日本に帰国し、いかに日本社会を生きてきたのか、現在はどのような状況に置かれているのか。これらの問題関心を明らかにするために、まずは個々人の「声」に耳を傾け、個人的な思い、考え、怒り、悲しみ、喜びなどを聞くことが重要と考える。

語られてこなかった満洲移民・中国残留日本人の記憶

以上のような個人を中心としたアプローチの意図には、次の理由があげられる。先行研究などについての紹介で述べてきたように、これまでの満洲移民や中国残留日本人に関する研究は、主体である満洲移民や中国残留日本人の体験（経験）を中心とした考察を十分に行ってこなかったと言えるからである。

満洲移民や中国残留日本人の個々人の体験は、戦後の日本社会であまり知らされていない状況のなかにあったため、彼らが満洲の体験を語ることは困難だった。その背景には、先に触れたように戦後の日本の社会的状況、個人的状況という側面と、戦後の日中関係という三つの要因があったと考えられる。

戦後日本の社会的状況として、連合国軍による占領期を経て民主主義の国家へと移行した。そうした過程で、かつての満洲移民の個々が持つ体験は、植民地支配的体験として、反戦、平和を唱える戦後の日本社会では公的な歴史から除外されていた。それと同時に、満洲移民の体験は周りの社会から理解されず、共感を得られないままであった。また、彼らは、戦後復興のなかで就職難、食糧難という生活に苦しみ、過去の満洲の体験を振り返る余裕すらなく、長い間沈黙を強いられてきた。しかしながら、六〇年代以降、日本経済の高度成長を背景に彼らの生活基盤が徐々に確保されていくなか、満洲で犠牲となった人々を弔うために例年続いてきた慰霊祭をきっかけに元開拓団の関係者は、地域、村、あるいは元開拓団の単位で集まるようになった。関係者の間で満洲の体験を語り合い、死者を弔う慰霊祭は、満洲にまつわる「記憶の場」として形成されていると言えよう。こうした同じような体験を持つ人々との語り合いという行為は、単に個々人の心の傷を癒すだけではなく、逃避行や引揚げの道における家族、親族、友人、開拓仲間などの死の意味とは何だったのかを問い、戦後の日本社会の「否定された満洲」[*12]という公の歴史認識に対する違和感を示すものであったと思われる。言い換えれば、かつての植民地的体験を持つ個人的記憶は、戦後の日本社会における反戦・平和そして民主主義という大きな歴史の潮流に埋もれて、排除され、忘却の淵に追い込まれていた。

第二の要因は、個人が持つ満洲の体験そのものである。個々人が抱えている逃避行や引揚げの記憶は、あまりにも辛酸かつ悲惨な体験であり、思い出したくもなく、言葉で表現するのも辛いほどであった。筆者は、満洲体験者への聞き取り調査を申し入れる際に何度か「満洲のことはもう振り返りたくない」「（当時は）俺は子どもだったから、あまり覚えてないんだ。（あなたに）言うことはないね」と拒否されたことがある。このように彼らが語らない背景には、トラウマとなるほどの辛さと状況の複雑さという二つの理由があったと考えられる。

個人が持つ満洲の体験は、言葉で表現できないほど苦痛に満ちた内容のものが多い。例えば、聞き取り調査のなかで出会ったYWさんは、一家七人で避難するときに母親とほかの四人の兄弟が自分の目の前で旧日本軍に撃たれ、「集団自決」した。YWさんは父と一緒にようやくハルビン郊外の収容所に辿り着いたが、そこで父は衰弱し、栄養失調で亡くなった。終戦時、一一歳だったYWさんは、わずか数ヶ月の間に家族全員を失った。彼にとって耐えがたい体験であった。YWさんに数回にわたって聞き取りを行ったが、初めてYWさんの話を聞いたときには、母と兄弟たちの死については詳細に話すことができなかった。何度か調査を重ねているうちにYWさんは、その重い気持ちを、筆者にこう語った。

この前に話したのとね、今回話したのとね、内容が今回細かいと思うの。何で話せなかったかというとね、当時はまだ話せなかった。胸が詰まっちゃって、心から出ないんです。（…中略…）普通、人の最期のことやら、ああいう状況はね、細かく話せないんです。／筆者：えぇ……／胸が詰まっちゃって、言葉が出てこない。

（趙彦民二〇〇七b：一六九）

YWさんの事例に示したように、目の前で撃たれて亡くなった母、兄弟たちの死、そして唯一の支えだった父の死、という体験はYWさんにとって決定的な出来事として、人生に刻み込まれていた。家族の死の体験を、YWさんは一日も忘れることがなかったというが、それを言葉にして語ることは容易ではなかった。

個人のトラウマ的体験であったということ以外に、歴史のなかで絡み合う人間関係、状況の複雑さも体験が語られない理由の一つである。つまり、逃避行という非日常のなかで生きていくために子どもを中国人に売ったり、体力の尽きた老人や歩けなくなった子どもをそのまま置き去りにしたり、中国人の妻となったり、昨日まで開拓の仲間だった人を犠牲にしたりするなどの行為が、彼らの終戦体験のなかに重要な出来事の一部分として多く存在する。しかし、戦後の地域社会でそのような加害に及んだような体験は、簡単に口に出せることではなかったと坂部が指摘している（坂部二〇〇八：一二二）。

満洲へ開拓団として送出される際には、同じ地域出身者と共に、あるいは親族ぐるみで満洲に渡った人が少なくなかった。彼らの多くは終戦後も故郷に戻り、戦前の社会関係をある程度そのまま維持している。そうした地域社会構造のなかで暮らしている彼らは、既存の人間関係、周囲の状況を保つために、加害と被害という構図に織り込まれている逃避行の体験を長い間封印し、心の底にしまいこんでいた。例えば、坂部は泰阜分村の事例として、満洲から母村に引き揚げてきた生還者は、当時村の報告会で犠牲者そして中国社会に留まった人たちの消息について語ることが困難だったと論じている（坂部二〇〇八：一二一 − 一二二）。

このほか、山本慈昭・原安治の『再会 —— 中国残留孤児の歳月』には、満洲から生還した一人の老人が死の直前に二十数年前の逃避行の真相を告白したという一節が記述されている（山本・原一九八一：三六）。その真相とは、次のようなものである。この男性が終戦後開拓団の子どもたちを引き連れて日本に引き揚げる道のりで、冬の寒さや発疹チフスの蔓延により、子どもたち全員を連れて帰ることが不可能となった。そうした状況のなか、男性は子どもたちを中国人の家庭に預け、なんとか大人数人で引き揚げることができた。男性は自分たちだけ母村に生きて帰ったことに心がとがめられ、村人に子どもたちや女性たちがみんな死んだと嘘を伝えた。男性はその真相をやっと死の前に残留孤児の救済活動に取り組んでいた山本慈昭に告白したのである。このように個人体験のなかに織り込まれている複雑な人間関係や個人を取り巻く社会状況も、満洲の体験が簡単に語られない一つの大きな要因であった。

第三に、終戦後中国社会に取り残された日本人を取り巻いていた戦後の日中関係の側面について述べておく。戦後の日中関係は、国際情勢に大きく左右されている。特に戦後の米ソの異なるイデオロギーをめぐる対立という国際情勢のなか、アメリカ側に追随する日本は、中国を敵視する外交政策をとっていた。一九五八年五月に起きた長崎での中国国旗事件をきっかけに国交が断絶し、これによって同年に残留日本人の集団引揚げが打ち切られた。さらに、翌年一九五九年三月、日本政府はこうした日本に引き揚げることができなかった残留日本人に対して「未帰還者特別措置法」を施行した。彼らは中国で生きているにもかかわらず、戸籍が抹消され、「死亡者」として処理された。こうして終戦後中国社会に取り残された日本の婦人、孤児たちは、一九七二年の日中国交正常化まで帰国の道が途絶えていた。つまり、一九七二年の日中国交正常化以後、残留日本人の帰国は日本社会に大きな衝撃を与えたが、それまで彼らの存在は長らく日本社会では知られないままだったのである。

このように満洲移民や中国残留日本人の個々人が持つ「個人的記憶」は、主流社会のなかであまり光が当てられることがなく、「公的な記憶」（歴史）から一方的に排除されてきたと言えよう。こうした支配的文化によって周縁化され、公的な場であまり語られてこなかった彼らの「声」を丹念に拾い上げて記録するうえで、ライフヒストリーやオーラル・ヒストリーの手法が有効である。「オーラル・ヒストリーは、より現実的で公平な過去の再構成を可能にし、既存の歴史記述に挑戦するものである。そうした挑戦によってオーラル・ヒストリーは、根本的には既存の歴史から見落とされてきた人々を含む全体的な歴史の社会的メッセージを伝えることを目指している」とイギリスの歴史家ポール・トンプソンは指摘している（トンプソン二〇〇二：二四−二五）。この視点は、満洲移民や中国残留日本人の歴史を再構成するにあたって示唆的である。なぜなら、彼らの人生は、日本の植民地支配の歴史に規定され、戦後も日本の社会的な状況や日中関係などに左右されてきた。そうした歴史を生き抜いてきた彼らにとって、その時代の歴史は彼らのライフヒストリーそのものと重なっているからである。

以上のような歴史学におけるオーラル・ヒストリーの視点を踏まえつつ、社会学におけるライフヒストリーの特性を活かし、満洲移民や中国残留日本人の生きた経験を明らかにしていくことが本研究の一つの大きな課題である。以下では、ライフヒストリーの特質、ライフヒストリーのアプローチなどについて述べる。

ライフヒストリーの特質

ライフヒストリーは総じて言えば「人間の記録」であり、それは手紙や日記、伝記、生活史、夢や自己観察、エッセイや覚え書き、写真や映画などの様々な形からなる（ケン・プラマー 一九九一：三）。すなわち、ライフヒストリーは必ずしもオーラル・データだけを使って構成されるわけではなく、自伝や日記などのようなパーソナル・ドキュメントを用いて構成される場合もある。両者を区別するために、ダニエル・ベルトーや桜井厚はオーラル・データを用いて構築されたものを「ライフストーリー」（ベルトー 二〇〇三、桜井 二〇〇二、桜井厚・小林多寿子編 二〇〇五）と呼んでいる。さらに、これらの概念について、桜井厚は次のように整理している。「ライフヒストリーは、ライフストーリーを含む上位の概念であって、個人の人生や出来事を伝記的に編集して記録したもの」（桜井 二〇〇二：五八）である、と。一方、オーラル・ヒストリーは、「歴史的な経験や過去の出来事の表象に焦点が当てられるライフストーリーの下位概念」（桜井・小林編 二〇〇五：八-九）であると説明されている。

本研究で対象となる「ライフヒストリー」は、基本的に聞き手・調査者と語り手・調査対象者との会話によって構築された文字化データ、いわば、ベルトーや桜井が言う「ライフストーリー」である。しかしながら、本研究であえて「ライフヒストリー」としているのは、「ライフストーリーは、主体の人生のヒストリー全体を網羅する」（ベルトー 二〇〇三：五九）というベルトーの指摘によるものである。すなわち、ライフストーリーは個人の人生全体を示すことであり、そこには個人の歴史「ヒストリー」が潜在している。また、本研究は聞き取りだけではなく、個人の手記や個人を記録する公文資料なども分析の素材として用いているからである。

ライフヒストリーの大きな特徴は、ある社会構造のなかにいる個人に軸を置き、「個人がこれまで歩んできた人生全体ないしその一部に焦点を合わせて全体的に、その人の自身の経験から社会や文化の諸相や変動を読み解こうとするものである」（桜井 二〇〇二：一四）。換言すれば、個人の経験を通して社会を洞察しようとする一つの研究方法と言えよう。そこで研究対象となる個人は、往々にして主流社会の周辺に従属する、いわゆるマイノリティの人々である。彼らが歩んできた個人の歴史は、自ら語り、書き残すことや、他者によって代弁され、書き残されることがほとんどない。ライフヒストリー研究は、こうした「隠されていた」社会的・歴史的リアリティの側面を描き出すうえで有効である。こうした個人というフィールドに降り立ち、個人を通して社会を考察するライフヒストリーの方法についてケン・プラマーはその特徴を四点にまとめている。すなわち、「個人の主観的な現実」「過程、多義性、変化」「全体を見わたす視座」「歴史を捉える用具として」（プラマー 一九九一：一〇一－一〇七）である。

まず、「個人の主観的な現実」という点は、ライフヒストリー研究にとって最も重要な鍵となる。研究対象となる個々がこれまで歩んできた経験に注目し、個々人が自らの生活や自らを取り巻く世界についていかに語り、解釈してきたかを明らかにすることがライフヒストリー研究の着眼点だったからである。すなわち、より具体的に調査対象者の生活世界を理解するためには、多くの時間をかけ、対象者のライフストーリーを語ってもらうことにより、彼らが自分の生涯に対して持つ認識や意味づけに立脚して理解を深めていくことが必要とされる。

第二に、「過程、多義性、変化」について、プラマーは次のように指摘する。すなわち、ほとんどの社会科学は、対象となる経験や対象を取り巻く世界の秩序や合理性を重視し、一般化を目指してきた。しかし、現実には個人の経験は複雑で重層的な存在であり、社会もまた複雑で多元的で、混沌とした状態にある。そこで、「研究者は、対象者の生活が首尾一貫していないことが多いにもかかわらず、その反応に一貫性を見出そうと努める。これに対して生活史は、日常の生活経験のなかで演じられる混乱、多義性、矛盾を発見するのに、きわめて有効な技法である」（プラマー 一九九一：一〇二－一〇三）。例えば、同じ開拓民として満洲の生活を経験したといっても、必ずしも同じような経験を語るわけではない。そこには異なる経験、いわゆる多様なリアリティが存在する。また、個人の経験のなかに存在する矛盾や混乱といった変化は、過程を見ることによってとらえられる。

第三に、「全体を見わたす視座」について、プラマーは次のように述べる。「生活史研究の視座（または観点）は、ある人の人生の経験の全体性のなかに求められるものであり、この全体性とは、生物学的な身体的欲求、身近な社会集団とのかかわり、状況についての個人的規定、そして自分自身の生活とそれを取り巻く外部世界の双方における歴史変化などの、それぞれの部分を織り合せ、結び合わせているもの」（プラマー 一九九一：一〇四）である、と。すなわち、一つの生活の全体性を把握するために、生活史研究の方法はほかの方法と比べて最も有効である。

第四に、「歴史を捉える用具として」の側面についての指摘である。「生活史研究は『歴史』という言葉を含んだその名称が示すように、他の様々な方法には欠けているやり方によって、歴史的変化に対し適切な焦点を当てることに成功している」（プラマー 一九九一：一〇五）。つまり、変化する個人の伝記的歴史とその個人の生涯にわたる社会史とのあいだを移動し、交差し合うことによって歴史的変化を示すことができる（プラマー 一九九一：一〇五）。例えば、本研究で対象となる満洲移民や中国残留日本人の人生に見られるように、彼らのライフヒストリーは、単なる個人のライフ・サイクルを展開するだけではなく、その人生のなかに満洲事変、太平洋戦争、終戦、戦後日本の民主主義、日中国交断絶、中国の文化大革命、日中国交正常化などといった歴史上の出来事が組み込まれている。個人の人生は常に個人を取り巻く外部社会の変化との関係なしには語りえないし、またそのような変化に焦点を当てることこそがライフヒストリー研究の大きな意義の一つとなる（プラマー 一九九一：一〇五）。

プラマーは以上のようにライフヒストリーの特質に言及している。このほか、桜井厚は、これまで社会の周辺に従属し、語られてこなかった被差別者やマイノリティを対象とした聞き取りが、彼らの「生の解放」（反差別国際連帯解放研究所しが編 一九九五：三－九）や「もうひとつの文化」（桜井厚・岸衛編 二〇〇一：一五－一八）の発見につながっていると指摘する。前者では、調査対象者（語り手）は、インタビューの場で対話を通して、「記憶のなかに散逸していた断片が新しい意味を獲得し、生活史のなかに位置づけられ、それが自分の生を解放する契機となった」（反差別国際連帯解放研究所しが編 一九九五：六）。つまり、語り手は、自分の人生を語ることによって自分のストーリーを獲得し、その社会を生きていく力をつけることができる。こうした行為は、語り手をエンパワーメントすることができる。後者は、書き言葉としての公文書や記録があまり残されていない、支配的文化から周縁化されてきたムラの人々の語りから「もうひとつの文化」を生み出すことができることを意味する。

ここまで、ライフヒストリーの特徴について検討してきた。本研究では、以上のような点に十分な注意を払いながら、調査対象となる満洲移民や中国残留日本人が生きた経験への考察を展開したい。続いて、ライフヒストリーの手法は具体的にどのようなアプローチであるのか、どのアプローチを用いればよいのかを検討する。

ライフヒストリー法の視座

桜井厚は、社会学におけるライフヒストリー研究を三つに分けており、従来の実証主義アプローチと解釈的客観主義アプローチに対して、対話的構築主義アプローチという新しい手法を提起している（桜井二〇〇二：一三－四五）。

実証主義アプローチは、ライフヒストリーが科学的で客観的でなければならないとする規範を背景にしているため、アプローチとしての科学性を求められる。そのため、既存の理論から仮説を設定し、調査地や語り手を選出し、仮説に基づいて語り手から得られたデータを資料などに照らし、矛盾や不規則性、不連続性などを確かめ、仮説を検証したうえでライフヒストリーを作り上げ、支持された仮説を提示し、理論との関連を言明するという仮説検証型の量的調査の手法に類似した演繹的手法である（桜井二〇〇二：一八－一九）。このアプローチは、調査者によるライフヒストリーの正確性、信頼性、妥当性、首尾一貫した説明と解釈を前提としているため、唯一にして「ほんとうの」ライフヒストリーを描き出そうとする手法である（桜井二〇〇二：一九）。

演繹的、実証主義アプローチに対して、解釈的客観主義アプローチは、既存の概念や理論にとらわれずに、自由なインタビューによって語りを収集し、それらの語りに基づいて社会的現実に関する一般化を帰納的に行うという手順をとっている。そこで、語りには、記憶違いやあいまいな部分、嘘やごまかしなどが存在し得ることを認め、インタビューを重ねて多数のライフストーリーを集めることによって、同一のパターンが現れる「飽和」の状態に達し、それにより「客観性」や「信憑性」を担保できるという考えである。

以上のような二つのアプローチは、共通点として、調査者による被調査者の語りや資料にいかに「客観性」「科学性」を与えられるかを追求し、調査のプロセスのなかでは調査者はいずれも「隠れていた存在」であった。これに対して、桜井が提起した対話的構築主義アプローチは、調査の手続きを「透明化」させるとともに調査の過程では調査者の存在を顕在化させ、インタビューの場における調査者・聞き手と被調査者・語り手との会話という相互作用によって、語り手のライフストーリーが構築されるととらえている点が特徴である。このアプローチは、「語りは過去の出来事や語り手の経験したことというより、インタビューの場で語り手とインタビュアーの両方の関心から構築された対話的混合体にほかならない」（桜井 二〇〇二：三〇－三一）という基本的視点に基づいている。この場合、従来の二つのアプローチのような客観的な視点から語り手の語りを解釈するという調査者の特権性を否定し、調査者・聞き手と被調査者・語り手の間における権力の非対称が生じないよう気を配っている。

しかしながら、このアプローチは構築主義という視点に立つゆえに、聞き手と語り手の相互行為により構築された語りがフィクションにすぎないという批判を受けがちである。これに対して、桜井はそのような批判に次のように応えている。すなわち、ライフストーリー・インタビューの過程は、「いま－ここ」という時空間で調査者・聞き手と被調査者・語り手のコミュニケーションの位相としての「ストーリー領域」と、調査者・聞き手の質問をきっかけに被調査者・語り手が語る「あのとき－あそこ」の人生の出来事の位相としての「物語世界」から構成される（桜井 二〇〇二：一一八）。前者の「ストーリー領域」では、語りを構築する主体は、調査者・聞き手と被調査者・語り手の相互性であるのに対して、後者の「物語世界」においては被調査者・語り手が語りの主導権を握っており、それゆえに、語り手がインタビューの場から一定の自律性を保ちながら、過去をリアルに語ることが可能だとし、そのような語りは、際限のない相対主義による批判を免れることができるのではないだろうかと述べている（桜井・小林編 二〇〇五：一七）。

以上で紹介してきたように、ライフヒストリーには三つのアプローチがあった。本書においては、基本的に「対話的構築主義のアプローチ」の手法をとる。その際には、特に次の三つの観点に注意を払いたいと考えている。まずは、調査の手続きを「透明化」しておくことである。次に、調査者・聞き手である「わたし」を「黒子」として存在させるのではなく、できる限り被調査者・語り手との関係性を明確にしておく。最後に、ライフストーリーは、「いまｰここ」における「あのときｰあそこ」の経験の再構成であり、被調査者・語り手が「いまｰここ」という時制で過去を語る際に、「いまｰここ」に十分に注意する。

(3) 資料

本研究では、おもな資料として、ライフストーリー・インタビュー調査によって得られた個々人の聞き書きのデータ、中国の現地調査で入手した一時的に残留者となった元中和開拓団の団員とその家族たち（一九五三年に日本に帰国を果たした人々）の個人の身上調書および一部の残留婦人と残留孤児の身上調書、七〇年代頃に中和開拓団が再組織された際に刊行した回顧集、個人のベースで書かれた伝記および日中国交正常化以後の訪中活動の記録集、満洲移民の背景を理解するために長野県立歴史館で収集した戦前の資料『海の外』（雑誌）や信濃海外協会の記録文書、『信濃教育』などを用いる。特に本研究は、ライフストーリー・インタビューに基づいて作成した『聞き書き資料集』[*13]をおもな分析素材として、これまであまり語られてこなかった満洲移民や中国残留日本人の声を丁寧に拾い上げることに努める。

4　本書の構成

序章においては、まず先行研究の整理を行い、本研究の課題を示したうえで、研究の方法、本書の構成について述べておく。

第一部の「歴史社会のなかの満洲」（第一、二、三章）では、まず歴史学の領域における満洲移民に関する諸研究を踏まえて、満洲移民の歴史を概観したうえで、地域・集団における満洲移民の歴史と記憶を明らかにする。

第一章では、これまでの満洲移民事業の歴史を展開・送出・崩壊・戦後といった側面からとらえて整理し、本研究全体の起点として後述する内容の土台とするための全体的な歴史背景を整理するとともに、満洲移民の戦後史も視野に入れて検討する。

第二章では、大正期から昭和初期にかけて長野県から移民を送り出した際、移民の送出に大きな役割を果たしていた信濃教育会、信濃海外協会に注目し、こうした機関はどのように活動し、移民を推進してきたか、また、その政策が各地域でどのように普及していったのか、そして県民はそれをどう受け止めていたのかを考察する。さらにこうした大正期の海外発展の経験が、一九三二年に始まった満洲移民にどのように活用されたか、これらのプロセスと長野県における移民送出の持つ特有な地域的基盤を解明する。

第三章では、長野県第七次中和鎮信濃村開拓団という一つの集団に焦点を当て、満洲開拓をめぐる中和開拓団の歴史と記憶を考察する。これまで満洲開拓をめぐる記憶の語りは、主として集団引揚者によって語られてきた。その記憶の語りの特徴は、戦前期のノスタルジアとしての甘美な思いと終戦直後の苦渋に満ちた逃避行の思いという対照的なものであった。そこで、本章ではこうした満洲開拓をめぐる記憶の語りの変化をより一層明確にするため、戦前における中和開拓団の入植経緯や土地の取得、現地における団の建設、共同経営や個人経営の様子、および終戦後の避難生活、戦後における引揚げと残留の状況、そして七〇年代の中和開拓団の再集団化後の活動、いわば中和開拓団が戦前から戦後まで辿ってきた集団的歴史と記憶の聞き取り調査、既存の歴史文献資料、中和開拓団の記念誌などを駆使し跡づけの作業を行いながら検討する。

第二部「個人経験のなかの満洲」（第四、五、六章）では、まずこれまでのフィールドワークについて記述し、満洲開拓をめぐる個々人の記憶と語りについて植民地支配側に立つ日本人移民者と支配される側に立つローカルな人々（中国人）という二つの側面から考察を行う。

第四章では、本研究の問題関心を踏まえて、中和開拓団における満洲の歴史を考察するために、これまで日本と中国の両国で行ってきたフィールドワークの概要や調査対象者・語り手との出会い、インタビューの場での様子、調査の手順などについてできるだけ明確に記録し、述べておきたい。

第五章では、これまで公的な歴史の記述からこぼれおち、軽視されてきた主体側の「声」を拾い上げ、満洲開拓をめぐる個々人の記憶と語りを検討する。具体的には、中和開拓団における集団引揚者四人、残留婦人四人、残留孤児四人、未帰還者一人、計一三人を対象としたライフストーリー・インタビューに基づいて、それぞれ個々の人生の軌跡を丹念に跡づけながら、彼らが満洲・中国・日本をどのように経験したか、自ら経験した社会的現実に対して、いかに意味づけをしながら生きてきたのかを明らかにする。こうした異なる個々人の経験を積み重ねることによって、集団としての満洲移民の歴史像を浮かび上がらせると同時に、満洲開拓をめぐる記憶の多声性を示すことができると考える。

第六章では、満洲開拓をめぐる現地の人々の記憶と語りを通して、現地中国人と日本人農業移民者との関係を明らかにする。これまで満洲移民と他民族との関係について、おもに植民地支配する側に立つ日本人の農業移民者を対象とした研究が多く、支配される側に立つ現地の人々を対象とした研究は比較的少ない。本章は、かつて中和開拓団で雇用されていた中国人労働者あるいは間接的に中和開拓団の建設のために強制労働をさせられた中国人労働者への聞き取り調査に基づいて、ローカルな社会に暮らしていた中国人の視点から、彼らと日本人農業移民者との民族関係を明らかにする。

第三部「戦後のなかの満洲」（第七、八、九章）では、中国残留日本人と集団引揚者という二つの側面から検討する。中国残留日本人に関しては、戦後の中国社会における残留日本人に関する政策、そして中国と日本という二つの社会を生き抜いてきた残留日本人の生活実態を考察する。一方、集団引揚者に関しては、満洲開拓の記憶をどのように継承しているのかを明らかにする。

第七章では、戦後の中国社会において中国政府は残留日本人に対してどのような国家管理を行ったかという政策に焦点を当て考察する。考察にあたって、まず一九四六～一九四八年の間に行われた土地改革運動のなかで共産党政権が東北農村部にいた残留日本人に対してどのように対処したのかを明らかにする。そして、一九四九年一〇月一日に新中国が樹立されてから一九七二年の日中国交正常化まで、中国政府は残留日本人をどのような政策の下でどのように管理していたか考察する。

第八章では、戦後の中国と日本という二つの社会を生き抜いてきた中国残留日本人の経験を中心に満洲移民の戦後を考察する。具体的には、これまでの先行研究を踏まえたうえ、中和開拓団の残留者を対象として、彼らの戦後体験を①一九四六年から一九五八年の集団引揚げが終了する前後まで、②一九五八年から一九七二年の日中国交回復の経緯を踏まえて一九八一年に始まった肉親捜しの時期まで、③一九八一年から現在に至るまでの帰国・来日の時期、という三つの時期に区分し、中国東北社会に取り残された日本人はいかに中国社会を生き抜いてきたのか、いかに日本に帰国できたのか、いかに日本社会を生き抜いているのかについて検討しつつ、彼らの「残留」から「帰国」の過程で形成された「人的なつながり」の内実をより具体的に明らかにする。

第九章では、戦後の日本社会における集団引揚者を対象とした考察を行う。戦後の日本社会における集団引揚者を対象とする研究のほとんどは、引き揚げてからの日本国内での集団再入植を中心に展開されてきた。しかし、五〇年代の末に集団引揚者の国内再入植が終了したあとの活動についてはあまり研究がなされてこなかった。そこで、本章では一九四六〜一九五八年における国内緊急開拓について概観したうえ、六〇年代から七〇年代までの間の各郡・町村あるいは開拓団を中心とした建碑・慰霊および記念誌の発刊など、そして八〇年代の初期から始まった訪中活動に焦点を当て、戦後日本社会における満洲開拓の記憶の形成と継承を検討する。

終章では、第一章から第九章までにわたる満洲移民の戦前、戦後、および個人経験のなかの満洲についてのそれぞれの議論を踏まえ、冒頭で掲げた本研究の問題関心に対する回答を与え、今後の課題を示す。

注

1　「満洲」「満洲国」「満洲移民」などという言葉は言うまでもなく、本来は括弧をつけて使用すべきであるが、ここでは煩雑さを避けるため、文中では括弧を取って表記する。
2　歴史学のほかには経済史、社会史、土地制度史などの分野にも満洲移民を対象とした研究成果があげられている。
3　例えば、満洲回顧集刊行会編（一九六五）『あゝ満洲——国つくり産業開発者の手記』農林出版、満洲国史編纂刊行会編（一九七〇）『満洲国史・総論』満蒙同胞援護会、同（一九七一）『満洲国史・各論』などがあげられる。
4　長野県に限ってみれば、六〇年代から七〇年代にかけて、各郡、町村あるいは旧開拓団単位で満洲開拓に関する記念碑の建立、慰霊、回顧録の発行などの活動が盛んに行われていた。それゆえに、この時期には元開拓団の単位で発行した記念誌が圧倒的に多く見られる。
5　坂部は大連の同窓会や文芸同人誌の分析を通して、満洲の経験を持つ個人の語りはパターン化・断片化されたものであるが、一つ一つ蓄積されることによって満洲支配の肯定の論理に対抗するのではなく、むしろ、それを補完してしまう機能を果たしていると指摘する。詳しくは、坂部晶子（二〇〇〇）「植民地の記憶の社会学——日本人にとっての『満洲』経験」『ソシオロジ』第一三七号、一〇九－一二五頁を参照。
6　ここで用いる中国残留日本人という言葉は、一つの上位概念として中国帰国者（日本に帰国を果たした残留孤児、残留婦人）、未帰還者（日本に帰国せず、現在でも中国で生活を送っている残留孤児や残留婦人）のことを指す。
7　藤沼敏子は、中国残留婦人、邦人、孤児は、一人あたり、平均で一一・六人を呼び寄せていると報告し、いま現在日本に生活している残留孤児や残留婦人とその家族は約一〇万人を下らないと推定している（藤沼一九九八：一二三四）。
8　例えば、NHKの『再会』（一九八〇）、『忘れられた女たち』（一九九〇）、『大地の子を育てて』（二〇〇四）などのドキュメンタリー放送が注目を集めた。また、よく知られている残留孤児や残留婦人を題材とした著作は、井出孫六（一九八六［一九九一、二〇〇四］）『終わりなき旅——「中国残留孤児」の歴史と現在』岩波書店や、林郁（一九八三）『満州・その幻の国ゆえに——中国残留妻と孤児の記録』筑摩書房や、班忠義（一九九二）『曽おばさんの海』朝日新聞社がある。近年では、坂本龍彦（二〇〇三）『証言 冷たい祖国——国を被告とする中国残留帰国孤児たち』岩波書店、大久保真紀（二〇〇六）『中国残留日本人——「棄民」の経過と、帰国後の苦難』高文研、城戸久枝（二〇〇七）『あの戦争から遠く離れて——私につながる歴史をたどる旅』情報センター出版局などがある。

9　南誠（二〇〇三）「『中国帰国者』の歴史的形成に関する一考察」平成一二年度～一五年度科学研究費基盤研究（B）研究成果中間報告書『「中国帰国者」の社会的適応と共生に関する総合的研究』研究代表者蘭信三・課題番号：一三四一〇〇四八、八五－一六一頁。南誠（二〇〇五）「『中国残留日本人』の歴史的形成に関する一考察」『日中社会学研究』第一三号。

10　山下知子（二〇〇三）「中国残留婦人における『満洲の記憶』――ある中国残留婦人の記憶」一六三－二九七頁、出所は同上書。

11　長野県は、戦前満洲に送り出した農業移民の数が最も多く、全国一の満洲移民送出県であった。長野県満州開拓史によれば、一九三二年第一次弥栄村移民が始まって以来、一九四五年までの移民送出総人数は三万三七四一人にのぼり、全国の一五パーセントを占めていた。

12　詳しくは蘭信三（一九九四）『「満洲移民」の歴史社会学』、同（二〇〇七）「中国『残留』日本人の記憶の語り――語りの変化と『語りの磁場』をめぐって」などを参照されたい。

13　この『聞き書き資料集』は、日本国内のフィールドワークと中国東北地域のフィールドワークの二つの部分からなる。日本国内のフィールドワーク部分には、集団引揚者五人、残留婦人四人の聞き書きデータ（日本語）を収録しており、総頁数は四一七頁（A４×四〇字×三〇行）である。一方、中国東北地域のフィールドワークの部分には、未帰還者三人、かつて日本の開拓団とかかわっていた現地の中国人四人の聞き書きデータ（中国語）を収録している。総頁数は、七〇頁（A４×四〇字×三〇行）である。

第一部　歴史社会のなかの満洲

第一章　満洲移民事業の歴史——展開・送出・崩壊・戦後

はじめに

本章では、これまでの満洲移民事業の歴史を、展開・送出・崩壊・戦後といった側面からとらえて整理し、本研究全体の起点として、後述する内容の土台とするための全体的な歴史背景を検討することを課題とする。序章ですでに述べたように、満洲移民に関する歴史学の先行研究は、ほとんど一九三二年から一九四五年までにその対象期間が限定されているため、満洲移民の戦後の問題については看過されがちである。満洲移民の戦後においては、シベリア抑留、集団引揚げ、残留孤児や残留婦人の発生、現在の日本社会における残留孤児や残留婦人の老後保障問題などが存在しており、現代史という視点から見れば、まだ多くの課題を抱えている。したがって、本研究では、従来の満洲移民の歴史研究を踏まえつつ、一九三二年以前の満洲における日本人在留状況を満洲移民の前史として紹介したうえ、一九四五年から現在に至るまでを継ぎ足すという形をとる。つまり、一九三二年の満洲移民の始まりから現在までの期間を満洲移民の歴史の考察対象としたい。

満洲移民事業の歴史は、従来の研究では、三つの時期によって区分されている。すなわち一九三二年から一九三六年までの「試験移民期」、一九三七年から一九四一年までの「本格移民期」、一九四二年から一九四五年までの

「移民崩壊期」である（満洲移民史研究会編 一九七六：四）。この区分を参照しながら、本章では、それぞれ時期を展開、送出、崩壊とし、そして一九三二年に満洲移民が始まる前の満洲における日本人の進出状況および一九四五年八月以降から現在に至るまでを「満洲移民の戦後期」として付け加え、これまでの満洲移民史の以前と以後を含めた全体的な背景を検討してみたい。以下では、まず一九三二年に満洲移民の送出が始まる前、日露戦争の前後における満洲への日本人の進出状況を簡単に紹介する。それに続いて、それぞれの時期ごとの状況を述べていきたい。

1　満洲における日本人の進出

満洲における日本人の存在は、日露戦争の前後から確認できる。日露戦争の前には、シベリアを経由して満洲に進出した日本人が多く見られる。というのは、一八九一年にシベリア鉄道の建設が始まることにより、多くの日本人が鉄道工事労働者としてシベリアに送り出されたためである。例えば、一八九六年に広島にある移民会社が一五〇〇人の労働者をシベリアに送出したと記録されている[*1]（満洲開拓史復刊委員会 一九八〇：二）。日清戦争以降、ロシアが清政府と共同で日本の侵攻を防ぐという「露清密約」を締結した。ロシアは、この条約によって、満洲における東清鉄道の敷設権、軍事上最も重要な旅順・大連を租借地とする権益の拡大を清に認めさせた。こうしたロシアによる満洲の経営、勢力拡大を背景に、ロシア領内にいた日本人も次第に満洲に進出するようになった。しかし、この頃は、満洲に進出した日本人は、それほど多くはなかった。彼らは、ロシアによる満洲北部の東清鉄道の建設が始まるとともにシベリアからやってきた鉄道工事労働者、日本人の売春婦、および在満日本人に向け日用品を売る雑貨商人たちなどである（塚瀬進 二〇〇四：七）。一九〇二年に全満洲の在留日本人の総数は、一九〇二人にしかすぎなかった（大畑正吉 一九四二：七二）。翌年の一九〇三年六月の時点で二五二五人までに増え、彼らの多くは、旅順（七七五人）やハルビン（六八一人）を中心に暮らしていた（塚瀬 二〇〇四：一〇－一一）。その後、一九〇四年二月に日露戦争が勃発し、戦乱を避けるために、在満の日本人はほとんど日本に引き揚げた。

日本は、日露戦争の勝利により、一九〇五年九月五日、ロシアとポーツマス条約を結び、日本が満洲におけるロシアの権益を譲り受けることとなった。それには清朝政府の承認を必要としたため、同年一二月の「日清満洲善後条約」により満洲については日本がロシアの権益を継承することを清朝に認めさせ、さらにそれ以外の諸権益も容認させた（大連中等学校満蒙研究会編 一九三二：一一－二〇）。この諸権益とは、ロシアから関東州（旅順・大連）の租借権を手に入れ、満鉄沿線の駐兵権を獲得し、ロシアが経営していた東清鉄道会社に属していた長春－旅順の鉄道およびその一切の支線に属する権利、特権、財産および炭鉱を譲り受けることであり、以上のことを清政府が承認することが条件となっていた。一九〇七年四月一日より南満洲鉄道株式会社が営業を開始した。

また、清政府に土地の商租権、*2 鉱山採掘権、間島における朝鮮人の雑居権などの権利を承認させた。このように日露戦争の後には、日本はロシアから満洲権益を手に入れたことにより、満洲への影響力を次第に拡大させつつあった。さらに、第一次世界大戦に参戦した日本は、中国国内の軍閥の混乱を利用し、当時の中華民国政府に対して、対華二十一カ条の要求を突きつけ、中国におけるさらなる権益を承認させた。その要求のなかの一つに、「南満洲と東部内蒙古に関する日本の利権の拡張であり、旅順・大連の租借期限（本来一九二三年まで）と南満洲鉄道（本来一九四〇年まで）、安奉鉄道（本来一九二三年まで）の期限を九九年延長する事項」（加藤陽子 二〇〇二：一七六）があった。こうしたことを背景に、日露戦争以降において、日本が満洲に対する植民地的な支配を進めていくにつれ、満洲に送り出した日本人も急激に増加した。

日露戦争の前後から一九三二年の満洲農業移民が始まるまでの間の在満日本人の人口を見てみると、一九〇二年には一九〇二人であったのに対して、一九〇八年になると、約五万八〇〇〇人に増加し、さらに一九三一年の満洲事変の勃発直前には約二三万人に達していた。この時期には、満洲にいた日本人はほとんどが満鉄の社員とその家族であり、他は関東庁の役人、諸会社職員および彼らを顧客とする商人で、極めて流動的な人口であった。そのなかには、農業に従事する者はほとんどいなかった（満洲開拓史復刊委員会 一九八〇：六－九）。

一九三二年に満洲への農業移民が実施される前に、個人で渡満した農業従事者の少数の個別のケースを除けば、関東庁が送出した農業移民団、満鉄による付属地での日本人農業従事者の募集が注目される。

関東庁による農業移民の送出は、一九一三年に長野県出身の関東都督福島安正大将の提議に基づき、一九一五年、山口県の愛宕村と川下村の出身者一九戸（満洲国通信社編 一九三九：四一三）をはじめとする農業従事者を、金州東北一・五キロメートルの地点にある大魏家屯に入植させることにより、実行されたものである。この農業移民の原形とも言われる「愛川村移民」は、満洲開拓史上で最初の集団的移民であった。しかし、土地の状況が当初予想したものと異なり、地味と水利が悪かったこと、さらに相次いでの自然災害が重なり、結果としてこの移民は失敗に終わった。[*3]

満鉄による農業従事者の募集とは、当初鉄道の警備にあたった兵士で満期になって除隊される者を対象に、満鉄の付属地を貸し付けるという、満洲の将来における日本人の農業発展に資することを目的とした事業であった。しかし、これも総計三四人の入植者のうち、一九一四年から一九二七年までの間に病死や他の理由によって離脱者が一八人にのぼり、一九四二年になると一六人しか残らないという結果になってしまった（満洲開拓史復刊委員会 一九八〇：一三一–一五）。

しかしながら、このような失敗があったにもかかわらず、一九三二年に満洲国が成立してから一九四五年までの一三年五ヶ月の間に、日本は約二七万人を農業移民として満洲へ送り出した。なぜ満洲農業移民（以下、「満洲移民」と略す）を送出することが可能となったか、以下では先行研究に基づき、展開（試験移民期）、送出（本格移民期）、崩壊（移民崩壊期）のそれぞれの時期を時間軸に沿って検討してみる。

2　展開――試験移民期（一九三二－一九三六年）

一九三一年、関東軍は柳条湖事件をきっかけとして満洲事変を引き起こした。翌年の一九三二年には、満洲国という傀儡国家を樹立させ、植民地的な支配を図っている。満洲国の成立が、満洲移民の送出の大きな背景となっている。その背景は二つの流れから説明することができる。すなわち、一つは、関東軍による政治的・国防的な構想であり、もう一つは、日本国内における農村問題を打開しようとする構想である。

関東軍による政治的・国防的な構想というのは、日本人を満洲に移住させることで現地の支配の基盤を強化するという軍事的な目的を持ったものであった。満洲事変以降には、東北の各地に残存していた旧東北軍の勢力が反満抗日のゲリラとして活動を活発に展開しており、一九三二年の時点でその総数は三〇万人に達していた（喜多一雄一九四四：四二）。このような現地中国人による激しい民族抵抗運動を解消し、安定した植民地的な支配を確保するために、関東軍は鉄道沿線の治安が悪い農村部に「屯田兵」制方式で日本人農業移民を現地における治安維持・確保の協力者として移住させようと考えていた。

関東軍は一九三二年二月、「移民方策案」「日本人移民案要綱[*4]」「屯田兵制移民案要綱[*5]」という三つの移民計画案を決定した。当初関東軍は「日本人移民案要綱」を中心とした「普通移民」の送出を重視していたが、先に述べたように満洲の治安状況の悪化などの要因[*6]で「普通移民」を主体とした「要綱案」は実施不可能となり、「特別農業移民」いわゆる在郷軍人を主体とした「武装」移民の計画案に変更したのだった（浅田喬二一九七六：六－一六）。

一方、日本の農村問題を打開するためには、満洲への移民が必要であると構想されていた。その必要性を強く訴えたのは、加藤完治を中心としたグループ[*7]であった。加藤は、日本の農村問題は過剰人口と土地不足に起因するとし、唯一の解決方法として、「鴨緑江突破の満蒙植民論」という構想を唱え、農村の余剰人口を満洲へ農業移民として送ることで、土地不足の問題を解消することができると考えていた。特に一九三一年の満洲事変以降、日本による満洲の植民地的な支配の本格化は、加藤にとって満洲移民の実現に向けた好機となった。そこで、加藤らは、満洲移民の可能性を訴え、拓務省への働きかけを積極的に行い、満蒙移民計画私案を作成し、拓務省に提出した。加藤らが作成した計画私案のなかでは、満洲の治安が悪いため、在郷軍人を主体とする「武装移民」でなければならないと主張されていた。拓務省はほぼ加藤らが作った計画案をそのまま採用し、これをもとにして満洲移民計画をとりまとめていた（浅田 一九七六：二六―二八）。これは、第一回移民案として、一九三二年三月の第六一臨時議会に提出され、閣議にかけられた。

しかし、この第一回移民案は、高橋是清蔵相の反対により承認されなかった。その理由として、満洲の治安が悪いために農業移民定着が困難であること、前節で述べたように関東庁の愛川村移民や満鉄の付属地による除隊兵の移民の失敗例があり、日本人の労働力再生産費が在満中国人農民のそれに比して格段に高いため、農産物の生産費が高くなり、そのため、日本人による自作農経営は、中国人農業経営者との市場競争にたちうちできない（浅田 一九七六：二九）という一般的な認識があった。

ところが、一九三二年五月に満洲移民に反対した高橋蔵相が更迭されたことにより、状況は一転した。この時期、拓務省は移民用地を獲得するために加藤完治を満洲へ派遣し、関東軍の首脳たちと交渉させた。その結果、関東軍に吉林省の土地一万町歩を農業移民用地として提供することを確約させただけでなく、東宮鉄男大尉と会見し、そこで協議された日本人農業移民選出・入植のための具体的な実施策も関東軍首脳部に承認させた（浅田 一九七六：三〇）。これにより、拓務省の移民計画は関東軍からの全面的な協力を得たものとなった。

このように、関東軍による日本人農業移民を現地に入植させることで治安維持などの役割を果たせるという構想と、加藤完治らによる内地の農村窮乏の原因となっている「土地不足」を解消するために余剰人口を満洲に移住させようという構想は、それぞれの思惑が違いつつも、結果論として一致に至った。

その後、加藤完治を中心として拓務省が作成した農業移民案は、第六三臨時議会に提出され、承認された。この案は、「一千戸移民案」と呼ばれ、一九三二年の秋に五〇〇戸、一九三三年に五〇〇戸を在郷軍人から選出して送

表１－１　満洲移民の実行計画と実績推移

	年度	A：実行計画（戸）	B：現在戸数（戸）	B／A（%）
試験移民期	1932（昭和 7）	600	376	62.7
	1933（昭和 8）	555	518	93.3
	1934（昭和 9）	300	225	75
	1935（昭和 10）	610	548	89.8
	1936（昭和 11）	1,690	1,439	85.1
小計		3,755	3,106	82.7
第一期五ヶ年計画	1937（昭和 12）	4,690	3,741	79.8
	1938（昭和 13）	6,000	4,689	78.2
	1939（昭和 14）	12,270	7,334	59.8
	1940（昭和 15）	19,085	9,091	47.6
	1941（昭和 16）	30,555	17,780	58.2
小計		72,600	42,635	58.7
第二期五ヶ年計画	1942（昭和 17）	22,412	11,257	50.2
合計		98,767	56,998	57.7

注：「義勇軍開拓団」を含む
出所：浅田喬二 1976：90 の表 1.5 より転載

出するとしていた。こうして、拓務省による「第一次試験移民」が実現する運びとなった。この時期、農業移民の応募資格は在郷軍人を中心としている。移民の特徴の一つは「経済移民」としての性格というより、関東軍の必要に応じて展開された「武装移民」であったのである。

一九三二年初頭、拓務省は入植計画の大綱を樹立した。その内容とは「一、満洲農業開拓の特殊性に鑑み、集団組織により、移住せしむるの要あり。二、その為には一戸當り土地面積は自家労力を本位として耕作し、かつ経済的に成立し得る自作農創定を目標として割り当てること。三、開拓民に対しては入植前内地はまた現地において特殊の訓練を施すこと。四、政府より相当程度の補助金を支出すること。五、開拓民には農村の青壮年中身体強健・志操堅実なものを選ぶこと。六、第一期計画書として十年間に十万戸を入植せしめること」（満洲国通信社編 一九三九：四一四-四一五）と書かれている。この大綱に従って、陸軍省・在郷軍人会などの支援の下に、東北、北陸、関東地方の一一県を第一次開拓民募集地域とし、応募資格を在郷軍人と定めて選抜し、同年一〇月一五日に第一次武装移民四二三人を佳木斯《ジャムス》の永豊鎮に入植させた。

翌年の一九三三年、第二次武装移民が三江省依蘭県七虎力に入植した。一九三四年には第三次満洲農業移民計画が決定された。第三次移民計画を第一次・第二次移民の計画と比較すると、次の点が注目される。まず、「前二回の募集地域が東北、関東、北陸などの寒冷地域に限定されたが、今回は中国、四国、九州など温暖地域も加えていた。これは、温暖地域の農民が満洲の寒冷条件の下で営農ができるかどうか試すためであった。次に、入植形態が変わった。前二回までは、一ヶ所に一集団として入植したのであるが、今回は数集団に分け、分散入植することになった。これは、農業移民の集団的規模について一つの試験を行なうためであった。第三点は、前二回までは既教育の在郷軍人でなくてはならなかったが、今回は一般人も募集の範囲に加えられた」（浅田 一九七六：三五－三六）のである。こうして表1－1に示したように一九三六年までに五回にわたって三一〇六戸を送出した。送出戸数から見れば、それほど大規模になっていないが、こうした移民実績が、満洲移民事業の本格的な展開の下地となっている。

3　送出――本格移民期（一九三七－一九四一年）

満洲移民事業が試験移民期から大量移民送出へと展開されたのは、おもに日本国内の政局の変化と農村問題の解決という二つの要因があった。

まず、日本国内の政局の変化については、一九三六年に二・二六事件の発生から始まった。この事件により、これまで満洲移民の反対派だった高橋是清蔵相が殺害された。事件後、軍部の政治的発言権が次第に強まり、倒された岡田啓介内閣の後を継ぐ広田弘毅内閣は、国防国家体制の確立と、農村第一主義的政綱の高揚を余儀なくさせられた（喜多 一九四四：一五五）。そうした状況のなかで、満洲移民事業は、対ソの防衛や満洲支配の強化を図ることにつながり、そして農村における経済の疲弊にも打開策となるという認識から、広田内閣が成立した直後に、満洲移民事業が日本帝国の七大国策の一つとして決定された。そのため、一九三六年以降の満洲移民事業は、国家の介入により移民送出の制度やシステムなどが徐々に整備され、移民を大量に送出することとなった。

一九三六年五月、関東軍は「満洲農業移民百万戸移住計画」と、それを実行するための「暫行的甲種移民実施要領案」を取りまとめた。同年八月、この関東軍がまとめた二つの計画案に基づき、「二十ヶ年百万戸送出計画」が国策として決定された。

この二十ヶ年、百万戸というのは、当時の拓務省の説明によれば、「現在満洲国の人口は概ね三千万人であるが二十年後には五千万人に達するであろう。その時その一割五〇〇万人の日本内地人を満洲に植えつけ、民族協和の中核たらしめればわが対満政策の目的が自ら達せられるものである。五〇〇万人を植え付けるには一戸五人家族として百万戸を要する」ということであった（満洲開拓史復刊委員会 一九八〇：一八二）。当時、日本国内の農家戸数は五六〇万戸であり、そのうち五反以下の貧農は二〇〇万戸を占めた。そこで、この五反以下の「土地飢餓」農家の半分を満洲に移住させ、国内の土地不足・人口過剰問題の解決を図っているのである（浅田 一九七六：四五）。

つまり、日本国内における問題の解決策を模索しながら、日本国外における問題へと中心政策をシフトさせていくという方針を取った（ルイーズ・ヤング 二〇〇一：二二九）。それゆえに、満洲に大量日本人農業移民を送り出す国内外の要因を結果から言えば、「①満洲の支配強化のため、②対ソの防衛、作戦の後備軍、③満洲の治安維持のため、④食糧や工業原材料の確保のため、⑤日本人移民を中核とした日本の秩序を樹立し、日本文化を満洲に移植して満洲「文化の向上」につとめるため、⑥日本社会不安の根源である「人口過剰」状態を緩和し、社会問題を解決するため」ということである（浅田 一九七六：五三）。このように満洲移民事業は単なる経済要因での農業移民ではなく、日本帝国主義の軍事的、政治的必要によって生じたものであった。

一方、日本国内における農村の問題として、一九二九年一〇月の世界恐慌の影響によって、日本国内は、金融機関の破たん、産業の停滞、農産物価格の低落などの状況に陥っていた。農村社会においては、米価や生糸価格の暴落によって、農家は所得が減少する一方、借金が増え、負債に苦しんでいた。特に長野県のように、可耕地が少なく、養蚕で生計を立てる農家が多かった県では、一九三四年に繭の価格が史上最低価格に急落したことによって、養蚕農家が大きな打撃を受けた。同じ頃に、東北や北海道などの地区は、冷害などの自然災害に遭い、広い範囲にわたって凶作となり、農村社会がもはや「解体の危機」にさらされていた。

このような農村社会の不況を打開するために、政府は、農林省に経済更生部を設け、一九三二年から「経済更生運動」を推進してきた。経済更生運動は、農家を産業組合に加入させ、農家の支出の減少と収入の増大という目的を目指したものであった。しかし、結果として、農村救済の解決策にはならなかった。こうした運動は、一九三六年の二・二六事件までは満洲移民と無関係だった（高橋泰隆 一九九七：一二八）が、一九三六年に国策として決定された「二十ヶ年百万戸送出計画」には貧農を対象として満洲に移住させるという内容が盛り込まれた。さらに、一九三八年度から農山漁村の経済更生運動に満洲分村移民の計画が取り入れられた。

こうして、農林省が推進してきた農村経済更生が、拓務省の満洲移民と結びつき、「分村計画」が樹立された。大量移住計画と分村計画をいかに結びつけるべきかについて、当時の拓務省・農林省の構想は次のようであった。すなわち「この分村を実施することには内地母村の土地と人口との調和関係を十分に考慮し、内地農山漁村の恒久的更生に役立つように行いたいもので、それがためには、一か町村から三十戸ないし五十戸以上を集団的に集めて、分村計画を樹立することにした」という考えである（満洲開拓史復刊委員会 一九八〇：二〇四）。つまり、満洲移民事業は単なる海外移植政策から農村経済更生対策の一環として発展し、「満洲国」の要望に応え、日本国内の農村過剰人口を海外に移住させることで、行き詰まった日本の各種農村問題解決のため行うものであった。

このように、一九三八年から「分村移民」が本格的に実施された。「二十ヶ年百万戸送出計画」の第一期（一九三七－一九四一年）で編成された開拓団数は一八六団、移民戸数四万二六三五戸、そして、移民数も約一六万五〇〇〇人にのぼった。表１－１に示したように第一期五ヶ年計画の移民戸数は試験移民期を遙かに上回っていた。さらに、一九四〇年、政府は移民の積極的な推進を図るため、山形、新潟、長野、広島、熊本という移民推進の成績がよい五県に拓務課を設置することにした。

　しかし、一九四一年に第一期五ヶ年の移民計画が完成してから、第二期五ヶ年計画が始まるまでの入植率を見てみると、表1-1にあるように一九三七、三八年の入植率は約八割に達しているのに対して、一九四〇、四一年は五割前後に激減していることがわかる。つまり、満洲移民の実際の送出はその実行計画通りには進まなかったのである。一九四一年に太平洋戦争が勃発したあと、大量の労働力が徴兵されたこと、あるいは軍需産業による労働力使用の急増によって、日本国内の労働力は急激に需要が高まり、さらに、国内で食料や物質が不足するなどの事情が積み重なったため、当初策定されていた「移民村を一村概ね三〇〇戸」で編成するという標準案に達しないままに送出するに至った。標準案を満たす満洲移民の人員の確保が次第に困難になってきたのである。本格移民期は、日本国策化されたことによって、移民の送出に関する政策や制度が完備され、移民の大量送出を果たした。しかし、日本国内における情勢の変化を無視し、先に策定された移民計画案が計画通りに推進し続けられた。第一期五ヶ年計画の後半になってくると、もはや満洲移民の送出には破たんが生じ始めていた。

4　崩壊――移民崩壊期（一九四二―一九四五年）

　満洲移民の崩壊期は、「二十ヶ年百万戸送出計画」の第一期五ヶ年計画が終了した翌年の第二期五ヶ年計画が始まった一九四二年から一九四五年八月の終戦によって移民の送出が途絶えた時期にあたる。

　満洲移民の第二期五ヶ年計画は、一九四二年度以降五年間に「一般開拓民、義勇隊開拓民を含めて二二万戸、青少年義勇隊については一三万人」を入植させようとしていた（満洲開拓史復刊委員会 一九八〇：四三二）。しかし、先に述べたように日中戦争の開戦、太平洋戦争への突入などより、農村の余剰な労働力は、軍需産業の担い手や兵力として動員され、もはや農村は労働力の不足に直面していた。軍事力の側面から見てみると、一九三六年から一九四〇年にかけて、兵力総数は五六万四〇〇〇人から二三九万一〇〇〇人へと増加し、さらに一九四五年八月の時点では、六九六万三〇〇〇人になっていた（原朗 一九七六：二四〇）。一方、戦争が拡大するにつれ、軍需産業に大量の労働力が必要とされていたため、一九三四年から一九四五年の終戦までに累計約一六〇万人の労働者が農村部から徴用された（森武麿 一九七六：三五五）。このような徴兵、軍需産業への徴用などによる労働力の吸収が戦争前の農村の余剰労働力を解消していた。その反面、農村人口の急激な減少によって農業生産の衰退をもたらし、農村における食糧危機を招いていた。食糧増産のために学生、青年団の団員などが動員され、勤労奉仕や農業増産報国隊として農村部に派遣された。

このように日本国内の労働力が枯渇することによって満洲農業移民として確保すべき人員が激減し、その計画を実現するのは、ますます困難となっていた。一九四二年第二期五ヶ年計画の初年度の一般開拓団の入植率は五〇・二パーセント（表1－1を参照）だったが、一九四三年度の入植計画戸数は一万九六八〇戸であるのに対して、実際の入植戸数は二八九五戸にしかすぎず、入植率は六・八パーセントまで低減した（浅田 一九七六：九九－一〇三）。移民団としての新規入植より、第一期五ヶ年計画で達成されなかった移民戸数の「補充入植」が移民形態の中心とならざるを得なかった。

しかし、このような状況にもかかわらず、一九四三年、当局は入植確保のために「戦時緊急開拓政策」を決定し、満洲移民は総力戦体制に即した国民精神総動員運動の一環として位置づけられ、強力に推進されることになった。平時体制から戦時体制に移行することによって、満洲移民の大量確保のため、日本農民の工場労働者化は極力避けられ、また「大陸帰農開拓民」[*8]の送出が積極的に執り行われた。さらに、国防の重点地域に一般開拓団と「義勇軍開拓団」[*9]を入植させるという方策をとっていた（浅田 一九七六：八八－八九）。

一九四一年から一九四五年までの一般開拓団と「義勇軍開拓団」の入植状況を確認してみると（表1－2を参照）、一般開拓団の入植戸数は一九四三年から急激に減少し、同年の送出戸数は二八九五戸、次の年は二七三八戸、一九四五年は一〇五六戸となっていた。「一般開拓団」の日本人移民総戸数（「義勇軍開拓団」を含む）に占める割合は一

表1－2　日本人一般開拓団と義勇隊開拓団の入植戸数推移（1941〜1945年）

（単位：戸、％）

年度	一般開拓団(A)	義勇隊開拓団	計(B)	(A)／(B)
1941	5,052	16,110	21,162	23.9
1942	4,526	10,100	14,626	30.9
1943	2,895	9,049	11,944	24.2
1944	2,738	11,541	15,279	24.5
1945	1,056	10,300	11,356	9.3
計	17,267	57,100	74,367	23.2

出所：浅田 1976：100 の表 1. 9 表より転載

割から三割にしかすぎなかった。つまり、一九四一年以降、一般開拓団の送出が行き詰まり、代わりに青少年義勇軍開拓団へ移行することによって送出の戸数が確保されており、一般開拓団の送出がいかに困難であったかがわかる。

以上のように、一九四一年の太平洋戦争以降、先述のような日本国内の労働力の不足などの理由から、満洲移民の送出は次第に困難な状況に陥っていた。一九四三年からは新規入植というより、補充入植がおもな送出形態となっていた。そういった状況のなか、一九四五年八月の終戦までに満洲移民事業を支えたのは義勇軍開拓団であった。一九四四年から一九四五年の終戦の直前まで、戦況の急激な悪化に伴って、開拓団の一八歳から四五歳までの青壮年男子はほとんど前線へ召集され、「根こそぎ」動員をかけられたのであった。一九四五年八月一五日、日本は終戦を迎えた。こうして日本が満洲の支配力を失うと同時に、それまで植民地支配の上に成立していた満洲移民の事業は崩壊し、日本人移民は満洲での存続が不可能となり、本土への引揚げを余儀なくされた。

5　満洲移民の戦後期（一九四五年八月－）

(1) 難民期（一九四五年八月－四六年五月）

この時期、一九四五年八月の日本の終戦に伴って満洲の奥地に取り残された開拓団は、難民生活に陥った。その避難生活は翌年の一九四六年五月から始まった集団引揚げまで続いた。

終戦までに満洲に送り出された開拓民の総数は約二七万人で、そのうち、終戦の直前に約五万人が関東軍に召集され、日ソ開戦時には老人・女性・子どもを主体とする約二二万人が満洲の奥地に取り残されていた。八月九日のソ連の侵攻とともに、老幼婦女子からなる開拓団は、近くの都市への避難を開始し、その後、ハルビンを目指し、さらに長春や瀋陽などの南満洲の大都市へ南下していった。

しかし、開拓民たちの避難の道のりは、想像を絶する極限的な状況であった。交通の不便なソ満国境地帯や満洲の奥地に入植した開拓民たちは、度重なるソ連軍による攻撃、暴行や現地の中国人による「襲撃」、略奪などを受けながら、逃げる途中で激流を渡ったり、険しい山路を切り抜けたりするうちに、精神が衰弱し、体力が尽き自決する者や、飢えや疲労による死者が続出した。また、ようやく辿り着いた収容所では食糧不足による栄養失調、そして冬に近づくと、寒さや伝染病などにさらされ、さらに多くの犠牲者が出た。終戦時の開拓団在籍者約二二万人のうち、七万八〇〇〇人が死亡（未引揚者中死亡と予想される者を含む）し、死亡率は三五・二パーセントに達しており、未帰還者は一万一〇〇〇人で、そのうち六五〇〇人が死亡と推定されている（若槻泰雄 一九九一：一六四）。

以上のように、開拓団における死亡者の多くは、避難開始から日本に引き揚げるまで約一年余りの難民生活のなかで亡くなったのであり、逃避行がいかに悲惨であったかを物語っている。また、こうした極限的な状況のなか、様々な事情により、多くの残留孤児や残留婦人が生み出された。[*10] 平成二〇年の厚生労働省の統計によれば、残留日本人と認定されたのは、六八三五人、そのうち、いまなお中国に残留している中国残留日本人は四七二人、これまで永住帰国した者は、残留孤児二五二三人、残留婦人三八四〇人であった。[*11]

こうした難民期において、在満の開拓団はなぜこのような多大な犠牲を払わなければならなかったのか、その理由としては以下の四点があげられる。まず、一九四五年の夏頃、関東軍が長春以南へ撤退する際に、現地の開拓団に対して何の措置もとらず、その上、開拓団の一八～四五歳男子を軍に召集し、現地の開拓団には老人・女性・子どもたちが置き去りにされたこと。次に、先に触れたように開拓団の五割はソ満の国境付近、四割は抗日活動が激しい地区に入植したため、攻撃の対象になりやすかったこと。第三に、満洲に入植した開拓団に提供された土地は、関東軍が強権の下で中国人を彼らの土地から追い出し、安く買い占めたものであり、そのことが、終戦直後に現地の中国人たちが自分の土地を取り戻そうとして、開拓村を「襲撃」することにつながったこと。第四に、終戦後の日本政府は、在外一般邦人の引揚げについて、「現地に土着させる」（厚生省援護局編 一九七八：八〇）という方針をとっていたため、開拓民の避難生活が長引き、過酷な状況のなかで多くの犠牲者が生み出されたこと。以上のような直接、間接的な理由により、難民期において開拓団の犠牲が最も大きかったと言える。

（２）前期集団引揚げ（一九四六－四八年）

以上で述べたような難民期を乗り越えて、ようやく引揚げの命令が出されたのは、一九四六年の五月であった。一九四五年の終戦の時点では、軍人、軍属および一般邦人は約六六〇万人が海外に在留し、日ソ開戦後の満洲、関東州には開拓団を含め、約一五五万人が取り残されていた（厚生省援護局編 一九七八：八〇－八九）。こうした海外に残留していた日本人の本土への引揚げは、日本が受諾した「ポツダム宣言」の第九項に基づき、ＧＨＱ（連合国総司令部）は各地の連合国軍および各国政府との調整により、軍人、軍属の復員と緊急を要する地域の邦人の引揚げを優先し、一般邦人については、各国との協定によって順次に帰還させる方針を採っていたが、満洲を制圧したソ連軍はＧＨＱの方針を受け入れなかった（厚生省援護局編 一九七八：八一）。そのため、満洲地域の日本人引揚げは、ほかの地域より遅れ、一九四六年四月にソ連軍が撤退したあとから開始された。

在満日本人の帰還事業は、一九四六年五月から始まり、一九五八年に終了した。この期間において、一九四六年から一九四九年までに行われた帰還事業を、前期集団引揚げとし、一九五三年から一九五八年までを後期集団引揚げとする。

前期集団引揚げは、一九四六年五月から始まったが、それまでに満洲の主要都市を占領していたソ連軍は、在満日本人の本土送還についてまったく関心がなく、一九四六年四月に満洲から撤退するまで何も措置をとらずにいた。

ソ連軍が撤退したあと、東北の政権を引きついだ国民党軍は、アメリカ軍との協議により、一九四六年五月一一日に在満日本人の本国送還に関する協定を結んだ。この協定により、国民党軍は、「日僑俘管理総処」[*12]と乗船する港口に司令官を置き、日本人の引揚げを直接に管理する形となった。一方、アメリカ軍は、引揚げ船の斡旋を行い、国民党軍との連携を取りながら、離陸する港口における衛生、船舶、通信、給養などの業務にあたっていた。日本側は、終戦直後に日本人を救済するために長春で設立された「東北地方日本人救済総会」を改組し、一九四六年七月に瀋陽に「日僑善後連絡総処」を設け、日本人の送還などを計画し、実行に至っていた（厚生省援護局編 一九七八：九二）。

こうして、一九四六年五月から在満日本人の引揚げが始まり、錦西、葫蘆《コロ》島地区から編成された引揚げ船第一船の二四〇〇人を皮切りに、葫蘆島を経由して、一九四八年八月までの間に全四期にわたって、総計一〇四万六九五四人を日本に送還することができた。このほか、一九四六年一二月から旅順・大連地区（旅大地区）の在留日本人の引揚げが始まり、一九四九年秋までに約二二万五九五四人が当該地区から日本に引き揚げた。前期集団引揚げにおいては、満洲や旅大地区から、北朝鮮や華北を経由するなどして合計約一三二万人が日本に引き揚げた（満蒙同胞援護会編 一九六二：五七五－五九一）。

一九四九年の前期集団引揚げが終了した時点で、中国全土には五万六七三〇人の未帰還者（徴用・留用・残留）がいたと記録されており、そのうち、関内（山海関以内の地域）には二万人が、東北地区には三万六七三〇人がいた[*13]。東北地区において未帰還者となった三万六七三〇人のうち、約一万人は、難民期に仕方なく中国人家庭に入った婦女子と推定され、二万人が中共軍、中国共産党政府機関の留用者およびその家族であり、残りの約七〇〇〇人が不詳と記されている（満蒙同胞援護会編 一九六二：四五三）。こうした前期集団引揚げの機会を逃した残留日本人の帰国は、一九五三年の後期集団引揚げの開始まで持ち込された。

（3）後期集団引揚げ（一九五三－五八年）

一九四九年一〇月一日、中華人民共和国が成立した。その翌年の一九五〇年に朝鮮戦争が勃発し、アメリカ軍を主体とする連合軍が戦場に投入された。これに対して、中国政府は、朝鮮政府より出兵の要請を受け、「抗美援朝」の方針を決定し、朝鮮に出兵して、米中は直接に交戦することとなった。これによって、米中の対立は深まった。そしてアメリカの強い影響の下に置かれていた日本は、一九五二年九月に中国を除外したサンフランシスコ講和条約を締結し、その翌年に台湾を相手に戦争終結処理を意味する「日華平和条約」を結んだ。このように緊張する日中関係のなかで、中国に残留した日本人の引揚げはもはや不可能となった。一方、この間、日本国内では、留守家族や親族たちは、中国に残留することとなった肉親や親族の消息を確認するために政府や日本赤十字社への陳情を続けていた（古川万太郎 一九八一：五七、呉万虹 二〇〇四：五三－五四）。

以上のような状況を打開するきっかけとなったのは、日本赤十字社の島津忠承らが、一九五〇年夏頃にモンテカルロで開かれた国際会議に参加した中国紅十字会会長の李徳全に在華残留日本人の調査を働きかけたことと、その後の一九五二年、政府間の交流がないなか、民間での交流を模索するために訪中した高良とみ（国会議員）らが、中国政府に在華邦人の問題への関心を示し、彼らの帰国促進の協力を要請した。中国政府は当初日本政府と交渉するつもりはなかったが、「人道交流」の側面から高良や島津らの民間人や機関と協議することに応ずると表明した（古川 一九八一：五八）。これらの要請に対して、一九五二年一二月一日に、中国政府は在留日本人の帰国について日本側に呼びかける重大なニュースを放送した。

その内容は、おもに「現在中国にはおよそ三万人の日本居留民がいる。（…中略…）国に帰りたいと望んでいる日本居留民に対し、援助してきたが、輸送船舶が不足しているため、帰国が中断された。船の問題が解決するならば、中国政府と人民は日本居留民の帰国を援助する。これらについて、日本側の適当な機関、また人民団体が代表を派遣し、中国赤十字社と具体的に話し合って解決することができる[*14]」というものであった。これが、いわゆる「北京放送」である。

この放送に基づき、日本赤十字社ら三団体が北京との交渉を開始した。日中両国の間に国交が回復されていないなかで、人道的問題として、一九五三年三月五日、「日本居留民の帰国援助問題の協議に関する申し合わせ」（北京協定）が調印された。これに沿って、一九五三年三月二三日に第一次船団が舞鶴に入港して以来、同年一〇月の第七次船まで総数二万六一二七人を輸送し、その後一時中止となった。一九五四年九月から集団引揚げは再開された。さらに一九五六年六月二八日、日本赤十字社など三団体と中国紅十字会との間で、これまで集団引揚げの対象とされなかった日本人の戦犯家族の面会のための往復、中国人男性と結婚した日本人妻の里帰りの承認、日本人戦犯の遺骨や在日中国人労務者の遺骨の相互送還などの内容が盛り込まれた「天津協定」が調印された。その後も引揚げは続き、一九五八年七月一三日の第二一次引揚げまで、総数三万四九九八人の在留日本人が帰国した（外務省アジア中国課 一九九八：一二四四）。しかし、一九五八年の長崎の中国国旗事件をきっかけとして、日中関係が悪化し、日中国交の断絶に至った。当時の日中関係を記録した一九五七年ジュネーブ駐在中国総領事館の書簡から、その状況を窺うことができる。

近年来、日中両国人民の共同の努力の下で、双方の友好的往来はたえまなく発展してきた。われわれは日本人民の間に日増しに強くなる日中国交の早期回復を求める普遍的な願望が存在していることを十分知っている。これは日中両国人民の共通利益に合致するばかりでなく、極東と世界の平和にも役立つものであるから、中国政府は何回も日中両国政府が日中関係正常化を促進する問題について交渉を開くよう、日本政府に申し入れてきたわけである。けれども、はなはだ遺憾なことには、日本政府は日中関係正常化の問題に対してはわれわれと正反対の態度をとっている。日本国首相岸信介は最近東南アジアとアメリカを歴訪した際に、中華人民共和国をけなす一連の言葉をはき、また台湾へ行けば中国人民が見棄ててしまった蔣介石勢力と会談を行っている。これと同時に、日本側は再びわが国政府へいわゆる「行方不明」の日本人の問題を持ちかけてきたわけだが、その目的は日本人民の目をごまかし、日中両国人民の友好関係の発展をはばみ、それを破壊し、さらに日中関係の正常化に対する日本人民の声をおさえることにあることは明らかである。日本政府のこうした態度とやり方は、中国政府と人民が絶対に同意できないところである。

（外務省アジア局中国課 一九九八：一一七－一一八）

こうした日中関係の動きのなか、日中関係の悪化により、日中国交が全面断絶し、それと同時に残留日本人の後期集団引揚げに終止符が打たれた。後期集団引揚げ終了の時点で、様々な事情により、後期集団引揚げの機会を失い中国に残留した日本人は一万人以上[*15]にのぼると推定されていた。一方、日本政府は、一九五九年に未帰還者に対して、「未帰還者特別措置法」を施行し、残留者たちが中国で生きているにもかかわらず、「死亡」と宣告し、彼らの戸籍を抹消した。こうして、中国社会に取り残された日本人は、一九七二年の日中国交正常化まで、長い間残留を強いられていた。

一九五八年から一九七二年の日中国交正常化までは、集団引揚げは中断されたが、個別で日本に帰国してきた残留日本人が見られる。個人の自力によって、中国本土から、香港を経由するなどして、日本に引き揚げたのは、一一四四人いると記録されている（厚生省援護局編 一九七八：一一九）。

（4）戦後日本社会を生きる集団引揚者

先に述べたように、満洲移民の多くは、終戦後における極限の難民期を経験し、日本に帰国を果たしたのは早い者でも一九四六年の九月であった。彼らのなかには、渡満する前に様々な動員や宣伝を受けて、家財をすべて処分し、「骨を満洲に埋める」という覚悟で満洲に渡った者が少なくなかった。しかし、終戦のおりに多大な犠牲を払って、幾多の辛酸をなめ裸一貫になり、ようやく辿り着いた内地では、さらなる試練が彼らを待ち受けていた。

終戦直後の日本は、至るところが廃墟となり、外地からの復員者、引揚者があふれるなか、彼らには身を寄せる場所もなく、食糧難や就職難という厳しい状況に追い込まれ、困難を極めた。例えば、シベリア抑留を経て、一九四七年に引き揚げてきた長野県第五次黒台信濃村開拓団の吉田将一さんは、帰郷してきた当時の様子を、次のように振り返る。

しかし別れて幾年、いま逢う妻子は、兄夫婦の家で、家庭的にもまた引揚の自己の立場の上からも、苦しい心境を押さえながらも日々の生活を、ただ牛馬に等しく無言のまま働き続ける姿で、食物もろくな物をたべず、着るものとてもなく、わらじ姿で一生懸命に働き続けて居た。（…中略…）そして、帰った我等はいわば余計者と言われる悲しい現実であった。
自分としても全々《（ママ）》予期しないではなかったが、あまりにも冷たい祖国の表情。そして故郷の状況であった。自己の胸中はともすれば暗い絶望の壁にぶつかり勝ちだった。さて懐かしい生家に帰ってきたものの、この様子を目の前にして俺はいかに生きるべきか、ただ途方に暮れるばかりであった。

（吉田　一九七三：五二六－五二七）

終戦後の農村社会は、外地からの復員軍人や引揚者たちによる人口の増加に苦しんでいた。ここで紹介した吉田さんの体験にあるように、故郷に帰ってきた彼らの多くは、家族や親族に頼らざるを得ない状況でありながら「余計者」とみなされ、地域社会から疎外されていた。満洲に渡ったことで生活基盤を失った彼らにとって、再び母村に定着することは非常に困難だった。多くの者は新たな生計を求めて故郷を離れ、「国内再開拓」の道を選ぶほかなかった。

国内再開拓というのは、終戦直後の一九四五年一一月、政府が復員軍人や引揚者などを国内の高冷地、未墾地に再入植させることであり、彼らを救済するとともに日本の食糧難や就職難という厳しい状況を解消するための緊急開拓事業であった。これにより、終戦後の困窮した状況を打開するため、満洲開拓引揚者の多くは、再び国内入植に加わることとなった。彼らは日本の戦後復興期、高度経済成長期を経験し、六〇年代の後半に入ってやっと生活が安定したところで、元開拓団単位で再組織し、団の歴史を後世に残すための慰霊碑の建立、団誌の編纂などの活動に取り組むようになり、毎年慰霊祭や同志会を開いている。そして、八〇年代以降、中国における現地での慰霊や残留者の調査のために旧入植地を訪問したり、現在では日中友好のために交流活動などを続けたりしている。

(5) 中国残留日本人の帰国

一方、一九五八年の最後の集団引揚げの機会を逃した残留日本人であるが、一九七二年の日中国交正常化により、冷え込んでいた日中関係、そして中断された残留日本人の帰国問題は新たな局面を迎えた。

しかし、それまで残留日本人の存在は、日本社会では長い間忘れ去られていた。残留日本人の問題が一般的に日本社会に認知されるようになったのは、日中国交正常化直後に長野県阿智村長岳寺の住職山本慈昭さんを中心とした民間のボランティア団体「日中友好をつなぐ会」が旧満洲地区で肉親捜し運動を始め、そして彼らの活動に注目したマスメディアが、その様子を大きく取り上げ、報道するようになってからである。こうしたボランティア団体やマスコミの働き、残留婦人の「一時帰国」に伴い、中国に残された多くの残留日本人の消息が徐々に明らかになり、残留日本人の問題が浮上してきた。しかしながら、当時の厚生省がこうした残留日本人問題の調査に着手したのは、一九七五年になってからであった。さらに、それから六年の歳月を経て、一九八一年にようやく第一次残留孤児の訪日調査が始まった。この調査は、一九八七年の第一五次の訪日調査を終えると同時に完了すると発表された。そして、同年の秋から「補充調査」と名目を変えて調査が再開され、現在に至っている。*16

こうした流れのなか、孤児たちの永住帰国は、スムーズに行われてきたわけではなかった。一九八五年に日本政府は、永住帰国する孤児に対して、日本側の家族や親族が孤児を受け入れる身元引受人となることを求めた。この制度は、訪日調査で身元未判明、あるいは肉親が判明しても身元引受人になってもらえない孤児にとっては、むしろ永住帰国の障壁となっていた。そこで、一九八九年に、親族の代わりに「特別身元引受人」がいれば帰国できるように改正され、一九九三年までこの制度が適用された。

一方、残留婦人の帰国に関しては、日本政府は「残留婦人は本人の意思で中国に残った」と決めつけ、「一時帰国」の場合には迎え入れるという姿勢を示したが、「永住帰国」となると、「身元引受人」といった厳しい条件が課され、長い間、帰国への道は閉ざされていた。一九九一年、ようやく「特別身元引受人」が残留婦人に適用され、「肉親の承諾」が帰国の絶対条件ではなくなった。さらに、一九九三年の一二人の中国残留婦人の「強行帰国」により、その翌年の一九九四年から政府は、残留婦人の帰国希望者に対して帰国旅費を出し、身元引受人を斡旋するという形になった（大久保真紀 二〇〇六：三四七‐三四八）。

このように日本政府による制度改定の試行錯誤を伴いながら、残留孤児や残留婦人は幾多の曲折を経て、ようやく日本への帰国を果たせるようになった。残留孤児と残留婦人の帰国のピークは、それぞれ一九八七年と一九九五年であった。

(6) 日中の二つの社会を生きる中国残留日本人

終戦後、中国人家庭に引き取られた孤児たちの生活は、家庭によって様々であり、養父母に愛情を注がれ、大切に育てられたケースもあれば、単に労働力として、酷使されたり、虐待されたりするケースもあった。戦後の日中関係の緊張が続いていたなか、孤児たちは中国人として育てられたが、中国社会で「侵略日本」「日本帝国」という歴史の重みを背負って生きなければならなかった。彼らの多くは、少年時代に同級生や隣人の子どもたちに「小日本鬼子」と罵られたり、成人になってから文化大革命に遭遇し、「日本のスパイ」と見られたりするという苦しい経験をしてきた。一方、残留婦人の場合は、「生きていれば、いずれは日本に帰れる」という生きる希望と、中国人の妻になる屈辱感とのアンビバレンスを抱えながら、一生懸命中国人の家庭、農村社会で働き、自分を犠牲にしていた。

以上のように残留孤児や残留婦人とその家族は、度重なる困難を乗り越え、やっとの思いで日本人として帰国したが、帰国後の生活は文化の違い、言葉の壁、就職難、生活苦などの様々な困難に直面し、適応を拒まれ、差別と排除を受けるという予期しないものだった。しかも、行政の対応も乏しく、帰国者の多くは、日本社会で自立するための最低限の日本語の教育、職業の訓練などを受ける機会もなく、そのまま日本社会に入り、言葉が不自由などの理由で定職につけず、アルバイトやパートで生計を立てるしかなかった。さらに中国残留日本人が帰国できた時点ではもはや三〇年の歳月が経過しようとしており、孤児だった人も四〇歳台、五〇歳台になっていた。そのため帰国後、日本で働いた年数は比較的少なく、正社員としては採用してもらえずにパートやアルバイトで終わる者も多く、定年になってもわずかな年金しかもらえないため、残留孤児の七割は、生活保護に頼らざるを得なかった。

こうした状況から、二〇〇二年一二月、残留孤児たちは、戦後の帰還事業の遅れおよび永住帰国後の公的援助が不十分であることに対し日本政府を相手に賠償訴訟を行った。残留孤児の約九割が原告として、全国一五地裁で争った。二〇〇二年暮れから始まったこの訴訟活動は、約五年間にわたって続いたが、二〇〇七年の一二月に政府の関与により、「改正中国残留邦人支援法」が策定され、この訴訟は終結した。これにより、残留孤児や残留婦人の老後生活の保障が大きく前進したが、国の責任については政府のはっきりとした説明がなく、いまだ多くの課題が残されている。

おわりに

本章では、日露戦争後から満洲事変までの間を満洲移民の前史として、この期間における日本人の満洲進出の状況について紹介し、一九三一年の満洲事変の翌年である一九三二年から一九四五年八月の日本の終戦までにおける満洲移民の展開、送出、崩壊のそれぞれの時期について考察を行い、そして一九四五年から現在に至るまでの満洲移民の戦後史について検討した。

一九三一年までの満洲における日本人の進出は、日本が日露戦争に勝利したあと、中国東北地域への影響力を強めたことによって、次第に増加した。この時期においては、満洲にやってきた日本人はほとんど満鉄の社員とその家族や関東庁の役人、諸会社職員および彼らを顧客とする商人であった。農業に従事する日本人は個別の事例を除いて、ほとんどいなかった。

しかしながら、一九三一年の満洲事変以降にその状況が一転した。一九三二年三月、日本は満洲に対して本格的な植民地支配に乗り出し、満洲国という傀儡国家を作り上げた。一九四五年八月の日本の終戦までの約一三年間に及ぶ日本による満洲支配のなかで、日本国内における土地不足、人口過剰の問題と満洲における支配基盤の強化の問題とが結びつき、満洲移民政策が国策として位置づけられ、約二七万人の農業移民が満洲に送り出された。これらの二七万の農業移民が、試験移民期（一九三二－一九三六年）、本格移民期（一九三七－一九四一年）、移民崩壊期（一九四二－一九四五年）に渡満することとなった。一九四五年八月、日本の終戦とともに満洲の支配を失い、それまで満洲に在留していた日本人は、難民化された極限的な状況のなかで、本国日本への引揚げを余儀なくされた。

終戦時に現地に留まった満洲移民は約二二万人であったが、一年余りの難民生活のなかで、約八万人が死亡し、そして集団引揚げ終了時においても約一万人が中国社会に取り残されていた。このように、日本の終戦と同時に崩壊した開拓団は、集団引揚げという節目において、集団引揚者と残留者の二つのグループに分かれた。集団引揚者は、日本に帰国したあと、食糧難や就職難という苦しい経験をし、戦後まもない日本社会を生きていくことは極めて困難だった。一方、戦後の中国社会に取り残された日本人は、「侵略日本」「日本帝国」という歴史の重みを背負って生きなければならなかった。さらに、一九七二年の日中国交正常化以後に、やっとの思いで帰還した祖国日本での生活においては、言葉の壁、文化の壁、そして就職難、生活難などの様々な課題に直面し、しかもそれを放置してきた行政の乏しい対応により、大きな苦しみを経験している。

現在、満洲という言葉は歴史用語とされ、その存在は過去のものとなっている。しかし、以上のように、かつて満洲とかかわった個々人が持つ満洲体験は、満洲国が崩壊しても、彼らの人生のなかで消えることはなく、いまなおそれを引きずりながら生き続けている。

注

1　引用文献ではシベリアを送出先として記述しているが、正確に言えば、シベリアではなく極東沿海地域である。

2　土地の商租権とは、日本人が満洲において商工業や農業経営を行うため、永代に土地の租借権あるいは所得権を取得するということである。

3　金州は、大連の近郊にあり、現在遼寧省大連市の一つの行政区となっている。

4　「日本人移民案要綱」は、「移民方策案」のなかの「普通移民」の項目に対して実施可能な移民方策として提案された内容である（浅田 一九七六：六）。

5　「屯田兵制移民案要綱」は、「移民方策案」のなかの「屯田兵制移民」の項目に対して実施可能な移民策として具体化されたものである（浅田 一九七六：六）。

6　「普通移民」から「武装移民」に変更されたほかの要因として、この頃に満洲開拓の父とも呼ばれる東宮鉄男による治安維持を目的とした日本人在郷軍人の屯墾隊入植の意見書が関東軍に採用されたことと、拓務省により計画された満洲農業移民案も作成の当初から在郷軍人を主力とする「武装移民」案だったことがあげられる（浅田 一九七六：一五－一六）。

7　ほかには石黒忠篤、橋本伝左衛門、那須皓、小平権一という当時の学界と政界の実力者たちである。

8　戦争の長期化に伴う経済機構の整備統合により、多くの中小商工業者が失業した。彼らを救済するための方策として、拓務省と商工省などは、失業した中小商工業者を対象に転業開拓民の送出計画を作り、一九四一年度で五〇〇〇戸分の補充開拓民予算が計上された。同年一一月から、中小商工業者を対象とする転業開拓団の編成方針が決定され、一九四二年度より送出することとなった。詳しくは、大畑正吉（一九四二）『開拓農場法の解説――満洲開拓民の指針』朝日新聞社、八九－九一頁を参照されたい。

9　日本の終戦の直前まで、送出された満洲移民は、五割はソ満国境の付近、四割は抗日活動が激しい地域に入植させられた。

10　残留孤児や残留婦人の定義は、厚生労働省によれば、次のようになる。残留孤児は、以下の五点の要件をすべて満たすものとされている。すなわち、①戸籍の有無にかかわらず、日本人を両親として出生した者。②中国の東北地区などにおいて、昭和二〇年八月九日以来の混乱により、保護者と生別または死別した者。③当時の年齢概ね一三歳未満の者。④本人が自分の身元を知らない者。⑤当時から引き続き中国に残留し、成長した者（厚生省援護局編 一九八七：一七）。残留婦人と残留孤児の定義の違いは、終戦時点の年齢によって選別された。当時一三歳以上、上記③の年齢に当てはまらなかった女性たちは、中国残留婦人であると定義づけられた。国は残された日本人の年齢を基準にして、一三歳以上で中国に残った女性は自らの意思で残ったと決めつけたことになる。

11　厚生労働省のホームページより。(http://www.mhlw.go.jp/bunya/engo/seido02/index.html　二〇一六年四月二四日閲覧)

12　日僑は終戦後の中国に在留した一般日本人のことであり、俘は捕虜となった日本軍のことを指している。ここでは、一般日本人と捕虜を管理する場所という意味である。

13　山本有造（二〇〇七）「『満洲』の終焉――抑留・引揚げ・残留」山本有造編『満洲――記憶と歴史』京都大学学術出版会、二四頁の表1-7より。

14　外務省アジア局中国課監修（一九九八）『日中関係基本資料集』霞山会、四六-四八頁の資料一四、中国残留邦人の引揚げ問題に関する北京放送による。

15　一九五四年まで、日本の留守家族から未帰還者として正式に届出のあった者は、約一万人であった。日中国交回復後の厚生省の統計では、平成二〇年二月までの時点で、残留日本人と認定されたのは、六八三五人であった。

16　詳細は中国帰国者問題同友会がまとめた新聞記事を参照。(http://www.kikokusha-center.or.jp/resource/sankoshiryo/ioriya-notes/hohnichi/tokucho.htm　二〇一六年四月二四日閲覧)

第二章　長野県における満洲移民送出のプロセスと地域的基盤
――大正期から一九四五年までを中心に

はじめに

前章では、一九三二年の満洲移民の始まりから現在に至るまでを時間の縦軸として、戦前期における満洲移民の展開、送出、崩壊といった政策的背景、そして戦後期における難民期、集団引揚げおよび集団引揚者と残留者の戦後の生活状況などについて検討した。本章では、戦時中に日本の全国で推進された満洲移民政策の下、送出が最も多い長野県をフィールド調査地として取り上げ、長野県が積極的に県民を満洲へ送り出した要因とその過程について考察することを目的とする。

戦後、満洲移民を対象とした研究は、もっぱら歴史学と社会学などの領域において蓄積されてきた。歴史学の研究については、日本帝国による植民地支配と抵抗というマクロな政治経済システムの解明の枠組みのなかで進められてきた[*1]。そのなか、満洲移民の送出に関連する研究では、昭和初期における日本国内の農村恐慌やその改善策としての経済更生運動が満洲移民に結びついたという経済的理由が渡満の主要な要因としてしばしば指摘されてきた。しかしながら、満洲移民の送出に関しては、経済的理由のほか、地域社会における行政がどのような役割を果たしたのかについても検討されるべきものと思われる。

満洲移民の送出は、都道府県によって地域のばらつきが生じている。本章で取り上げるフィールド調査地である長野県の場合は、全国において首位の座を保ち、一九三二年から始まった第一次弥栄村移民から一九四五年の終戦までに満洲移民の送出総人数は三万三七四一人に達し、第二位となる山形県の一万七一七七人を遙かに超えている（満洲開拓史復刊委員会 一九八〇：四六四）。なぜ長野県からこれほど多くの満洲移民を送り出したのか。これまでの通説では、全耕地の四七パーセントが桑畑、農家の八〇パーセントが養蚕農家だった長野県では、昭和初期の世界恐慌による糸価が暴落したことによって、農家は大きな打撃を受け、生活に苦しんでいたために、多くの人々が満洲に渡ったと説明されている。しかし、こうした経済上の原因のみでは、この地域から多くの満洲移民を送り出した現象を十分に説明しきれないと蘭信三は指摘する（蘭 一九九四：八〇）。蘭は、満洲移民の府県別による送出の偏りについて社会学のアプローチで、多変量解析を用いて分析を行った。その結果、従来の農村の疲弊と過剰農家が満洲移民を送り出したとする「貧困＝移民」という一般論を修正し、満洲移民の送出に際して、社会経済的要因よりも移民送出にかかわった行政的要因が重要な要因であったことを明らかにしている（蘭 一九九四：一一七）。

そこで本章では、蘭の指摘を引き継ぎ、長野県における移民の送出に機能した地域的基盤を検証し、満洲移民の送出に行政がいかなる役割を果たしたのかを明らかにしていきたい。具体的には、①大正期から昭和初期にかけて長野県から移民を送り出した際、移民の送出に大きな役割を果たしていた信濃教育会、信濃海外協会に注目し、こうした機関はどのように活動し、移民を推進してきたか、②その政策が各地域でどのように流通・浸透していたのか、そして県民はそれをどう受け止めていたのか、③さらにこうした大正期に見られる「海外発展」の経験が、一九三二年に始まった満洲移民にどのように活用されたか、これらのプロセスと長野県における移民送出の持つ特有な地域的基盤を解明していきたい。

資料として、長野県立図書館で収集した信濃海外協会による満洲移民送出関係の記録、大正初期から昭和二〇（一九四五）年まで信濃教育会から発刊された機関誌『信濃教育』、そして筆者による満洲移民を対象とした聞き取り調査などの記録に基づいて考察していきたい。

1　大正期における長野県の「海外発展」の活動

(1) 長野県における「海外発展」の思潮とその活動

長野県においては、明治末期から大正期にかけて多くの移民を海外へ積極的に送り出していた。その背景には、信濃教育会による「海外発展」の教育と海外渡航を積極的に推進する民間団体による諸活動があった。

信濃教育会に「海外発展」の思想・植民地主義の動向が見られるのは、信濃教育会の創設期の一八八七年以降であった。この時期における「海外発展」の思想は、志賀重昂、浅岡一、林俊弥、飯田幸造、伊沢修二らによる論説に代表される。これらの論説は、「当時の思想界の影響を受けながらも、日清戦争の勃発という事態のなかで、教育は国をあげて天皇制絶対主義の、戦争準備中心の軍国主義教育になっていた」(長野県歴史教育者協議会編 二〇〇〇：一七八－一七九)というものである。そのなかでも、伊沢は日本にとって満洲が最も重要な場所であると最初に主張した人物である。

日露戦争の直後、日本の教育界では満洲・朝鮮への関心が次第に高まり、一九〇六年に文部省は陸軍省の協力の下で、教育者や学生などからなる「満韓旅行」団体を組織し、満洲や朝鮮の各都市に派遣し、日露戦争の戦跡、資源地、学校などを見学させるという旅行企画を実施した。長野県においては、「本県にても夫々奨励され尚信濃教育会にても殊に該会員の便宜を企画したる」(信濃教育会 一九〇六：三三)ために、長野県から二二〇人が参加しており、そのうち、教員は一三五名、学生は八五名であった(信濃教育会 一九〇六：三四)。このような満韓旅行は、その後も修学旅行や視察などの形で続いていた。

日露戦争以後、信濃教育会は「海外発展」の志向をますます明確化していく。一九一四年に、信濃教育会は、総会で長野県の教育方針として工業教育、発明教育、育英教育、科学教育、海外発展主義教育[*2]という五大方針を決定した。そこで、海外発展主義教育の実行委員には、更級郡視学の中村国穂、更級郡長の津崎尚武、今井新重、藤森克、西沢太一朗を選出した。

中村は、まず更級郡[*3]から「海外発展」の教育活動を始めようと考え、「如何にして更級郡に於ける海外発展主義の教育を実施すべきか」という諮問案を郡下小学校長らに与え、一九一五年一月、郡役所で答申を行った。そして北米移住の実績を持つ民間団体である日本力行会の協力も求めた。日本力行会は一八九七年初代会長・牧師の島貫兵太夫によって創立されたキリスト教を中心とした団体で、苦学生の救済を始め、その後島貫は苦学生を「日本に開かれているアメリカ」（立川健治 一九八九）への移住が適当と考え、苦学生の渡米を奨励するとともにその渡米の案内、教育、そして送出に積極的に取り組んでいた。そこで、中村は答申の会議に当時の日本力行会の永田稠会長[*4]を顧問として招き、永田による北米移民体験の講演会も開いた。会議では、小学校を中心として、海外発展の思想の涵養に着手することで一致し、永田稠を講師として、更級郡下を巡回し講演を行うことを決定した。

一方、信濃教育会は、更級郡における「海外発展」の活動と並行して、同一九一五年一月に「海外発展」教育の一環として「植民教育調査」に乗り出した[*5]。三村安治、中村国穂、高松良、藤森克、堀内林平の五人を委員に委嘱し、信濃教育会に植民教育研究委員会を設置した。彼らによる移植民の調査は、信濃教育会の機関誌『信濃教育』に次々と発表された。

さらに、信濃教育会は一九一六年六月の総集会で、信州教育に関する五大綱領の宣言を決議した。すなわち、「①国体ノ尊厳ヲ体得セシメ、大ニ立憲的精神ノ発揚ニ努ムルコト、②質実剛健ノ気風ヲ養成シ、大ニ体力ノ増進ヲ図ルコト、③世界的知見ヲ拡充シテ、大ニ海外発展ノ実ヲ挙グルコト、④科学的知見ヲ高挙シテ、盛ニ殖産興業ノ精神ヲ醞醸スルコト、⑤益々本県ノ長所ヲ発揮シテ、汎信州主義ヲ鼓吹スルコト」であった（信濃教育会 一九三五：二九三）。信濃教育会は、「海外発展」の教育に明確な方針を打ち出していた。

このように、長野県は、「海外発展」を推進するにあたって、信濃教育会を中心とした活動、日本力行会という民間団体による協力、さらに地方行政によるバックアップという三つの軸を中心に展開していった。

（2）「海外発展」教育活動の普及、更級郡から全県へ

前述したように、長野県の「海外発展」の活動は、更級郡から始まり、日本力行会長の永田稠に依頼して移民に関する講演、幻燈会などを開き、更級郡や郡教育会に協力するという形をとった。

永田を中心とした更級郡での移民推進講習会は、全県の先頭に立つモデル地域として、郡役所や郡教育会も積極的に取り組んでいた。郡は、講習先との連絡や通達、講演の場所の確保と日程の調整を行い、そして郡教育会は、後援として永田に様々な便宜を図っていた。永田は、約一ヶ月間で全郡を一周回り、「海外発展」の講習会を行った。「講習は、郡下の小学校のみならず、地域の幅広い層の人々を動員して聴講させていた。一日に、永田は午前小学校、昼の時間に小学校の教師たちと役場の職員、午後に青年会や婦人会、夜になると幻燈を持参して一般人々に講習を行った。情報が、ほぼ全地域に行き渡っていた。さらに、郡教育会は、永田の講演を『信濃植民読本』という形で編集し、小学校の高学年の補修教科書として利用していた」（永田編 一九五二：五〇－五二）。

こうした講習を受けて、郡内からアルゼンチンへ移住しようとする教員（長野県開拓自興会満州開拓史刊行会 一九八四a：五二）や日本力行会に入会しようとする青年会の会員が現れた（永田 一九七三：一八）。更級郡の実績は、長野県における海外発展の模範郡となった。これにより、郡長の津崎は、長野県学務課長となり、中村は郡視学から県視学に昇進した。

このように、更級郡で行ってきた講演会、幻燈会、印刷物などといった移植民教育の経験は、モデルとして全県で推進されることとなり、また、県からは移民講演会などの開催費の交付が決定した（信濃教育会 一九三五：七五）。さらに、受講対象は、全県下の小学校のみならず、中学校、女学校、実業学校まで広がり、講師も永田のほか、岸本與という社会教育幻燈師が加わった。岸本は、一九一六年に信濃教育会の社会教育部の依頼を受けて、約四年間「海外発展」の宣伝活動に参加した（桐山實夫 一九八九：七五）。

表2－1　1913～1925年長野県年度別海外への移住者数

年	1913	1914	1915	1916	1917	1918	1919	1920	1921	1922	1923	1924	1925
移住者	120	114	133	183	408	794	508	219	187	206	144	135	92

出所：『信濃教育』第586号、1935年、75-76頁より作成

信濃教育会が主催する「海外発展移植民講演幻燈会」は、一九一五年から一九一八年にかけて、県下各地で行われ、多くの人々を動員した。一九一五～一六年の間には信州の各地において永田による講演会や幻燈会が二五〇回以上行われ、少なくとも一二万五〇〇〇人が動員され、海外事情を聴講した（長野県開拓自興会満州開拓史刊行会一九八四a：五二）。一方、岸本は、一九一七年九月に地元の宮田学校で開催した「海外雄飛二百回巡回幻燈講演会」をはじめ、翌年の一九一八年五月までに全県の一市一〇郡にわたり、計一九七回の移植民講演幻燈会を開催し、聴講者は一二万九七〇〇人に及んだ（信濃教育会一九一七：六五－六六）。同年九月から一九一九年の五月にかけて、さらに前回の講演で回れなかった地区および新たな地区で二百回講演を行った（信濃教育会一九一八：六三－六四）。

一方、これらの講演会や幻燈会に参加した人々はどのように反応したのか。岸本の活動を記録した『幻灯の炎よ永遠に』には、「……会するもの一千余名、君が熱誠なる技術と熱誠なる説明とは満堂を酔わしめ、多大の感動を与う。特に青年を鼓舞して、海外雄飛の気運を促進したること大なりと信ず……」（桐山一九八九：二一）という文章がある。これは、岸本が初めて宮田小学校で講演した際に校長先生から寄せられた感謝の言葉である。

このような活動により、教職員自ら先頭に立ち教え子を連れて海外に渡航する者が続出し、さらに本土外への移住者は、満洲、南米、南洋、フィリピン、ボルネオ、北米だけではなく、台湾、北海道、サハリン、朝鮮など大日本帝国の支配圏内への渡航も目覚ましく、特に一九一八年、一九一九年が最も多かった（表2－1参照）。[*6] こうして、大正初期から一九一九年までには、信濃教育会を中心とする「海外発展」運動は高潮に達したと言ってもよい。

しかし、表2－1で示したように、一九一九年から海外への渡航者の数が年々減少する傾向にあった。この背景には、日本国内における経済の好転で労働賃金が上昇したこと、糸価の高

騰などで農村の生活が徐々に裕福になっていたこと、長野県内小学校の教員が中心となって行った紐育《ニューヨーク》郊外の土地への投資が失敗[*7]したこと、一九二四年にアメリカで排日移民法が成立したことなど、いくつかの要因が重なった。さらに、これまで長野県の「海外発展」活動に積極的に取り組んでいた信濃教育会の津崎が信濃教育会を去り、中村国穂と今井新重が相次いで亡くなったことにより、一九一九年以降、信濃教育会による長野県の「海外発展」の活動は、次第に低迷していった（永田編 一九五二：五七）。

(3) 信濃海外協会の成立と南米信濃村の建設

以上で述べたように、長野県の「海外発展」の気運が下がっていた一九二二年一月、信濃海外協会は全国七番目の海外協会として設立された。設立の背景には二つの要因があったと考えられる。一つは大正期に入ってから日本政府は人口や食糧の問題と結びつけて移民政策を積極的に推進し、移植民の宣伝奨励を行ってきた結果、民間でも移植民の宣伝指導のため、各地に海外協会などが作られるようなった（石川 一九七二：一三三）。もう一つは、「永田は一九二〇年に南米へ視察した際に南米に信濃村を建設しようと考えていた。そのため、永田は長野県に海外協会が必要とし、日本に帰国してから信濃海外協会の設立に駆け回った」（永田編 一九六六：一一四）。

永田の呼びかけにより信濃海外協会が組織された。総裁は県知事岡田忠彦、副総裁は県会議長の笠原忠造と信濃教育会長の佐藤寅太郎、顧問は国務院総裁小川平吉と貴族院議員で片倉製糸経営者の今井五介などの県下の有力者とし、地方自治団体の代表者まで全県に会員を網羅し、会員からの寄付金によって運営されていた（長野県開拓自興会満州開拓史刊行会 一九八四a：五五－六〇）。

信濃海外協会が成立した当初の事業は、①必要に応じて各郡市に支部を設置し、②会員を募集し会費を集め、③「海外発展」に必要なる人材を養成し、④県下から海外への移住者の調査と名簿整理、⑤国内と国外との情報発信や連絡を図るために機関誌『海の外』を発刊、⑥信濃教育会による「海外発展」教育を推進した際に利用していた講演会、幻燈会などを継続してさらに強化していくという六つの内容であった（永田編 一九五二：六〇－六一）。

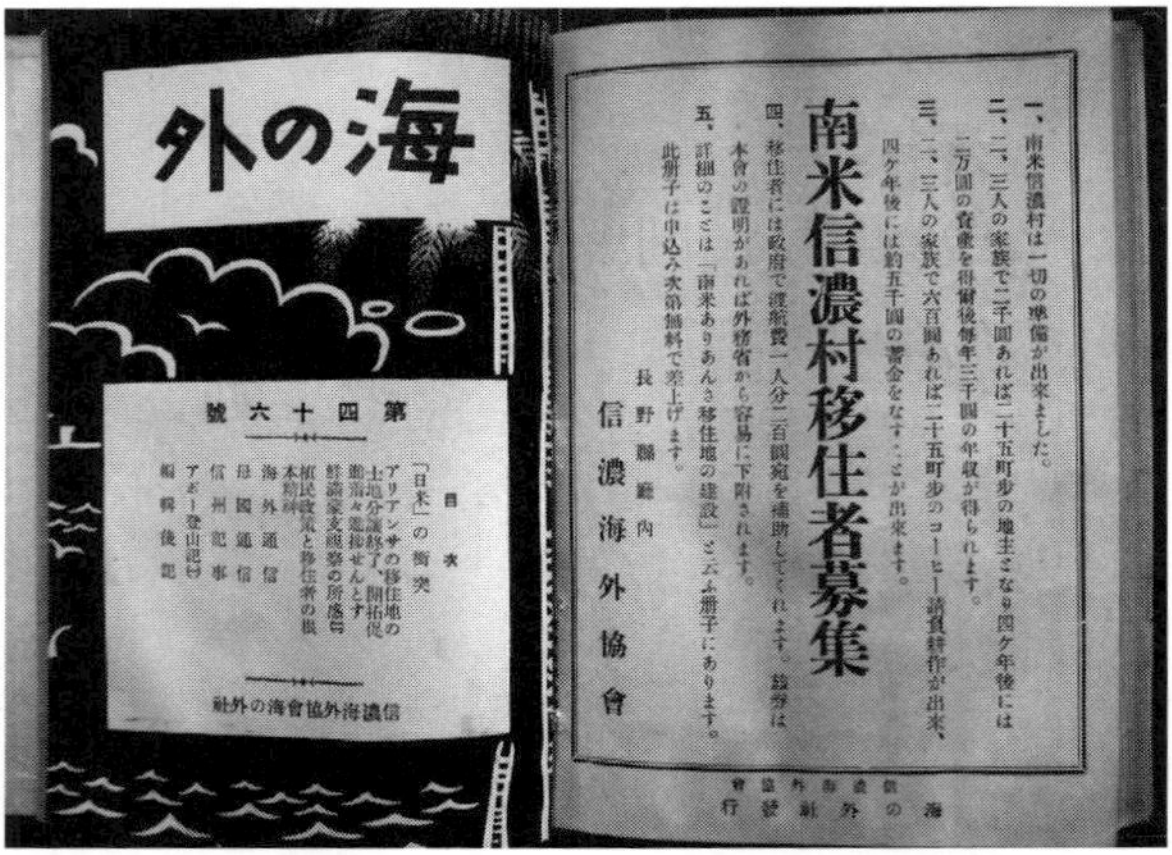

写真２−１　雑誌『海の外』（第46号、1926年）
出所：長野県立歴史館蔵

移民の送出に関して、信濃海外協会は以下のように取り組んでいた。第一に、組織のネットワークの整備である。信濃海外協会は、設立とともに県下の各郡において支部設立に着手した。一九一二年二月、小県郡支部設立を皮切りとして、四月には南佐久郡支部を設立し、その後も次々と支部を結成した。それぞれの支部には、各市郡長が支部長として就任した。その一方、県外の支部や国外の支部なども次第に設置された。[*8] そのほか、信濃海外協会は、中国大陸や満洲などの長野県人会との関係も結んでいた。このようにして、行政との連携や海外の長野県人会の協力によって県内、国内、海外における信濃海外協会支部が相次いで設立され、県内と県外そして国外を結ぶ巨大なネットワークが出来上がり、このネットワークを通して移民送出の役割を果たそうとしていた。

第二に、このネットワークを機能させるために、信濃海外協会は、県下において海外渡航指導員養成の講習会・幻燈会を開き、講習を通して、各郡から推薦されてきたこれから指導員になる対象者たちに海外協会の精神や目的、南米や南洋やアメリカなどの海外事情などについて勉強させ、必要な人材を養成しようとしていた（長野県開拓自興会満州開拓史刊行会 一九八四a：五九）。また、信濃海外協会は、各支部との連絡、海外移住先との情報交換、「海外発展」教育の浸透などを強めるため、一九二二年四月に信濃海外協会の機関誌『海の外』（写真２−１参照）を発刊した。発刊について、当時信濃海外協会幹事だった永田は、次のように振り返っている。

海外在留者と連絡する点から云うても、県氏の海外思想涵養にしても、本部支部の連絡にしても機関雑誌がなくては都合が悪いので、之れを発行することとし、岡田総裁が「海の外」と命名した。（永田編 一九五二：六二）

この雑誌は、国内各地の会員および講習者、国外の支部、公益団体などを対象に配布していた。雑誌内容は、おもに論説、移住先の状況、「海外発展」思想教育、海外通信、母国通信、信州記事、雑文などによって編成されている。この雑誌は、県内における移民教育の啓蒙、宣伝活動などに趣旨を置きながら、海外へ移住していった人々が現地の風土、人情、生活などの様々な様子を紹介する通信記録を県内の人々に発信するとともに県内の「海外発展」の動き、状況も海外の県人に伝えるという情報交換の場を提供していた。これにより、組織の結束が強まり、それと同時にこうした組織に流通する情報が新たな移住者の誕生にもつながっていった。

第三に、以上のような移民送出の組織などが整えられれば、多くの移住者を勧誘し、送出することが課題となる。信濃海外協会は、信濃教育会を中心に「海外発展」教育運動で用いられていた講演会、写真会、映画会、宣伝用印刷物などの経験をそのまま援用した。写真２－２に示したように、信濃海外協会は、南米信濃村の移住地の建設を進めていた際に、こうしたポスターを利用し、宣伝活動を行っていた。当初、このようなポスターや移民を奨励する印刷物は大量に使われていた。

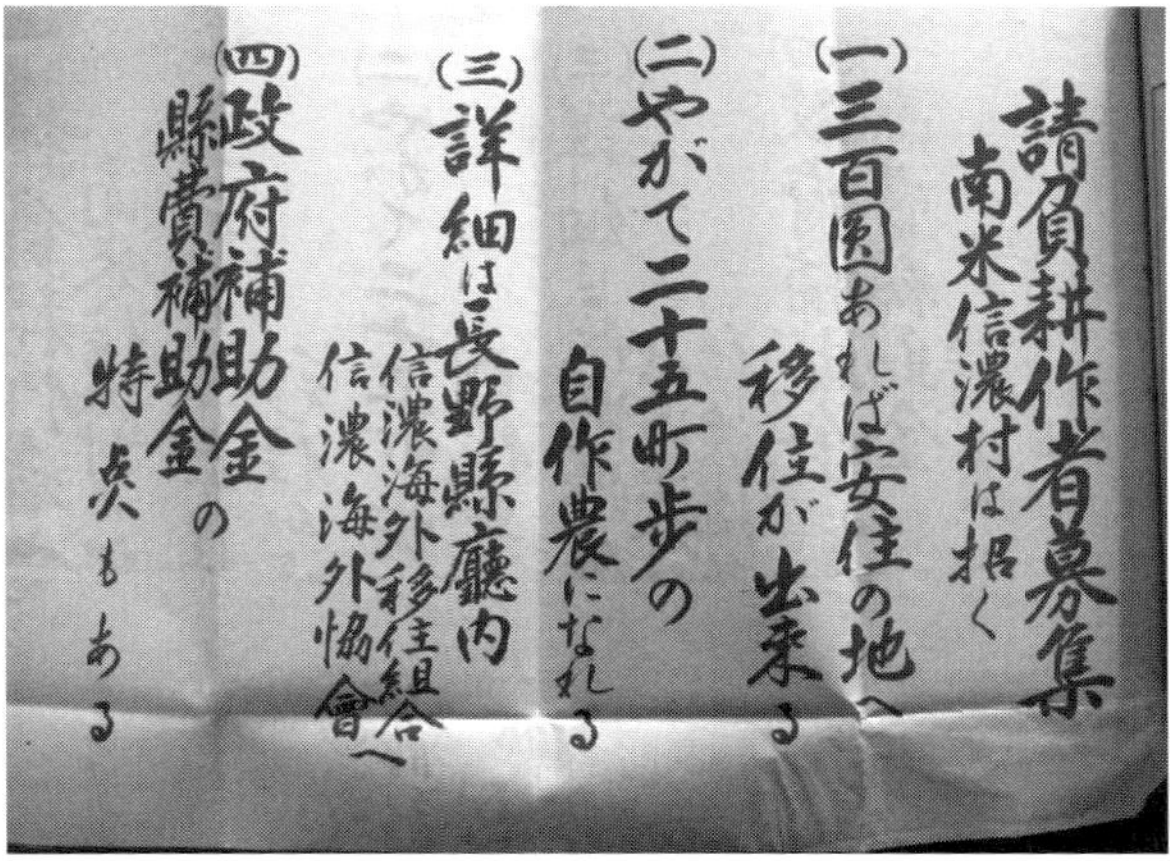
請負耕作者募集
南米信濃村は招く
(一)三百圓あれば安住の地へ移住が出来る
(二)やがて二十五町歩の自作農になれる
(三)詳細は長野縣廳内 信濃海外移住組合 信濃海外協會へ
(四)政府補助金 縣費補助金の特典もある
写真２－２　信濃海外協会の宣伝ポスター
出所：長野県立歴史館蔵

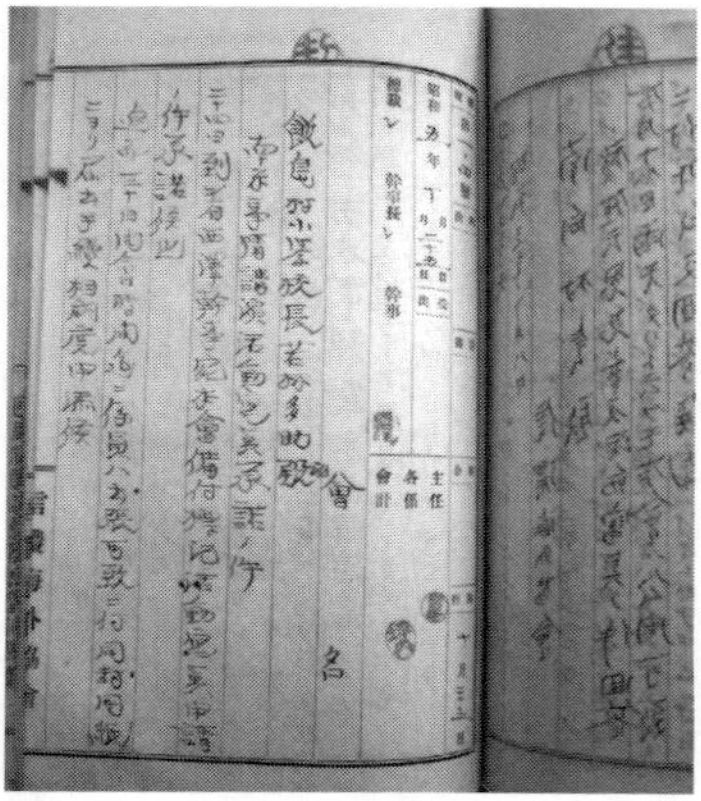

写真２－４　返答書簡
出所：長野県立歴史館蔵

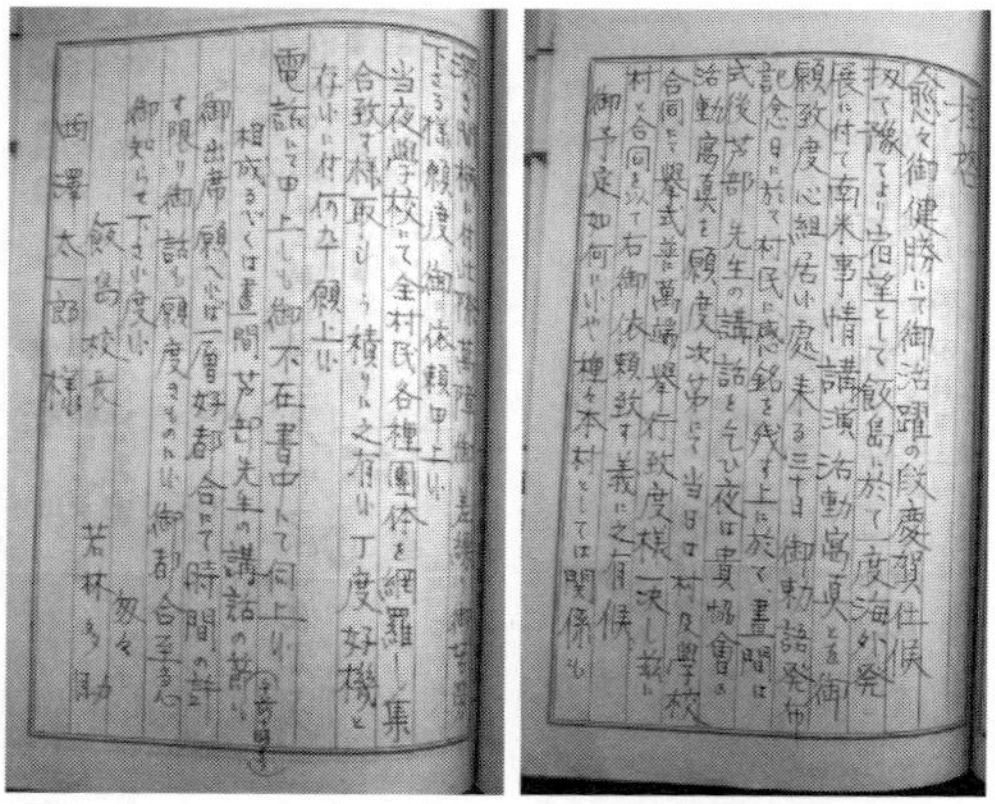

写真２－３　飯島小学校から信濃協会に講演依頼する手紙
出所：長野県立歴史館蔵

また、こうした印刷物のほか、県下の各地で講演会、写真会、映画会などを積極的に開催するようになった。長野県立歴史館に所蔵されている信濃海外協会の資料には、県内の各学校から講演会などを依頼される当時の様子が記録されている。例えば、上伊那郡飯島小学校若林多助校長が信濃海外協会に講演を依頼したときの書簡が残されている（写真２－３）。この依頼に対して、信濃海外協会は係員を派遣し、積極的に対応したことがわかる（写真２－４）。

飯島小学校のような、こうした移民推進活動は、当初県下の各地で行われていた。一九三〇年の信濃海外協会秋季活動写真公開経過の記録によれば、同年一〇～一二月の間に、県下三三市町村で講演会を開き、二万四五六〇人の聴講者を動員した（写真２－５参照）。その参加者も学校の関係者と限らず、飯島小学校校長が「全村民各種団体を網羅し集合致す」と依頼書に書いたように、ほぼ地域の全員を参加させていた。

以上のように、信濃海外協会は設立後移民を海外へ送り出す体制を徐々に整備しながら、早くも一九二三年から南米ブラジルで移住地の建設に着手した。事業計画は、長野県に関係のある有志から一口一〇〇〇円の出資金計二〇万円を資金とし、ブラジル・サンパウロ州内でコーヒー栽培可能な土地を一万町歩購入するという案であった。この計画を実行するにあたって、土地を購入す

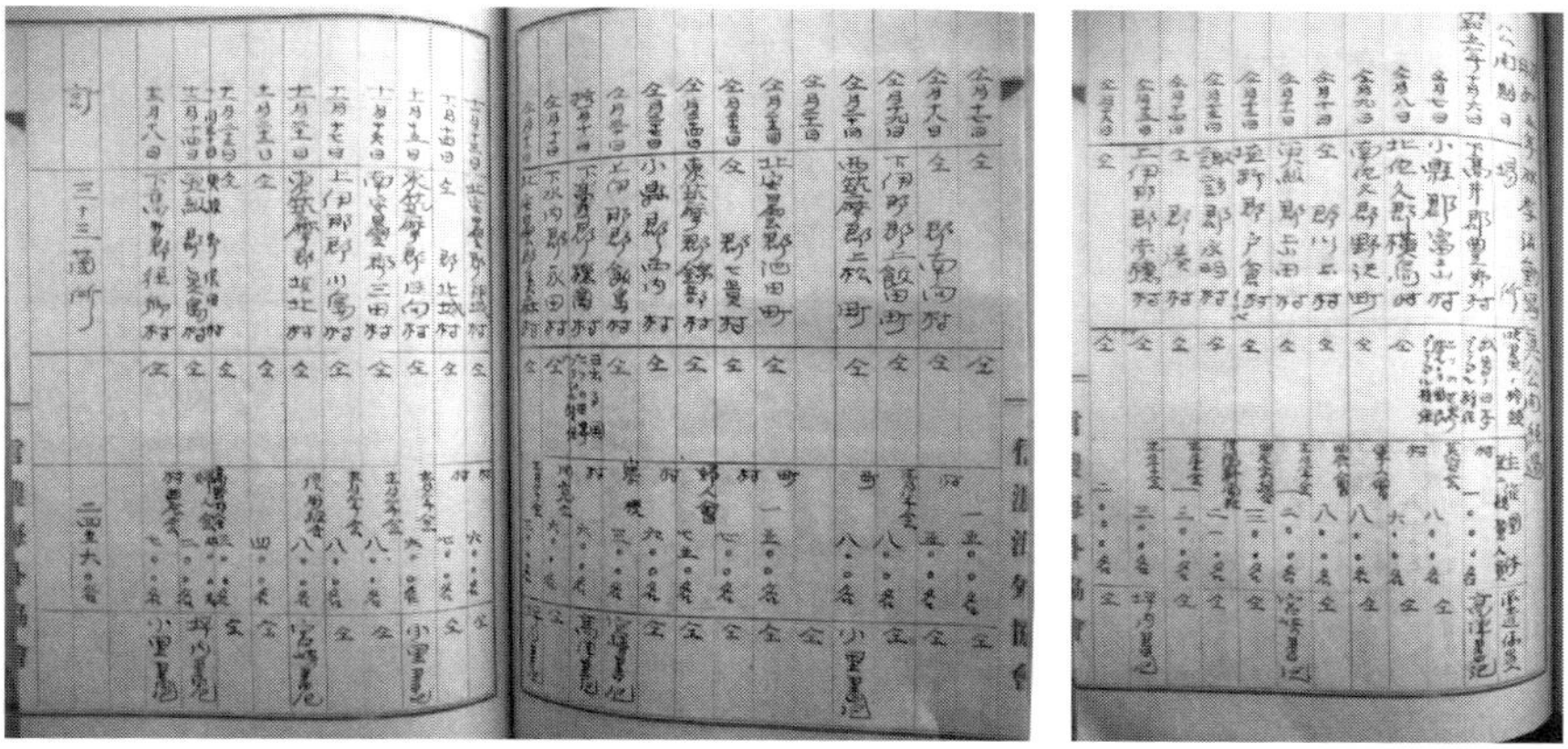

写真２－５　1930年10～12月の活動写真経過の記録
出所：長野県立歴史館蔵

る資金は、おもに各郡市別に割り当てるというやり方で、一九二三年五月から一九二六年一二月まで一六万五〇〇〇円を集めることができた（永田編 一九五二：七三）。これらの資金を集めるときに、一九二四年に信濃海外協会は、永田をブラジルへ派遣し、現地で約五五〇〇町歩ほどの移住地の購入を契約した（長野県開拓自興会満州開拓史刊行会 一九八四ａ：六五）。こうしてブラジルでの移住地の獲得により、一九二五年に永田が帰国したあと、写真２－１、写真２－２のように「南米信濃村移住者募集」が始まり、一九二四年に第一回の移住者が渡航した[*9]。移住地の建設はさらに進み、一九二六年に第二移住地、一九二七年に第三移住地もでき、移住者は長野県に限らず、鳥取県、富山県などの県外にも広げられていった[*10]。

以上のように、一九三二年の満州移民が始まるまでに、長野県の海外移民活動は、信濃教育会、信濃海外協会を中心に行われた[*11]。県民を海外へ送出する際に、県、信濃教育会、信濃海外協会、各郡市、各郡市下に置かれる青年会、婦人会、軍人会、産業組合など、上から下までの組織と組織、組織と個人、個人と個人などの間にネットワークが出来上がり、こうしたネットワークを通じて流通する移民の情報（講演会、幻燈会、映画会、写真会、雑誌や印刷物など）がその地域社会の隅々まで行き渡ることとなり、移民の送出を推し進める地域的基盤が構築されていった。

2　南米移民から満洲移民への転換

（1）満洲愛国信濃村の建設

一九三一年の満洲事変以降、日本国内では満洲への関心が次第に高まっていた。こうした流れのなか、これまで南米などを中心に移民を行ってきた長野県は、いち早く満洲移民への志向を示していた。一九三二年一月、東京長野人総会で満蒙調査会が設立され、永田ら三人を調査員として満洲へ派遣することとなった。そして、早くも三月に満洲愛国信濃村建設委員会が組織され、委員は県知事石垣倉治を委員長に、県、県会、農会、信濃教育会、町村会長、市長、産業組合、信濃海外協会など各界の代表者からなっていた。五月、永田らは入植地を獲得するために満洲へ視察に入り、現地調査を踏まえ、「満洲における移住地の建設」という報告書をまとめた。これを各関係機関に配り、さらに信濃毎日新聞社によって刊行し、宣伝を行った（永田編 一九五二：一〇一－一〇二）。六月には長野県臨時県会において、「満州ニ於テ信濃村建設ニ関スル件」の意見書が可決された。意見書には、次のように書かれている。

> 本県ノ現状ハ、今ヤ経済的危機ニ瀕シ、是レガ打開ノ道ハ県民海外発展ニ待タザルベカラズ。此秋ニ当リ、満州ニ於テ集団移住地ヲ建設シ、県民ノ難局ヲ突破スル途ヲ講ズルハ、我県民ノ永久ノ幸福ト発展トノ為メ、最モ緊要適切ナル対策ナリト信ズ。県ハ民間機関ト連絡シテ、機宜ヲ失セザルヤウ、速ニ満州ニ信濃村ノ建設ヲ遂行セラレタシ。
>
> （長野県開拓自興会満州開拓史刊行会 一九八四ａ：七七）

この意見書に示されるように、一九三〇年代の農村は不況や自然災害などの影響で深刻な状況に陥り、県は農村の経済更生と海外移民の活動とを結び、農村で抱える問題を解決しようとしていた。この考えは、満洲愛国信濃村建設趣旨に「信濃海外協会が建設した南米信濃村は、良好な成績を収め、長野県が移植民能力において優秀抜群であることが実証された。この体験を基礎とし、此千載一遇の時機において、長野県民のために満洲移住地の建設を実行し、行き詰まる長野県民の精神的経済的窮境を打開し、範を天下に示す」[*12]とはっきり書かれている。満洲愛国信濃村建設の発想は、これまでの南米などの移民活動の経験を満洲移民に活用し、県下経済の窮境を抜け出そうという試みであった。

満洲愛国信濃村建設の事業計画も、基本的に南米ブラジル・アリアンサ移住地の建設計画に基づいていた。その計画は、「①第一期の資金を一〇万円とし、各郡市町村に割り当て募金する。募金方法は各郡市町村委員に委嘱する。②資金は信濃海外協会で管理する。③入植者は、市町村長と協議し候補者を選定し海外協会にて決定する。入植者の家族は、労働者二人以上であること。④移住者資金一戸三〇〇円以上とす。⑤十一ヶ年に五千戸入植を目途とする」（永田編 一九五二：一〇二）という内容であった。

この計画により、同年八月に県下で一戸三五銭、各郡市町村に割り当てる募金活動が始まった。募金の委嘱を受けた各郡市町村委員は直ちに募金活動に取り組んだ。しかし、昭和恐慌による不況、マルクス主義者たちによる反対（長野県開拓自興会満州開拓史刊行会 一九八四a：九一–九三）、そして満洲移民の悲観論、不可能論[*13]の風潮が強かったため、満洲愛国信濃村建設の募金活動は極めて困難だった。一九三三年一月頃には一二〇〇円しか集金できなかった。こうした状況のなか、信濃海外協会は、一九三三年一～三月にかけて、全県にわたって二一小学校で満洲愛国信濃村建設を推進するための趣旨説明会、募金活動、講演会を行った（長野県開拓自興会満州開拓史刊行会 一九八四a：九三）。募金はなんとか半額に達したものの、経済移民と主張する永田の主張が国防の目的で移民を送るという関東軍の意見と食い違っていたため、移住地を確保できず、計画は頓挫してしまった。[*14]

（2）信濃教育会

満洲愛国信濃村建設の気運が高まるなか、これまで「海外発展」を掲げていた信濃教育会は、早速満蒙へ視線を向けた。信濃教育会は、満蒙の重要性を唱えながら、満蒙移民と教育とを結びつけ、満洲にかかわる取り組みを強めたのである。一九三二年三月に発行された『信濃教育』には次のような文書が発表されている。

満洲事件の突発に伴ひ一面には教育が学校以外にも進出の必要を感じ、其結果内地農村の文化を海外殊に満蒙の地に移植するの急務なるを感じて、教育界は近頃にない積極的気運に充ち、農村青年教育の問題と共に、誰もが支那満蒙の曠野の開拓を如何にすべきかに力を注がんとするに至った事は共に喜ぶべき傾向である。

（信濃教育会 一九三二：一一九）

ここで示したように、信濃教育会は「内地農村の文化」を海外や満蒙の地に移植するのが「急務」であることを主張している。この取り組みの一環として、信濃教育会は、一九三二年六月に調査員一〇人を委嘱し、満蒙研究調査委員会を組織した（長野県歴史教育者協議会編 二〇〇〇：二一六）。同年九月には五人を満洲に派遣し、一九三三年にも四人を派遣し、満洲の各地で調査を行った（信濃教育会 一九三四：一一七）。この調査を踏まえ、一九三三年一二月に信濃教育会は、満蒙研究室を設置し、常設委員を配備することとなった。その目的は、①満蒙研究資料の蒐集整理、②本県出身教育者並に青少年の満蒙進出の助成、③満洲国人の本県留学生招致、④本県拓殖教育機関並に現地指導所の設置促進、⑤視察員の派遣及び満蒙に関する講習講演の開設、⑥在満本県人との連絡提携、信濃海外協会と連携をとって移植民教育の強化を図るなどの活動にあたっていた（信濃教育会編 一九七七：三五二）。

満蒙研究室の設立、一九三二年から関東軍・拓務省による試験移民の送出を背景に、一九三四年信濃教育会は「移植民教育ニ関スル研究委員会」を設置し、移植民の教育に関する研究に取りかかった。同年一二月に、当該委員会は県学務部や更級農学校の職員らを招いて、「移植民教育に関する座談会」を開いた。さらに、一九三五年一月、同委員会は長野県に拓殖学校の設立と移植民の教育の拡充をとなえた。このような動きにより、一九三五年五月、信濃教育会は「長野県拓殖学校設立趣意書」を作成し、長野県知事、学務部長、経済部長、学務課長、社会課長に対して、県立拓殖学校設立を陳情し、働きかけた。同年県議会において、更級農学校に拓殖科を設けることが決定された。

更級郡は、前述したように大正期に信濃教育会の海外発展活動のモデルとして県下では最も先進地であった。更級農学校は早くも一九一五年に、教育のカリキュラムに「植民」の授業を組み入れていた。長野県中等学校はこの種の教育の先駆であった。一九三五年には信濃教育会の働きかけにより、翌年四月に「長野県更級農業拓殖学校」と改称、本科、専修科のほかに第二部拓殖科が設置され、移植民を養成する中堅の訓練機関となった（長野県開拓自興会満州開拓史刊行会 一九八四a：一六四）。こうした信濃教育会による満洲移民への積極的な取り組みにより、一九三七年度までの更級農学校の卒業生は、三四人すべてが満洲愛国信濃村の先遣隊員として選出された（太田正充 一九三八：七八）。他方、信濃教育会は、一九三七年から現地の開拓地に視察団を派遣し、一九四一年まで続けていた。

日中戦争のなか、信濃教育会は、さらに満洲移民事業を鼓吹し、「満蒙」を「生命線」とする国策に沿って、移植民教育を徹底的に行っていた。一九三四年に設立された満蒙研究室は、日中戦争の長期化に対応するために、一九三八年に「東亜研究室」と改称された。しかし、太平洋戦争への突入などにより、農村の余剰人口は、軍需産業や兵力にとられたため、満洲移民人員の確保が次第に困難となっていたときであったにもかかわらず、信濃教育会は、「興亜教育」を唱え、満蒙青少年義勇隊の送出に力を注いでいた。

一九四一年一一月七、八日の二日間にわたって、信濃教育会は、臨時総集会・興亜教育大会を開催した。おもな議論として同年一〇月に拓務省による「時局下ノ新事態ニ即応シ、満蒙開拓青少年義勇軍ノ一層堅実ナル進展ヲ図ルノ要アリ、之ニ対処スベキ具体的施策如何」という諮問への答申があった（長野県開拓自興会満州開拓史刊行会 一九八四a：二九三）。そこでは、義勇軍の送出や興亜科の設置などについて具体案を出しながら、「女子拓殖事業」についても提案された。このような信濃教育会の取り組みにより、長野県における義勇軍送出の気運が高まり、終戦までに長野県から送出された義勇軍は、全国において最も多かった。義勇軍に参加した動機について、陳野守正（一九八八：九八）によれば、「教師の宣伝、勧誘、督励（「国のため」教育）」の理由で渡満したのが一番多かったと指摘している。例えば、先生に勧められ、一九三九年、満洲に渡った百瀬実子さんは当時の状況を次のように振り返る。

満洲事変以来「北辺の守り」「日本の生命線」などという言葉がしきりと聞かれるようになり、次第に大陸へと人々の目が向けられるようになりました。「五族協和」「王道楽土建設」の言葉とともに「拓け満蒙、行け大陸」との国家による宣伝が盛んに行われるようになりました。（…中略…）私は宣伝に弱い質でしたので、朝夕満洲のことばかり考え続けて、遠い満洲へ思いを馳せていました。（…中略…）当時は、学校あげて満洲開拓を奨励していました。相談にのっていただいた先生からは、それならいっそのこと開拓団花嫁となって向こうへ行ってはどうかとのお話があり、ぜひとも、と強くすすめられました。

（創価学会婦人平和委員会編 一九八六：八二）

このように、満洲事変以降、信濃教育会における「海外発展」の活動は、国策に合わせた形で満洲への移民送出と結びついていた。学校教育のなかで移植民に関する啓蒙教育、調査研究、移植民の養成・送出に積極的に取り組み、社会教育においては各機関と協力をとりながら、県下の各地域において講演会、講習会、座談会、展覧会、映画会などを開催して移植民教育を普及させた。長野県が満洲移民や青少年義勇軍の送出で日本一となった背景には、信濃教育会によるこのような組織的、体系的な施策があったことは明らかである。

(3) 信濃海外協会

一方、満洲事変以降の信濃海外協会は、満洲に土地を購入し、ブラジル・アリアンサ移住地のような形で満洲愛国信濃村建設に積極的に取り組んでいたが、結局、失敗となった。一九三六年に、満洲移民が国策として決定されると、一九三三年に止まっていた満洲愛国信濃村建設が再開することとなった。

満洲事変前後、信濃海外協会は、満洲移民への関心を示していた。一九二七年二月、信濃海外協会の総会では、平野桑四郎副総裁が、南米ブラジルの移民のみならず、北米、南洋、満蒙などの地域までも、国民進展の道として講ずる必要があると主張した（長野県開拓自興会満州開拓史刊行会 一九八四a：一一四）。一九二八年には、信濃海外協会は、満蒙への関心を高めるために満鮮への視察を企画した。写真２－６は、当初の満鮮の視察目的、具体的な日程、費用などを記した栞である。満鮮視察を終えて、現地の様子が報告されると、大きな反響を呼んだ。これを受けて、同協会は満洲、朝鮮、台湾などの事情に関する印刷宣伝物の配布に力点を置きながら、大正期のように海外発展講演会を開催するようになった。

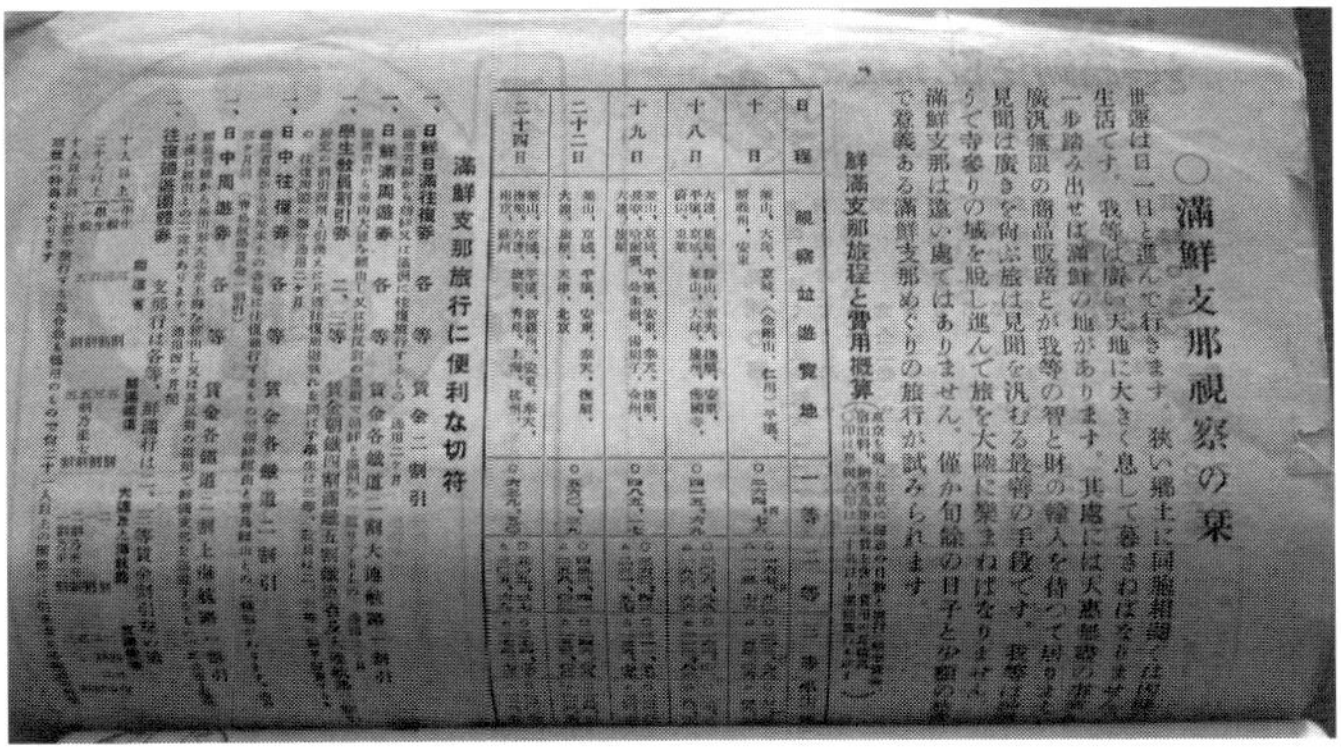

写真２－６　満鮮支那視察の栞
出所：長野県立歴史館蔵

一九二九年三月号の『海の外』には、前年八月九日に下高井農学校で信濃海外協会が主催した海外発展講演会の様子が報じられている。「移植民問題に就て」「満鮮の視察談」「開拓の精神」「我国現状と海外発展」という四つのテーマに沿って講演が行われ、その時の様子は「聴衆は堂に満ち講師の熱弁と共に聴衆に多大の感動を與へ近来稀に見る盛会を極めた」と伝えられている（信濃海外協会 一九二九：三七）。この時期から信濃海外協会の活動は次第に満蒙へと視線を転換しようとしていたことが窺える。

こうした流れのなか、一九三二年、『海の外』には、信濃海外協会特別会員羽場金重太郎の「海外進展主義と満蒙問題」という論稿が発表され、満洲がほかの植民地とまったく異なる点を強調した。彼は「満州は本国の国是より切り離されて考ふることが出来ない地域で、『我国の生命線』であると云ふ所以で」、「この地域に障害を受くる暁には武力を用ふるも已むを得ない必然性があり、今回の事変もこの万

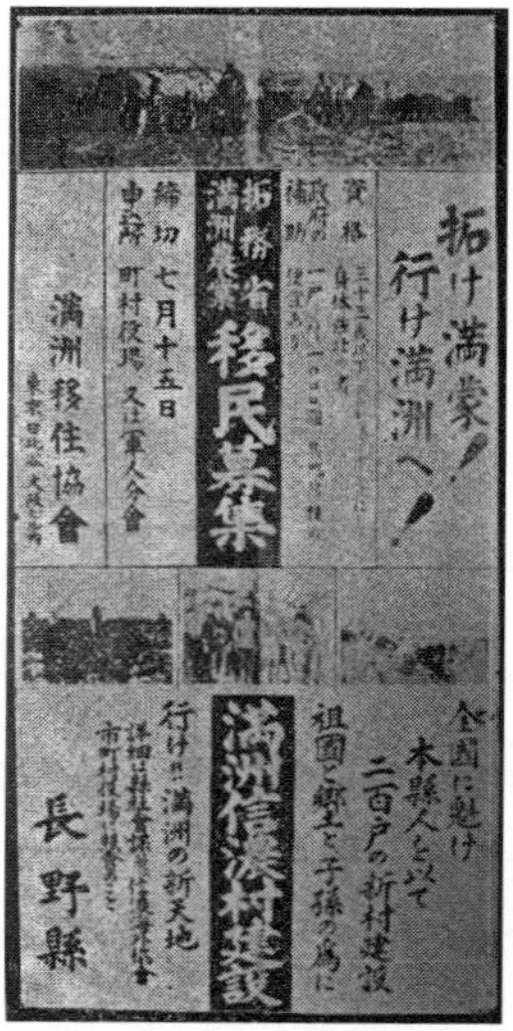

写真２－７　移民募集ポスター
出所：長野県 1938：26 より転載

已むを得ない当然の処置」（長野県開拓自興会満州開拓史刊行会 一九八四a：一一五－一一六）という論調で、日本の侵略戦争を正当化し、日本にとって満洲はいかに重大なるものかを県民に唱えていた。

こうした動きは、信濃海外協会が満洲愛国信濃村の建設に積極的にかかわる背景となっていた。一九三二年、信濃海外協会による満洲愛国信濃村建設の計画は途中で失敗したが、一九三六年に満洲移民が国策化されると、長野県独自の取り組みが、その後の一県一村の満洲移民送出の原型となっていった。信濃海外協会は、一九三六年の関東軍の「二十ヶ年百万戸送出計画」に先立ち、拓務省と連絡を取りながら、長野県だけで一村を作ることを要請した。拓務省の了解を得て、満洲愛国信濃村の送出を実行するようになった。一九三六年五月に第五次黒台信濃村開拓団の団員募集を開始した。一〇月に現地に入植するまでは、信濃海外協会は、県やほかの関係機関との連携を取りながら、入植者の選定、県民の移民意識を高めるため、県庁において移民協議会や講演会などを開催した。こうした宣伝活動に参加したことをきっかけとして満洲に渡った人が少なくなかった。例えば、**写真２－７**のような信濃村募集のポスターを見かけて、満洲に渡ったN・Mさんは次のように振り返る。

その年の秋、役場に行くと、その満洲移民って、ポスターを貼ってあってね。それで兵隊に行けないんだから、満洲の百姓になってもいいと思ってなぁ、応募したら、それでスムーズ、（…中略…）長野市から満洲へ旅立ったんだ。[*15]

このようにして、信濃海外協会は行政側と提携しながら、県民に移植民の教育を普及していた。県民の自発的な満洲進出を「国策の使命」と結びつけ、「満洲移植民の政策の実行は日満両国の関係を愈々ならしめ、東洋平和を確保するために必要欠く可らざる要件」であるとし、「日本民族生存権確立の根幹」と主張した（長野県開拓自興会満州開拓史刊行会 一九八四a：二〇二）。こうした言説の確立により、長野県知事を委員長とする満洲移住地建設委員は顧問、県委員、郡市委員、町村委員、満鮮支各地長野県人事委員など二五〇〇人を設け、移民の推進活動に力を注いだ（長野県開拓自興会満州開拓史刊行会 一九八四a：二〇二）。

また、前に述べたように、信濃海外協会は県下の各学校、青年団体、在郷軍人分会で講演会を開き、雑誌や印刷物などを通して、満洲移民に関する情報を県民に発信し続けた。一九三五年までの時点では、一九五回の講演会を開き、聴講者は四万五四一二人に及んだ（長野県開拓自興会満州開拓史刊行会 一九八四a：二〇二）。宣伝に用いた雑誌や印刷物は、表２－２にあるように、発行されたものが八種類あり、数も大量であった。一九四〇年に満洲に渡ったK・Mさんは、当時の様子を、次のように振り返っている。

表２－２　満洲移民に関する宣伝雑誌

満洲における移住地の建設	300冊
満洲愛国信濃村の建設	4000冊
満洲愛国信濃村建設の要綱	2000冊
満洲愛国信濃村の建設経過	3000冊
満洲移住者募集要項	2000冊
満洲愛国信濃村建設趣意書	34万枚
満洲移住案内	1300冊
満洲農業移民要綱	1000冊

出所：長野県開拓自興会満州開拓史刊行会 1984a：202

毎日宣伝だよ。みんな、あの、満洲へ行け、行けってね、毎日。この人たちが第七次信濃村開拓団（…中略…）そう、日本では景気が悪いから、満洲行けば、土地を、広い土地があって、そして、作物が取れて、生活には困らないからって。[*16]

このように、信濃海外協会は、県の行政と一体化して満洲移民計画に積極的に取り組んでいた。行政側との連携を図りながら、リーダーシップをとり、市町村の移民係と協力し移民計画を進めていたのである。

（4）昭和恐慌

以上で、長野県における移民の推進に、信濃教育会、信濃海外協会が果たした役割が大きいことが明らかになった。ここでは、渡満のもう一つの理由となる農村不況という経済的な側面について簡単に説明しておきたい。冒頭で述べたように、長野県では、全耕地の四七パーセントが桑畑で、養蚕農家が八〇パーセントを占めていた。一九二九年の世界恐慌の影響を受けた繭価、糸価の暴落によって、全国最大の打撃を受けたのが長野県であった。一九二九年に養蚕業は県の産業経済の七四パーセントの比重を占めたが、昭和恐慌後で五〇パーセント台に落ちたのである（小林弘二 一九七七：二五）。

一九二六年に一貫あたり八円二五銭だった繭は、一九三〇年になると二円五五銭まで低落し、さらに一九三四年になると二円一八銭に暴落していた（長野県開拓自興会満州開拓史刊行会 一九八四a：一二二）。生糸相場の暴落によって養蚕農家は負債を抱え、農村に深刻な疲弊をもたらした。その上、製糸業にも打撃を与えた。製糸工場は相次いで倒産し、銀行も破たんするという連鎖反応が起きてしまった。[*17] 一九三〇年七月一八日付『時事新報』には長野県小県郡丸子町の製糸工場の閉鎖によって工員が解雇され、それによって生じた賃金争議に関する記事が掲載されている。

> 糸価惨落の為め遂に持ちこたえられず長野県小県郡丸子町上原製糸工場は十七日突如工場を閉鎖し職工八十名を解雇するに至ったが、工場主は夏挽以来の賃銀を支払わないので、職工は不穏の形勢があったが丸子警察署が仲に入り十一梱の生糸を押え直に横浜の問屋に売ってその金で職工を救うことになったが、同地方の製糸家は全く賃銀の支払も出来ないので四苦八苦の状態で今後も上原工場のような悲劇が繰返されるのではあるまいかと警戒中である。[*18]

恐慌は養蚕業のみではなく、普通の農業にも影響を及ぼした。一九三〇年、米は豊作だったが、県内の米の価格は暴落した、豊作飢餓によるものと言われた。そして、東北、北海道の冷害による凶作などで日本農村の窮乏は極限に達した。こういった状況のなか、農村内の小作問題や過剰人口の問題が顕著になり、社会の不安定要因となった。

このような社会の不安定要因を解消するため、農村の経済更生運動が提起された。この運動は、本来満洲移民と無関係だったが、一九三六年に満洲移民が国策化されたことにより、農村の過剰人口いわゆる土地を持っていない貧農を満洲に移民させ、母村の経済を建て直そうとしていた。一九三八年五月、農林省は、経済更生運動の一環として満洲への「分村計画」を取り入れた。分村というのは、「少なくも移住現地において一か村また一部落を形成することがその前提である。その移住者数は少なくも二〇戸ないし三〇戸以上を集団的に送出する規模であることが必要である」（満洲開拓史復刊委員会 一九八〇：二〇五）。分村は、内地母村の土地と人口との調和をはかろうという目的であった。

(5) 長野県における満洲移民の送出状況

以上の要因を踏まえ、次に長野県の移民送出の状況を見てみよう。満洲愛国信濃村建設に見られるように、長野県では、一九三二年の拓務省による試験移民期から積極的にこの問題に取り組んできた。一九三二年から一九三五年までの間に、四回にわたる長野県からの移民数は一二八人であった。人数はそれほど多くないが、全国でも上位を占めている。移民数が全国で一〇〇人を超える県は五つあり、山形県をトップに、宮城、福島、新潟、長野の順であった。

長野県から試験移民期に送出された移民の特徴について言えば、職業では農業に従事している人が圧倒的に多く、八七パーセントを占めており、県内の土地不足、農業人口の過剰が反映されている。次に学歴では高等小学校卒の隊員が約三六パーセント、次いで実業学校を含む中等学校卒の隊員が二〇・五パーセントを占めている。すなわち、移民の思想を受け入れたのは単に低学歴の人だけではなかったことが窺える。また送出された隊員はほとんど次男、三男であった。そして、初めの二回に送出された隊員の年齢は三〇歳台前半で、第三次・四次の応募者は二〇歳台後半が多く、応募者の年齢制限が緩和されていることがわかる（長野県開拓自興会満州開拓史刊行会一九八四a：一八九）。

本格移民期において、拓務省による第一期五ヶ年移民計画が実施されたのは一九三七年であったが、長野県では一九三六年に「満洲信濃村建設計画」を独自で作り、同年一〇月、県単位編成の第五次黒台信濃村開拓団を満洲に入植させた。その規模は試験移民期と比較にならないほど大型の開拓団であった。戸数は三〇〇戸前後、人員は一〇〇〇人以上にのぼっている。入植は先遣隊員を選び、彼らに一定期間の営農訓練を受けさせたあと入植地に送り、そこで本隊とそれらの家族を受け入れるための必要な準備をし、共同経営を行う。それから、順次に団の共同経営から部落ごとの共同経営、そして個人経営へ移行するという形をとった。このように、黒台信濃村に続き、同じく県単位で満洲に一村を建設するという方式で、一九三七年に第六次、一九三八年に第七次、そして、一九三九年に第八次の開拓団を送り出した。

一方、一九三七年に分村運動が始まり、県は一県一村計画から一町村一部落へと開拓計画を移行させた。分村計画の樹立について、『満洲信濃村建設指導要項』によれば、次のようである。

昭和十二年度ヨリ政府ニ於テハ重大国策トシテ大量移民送出ヲ計画サレタルヲ以テ、本県ニ於テモ政府ノ方針ニ順応シ、大量集団移民計画ヲ樹立シ、友邦満州国ノ文化向上ト産業開発指導ノ民族的使命ニ立脚シテ、農村問題ノ根幹ヲナス農耕地並ニ人口緩和ヲ遂行センガ為、県下各町村ニ対シテ一町村一部落構成ノ分村計画ヲ樹立セシメ、之ガ実現ヲ期スベク指導セントス。（長野県開拓自興会満州開拓史刊行会一九八四a：二一五－二一六）

分村移民の形態は一九三七年に始まり、以後分村・分郷移民が主流となった。全国において「分村第一号」となったのは長野県佐久郡にある大日向村である。一九三七年、大日向村が先遣隊として渡満し、一九三八年、本隊は吉林省舒蘭県四家房に入植した。一九三九年の第八次としては富士見、読書の両村に続き、泰阜村をはじめ千代村、上久堅村、川路村などで分村が行われ、渡満した。また、郡単位の開拓団として下伊那郷開拓団が結成され、さらに、翌年からは更級郷、公社郷、下水内郷、芙蓉郷などから分郷隊が出発したのである。このように、一九四五年の敗戦までに長野県から満洲に送出した開拓団の総数は一〇五、人員総数は約三万四〇〇〇人（一般開拓二万六三三二人、義勇軍六九四二人、その他四七六人）であった。しかし、送出された三万四〇〇〇人のうち、一九四八年八月以降の敗戦後の避難生活や引揚げという想像に絶する極限状況のなかで戦死、病死、虐殺、自決などにより死者が続出し、また多くの残留孤児や残留婦人が生み出された。そのため、帰還を果たした者は一万六九四九人にすぎず、帰還率は五割にとどまった。未帰還者は一万六〇四三人にのぼり、そのなかで死亡者は一万四九四〇人、残留者は一一〇〇人となった（長野県開拓自興会満州開拓史刊行会 一九八四ａ：七二二）。

おわりに

本章は、日清・日露戦争以降、信濃教育会を中心とする長野教育会の「海外発展」思想の形成、大正期から昭和初期にかけての信濃教育会や信濃海外協会による積極的な海外移住推進活動、そしてこれらを通じて蓄積された移民送出の経験とその地域的基盤が、満洲事変以降、特に一九三六年に満洲移民が国策として推進されてから、移民の送出に大いに活用されていたことを明らかにした。また、これまで長野県が多くの満洲移民を送出した理由については、昭和恐慌による不況という経済的側面から検討されてきたが、これに対し、本章では経済的理由のほか、信濃教育会や信濃海外協会を中心とした行政側による推進力が移民送出のプロセスにおいて、極めて大きな役割を果たしたことを検証することができた。

大正期から昭和初期において、信濃教育会による「海外発展」の啓蒙教育活動に取り入れられた移植民講演会や幻燈会は更級郡で大成功を収めた。それゆえにこうした講演会は移植民の情報、宣伝などを流通させる有効な手段として認知され、一九四五年の終戦まで終始利用され続けてきた。

また、一九二二年に設立された信濃海外協会は、県下の郡市町村のみではなく、県外、海外にも支部を作り、県内、県外、海外を結ぶネットワークを構築させ、組織として強化を図った。しかも、機関誌『海の外』を通して、県下における「海外発展」の推進、宣伝を行い、それと同時に県内と海外とに移民情報を交換する場を提供してきた。

さらに、こうした移民活動を推進する信濃教育会、信濃海外協会の背後には、県による強力なバックアップがあった。移民の送出計画を実行するにあたって、県は行政が持つ強い力で各郡市町村への協力を要請し、そして各郡市町村においては個々人にまで十分に行き届く体制（郡市町村→学校「小学校・青年学校」／移民後援会「軍人会・婦人会・青年会など」／産業組合）を作り上げ、地域の全体にわたり移民に関する情報、海外への移住に関する教育思想などを浸透させていった。

このように、移民を推進するための手段、情報を流通させるネットワーク、移民計画を実行するための組織力という三つの軸が並存し、そして、これらが相互に協力し合いながら、移民の送出が展開されていった。その結果は、大正後期から昭和初期における南米のブラジル・アリアンサ移住地の建設の実績が示している。こうした移民を推進する活動により、長野県では一九三二年の満洲移民が始まる以前に、移民送出の地域的基盤が、すでに整えられていたと言える。満洲事変以降、長野県は国策に迎合するという形で、それまでの南米などへの移民送出の経験を活用しながら、満洲移民の送出に取り組んでいた。こうした長野県のように、県をあげて県民を積極的に満洲へ送出した動きは、全国においても稀である。当時の長野県における社会的・経済的背景とそれを通じて形成された独自な地域的基盤が、この地域から多くの満洲移民を送り出す大きな要因の一つとなっていたのである。

本章では、満洲移民の送出に関して、長野県という地域のレベルで考察を行った。次章では、こうした長野県から多く送出された開拓団のなかの一つ、第七次中和鎮信濃村開拓団を取り上げ、集団レベルでの考察を行う。

注

1　代表的な研究は、満州移民史研究会編（一九七六）『日本帝国主義下の満州移民』龍溪書舎、高橋泰隆（一九九七）『昭和戦前期の農村と満州移民』吉川弘文館などがあげられる。

2　五つの教育方針のなかで、海外発展主義教育に力を注ぐ理由は、長野県の現状として耕地が極めて不足だったことで農業では生きていけないため、県民を海外へ移住させるほかないと考えたからである。これに関連して、農業がやっていけないのであれば、工業教育などほかの教育に展開するしかないという発想であった（永田稠一九七三：一六）。

3　更級郡には、当時耕地が非常に少なく、全郡民と耕地との比率は、一人あたり一平方メートルと報告されていた。

4　永田稠は、一八八一年に長野県諏訪郡豊平村で生まれた。日露戦争に従軍し、一九〇六年に復員した永田は、北海道へ渡り農業に従事した。翌年、渡米するために、東京で日本力行会に入会し、旅券がおりるまで初代会長の島貫兵太夫（一八六六－一九一三）に師事した。島貫は、元々小学校の訓導だったが、キリスト教の伝道者になるために仙台神学舎に入った。卒業後に上京し、苦学生を救助するために、一八九七年「東京労働会」を設立させた。以降、島貫は苦学生をアメリカへ移住させて救済するなどの活動に取り組み、海外発展の必要性を唱えていた。一九〇〇年に「日本力行会」と改称。一九一三年、島貫が亡くなったあと、永田は約七年間の在米生活を打ち切って日本に帰国し、島貫の志を継ぎ、力行会の会長として海外発展に尽力した。一九一五年、永田は横浜の海外渡航者講習所の仕事に就いたが、その傍ら、長野県で移民教育の講習運動を進めていた（長野県開拓自興会満州開拓史刊行会一九八四ａ：三五－三八）。

5　「植民教育調査」を行う背景には、一九一四年八月、日本がドイツに対して宣戦し、第一次世界大戦に参加し、日露戦争後の懸案の一つである満洲権益の永続的確保問題の解決に乗り出していたという大きな社会状況があった。信濃教育会が提唱する「海外発展」教育は、こうした日本の植民地政策の一環として組み込まれていたと言ってもよい。

6　信濃教育会（一九三五）「移植民教育に関する調査研究」『信濃教育』五八六号、七五頁を参照されたい。

7　長野県の「海外発展」運動が盛んに推進されているなかで、紐育土地建設会社社長岡本米蔵が信州に来て、紐育の西郊外に有望な土地を廉価で買収し、これに投資すれば将来は紐育で楽に暮らせるなどの宣伝活動を行った。岡本は教育界、地方有識者との緊密な人間関係を利用して、小学校の教員、市町村吏員などをはじめ多く識者階層に投資させ、全県から一八万円も集めた。しかし、この事業は失敗となり、投資はほとんど回収できず、県内における「海外発展」運動に衝撃を与えた。

8　県外は東京支部が設置された。海外支部は、米国西北支部、北加信濃海外協会支部、在米南加支部、メキシコ、アリアンサ支部、レジストロ支部などがあった。これらの支部は、ほとんど長野県出身者によって組織されたものである（永田稠編 一九五二：六二－六五）。

9　一九三四年までの約一〇年間に、長野県からアリアンサ移住地に二八〇戸を送出し、総人口は一三三五人（現地で生まれた人口を含む）に発展した（永田編 一九五二：九二）。こうした実績により、長野県は全国最多の移民送出先進地域となった。

10　信濃海外協会の設立の前には広島、山口、岡山、福岡、香川、熊本の六県に海外協会がすでに設立されていた。しかしそれまでは諸県の海外協会の間には連携がなかった。そこで信濃海外協会が上記六県の海外協会に呼びかけ、一九二三年に「海外協会中央会」を組織することとなった（永田編 一九五二：六六）。中央会の目的はおもに各府県の海外発展の指導者の養成、海外協会が設立されていなかった府県への協力、信濃海外協会が創設した南米ブラジル・アリアンサ移住地の支援、海外事情の研究などであった（永田編 一九六六：七三－七四）。ここで述べたように、第二移住地、第三移住地に鳥取県や富山県からの移住者も加えたことは、当初の海外協会中央会の活動の一環だと考えられる。

11　一九二六年から一九三〇年までの間に、ブラジルへの移民が年々増加しており、一九二六年一一四名、一九二七年二二二名、一九二八年二三六名、一九二九年渡航者なし、一九三〇年二四一名となっていた（信濃教育会 一九三五：七七）。

12　永田稠編（一九五二）『信濃海外移住史』の一〇〇頁より要約したものである。

13　一九一四年から始まった満鉄による除隊兵の付属地への移民や一九一五年の関東庁による愛川村移民の失敗を受け、当初日本国内には満洲への移民の不可能論・反対論が非常に強かった。また、経済の側面からは「日本人の労働力再生産費が在満中国人農民のそれに比して各段に高いため、農産物の生産費が高くなり、従って、日本人による自作の経営は中国人農業経営者との市場競争にたちうちできない」（浅田喬二 一九七六：二九）というのが一般的な認識であった。

14　『力行会七十年物語』（永田編 一九六六：一三三－一三四）によれば、当時の経緯は次のとおりである。一九三三年、永田は関東軍特務部移民部の嘱託職員になったが、ここで述べたように経済移民を主張する永田の意見が関東軍の主張と対立していたため、まもなく関東軍から追放された。その後、永田は力行会の活動として「新京力行村」を手掛けていたが、敗戦とともに崩壊してしまった。

15　二〇〇五年八月八日にN・Mさんの自宅で行った筆者の聞き取り調査より。

16　二〇〇三年三月二四日にK・Mさんの自宅で行った筆者の聞き取り調査より。
17　一九三〇年一一月六日、農村の不況によって、長野県第二の金融機関であった信濃銀行が突然支払停止を発表していたのである。
18　『時事新報』一九三〇年七月一八日、新聞記事文庫、蚕糸業（一九－〇四六）、神戸大学。

第三章　満洲開拓をめぐる集団的記憶
——長野県第七次中和鎮信濃村開拓団を事例として

はじめに

これまで第一章ではマクロレベルにおける満洲移民政策の形成、第二章では長野県という地域における満洲移民送出のプロセスを論じてきたが、本章では長野県から送出された多くの開拓団のなかから第七次中和鎮信濃村開拓団（以下、「中和開拓団」と略す）を対象として取り上げ、一つの開拓団の送出から現在に至るまでの歴史を考察することにしたい。

中和開拓団は、第二章で述べたように一九三六年に再開した「満洲愛国信濃村」の計画の一環として位置づけられ、一九三八年に満洲浜江省延寿県に送出された。長野県は、満洲信濃村建設の計画の下で、一九三六年から一九三九年まで四次にわたって送出を実行したが、一九三八年から分村計画が本格的に具体化するにつれ、それ以後は一県一村から一町村一部落へと移行した。ここで中和開拓団を取り上げるのは、満洲愛国信濃村建設に関する当初の政策、状況などが反映されていると考えるためである。

また、中和開拓団に関する記録は、管見の限り、『長野県満州開拓史・各団編』に数頁が収録されているほかには、「公的な歴史」として発表されているものがほとんど見当たらない。『長野県満州開拓史・各団編』に掲載された中和開拓団の内容は、おもに「入植までの経過」「開拓団の概要」「開拓団の終末」「自立と更生」（長野県開拓自興会満州開拓史刊行会 一九八四b：一三五－一四四）の四つの部分に分かれている。そこには、開拓団の設立をはじめ、入植後の建設、敗戦後の避難ルート、戦後七〇年代に開拓団の慰霊碑の建立をきっかけとして元開拓団の単位で「思い出の会」が組織された経緯、という開拓団の全体的な歴史の概略が中心に記述されている。しかし、中和開拓団における入植した個々人の実態、入植地での生活の様子、避難生活のなかでの残留孤児や残留婦人の発生などについての記述はない。

本章では、中和開拓団の送出から現在に至るまでのプロセス、戦前における中和開拓団の入植経緯や土地の獲得、現地における団の建設、共同経営や個人経営の様子、および終戦直後における避難生活、引揚げと残留の状況、そして戦後における中和開拓団の「再集団化」後の活動などからなる集団の歴史を跡づける作業を行う。

こうした問題を考察するにあたって、先に紹介した『長野県満州開拓史・各団編』に掲載された中和開拓団の資料を利用しつつ、一九七五年に中和開拓団の慰霊碑の建立に合わせて団員たちによって書かれた手記を編集した記念誌『追憶――あゝ中和鎮』[*1]、筆者による元団員たちへのインタビュー調査などを用いて、戦前から戦後までの中和開拓団の歴史と記憶を考察していきたい。

1　第七次中和鎮信濃村開拓団の入植経過

一九三六年に再開した満洲愛国信濃村建設の計画の下で、県は送出母体として一九三六年の第五次黒台信濃村、一九三七年の第六次南五道崗長野村の送出に続き、中和開拓団を第七次信濃村開拓団として結成し、一九三八年に浜江省延寿県中和鎮に入植させた。

中和開拓団の構成員は、全県から応募により選出された。当初移民募集を担当していた県社会課は、信濃村建設の計画に基づき、全県を第一区（長野市、上水内郡、下水内郡、上高井郡、下高井郡、更級郡）、第二区（上田市、小県郡、南佐久郡、北佐久郡、埴科郡）、第三区（松本市、東筑摩郡、西筑摩郡、北安曇郡、南安曇郡）、第四区（岡谷市、諏訪市、上伊那郡、下伊那郡）という四つの地域に分け、それぞれの地域に担当者を派遣し、各市町村と緊密な連絡を図っていた（長野県一九三八：三八－三九）。また、郡あるいは数ヶ村単位で移民相談斡旋所を開設し、県社会課の職員や信濃海外協会の職員がそこで懇親会や映画会などを開き、希望者への説明などに努めていた。さらに、各地方の在郷軍人会とその分会、郡町村長会は徹底的な協力を行い、募集活動を後援した。

中和開拓団の応募については、当時、多くの村報や時報などによって宣伝が行われた。例えば、下伊那郡鼎村の一九三八年七月一五日付「鼎時報」には、「沃野は招く――参加せよ！民族の大陸移動に!!」という見出しで中和開拓団の本隊員募集を村人に訴えていた（飯田市歴史研究所編二〇〇六：一五七）。こうした県や各地方行政の動員により、満洲移民の気運が高まり、計画より多くの応募者を確保することができた。応募者が選定されると、入植前の訓練や入植地の視察に取りかかった。

（1）入植地の決定

中和開拓団は、当初東安省密山県西五道崗へ入植する予定だった。一九三八年二月に団長は二人の団幹部を連れ、入植前に現地踏査を行った。調査結果として、予定入植地は「水量が少なくて水田可耕地に乏しい上に、畑地の傾斜も強く、一部に岩盤地帯も多かった」（竹下貞美一九七五）という悪い条件であったため、入植拒否を決定した。団長は入植地を変更したい旨を満洲拓務委員会に提出した。しかし、拓務委員会では「入植地の決定が相当の機関で協議したものであり、そして、この地区は国防上重要な地点で入植を必要としているので、変更できない」（長野県開拓自興会満州開拓史刊行会一九八四b：一三七）と強く反対した。一方、信濃村側は変更ができなければ、先遣隊を全員内地に引き揚げると強く主張した。双方は一週間ほど対立し、最終的に入植地は浜江省延寿県中和鎮に決まった。しかし、この入植地のトラブルにより、団長が更迭された。

　一九三八年、第一陣が浜江省延寿県境内の中和鎮に入植した[*2]。中和鎮は小興安嶺の支脈である張廣才嶺の西、延寿県城の東南に位置する。尚志県、方正県、慶陽農場と境を接している（図３－１を参照）。地勢は張廣才嶺の西斜面に広がり、北は亮珠河が流れ、山と河に囲まれ、恵まれた地区であった。また、標高が低く、湿地が多いため、米の聖地とも言われるところだった。中和開拓団がこの地に入植する前、すでに朝鮮人が水田主体の農耕をしていた。交通は浜綏線牙布力駅から五六キロ北のイマホ駅まではロシア人によって作られていた森林鉄道があり、イマホ駅から中和鎮まで約六キロ県道があった。当時の治安は一面坡という町の守備隊から一個大隊の分遣隊が中和鎮に駐屯していたので、特に問題がなかったという。

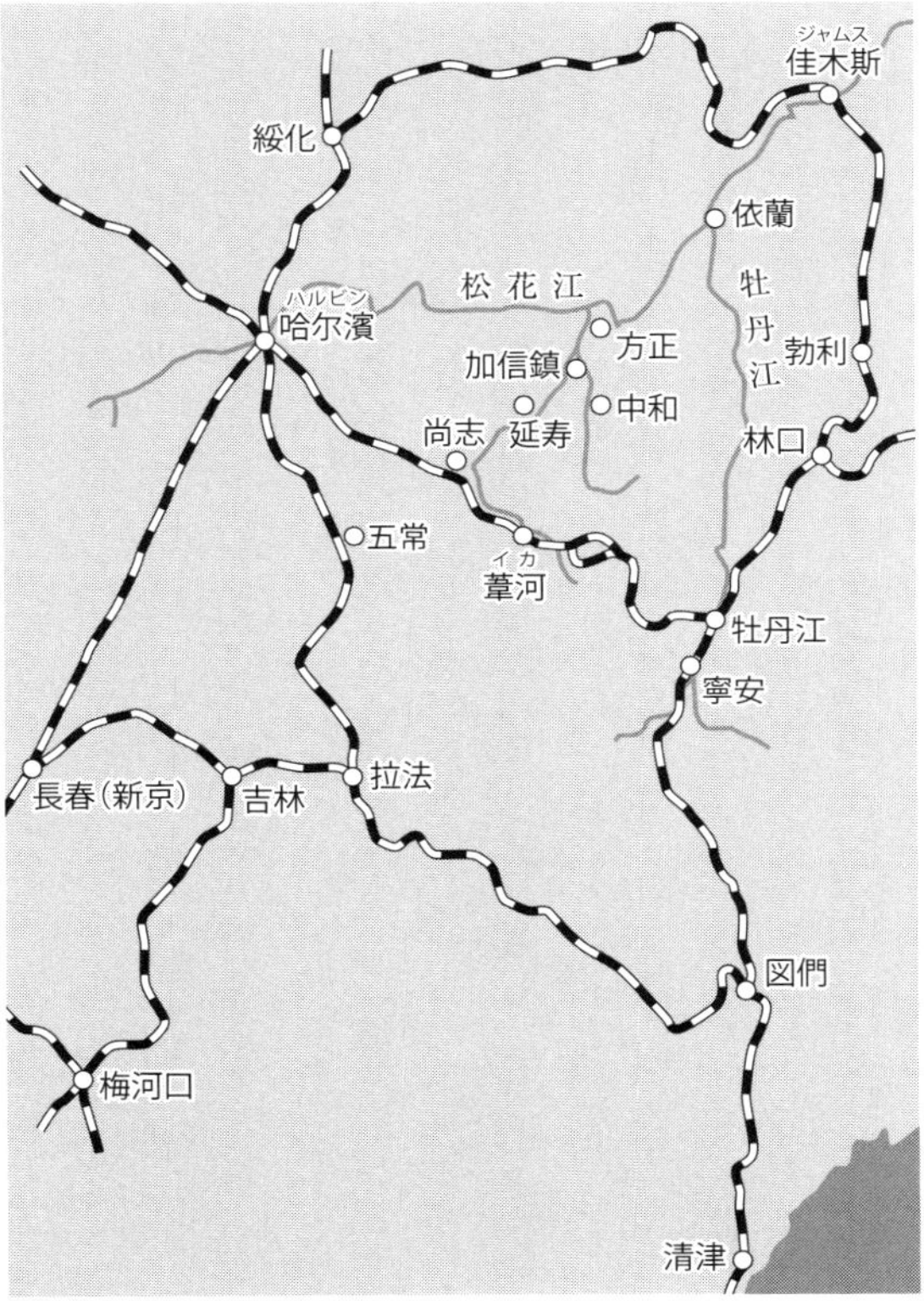

図３－１　中和鎮方位図
出所：北澤 2002：7 より

（２）中和開拓団の移民用地の買収

　一九三八年に先遣隊が浜江省延寿県の中和鎮に入植する前、満洲拓殖公社がすでに現地の部落の小学校を仮本部とし、現地住民の家屋、畑を「買収」し、彼らの土地使用権を奪っていた。

　一九三六年の北満経済調査所の調査報告によれば、浜江省各県旗（行政区画の単位）移民適地面積と収納可能な戸数が報告されている。そのうち、延寿県には日本人開拓団の入植に適した地域が七つあり、適地面積を甲種地（現状より直ちに利用できる土地）四万七三五〇陌（ヘクタール）、乙種地（施工により利用ができる土地）一万四三三〇陌、利用不可能な土地二万二三二〇陌、このうち、移民収容可能な戸数として甲種地に四七三五戸、乙種地に一四三三戸という調査結果があった（黒龙江省档案馆編 二〇〇三：二一七）。この調査結果を見てわかるように、日本人移民の一戸あたりに一〇陌の耕地を与えるという計算となっている。言い換えれば、これらの既利用耕地を「買収」して日本人移民に与えるという発想であって、現地住民たちを完全に排除した姿勢であった。中和開拓団が入植した中和鎮には、甲種地が二五〇〇陌、乙種地が六二〇陌あり、甲種地に二五〇戸、乙種地に六二戸、これらを合わせて三一二戸の日本人移民が入植できると報告されている（黒龙江省档案馆編 二〇〇三：二二三）。

実際に一九四五年の敗戦までに中和鎮に入植した中和開拓団は、二八二戸であった。先の調査報告と突き合わせてみると、中和開拓団の入植地は甲種地の面積のみで計算しても約八八パーセントが既耕地であったことがわかる。この数値を裏返して言えば、それまでその土地で生計を営んでいた現地の人々は、その土地を離れなければならなかったことを意味する。満洲拓殖公社や関東軍といった権力機関が日本人の入植に備え、現地の中国人の農地や家屋を「買収」するため、多くの現地の中国人を居住地から強制的に立ち退かせた。追い払われた現地住民は再び移住先の荒地を開墾するか、あるいは日本人の農業労働者となって生計を立てるほかなかった。

一方、こうして関東軍や満洲拓殖公社に用意された土地にやってきた日本人の開拓民の多くは、何もなかったように中国人たちの土地を耕し、中国人の住居に入り、満洲の広大な大地に対する感動と喜びだけを感じていた。一九三八年三月二二日、中和開拓団の先遣隊の一員として、中和鎮に入植した櫻井正一さんは、現地に対する第一印象と当時の心境を次のように書き残している。

現地は想像して居た大陸とは異なり山あり、川あり、丘あり、湿地あり、また山には大きな木もあり、川には多くの魚が住み、内地とあまり変わらぬところ――これがわれわれの入植地中和鎮でした。そこには部落の住民の家を満拓で買ってあって、われわれ現地到着とともに、それらの家の温床《おんどる》のアンペラの上にリュックサックをおろし、「明日からさっそく永住の楽土建設にかからなければならぬ」と一同はりきりました。（櫻井 一九七五：七二）

2　満洲における信濃村開拓団の生活

以上のように、中和開拓団は、一九三八年三月に先遣隊の第一陣が現地に入った。先遣隊は、現地に入植してから第二陣の先遣隊や本隊の入植を受け入れるための準備に取りかかった。

まず、先遣隊は、農耕班と建設班の二班に分かれて組織された。農耕班は、越冬野菜を確保するため、早速取り上げた中国人の畑で野菜栽培に着手した。建設班は団建設の初期において営農に必要な部品の調達、部落の設計、本隊用の住宅建設、道路整備、警備電話線の架設、地区の立地条件の調査などの事業に取りかかりながら、団において各部の部長の選出、部員の配置など一通りの組織を作った。団は本部、公務、農耕、畜産、加工、運輸、製材、煉瓦、消費、医務、測量という一一部門で編成され、団内の評議で助役と収入役を選出し、本部に置くこととなった（長野県開拓自興会満州開拓史刊行会 一九八四b：一二三八）。こうして、団の基本的な組織が決まり、団の三ヶ年作業計画が立てられ、満洲における中和開拓団の生活が始まった。

（1）中和開拓団の建設

入植してから一年目には本隊を受け入れるため、共同宿舎、倉庫、炊事場、浴場、便所、畜舎、井戸の建設に重点を置き、現地の中国人を雇って、共同宿舎の建設作業を進めていた。当時、団の初期建設に参加していた櫻井正一さんは次のように振り返る。

やがて日がたつにつれ、大湿地の橋に取りくんだが、当時は機械がないので松丸太をやぐらで打込み、大変な苦労の連続でした。苦力[*3]たちは水に入るのをこばむので、水に入る人の賃金は五割増しとするようなこともありました。やがて橋も出来上り、目的地の東丘に馬車も通じる様になったので、建設資材の運搬ができる様になり、まず各部落の共同住宅二棟、倉庫一棟、炊事場、便所各一棟と周囲に土塀を築きました。が、第一番にでき上がったのは三区の共同住宅でした。

（櫻井　一九七五：七二－七三）

団の建設が進むにつれ、本隊は二年目の一九三九年六月に大挙して入植し、同年の一二月からは順次家族を招致し始め、団の本格的な建設段階に入った。本隊が入植したのち、団の共同経営から部落ごとの共同経営に移行した。各部の職員への支払いは給料制として、出身部落の共同計算に加えることになった。水田の耕作はほとんど朝鮮人に委託していた。ほかの農作では北海道の農法に基づいて、耕作していた。ここでは、北澤正文さんの手記を引用しよう。

（前略）婦人たちは協同炊事、男子は協同作業の農耕や、建設を担当、総て本部の指示によって活動することになった。その目標は、農耕では北海道農法に準じ、プラオ農法を取り入れるのが主眼ではあるが、取り敢えず現地人の指導の〝リージャン農法〟[*4]で大豆、ポーミー（トウモロコシ：引用者注）の栽培に専念した。耕地は広くて何頭もの満馬にリージャンを引かせ、播種や除草にも働く現地人の作業振りには感心する面も多かった。水田の耕作は主として朝鮮人で、原始的な其の方法にもまた特殊性にも驚く。溝に浸して発芽させた種もみを、直接に散播きしていくが、その後の作業は稗退治のみ、施肥も中耕もない耕作では鮮人（朝鮮人のこと：引用者注）に教えを乞うことが多かった。

（北澤　一九七五：一三八－一三九）

農耕作業や建設作業にあたって、現地の中国人や朝鮮人を雇っていることがわかる。山田昭次によれば、大日向村開拓団における中国人、朝鮮人の小作地には、二種類があった。一つは移民団の共同管理地内の小作、もう一つは日本人個人に割当てられた土地の小作であった（山田編 一九七八：四四）。中和開拓団の場合は入植してしばらくの間は家屋建設のため、現地の中国人を小作として雇い、水田作りはほとんど朝鮮人に依頼した。一九四〇年、部落の経営から四戸単位の共同経営に移行した。

三年目以後、一九四一年からは各戸に畑一五ヘクタール、水田一ヘクタール耕地を配分して個人経営に入った。この時点で団の水田面積は五〇〇ヘクタール、畑は一五〇〇ヘクタールであった（長野県開拓自興会満州開拓史刊行会 一九八四b：一四〇）。水田五〇〇ヘクタールのうち、二〇〇ヘクタールを朝鮮人に貸して小作料を徴収し、これを団の運営費にあてていた。個人経営になると、個人の所有地に中国の労働者「苦力《クーリー》」と呼ばれる人たちを雇い、農作業をさせていた。日本人は現地に入植したあと、現地の朝鮮人、中国人農民に頼ったという雇用労働関係に関する山田の指摘は、中和開拓団にも当てはまると思われる。

建設が進み、四年目（一九四一年）までには団の診療所が竣工し（一九三九年）、また、煉瓦づくりの学校が完成した（一九四〇年）。部落を一つ増やし、八部落とも個人住宅、畜舎が建てられ、二次、三次の本隊も次々と入植した（一九四〇年）（図３－２を参照）。そして、班、組の組織も出来上がり、団の各体制をほぼ整えたのである。

一九四一年四月、開拓団の建設がほぼ終わり、延寿県に入植してきた四つの開拓団が延寿県開拓団組合連合会として設立され、行政の面において団は解散し、街村制に移行した（黒龙江省档案馆编 二〇〇三：二〇六－二一四）。経済面においては開拓農業共同組合をもって団の運営に替えた。団長が組合長になり、副団長が副組合長に配置されたのである。この時点で団員は三一八人、家族を含めて総人数は一一〇〇人であった（長野県開拓自興会満州開拓史刊行会 一九八四b：一四〇）。

開拓団の食生活に関しては、おもな農作物として大豆、コーリャン、トウモロコシ、粟、ジャガイモ、各種の野菜などを栽培していた。主食は米が中心であったが、混食もあった。副食は夏に野菜を作り、冬は山へ猟に出て、

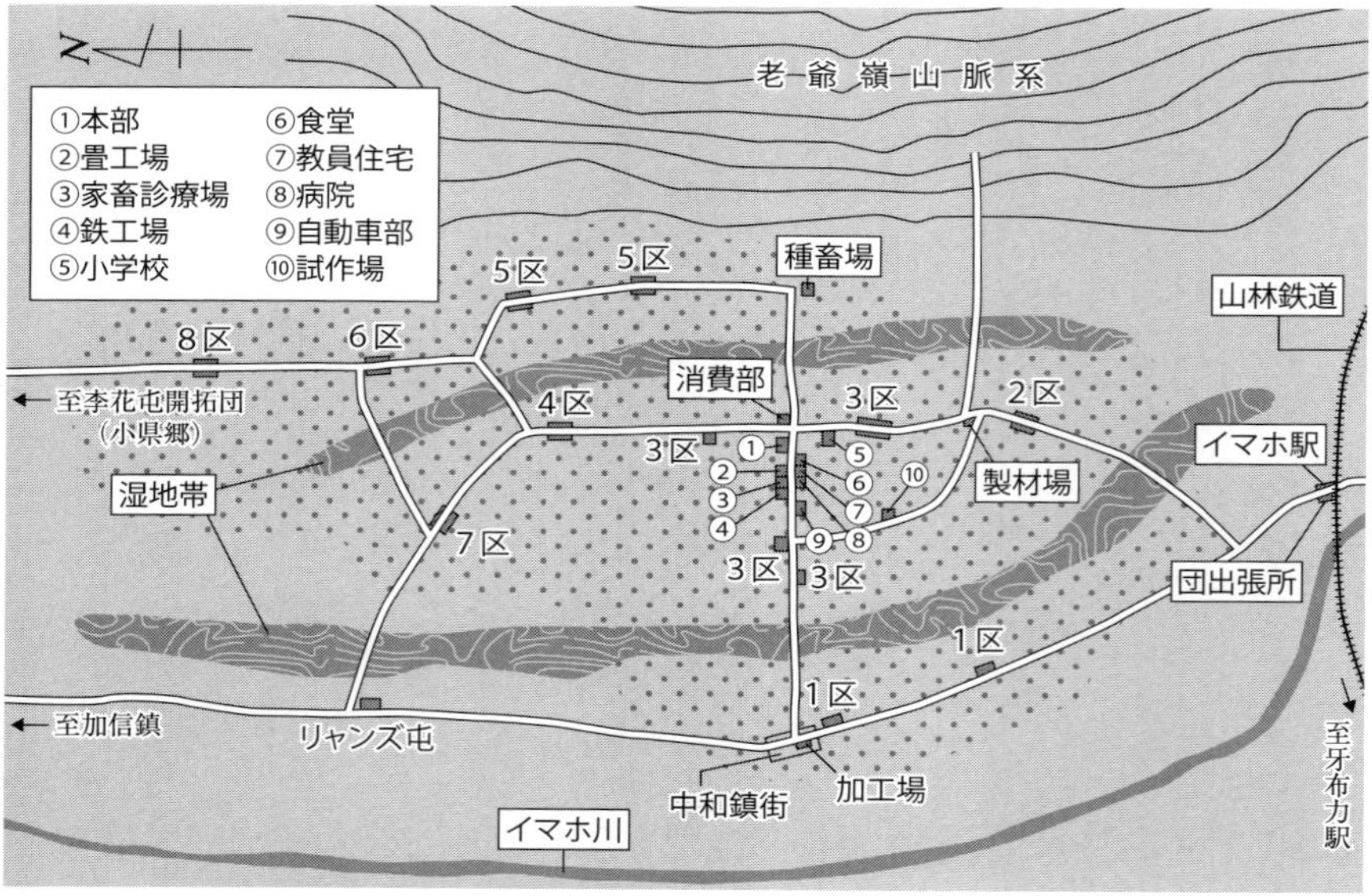

図3－2　中和鎮信濃村開拓団配置図
出所：元中和鎮信濃村開拓団編（1975）より加筆編集した。

食べ物にはほとんど困らなかった。また、入植三年目の時から、加工場で酒、醤油、味噌などの生産ができるようになり、さらに精米、精麦、搾油の販売体制も整えた。

(2)「たまゆらの楽土」[5]

一九四一年に中和開拓団の基本的な建設はほぼ完了し、経営体制も一九四〇年に始めた四戸単位の組の共同経営から個人経営に移行した。そして、各戸に畑一五ヘクタール、水田一ヘクタールの耕地を配分すると決められており、さらに満洲の農作業に欠かせない馬一頭と牛一頭も与えた。こうした割当は、渡満前の日本で農家一戸あたりが所有していた平均耕地[6]と比べれば、広大な耕地である。個人経営に移ったばかりの頃の生活について、一九三七年に先遣隊隊員として渡満した野村彦助さんは、次のように回想している。

> やがて本隊も入植し、農法も現地式より改良法にかわり、組合施設や個人住宅も完成して個人経営に移行し、牛耕たよりの耕作も、

軍用保護馬が入ってスピデー（スピーディーのこと：引用者注）になり、養蜂事業なども盛んとなり、乳牛の導入も始まって、文字どおり乳と蜜の流れる楽園の建設を夢見て本格的村造りに入ったのでした。

（野村 一九七五：八四）

また、当時少年だった遠藤猛さんは、一九三九年一一月に家族と共に故郷をあとにして満洲に渡り、先に単身で中和鎮に入植した父に迎えられ、満洲で約八年間の生活を送った。個人経営の生活期について、遠藤さんは回想録のなかで次のように述べている。

私達少年には、ランプ生活以外はこの上もない楽園だった。夢のように毎日が過ぎて行った。団の開拓計画も順調に進み、共同生活から個人経営となり、〝五族協和〟〝楽土建設〟を旗印しに、希望と夢で活気が溢れていた。父も毎日将来の夢を、私たち子供に話した。「今は畑五町歩と水田一町歩分配するだけしか土地が開拓されていないが、ここ一、二年で一戸当たり畑八町歩、水田二町歩が耕地として開拓される。余力があれば無限に土地はあるのだ。家屋も将来は総煉瓦作りになる――」私たちは目を輝やかして聞いた。

（遠藤 一九七五：一八三－一八四）

こうした満洲に対するノスタルジアの思いを持つ満洲経験者は少なくない。ここで紹介した中和開拓団だけに限らず、ほかの開拓団にもこうした事例が見られる。例えば、聞き書き報告集『下伊那の中の満洲』の第三集に収録された橋場定美さんへの聞き書きには、在満数年間の生活について、次のように記されている。

一家あげて渡満し、儂が軍隊へ入隊するまでの四年間の開拓生活は、今思うとなあ、生涯のなかで一番平穏で幸せな日々だったたむな。そりゃ、まったく環境の違う異国でな、いろんな人たちと共同生活をするちゅうことは、それなりの苦労やわずらわしいことはあったに。まあそんなことは、どこでもあることだでなむ。狭い汚い家屋だったけえど、家族全員が一つ屋根の下に寝起きし、夢にも願った広い自分の土地があって、家族みんなで種をまき、草を刈り、実りの収穫をすることができたでねえ。百姓仕事ちゅったって日本の内地のように、坂畑を腰を曲げて一鍬一鍬耕すなんちゅことじゃなくて、馬や牛を使って楽にできたでなむ。いよいよ大変なことはクーリーを使ったでなあ。

（満蒙開拓を語りつぐ会編　二〇〇五：二二七）

これに続いて、橋場さんは、数年間の満洲の生活では食べ物があったことが「一番幸せだった」と回想し、引き揚げてから戦後の日本社会で食糧不足に苦しんだ思いと比べれば、「ほんとに天国のようだった」と振り返っている。

橋場さんが語ったように満洲での生活は「一番平穏で幸せな日々だった」、そして何よりその生活のなかで食料事情がよかったという思いが最も印象に残る。現地に行ってから、豊富な食料に恵まれるという感激は、開拓民のなかにあったようである。一九四二年、広い満洲の地で思い切り働いてみたいという気持ちで渡満した第五次黒台信濃村開拓団の野溝しづさんは、現地の生活について次のように記している。

畠作九町歩、水田一町歩と云う広さである。種まき、除草、収穫何もかも大量である。本部へ皆供出するのだと云う。南瓜の味、大きな西瓜の味、内地では味わえないおいしさである。

内地では砂糖、油など不足している頃、私達は豊富な配給があって豆菓子、カリントなど皆自家製のおやつである。

鶏はみな放し飼いで、自家の鶏だか隣の鶏が生んだのか、ヤン草の中から二〇コばかりの卵を発見する。又物置などにも産んだりして、鶏どももののんびりしている。

冬の暖かい日などは近所の人達と編物をやったり読書をしたり、一日中楽しく過ごした。みな姉妹以上に助け合い慰め合い、協力して明るい開拓団にしようと心掛けて来ました。
（野溝 一九七三：一七五）

また、一九八七年、中日新聞取材班は長野県南木曾から満洲に送り出された元「読書開拓団」についての企画「風雪の日々今も」を八〇余回にわたって連載した。そのなかで現地の食生活に関しては、勤労奉仕隊隊員として一時的に満洲に渡った豊田絹さんの体験を取り上げている。その体験とは、休日の日に訪ねた知り合いの家で美味しいご飯をいただき、感激したときの様子であった。

おばさん、こんなおいしいご飯は内地ではずっと前から食べられないのよ。満州のほうがいいわねえ。
（中日新聞特別取材班 一九八八：一四八―一四九）

豊田さんの体験に続いて、長野県農業会窪丹崗報国農場の勤労奉仕隊として渡満した北原知子さんは、報国農場で米を栽培した体験と美味しい米を食べられたことを、次のように振り返っている。

お米だってバラバラこやって放りゃあ、田植えをせんたってぬかるみのようなとこだったでなあ、いっくらでも、いーいお米ができたんな。

土手を築いてさえやって水入れてバラバラっと籾（もみ）を蒔いときゃあ、草とりなんかすりゃあせん、草なんて生えなんだにぬかるみっちゅかどろどろだもんで。お米はな、いーいお米がな、こんな穂が長くてな垂れ下がって、これ日本の米の倍あるなっちゅっておいしかったよ。籾は日本から持ってったかどうだかわからん。
（満蒙開拓を語りつぐ会編 二〇〇五：一五七―一六〇）

開拓民の多くは、渡満前の日本の生活では、粟、麦、野菜などで餓えをしのがなければならなかった時代に、満洲に渡って以降は、米などを配給され、さらに大量に飼育した豚、鶏、カモなど家畜の肉をよく食べていた。時に、山で獲ったクマ、シカ、川で獲った魚なども食卓に並んでいた。

このように数年間の満洲での生活は彼らにとって一番幸せな時期であり、夢のような暮らしができた。しかしながら、「よかった」「楽園だった」「天国のようだった」という満洲での生活は、言うまでもなく、前に述べたように中国人の土地を安く取り上げ、中国人を雇い、地主として現地の中国人や朝鮮人を抑圧したうえでの「楽土」の生活であった。

こうした「希望に満ちた幸せな暮らし」は、太平洋戦争に突入し、南方の戦況が悪化していく状況を迎えて、一転厳しくなっていったのである。

一九四四年から「根こそぎ」動員が始まり、開拓団の成年男子が次々と召集され、戦場へ送られた。その結果、現地の開拓団に残された婦人、子ども、老人が農作業の主力とならざるを得なかった。終戦の時、一六歳だった両角繁さんは、その頃の様子を次のように書き留めている。

> その頃（一九四四年：引用者注）は、今とちがい、ラジオもなく、新聞もとだえがちになり、日本の状況などたまに視察に来る人から聞く位いで、ほとんど知らされないままになっていた。でもその頃の開拓民は、この戦争はどうしても勝たなければならないと思っていた。お国のためを思い、自分の幸せなど考えず、一生懸命働いたものだった。昭和二〇（一九四五年：引用者注）年三月、私たち昭和五（一九三〇年：引用者注）年生まれの生徒達は卒業になり、いよいよ家庭に入って父母兄姉と共に農業に従事する様になった。そのうちに団員の人達に召集令状が来て、今日はあの人、明日はだれと言う様になった。（昭和：引用者注）二〇年八月には、部落にのこる男は、老人と少年だけとなった。
>
> （両角 一九七五：一二六）

一九四五年八月九日にソ連が侵攻し、八月一五日に日本は無条件投降を宣告し、満洲国が崩壊した。これまで日本人の開拓民にとって「理想郷」「楽園」だった満洲は、日本の敗戦とともにその状況が一転した。

3　敗戦・引揚げの記憶

(1) 知らされなかったソ連軍の侵攻

一九四五年八月九日、突然、ソ連軍の侵攻が始まった。しかし、中和開拓団では、八月九日のソ連参戦を誰も知らなかった。一五日にやっと県公署からソ連との停戦の知らせがきて、一六日、五常県方面へ移動の指示を受けた。だが、その日の夕方に移動の命令が取り消しとなった。そして、一七日に日本の無条件降伏が伝えられ、団員たちは一気に不安と恐怖に包まれた。しかし、二八日までは異常がなく、大変静かだった。

二九日の朝、開拓団の平和な生活が破られ、一区付近にある加工場が中国人の「暴徒」に襲撃された。その後、現地の中国人も加わった数百名の「暴徒」が一区に対し、家を焼き払い、武器、物品、家畜の「略奪」を行うなど一連の暴動が始まった。その時、二人が殺害され、六人が中和鎮に拉致された。婦人たちは何も持たず子どもを抱いて湿地帯に逃げ込み団の本部に避難した（図３－２を参照）。その襲撃を受けた浦山みつのさんは、その時の光景を次のように記している。

「敗戦」という言葉を境にして、すべての人の運命が大きく変わった。私達開拓者も、またその一人である。国のためとはいえ、あまりにもみじめな「難民」の日々であった。とても言葉で語りつくされるものではない……。「御放送」に耳をかたむけていらい、不安の夜昼を送るうちとうとう「南門外の襲撃」となってしまった。あの高くひびくわめき声、ののしり声、そして銃声!!　そうした中で団員が二人倒れた。それから数時間

写真３－１　集団自決の場所
出所：2005. 4. 2 筆者撮影

のあいだ、私はただ自分の身をかくす事のみに夢中だった。やがて「物取り」も去ったのを見て、子供を連れて水路の中を本部に急いだ。展望台からうってくる銃丸が、髪の毛をゆすったあの音、いまだに耳に残る一つだ。

（浦山　一九七五：三四）

浦山さんは襲撃の恐怖に怯えながら、本部に逃げ込んで、学校の庭で一夜を過ごした。翌日、ソ連軍が突然に団の本部に来て、団の武装を解除し、団長らを方正方面に連行した（図３－１を参照）。このように日本の敗戦により、それまで土地や住居を奪われ、日本人の強権の下にあった中国人の怒りが爆発した。彼らは「暴民」と化して、開拓団を襲い、教員住宅に放火し、ほしいままに略奪をして去っていった。この襲撃で二、三人が自決し、ほかにも服毒自殺者を出した（長野県開拓自興会満州開拓史刊行会　一九八四b：一四〇）。三一日、再度の襲撃を恐れた避難民は、この日の夕方に指導者もなく、無統制の状態で方正県へ向かった。

（２）集団自決

八月三一日の夕方、避難民の全員[*7]は七区に集結してきて、約二〇〇〇人の大集団は方正へ避難した。だが、途中で二区と六区の約四〇〇人の団員・家族は大集団と離れ、別行動をとり、六区東よりの山奥に入った（図３－３、写真３－１を参照）。彼らが大集団と別行動した理由は「第二の故郷の地で全員潔ぎよく自決しよう」と決めたためである。九月三日に老人、婦人、子ども一三〇人が、旧日本軍[*8]の銃弾によって集団自決をした。この集団のなかに遠藤猛さんがいた。その時、死を逃れた一六歳の少年だった彼は、家族、親友と生死を分けた一瞬での心情を次のように綴っている。

死への恐怖か？　生への執念か？　生きる事に決心した。母は手拭だけで腹巻を作り、満洲国幣の百円札だけで十枚入れてしっかりと私の腹に巻きつけてくれた。自決は九月三日……「自決」と言っても兵士に依託し射ってもらうことだ。弟妹達子供は明日の死も知らず、変わった一日位の山の生活にはしゃぎ、片足相撲などに無心に遊んでいる姿が悲しく余りにも哀れだ。その前日一部の兵士と昭太郎君を中心に、私達十人は別れを告げる。「必ず生きて日本へ帰ってくれよ」明日の死を前に母や小母さん達のしぼるような悲痛な声、「もう二度と生きて逢う事のできぬ母！　弟妹！　下級生！　そして小母達さんよ！　さよなら」

（遠藤　一九七五：一九〇）

そこで二〇〇人のうち一三〇人は集団自決により死亡し、生き残った人々は救出されるまでずっと苦しい山中生活を強いられていた。一〇月の末頃、すでに方正に到着した団の人たちが二区と六区の救出に出て、生き残った者たちを見つけ、方正の収容所へ連れてきた。死から生き抜いた、やっと大集団に戻ってきたと遠藤さんはその時の思いをこう振り返る。

（前略）着いた途端に一番嬉しかった事は、忘れる事がなかった団の人達、友と合流することができた事だ。お互いの無事を喜び合い、わかちあったが、私達六区と二区の人達は、自決された肉親や同胞の思いをあらたにした。「大衆の歩む方に歩め」といわれているが、当時の異国の辺地での大混乱、流言、甚だしい状態のもとにおいて、「死の道」を選ぶも「生の道」選ぶも、最良の道であったと私は信じた。誰にも責任も罪もない。ただただその冥福を祈り、生存者が一人でも多く祖国日本へ帰る事が尊い犠牲者への何よりの供養だ。「お母

写真３－２　旧伊漢通開拓団の跡地
出所：2008. 3. 9 筆者撮影

ちゃん、見守っていておくれよ!!」（遠藤 一九七五：一九三）

(3) 方正収容所

大集団は初日に加信鎮に到着した。そこで一夜を明かし、翌日に方正郊外に到着した。三日目の朝、ソ連軍の配置により、団の病人や産婦は野戦病院へ運ばれ、ほかの人々は方正と八キロ離れた伊漢通開拓団に収容された（写真３－２参照）。収容された当初、気候はそれほど寒くなかった。また一時期食糧の配給があった。しかし、方正には中和開拓団だけでなく、松花江を渡って依蘭、通化方面からの避難民約七〇〇〇～八〇〇〇人も集結していたため、食糧の配給もだんだん困難となった（満蒙同胞援護会編 一九六二：八一二）。

　中和開拓団の避難民たちは、方正県の収容所に四ヶ月余り留まっていた。そこでの避難生活はまさに「死と隣り合わせ」のもので、飢え、寒さ、発疹チフス、伝染病などにさらされ、想像を絶する極限状況にあった。その時の状況を当時まだ少年だった上野良一さんは、次のように綴っている。

　氷点下三十度の寒さの中で、コンクリート床の上に少々の草を敷き、その上に麻袋を敷いてみんなゴロ寝。横にむいたまま上に麻袋一枚ぐらいをかけていた。食べるものはアワ、大豆、コーリャン、モロコシで、寒さと栄養失調で毎日たくさんの人達がこの世をさって行った。きょうはなんとか他人の死体かたづけをした身だが、明日は自分が片付けてもらう番になるかもしれないという毎日の生活だった。そして土地が凍ってしまわないうちに掘っておいた大きな穴も、日ごとに死体で埋まっていった。

（上野 一九七五：一六五－一六六）

一九四五年一二月三〇日、避難民の世話をすべて打ち切るという通告を国民党の保安隊から受けた。そこで団員たちは中和鎮に戻り、中国人の知人を頼って、難関を乗り切ろうと考えた。団の病人の世話は慈善会に依頼して、希望者は一二月三一日に方正の収容所から出発した。

（4）再び中和鎮へ

一二月三一日に団員たちは加信鎮に向かって出発した。零下三〇度という極寒のなか、薄着しかできなかった彼らは何キロも歩かないうちに凍えて倒れる者が出始め、死の行進となって落伍者も多く出た。その日は朝鮮人の部落に留めてもらい、一夜を過ごした。翌日、加信鎮に着いた。ここで、中和鎮への移動続行ができない、力尽きた婦人たちは一時子どもを中国人に預かってもらったり、あるいは中国人に貰われたりし、そして、生きるために中国人のもとへ身を寄せる婦人もかなりあった。こうした極限状況のなかで、残留婦人、残留孤児が生まれた。

目的地の中和鎮に着くと、避難に出かける前までの家屋はほとんど現地の中国人に焼き払われていた。そこで、多くの開拓団の人たちは、以前自分の家で雇っていた中国人を頼り、助けを求めた。その家の手伝いをしたりして、食事と住まいを提供してもらい、一冬を越した。また、中和鎮で中国人と結婚した女性もいた。その時に中国人に助けられたＹＷさんはその時のいきさつを次のように語る。

中和鎮にもと使っていた、いま、あえて言いますが、使っていた「苦力」がおりましてね。私を「ＹＷ」と呼んでましたね、「ＹＷ、私のうちに来い」といって、そこで、今度、職を探してくれたんです。それは、豆腐屋が、あの、中和鎮の北門から入ったところ、豆腐屋がありましてね、そこへ親父が入ったんですよ。豆腐を作り、その時、私は親父と一緒にその豆腐小屋に入ったのです。五月の引揚げまでそこで過ごした。*9

避難民は五ヶ月くらい中和鎮に留まっていたが、その間に中和開拓団の幹部らはハルビンの農民部から移動資金を受け取ることができ、一九四六年五月二五日に中和開拓団は中和鎮を出発して、日本への引揚げの道に辿り着く。しかし、団と行動を共にすることができず、様々な事情で現地に留まらざるを得なかった人がかなりの人数いた。このように、中和開拓団はこの時点で集団引揚者と残留者という二つのグループに分かれた。

(5)日本への集団引揚げと残留者

中和開拓団の集団引揚げは図3-3に示すように、一九四六年五月二五日に日本に帰国するため、三四三人は中和鎮をあとにして、ハルビンに向かった。途中、加信鎮で一泊し、そのあとは二班に分かれて三日目に延寿街で合流し珠河駅[*10]に出たが、汽車がないため、四日ほど珠河で待機した。病人二八人は六区の竜沢氏を責任者として残ることにし、一六日後にハルビン新香坊収容所に入った（長野県開拓自興会満州開拓史刊行会一九八四b：一四二）。

この収容所で団員たちは数ヶ月滞在した。そのなかで、長期の過労と栄養不足のため、多くの人が倒れてしまい、病気で亡くなった人もいた。九月四日、ハルビン第五大隊が編成され、ハルビンを発ち、新京、奉天を経て一〇日に錦州に着き、そこで再び収容された。一〇月三日に葫蘆島から乗船、一〇月六日に佐世保に入港し、再び日本の地を踏むことができた者は二〇四名にすぎなかった。

団の多数の人々が日本へ引き揚げたが、中和鎮と加信鎮には日本に帰れない婦人や子どもがいた。前述したように逃避行のなか、飢餓、寒さ、伝染病などに襲われて、生きるか死ぬかという極限状況のなか、現地人に貰われたり、買われたり、拾われたり、さらわれたり、招かれたり、救われたりして、中国人の妻、あるいは中国人の養子となって現地に残った人たちである。

例えば、妹と共に残留孤児となったIさんの家族の場合、父が徴兵されたため、母が一人で六人の子どもを抱えて中和鎮へ向かうこととなった。しかし、その道中で加信鎮に避難したとき、Iさんの妹は重い病気にかかってし

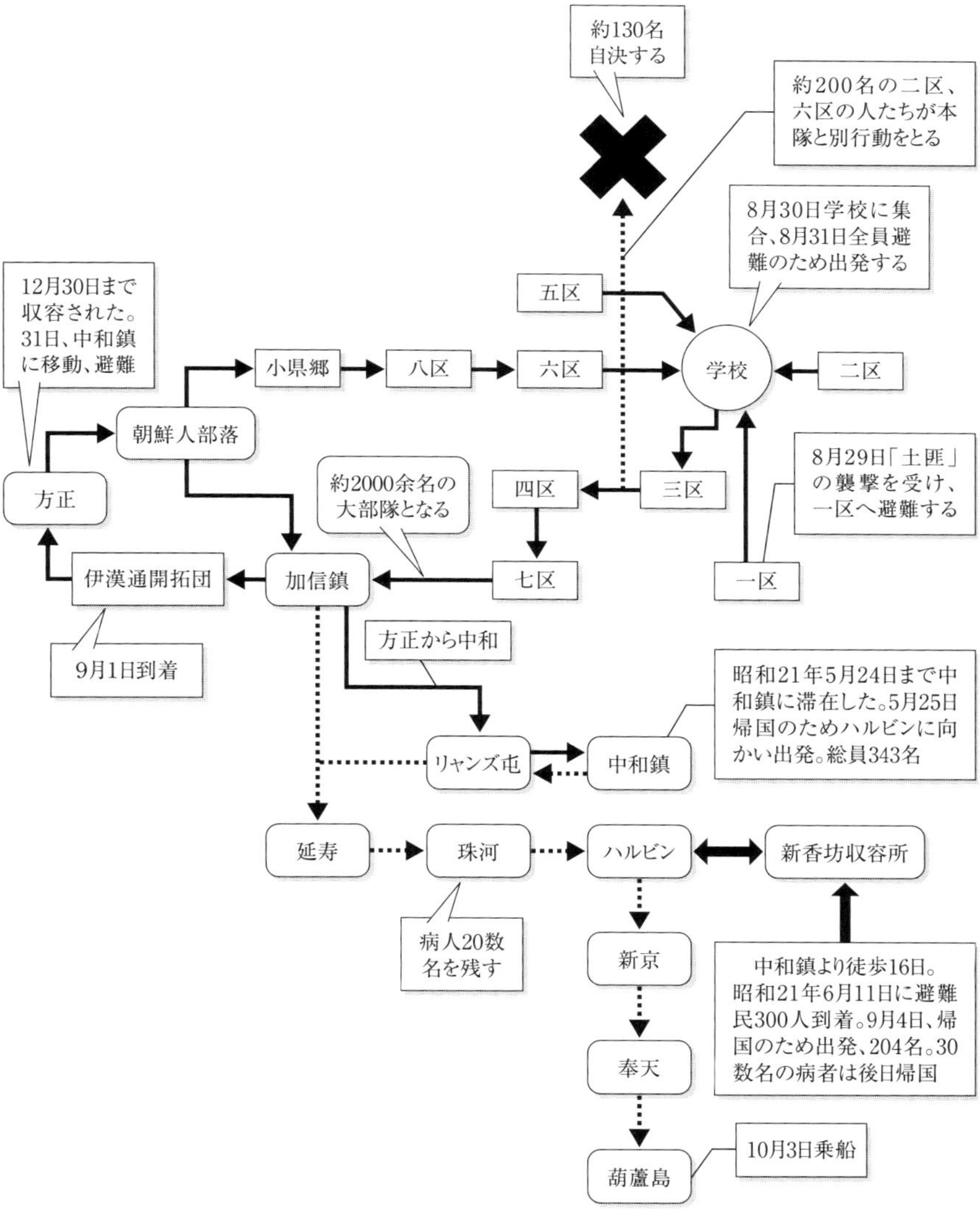

図３－３　中和鎮信濃村開拓団避難行動概要図
出所：元中和鎮信濃村開拓団編（1975）より作成

まい、そこでやむを得ず妹を中国人に預けることになった。その時の経緯を、Ｉさんは次のように振り返る。

加信鎮におったとき、それで仕方がないもんで。一人の日本の人が来て、妹を預けた家の人と、どうやって知り合ったか知らないけども。「この人のうちは子どもがいないし、家族がいい人だからね、優しい人たちだから。あの、小さい子をやれなぁ」ってね。「そうしなきゃ、もしかしたら、死んでしまうよ」ってね。「死んでしまうよ、人にさらわれるかわからない」ってね。それで、中国の人は子どもが少ないんだよね、だから、日本人の子どもをほしくてね。あの、みなはこう回って、見ている。女のきれいな人がおるんだよね。めちゃほしがるんだよね。そういう人（日本人の子どもを目当てにする人）に連れられたら困るってね。それで、お母さんは、本当に仕方がないでね、もし死んじゃったら、かわいそうだって。命を助けてもらうために「あげるか」ってね、思い切って手放しちゃったんだね。それで、妹を、あそこの加信鎮においたんだよね。*11

このように、一九四六年に中和開拓団が日本に引き揚げたあと、余儀なく中国の現地に留まっていた残留者は、ほとんど方正県日本人収容所から中和鎮へ引き返す途中あるいは中和鎮で避難する際に生じ、その数は「百人以上を超えた」（元中和鎮信濃村開拓団編 一九七五：二九七）と記録されている。そのなか、一九五三年に再開された集団引揚げにおいては中和鎮・加信鎮とその周辺地域で残留していた中和開拓団の関係者九六名が日本に引き揚げたが、一九五八年まで続いた最後の集団引揚げが終了した時点では、様々な理由により帰国のチャンスを失い、中国人の妻あるいは養子となった四二人の日本人がいわゆる残留婦人や残留孤児となったのであった（長野県開拓自興会満州開拓史刊行会 一九八四b：一四三）。

4　中和開拓団の戦後

以上のように中和開拓団は、極限状況の避難生活を経て、一九四六年一〇月に二〇四名が日本に辿り着いた。こうして本隊が帰国を果たした三年後の一九四九年、終戦の直前に召集され、シベリアに抑留された団員が日本に帰国することができた。そして、一九五三年に再開した後期の集団引揚げで、中和鎮の周辺に残留することとなった人々の一部が日本に引き揚げた。こうして日本に引き揚げた団員たちは、帰国後に直ちに解散となり、それぞれの故郷に戻り、生計に奔走した。

中和開拓団の出身者は、全県にわたっていたため、戦後のしばらくの間は団全体としてのまとまりがなかった。ようやく六〇年代になって、長野県開拓自興会は、県下の元開拓団関係者への調査、名簿の整理、および慰霊碑の建立、開拓記念誌の発行などの活動を行うことで引揚者を再結集させた。

このような背景のなかで中和開拓団には、一九六七～一九六八年にかけて、北信に在住した数名の関係者を中心に、慰霊碑を建てるという動きが生じた。一九七三年に茨城県鹿島で会合を開き、慰霊碑を建立することを決議して準備にかかった。翌年四月、長野で団の総会を開き、八〇人余りの参加を得て、慰霊碑の建立を決め、合わせて団の記念誌を刊行することを申し合わせた。

一九七五年三月八日、善光寺雲上殿の西にある花岡平霊園に建立した慰霊碑の除幕法要が行われた。長野県知事をはじめ、県議会議長、長野市長代理などが弔問し、一三〇人余りの関係者が慰霊碑の除幕式に参列した。同年一二月、団の記念誌『追憶――あ、中和鎮』が刊行された。以来、三年に一度慰霊祭を行い、また、年に一度「元中和鎮信濃村開拓団思い出の会」が集会を開き、満洲での思い出を語り合った。

八〇年代になってから、中和開拓団は訪中団を組織し、旧入植地への友好訪問、現地での慰霊、残留者に対する調査、身元の確認、帰国の促進といった活動に中心的に取り組んでいた。中和開拓団の訪中団は、一九八一年、一九八二年、一九八六年の三回にわたって訪中を実行した。九〇年代以後では、中和開拓団の関係者が小単位あるいは個人ベースで現地を訪ね、また、長野県開拓自興会による組織的な訪中活動も毎年行われている。二〇一六年の現在では、元団員の多くが亡くなられており、または健康状態が悪いため、団の慰霊祭や親睦会に参加できなくなっている。年に一度の親睦会と三年に一度の慰霊祭は、すべて開拓二世に移行され、団の活動や行事が続けられている。*12

おわりに

本章は、中和開拓団という一つの集団を取り上げ、戦前の送出から戦後の現在までの歴史とその記憶について、長野県満洲開拓史に記録された中和開拓団の関係資料、中和開拓団の記念誌、個々人の手記および彼らへのインタビューなどを通して、明らかにした。それと同時に、中和開拓団の歴史的な経緯から満洲移民の戦前と戦後との歴史の連続性を確認することができたと考える。

中和開拓団の送出は満洲移民の国策化、一九三六年から長野県によって再開された「満州愛国信濃村」の計画の一つとして位置づけられる。中和開拓団の歴史は、以上で述べてきたように戦前における満洲の生活、敗戦後における避難生活と引揚げの体験、戦後日本社会における再集団化の活動に大きく集約されている。

戦前における満洲の生活は、中和開拓団の事例で示したように、入植地の選定、入植してからの団の建設、共同経営から個人経営への移行などからなる。こうしたプロセスのなかから映し出された個々人の生活は、彼らが語ったように「乳と蜜の流れる楽園」「よかった」「楽しかった」「夢のように毎日が過ぎて行った」「今思うとなあ、生涯のなかで一番平穏で幸せな日々だったむな」というノスタルジアを中心とした肯定的な回想であった。しかしながら、彼らの幸せな生活の背後には、言うまでもなく、日本の植民地支配によって、中国農民の土地を廉価あるいは無償で収奪し、それを送り込んだ日本人移民に与えたという実態があった。彼らが、こうした事態に気づいたのは、日本の敗戦を迎えたとき、開拓団に奪われた土地や住居を取り戻そうとした現地の中国人たちによる「襲撃」によってであった。

日本の敗戦と同時にその支配関係が逆転したとき、それまで強権の下に置かれた平穏な満洲の生活は、一転して、幾多の辛酸をなめる逃避行、辛苦に満ちた引揚げの体験に変わってゆく。中和開拓団の引揚げ体験のなかにあるように、集団自決、飢え、寒さ、恐怖、伝染病、栄養不足などによって多くの人々の命が奪われた。生き残ったとしても、心身ともに傷ついた痛みはおそらく一生消えることはないだろう。さらに集団引揚げを境に、数十年間の間に中国社会に取り残された残留孤児や残留婦人がどんな思いで異国を生き抜いてきたのか、想像を絶する。

以上の中和開拓団のように、戦前のノスタルジアとしての甘美な思いと敗戦直後の苦渋に満ちた逃避行との対照的な思いが、彼らの満洲体験として構成される。しかし、戦後の変わりゆく日本社会のなかでは、満洲開拓をめぐる集団的記憶は後者の逃避行や引揚げの記憶に凝縮される。前述したように六〇年代以降、中和開拓団が再集団化されてから、慰霊碑の建立や記念誌の発行が行われ、そして毎年集会が開かれ、継続的に慰霊祭が行われている。こうしたコミュニティのなかの活動により、満洲開拓をめぐる個人の様々な体験が次第に共通する集団的記憶を形成する。このことについては、第三部第九章で詳しく論じる。

以上のように、本章は満洲開拓をめぐる一つの集団の歴史を見てきた。第二部では、満洲移民の個々人を対象とし、個別の経験を通して満洲移民の歴史をとらえなおしていく。

注

1　元中和鎮信濃村開拓団編（一九七五）『追憶――あ、中和鎮』（非売品）、この記念誌は、おもに元中和開拓団の関係者および長野県満蒙開拓団関係諸機関への配布に限って発行されたものである。
2　現在の黒龍江省である。
3　当時中国の下層労働者に対する呼称、差別的用語である。
4　鋤の中国語での言い方。
5　林郁（一九八三）『満州・その幻の国ゆえに――中国残留妻と孤児の記録』筑摩書房
6　一九三二年の時点で、北海道を含めた日本農家の全国での平均耕地面積は一町歩だった。小規模経営の頃は、三反、五反の土地しかない農家が圧倒的に多かった。
7　通河方面からの避難民および小県郷開拓団の避難民を加え、二〇〇〇人くらいの大部隊となり、方正へ移動することとなった。
8　敗戦の直後ソ満国境から撤退した日本軍十数名が六区に入り込んだ。彼らの手によって集団自決がなされた。
9　二〇〇三年四月二五日、YWさんの自宅で行った筆者の聞き取り調査による。
10　現在の黒龍江省尚志市である。
11　二〇〇五年八月一〇日、Iさんの自宅で行った筆者の聞き取り調査による。
12　筆者は二〇〇三年から二〇〇八年まで、毎年、元中和開拓団の集会に参加した。元団員が高齢となっていたため、参加者が年々減少している傾向にあった。二〇〇三年の活動に参加した人は六〇数名であったのに対して、二〇〇七年は半数の三〇数名にすぎなかった。二〇一六年の現在では、元団員たちの高齢化のために、開拓二世が後継者として団の活動を受け継いでいる。

第二部　個人経験のなかの満洲

第四章　フィールドワークの記録

はじめに

本章では、序章で提示した研究課題に基づいて、これまでの資料収集および日本と中国で行ったフィールドワークについて紹介する。具体的には、いつ、どこで、どのような調査をしたか、どのように調査対象者と出会い、どのような状況のなかで調査を進めてきたかなどについて述べておきたい。

1　フィールド調査概要

本書で用いるデータと資料は、おもに筆者が二〇〇三年から二〇〇八年にかけて行った中国の東北地方の黒龍江省と日本の長野県を中心としたフィールド調査によって得られたものである。日本においては、調査地の長野県で第七次中和鎮信濃村開拓団を中心とした元団員たち・残留婦人・残留孤児への聞き取り調査、旧満蒙開拓団の集会や慰霊祭への参加、そして長野県立歴史館、県立図書館、飯田市歴史研究所での資料収集などを行ってきた。

一方、中国では、中和開拓団の旧入植地である中和鎮およびその周辺でかつて中和開拓団に雇われていた中国人労働者への聞き取り調査、中和開拓団の残留者とその家族への聞き取り調査、中和鎮を管轄する延寿県を中心に日本で調査対象者となった残留婦人・残留孤児たちを記録した「档案」の収集、ハルビン市や黒龍江省の図書館および歴史博物館などでの関係資料の収集などを中心に調査を進めてきた。

以下では、調査地や調査者である私自身について紹介したうえで、二〇〇三年から二〇〇八年までのおもな調査内容などについて述べておきたい。

(1) 調査地と調査者・聞き手

修士課程に進学後、修士論文では中国帰国者を研究対象とし、ライフヒストリー・インタビューの手法を用いて中国帰国者の生活世界を描いてみようとテーマを設定した。そのため、二〇〇三年に長野県で戦後旧満洲から引き揚げることができず、中国に残留した日本人への聞き取り調査に取りかかった。

長野県を調査地として選定した理由は、一つには第一部の第二章で論じたように、長野県は全国において最も多くの満洲移民を送り出した県であったからである。もう一つの理由は、調査者である私自身の経歴によるものである。筆者が、中国残留日本人の三世として初めて来日し、暮らしたのが長野県であった。この経緯こそ、いま、私がこのテーマに取り組み長野県で旧満蒙開拓団への調査を続けている一つの大きな理由となっている。また、こうした個人の背景を述べることにより、次の第五章で個々人のライフヒストリーを提示する際に、調査者・聞き手との関係性において、調査する側の自分がいったいどのような人間で、なぜこの問題に関心を持ったのかについての説明となると考えるからである。

(2) 調査内容

本研究は、二〇〇三年から二〇〇八年までの間における、旧満蒙開拓団の関係者、すなわち、集団引揚者、残留

表４－１　2003～2005年度おもな調査リスト

名前	性別	出生年	調査対象	開拓団	調査日	録音時間	二回目調査	録音時間
KM	女	1921.3.28	残留婦人	中和	2003.3.24	1:46:50	2005.8.11	2:35:12
YW	男	1933.12.18	集団引揚者	中和	2003.4.25	2:09:34	2005.8.7	4:35:50
KT	女	1930.3.26	残留婦人	中和	2003.4.26	1:41:41	2005.8.11	3:27:48
A	女	1943.1.28	残留孤児	中和	2003.5.10	1:36:30	2003.6.6	2:08:06
A1	男	1973	残留孤児二世	中和	2003.8.16	1:44:02		
B	男	1945.4.8	残留孤児	中和	2003.5.10	0:51:57	2003.6.7	1:13:31
C	女	1934.12.23	残留孤児	中和	2003.5.12	0:37:35	2003.8.1~2	1:21:56, 0:48:18
C1	男		残留孤児二世	中和	2003.8.31	0:56:47		

婦人、残留孤児、未帰還者へのライフヒストリー・インタビュー調査、資料収集、および中国東北社会現地における中国人たちへのインタビュー調査、資料収集に基づいた研究である。以下では、年度ごとのおもな調査内容について述べる。

二〇〇三年度（二〇〇三年三～八月）

二〇〇三年三～八月には、長野県松本市とその周辺に在住している元中和開拓団の関係者を中心とした聞き取り調査を行った（表４－１参照）。筆者はかつて松本市で暮らしていた頃、元中和開拓団出身の残留孤児だったCさんと知り合っていたので、Cさんに調査の趣旨を説明し、調査の協力を求めた。Cさんの積極的な協力により、元中和開拓団の関係者五人（集団引揚者一人、残留婦人二人、残留孤児二人）を紹介してもらった。また、Cさんの紹介で、二〇〇三年四月に長野県安曇野市郊外の温泉ホテルで開かれた元中和開拓団の親睦会に参加することができ、これをきっかけとして、多くの元中和開拓団の関係者と出会うことになった。これ以降も、二〇〇八年まで毎年開かれる中和開拓団の集会、三年に一度の慰霊祭に参加させてもらっていた。このような経緯で中和開拓団の方々と出会うことができ、そして多くの関係者の方々の協力により、本書で中和開拓団を事例として取り上げることができた。以下は、二〇〇三年度の調査記録である。

・二〇〇三年三月二四日、Cさんの紹介により、中和開拓団出身の残留婦人のKMさんの自宅を訪問し、一回目の聞き取り調査を行った。二〇〇五年八月一一日には、二回目の調査を実施した。

・二〇〇三年四月二～三日、一年に一度の元中和開拓団の親睦会が開催され、参加した。

・右記の中和開拓団の集会に参加した際に、「中和会」の幹事を務めていたYWさんと出会い、調査の趣旨を伝えたうえ、後日YWさんとの個人面会を申し入れた。二〇〇三年四月二五日、YWさんの自宅を訪問することができ、中和会の設立経緯とその活動、YWさん自身の満洲体験などについて語ってもらった。二〇〇五年八月七日、YWさんを再度訪問し、二度目の聞き取り調査を実施した。

・二〇〇三年四月二六日、中和開拓団出身の残留婦人のKTさんに話を聞くことができ、KTさんの自宅を訪問し、聞き取り調査を行った。二〇〇五年八月一一日、二回目の聞き取り調査を果たした。

・二〇〇三年五月一〇日、Cさんに元中和開拓団の残留孤児だったAさん、Bさんを紹介していただいた。Cさんに付き添われて、Aさんの自宅を訪問し、また事前にBさんともAさんの自宅で会えるよう調整してもらい、Aさん、Bさんへのインタビューを実施した。六月六日、七日には、一日ずつそれぞれの自宅へ訪問し、二回目の調査を行った。

・二〇〇三年五月一二日、これまでの調査をコーディネートしていただいたCさんへの聞き取り調査を行った。八月一日と二日に、前回の調査を踏まえて二回目の聞き取り調査を実施した。

・二〇〇三年八月一六日、Aさんの紹介により、Aさんの次男であるA1さんへの聞き取り調査を行った。

・二〇〇三年八月三一日、Cさんの長男であるC1さんにインタビューを実施した。

二〇〇四年度（四～一〇月）

・二〇〇四年四月二～三日、長野県善光寺の裏側にある花岡霊園で開催された中和開拓団の慰霊祭、および慰霊祭を終えたあとの「思い出の会」（親睦会）に参加した（写真4－1参照）。

写真４－１　中和開拓団慰霊碑、慰霊の様子

- 二〇〇四年六月一二日、名古屋市で、一時帰国していた元中和開拓団残留孤児ＳＹさんへの聞き取り調査を行った。
- 二〇〇四年七月三〇日～八月三〇日の一ヶ月間、中国でのフィールドワークを実施した。

七月三〇日～八月四日、中国遼寧省大連市旧満鉄図書館で満蒙開拓団に関する文献調査・資料収集を行った。

八月一六日、中国大連で日系企業に勤務している中和開拓団出身残留孤児二世ＩＭさんにインタビューを実施した。

八月一七～二一日、中国長春市にある「東北師範大学」「吉林大学」「吉林市档案館」で関係資料の収集を行った。

八月二二～三〇日、中和開拓団の旧入植地である中和鎮とその周辺でインタビュー調査を行い、中和鎮を管轄する延寿県档案館でかつて中和開拓団であった残留者を記録する身上調書などを調べ、関係資料の収集を行った。

- 二〇〇四年九月一八日、長野県満洲移民拓魂碑の現地調査を行った。
- 二〇〇四年一〇月一八日、長野県下伊那郡泰阜村で大八浪開拓団の慰霊祭に参加した。

二〇〇五年度（二～四月、八～一〇月）

二〇〇五年度の調査は、元中和開拓団を中心としながらも、長野県の満蒙開拓の実態を把握するために、調査対象の範囲を広げた。聞き取り調査と並行して資料収集も行った。

・二〇〇五年二月二三日、元中和開拓団の集団引揚者の木下主計さんの自宅を訪問し、聞き取り調査を実施した。

・二〇〇五年三月八日、ＪＲ大阪駅の前にある喫茶店で大阪に在住している元中和開拓団の集団引揚者のＴＭさんに聞き取り調査を行った。

・二〇〇五年三月一六～一七日、長野県立歴史館、県立図書館における信濃教育会、信濃海外協会の当時の移民推進活動に関する文献資料調査・収集を行った（写真４－２参照）。

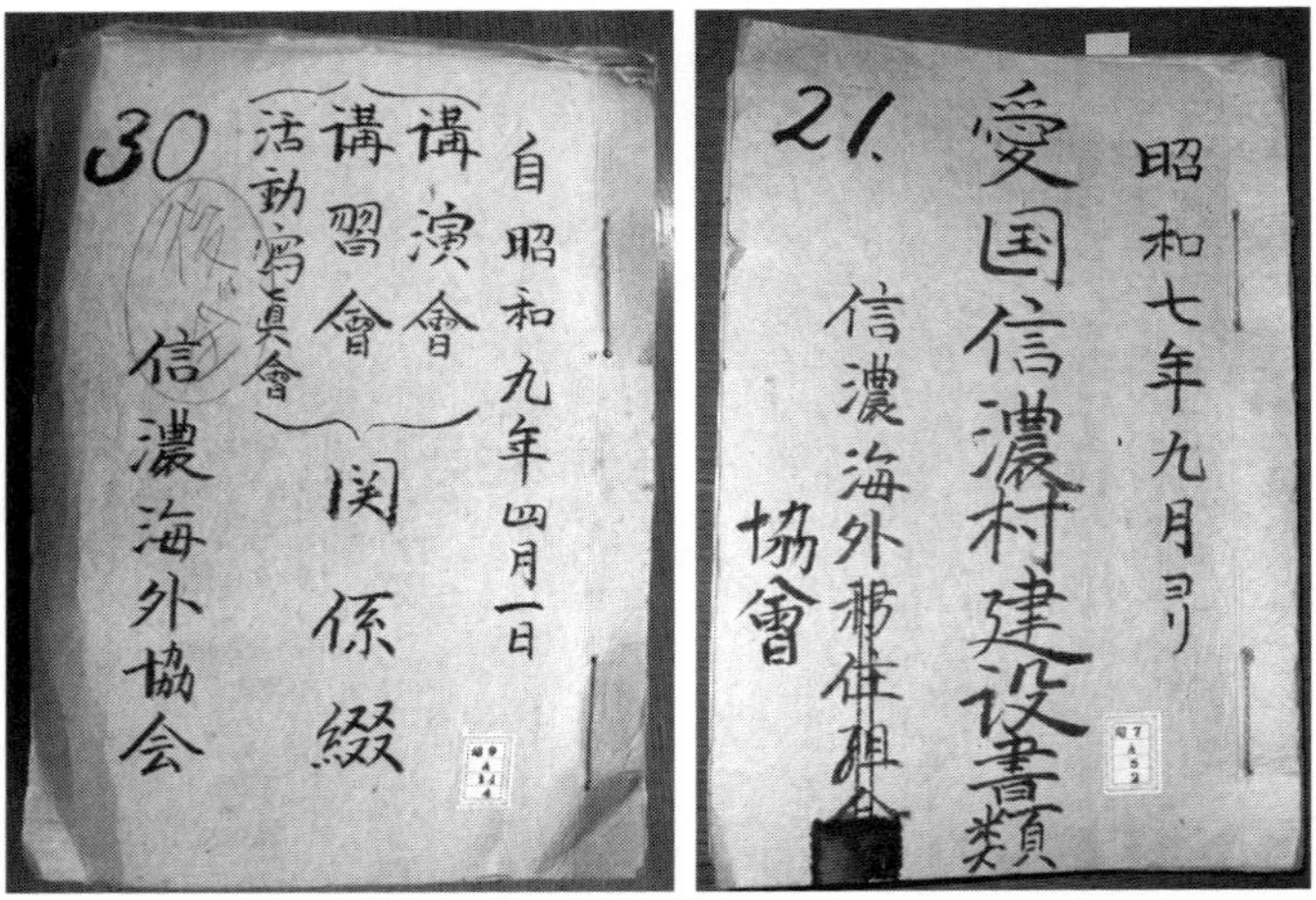

写真４－２　信濃海外協会の記録資料
出所：長野県立歴史館蔵

・二〇〇五年三月二七日～四月一七日の間に、中国でのフィールド調査を実施した。

三月二八日～四月五日の間に、中和開拓団の旧入植地である中和鎮とその周辺で現地の中国人への聞き取り調査を行った（写真４－３、写真４－４、表４－２参照）。

四月六～七日、中和鎮を管轄する延寿県で、かつての中和開拓団の残留者を記録する資料について調べ、収集を行った。

四月八～一二日、方正県外僑弁公室の係員へのインタビューや資料収集を行った。また、方正県にある日本人公墓の現地調査（写真４－５参照）、方正県とその周辺に在住している残留日本人の二世四人への聞き取り調査を行った（表４－３参照）。

四月一四～一六日、ハルビン市の档案館で関係資料を調べ、黒龍江省社会学院の研究者を訪問し、中国にお

2005. 3. 29 撮影

2004. 8. 23 撮影

写真４－３　中和鎮の様子（左)、元中和開拓団本部だった場所（右)

2005. 4. 2 撮影

2005. 4. 2 撮影

写真４－４　現地老人へのインタビューの様子

表４－２　中和鎮とその周辺における現地中国人へのインタビュー調査記録

名前	年齢	調査地	調査日	録音時間	二回目調査	録音時間
王義（仮名）	91歳	中和鎮	2005.3.30	2:05:05	2005.4.5	1:41:03
李全忠	81歳	慶陽農場	2004.8.23	0:54:23	2005.4.2	2:09:18
王安詳	67歳	勝利村	2005.3.29	1:42:02		
趙鳳生	68歳	勝利村	2005.3.29	2:34:39		
張万庫	85歳	中和鎮	2005.4.3	1:06:46		
周義	70歳	慶陽農場	2005.4.2	0:42:18		

2005. 4. 12 撮影

2005. 4. 12 撮影

写真４－５　方正県にある日本人公墓

表４－３　方正県で調査した残留日本人リスト

名前	調査対象	性別	年齢	調査日	録音時間
熊広発	残留婦人二世	男	62	2005.4.12	1:23:45
熊広生	同上	男	58	同上	1:10:04
張国軍	残留孤児二世	男	55	同上	0:45:23
張国良	同上	男	53	同上	0:36:15

ける満洲移民に対する認識などについて質問した。

・二〇〇五年八～一〇月に、長野県で元中和開拓団の集団引揚者、残留孤児や残留婦人への聞き取り調査（二〇〇五年度の中和開拓団への調査は二〇〇三年に一度調査したことがある方への再調査を含む）を実施した。

また、中和開拓団のほかにも、李花屯小県郷開拓団関係者、阿栄旗開拓団出身の残留孤児、公新集読書村開拓団の関係者、大八浪泰阜村開拓団の関係者などへの聞き取り調査を行った（表４－４参照）。

以上の聞き取り調査と並行して、二〇〇五年九月五日、大日向村開拓記念館での資料収集を行った。

・二〇〇五年一〇月一八日、泰阜村で開かれた大八浪泰阜村開拓団の慰霊祭、および慰霊祭終了後の親睦会に参加した。

二〇〇六年度

・二〇〇六年二月二三日、長野県下伊那郡阿

表４－４　2005年度の聞き取り調査リスト

名前	性別	出生年	調査対象	開拓団	調査日	録音時間	二回目調査	録音時間
NM	男	1918.5.3	集団引揚者	中和	2005.8.8	3:01:52		
木下主計	男	1923.8.4	集団引揚者	中和	2005.2.23	4:42:52		
YW	男	1933.12.18	集団引揚者	中和	2003.4.25	2:09:34	2005.8.7	4:35:50
TM	女	1936.2	集団引揚者	中和	2005.3.8	3:04:31		
KM	女	1921.3.28	残留婦人	中和	2003.3.24	1:46:50	2005.8.11	2:35:12
KT	女	1930.3.26	残留婦人	中和	2003.4.26	1:41:41	2005.8.11	3:27:48
XL	女	1926.2.12	残留婦人	中和	2005.10.16	3:16:47		
SM	女	1928.9.28	残留婦人	中和	2005.9.4	1:30:12		
I	女	1932.11.4	残留孤児	中和	2005.8.10	3:23:43		
IE	女	1948.11.12	残留婦人二世	中和	2005.8.14	3:02:17		
A	女	1943.1.28	残留孤児	中和	2005.8.9	4:17:51		
TN	男	1923.2.8	集団引揚者	李花屯	2005.8.13	3:08:42		
MS	女	1934.3.11	残留孤児	李花屯	2005.8.11	1:30:40		
MM	女	1938.12.6	残留孤児	李花屯	2005.8.12	1:24:49		
HK	男	1932	残留孤児	不明	2005.8.12	1:24:49		
KR	男	1931.7.10	集団引揚者	読書	2005.8.16	2:25:10		
KS	女	1930.1.20	残留婦人	泰阜	2005.10.17	1:01:23		
SS	男	1946.2.22	残留孤児	石川	2005.10.17	1:54:53		
YH	女	1945.6.20	残留孤児	阿栄旗	2005.9.3	2:15:22		
KJ	男	1936.1.15	残留孤児	阿栄旗	2005.9.3	2:37:45		
HO	男	1943.8.24	残留孤児	未判明	2005.9.2	3:46:44		

智村で残留孤児の救済活動に携わっていた故人山本慈昭さんの記念館で現地調査を行った。

・二〇〇六年二月二四日、三月一五〜一六日、二回にわたって長野県下伊那郡泰阜村に在住しているKFさんへの聞き取り調査を実施した。

・二〇〇六年五月八〜九日、長野県上伊那郡辰野町のたつのパークホテルで開催された元中和鎮「思い出の会」に参加した。

・二〇〇六年九月一〇日、長野県長野市の善光寺で開かれた長野県開拓自興会の慰霊祭に参加した。

・二〇〇六年一〇月二二日、名古屋で開かれた東海地区残留孤児の訴訟活動の集会に参加した。

二〇〇七年度

- 二〇〇四年、二〇〇五年に中国黒龍江省延寿県で収集した元中和開拓団の残留者の記録資料を整理し、当初入手できなかった資料や再確認の必要な資料について、二〇〇七年二月二二日〜三月一二日の間、最後の補足調査を行った。
- 二〇〇七年四月一六〜一七日、花岡霊園で開催された中和開拓団の慰霊祭および慰霊祭後の「思い出の会」に参加。
- 二〇〇七年五月一三日、元中和開拓団の北澤さんへの聞き取り調査を行った。

二〇〇八年度（三月六〜二〇日）

二〇〇八年三月に行った中国での現地調査は、おもにこれまで調査した内容の確認と補足である。おもに中和開拓団の未帰還者家族の調査、中和鎮とその周辺での現地の中国人へのインタビュー調査を中心に行った。また、方正県の日本人公墓および現地の中国人への聞き取り調査、依蘭県での残留日本人へのインタビューも実施した（表4－5参照）。

- 二〇〇八年三月八日、元中和開拓団の残留婦人下平節子さんの長女であり、慶陽農場に在住している桑淑琴さん、そして下平さんの生前に隣人だった王悟臣さんへのインタビューを行った（写真4－6）。
- 二〇〇八年三月八日、中和鎮養老院で現地の老人白成林さんへのインタビューを行った。
- 二〇〇八年三月九日、午前は日本人公墓での資料収集、午後は方正県肖家屯に住む現地の老人肖景春さんへの聞き取り調査を行い、敗戦後に方正県にあった日本人収容所の様子を聞いた（写真4－7）。
- 二〇〇八年三月一〇日、午前は、依蘭県に住む劉忠生さんにインタビュー、午後は、依蘭県団山子郷青春村東安屯に住む山形県出身の残留孤児唐青来さんへの聞き取り調査を行った（写真4－8）。

表4－5　2008 年度聞き取り調査リスト

名前	性別	年齢	調査対象	住所	調査日	録音時間
桑淑琴	女	61 歳	残留婦人二世未帰還者	慶陽農場	2008.3.8	0:55:27
劉宝江	男	57 歳	残留婦人二世未帰還者	ハルビン市内	2008.3.12	2:34:50
王悟臣	男	73 歳	現地の中国人	中和鎮在住	2008.3.8	0:21:56
白成林	男	79 歳	現地の中国人	中和鎮在住	2008.3.8	0:39:22
肖景春	男	83 歳	現地の中国人	方正県近郊在住	2008.3.9	0:52:20
劉忠生	男	71 歳	残留孤児二世配偶者	依蘭県内	2008.3.10	0:39:14
唐青来	男	70 歳	残留孤児の未帰還者	依蘭県東安屯	2008.3.10	1:03:17

2008. 3. 8 撮影

2008. 3. 8 撮影

写真4－6　元中和開拓団の入植地（左）、王悟臣さんにインタビューする様子（右）

2008. 3. 8 撮影

2008. 3. 9 撮影

写真4－7　白成林さんへの聞き取り（左）、肖景春さんへの聞き取り（右）

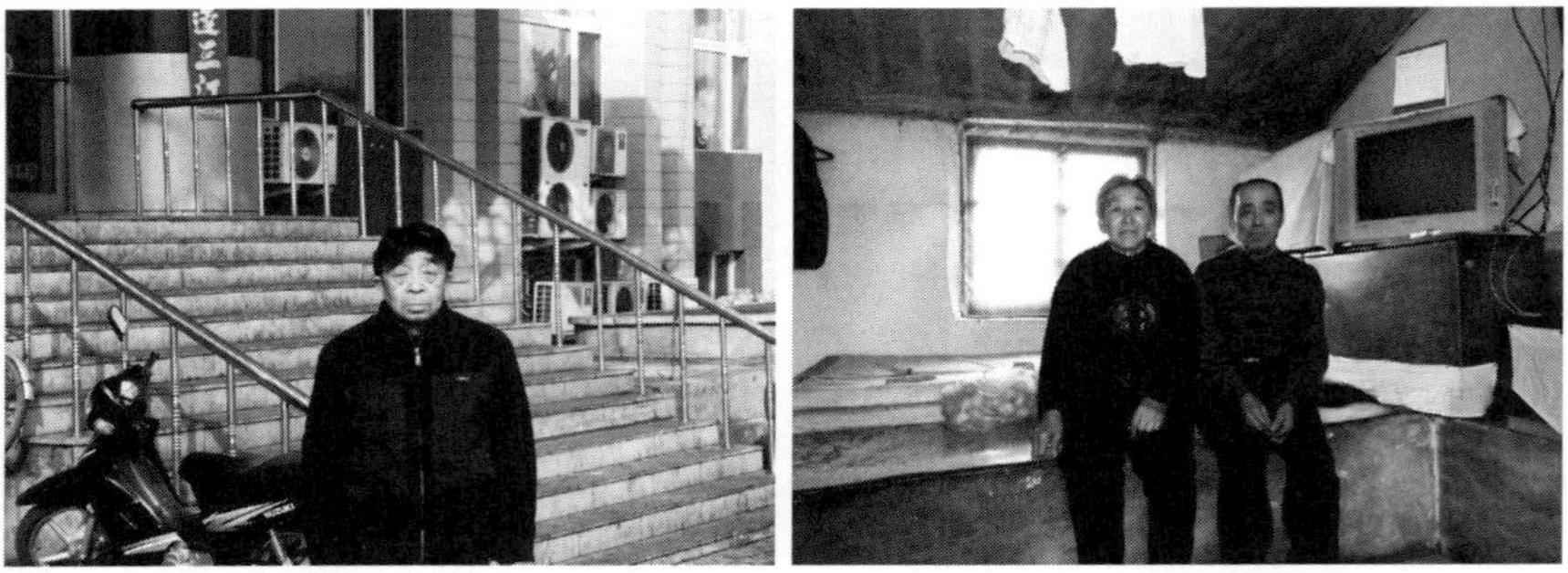

2008. 3. 10 撮影　　2008. 3. 10 撮影

写真４－８　劉忠生さんへの聞き取り（左）、唐青来夫婦への聞き取り（右）

・二〇〇八年三月一二日、残留婦人下平節子さんの長男であり、ハルビン市に在住している劉宝江さんへのインタビューを行った。

本書では、以上に示したような旧満蒙開拓団の関係者へのインタビューと彼らの行事への参加による参与観察、そして各地資料館で収集した資料などを用いている。

2　インフォーマントの概観

以上が、本研究の諸課題を明らかにするために行ったフィールドワークの概要である。本研究の中心となる第二部では、序章で論じた問題設定と本研究で用いる調査方法であるライフヒストリー法に基づき、中和開拓団における個々人、すなわち集団引揚者、残留婦人、残留孤児、未帰還者（図４－１参照）[*1]のライフヒストリーを取り上げ、彼らがどのように満洲・中国・日本で生きてきたか、という個々人の経験を通して満洲移民の歴史をとらえなおす。[*2] このような問題関心から、中和開拓団の個々人が本書における考察の中心となる対象者である。そのため、ここでは、第二部の第五章で取り上げる調査対象者となる中和開拓団の個々人の状況などを図４－１で示したカテゴリーごとに簡単に紹介しておきたい。これから紹介する集団引揚者、残留婦人、未帰還者のライフヒストリー・インタビューの

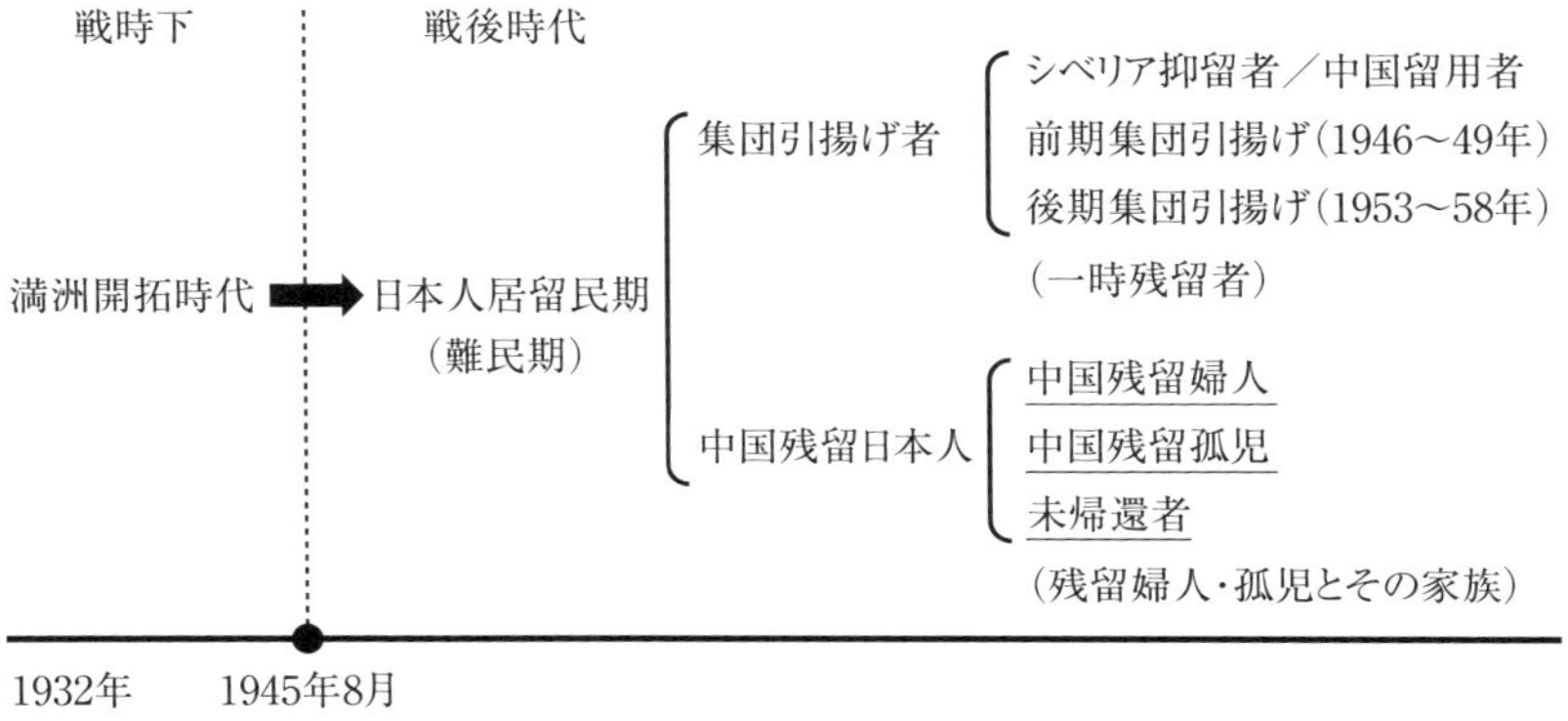

図４－１　戦時下から戦後までの満洲移民の歴史略図

記録は、序章で紹介した『聞き書き資料集』（二〇〇七b）に収録されており、この『聞き書き資料集』に沿って、インフォーマントの概略を示す。一方、残留孤児に関する事例は、拙著『満洲愛国信濃村の生活』（二〇〇七a）および拙稿「ある中国残留孤児のライフ・ヒストリー」（二〇〇六）に基づいて紹介する。

（1）集団引揚者の事例紹介

1．NMさんの場合（『聞き書き資料集』二一－三五頁）

NMさんは一九一八年五月三日、長野県埴科郡東条村に、四人兄弟の三男として生まれた。両親はわずかな土地で農業を営みながら、養蚕も行っていた。NMさんは、一六歳で高等科を卒業してから、約四年余り両親の手伝いをしていた。二〇歳になってから軍隊を希望して徴兵検査を受けたが、丙種だったので、軍隊に行けなかった。そうしたなか、NMさんは、たまたま役場に行くときに満洲移民の宣伝ポスターを見かけて、満洲移民になることを決心した。これをきっかけとして、一九三八年に満洲に渡った。

一九四五年七月二〇日、NMさんは敗戦直前の臨時召集でフラルキの部隊に配属された。敗戦から三日後の八月一八日、所属部隊がソ連軍に武装解除され、全員がシベリアへ連れ去られた。NMさんは約二年間のシベリアでの抑留生活を強いられ、一九四七年六月二〇日に帰郷を果たした。しかし、NMさんが徴兵されてから、現地の開拓団に残された妻と二人の幼い子どもは逃避行のなかで全員犠牲となった。

ＮＭさんは、引き揚げてから東条村の実家に帰った。一番上の兄が東京に出て生活しており、長野には戻らないと決めていた。すぐ上の兄は体が弱く、農作業ができなかったため、ＮＭさんは両親の家を継ぐこととなった。厳しい戦後の日本社会のなかで、ＮＭさんは両親の助けで何とか敗戦直後の日本社会を生き抜き、農業一筋でやってきた。いまなお日々元気に農作業を続けている。

ＮＭさんと初めて会ったのは、二〇〇四年に開催された中和開拓団の慰霊祭に参加したときだった。その後ＮＭさんと連絡を取り、体験を語っていただきたいと申し入れた。ＮＭさんは、私の調査をすんなりと受け入れてくれた。二〇〇五年八月八日、松代町（旧東条村）に住むＮＭさんの自宅を訪ね、ＮＭさんは私にこれまでの人生経験を語ってくれた。

2．木下主計さんの場合（『聞き書き資料集』三六－八六頁）

木下さんは一九二六年八月四日、長野県上伊那郡上片桐村（現在の松川町）に、五人兄弟（姉が二人と弟が二人）の長男として生まれた。木下さんの父は、満洲に渡る前に農業を営みながら、農作業の合間に桶の職人としても仕事をしていた。母は、病気のため、一九三四年に亡くなった。一家の生活は苦しかったため、父が子どもたちの反対を押し切って満洲に行くことを決めた。一九三九年一〇月、木下さんとその兄弟たちは、父親に連れられ満洲に渡った。

木下さんは、家族と共に満洲に渡ってから、約六年間中和鎮信濃村で暮らした。一九四五年五月、一九歳の頃、木下さんは現役兵として徴集された。木下さんは部隊と共にソ連の国境付近で終戦も知らずに戦っていたが、一九四五年九月三日、ソ連軍に武装を解除され、ウラジオストクの手前にあるポセットという港町に二週間ほど抑留された。その間、木下さんはアメーバ赤痢にかかったため、延吉の日本人収容所に送還された。そこで約半年間収容された。その後、収容所から解放され、日本に引き揚げるまで現地の朝鮮人の農家で働いた。八月三〇日に現地をあとにし、一九四六年一〇月二四日、ようやく故郷の地を踏んだ。木下さんの家族は、父親が方正県の収容所で病気により亡くなっていた。すぐ下の弟が逃避行のなかで家族とはぐれ、いまだに消息不明のままだった。

木下さんは、一九四六年一〇月に引き揚げてから父親の弟の家に身を寄せ、そして早くも一一月一日には地元の近くにある養命酒製造株式会社に入社し、定年まで働いた。いまは、週に二回地元のプールに通って、楽しい老後生活を送っている。

木下さんと出会ったのも、中和開拓団の「思い出の会」に参加したときのことであった。筆者の出自を知ってからは、いつも親切に話しかけてくださった。木下さんにインタビューしたのは、二〇〇五年二月二三日、信濃毎日新聞社の記者と共同で取材を行ったときである。

3．YWさんの場合（『聞き書き資料集』八七－一七一頁）

YWさんは一九三三年一二月一八日、長野県東筑摩郡筑摩地村に、七人兄弟[*3]の長男として生まれた。両親は、満洲に渡る前は農業に従事していた。その頃、YWさんの一家は自分で土地や山地を持っていたため、生活には困らなかった。父親と兄弟との間が不仲だったことが一家が満洲に渡る決め手となった。一九四一年二月、YWさんが小学校の一年生の頃に家族七人で満洲に渡った。

終戦直後、YWさん一家九人は、中和開拓団と共に避難行動をとっていたが、一家が属する六区の人たちが第三章で述べたように「全員玉砕」と決めていたため、本隊と離れて近くの山奥へ入った。そこで、YWさんの母と下の六人兄弟が自分の目の前で撃たれて死亡した。YWさんと父親はその場を何とか生き延びることができ、のち中和開拓団の本隊の人たちに救出され、本隊と合流してともに避難していた。しかし、一九四六年八月、YWさんの父が新香房の収容所で栄養不良などにより病死した。一家で生き残ったのは、YWさんだけとなった。幸いに、YWさんは収容所で偶然同郷の人に出会い、その同郷の人に助けられてなんとか一九四六年一〇月に帰郷を果たした。

YWさんは、出身地の筑摩地村に戻ってから、親戚の家に身を寄せることができたが、敗戦直後の食糧難という状況のなかで厄介者とみなされていた。YWさんは、中学校の一年生として編入したが、二年半で学校をやめ、地元の洋服店の見習いとして住み込みで働き始めた。YWさんは、洋服店の仕事をしばらくしていたが、一九七七年にタクシーの仕事に転職し、定年までタクシーの仕事をしていた。いま、地域のボランティアとして病院の車を利用し、通院している老人たちの送り迎えをしている。

YWさんと出会ったのは、本研究を始めた頃に調査をコーディネートしていただいたCさんの紹介であった。YWさんは非常に熱心かつ優しい人で、これまで何度も自宅を訪問させてくださり、いつも丁寧に中和開拓団の歴史、自分のご体験を積極的に語ってくださった。次章で示したYWさんのライフヒストリーは、二〇〇三年四月二五日と二〇〇五年八月七日の調査記録によるものである。

4．北澤博史さんの場合（『聞き書き資料集』一七二－一八七頁）

北澤さんは一九三五年一二月二三日、長野県上伊那郡赤穂村に、六人兄弟[*4]の長男として生まれた。北澤さんが五歳の頃、満洲に入植した父親の弟が家族を呼び寄せるために内地に帰ってきたが、家庭の事情により、満洲に戻れなくなった。北澤さんの父親が、弟の代わりに「補欠入植」として一九四〇年に一家を連れて満洲に渡ることとなった。北澤さんの両親は、満洲に渡る前はクリーニング店を経営していた。

北澤さんは五歳だったときに満洲に連れて行かれたが、終戦まで子どもなりに日本では見られない風景の中での満洲での生活は楽しかったという思いがあった。しかし、一九四五年四月、病気がちだった母親が結核で亡くなった。さらに七月、父親が召集されて前線に送られた。現地の開拓団には、北澤さんの六人兄弟だけが残された。敗戦後の逃避行のなかで、北澤さんの一番下の二歳の弟が収容所で亡くなった。生き残った兄弟五人はなんとか中和開拓団の本隊と一緒に行動できたが、前章で紹介したように中和開拓団が再び中和鎮へ戻り避難したときに、姉二人はやむを得ず残留婦人となり、北澤さんとその下の二人の弟はそれぞれ中国人の家庭に貰われた。北澤さんは、一九五三年の後期集団引揚げが再開した際になんとか下の弟二人を連れて日本への帰国を果たしたが、上の二人の姉はなすべがなかった。北澤さんの二人の姉が帰国を果たしたのは、一九九八年以降になってからである。

終戦後、北澤さんの父親は、捕虜となってシベリアで二年間強制労働をさせられ、一九四七年の暮れに故郷に引き揚げたが、身を寄せるところもなく、再び愛知県豊橋に入植した。一九五三年に日本に帰国した北澤さんは、父がいる豊橋に行った。北澤さんは、父のもとに帰ってきてから農業をしていたが、その後、農業をやめ、静岡にある旅館に勤めた。一九六二年に大手ホテルに転職し、六〇歳の定年までこの会社で働いた。現在、北澤さんは、日中友好のための活動などに尽力している。北澤さんと中和開拓団の親睦会で出会い、それから手紙や電話などで連絡を取っていた。インタビューは、二〇〇七年五月一三日、名古屋発木曽福島行きのしなの号列車の車中で行った。

(2) 中国残留婦人の事例紹介

1. KMさんの場合（『聞き書き資料集』二三二－二五五頁）

KMさんは一九二一年三月二八日、長野県上伊那郡宮田村に、六人兄弟の次女として生まれた。KMさんが三歳の頃に、一家は上諏訪に引っ越した。KMさんの父は、商人として漬物やお土産の店を経営していた。KMさんは、高等小学校を卒業して、一三歳の時から子守りに出ており、約五年間東京で生活を送っていた。一九歳になったときに、中和開拓団に入植した夫と結婚することとなり、一九四〇年、いわゆる大陸の花嫁として満洲に渡った。

KMさんは満洲に渡ってから夫との間に男の子を二人産んだが、二人の子どもは相次いで麻疹にかかって亡くなった。一九四四年に夫が召集されてから、女一人での生活は一層大変なものとなった。しかし、そのさらなる試練は、一九四五年八月以降であった。

敗戦後の混乱した状況のなか、開拓団の武装を解除するためにいつかソ連軍がやってくるという人々に不安を与える空気が漂い、そして自決する部落の仲間たちを目にし、KMさんはもはや生きていく勇気もなくなった。そうしたなか、KMさんがコーリャン畑に入り、自決しようとしたとき、現地の中国人のお婆さんに止められ、なんとか一命をとりとめた。KMさんは、そのお婆さんに現地の村に連れられていき、その後中国人と結婚することとなった。ＫＭさんが再び日本の地を踏むことができたのは、五四歳の時であった。帰国後、六七歳まで働いた。ＫＭさんへのインタビューは、二〇〇三年三月二四日、ＫＭさんの自宅で行い、また二〇〇五年八月一一日にＫＴさんへ取材する際にＫＭさんにも来ていただき、お二人に同時にインタビューした。

2. ＸＬさんの場合（『聞き書き資料集』二五六－二七五頁）

ＸＬさんは一九二六年二月一二日、長野県上水内郡安茂里村で、七人兄弟[*5]の長女として生まれた。ＸＬさんは、尋常小学校を卒業してから、愛知県一宮市にある紡績工場へ働きに出た。ＸＬさんの家は、わずかな土地しかなく、生活が非常に苦しかった。父親がとても器用な人で農業のほかに桶の職人もやっていた。満洲の広い土地に憧れていたＸＬさんの父親が、母親の反対を押し切って、開拓団を希望し、一九三九年一〇月に一家八人は満洲に渡った。一家は満洲に入植してから、日本では得られなかった広い土地で、現地の中国人も雇い、日々楽しく暮らしていた。しかし、その幸せな暮らしは長く続かなかった。終戦の一ヶ月前、ＸＬさんの父が急に病死し、兄も召集された。のちに敗戦を迎えると、頼れる父と兄が不在であり、その上、母親がお産を間近に控えていたため、ＸＬさんは母や兄弟たちの面倒を見るので精一杯だった。

一九四六年一月、本隊と一緒に再び中和鎮に避難したＸＬさんの一家は、母が産後で体も衰弱しており、さらに食糧もなく、身を寄せる場所もなかった。絶望的状況となっていたときに、ＸＬさんは家族を救うために、以前自分の家で雇っていた現地の中国人と結婚することに決めた。これにより、ＸＬさんは約三八年間、中国での残留生活を強いられた。一九八四年に永住帰国を果たした。ＸＬさんへのインタビューは、二〇〇五年一〇月一六日、ＸＬさんの自宅で行った。

3. ＫＴさんの場合（『聞き書き資料集』一八八－二三〇頁）

ＫＴさんは一九三〇年三月二六日、長野県南箕輪村神子柴に、八人兄弟[*6]の長女として生まれた。満洲に渡る前、

ＫＴさんの両親は、父が印刷工場で働き、母が農業をやっていた。一家の生活はそれほど裕福ではなかったが、まずまずだった。ＫＴさんの母は、姑との関係が悪かったため、姑から遠く離れたいという気持ちが一家が満洲に行く決め手となったようである。ＫＴさんの父は、一九三八年に団員として先に満洲に渡り、その翌年、日本に残っていた家族を満洲に迎えた。

ＫＴさん一家が、満洲で揃ってまもなく、ＫＴさんの父親が冬に山で炭焼きの仕事をした際に事故に遭って亡くなった。母は七人の子どもを抱えて、農業もできなかったため、満洲での生活は極めて苦しかった。ＫＴさんは長女だったので、学校にもあまり行けなかった。家の手伝いや家計を助けるために部落の日本人の家で子守りをしていた。一九四五年八月の敗戦を迎えると、逃避行のなかで一番下の三人の兄弟が方正収容所で命を落とした。母と四人兄弟は、再び中和鎮に引き返して避難してきたが、一家を救うためにＫＴさんは中国人と結婚するほか生きる方法がなかった。

ＫＴさんは、一九五三年の集団引揚げで帰る機会があったが、その時にはすでに中国人の夫との間に子どもが生まれており、子どものために日本へ帰国することはできなかった。ＫＴさんは約四五年間の中国での残留生活を強いられ、永住帰国を果たすことができたのは、一九八七年八月のことであった。ＫＴさんへのインタビューは、二回、ＫＴさんが住む市営住宅で行った。

4．ＳＭさんの場合（『聞き書き資料集』二七六－二八二頁）

ＳＭさんは一九二八年八月二八日、長野県下伊那郡清内路村で、六人兄弟[*7]の次女として生まれた。両親は、満洲に渡る前は農業に従事しており、子どもが多かったため、生活は苦しかった。一九三二年から県が推進した第七次信濃村建設の運動のなかで、村から八戸が送出された。そのなかの一戸として、一九三九年一二月、ＳＭさんは家族と共に満洲に渡った。

満洲に入植してから、ＳＭさんは開拓団在満国民学校に入り、三年間通った。一五歳で卒業してから下の兄弟たちの子守りをしたり、両親の手伝いをしたりしていた。終戦の前、兄が軍に召集された。敗戦後、一家はなんとか本隊と共に避難することができたが、翌年の初め頃に再び中和鎮に引き返してきたときは、SMさんの母は弱っており、「食べ物がない、何もない、仕方がない」と口にする状況のなか、SMさんとすぐ上の姉が両親や家族を救うために、余儀なく中国人と結婚することとなった。その後の現地生活のなかで、SMさんの下の二人の妹も中国人と結婚することとなった。一九五三年の後期集団引揚げでは、SMさんの両親だけが日本への帰国を果たした。SMさんは、やむを得ず現地の中国人と結婚してから五〇年後の一九九五年にようやく日本に永住帰国を果たした。SMさんへの聞き取り調査は、二〇〇五年九月四日にSMさんが住む市営住宅で行ったが、思い出せないことが多く、同席していた息子さんの発言が多かった。

(3) 中国残留孤児の事例紹介

残留孤児の事例は、これまで筆者が発表した『満洲愛国信濃村の生活』(二〇〇七a)と「ある中国残留孤児のライフ・ヒストリー」(二〇〇六)で取り上げた事例に、若干の編集を加えたものである。

1. Iさんの場合(「ある中国残留孤児のライフヒストリー」三七－四八頁)

Iさんは一九三二年一一月一四日、長野県上伊那郡飯島町に六人兄弟の長女として生まれた。一九三九年一一月、Iさんが七歳の時、第七次中和鎮信濃村開拓団の先遣隊員としてすでに満洲に渡っていた父親から家族招致を受け、Iさんを含めた兄弟六人が母に連れられて満洲へ渡った。開拓団での生活はというと、両親は日々農作業に追われてばかりだった。Iさんは長女として下の兄弟の面倒を見たり、農繁期になると親の手伝いなどもしたりしていた。終戦の少し前に、父親が召集され、母と兄弟たちが現地の開拓団に残された。

終戦になってから、Iさんの母は七人[*8]の子どもたちを抱えて、なんとか本隊と一緒に方正県に辿り着いた。一九四五年の終わり頃、方正収容所の避難生活は打ち切られ、本隊と中和鎮へ移動し、加信鎮に着いたときには、Iさん一家八人のうち四人も伝染病にかかり、満洲で生まれた一番下の妹が最も重く、Iさんの母は妹を中国人に預けるほか選択肢がなかった。一家には、中和鎮に着いてから、助けてもらえるような人はいなかった。家族を救うために、Iさんはまだ一二歳だったが、中国人の「童養媳《トンヤンシー》」*9となるしかなかった。

一九五三年の後期集団引揚げが行われたとき、Iさんと一番下の妹はもうすでに結婚して子どもも生まれていたため、やむを得ず日本に帰ることを諦めた。二人以外の兄弟と母は日本への帰国を果たした。一九七五年、Iさんは一時帰国を果たし、それから五年後の一九八〇年に念願の永住帰国を果たした。Iさんとの出会いは、Aさんの紹介によるものであった。Iさんは、帰国してから足が悪かったため、中和開拓団の集会にはあまり参加していなかった。Aさんの連絡により、二〇〇五年八月一〇日にIさんの自宅を訪問し、Iさんの話を聞くことができた。

2．Aさんの場合（『満洲愛国信濃村の生活』八一－一二二頁）

ここで取り上げたAさんとこれから紹介するBさんは兄弟である。Aさんは姉にあたり、Bさんは弟である。Aさんは一九四三年一月二八日、中和開拓団の七区に長女として生まれた。Aさんの父は一九一〇年一二月二六日に長野県上水内郡小川村に生まれ、一九三八年に第七次信濃村開拓団の団員として中和鎮に入植した。母親は、一九一五年二月一一日、松本市岡田区で生まれた。一九四〇年、Aさんの父と結婚して満洲に渡った。終戦の年の四月に、Aさんの弟Bさんが生まれた。そして、敗戦の直前にAさんの父が召集され、終戦後にシベリアに抑留された。Aさんの父は一九四六年にシベリアで亡くなった。

一方、Aさんの母は、敗戦後の避難生活のなか、一九四六年初め、中和開拓団の本隊と一緒に方正県の収容所から中和鎮へ引き返す途中の加信鎮に着いたとき、寒さや飢えなどにさらされ、さらに二人の幼い子どもを抱えていたため、生きていくために現地の中国人の家に入るほか方法がなかった。Aさんの母と弟を世話してくれた中国人の家は貧しかったため、病気にかかっていたAさんを治療する余裕もなかった。そこで、Aさんの母はAさんを信頼できる現地の中国人に預けることを選択せざるを得なかった。一家は、離れ離れになった。

Aさんは戦後の中国社会で養父母に大事にされ、中国人として育てられた。養父は切り詰めた暮らしをしながら、なんとかAさんを師範学校まで進学させた。Aさんは、日本に帰国するまでは小学校の教員をしていた。一九九四年に永住帰国を果たした。初めてAさんの話を聞くことができたのは、Cさんの紹介によるものだった。その後、二回Aさんの自宅を訪問してインタビューを重ねた。

3．Bさんの場合（『満洲愛国信濃村の生活』一二三―一四五頁）

Bさんは姉のAさんと生き別れてから、母親と一緒に助けを求めた中国人の家で生活していた。一九四八年、Bさんの母と、中国人の養父の間に妹が生まれた。その翌年の一九四九年、Bさんの母は栄養不良などで体が弱くなり、一九五〇年に加信鎮で亡くなった。その後、Bさんと妹は、養父に連れられ吉林省東遼県中心村へ移って、そこに住んでいる養父の親戚に助けを求めた。

母がいないBさんの一家三人の生活は、決して楽ではなかった。Bさんの養父は、非常に人情に厚い人だった。養父はBさんを小学校、中学校に行かせるために、努力を重ねた。Bさんが中学校に在学中に養父が病気で亡くなった。中学校を卒業後、村に戻り、生産隊の会計、小学校の工員（用務員）、そして工場の管理職を経て、一九九四年にAさんと共に日本に永住帰国を果たした。Bさんは日本に帰国後、生計のためにとび職やクリーニング店でのパートタイムの仕事をしていた。

Bさんと初めて会ったのは、Aさんが家で私の調査に応じてくださったときであった。その時のBさんに対する印象は、体が小柄で痩せており、口数は少ないが、話されると非常に論理的で話がわかりやすい人というものだった。その後、再度Bさんが住む市営住宅を訪問し、インタビュー調査を行った。

4．Cさんの場合（『満洲愛国信濃村の生活』一四六―一七六頁）

Cさんは一九三四年一二月二三日、長野県南佐久郡南郷木村に生まれた。一九四〇年に、農業に従事している両親に従い、父、母、兄、妹と五人家族で満洲に渡った。現地に入植して二年目に、Cさんの母がお産で胎児と共に亡くなった。母が亡くなってから、Cさんはまだ幼かったが、学校に行く余裕もなく、下の妹の子守りをしていた。一九四五年四月頃、Cさんの父が同開拓団の下平節子さんと再婚した。継母を迎え、Cさんはようやく開拓団の小学校に通えることとなった。しかし、Cさんの学校生活は、終戦を迎えるとともに終わり、たったの三ヶ月間だけだった。

逃避行のなかで、父が一家を連れてなんとか集団自決を逃れ、方正県の日本人収容所の本隊と合流することができた。しかし、Cさんの父はそこで国民党と共産党の戦闘に巻き込まれ、誤射されて死に至った。Cさんと、継母と兄弟の四人は、本隊と一緒に中和鎮へ戻る途中、加信鎮に着いたときにバラバラとなり、それぞれ中国人の家へ助けを求めた。Cさんは「私には何人も養父母がいたよ」というように転々と現地の中国人に売られ、貰われた経験があった。Cさんの兄と妹は一九四六年に日本に引き揚げたが、Cさんと継母は中国に残留することとなった。

Cさんは、一九五二年の一八歳の時に現地の中国人の農民と結婚した。その後、三男三女の子どもが生まれた。一九七五年、一時帰国を果たし、再び故郷の地を踏むことができたのは、三五年後のことであった。一九九〇年、Cさんは中国人の夫を連れて永住帰国した。帰国後、温泉ホテルの従業員としてしばらく働いた。Cさんへのインタビューは、二〇〇三年に二回、Cさんの自宅で行った。

(4)未帰還者の事例紹介

一九五八年の集団引揚げが打ち切られたあと、現地に残されたのは、約四二人であった。これらの残留者は、九〇年以降にほとんどが日本に永住帰国を果たした。永住帰国を選択せず、現地の社会でいまだに生活している事例の把握ができたのは、二例だけだった。しかし、このうち、調査に協力してもらえたのは、一事例のみであった。未帰還者の本人がすでに七〇年代に亡くなられたため、本人の家族である長男、長女、および本人が生活した村の人々への聞き取り調査に基づいて、未帰還者本人の残留生活を紹介することにしたい。未帰還者の調査も前掲『聞き書き資料集』に収録しているので、この記録集に沿って紹介する。

下平節子さんの家族の場合（『聞き書き資料集』四二五－四五三頁）

下平さんは、先ほど紹介したCさんの事例で、Cさんの継母にあたる人物である。下平さんは一九一六年一〇月三一日、長野県上伊那郡七久保村に生まれた。一九三〇年に尋常小学校高等科を卒業し、村の女子青年会の活動に積極的に参加した。一九三五年から諏訪郡川西村にある紡績工場で約三年間働いていた。下平さんは、一九三九年に同じ村出身の男性と結婚し、同年の一二月に夫と共に中和鎮に入植した。

下平さんの夫は、農業を営みながら、中和開拓団のトラックの運転手としても活躍していた。下平さんにとって、終戦までの約五年間の満洲の生活は楽なものではなかった。夫婦の間に二人の女の子が生まれたが、終戦の前に相次いで病気で亡くなった。さらに、一九四四年、これまで一家を支えてきた夫が、病気で倒れ、帰らぬ人となった。翌年の一九四五年初頭、部落の人の紹介により、隣の部落で妻を亡くしたCさんの父親と再婚したが、敗戦後の混乱状況のなかで、再婚した夫も戦闘に巻き込まれて死亡した。

下平さんは、子どもたちを連れて本隊と一緒に方正の収容所から中和鎮を目指したが、途中の加信鎮に着いてから、寒さ、飢え、恐怖、伝染病などにより、中和鎮へ行く気力もなくなり、連れてきた再婚した夫の子どもたちもそれぞれの場所へ助けを求めに行った。下平さんは、身を寄せる場所もなく、幾日か街のなかで放浪していたが、生きて日本に帰るために、一九四六年に余儀なく現地の中国人と結婚し、その後、二人は中和開拓団の入植地だった場所へ移り住んだ。しかし、この結婚生活は幸せではなかった。夫が怠け者で、毎日ぶらぶらして仕事をしない人だった。やがて長女が一九四八年に生まれ、一九五〇年に長男を妊娠しているときに、二人は離婚に至った。一九五一年、下平さんは同じ村の劉という中国人と再婚し、一九七二年三月、病気で亡くなるまでずっとこの地で生活していた。

下平さんと中国人との間に生まれた二人の子どものうち、長女の桑淑琴さんは、いまなお、かつて母が入植してから亡くなるまで生活した地で雑貨店を経営して静かな暮らしを送っている。長男の劉宝江さんも戦後ずっと母と一緒に中和開拓団の入植地だった場所で暮らしていた。その場所は戦後中国の国営農場として再利用され、劉さんはそこで農場長としてしばらく働き、いまはハルビン市にある黒龍江省農場管理局で働いている。下平さんの家族と出会ったのは、二〇〇八年三月に中和鎮、慶陽農場、ハルビン市で行った現地調査の時であった。また、下平さんに関する情報は、Cさんからも提供してもらった。第五章の未帰還者の節に関しては、基本的にこれらの情報に基づいて記述する。

次章では彼らの人生経験のなかにある満洲、中国、日本、という三つの場を設定して、個々の満洲移民の歴史を提示してみたい。

注

1　南誠は、蘭信三と呉万虹による旧満洲からの集団引揚者と中国残留者という二分法に対し、一九四五年の終戦から一九五八年満洲移民最後の集団引揚げまでの時期を細分化し、一九四五年の終戦直後から集団引揚げまでの間、在満日本人は「日本人居留民」として扱われていた時期があった（南二〇〇三：九四）と指摘する。本研究は基本的にこの図式に従って考察していく。

2　図４－１に示したように、一九四五年八月以降の開拓団は、日本人居留民期（難民期）を経てから、集団引揚者と残留者という二つのグループに分かれていた。集団引揚者は、帰村、帰郷を無事に果たしたものの、外地からの復員者、引揚者で溢れていた内地では食糧難、就職難によって苦しめられ、多くの人は国内の再開拓に向かわざるを得なくなった。これに対し、中国で生きていた残留日本人たちは、それから数十年間、日本植民地支配の歴史を背負って生き続けなければならなかった。戦後を含めた満洲移民の歴史をとらえるためには、戦前から戦後までを貫く個人の経験を中心に据えて考察する必要があると筆者は考える。

3　満洲に渡る前には、兄弟五人だったが、満洲に渡ったあと現地の生活のなかで兄弟二人が生まれた。

4　北澤さんの家族構成は、満洲に渡る前には両親と二人の姉、弟が一人だった。満洲に渡ったあと、さらに二人の弟が生まれた。

5　満洲に渡ったあと、XLさんの母はもう一人女の子を産んだ。

6　KT家は、満洲に渡る前は六人の兄弟がいたが、三男が五歳の頃に亡くなった。満洲に渡ったのは、両親と五人兄弟だった。満洲に渡ったあと、また二人の子どもが生まれた。

7　六人の兄弟の順は、兄、姉、SM、妹、妹、妹（一九四六年一月に死亡）である。

8　満洲に着いてから、もう一人子どもが生まれた。

9　将来息子の嫁にするために子どもの頃、金銭などで買われた女の子のこと。

第五章　満洲開拓をめぐる個々人の記憶と語り
――第七次中和鎮信濃村開拓団を中心に

はじめに

本章では、序章で設定した個々人の経験を通して満洲移民の歴史を考察するという研究課題を、具体的にライフヒストリーの方法論に基づき、第四章で紹介した中和開拓団における集団引揚者四人、残留婦人四人、残留孤児四人、および未帰還者一家族を対象に、彼らの「生きられた経験」のなかで満洲・中国・日本がどのようなものであったか、どのように語られてきたかについて個々人の語りを生かして記述し、考察を行う。

ここでは、満洲移民の歴史を、一つの集団における個々人のライフヒストリーからどのようにとらえなおすかについて述べておきたい。前章で紹介した一三の事例でわかるように、彼・彼女らが満洲に渡ってから終戦までの満洲における経験が彼らの人生の全体を規定し、それぞれの人生に影響を与えている。特に、終戦後の逃避行の経験は、集団引揚者と残留者（中国残留婦人・残留孤児・未帰還者）という開拓団の二つのグループ化をもたらした。集団引揚者は、帰村、帰郷を無事に果たしたものの、外地からの復員者、引揚者で溢れていた内地では、食糧難、就職難などに苦しめられ、多くの人は、国内再開拓に向かわざるを得なくなった。これに対し、中国で生きていた残留日本人たちは、数十年間、日本植民地支配の歴史を背負って生き続けなければならなかった。満洲移民という「歴史の全体」をとらえていくには、戦前から戦後までを貫く個々人の経験を中心に据えて考察する必要がある。そのため、満洲移民や中国残留日本人の個々人の「人生の軌跡」の全体に注目して検討を行う。この点に関しては、序章で論じたライフヒストリー特質の一つ「歴史を捉える用具」という側面を重視するものである。

また、以上のような個々人の「人生の軌跡」に焦点を当てる際には、一九三二年の満洲移民の始まりから現在に至るまでを時間軸とし、こうした時間軸と交差する満洲・中国・日本という三つの異なる社会空間に分けてとらえる。すなわち、どのように満洲に渡り、満洲でどのように生活してきたかを第一のステージとして設定する。第二のステージは、集団引揚げを分岐点として、集団引揚者と残留者がそれぞれの社会をいかに生き抜いてきたか、満洲という経験は戦後の生活にどのような影響を与えているのかという点である。第三のステージは、現在という状況である。言い換えれば、第一ステージ（満洲の生活）と第二ステージ（中国あるいは日本の生活）との連続性に注目しつつ、第三のステージとしての現在という状況のなかで、個々人が過去の経験をどのように語っているのかに注目する。

この第三のステージの現在という状況には、二つの側面が含まれていると考える。一つは、調査対象者の個々人・語り手による、「いま－ここ」における「あのとき－あそこ」の経験の再構成であること。もう一つは、序章で論じたようにライフヒストリーを構築するインタビューの場における、調査者・聞き手と被調査者・語り手とのやり取りの状況である。前者については十分に注意を払い、後者についてはできるだけどのような状況のなかでインタビューを行っているのかを明確に示したい。

以下に提示する一三の事例では、右に述べたことを念頭に置きながら、それぞれのライフヒストリーについて記述していきたい。

1　集団引揚者の事例

事例1　NMさんの場合――「満洲は楽しかった、おもしろかった」

(1)「NMさんの略歴」

日本	一九一八年五月三日	長野県埴科郡東条村に生まれる。
←	一九三四年	高等科卒業。
満洲	一九三八年三月	先遣隊員として一人で渡満。
	一九四〇年	妻を開拓団に迎えて、結婚。
←	一九四五年七月	臨時召集。
シベリア	一九四五年九月	シベリア抑留。
日本	一九四七年六月～	帰郷。農業に従事。
	一九六七～六八年	中和開拓団の再組織の働きかけ。
	一九七五年	中和開拓団の慰霊碑の建立に参加。
	一九八六年	旧入植地の中和鎮へ訪問。
	現在	現役として農業に従事。

(2)NMさんとの出会い、インタビューの場

NMさんは、長野県北部にそびえる奇妙山の麓にある集落で一人暮らしをしている。NMさんの自宅から北を眺めると、尼厳山《あまかざりやま》を一望に収めることができる。日々美しい山風景を見ながら、NMさんは、山の斜面を整地した土地で杏や梅、そしてブドウなどを栽培している。数箇所の田んぼも所有しているが、NMさんは一人で面倒を見切れないため、他人に貸し付けた。

初めてNMさんと出会ったのは、二〇〇四年の中和開拓団の慰霊祭に参加したときであった。NMさんは、戦後の中和開拓団の名簿整理、団員とその家族の行方の調査、慰霊祭の開催などに積極的にかかわっていたため、団のなかで中心的な存在として尊敬されている。慰霊祭の当日、NMさんは水色のスーツに白いシャツ、縞模様のネクタイを締め、長年の農作業で日焼けした濃い褐色の顔をして、しっかりとした足取りで歩き、とても八六歳（二〇〇四年）の老人と思えなかった。「お宅はどちらの息子かね」と話しかけてくれたことをきっかけに、NMさんに自己紹介をすることができ、またその場で戦後の中和開拓団のあゆみも聞くことができた。この慰霊祭が終わって別れた際、NMさんに「今後ぜひご体験を聞かせてください」とお願いした。

NMさんと再会を果たしたのは、二〇〇五年八月八日のことである。その日、長野県自動車道の長野インターを降りてから東に向かって三〇分くらい車を走らせると、奇妙山の麓の一つの集落に行き着いた。NMさんの自宅は、この集落の一角にあった。車を集落の広い場所に停めさせてもらい、やまない蟬の鳴き声とからりとした熱気に包まれ、二回目の対面とはいっても緊張と不安に戸惑いながら、NMさんの自宅を訪ねた。

NMさんは築約三〇年の二階建ての木造住宅に住んでおり、一階には広々とした居間と台所があって、二階は寝室となっていた。その日、NMさんは朝の畑の作業が終わって自宅に帰って朝食を済ませ休憩していたところで、白いTシャツに薄い色の作業ズボンを着ていた。夏場の農作業は、朝と夕方の日差しが弱い時に行い、日中は家でいろいろなことをしたり、休んだりするという。

NMさんは、私を部屋の座敷にあるテーブルまで案内し、「いやぁー、何しろ、暑くて、暑くて……」と言いながら、冷たいリンゴジュースや茹でた自家産のトウモロコシを出してくださった。NMさんの優しい心遣いで、私の緊張は次第にほぐれていった。NMさんは私と向き合うと「俺だって、だめなんだよ。年をとっているんだから、忘れちゃって、はは……（笑）」と謙遜しながら、渡満の経緯、満洲での生活の様子、応召およびシベリア抑留の体験、日本に引き揚げてからの生活の再建、戦後の中和開拓団とのかかわりなどについて、約三時間にわたって終始穏やかな表情で淡々と語り続けた。時折、満洲移民の関係資料、シベリア抑留に関する書籍、訪中したときの写真を見せてくれながら、一つ一つの事柄を細やかに語ってくれた。

インタビューのあと、NMさんは私を普段の農作業に使う軽トラックに乗せ、杏、梅、ブドウなどを栽培する畑に連れて行ってくれた。NMさんは私に案内をしながら、このあたりの戦前と戦後の様子を語った。周辺は、戦前は養蚕業が盛んであったため、全部桑畑だった。戦後もしばらく養蚕が続いていたが、繭の価格が上がらなかったため、一九六五年頃、NMさんが地域の先頭に立って桑畑を収穫の早い杏や梅の栽培に切り替え、三年間試行錯誤を繰り返した末、ようやく杏と梅の栽培に成功したと話した。

以上は、NMさんとの出会いとインタビューを行ったときの様子である。以下では、NMさんの人生の軌跡に沿って、①満洲に渡る経緯、②満洲での生活、③応召およびシベリアでの抑留、④戦後日本での生活という四つの側面を中心に見ていきたい。

（3）NMさんのライフヒストリー

1．渡満まで

NMさんは一九一八年五月三日、長野県埴科郡東条村（現在長野市松代町東条）に、四人兄弟の三男として生まれている。兄弟は、兄が二人、姉が一人である。両親は、五反歩くらいの土地を所有していたが、農業を営みながら、副業に養蚕をしていた。一家六人の生活は、「やっと暮らしたんだわ」というぎりぎりの状況であった。一九二六年、NMさんは小学校に入学し、一九三四年に高等科を卒業してから、満洲に渡るまでの約四年間、両親の手助けをして家で働いていた。

一九三八年三月、NMさんは第七次中和鎮信濃村開拓団の先遣隊の一員として満洲に渡った。NMさんが、満洲に渡ったのには、二つの理由があったと語る。一つに、NMさんが二〇歳の頃、兵隊に憧れて徴兵検査を受けたが、丙種という結果で体格および健康状態が基準値に満たず、現役として入隊することができなかったという理由である。

昔は、へぇ、いまと違ってなぁ。みなの徴兵検査をしてね。二〇歳になるというと、松本の連隊から来てなぁ、身体検査をやって。それで、ほとんど兵隊にとられちゃったの。それで、俺もちょっと体の調子が悪くてなぁ。／筆者：そうなんですか／それで、丙種になっちゃったの。丙種というと、兵役免除でもって、軍隊に入られないいんだ。

ＮＭさんはこの検査の結果を受けて、なんとか兵隊に入りたいという気持ちで、徴兵課に「第一養成でもいい」と頼んでみたが、徴兵官に「軍隊に入っても、軍隊は過酷なことやるから、そこで病気になったら、軍隊（で）使い物（に）ならない。もし返されちゃったら、君も困る、国も困る」と言われたため、従軍の希望は消えた。この年の秋、ＮＭさんが役場に行ったところ、役場に貼ってあった満洲移民のポスターを見かけ、「兵隊に行けなかったからなぁ、兵隊に行ったと思って、満洲の百姓になってもいい」という気持ちになり、渡満することを決心した。

渡満を決心したもう一つの理由は、ＮＭさんの家庭の生活状況によるものである。ＮＭさんが満洲に渡るときには、姉がすでに結婚してよそへ嫁に行っており、一番上の兄も家を出て東京で生活を営んでいたため、東条村の実家には両親と二番目の兄との四人暮らしだった。しかし、両親が持つのはわずかな土地で、すぐ上の兄が家にいたことから、三男としてのＮＭさんは、実家の厄介になっているのが心苦しく、肩身の狭い思いがあり、「いずれにしても家にいられない、どこかに出て行かなければならない」と考えていた。

このように、ＮＭさんは入隊に挫折し、そして楽ではなかった家庭生活の事情により、次第に満洲へ行く気持ちが増していった。その時の経緯を、ＮＭさんは次のように振り返る。

それで、兄は家にいるからなぁ、それで俺は、へぇ、どこかへ出なくちゃならねぇんだから。だから、そんなことだったら、もう一〇町歩、満洲へ行けば、畑で耕作できる生活なぁ。自分のものになる生活だから、その一〇町歩に憧れて、満洲に行ったわけだ。まぁ、ひでぃ（ひどい）話だなぁ、いま考えてみればなぁ、人の国に……。（以下、聞き取りにおける括弧内は筆者による補足）

NMさんは、満洲へ行くことを決意したのち、両親に告げた。実家の生活は確かに苦しかったが、両親はこのNMさんの決断に対して終始反対した。NMさんの母が「そんなところに行かない、行っちゃいけない」と泣きながら、何とかNMさんを引き留めようとしていた。しかし、NMさんは、「こんな詰まっているところで、三反か五反の百姓をしているわけですから、満洲に行って、一〇町歩をやっているほうがいい」という強い気持ちで親たちの反対を振り切り、渡満を決断した。

2．満洲での生活

NMさんは、一九三八年三月、故郷の両親や兄弟たちに別れを告げ、満洲へ旅立った。一週間ほどの道のりで入植地である中和鎮に辿り着いた。開拓村に着き、NMさんが初めて目にしたのは、「広々とした大陸、美しい夕陽、資源に恵まれた老嶺山脈や流れる澄み切ったイマ河の水、早春見渡す限りの若草が萌え出る野原に咲く白いすずらんの花」であり、まるで絵に描かれたような満洲の美しい風景、そしてこれから生活を営んでいくための場所としての「理想郷」そのものであったという。NMさんの語りはさらに続く。「わしがいた中和鎮というとこは、本当にいい場所だ。きっと日本中で開拓団に行ったなかでも一番、一番の、場所からいってもなぁ。一番の最高の開拓団だった」と強調する。ここでの「一番の最高の開拓団」という背景には、入植地である中和鎮の周辺の土地が非常に肥沃であったため、いろんな野菜や作物などがとれ、また水田が多く存在していたことにより「米による収入がうんと多かった」ということが意味されている。NMさんの数年間の満洲での生活についての語りは、こうしたノスタルジアから始まる。

一九三八年、中和鎮に入植してきた頃、NMさんはまだ結婚せずに一人でいた。一九四一年の個人経営に移行されるまで、NMさんは開拓団の部落編成や団全体としての運営に必要な基礎施設を整えるなどの仕事に携わっていた。共同経営の二年目の一九三九年には、団の本部や学校、診療所などの公共施設をはじめ個人の家屋も計画の半分まで完成しているところであり、本隊の入植や家族の招致を行った（長野県開拓自興会満州開拓史刊行会 一九八四b：一三九）。この時、NMさんには同じ長野県出身の女性との縁談があり、結婚するという話まで進んでいたため、一時帰国した。妻を現地の開拓村に迎えてから、部落の個人の家屋が完成するまで、部落のほかの家族と共に共同生活を送っていた。入植後四年目の一九四一年頃、開拓団の基本的な体制が整えられると同時に、開拓団の経営方式が個人経営に切り替えられ、終戦までNMさんには「水田三ヘクタール、畑六ヘクタール」が与えられた。[*1] NMさんは入植してから終戦の直前に召集されるまで、約三年間の共同経営生活と四年間の個人経営の生活を合わせ、計七年間満洲で暮らしていた。NMさんは、三年間の共同生活と四年間の個人経営生活について対照的に語る。

共同生活について、NMさんは「仕事もみなで。共同生活だから、女の人は共同の炊事でもって、ご飯をやって。男の人は、畑の仕事や個人家屋の建築の協同作業をやってなぁ。とれたものを金にして、ものは平等に分けて」と説明しながら、三年間の共同生活は現金収入が少なく、一番苦しい時期でもあったと振り返る。

　一番苦しかったことは、三年間の共同生活。金がなかったことは、一番苦しかった。ははは……（笑）。ただ働き、本当にそうだったから。一年やって、あの当時の金でもって、二〇円くらいを分けたか、そのくらいしかねんだ。まぁ、共同生活なんか、一緒にやったってなぁ……。

一方、NMさんは、個人経営になってからの生活に対して、「働けば働いただけ自分の収入になるんだからなぁ」「楽しかった」「おもしろいところだった」と回想する。個人経営では、NMさんは初めて自分の憧れていた広大な土地を持つようになり、そして前の年に長女も生まれ、一家の生活は夢と希望に満ち、順調に軌道に乗り出した。与えられた約九町歩の土地が、妻と二人だけの労働力で「間に合わない」から、「子どもはまだ小さかった」し、時々現地の中国人を雇ったり、自分たちで耕作できない余った土地を現地の中国人や朝鮮人に貸し付けたりして経営を行った。開拓団のなかで現地の中国人の労働者を雇用する当時の様子を、ＮＭさんは次のように語る。

ほいで、あっち、その満洲（には）中国人が大勢いた。「苦力」なんて、言い方がいけないけどもなぁ。あの当時は「苦力」、「苦力」と言っていたけどさぁ。そういう人たちが、とにかく一〇人頼めば、一〇（人）、二〇人来てくれと言うと、今日頼めば、明日は一〇人でも、二〇でも（来てくれる）。（…中略…）喜んで来るの。（彼らは）仕事がねぇんだから。ははは……（笑）。日本人のほうが食べ物をたっぷり食べられるし、金をちゃんともらえるからなぁ。

個人経営を始めた頃、ＮＭさんは貯金がほとんどなかったため、「年工」を雇う余裕がなく、ほとんど妻と二人で農作業を行ってきた。夏場の除草期や秋の収穫期などといった農繁期だけ現地の中国人の労働力を日雇いで頼んでいたという。個人経営の三年目の一九四四年になると、ＮＭさんは次第に経済的に余裕を持つようになった。この頃には次女もすでに生まれており、妻は二人の子どもの面倒や家事などに追われ、ほとんど農作業に出て行けなくなった。ＮＭさん一人では耕作が追い着かなかったため、一人の「年工」を雇って畑作や雑役などを任せていた。こうして現地の中国人の労働力を導入したことにより、ＮＭさんの仕事は楽だったという。

冬は山に入って、あの、薪を切ったりして、山仕事をしているから、冬は山へ行っちゃうの、なあ。夏になると、山の仕事ができないから、それでみなは山を下ってくるんだ。さぁ、（仕事を）やると、中和鎮のなかへ頼みに行けば、（中国人の労働者は）よく来てくれるんだ。（…中略…）仕事なぁ、だから、「苦力」といって、そういうのはいくらでもいたから、楽だった。

営農の面における中国人の労働者に頼りながら「楽だった」という思いに続き、自分が働いた分は、自分の収入になるという喜び、そして内地の日本とは異なった満洲での営農生活について、次のように語り続ける。

筆者：満洲の生活はどうでしたか？／あーあー、よかった。おもしろかったよ。働けば働いただけ自分の収入になるんだからなあ。まあ、それは、いまだって、昔だって変わらないけどなあ。籾なんかだいたい段あたり七俵、八俵を取れたからなあ。内地と変わんないんだよ。それで、肥料も何も加えなくても、それで、それだけ取れるんだから。おもしろいところだった。

このＮＭさんの語りから、個人経営に移行するにつれて、ＮＭさん一家の暮らしは次第にゆとりのある生活に変わりつつあったことがわかる。ＮＭさんは終戦の直前、自分が召集されるまで約一〇〇〇円の貯金もでき、当時にしては大金であったと説明する。こうした個人経営の時期は、ＮＭさんにとって在満数年間の生活のなかで最も「よかった」とする時期であった。

そのほか、ＮＭさんが満洲の生活が「よかった」と語ったのは、内地の日本より豊かな物質生活についてである。ＮＭさんが満洲に渡る前、現地ではおもにコーリャン、粟、米などの穀物を混ぜて主食として食べるという説明を受けていたが、「満洲に行ってから米きりの生活だった」「毎日米を食べていた」「当時、日本から見ればもう最高の生活」だったと振り返る一方、渡満する前については「日本では米など食糧がほとんど軍隊のほうへ回されていたから、米を満足に食べられなかったんだ」と対照的に語る。

また、中和開拓団の立地は、ほかの開拓団と比べれば、開拓団の東側に位置する原始森林である老嶺山脈があって、南にイマ河、北と西には亮子河とその支流が流れているため、現地の生活に欠かせない豊富な資源に恵まれていた。その思いについて、ＮＭさんは次のように語る。

満洲には山なんてないと思ってなぁ。よく平らでなんでもない草原と思ったら、中和鎮はこれだけ、まぁ、平らじゃないけどなぁ、あるけど。ここに大きな山があった。これも、一五〇も二五〇年も経ってる、こんな木なんだよ。この山に入ればなぁ、だから、これを一年中、薪とり、冬は寒いから、どかどか焚くからなぁ。

満洲の冬期は長く、冬には多くの燃料となる薪を備えなければならない。入植地の近くにあった老嶺山脈には森林が多く、中和開拓団や付近の中国人住民に建築や暖房に使用する薪を供給する重要な資源であった。また、開拓団のなかには、こうした森林資源を利用して、冬場の農閑期に炭焼を副業として臨時収入を得るという人が少なくなかった。さらに、山の中にはクマ、イノシシ、ノロシカ、ウサギなど多くの野生動物が生息していたので、時にはこれらを獲ってタンパク質の摂取源としていた。

そして、中和鎮を囲むように流れるイマ河と亮子河は、稲作の栽培に重要な豊富な水資源を提供するだけではなく、魚類資源も供給していた。「魚がいっぱい捕れたからなぁ。わりと俺たちのところに河があったからなぁ。特に一区はなぁ、魚なんかは誰でも釣れるくらいなぁ。へぇ、こんこんとしているんだから、糸が下がればすぐ噛まれる。なんか今日、お昼は何もない、じゃ、河へ行ってくるって、二、三分でこうやってやれば、三匹か四匹を釣れるからなぁ」と、NMさんは当時の様子を思い出すと目を細める。

このほか、生活に必要とする油、醤油、味噌、酒などは、中和開拓団のなかで加工されていたため、収穫した大豆などの加工材料を持参し、少しの加工賃を払えば、必要なものが簡単に手に入れられた。NMさんは、終戦まで開拓団の生活には何も不自由がなく、最も「よかった」時期と回想する。

あぁ、いい時代だった、本当に。ものがいくらでも取れたたし、気候は、まぁ寒いけども、そんなに感じること（はなかった）、慣れてしまえばなぁ。中和鎮はいい所なんだよ、あれ、うん。

こうした幸せな生活は長く続かなかった。終戦直前の七月二〇日の夜、NMさんには突然の臨時召集の知らせが届けられた。妻と二人の幼い子どもとの別れを惜しむ時間もなく、翌朝の四時に開拓団の本部に集合させられた。NMさんが住む部落には三二軒があったが、この時は、NMさんを含めて一八人が召集された。開拓団小学校で、一八人のための送別会が開かれ、簡単な儀式を終えてから、全員が開拓団をあとにし、それぞれの部隊へ向かった。

3. 応召とシベリアの抑留生活

NMさんは、チチハルのフラルキに配置されていた関東軍の部隊に配属された。配属先の部隊は、「本土決戦ということで関東軍の精鋭な者は全部日本と沖縄とへ送っちゃって、(そこは) ほとんど空っぽになっちゃった」と、NMさんは入隊した当時の状況を振り返る。そこで約一〇日間の軍事訓練を受けたあと、ソ連軍が侵攻してくると予想される情報が入っていたため、NMさんの部隊はソ満国境に最も近いハイラルという町に配備された。ソ連軍の侵攻に備えて、「みなは塹壕を掘ってさあ、戦車について、火薬はこのくらいの箱に入ってなぁ、それを開けて、(すぐ) 戦われるよう、それで三日間待ち伏せていた」。幸いなことは、この三日間にソ連軍がやってこなかったことだ。そうでなければ、「俺たちはほとんど死んでいた」という。

NMさんは、ソ連軍との交戦のないまま敗戦を迎えた。八月一八日、日本が無条件で降伏したと知らされた。その時の思いは、「本当に悔しかったけども、上からそういう命令だから、いいも悪いもないんだ」と話す。その後、NMさんが所属していた部隊はソ連軍に武装解除され、全員が捕虜となった。その時の様子を、NMさんは「敗戦国でもって、やつらの言いなりになる。まぁ、時計でも、万年筆でも、みなとられちゃった」「何も抵抗 (できない)。体が一つだけだからなぁ、抵抗すると撃たれちゃうしさぁ、持っているものをそっくりやつらにとられちゃった」と言い、その怒りを隠さなかった。

武装を解除されてから、ソ連軍の監視の下でチチハル市内にある避難所に留まっていた。避難所のなかでの生活は、自由行動があまりできなかったが、そこに元関東軍の貯蔵庫があったので、食べ物は特に困らなかったという。

NMさんは、この収容所で十数日暮らし、九月二日にチチハルを出発させられ、部隊と共にシベリアへ連行された。約一〇日間かかって、バイカル湖を通り抜けて、クラスノヤルスクという地域に移動させられ、そこにある製鉄工場に収容された。収容所に降ろされ、初めて目にした光景を、NMさんは次のように語る。

それで駅も無人駅のようなところでね。「何だ、これ、駅でもないじゃないか、ひどいもんだ」。それで、その工場の一番近いところで停めて、そこでみなは降ろされて。（…中略…）それでも俺たちは、なぁ、割合はよかったんだわ。あのう、ソ連の連隊のなかのなぁ、連隊のなかの一部を改造して、そこを囲って、それを俺たちの捕虜収容所にしたからなぁ。宿舎は完全なロスケ（ロシア人）の兵舎に入ったからなあ、その点は俺たちがよかったんだ。

NMさんが入った収容所には、約一五〇〇人の日本人兵士が収容された。しかし、NMさんのようにちゃんとした建物のなかで暮らせたのは、全員の半数くらいでしかなかった。多くの人は、寒さ、飢え、病気などにさらされ、過酷な状況のなかで犠牲になったという。その状況について、NMさんはさらに「とにかく、（私たちは）山へ伐採に入った人たちよりよかったんだ。（彼らは）何でもないとこ（ろ）に入って、天幕でもって暮らしたんだから。もう一五〇〇人は、ほとんど全滅になって、部隊は。寒くていられない、みなはすぐ死んじゃうんだもん。俺たちは幸いになあ、そういうなあ、ロスケの兵舎のなかに入ったから、完全な家だったからなあ」と語り、そのため、なんとか命をつないだという。

NMさんは、収容所のなかの錬鉄場で働かされた。錬鉄の工場のなかには大きな融合炉と圧延工場があった。そこで、NMさんたちには、ソ連が各国からろ獲した戦車などのような戦利品を鉄などに加工するという仕事を与えられていた。その作業は、「関東軍の戦車だとか、鉄を全部運んだんだ。ドロボウなんだよ。それから、ドイツやイタリアの戦車という戦利品なぁ、どんどんシベリアに持ってきて」、「それらを融合炉に入れ、鉄の塊にして」から、「圧延工場へ運んで、それで錬鉄とか、あるいは帯鉄ね、ああいうものに加工」するという重労働だった。NMさんは、一九四七年六月頃に帰郷するまで、約二年間こうした過酷な生活を日々凌いでいた。

4．戦後日本社会での生活

▼帰郷

NMさんが、一九三八年に満洲に渡り、敗戦後のシベリアでの抑留生活を経て、再び故郷の東条村に足を踏み入れたのは九年後の一九四七年のことであった。「ここの実家に帰ってきて、まぁ、ただいまと言ったら、親父も驚いていているような顔をして見ていた。おそらく、（これまで）どこに行ったか、急に顔を出したから、ただたまげちゃったんだ」。NMさんが無事に帰還したことに、両親は喜んでいた。しかし、家族再会の喜びは、ほんの一瞬のものであった。召集されてから開拓団に残されていた妻と二人の幼い子どもが満洲で亡くなったという悲しい消息、そして裸一貫でシベリアから引き揚げてきた自分は、これからどうやって生きるべきかという現実に直面する。

　帰ってきたときは、惨めなもの。着るもんだって、何も（ない）。その当時、配給だからなあ、俺らみたい急に帰ってきたやつらに、（その年に）何も与えてこないからなぁ。家からは、最初いた人なぁ（満洲に移民しなかった人）、いままで着たものなぁ、残っているけども。むこう（満洲）に行って、こっちに帰っちゃったからね、ぜんぜん俺ところは何もない。

敗戦直後に海外に取り残された日本人は約六六〇万人いた。戦争が終わったばかりの当時の日本社会では、海外から引き揚げてきた旧開拓団の人たちや復員者などに十分な援助を行う余裕がなかった。NMさんのように農村に帰ってきた人々は、家族や親族に頼るしかなかった。「俺は実家にいたからなあ。両親がいたし、（家には）畑があったから、まあまあ、引揚げ（てきた人たちのなか）でもよかったほう」と、NMさんは帰ってきた当時の自分の状況を語る一方、「引き揚げてきた人の多くは、家がないんだし、最初の一ヶ月、一〇日はなぁ、親類でもって、面倒を見てくれるけど、一ヶ月も経てば、余計なものというんだから」という敗戦後の厳しい社会状況を語った。さらに、その時代には地域社会から差別や疎外されていたことも感じていたという。

引揚げ、引揚げって、わしは初めてこの部落に帰ってきたとき、だって、「お前さん、引揚げじゃないか」なんて、言われちゃったもんで。余計なものが来たような顔をしてなあ。まぁ、みながみなじゃないけど、まぁ、若干（の村人）もそんな感じだったしなぁ。

故郷に戻って厳しい状況のなかで、NMさんを救ったのは、両親とその家族だった。両親は、NMさんを温かく迎え、実家に留まれるようにしてくれた。NMさんは、両親のもとで家の手伝いをしながら、一緒に暮らし始めた。その頃は、一番上の兄がすでに東京へ出て暮らせるようになり、もう東条村の実家に帰ってこないと決めていた。また、すぐ上の兄は体が弱かったため、NMさんに「家を継いでくれ」と言ってくれた。兄らの言葉は、これからどうやって生きるべきか悩み続けていたNMさんにとって何より嬉しい言葉だった。こうして家族に恵まれ、生まれ育った故郷で暮らせたため、NMさんは、ほかの引揚者より「ずっとよかった」と家族に対する感謝の気持ちを込めながら振り返った。

▼再起

NMさんは召集されて開拓団を出てから、妻と二人の幼い子どものことをずっと気にかけていた。しかし、シベリアからの帰郷後、NMさんに知らされたのは、妻と二人の幼い子どもの死であった。出発当日の朝に妻と子との別れが最後になるとは、NMさんには思いもよらなかった。

（その日の朝）嫁さんがご飯の仕度、お湯を沸かしたりしてくれたからなあ。それで、子どもたちはまだぐっすり寝ているからなぁ。まさか、終戦が、こんなふうになると思わないからなあ。いやぁ、また、きっと三月か、四月がくれば、帰ってくるなんて話して、子どもを起こすなと言って、二人の子どもはぐっすり、ぐっすりと寝ていたから、顔を覗いたきり。ひでい（ひどい）別れだった、本当に。

NMさんにとって、妻と子の知らせが何より悲しかった。妻とわが子を守れなかったことを、妻の両親にどう説明するか躊躇しながら、妻の実家に向かった。NMさんは、妻の両親に「とにかく召集が来ちゃったから、ソ連も来ちゃった、どうしょうもなくて、とにかく申し訳なかった」と頭を下げて、謝罪した。これを受けて、義理の母から「これなぁ、時の流れでもってなあ。もう日本にいたって、みなはそういうふうに、召集さえ来れば、誰だって、逃げるわけにはいかない。それはその時の流れでもって、これは、あなたはしょうがないと、決してあなたが悪いんじゃない」と、妻と子どもたちの死に苛まれていたNMさんに理解を示す言葉を発した。その上、義理の両親は、NMさんに「これ（妻の妹）をもらってくれ」と、亡くなった妻の妹との再婚の話を勧めた。その後、NMさんは妻の妹と新しい家庭を築き、戦後日本社会での生活を始めた。

NMさんは、妻の妹と再婚してから、日々農作業に追われていた。両親から受け継いだ土地は、ほとんど山の斜面を利用し切り開いた畑だったため、多くは手作業でしなければならなかった。また、農業は、満洲にいた頃のやり方とまったく違っていたので、満洲で慣れた農業のやり方は、日本ではほとんど通用しなかった。それに「土地には、石がゴロゴロ転がっているし、石を取り除かなきゃ、どうにもならん」という苦労の連続だった。

むこう（満洲）の仕事とぜんぜん（違う）。こっちは、鍬で草取りきりだなあ。それで、俺のうちのほうが特にこういう山場だけだったからなぁ。機械なんか使ったって、こけてしまうんだ。こういう勾配の、それきりだからなあ。手の仕事、手しかできない、まあ、嫌なとこ（ろ）だわ、ははは。生まれたところだからなあ、どこか出て行ける元気があればいいけども、そんな元気がないし。結局、ここでもって、ほそぼそやって、ここで暮らしているんだ。

NMさんは、故郷に帰ってきてから始めた農業がとにかく苦しく、「余裕がなかった」。日々、「よく仕事、仕事、仕事でもって」働き続けていた。「やっと落ち着いて、少し余裕があったのは、（昭和）四〇（一九六五）年を過ぎてからだ」った。それまでは「自分生きていくのに、精一杯だった」と語る。NMさんは実家に帰ってきてからしばらくの間、おもに養蚕と稲の栽培を中心に営んでいた。しかし、繭の価格が年々低くなり採算が取れなくなったため、一九五八年頃から、NMさんはそれまでの桑畑から収穫の早い梅や杏、ブドウの栽培を導入し始めた。その理由は、杏や梅の成熟期が短く、五～七月の間に収穫期となり、現金収入を得るために最も適していたからである。

NMさんは杏などの栽培を開始後、様々な試行錯誤を繰り返し、三年目にようやく成功させたという。それ以降、NMさんは、すべての桑畑を徐々に杏畑などに変えた。村のなかで最も早く杏の栽培を取り入れたのは、NMさんだった。当初、村のなかから杏の栽培に反対する意見も出ていたが、NMさんはそれを成功に導き、その後杏の栽培は地区の全体に広がっていった。現在、この地区は杏の生産地として全国でも有名である。一九六五年以降、NMさんは東条村において杏の栽培の指導者として選出され、いまも高齢[*2]でありながら、現役の指導者として活躍し、毎年講習会の講師を務めたり、生産会議などを開いたりして、多忙な日々を送っている。このことを、NMさんは、「無駄に、無駄にならなかったこと」、そして自分だけではなく、「みんなから喜ばれたこと」が、「なによりやった甲斐があった」と語る。

▼「中和会」の設立とその活動への参加

NMさんは、自分の戦後体験について、二つの側面から語った。一つは、以上のような戦後の厳しい日本社会での生活の再建に関する語り、もう一つは以下に述べる戦後の中和開拓団の「再集団化」へのかかわりについてである。

中和開拓団は、送出当初、全県にわたって募集を行っていたゆえに、終戦後に満洲やシベリアなどから日本に引き揚げてきた団員は、それぞれ各自の故郷に戻ってそのまま解散となり、集団という組織としての機能は失われた。帰郷後、同郷あるいは満洲における仲間との間で、元団員たちの個々の付き合いは見られるが、元開拓団の単位における組織としてのまとまりはしばらくの間存在しなかった。戦後の厳しい状況のなかで生活の重荷が個々人にのしかかり、NMさんの語りにあるように「生きていくのに、精一杯だったため、満洲の体験を振り返る余裕すらなかった」ためだ。

　戦後は、へぇ、どうにも（ならなかった）。そんなことを考える余裕がなかった、へぇ。食っていくのは、やっとのとこ（ろ）で。よくぺちゃんこになっちゃってなぁ。

分村や分郷によって送出された開拓団は、元の市町村に戻ったあと、市町村が後援になって遺族会や元開拓団同志会を発足させるケースが見られる。一方、中和開拓団の場合は、先に述べたように個々人が日本に帰国後ばらばらとなり、分村や分郷の開拓団のように、送出された元の母体となる市や町村によるバックアップを受けることなく、元団員たちの自らの力によって再組織されるほかはなかった。

NMさんが語ったように、満洲やシベリアから引き揚げてきた元開拓団の人々にとって、戦後の厳しい日本社会を生きていくのは容易なことではなかった。やっと生活の余裕が、わずかでありながら持てるようになったのは、一九六五（昭和四〇）年を過ぎてからである。この頃、NMさんと同じ地区に住む元中和開拓団出身のKBさん[*3]の呼びかけを受け、KBさんを中心として中和開拓団の「再集団化」の活動が始まっていた。

NMさんは、中和開拓団の再集団化の中心となる活動目的について、「みなは自分の親や女房、子どもが死んでいるからなぁ、何とかして、慰霊碑をつくろうじゃないか」という共通の思いと、「あれだけ中和開拓団をやっていたから（入植当時、中和開拓団の実績が全満でトップだったという意）、なんとか中和開拓団の形となる記録を残したい」という要望があったと語る。これらのことにより、一九七二年頃からKBさんを中心としてNMさんなど北信在住の元団関係者らが、慰霊碑の建立に向けた元開拓団の名簿整理の活動を始めた。中和開拓団は当初一一〇〇人余りの規模だったため、名簿を整理するのは、極めて繁雑な作業だった。KBさんは引き揚げたあと、解散したときの数人の開拓二世の行き先を把握していたので、彼らに呼びかけ、それぞれの開拓団にいた頃の部落の人員状況について調査の協力を求めた。その経緯を、NMさんは次のように語る。

それで、KBさんは（開拓二世たちに）手紙を書いて、とにかく中和鎮もこのままにしとくわけにいかないと、なんとか一つの組織を作ると。というわけで、子ども[*4]って、いま頭（中和会の運営者）になっている連中を呼んで、それで、その連中に自分の部落を自分でもって、誰がどこに行っているか、（出身地が）埴科郡（なら）、埴科郡に来ているかどうか、帰って亡くなっちゃっているか、あるいは、東京に行っているか、大阪に行っているか。それの、全部を聞いてもらって、それを集めて、名簿を作って。それでやっと名簿ができて、それでやっと総会を開いて、なあ。それで役員は各部落から二人ずつか決めてなあ、それでやっと組織ができた。結局、これ（慰霊碑）ができる前だ。

こうして、KBさんの呼びかけにより、一九六五年の初め頃、元中和開拓団の関係者らへの調査が行われて、総会が開かれ、組織として「中和会」が発足した。中和会が発足してまもない頃には、最大のイベントとして慰霊碑の建立と団の記念誌の発刊に取り組んでいた。

慰霊碑の建設に要する費用は、すべて元団の関係者からの寄付で資金を集めた。NMさんは、満洲の各部落で亡くなった人々を整理し、彼らの名前を清書して、慰霊碑の中に収めた。その時の思いを、NMさんはさらに「亡くなった人たちの名前を全部書いて、そういう名前が切れちゃうと、今度子どもたち、孫の時代になってしまえば、誰が彼かをわからなくなっちゃうから」と後世に伝えたい気持ちを吐露した。こうした個々人の思い、そして個々人の努力により、第三章で述べたように中和開拓団の慰霊碑は、一九七五年に長野県善光寺雲上殿の西にある花岡平霊園に建立された。

この慰霊碑の建立に合わせて、元団の関係者らにそれぞれの満洲への思いを書くよう要請し、個々の思い出を執筆してもらい、中和開拓団の記念誌として発刊することを決定した。NMさんは、事務局の一員としてこの記念誌の編集作業にも携わっていた。記念誌の発刊について、NMさんは、「これを出したときに、いい苦労したんだ」「送ってきた原稿は、書籍のほうじゃ、校正しなきゃ、間違えたことを書いても困るからなぁ」「それぞれを全部目通して、原稿を書き直したりして」いたなどと、編集作業の大変さを語ってくれた。こうして個々人の力を合わせることによって、中和開拓団の過去を慰霊碑、記念誌という形で記録した。このことを語ったとき、NMさんは顔に安堵の様子を浮かべた。

慰霊碑の完成に伴う第一回の慰霊祭を終えてから、中和会は慰霊祭を三年に一回、親睦のための思い出の会を毎年行い、その会場は全員に配慮して年ごとに南信、中信、北信と場所を移していくように決めていったという。それ以降、中和会の活動は途切れることなく続けられてきた。しかし、いま現在の参加者は、ほとんど二世が中心となり、団員として参加し続けているのは、NMさんだけとなった。NMさんは、中和開拓団の過去の状況を唯一知る団員として、二世たちに「どうなっても出られるだけ出てほしい」と強く要請されていたのである。

八〇年代に入ってから、中和会は訪中団を組織し、一九八一年、一九八二年、一九八六年の三回にわたって旧入植地だった中和鎮などへの訪問を行った。NMさんは、初めの二回の訪中時には先に述べたように地区の杏栽培の役員をしていたため、参加できなかった。三回目の一九八六年、NMさんは念願の現地訪問を果たした。もう一度中和鎮を訪ねてみたかったという思いを、NMさんは、次のように振り返る。

それまで中和鎮はいっぺん自分の第二の故郷。俺たちの故郷なんだからなあ。終戦まで築き上げた場所として、どうしても、一回むこうに行って、みなはそう思って（いた）。

ＮＭさんにとって、逃避行の道のりで飢えや寒さ、そして不安にさらされて亡くなった妻と子どもたちを供養したいという理由も大きかった。一九八六年九月、ＮＭさんは四一年ぶりに中和鎮を訪ねた。ＮＭさんが中和鎮に着くと、記憶のなかに残っていた昔の城壁が一つもなく、街もすっかり様変わりして、ただただ驚くほかはなかった。最も緊張したのは、中和鎮の役場に着き、車から降りた瞬間だった。その時の様子を、ＮＭさんはこう語る。

中和鎮の役場に車でもって入ったら、中国人も黒山のようにいるんだよね。これが、まぁ、俺たちを殺すつもりで来て、これがまあ、やられるくらい、蹴飛ばされて、とがめられてと思った。あぁ、車を降りる瞬間、ずしんときたよ、本当に。そこで顔合わせをしてなあ、俺も何でもいいと思って、叩かれる、叩かれたら、しょうがないよ、へぇ。ごめんって、謝ってしょうがないと思ってなあ、本当に恐る恐る降りたよ、本当に。そうしたら、連中は拍手でもって、迎えてくれた。本当にほっとしたよ。

現地の多くの中国人に迎えられたことは、ＮＭさんには思いもよらなかったことだったようである。それは、むしろかつての日本帝国による満洲国の支配という侵略の歴史、そして開拓団の一員としてかかわっていた自分に対して、過去を清算されるかと思っていたようである。しかし、ＮＭさん一行が受けたのは、現地の人々による熱烈な歓迎であった。その後の表敬訪問で、ＮＭさん一行は「とにかく、当時は本当にひどいことをやって、申し訳なかった」という趣旨の挨拶をし、これを受けて中国側は「日本と中国は不幸な時代があったが、これからさらなる日中友好のためにお互いに努力しましょう」と述べてくれた。こうした話を聞いて、ＮＭさんはそれまでの緊張が解け、ほっとしたという。

一二日間の現地訪問のなかで、ＮＭさんは念願であった妻と子どもたちが亡くなった場所、そして召集された朝に妻との最後の別れとなった場所を訪ねることがかなった。NMさんは、中和鎮で妻と別れた場所を訪ねると、当日の朝に部落をあとにして、見送られていたときの光景が脳裏に浮かんだ。

二度と中和鎮わが家の近辺の土は踏めないと思っていたのに、今立っている、踏めたんだ。妻や子どもが奥の方から出てくるような気がする。（昭和）二〇（一九四五）年七月二〇日、召集で出発の朝、「皆元気でいてくれ、頼む、じきに帰ってくる」と家を守る一六人の主婦たちの前で挨拶した場所だ。

しかし、終戦後の混乱した状況のなかで、その妻や子どもたちのなかで日本に引き揚げることができたのは、わずか数人しかいなかった。NMさんは、帰郷したあとに妻と二人の子どもが方正日本人収容所で亡くなったと伝えられた。NMさんは、召集されて妻と子どもたちを守れなかったことが何より悔いに残り、心にやましさを感じているという。

妻と子どもたちが亡くなったと思われた場所で、NMさんは日本から持ってきた塔婆、清酒、菓子を供え、そして現地で用意した花輪を捧げ、亡き妻子のことを思いながら、「さぁ、俺の肩におぶさって家に帰ろう」と囁いていた。慰霊を終え、「妻とわが子を連れて日本に帰ろう」という思いで、NMさんは少し土を包んで日本に持ち帰った。この訪中は、NMさんにとって最初で最後の訪中となり、長い間自分にのしかかっていた重荷を降ろせた旅だったという。

▼現在

NMさんは、現在一人で暮らしている。日本に引き揚げてから、新しい家庭を築き、四人の子どもに恵まれた。いまでは、四人の子どもも実家から離れ、独立してそれぞれの家庭を持っている。NMさんは、帰国後両親から受け継いだ家を一九六五年頃に建て直し、そして戦後の厳しい状況のなかで切り開いた土地を守りながら、農業を続けている。いま現在の暮らしの様子を、NMさんは次のように語る。

だいたい四時から起きるからなあ。それで五時のニュースを聞いて、それで畑に出る。それで八時まで（畑仕事をして）、それから家に帰ってご飯を食べて。いまは暑いから、昼前には畑に行かないんだ。夕方四時か五時まで家でもって、布団の中で寝ているんだ。

事例２　木下主計さんの場合――「申し訳ないね、本当に申し訳なかった」

(1)「木下さんの略歴」

日本	一九二六年八月四日	長野県上伊那郡上片桐村に生まれる。
満洲	一九三九年一〇月	家族招致で渡満、当時は高等小学校一年生。
↓	一九三九年一〇～四五年五月	在満。
	一九四五年五月	応召。
シベリア	一九四五年九月	シベリア抑留。
↓	一九四五年一〇月	延吉収容所。
日本	一九四六年一〇月	日本に引揚げ。
	一九四六年一一月	造酒会社に就職（定年まで勤めた）。
	一九八一年四月	中和開拓団の再組織の働きかけ。
	二〇〇〇年九月	旧入植地の中和鎮などへ訪問。
	現在	長野県上伊那郡在住。

(2) 木下さんとの出会い、インタビューの場

木下さんは、現在長野県上伊那郡のある地方で夫婦二人で暮らしている。初めて木下さんを訪ねたのは、雪がちらちらと降る二月のある寒い朝であった。当日、信濃毎日新聞社の記者と筆者の二人で木下さんの自宅を訪問した。[*5] 約束の時間通り木下さんの自宅に着くと、木下さんはすでに玄関に出て外で私たちを待っていてくれた。木下さんは私たちに挨拶しながら、自宅の一室へ案内してくれた。部屋は広い和室で真ん中にテーブルがあり、木下さん(語り手)と私たち(聞き手)はテーブルを隔てて対面することとなった。そこに落ち着き、今回の調査趣旨を改めて説明しようとするとき、木下さんは突然私に向かって次のように謝り始めた。

申し訳ないね、本当。開拓団で行っておりましてね、本当に申し訳なかった……。

さらに、木下さんは「日本人は勝手にいいけど、そりゃ、現地の人にとても迷惑した話でね、申し訳ない」と話を続けた。どうやら木下さんは私を「完全な中国人」だと思っていたようであった。[*6] 木下さんは、こうした当時の満洲開拓や戦争に対する批判的歴史認識を私たちに示しながら、満洲での体験を語り始めた。

木下さんへのインタビューは五時間に及んだが、木下さんは疲れた様子を見せることなく、終始穏やかな口調で一つ一つの事柄を語ってくれた。時折、自分で以前に書いた手記を見せつつ、その時の体験を補足してくれた。木下さんの人生の軌跡を示す語りは、おもに渡満前の家庭の様子、満洲での生活体験、従軍の体験、延吉収容所の体験、戦後残留孤児や残留婦人の救済の体験からなる。

(3) 木下さんのライフヒストリー

1. 渡満まで

木下さんは一九二六年八月四日、長野県上伊那郡上片桐村で五人兄弟の三番目に生まれた。兄弟は姉が二人、弟

が二人だった。父は農業の傍ら、現金収入を得るために桶職人としても働いていた。それでも「一家の生活が苦しく、さんざん貧乏してきた」。母は満洲に渡る前に、一九三四年に病気で亡くなっていた。母が生きていた頃には、農作業の手伝いをしながら、副業で養蚕もしていたが、母が亡くなってから養蚕ができなくなり、一家の生活が一層厳しくなった。

木下さんの一家が、このように生活に困っていた頃、「満洲に行けば豊かになる、地主になれる」という満洲移民に関する宣伝が盛んに行われていた。当時の窮乏していた生活や国家により推進されていた満洲移民の宣伝を受け、木下さんの父は一人で満洲に行くことを決意した。一家が満洲に渡った動機について、木下さんは次のように語る。

> 日本での生活が困ったということが決め手でしょうね。満洲に行ったほうが豊かになると。その頃は、それこそ国で宣伝しましたね。

以上のように渡満の理由を語ったあと、木下さんはさらに次のように語り続ける。

> お母さんがいないでしょう。一人で決めたんだから。親父の一人の弟がね、シナに出征しとった。だから、自分が一人。それから、お母さんの兄弟とそんな相談せんで。ほいで、自分の弟が帰ってきて、「行かないでくれ」というときに、畑も田も全部始末したあとだったけど。行かないでくれって、弟がね、泣いていた。その時はどうしょうもなかったね。

父の一人の判断で一家は満洲に渡ることが決まった。日本を離れて、自分たちの知らない遠い満洲へ行くという父の決断に対して、当初一三歳だった木下さんと姉たちはすんなりと受け入れることができなかった。しかし、当時の家計のやりくりに苦しむ父親の姿を見て、「しょうがないから、行かないとしょうがない」という父の決断に従うほかは選択肢がなかった。

一九三八年、木下さんの父は先に満洲に渡っていった。翌年の一九三九年一〇月に家族を現地の開拓団に呼び寄せるために、父は満洲から帰ってきた。木下さんとほかの兄弟たちは父に連れられ、故郷の長野県をあとにして、満洲へ旅立った。一家は福井県敦賀港から船で朝鮮の清津に渡ったのち、汽車に乗り継いで北上し、牡丹江の先の「牙布力《ヤブリ》」という駅で降り、さらに山林鉄道を利用して馬車に乗り換え、幾日もかけてようやく入植地である中和鎮に辿り着いた。

2. 満洲での生活

一家が開拓団に合流すると、日本の出身村により五区という部落に振り分けられ、満洲での生活が始まった。部落は三五戸からなっており、木下さんの一家と同じ上片桐村の出身者が二二戸あり、そのほかは上伊那郡の箕輪町や高遠町などの出身者であった。各家は一軒一軒壁を隔ててつながりまとまるように建てられており、周囲には高い土塀をめぐらしていた。こうした部落のつくりについて、木下さんは次のように説明する。

（当時は）よく匪賊というのはね、中国におったわけです。一軒でおったら、とてもじゃない。治安が悪くて、俺らは住めないわけ。だから、こうやって、囲んで、土塀でこれ（部落）を囲んで。土塀の出入口には、門番がおって、土塀の外に堀を掘ってあったわけです。

一家は部落に落ち着き、最初の二年間は部落は共同経営だったので、一番上の姉が母親の代わりとして父と二人で部落の共同作業に出て行った。一方、木下さんのような子どもたちは、開拓団の本部に学校の校舎が建てられるまで、部落の集会所に不定期に訪問してくる先生の授業を受けて勉強していた。そのような生活が約二年間続いたのち、開拓団の本部に校舎が建設され、子どもたちは各自の部落から本部の学校に通うようになったという。

木下さんは満洲に渡ってから二年間くらい学校生活を送っていたが、学校を終えた頃には、部落での共同生活も個人経営に切り替えられていた。木下さんは一家のおもな労働力として終戦の前の応召までずっと農業を営んでいた。その頃、父は家の農作業をしながら中和鎮のなかにある開拓団の加工部でも働いていた。一番上の姉はしばらくの間家の手伝いなどをしていたが、やがて中和開拓団から数十キロ離れた珠河県一面坡に入植した長岡義勇隊開拓団の家に嫁いでいった。二番目の姉は開拓団の本部で電話交換手として勤め、二人の弟は卒業するまで開拓団の学校に通っていた。当時は一家六人のうち、一番上の姉が結婚して家を出るまで四人の働き手がおり、その上、恵まれていた地区に入植してきたため内地より「いい生活」を送ることができたという。

当時はいい生活でした。まぁ、いい生活（だった）。例えば、（食べ物は）白米、全部白米（だった）、田んぼを作っているから。中和鎮は全満でナンバーワンくらい恵まれた開拓団です。つまり、河がいくつもありました。山がありました。畑がありました。田んぼもありましたということで、良いとこをとったのです。だから、全部、米ばかり、えぇ……。

個人経営になってから、木下さん一家は田んぼが一町歩、畑が数町歩与えられた。水田は朝鮮人たちを雇って耕作してもらった。畑はほとんど家族で耕していたが、除草などの農繁期には現地の中国人に頼むこともしばしばあった。その頃の生活状況について、木下さんは「割合と豊かだった、困ったなんてことがなかった」と語っている。

うちの場合はね、満洲に行きましてね。姉さんがね、一番上の姉さんが（結婚するまでに）主婦の代わりに働いていた。二番目の姉さんが（開拓団の）電話の交換手として終戦まで本部で勤めていたわけです。その人が

「サラリーマン」でしょう、ほいで、月給を入れてくれるわけです。それで、うちに現金収入を入れてくれるから、畑に草が入っていても食っていけたわけですね。（……中略……）そして私は百姓して、それで二年経ったら、私の弟も一緒に百姓して、それからもう二年経ってから、私は兵隊に行くときには、もう一人の弟が学校を卒業して、三人で農業をやって、親父が何もしなくてもいい、本当ね。

個人経営へ移行したあとの一家の生活は、内地にいるときと比べると遙かに豊かになっていた。内地にいた頃から長い間滞納していた「耕地費」（借金）も満洲からの送金で返済することができたという。木下さんには農業による直接の現金収入はなかったが、副業などによって現金収入を得られたと語る。その時の様子を、木下さんは次のように振り返っている。

鶏だって、一〇〇羽くらいいるわけ。一〇〇羽くらい何だけども、相当な数だ。みんな、どこの家でも飼っているからね。（各戸に）馬屋があるでしょう。朝は馬屋をちょっと開けといてね、夜に閉めるけど。夕方まで開けておくわけです。そうすると、夕方に（鶏が）馬屋に入るわけです。鶏が天井に行くわけです。馬屋の天井に鶏だらけです。卵を産むとこが決めてあるんです。だから、（毎日）こんなにもとれるわけです、ずっと。

自分の家でとれた卵は、木下さんの弟がいつも近くの中国人が経営する食堂に売りに行き、現金と替えていた。終戦の前、木下さんが徴兵されて家を出るときは、「父親が持っていた大きな戸棚のなかに大変な札が入っていた、結構な貯金ができた」「生活が安定していた」と回想していた。

木下さんはこのように当時の恵まれた満洲での生活の様子を振り返る一方、その暮らしのなかで中国人と接触する場面にも断片的に触れていた。終戦までの数年間、開拓団における生活のなかで、現地の中国社会とかかわる機会はそれほど多くなかったが、営農などの戸々の必要に応じて中国人を労働力として雇うという個人レベルでの付き合いはあった。その関係について、木下さんは「現地の中国人と親しく付き合っとった」と強調して語る。その理由については、木下さんは次のように説明していた。終戦の前まで、木下さんの父親が開拓団の加工部で数年間働いていたときには「親しい間柄となった中国人が何人もいた」ので、敗戦後に妹たちが方正収容所から中和鎮へ引き返し避難してきたときは、かねてより父親と交流のあった中国人に助けられた。これに続いて、木下さんは「現地の人がよかったんですね。中和開拓団は残留孤児が多く、みなを見てくれたね」と終戦後に現地の中国人に助けられ、現地人との「良好な関係」があったと語っている。*7

その一方、木下さんが語ったのは、終戦の直前になると、現地の中国人の日本人に対する態度が変わってきたという自らの体験であった。木下さんは「入植した頃は中国人が日本人に対して何も抵抗しなかったが、終戦頃になると中国人が荒くなっていた」という。このことについて、木下さんは二つのエピソードを通して振り返った。

入植した当初、日本人はえらい、えらいもんですわ。われわれが川遊びに行く。中国人はスイカを売っているわけです。一緒にいた仲間がね、少ないお金をやっておくだけ、それで好きにとって食べるわけです。私はやったわけじゃないけど。そういうことをしたわけ、中国の人は悲しかったに、（何も）文句も言えずにね。

これに対して、対照的だったのは、敗戦前の一九四四年の出来事であった。冬に秋の間に収穫しておいた米を馬の橇で集荷所に運送する途中、馬が暴れて中国人の家の門にぶつかり、門を壊してしまったことがあった。木下さんは、「その時、えらい中国人に怒られちゃってね。昭和一五（一九四〇）年、一六（一九四一）年ならね、門なんかを壊したって、中国人が何も言えないんです。もうその頃から、いまから考えると、もう違っておりましたね」と終戦直前に中国人の日本人に対する態度の変化があったという。木下さんには敗戦まで、日本の強権の下で中国人たちを抑圧し、その上に自分たちの生活が成り立っているという意識はなかったという。

少年の時ね、そんな意識がないね、意識がない。終戦後になって、どん底になって、意識ちゅうものも生まれてくるもんで、日本の全盛時代に意識なんか、あるような思想だったら、もっとえらくなっておりましたね。

3．三ヶ月間の従軍体験

木下さんは終戦から数ヶ月前の一九四五年二月にハルビンで徴兵検査を受けて甲種合格となり、五月に現地の開拓団をあとにして現役兵として吉林省にある五〇二部隊に入隊した。この部隊はソ連に対するおもにゲリラ戦を任務とする関東軍の特殊部隊であった。木下さんは入隊してから約三ヶ月の訓練を受けたのち、八月初旬頃に突然の出発の命令を受け、目的地さえ知らされないまま列車に乗せられ移動させられた。木下さんはその時の様子を次のように回想している。

夜陰に紛れて、われわれの部隊は演習の名で有蓋貨車に乗り、駐屯地を出発した。二年兵は何ヶ月も前からだんだんといなくなって、主として初年兵主体の移動で割合気楽な気分が車内に満ちており、白々と夜も明けてきて目にした山を、これは老爺山脈だと言い当てる人がおり、（その情報が：引用者注）たちまち車内に広がり、行く先は北朝鮮とソ連の国境方面と推定された人もいた。幾日か後にあの凄絶を極めた対ソ連戦が迫っていることなどは知る由もなく、車内は安心感が高まってきた。

（木下主計さんの手記より）

このように、遂行任務さえ知らされずに木下さんは部隊と共にソ満国境に送られた。ソ満国境地帯に配備されたのち、ソ連軍に気づかれないように通信機器を破壊したため、終戦を知ることができずにソ連軍と戦闘していた。その時の様子を、木下さんは次のように語る。

それでね、八月一六日に私たちの中隊はちょっと油断しとって、ソ連軍にだいぶやられたんです。それで、ソ連軍と肉弾戦をやったけれども、うちでも戦死者が出たわけです。八月一八日にね、戦場措置（死体の処理）に行かないといかんと、戦場措置に行ったわけです。

この戦場措置で木下さんに与えられたのは戦死者の死体を処理する際にソ連軍の動静を見張るという任務であった。

私はもう一人の上等兵と二人でこっちの山を登って、こっちの山で見張っといた。そうしたら、一〇〇〇人くらいのソ連軍の車両部隊がここに来るのを発見してね、情報をすぐ中隊本部に報告しに来てね、上官が三〇数人の部隊で一〇〇〇人の敵を迎え撃つのか、さんざん考えていたけど、一〇〇〇人以上はしょうがないと。

ここで、木下さんの部隊はソ連軍との遭遇戦を避けることを選択した。数十人の部隊は山中へ分散して避難することにした。木下さんたちは山の中をさまよっているうち、一九四五年八月二〇日にソ連軍の捕虜となり、戦争がすでに終わっていたことを知らされた。幾日かあとの九月三日に部隊は金蒼という場所でソ連軍に武装解除され、現地の収容所に入れられた。木下さんは金蒼の収容所で半月くらい暮らしたあと、シベリアへ連れ去られた。木下さんはシベリアに連行される途中、アメーバ赤痢にかかり、琿春にある野戦病院へ送られ、そこで簡単な処置を受けていた。数日後にソ連のポシェット*8の日本人収容所に送られたが、木下さんは病状がさらに悪化したため、一五日間収容されたのち、一九四五年一〇月の中旬頃に延吉の捕虜収容所に送還された。

4．延吉日本人収容所――死への体験

木下さんがアメーバ赤痢にかかったことでシベリアの奥地に送られなかったことは、不幸中の幸いであった。しかし、送還された延吉収容所での生活も、想像を絶する過酷な環境だった。木下さんがいた収容所では旧日本軍の

軍人が一番多く収容されていたため、収容所内では兵隊としての秩序が残されていた。臨時召集によって徴兵され、初年兵だった木下さんにとって、この収容所で生きていくのは容易なことではなかった。収容所の当時の様子を、木下さんは戦後の回想録のなかで次のように綴っている。

当時の満洲国延吉収容所はソ連軍監視下にあり、病兵ばかりの収容施設で食糧たるやお粗末の限り。冬中で塩、野菜、米、油などの配給は記憶にない。馬糧用の粗悪なコーリャンや豆カスが主食でそれを補うために延吉市街に出るときに物々交換して食を得るより道はなかった。そのためには靴下、タオルなど品物は絶対に必要であった。人が死ぬと品物はそれぞれ形見分けにあずかり、それで命をつなぐ部分も多分にあった。

（木下　一九九七：六六）

ここには、当時の延吉収容所を生きる極限の状況があった。木下さんは「収容所といっても、ちゃんとした建物ではなく、元々は馬屋だった」と振り返る。馬屋を左右に分けて片側を上下の二段に仕切り、通路の真ん中に暖をとるためにストーブが据えられており、そこで火を焚いたり、コーリャン粥などを煮炊きしたりしていた。こうした場所に木下さんを含む病兵たちが収容され、約五ヶ月間の厳しい生活を強いられた。木下さんは食糧が極端に不足していた収容所での空腹の悲しい思い、そしてその頃に毎晩コーリャン粥をすする「ハーハースースー」という音も、いまなお記憶のなかに消えることなく、しかも鮮明に覚えているという。

木下さんの身体に刻みこまれた「ハーハースースー」というコーリャン粥をすする音の記憶は収容所での食糧不足や粗末な食事についての回想にとどまらず、収容所のなかでも残されていた軍隊の秩序、そして弱肉強食の世界で生きるか死ぬかという常に「死と隣り合わせ」の体験と結びついていた。この収容所で収容された木下さんの班はほとんど病兵ばかりだったが、その一方、同じ兵舎には東北出身で屈強な古参兵からなる五人のグループもいた。しかも、彼らの存在に「この病兵収容所にどうしてこんな強者がいたか」と、木下さんは不思議で仕方なかった。

彼らは頑丈な体、烈しい気性を頼みにして、兵舎内で横暴にふるまっていた。彼らはいつも「夕食後、班の米櫃からコーリャンを出し、暖房用ストーブの上でコーリャン粥を作り、ハーハースースーと食べ始める」。班の軍曹も彼らの行動に「口出しはおろか咳払いもできず」にいた。彼らは少ない食糧を堂々と自分たちのものにして毎晩平然とした顔でコーリャン粥の出来栄えなどを話しながら食べていたという。

そうしたなか、木下さんは「彼らに食われてしまうのでは、ただでさえ少ない食糧がますます少なくなり、祖国への道は閉ざされたも同然である」と事態の重大さに気がついた。ついに、木下さんは覚悟して行動に出た。ある夜、木下さんは彼らに向かって「貴様！」と叫び、反抗的態度をとった。その結果、木下さんは彼らに縛られ、グループのなかの一人の上等兵は「外に放り出せ、明日の朝は冷たくなってらなぁ」とほかの人にも見せしめのように言った。その時の様子を、木下さんは次のように振り返っている。

私は露程も後悔して居なかった。じり貧で餓死するよりましくらいで、縛られても意気さかんであった。しかし、（…中略…）班の人たちは誰も一言も発せずに固唾をのんでみていたが、助けてくれなかった。

（木下さんの手記より）

彼らに反抗した木下さんが死を招くことになるか否かという緊張のなか、班の反対側にいた下士官が立ち上がって、「この兵を出してみろ、われわれは承知しないぞ」と、彼らの暴行をやめさせた。下士官の助けにより、木下さんはなんとかこの危機を乗り切った。しかし、木下さんにとって、入所したばかりだった頃のこの出来事は、「これで終わりではなく、むしろ生存をかけた食糧戦争の序曲」にすぎなかったのであった。

木下さんはここの収容所で一冬を越し、一九四六年三月下旬に解放されるまで過ごした。あまりにも過酷な生活環境のなかで、木下さんによれば「そこから生きて帰ってきた人は少なかった」という。「延吉収容所では何万人死んだなぁ、一万人なんちゅうものじゃない、多く死んでいる、（しかし）これはほとんど語り継がれてない」と思い出しながら以下のように続けた。

ソ連軍に変な穴を掘らされてね、ほいで、穴を掘った連中もほとんどなかに葬られた。（…中略…）穴を掘って、人の穴と思って、冗談で言っちゃう、掘っていたけれども、だいたい（自分も）病気になるんだね。（…中略…）毎朝栄養失調で死ぬ人があとを絶たず。夜故郷や妻子の話をしていたのに、朝にはもう冷たく物言わぬ人になっている。

収容所では食糧がだんだん減り、そして寒さが増していくなか、病人や死者が続出していた。そうしたなか、一九四六年一月頃、木下さんは発疹チフスにかかり、高熱が続いていたため、脳障害を起こして意識を失った。医務室に運ばれて、軍医に診てもらった結果、「死体置場に行け」と言われた。

私は死体置場に送られて、幾時間が経ってから、目が覚めた。死体置場じゃないか。ほいで、さきほど、変なとこで置かれていると思ったら、軍隊の靴をはいたまま葬られていた。

寒さで意識が戻った木下さんはなんとか自力で立ち、歩くことができた。軍医に聞いてみようと医務室を訪ねた。軍医は声を出して驚きながら、「お前は心臓が強かったんだ」と一言発しただけだった。木下さんが許可を得て元の寝場所に戻ると、すべての私物がなくなっていた。死を逃れたものの、これからどうやってこの冬を越せるのか、生きて日本に帰ることができるのかもわからない、という思いがけぬ苦境が木下さんを待ち受けていた。その時の状況について、木下さんは延吉収容所を回想する文集に次のように記している。「生きて還るには栄養摂取が絶対、これがなくしては故国も祖国もない。絶望的な中にあって私は何でも持ち出して食べ物と交換し、生きのびた」（木下 一九九七：六七）。

それで、延吉の収容所じゃ、ね、生きたやつはね、どうして生きていたかというと、靴下とか、ハンカチとか、手袋とかを持っていって。（収容所は）冷えて、焚き物を夜に焚いておらんと、寒くておられんもんで。（…中略…）それで、火を焚くためにソ連軍の引率で（街へ）焚き物を取りに行くわけです。それで、（街で避難していた）日本人のおばあさんたちが（着る物などに）困っていて、その当時、衣料がなくて、中国は。衣料はものすごいもんで、ちょっと手袋を出すと、饅頭とか、餃子とかをくれるわけ、交換してくれるわけで。

こうして、焚き物を取りに行く際に、街で出会った日本人の避難民と食べ物を交換して何とか生き延びようとしていた。しかし、そのうち、食べ物と交換する品物がだんだんなくなっていくため、死者の遺品をみんなで分けたり、ソ連監視兵の目をくらまして死んだ人の衣服などを盗んできたりしていたという。

このように、いつ死んでもおかしくないという極限状況のなかで、転機となったのは、兵舎に入ってきた同じ上伊那郡出身の総長（指揮官）との出会いであった。総長は兵舎全員の状況を把握するために名簿を確認した際、木下さんの出身を知ると、毎晩木下さんを自分の部屋に呼んで食べ物を与えた。そのため、「一月の末から三月まで、夜は毎晩行って大変お世話になって、それで（体が）回復しちゃった」、そのおかげで「命が助かっちゃった」という。この約五ヶ月の延吉収容所での体験について、木下さんは次のように締めくくっている。

延吉収容所を出て帰国するまでの凄絶な闘いは生きて還るんだという思いを差し引いても良心が痛む。言うこともできない、また書きもできないことは、土のなかに一緒に持っていくより仕方がない。

（木下さんの手記より）

三月下旬頃、ソ連軍の撤退により、ここの収容所は八路軍に接収され管理されることとなった。政権が八路軍に移行すると、延吉の捕虜収容所が解放された。八路軍は、一九四六年三月二六日に木下さんのような旧日本軍の捕虜たちを近所の朝鮮人農家に振り当て、日本に引き揚げるまでの間、朝鮮農家が世話をする一方、元収容者たちは農作業の手伝いをすることとなった。

5．引揚げと戦後の日本社会での生活

▼引揚げ

八路軍の手配で、木下さんは収容所から五キロくらい離れている「二道溝」という村落の朝鮮族の農家に一時的に受け入れてもらった。その家庭には年輩のおじいさんが一人だけいて、農協のようなところに勤めていた。木下さんはこの朝鮮農家に入ってから、家の農作業などを任されていた。

開拓団出身なんて、百姓ができるじゃん。みな私はやったわけ、広いとこね。ほいで、朝は弁当を作ってもらっていくわけ、水筒を持っていくわけ。ほいで、夕方に帰ってくるわけ。さぼってもいいし、さぼらなくてもいいわけ。だけど、さぼるなんか百姓はしない。ほいで、おじいさんが畑にくるけども、全部やっている（のを見て）、ありがたいつうわけ。

引揚げの命令が出されるまで、木下さんはこの朝鮮農家で「快い汗をかいて働いていた」という。八月、八路軍から「八月三〇日秋田村に集合すべし」という帰国の命令が通告された。木下さんが世話になった朝鮮農家の近くには戦時中に秋田県から入植してきた林業開拓団があって、日本人はそこに集合するようにと命令された。数ヶ月一緒に暮らしてきた農家の主人は強く引き留めようとしたが、八路軍は「本人の意思を尊重する」と対応してくれたという。八月三〇日、木下さんは朝鮮農家の主人に別れを告げて、故郷への道を踏んだ。その時の情景を、木下さんは次のように記している。

（数ヶ月の働きに対して、農家の主人は）小生には過分なお金を下さったし、出発の朝は皆で快く送ってくれた。思えば、中和鎮信濃村を出て以来の人の情け、とても嬉しかった。そして何より捕虜期の栄養失調がすっかり回復して普通りそのものになっていたことでありがたかった。

（木下さんの手記より）

ここで朝鮮の農家に対し感謝する一方、木下さんは政権が八路軍に変わってから「解放してくれて引揚げまでよく面倒を見てくれた」ことを評価している。

（一九四六年）三月二六日に解放されたわけです。八路軍はえらかった。その時に八路軍がね、全部面倒を見てくれたのです。朝鮮の農家に入って、それから日本に引揚げるときにね。（…中略…）八路軍は日本人に自由を全部返したのです。朝鮮人が強烈に引き留めましたけどね、あの時に、八路軍というものはえらいもんだなぁと、私は思いました。

こうした自らの体験は、木下さんが共産党そして八路軍に好感を持つきっかけとなった。当時共産党と国民党との内戦が続いており、鉄道が不通だったため、引揚げの際は八路軍の引率で吉林市まで歩いていったという。吉林に着くと、木下さんたちは国民党軍に引き渡され、そこから国民党軍の管理の下で長春に移動させられ、長春にある日本人収容所に一時的に収容された。木下さんはその収容所で偶然中和開拓団の避難者たちと再会することとなり、そこでずっと気にかけていた家族の消息を知らされた。木下さんに知らされたのは一番下の弟と父の死という悲しい現実であった。

長春の収容所に幾日か滞在してから、錦州市の近くにある港町の葫蘆島へ移送された。そこで日本への帰国を待っていたときに、満洲の奥地から引き揚げてきた一番上の姉と再会できたが、引揚げの編成部隊が違っていたため、別々の便で故郷に帰ることとなった。引揚げ船に乗り、木下さんはようやく日本へ帰ることができたことに万感の思いであったが、一方で故郷には家も田地もなく、これからどうすべきかに頭を悩ませていた。

帰国時の船中でも本籍地を目指してはいたが、この先どこに行けば良いか思い悩んでいて。船員はあれが済州島です。そして佐世保に近づいて壱岐島です、対島ですと案内されるのに強烈な印象を受けながら、どこか虚ろで聞いていたことを忘れることはできない。悲しかったし、哀れであった。

一九四六年一〇月二四日、木下さんは在満七年の楽しく、辛く、悲しい思いを同時に抱きながら、やっと生まれ故郷の地を踏んだ。当初は一家六人で満洲に渡っていったが、木下さんの父そして一番下の弟が「満洲の土となり」、日本に戻ってきたのは四人の兄弟だけとなった。

▼戦後の日本社会での生活

木下さんが満洲に渡ったときは一三歳の少年だったが、少年から青年期を過ごした満洲での体験、そして戦場の体験、死と隣り合わせの収容所での体験、朝鮮農家での体験を経て、大人となって故郷に帰ると、今度は戦後の日本社会に向き合って生きていかなければならなかった。戦争のダメージを引きずる戦後すぐの日本社会には、海外から大量に引き揚げてきた復員軍人、開拓団関係者などを受け入れる余裕がほとんどなかった。

引き揚げてくるときは、開拓団の人たちちゅうものはつらかったと思うよ。歓迎されないからね。（満洲に渡るときに）自分の家なんかみんな売っといたからね。

木下さんは幸い、しばらくの間父親の弟にあたる叔父の家に身を寄せることができた。叔父は当時地元からちょっと離れた養命酒の製造工場で住み込みで働いており、叔母は村の助産婦だった。夫婦には一人息子がいたが、戦時中フィリピンで戦死したため、夫婦だけで暮らしていた。そうした状況だったため、村に帰ってきた木下さんが真っ先に世話になったのは叔父の家だったという。

村に帰ったら、一番行きいいとこへ行くわけよ。一番行きがいいとこは、親の兄弟の家に行ったの、それは両方とも気にかけません。そうしたら、家族がここにあるから、（私を）連れて行ってくれたの、それが親父の弟の家だった。それで、親父の弟の家は面倒を見てくれとったの、親父の弟がね。

叔父の家に入ってから数日後の一一月一日に、木下さんは叔父の紹介で養命酒の会社に就職することが決まった。そして入社してから一一年後の一九五七年に、埼玉県大宮市にある支社へと転勤した。しかし、一九七二年に駒ヶ根市に新たな工場が建てられると、駒ヶ根工場へ転属するよう命じられたという。この時の転属について、木下さんは単なる仕事の都合での異動ではなく、退社していた木下さんの叔父の面倒を見てほしいという会社の要望もあったと語る。

昭和四七（一九七二）年に駒ヶ根の工場ができましたね。私はその時に埼玉県に住んどったわけです。（会社から）お前は、帰れと。というのは、私の親父の弟が養命酒におったわけです、それが、私を（会社に）連れて行ったわけです、そして、叔父の子どもが戦死しちゃったわけです、フィリピンで。おばさんと二人きりになったわけです。言ってみれば、その人が四〇年ばかり会社に勤めていたわけです。それ（叔父の面倒を）を見てもらいたい。

そのため、木下さんは一九七二年に一五年間の関東での生活を終え、また長野県に戻ってきた。会社は叔父と木下さんのために、駒ヶ根工場の近くに住宅を買って用意してくれた。それ以来、木下さんはずっと駒ヶ根市に住みついている。引き揚げてからの戦後の日本社会での生活について、木下さんは「いまになってみると、なんとありがたい会社だったか」という思いを述べながら、「会社がずっと安定していたおかげで、生活がまあまあ順調だった」と振り返る。

こうした戦後の日常生活を振り返るなかで、満洲体験との関連で回想されるのは、一九七二年の日中国交正常化以降、特に八〇年代になってからの訪中時の思い、中国での慰霊、残留者への救済などである。木下さんは一九八一年と二〇〇〇年に二回にわたって、かつて七年間過ごした中和鎮を中心とした現地訪問に参加した。初めの一九八一年の訪中は、元中和開拓団の単位で二七人の団の出身者によって組織された訪中団であった。木下さんはその訪中団の一人であった。三十数年ぶりに果たした訪中について、木下さんは「その地で過ごした自分の青春時代、そして敗戦という混乱状況のなかでその地に永遠に眠る父、弟、同級生たちのことを思った」「あの北の大地を忘れることはなかった」と語る。

開拓団で過ごした木下さんの青春時代には、意気投合した同級生が数人いた。しかし、戦後、生きて日本に帰れたのは、木下さんだけだった。自分だけが生きて帰ってきたという複雑な思いを抱いていた木下さんは、現地訪問の際に何としても彼／彼女らにゆかりのある場所の土を日本に一握り持ち帰りたいと決めていた。

いつの日にか黄泉の彼方でＴＳＭに会ったとき、「せっかく来てくれたのに何もしてくれなんだね」と静かな例の調子で、あの感覚の人（あのような人）から言われたら、たまらん。私はそれを恐れて……。

（木下さんの手記より）

開拓団の旧跡に着き、かつて自分が生活した地を歩き回ると、当時の光景が次々と脳裏に浮かんできたと、木下さんは言う。三六年ぶりの旧開拓地の訪問では、一番奥にある八区から案内された。ここは木下さんにとって最も思い入れが深く、開拓当時の出来事について幾度となく思いを馳せる場所である。

この路上（八区）は昭和二〇（一九四五）年入営の時ZJと一緒であったが、送別会を催して頂いて戸外に出て肩を組んで忘れもされぬYHさんが「酒は涙か溜息か」を唄ってくれたところで、ZJの血と汗が染み込んでいる。（木下さんの手記より）

この場所では親友だったZJのことが特に鮮明に思い出される一方、二度と友人に会えないという切なさや寂しさを感じたという。

SIやZJと共に「中和鎮信濃村を訪れて懐かしいなぁ、ここではこんなこともあった」と肩を抱き合って語られたら、もう何もいらない。（…中略…）たまらぬ寂寥が体をかけめぐった。満洲の野にはコスモスや秋草がきれいだった。ZJの染みこんだ土も袋に入れて……。（木下さんの手記より）

木下さんは家族や青春時代の友人に思いを寄せながら、現地でささやかな慰霊を行ってきた。木下さんは、「彼らは若く、短い生涯であったが、われわれの心のなかで生きているのだ」「私の生のある限りにこれ（彼らのこと）を語り伝えたい」とその思いを吐露した。訪中する過程で、木下さんはこうした慰霊活動のほか、多くの残留者との再会も果たした。木下さんは訪中を終えたあと、残留者の帰国のために積極的に駆け回った。数人の孤児は木下さんの協力により、永住帰国を果たした。

木下さんの二度目の訪中は、二〇〇〇年であった。二〇〇〇年は長野県開拓自興会の企画で、中和開拓団からは一六名が参加し、訪中団が旧開拓地を訪問する際には、現地の小学校の小学生たちに熱烈な歓迎を受けたという。この訪中について、二〇〇〇年九月一七日付の信濃毎日新聞に大きく取り上げられたので、ここではその一部を紹介しよう。

かつて、開拓団の子供達が通っていた「中和在満国民学校」は立て替えられ、地元の小、中学生が通う慶陽農場学校に替っていた。校庭にはおおきなたき火がともされ、周囲を約三千人の子供や大人が取り囲む。輪のなかを進む団員を、村人は拍手で迎えた。子供達が前に進み出て次々と踊りを披露。[*9]（後略）

この歓迎セレモニーの翌日の朝、学校の周辺で散歩していた際に信濃毎日の記者にその時の心境を聞かれ、木下さんはこう答えた。

（前略）満洲開拓は、開拓民に大きな犠牲を出しただけでなく、現地の中国人から安く土地を買い上げ、多くの人々を苦しめた。大地を子供達が踏みしめて踊り、のんびり暮らす住民の姿を見て、この大地は中国人の人たちの土地であり、これが本当の姿なんだと思った。[*10]

これが、木下さんが冒頭で私に謝った一つの大きな理由と思われる。こうした満洲移民に対する批判的な歴史認識は、木下さんらのライフヒストリーに示してきたように、敗戦後の「どん底のなか」で、また日中国交正常化以降の訪中活動のなかで生まれてきたものと看取される。

木下さんは、現在八三歳（調査時）になる。健康のために週に二回市民プールに通っているという。また、時には近所の公民館で満洲開拓時の体験、延吉収容所の体験を地域の人々に語り、その歴史を語り継ごうとしている。

事例3　YWさんの場合——「生きる、死ぬのは嫌だ！」

(1)「YWさんの略歴」

日本	一九三三年一二月一八日	長野県東筑摩郡筑摩地村に生まれる。
満洲	一九四一年二月	両親に連れられて渡満。
	一九四一年二月～四五年八月	浜江省中和開拓団。
↓	一九四五年九月～四六年一〇月	避難生活。
日本	一九四六年一〇月一五日	日本に引揚げ。
	一九四七年四月	帰郷後、地元の中学校に編入。
	一九四九年三月	中学校を中退、洋服店に弟子入り。
	一九五三年	洋服店に就職。
	一九六三年一二月	結婚。
	一九七七年	タクシーの運転手に転職。
	一九九九年	タクシー運転手を定年退職。
	二〇〇〇年九月	旧入植地の中和鎮などを訪問。
	二〇〇一年	二度目の訪中。
	現在	長野県塩尻市在住。

(2) YWさんとの出会い、インタビューの場

初めてYWさんと出会ったのは、二〇〇三年四月に長野県安曇野市で開かれた中和会の会合の時だった。同年二月、当初修士論文のために長野県で残留孤児や残留婦人を対象に聞き取り調査をしたとき、中和開拓団出身の残留孤児Cさんから「今度四月に中和開拓団の同志会（思い出の会）があるから、参加してみないか」と誘われた。その後、Cさんの手配により、中和会の会合に参加させてもらうこととなった。

会合の当日、Cさんは中和会の幹事だったYWさんを紹介してくれた。YWさんは小柄な人で、とても穏やかかつ親切であった。YWさんは当日の受付や会場の案内、そして会の進行役も務めていたため、その場でゆっくりとした話ができなかった。会合のあと、YWさんの了承を得て、後日改めて自宅を訪問させていただくことを約束した。

YWさんは塩尻市の郊外にある集合住宅の一室で妻と二人で暮らしている。子どもが二人いるが、すでに結婚して独立している。YWさんは退職される前まで二十数年間タクシーの運転手をしていた。退職してから、週に二、三回近所の病院のボランティアスタッフとして看病しにくるお年寄りの送り迎えをしている。奥さんは普段絵を描いたり、ミシンで小物を作ったりすることが趣味だという。

インタビューの当日、夫婦揃って快く私を迎えてくれた。部屋全体はとてもきれいに整理されており、YWさんは私を和室の応接間へ通し、部屋の壁には孫の写真や孫が描いた絵などが飾られていた。奥さんはお茶やお菓子を出してから、席を外して隣の部屋に行った。YWさんと二人きりとなり、改めて調査の趣旨を説明すると、YWさんは淡々とした口調で語り始めた。YWさんは終戦時一一歳だったが、記憶が大変よく三時間にわたって渡満前の家庭の状況、満洲の生活、避難生活、引き揚げてからの戦後日本社会での生活を細かに語ってくれた。この調査をきっかけに、その後何度もYWさんの自宅を訪問することができ、補足調査や中和会ついての調査を重ねた。

(3) YWさんのライフヒストリー

1．渡満まで

YWさんは一九三三年一二月一八日、東筑摩郡筑摩地村に六人兄弟の長男として生まれた。当時、父は農業を営みながら、馬車で石灰の運搬や馬の売買という副業もしていたという。母は家事の合間に畑や田んぼに出て、しばしば農作業の手伝いをしていた。その当時の生活について、YWさんは「別に生活に困っていなくて、どっちかというと、楽なほうだった」と振り返る。

一家が満洲に渡った当時、ＹＷさんは七歳の子どもだった。なぜ両親は渡満したのか、ＹＷさんにはその動機についてはっきりとした理由がわからなかったというが、父とその兄弟が不仲だったことや父に中国での従軍体験があったことが、一家が満洲に渡った大きな要因となっただろうと話す。

ええ、（満洲に）行かなくてよかった、思うわ。そういう兄弟の間の、そういう何ですか、私議というか、いろんなことがこう、わずらわしいというかね、面倒というかね、嫌だったんでしょう。

ＹＷさんの父親の生家は当時馬の売買などをしており、地元では財力があって大きな家だったという。それゆえに、父が満洲に行くこととなったのは、その頃の生活に困っていたということより、父の自分の兄弟たちとの関係がうまくいかなかったという家庭の事情が大きいとＹＷさんは述べる。

親父の家、実家というのが、馬を売買するという商売をしていた。それは、いまの筑摩地村というとこでやっていたわけ。それで、本家というのはね、相当な金持ちだったんです。実家というか、だから、いろいろとね、お金を持っていると、いいことも、悪いことも、ごっちゃになったりして、そういうことがうちの親父は嫌だったんでしょう。

この家庭の事情を述べる一方、父は開拓団の団員として満洲に渡る前には兵士として一九三七年に始まった日中戦争を体験したこともあるとＹＷさんは語り続けた。これにより、「父は中国へ戦争に行って、中国の状態を見てきて、満洲に行く気になったのでしょうね」と、ＹＷさんは当時の父と満洲のかかわりを回想しながら、父が渡満した個人の内在的な要因を推測した。

こうした個人の理由による渡満した理由のほか、ＹＷさんは当時の社会的情勢について次のように語る。

当時ね、あの、満洲という国を、日本が中国からとったわけですよ。ね、いま、私もはっきり言いますが、戦争でもって、ね、中国の人たちをいじめて、ぶんどってしまったわけ。それで、開拓民を募集して、日本でもって、そういう政策ですね。どんどん中国、満洲へ送りこんで、それで満洲帝国というものをそこで確立して、満洲をつくったわけなんでしょう。（日本は）狭い国で困るから、ということを一つ建前として、むこうへどんどん移民させた、そういう政策をとったわけです。とても条件がよかったらしいですね。いま聞くには、当時あの、一〇〇〇円くらいもらってね、国から頂いて、当時の一〇〇〇円はすごいですよ。

YWさんが語るように、個人の状況や社会的背景という複数の要因が絡み合った結果として、一家が満洲に渡る決定的な要因となったと考えられる。一九四一年二月、一家六人（父親、母親、YW、弟、弟、妹）は、地元の小野駅で村の人々に送られ、「万歳、万歳」という熱烈な歓声のなかで列車に乗って満洲へ旅立った。

2．満洲での生活

▼家のなかの暮らし

一九四一年二月、YWさんの一家は中和鎮に着き、現地の開拓団に入植した。初めて満洲を体験したYWさんは、「広くて、とても楽しいところだった」「馬の橇に乗り、子どもだからそんなことで頭のなかで、もうおもしろくて、おもしろくてね」と思い出す。一家は開拓団の二区に落ち着き、団から満洲式の長屋住宅一棟、そして土地や農耕のための馬と牛を一頭ずつ与えられ、満洲での新しい生活が始まった。

父は日々畑や田んぼの農作業に追われ、母は家事を行い子どもの面倒を見ながら、時々農作業の手伝いもしていた。与えられた土地は、農繁期には父一人で耕すことができなかったため、現地の中国人たちをよく雇っていたという。その時の様子について、YWさんは次のように語っている。

筆者　YWさんのおうちは土地がどのぐらいあったのですか？
YW　ええ、畑、田んぼを合わせて十数町歩はあったんじゃない。
筆者　あぁ。
YW　ものすごい広さですよ。
筆者　じゃ、農作業はかなり大変だったですよね。
YW　大変だった。ほいで、雇ってね。こういう言葉を使っていいかどうかは知らないけど、ま、おそらくいけないだろうけど。あえて言いますが、「苦力」という人たちを使ったんです。まぁ、要するに使用人ですね、あのう、中国人、中国の人たちに何人か来てもらって、大勢来ましたからね。（…中略…）近くの中和鎮から、あの、農家、農民ですね、その人たちを頼んでね、えぇ。そいで、お米をあげたり、もちろんお金をあげたり、味噌、醤油も分けてやったりして、六人くらい使ってましたね、うちは。

大人二人と子ども数人がいた家庭にとっては、十数町歩の土地を自分たちだけで耕すのは無理がある。開拓団の多くの家庭では営農には現地の中国人を雇い、その労働力に頼らなければならなかった。本来、開拓団のなかの暮らしは、現地の中国人と出会うことが少ない。しかし、こうした営農のために現地の中国人を雇ったりするという構造は、彼らと交流する場ともなっていた。YWさんは、当時の家で雇っていた中国人とコミュニケーションをとったり、生活の知恵を教えてもらったりしたことが「とても楽しかった」と振り返る。

こう、苦力さん、苦力の人たちがね、話したり、教えてくれたりしたもんだからね、楽しかった。魚釣りもね、中和鎮の街に行けば、本当の釣り針が買えるんだけど、そんなことを待ってられないから、縫い針をね、ろうそくに火をつけて、曲げるんですよ。そうすると、ちょうど釣り針はこのようにね、黄金色に焼けて、きれいに曲がるんです。糸を通すところあるでしょう、あれに糸を結びつけてね。それにミミズをつけて、（水）中にやると、（魚が）すぐに食いつくんです。それで、遊んでやりましたからね。

こうした子どもの頃の楽しい思い出を述べながら、YWさんはその頃の生活の様子を次のように語った。営農などにおいて、特に米などの栽培はおもに朝鮮人に依頼し、畑の除草や収穫はほとんど中国人に頼っていた。農閑期の冬になると、父は山へ出て、薪をとったり、炭を焼いたりして、臨時収入も得ることができた。他方、家のなかではアヒルや鶏などの家畜をたくさん飼っており、近くの河や山から魚やウサギ、シカなどがよく獲れたし、主食の米も余分にあったから、生活に何も不自由なく暮らせたという。そうした幸せな暮らしのなか、渡満してから両親の間にまた二人の子どもが生まれて、終戦までに六人兄弟となった。

▼中和開拓団在満国民学校での生活

満洲に渡る前、YWさんは日本で小学校の一年生だった。その途中、親に連れられ満洲に渡ってきた。開拓団に着いた同年の四月、YWさんは二年生として中和開拓団在満国民学校に入学した。勉強の科目は、国語、数学、理科、音楽などで内地とほとんど変わらなかったが、これらの授業のほかは農業実習の時間が多くとられていたという。一九四四年、現地の中国人の先生を採用し、中国語が正式な科目として取り入れられることとなった。満洲での学校生活について、YWさんに次のように聞いてみた。

筆者　学校の生活はどんな感じでしたか？
YW　学校の生活はね、厳しかった。
筆者　厳しかった。
YW　楽しいけどね、行ってもね、勉強はあまりしないんですよ。戦争中だから、食糧増産で大豆とか、トウモロコシとか、カボチャとか、野菜みたいなもの、人参とかね、そんなのを作って。私たちは、あそこの学校の周りでね、麦も作っていたなぁ。それで、授業の合間をみて、上級生は、麦畑の雀を追いやったりしてね。

YWさんが家族全員で渡満した一九四一年は、太平洋戦争が始まった年である。戦争の本格化につれて、国家総動員法に基づき、食糧増産計画が進められていた。こうしたことを背景にして、現地の開拓団はおろか学校の教育も戦時体制により、聖戦を強調し、勤労動員を始めたのであった。その頃の様子について、YWさんは「学校へね、授業に行くんじゃないんです。お昼前は授業をちょっとやってね、あと作業ですよ」と語る。

学校の畑、学校の畑とか田んぼを作るんです。それを耕すわけです、子どもが。それは、辛かったですよ（笑…）。

生徒たちは午前の授業を終えると、午後の一時から三時まではおもに学校の畑や田んぼで農業の実習を行う。高学年の生徒は生徒のみんなで作った大豆などの農作物を馬車で集荷所に送ったり、牛や馬を使って土をすき起こしたりする一方、YWさんのような低学年の生徒たちは畑に種を蒔いたり、草をとったりするというように学年別に役割を分担して作業を進めていたという。こうした労働は子どもたちにとって大変だったが、作業のあと、三時のおやつに出された茹でたカボチャを食べるのが毎日の楽しみであった。それは楽しかったとYWさんは目を細める。

こうした勤労奉仕や食糧増産という農業の実習を行うと同時に、「聖戦完遂」や「お国のため」という国家主義、軍国教育が生徒たちに強く叩き込まれていった。毎日の授業が始まる前に朝礼を行い、校庭に一年生から六年生の全員を集合させ、校長先生や教頭先生は生徒たちに厳しい訓示を行っていたという。

そう、朝礼するときに、必ず、あの、天皇陛下とかはね、いま軍人はどこで戦っているんだとか、こういう目に遭っているんだよと。「皆さん、もっとしっかりしてくれなきゃいけないよ」とかね。そういうようなことを、要するに訓示ですよ。それを言うんだけど。子どもはなんか、こっちからこっちへ抜けちゃうんだけどね、でも一つか二つは心につかんでいますよ。あのう、天皇陛下という言葉が出ると、皆はぴんとね、気をつけるようにします。背筋をまっすぐにしてね。

この語りに続き、YWさんは「先生の言葉のなかで天皇という言葉が出ると、普段ちょっとたるんでいる人でもぴんとするんですよ」「国の天皇陛下が一番偉いんだと、天皇陛下には絶対服従であり、神様である」というような戦時体制に即応した教育を徹底的に受けさせられていた。戦争の拡大や戦況の悪化が進行していたが、こうした生徒たちの精神力や体力を鍛えていくという戦時下の教育は、敗戦まで続いていたのであった。

3．避難生活と引揚げ――死ぬのは嫌だ

私らは終戦がいつあったか、知らなくて。八月の二九日まで学校に行っていたんです。私たちの部落（から）兄弟が一緒でね、学校に行ったら、暴動が起こっちゃいまして。要するに「略奪」。私たちの周りは中国人の人たちでしょう、（彼らは）四軒とか、一〇軒以内のかたまりでもって暮らしていますよ。その人たち（の土地）が日本人に取り上げられたので、恨みを持っている。それは当然ですよね。（…中略…）中国人を下目で見てしまう、そういったことがあって、恨みを買ってたわけですよ。全部の人がそうじゃないんですよ、ある一部の人ね、だから、そういった人たちに「襲撃」された。

一九四五年八月一五日、終戦を迎えた。開拓団の本部に終戦が知らされたのは、その翌日の一六日だった。しか

し、以上でYWさんが語ったように、二九日に現地の中国人によって「襲撃」されるまで、中和開拓団では特に異常はなかった。

私たちが「襲撃」を受けましてね。部落の人たちが、それで自殺者が出ている、「襲撃」されて殺される人が出る、そういうことで皆は学校へ集結しちゃったんです。八部落があるでしょう、一区から八区もありますが、そういう人たちは、皆学校で集まったんです。そして、集まって、大きな集団で移動を始めたんです。避難。

現地の中国人の「襲撃」や「略奪」による混乱した状況のなか、中和開拓団では十数人が犠牲となったという。八月三〇日に各部落の人々が学校に集結し、不安と恐怖に怯えながら、校庭で一夜を明かした。YWさんは、二九日の朝に登校したまま家に帰れなかったため、家族が学校に避難してくるのをただ待つしかなかった。ようやく学校に駆けつけてきた両親と兄弟たちと無事に合流することができ、一家が揃ってやっと一安心した。その時の気持ちを、YWさんは次のように語る。

怖いのが当然だが、えらいこと、この先どうするんだろうなぁって。私の家は親父がいたから、まだよかったけれども。(ほかの家族は)ね、女、子どもきりでしょう。ほとんどお年だからね。どういうふうにして、逃げていけばいいのかって、ただ、そのまま(でよいのか)。病院の先生のお子さんなんかの、偉い人の奥さんが、自分の子どもをかまどにぶつけてね、殺そうと思って。そんなことあったりなんかして、とても怖くて、怖くて、もう。もちろん(攻撃にやってくる中国人は)妥協はしないし。銃声はね、どこでもするし、(銃弾が)飛んでくるしね。学校やその近所で飼った馬や、みんな出したりなんかしてね。

▼集団自決——生への希望

不安と恐怖に包まれ、大人たちは進むべきかそれとも留まるべきか、判断できなくなった。そのような状態のなかで、現地人の再度の「襲撃」を恐れて、学校に集まってきた日本人の避難民たちは方正県の方向へ動き出した。YWさん一家は同じ部落の人の群れに交って避難し始めた。しかし、出発してまもなく、YWさん一家と共に行動していた部落（二区）と六区の人々は、途中の六区を通りかかったときに「もう生きられないから第二の故郷である中和鎮で死ぬよ」と決め、二部落の約四〇〇人は六区に留まることを選択したという。

本隊と別行動をとった二つの部落の避難民が、部落に戻ると、ソ満前線から逃げてきた関東軍の脱走兵がそこにいた。彼らに「みんなを守って日本に帰る、守ってあげるから一緒に帰りましょう」と言われ、彼らと共に行動することとなり、六区の東側にある山林へ逃げることにした。しかし、避難民の大半は子ども、女性、高齢者であったため、慣れない山の中で二、三日もすると体力が尽き、スムーズに進むことができなくなってしまった。体力も精神力も限界に達した避難民たちは、「一度死を覚悟したものですから、ここで全員自決する」と決意した。その避難民の中にいたYWさんの一家も家族全員自決すると決めていたという。

私の家は全員集団自決することになっていたんです。親父も私も、もちろん死んだ人たちと一緒に死ぬことになっていました。だけど、私は内心で嫌だったんですよ。子どもですからね、一三歳、一四歳のね、子どもですから、死ぬということは嫌だって。

こうした生きるか、死ぬかという究極の選択を目の前に突きつけられたYWさんは、生きていくことを希望した。その時の様子を、YWさんは次のように振り返る。

最初、全員死ぬつもりでいたんですよ。私たちもそうだったけれども。だけど、じゃ、このひどい目に遭って、あったことを誰が日本へ伝えるんだということで、その軍人たちは私たちを守るから、生きられる人はもう生きようよということがあって。ほいで、じゃ、生きられる人というけど、どこで死ぬかはわからないんだ、要するに覚悟してくれと、そういう覚悟のできる人は残れ。

そんな状況のなか、生きていきたいと希望したＹＷさんを見守るため、父も生への希望を決意した。しかし、もう疲れ果てて歩けなくなってしまった母とそのほかの五人の兄弟は死を選択するほかなかったのであった。母とそのほかの兄弟と別れたときの光景を、ＹＷさんは次のように語る。

悔しいですよ。私たち子どもには、親父がいたからね、子どもにはそういう場面を見せちゃいけないという思いがあったでしょう。私は一人で小屋に残されました。小屋で皆を送って、おふくろが人に迷惑をかけちゃいけないぞって、絶対かけるなよって、そういう子になっちゃいけないから、いけないよって言い聞かせてね、行きましたけどね。私はあのう、小屋の入り口の柱につかまって見送って……。

ＹＷさんは母とほかの兄弟たちに最後の別れを告げた。もう二度と生きて逢うことができない母と兄弟たちのことを思うと、悔しさと無念がいっぱいで仕方がなかった。

それで、弟や妹がいるけど、弟や妹たちも生きたがって。弟や妹たちが生きたかった。これはもう事実です。あんな子どもが死にたいと思わないです。わけわからん子どもはどうして死ぬか。母ちゃんが（死に）行くで、母ちゃんと一緒に行くって、そういうふうに、やっと言って、言うけど、内心は違いますよ。そして、皆ね、さよならって言って、ぞろぞろと皆は列を作って行きましたわ。それから、五分か、一〇分が経たないうちに、天皇陛下万歳って言う声がしてね。それで、二回、三回目が言い終わらないうちに、バリバリって小銃や機関銃の音がしてね、それで、子どもがギャーと泣いて、それで静かになっちゃったね。

軍人たちの手により、母と五人の兄弟は満洲の地で帰らぬ人となった。集団自決という死から逃れたYWさんは、父に「お前はどんな死に方するかはわからない、殺されるのを覚悟しろ」と言われたように、これからの避難先でいつ死んでも不思議ではないという状況に置かれていた。YWさんと父は、中和開拓団の本隊から派遣されてきた人たちにより救出されるまで、ほかの生き残った人たちとずっと山中でさまよっていた。山の中では食糧がなかったため、夜になると山を下りて、元の自分たちの部落に戻り食べ物を探したり、あるいは中国人の畑からトウモロコシや野菜などを盗んできたりして、なんとか命をつないでいたという。

▼日本への引揚げの道のり

一〇月の初め頃、救助されたYWさんと父は中和開拓団の本隊を収容する方正県の日本人収容所に連れて行かれ、本隊と合流することができた。入所してまもない頃、食糧はわずかながらもコーリャンなどのようなものを割り当てられたが、そのうち、「だんだん来なくなって、食うものがなくなってく」、さらに「寒さがだんだん増していくなかで餓死とか、凍死とか、病死とか」というような者が続出し、「もう一晩に何十人死んだときもあったね」と、YWさんは収容所の無残さを語った。

そうした状況のなかで、第三章で述べたように中和開拓団の本隊は一九四五年一二月三一日に方正県の日本人収容所をあとにして中和鎮へ引き返し、かつて個人経営の時に雇っていた中国人に助けを求めることにした。YWさんは父に連れられ、中和鎮に着いたときに、以前雇っていた中国人の王さんを頼って、ある豆腐屋で働くようになった。その時の様子について、YWさんは次のように語る。

私は運がよくてね、親父も一緒だったもんで、中和鎮の北門から入って右手のところにね、大豆の出荷する場所があったんです。そこにね、豆腐屋がありましてね。そこへ、親父が住み込みで豆腐を作る（ようになりました）。（…中略…）豆腐屋へ入れたというのもね、私のうちで使っていた苦力、さっき話しをしていたね、苦力の中の王さんのとこへ行ってね、そういう人がいてね、そういう人の口利きで豆腐屋へ入れてくれたんだ。だもんで、ここで仕事をしろって、教えてくれたんだよ。その人が、もしいなんだったら、普通皆さんが苦労したようなね、働いて、ほいで、生活していかなければならないけれども。まぁ、働いたことは働いたが、これは子どもとしてはね、そんな汗を流して働いていたわけじゃないもんで。楽しい生活だったというのはそこにあるんですよ。

ＹＷさんが語ったように、親子はなんとか王さんの紹介で町の豆腐屋に身を寄せることができた。そこで働く代わりに住まいや食事などが保証されるということから、ＹＷさんと父は栄養不良だった体が徐々に回復し、中和鎮を出るまでの間に特に困ったこともなく、むしろその家庭の中国人たちが「よくしてくれた」という。特にＹＷさんは、終戦から日本に引き揚げるまでの約一年間の避難生活の中でこの間の生活が「とても楽しかった、よかった」と回想する。

中和鎮へ戻って、それからまた楽しい生活が始まるんですけどね、私にとってね。ほかの人は苦しかったらしいですよ。豆腐屋を親父に任されてやっていましたからね。（店の主人が）豆腐やラードを毎日くれるから、栄養がついたんですよね。それで、その店の主人、親方がね、とてもいい人でね、可愛がられて、毎晩、毎日遊ばせてもらって（笑…）。

ＹＷさんは父と共に豆腐屋で働いた。そこで、「鍋を洗ったり、いろいろな皿を洗ったりして、毎日手伝っていた」。仕事が終わると、豆腐屋の主人の子どもたちと遊んだり、夜は得意の日本の影絵芝居を披露したりすることで、中国人たちは「とても喜んでくれた、うんと可愛がってくれた」という。

日本では当時の子どもは盛んにやったわね、影絵。その影絵が得意でね、キツネから始まってイヌとか、先王とか、そういったものがね、夜に障子に映してやっていた。

そうしたら、中国の正月は、餃子を作る、饅頭を作って食べる日があってね。それは、一月の半ば頃だと思う。その時に、「小孩、来吧！（家に来て）」ってね、それで行くと、あの、餃子を頂きに行ったんですよ。そうしたら、私はその明かりのとこでもってね、影絵をまねしてやった。それを見ていて、ほいで、みなは喜んでね。まぁ、それから毎晩ですよ、招待されて、それね、うんと思い出となって残って、そのことしか頭にもう残っていないくらい、そう……。

YWさんと父は日本への引揚げまで、五ヶ月余り中和鎮に留まっていた。中和鎮での数ヶ月間の生活のなかで、YWさんは現地の中国人たちに優しく接してもらったことや助けられたことが自分の人生のなかで非常によい思い出となったと語る。

一方、このように中和鎮で避難している間、YWさんの父は開拓団のほかの人たちと一緒に自決の場所へ行って亡くなった家族や親族たちの遺体を処理し、簡単な慰霊を行い、遺骨などを持ち帰ることができた。

部落の人たちと一緒に行って、今度、集団自決した場所へお線香をあげに行ったんです。要するに（遺体は）狼とか、そういったものに食いちぎられて、骨がばらばらになった。それをみなは集めてね、それを火葬して、それでみなは骨を分けて、それぞれ、それで分けて、包むものもないから、帽子に入れて、包んで持ってきました。えぇ、私は（日本に）持ってきました。親父がそれを持ってきて、それで親父が死んだあと、また持ってきましたけどね。そういったことをやって、中和鎮にいるときにやったんです。

YWさんと父、そしてほかの中和開拓団の避難民たちは五月の下旬頃まで、中和鎮で一時暮らしていた。五月二五日、中和開拓団は日本に引き揚げるためにハルビンに移動することとなった。これにより、YWさんと父はそれまで世話になった豆腐屋の主人に別れを告げ、中和開拓団の避難民たちと共に中和鎮をあとにした。ハルビンまでの道のりは、治安に心配はなかったが、汽車が開通していなかったため、ハルビンの新香坊日本人収容所に辿り着くまで一六日間も歩き続けたという。YWさんと父を含めた中和開拓団の避難民たちはこの収容所に収容され、次の引揚げの命令が下されるまで待機していた。

十数日間の行進、そして途中ほとんどまともな食事や休憩を取ることができなかったことによる入所してからの疲れや緊張が解けたあとの放心状態などにより、中和開拓団の避難民たちの多くは倒れていた。さらに収容所は食糧不足により、栄養失調などの原因で死者が続出した。YWさんとその父親も収容所に入って、しばらくしてから栄養失調となり、二人とも弱っていた。

私と親父は枕を並べて。病棟、病室でざっと栄養失調やら発疹チフスやらの人たちは並んで、もう皆はいつ死んでもおかしくないなぁという形で寝ていたんです。

収容所だって、食べ物なんて、コーリャンしか（なかった）、野菜はないし、何も食べられない、そんなコーリャンを煮たものしかないから、栄養失調でとてもじゃないが、その時、私も栄養失調で寝込んでました。って、ちょうどベトナムの子どもたちはお腹が大きくて、ほら、死んでいくニュースなんかを見ると、（そういう子どもが）いたでしょう。そういった格好はちょうど同じですよ。私（のような）子どもらは、いつ死んでもおかしくない。

収容所の厳しい状況のなかで、ＹＷさんの父が一九四六年八月一日に四二歳でその生涯を閉じた。こうしてＹＷさんの一家は約一年の逃避行のなかで、最初八人だった家族は、母と兄弟たちが「自決」し、そして父が心労や栄養失調により亡くなり、唯一生き残ったのはＹＷさんだけとなった。

収容所でいつ死んでもおかしくないというＹＷさんの状況を救ったのは、父が亡くなる数日前、ハルビンに避難してきた同じ村出身の兄弟二人がＹＷさんと父の消息を知り収容所を訪ねてきたことであった。同郷の二人は、街のなかで偶然にも日本人の避難民たちの消息を示す張り紙からＹＷさんと父らしい人が新香坊の日本人収容所に収容されていることを知り、収容所まで確認しに来たのである。

これはうんと奇跡です。（…中略…）最初、弟さんが来て。弟さんが一人で来たときに、あの、親父が生きていたもんで、親父はいままでのことをずっと話して。それで、「じゃ、ＹＷさん元気でいといてくれ、また来るからなぁ」って。ほいで、そのままハルビン（市内）へ帰って、その話をその兄貴たち、日本人の人に言ってくれた。

それから四日ばかりしたら、今度、兄さんが来たわけ。その時は俺と親父を連れて帰るつもり、引き取るつもりで来たらしい。だけども、親父が死んじゃって、俺しかいないもんで。

ここで、ＹＷさんは同郷の日本人に引き取られて、命が救われたと語る。その後、ＹＷさんは同郷人たちの家に世話になることとなり、共に一ヶ月くらい暮らした。九月に日本に引揚げの命令が出されてから、ＹＷさんは同郷人たちについてハルビンを出て錦州へ向かい、葫蘆島から乗船し、一〇月中旬頃にやっと博多に上陸した。

4．戦後日本社会での生活

博多から電車に乗り、一九四六年一〇月一五日の朝四時半頃に、YWさんは六年ぶりに生まれ故郷の小野駅に着いた。一家が出て行ったときに盛大な式で送られた小野駅は昔のまま何も変わりなかったが、再びこの場所に帰ることができたのはただYWさん一人であった。寂しさと悲しさが襲いかかってくるなか、故郷の風景を目にしてやっと生きて故郷に帰ってきたという実感がわいた。

早朝一番列車で小野駅に着いた。きれいな、静かな、農村でねー。もう一番目に焼きついているのは、あのーぅ、粟の穂がこれぐらい太くてね、こうして下がって、そこに霜だか、朝露がついているんですよ。それがね、真っ白でね、きれいだなぁと思ってね、その時に初めて、俺はものをきれいだなって、見たのは、うん。気持ちはどこかで、あぁ、小野に着いたね。

故郷に帰って来たものの、さらなる困難がYWさんを待ち受けていた。満洲から連れ帰ってくれた同郷人の連絡により、YWさんは本家の祖父に引き取ってもらい、祖父たちの家で世話になることとなった。しかし、終戦後まもない食糧難という時代ではどこの家庭でも大変だった。両親がいない他人の家に居候するのが、何より辛かったという。その時の気持ちを、YWさんは次のように吐露する。

私はね、これでよかったかなぁ。私はあそこ満洲のほうで死んじゃったほうがよかったかなぁって、それから一日経ったら思ったね。というのはね、あのう、当時、日本中どこに行っても、食糧難だったんですよ。農家だって、お米を食べられない。そこにね、私が増えたことになるでしょう。ほいで、本家は本家でもって、ね、お前は満洲へ行くときは、ね、満洲の土になるって言ったじゃないかと。（…中略…）土になったっていいじゃないかということを言うわけ、ね。それは、俺はまだ右左わからない子どもだけれども、きつい言葉なんですよ。これからお世話にならなければならない家の人がそれを言うんだから。ね、だけどね、すみません、お願いします。

こうした苦しい時代に親族とはいえ、身を寄せ生きていくというのは決して居心地がよいものではなかった。また、地域社会の中においても、渡満経験者に対する偏見や差別が少なくなかった。周辺から「引揚げ者とか、臭いとか」というような異様な視線を浴びながら、生きていかなければならなかったのであった。帰ってきてまだ一四歳だった少年にとっては耐えがたいものだった。

日本に帰ってきてから、ＹＷさんはまだ働けるような年齢ではなかったため、地元の中学校に編入した。しかし、ＹＷさんは終戦の前からまともな勉強ができず、さらに約一年半の避難生活もあり、実際は小学校四年生までの内容しか勉強してこなかったという。それにもかかわらず中学校に編入したのは、世話になったおじさんたちに五年生から勉強し直すということを言えず、遠慮があったからだ。

本当の学問は四年しかやっていないです、程度しか、ね。そこは一番辛かったね。学校へ行ったたって、わからないから、学校へ行きたくなかったです。学校へ行けば、教科書で何々、お金がかかりますからね。それに、みんな本家から出してもらわなきゃならないんだから、子どもなりにも遠慮しますよね。そこが、その時が一番辛かったんですね。満洲でもって避難することも辛かったが、帰ってきてからのほうが辛かった。本当に自殺しようかなって、真剣に考えたことがあります。確かにね。

こうした生活状況のなかで、ＹＷさんは中学校を卒業するのを待たずに二年生が終わる頃に、学校を中退することとなった。その後、親戚のあるおばさんに「手に職をつけて、洋服を覚えれば、食いはぐれがない生活ができるから」と勧められていたこともあり、隣村にある洋服店に弟子入りした。この頃から、ＹＷさんはこれまで世話になった本家を離れ、店に住み込んで番頭の見習いを始めた。ここで約四年間働いて、一九五三年に松本市浅間にある洋服店に就職し、昼間働きながら、夜は成人学校に通っていたという。その頃の様子を、YWさんは次のように振り返る。

そこで、六年間ぴっちり仕事を覚えてね。番頭に行ったときもそうだったけれども、字は知らない、何もわからない、もちろん数だってわからないしね、算盤ぐらいは必死に覚えたわね。その、洋服店へ来て、成人学校というのがありましてね、昼間は仕事して、夜間は成人学校へ出させてもらってね。早く夕飯を食べて松本まで行きましたよ。

昼間はお客さんにものを売ったりしてね、そして、いろいろ配達にも自転車で行ったし、そういうことをやって、一生懸命働きました。

生きていくため、とにかく日々必死だった。一九六三年、職場で現在の妻と出会い、結婚に至った。結婚後も夫婦二人で洋服の裁断、製作そして販売に至る仕事を続け、生計を立てていた。しかし、結婚した当時の生活については一番苦しかったとYWさんは振り返る。

もう生活がひどかったんです。生活が、お米から、お醤油から、味噌から、全部借りて、借金してね。よくやった頃（弟子入り頃）は、苦労して、いくら縫ってても納めてもお金をもらえなくて。

やがて洋服店の仕事では生計が立てられなくなり、一九七七年に洋服店の仕事を辞めて、二種の運転免許をとり、タクシー業に転職したという。「タクシーを二二年ばかりやりましたね、そのおかげでいまこうやって、生活ができるような状態になったんですね」。このYWさんの語りにあるように、転職してから、生活が徐々に安定するようになり、一九九九年の定年まで約二二年間タクシーの運転手として働き続けた。

YWさんは退職してから二〇〇〇年、二〇〇一年の二度にわたって旧入植地の中和鎮を訪問した。五五年ぶりで再訪した中和鎮は、記憶に留まっていた土塀（城壁）、城門がすべてなくなり、昔の面影は残っていなかった。かつて命を助けてくれた豆腐屋の一家はもう中和鎮の街から離れどこかへ移ったと聞いた。幸いに、訪中の目的の一つである、母や兄弟たちへのささやかな慰霊ができた。かつて家族たちと共に生活した地に立って、母そして兄弟たちの「自決」の場所に向かって手を合わせ、異国の地で安らかに眠るようにと祈ることができた。

YWさんは現在妻と二人で暮らしており、一男一女の子どもはすでに結婚して独立している。三人の孫がいて、正月や週末など孫たちと一緒に過ごすのは「一番幸せ」「ありがたい」と語っている。

まぁ、いまはとても幸せにやってます。こうやってね、いま、孫がいるというのは不思議なくらいですね。もっとも生きているのは不思議なくらいでしたからね、だからね、こうやって、生活ができるのは、ありがたいし。

私があそこで、死ねば、YW家が途絶えちゃうわけ。だけど、ああいう、広い満洲でもって、人に拾われてね、連れてこられて、ほいで、こちらへ連れて（親族に）渡されて。いまね、（妻と）一緒になって、子ども二人もうけたでしょう。ほいで、その子たちがおかげ様で、あのう、幸せな結婚生活している。いまは二人でもって、こうやって（生活している）。こんな幸せなことがない、ね。それは確かに大きな富を築けなかったが、だけれども、人間って、そんなもんじゃないなと思うんですよ。

こうして、いま日々の幸せな生活を感じながら、中和会の活動をまとめたり、町内会の役員を務めたり、そして近くの病院のボランティアとして通院不便の高齢者の送り迎えをしたりしている。これは人に生かされてきたためのものであると、ＹＷさんは語る。

それでこの間みたいに、幹事をやって、あの、あれをやって、みんなは来てくれるしね、だからね、うんと、私は人にお世話にならないと生きてこられなかったんです。人にお世話になって、あの、生かせられてきた人間だからね、私は何もできないし、お金もなかったし。こうやって、あの、いま人の世話になって、生きてきた、生きて、生かされてきましたもんだからね。

ＹＷさんは、以上のように自分の満洲体験を丁寧に教えてくれた。ＹＷさんが長い間封印してきた辛い体験、数々の苦しい思いを語ってくれたという行為には、われわれへの次のようなメッセージが込められている。

そういうこと（体験）をどんどん発表して、それで、あの、無駄な戦争なんということはね、絶対してならないし、私たちのようなものをもう二度と作ってもらいたくないし、作っちゃいかんし、そういう考えで、もういろんな方法を使ってもいいから、あと戻りしちゃいけない、じゃないかなあって、思うんですね。

事例４　北澤博史さんの場合――「中国人の養子になりたくない、日本に帰るんだ」

（１）「北澤博史さんの略歴」

日本	一九三五年一二月二三日	長野県上伊那郡赤穂村で生まれる。
満洲	一九四〇年五月	両親に連れられて満洲に渡る。
	一九四〇年五月～四五年八月	浜江省中和開拓団。
←	一九四五年九月～五三年六月	七年間の中国での残留生活。
日本	一九五三年七月	日本に引揚げ。
	一九五三年八月～六〇年	家で農業の手伝い。
	一九六〇～六二年	旅館に就職。
	一九六二年五月	大手ホテルに転職。
	一九八四年	三一年ぶり訪中。
	一九九六年	定年退職。
	二〇〇〇年	訪中。

（２）北澤さんとの出会い、インタビューの場

北澤博史さんは長野県上伊那郡赤穂村の出身で、五歳の頃に両親に連れられ満洲に渡った。終戦から約七年間現地の中国社会に取り残され、一九五三年の後期の集団引揚げにより、ようやく日本への帰国を果たした。現在、神奈川県に在住している。

筆者は二〇〇三年四月に中和開拓団の親睦会に参加したときに、初めて北澤さんのことを知った。当日、北澤さんは、自分の体験に基づいて、前年に出版した体験記の内容を中和開拓団の関係者に紹介し、出版に至った経緯などを述べていた。この日、北澤さんに直接話を聞く機会はなかったが、印象は強く残っていた。調査を終えてから、

北澤さんの体験を知るために、著書を購入してまず読むことにした。

翌二〇〇四年四月、筆者は中国へ現地調査に行ったため、中和会の集会を欠席、二〇〇五年の集会は北澤さんが欠席したため、再会することができなかった。ようやく再会を果たしたのは、二〇〇六年五月に長野県辰野町のたつのパークホテルで開かれた中和会の集会の時であった。そして当日の夜は、偶然にも北澤さんと同じ部屋に宿泊することになっていたため、ゆっくり話すことができた。ホテルの和室の部屋で北澤さんと対面した。満洲での生活の様子、敗戦後の避難状況、約七年間の残留生活、そして一九五三年に日本に引き揚げてからの様子などを終始穏やかな表情で教えてくれた。この再会のあと、北澤さんは中国に取り残された当時の様子などを手紙に詳細に書いて送ってくれたことも何度かあった。

その後も、北澤さんと連絡を取り合っていた。二〇〇七年五月、北澤さんから長野県塩尻市楢川に在住している旧開拓団関係者らが、戦時中に木曽福島発電所の建設で強制労働をさせられ、死亡した中国人労務者の慰霊を毎年続けているという情報を得た。その活動に一度参加してみませんかと誘われ、筆者も関心があり、都合も良かったので、五月一三日に北澤さんとJR名古屋駅で待ち合わせをして長野に向かった。長野に向かうなかでこれまで北澤さんから聞き洩らしていたことや再確認の必要なことを聞く機会を得た。

ここに示す北澤さんのライフヒストリーは、これまでのインタビューから得られた内容や北澤さんの体験記、北澤さんの父親の手記、そして筆者が中国現地調査で収集してきた北澤さんの記録資料を用いたものである。北澤さんの体験は、これまで取り上げた集団引揚者の三人とは異なり、終戦から一九五三年まで現地の中国社会に取り残されていた。終戦から一九五三年に始まった後期の集団引揚げまで、北澤さんは中国社会でどのように生活し、いかに日本に引き揚げてきたのか、当時の状況を解明する貴重なケースである。

(3) 北澤さんのライフヒストリー

1. 生い立ちから渡満まで

北澤さんは、一九三五年一二月二三日に長野県上伊那郡赤穂村で六人兄弟の長男として生まれた。父は地元で数人の従業員を持つ、ドライクリーニング店を経営し生計を立てていた。その頃は、戦時中の国家総動員法の適用や戦局の拡大により、店の従業員は次から次へと徴兵され、経営に大きな影響があった。しかし、当初北澤さん一家は満洲に渡るつもりはなかったという。

そんななか、北澤さんが五歳の頃、開拓団で満洲に渡っていた叔父（父親の弟）が日本に家族を迎えにきた。しかし、叔父が家庭の事情により、家族と共に満洲に行けなくなったため、北澤さんの父は家族の同意を得て叔父の代わりに一家で満洲へ行くことにした。渡満した経緯について、北澤さんは次のように語る。

満洲に行かなかったら、この運命にならなかっただろうね。農家じゃない、農業じゃなかったから、家は。私の叔父さんは満洲へ行くという手続きをして、それで家族を迎えに来たら、家族が嫌だって、行かなくなっちゃった。その代わりに（私の）家が行った。家の親父が行った。

一九四〇年五月、北澤さんの一家は叔父の家族の代わりとして、「補欠入植」という形で中和開拓団に入植することに決まった。北澤さんの父はそれまで営んでいたクリーニング店をたたんで、妻そして子ども四人（北澤さんの姉が二人、北澤さん本人、弟が一人）を連れて、満洲へ旅立った。生まれ故郷の赤穂駅で多くの人々に送られ、幾日もの長い旅の末、ようやく中和鎮信濃村開拓団に辿り着いた。

2. 満洲での生活

一家は中和開拓団の五区に入ることとなり、満洲での新しい生活が始まった。満洲に渡ってからの最初の一年間は、個人の住宅はまだできていなかったため、他の入植してきた家族と共同宿舎で暮らしていた。翌年の一九四一年には、個人の家屋ができ、そして耕地も配分されたため、家族による個人経営となった。その頃の生活の様子について、北澤さんの父の手記には次のように綴られている。

家屋は日中折衷式、畳を敷いた座敷で母国を偲び、オンドル・ペーチカで現地感を味わうように設計されて居た。何しろ零下四〇度位にもなるなかの生活は暖房の取り扱いも不慣れでうまくいかず、布団の襟に霜のつくことも度々であった。
飲用水も悪く、内地の様な水はとうてい望めなかった。冬期は給水源の井戸の縦井桁が氷るため汲揚げ桶が揚げられぬ程になる。それだから水の尊さ有難さが身にしみた。燃料は多量需要期の冬の作業であった。雪中を馬橇に引かせて、川も丘も一直線に運搬する。（北澤正文 一九七五：一三九）

満洲の冬は大変寒く、厳しい環境のなかでの暮らしは当初想像もせず、慣れるまで苦労の連続であった。一方、こうした慣れない環境に対する営農生活については、個人経営に切り替わってから、共同生活の頃より多様な経営様式が行われた。家庭によって、「豚を飼育する、蜜蜂を飼う人など多角化し、配分された耕地は水田があり、畑地あり、自己耕作のできない人は小作に出したりして」（北澤 一九七五：一三九）、充実した営農生活を送ることができたという。

▼中和開拓団在満国民学校

こうした生活のなか、北澤さんは満洲に渡った二年目に開拓団の在満国民学校の一年生として入学した。五区に住んでいた北澤さんは、学校まで遠く、毎日数十分をかけて、片道四、五キロを一人で歩かなければならなかったという。

北澤さんが一年生に上がった頃は、ちょうど太平洋戦争が始まり、物資が不足していた。そんななかの学校生活では、鉛筆が短くなって書けなくなるまでは、新しいものをもらえなかった。教科書も上級生たちが使っていた古いものが下級生たちに回され、「お国のために、ものは大切に使おう」と教えられたという。

先生はいつも言っていた。お国のために闘っている兵隊さんのおかげなんだよ。物をそまつにしてはいけない。お父ちゃんや、お母さんの言うことをよく聞いて一生けんめい勉強しなさい。（北澤博史二〇〇二：二四）

授業は午前中に国語、算数、修身、唱歌などを習っていた。そのなかで、北澤さんが特に記憶していたのは、唱歌の授業で軍歌ばかり歌わされていたことであった。また、日本は神の国であることを教え込まれていた。

学校では軍歌ばかり歌わされていた。日本は神の国だから戦争に負けることなどを信じられない。開拓民一人一人が、神国を信じ込まされていた。青空に輝く太陽も、月も星も、地球上のすべてのものは、日本の国のものだと思っていた。（北澤二〇〇二：二八）

戦時中、こうした軍国主義や国家主義の教育内容が圧倒的に多く、長い間学生たちに注ぎ込まれていたのであった。学生たちの精神力を鍛える一方で、団体訓練も重視されていた。午前中の授業を終えると、午後はほとんど学校の畑や田んぼで、食糧増産のために農作業が中心に行われていた。

「みんなは裸になれ！」真夏の炎天下に、それぞれの道具を持って学校近くにある畑に出て農作業である。家に帰れば戦地へ行ったお父さんの代わりに畑の仕事や、弟や妹の子守などをする家の子が多かった。（北澤二〇〇二：二五）

終戦まで、北澤さんは約四年間中和開拓団在満国民学校に通った。終戦が近づいた頃には、学校の先生も次々と徴兵されていったため、校長先生と女性の先生一人だけとなった。学校に行っても勉強することがほとんどなく、先生は「家に手伝い仕事があるものは家に残りなさい、遠くから来ている学童は学校には来なくてもよい」（北澤 二〇〇二：三八－三九）と、これまでとまったく異なる態度をとっていた。こうした異様な雰囲気が漂うなか、北澤さんは不安を感じ始めた。

▼母の死、そして父の出征

一家は満洲に渡った翌年の一九四一年に三男、そして一九四三年に四男が生まれて、八人の大家族となった。北澤さんの母は日々家事、子どもの面倒、そして時々農業の手伝いに追われていた。元々体が弱かった母は、日々重なる疲労などが原因で、終戦の前年に結核になってしまった。

この頃、現地の開拓団の団員たちは、国の動員により、食糧の出荷、勤労奉仕などで家を留守にすることが多かった。奉仕隊に参加していた父に慰労のために餅を作って届けようとしていたところ、母が病気になって結核と診断された。当時は、結核は大変な病気だったため、すぐ開拓団の診療所に入院し治療することとなった。母が入院してからの家のなかの様子を、北澤さんは次のように振り返る。

母のいなくなった家のなかは、黒くよごれたランプの火屋から、わずかに光りがもれるだけの淋しい家となった。二歳だった弟は朝から晩まで「おかーさん、おかーさん」と言って泣きやまない。

（北澤 二〇〇二：三三）

母のいない生活はしばらく続いており、北澤さんの兄弟たちは寂しい思いでいっぱいだった。母が入院した診療所は学校のすぐ隣にあった。時折、学校の帰りに面会の許可を得て、母に会えるのは、何よりの楽しみであった。しかし、翌一九四五年四月のある日、北澤さんは先生にすぐ診療所へ行くように言われた。診療所に駆けつけてみると、母は弱っていた。母が声を詰まらせながら、北澤さんにかけた最後の言葉は、次のような内容である。

みんな立派に大きくなったが、これからはお父さんの言うことをよく聞いて、兄弟仲よく、弟たちの面倒をよく見てね。正一（北澤さんの仮名：引用者注）は生まれたときから身体が弱かったから、大きくなったら偉い人になるよりは、立派な人になりなさい。（北澤 二〇〇二：三六）

これが、母からの最後の言葉となった。満洲に来て五年目、北澤さんが一〇歳になったときの一番悲しい出来事であった。そして、兄弟たちが母の死という悲しみからまだ立ち直れないうちの一九四五年七月に父の出征の知らせがきた。父はやむを得ず六人の子どもを現地の開拓団に残し、四二歳の未教育補充兵として配備先の部隊に向かった。

終戦の直前、母の死、父の召集、そして動揺する開拓団の大人たちの様子を目にした六人の兄弟は寂しさというより、日々の不安と恐怖を募らせるばかりだった。そうしたなか、「ソ連軍が攻めてくるから、荷物をまとめて避難しろ」という連絡が入った。

3．避難の道のり

連絡を受けた六人の兄弟は、不安のなかで出発の準備に取りかかった。北澤さんの二番目の姉（当時一二歳）は兄弟たちに三日分の食糧、おにぎりと炒った大豆を作った。北澤さんは毛布と兄弟たちの着替え用の服などをリュックに詰めた。翌日、それまで五年余り生活したわが家をあとにし、一番上の姉（当時一四歳）が二歳の弟を背負って、兄弟たちははぐれないように、手をつないで集合場所に向かった。その時の様子を、北澤さんは次のように記録している。

姉は背中に背負っている弟がときどき泣き出すたびに、どうしたらよいかわからず。自分も泣きたくなっていた。（…中略…）親たちの後ろについて懸命に歩きつづけている子供達は何かに脅えているようで、みんな無口になっていた。ときどき親しかった友だち同士の顔と顔が合っても話しかける余裕などなく、ひたすら自分だけにこだわりつづけているように見えた。

（北澤二〇〇二：五二）

兄弟たちは大人たちのあとについていくのに必死だった。そんななか、北澤さんの家庭事情をよく知っていたKYさんという人に「いいか、お前たちは内地に着けば、おじいちゃん、おばあちゃんもいる。（…中略…）それまで頑張って歩けよ」と、時々気にかけてくれた。北澤さんの兄弟たちも、内地に向かって歩いていると思うと、弟を背負った疲れも、お腹がすいたことも、喉が渇いたことも忘れていたという。

北澤さんとその兄弟たちは、避難民の群れについて、松花江に近い方正県に向かって行った。そこに着けば、船に乗って日本に帰れると思っていたからだ。十数キロの道のりは、子どもや年寄りが多く、思うように進まなかった。お腹がすいたときには家を出たときに用意したもので飢えを凌ぎ、喉が渇いたときには家畜の足跡に溜まった雨水を飲み、夜は道端で野宿をするしかなかった。そうした状況のなかで、北澤さんの一番下の弟がひどい下痢になってしまった。

ある日、朝鮮人の村を通りかかると、村のおばさんが親切に白い米を炊いてくれた。数日ぶりに白いご飯を食べて、兄弟たちは嬉しかった。夜になって、朝鮮村のおばさんは牛小屋から一枚の筵を出してくれた。兄弟たちは夜露を避けるために、筵の下で寄り添って一夜を明かした。翌日朝鮮集落をあとにし、方正県を目指した。その途中、道路の横に子どもが捨てられ、泣いているという光景を目にした兄弟たちは、「お母さんに死なれてよかったと思えるようになった、もし生きていれば親子揃ってどうなっていたことか」と考えると恐ろしいという。避難の道のりで数々遭遇する悲しい出来事、そして時折物取りを目当てに襲いかかってくる現地の中国人、北澤さんは日本人は何でこんな目に遭わなければならなかったのかという疑問を感じ始めた。

戦争に負けるとソ連兵が攻めてくるとは聞いていたが、現地の中国人が攻めてくるとは聞かされていなかった。日本は神の国だと教えられていたのに……。なぜ神様を捨てて難民になったのか……。なぜ難民の行く先には神様がいなかったのか……。

（北澤 二〇〇二：六五）

敗戦になってからのそうした自分たちのみじめな体験によりその疑問が解ける。辛い思いをしながら、ようやく辿り着いた方正県でも日本に引き揚げることができず、避難民の収容所でただただ引揚げを待つほかはなかった。北澤さんは「天気がいいと、近くの広場や松花江の港に行き、いつくるとも知れない船を迎えたり、湖に浮かぶ白い鷗を眺めながら過ごすのが日課となっていた」（北澤 二〇〇二：七三）と当時の様子を記している。

しかし、寒さ、食糧不足、発疹チフスにより、収容所のなかの生活は、日増しに想像に絶する過酷さとなった。そんななか、北澤さんの一番下の二歳だった弟が収容所の厳しい環境に耐えきれず、栄養不良などの原因で亡くなった。

毎日、皮のついたコーリャン飯はお腹いっぱいにはならない。一円もない生活は、弟には食べ物も買ってあげられなかった。部屋のほかの人が食べるのを見るとほしがるので、姉が一日中背負って外出に出ていく。弟は痩せて骨と皮だけとなった。いまのテレビで見た北朝鮮の子どもたちと同じ、病気で泣きやまない、お腹は膨らんできて、目玉が飛び出していた。

一〇月一五日、北澤さんの弟は静かに息を引き取った。大地が凍りつく前に、病気などで亡くなった人の遺体を処理するため、収容所の外には大きな穴を掘ってあった。収容所の状況が悪化するにつれて、穴はもはや死体の山となった。北澤さんの弟もその穴に放り込まれた。兄弟たちは弟の死に涙も出ず、「天国で待っているお母さんのところへ行ける」「生きるは地獄、死は幸せ」と思っていた。

あとの五人の姉弟は収容所でお互いに頼り合いながら、なんとか過酷な環境を耐え、生き残った。一九四五年一二月三一日、姉弟五人は中和開拓団の避難民たちと共に方正県の収容所を出発して、極寒の中を中和鎮に向かった。

4．一九四六年から一九五三年の引揚げまで

姉弟が途中の加信鎮に着いたときに、終戦の前に父親が雇っていた中国人のLさんが馬橇を操って迎えにきてくれた。なぜLさんが来てくれたか、姉弟は疑問を感じながらも馬橇に乗せられ、中和鎮に向かった。ある民家に着いたら、終戦の時に混乱のなかで行方不明となった親戚のおばさんが出迎えてくれた。その時の様子を、北澤さんは次のように語る。

いま、言った方正から帰ってきて、それでおばさんの家でお世話になったね。世話になったけど、おばさんの家でも借家でね、地主から借家、自分の家じゃない。それでよくよく見たら、どうも生活が苦しくて。で、（終戦の前まで私の）家で使っていた苦力、Lというけど、それと一緒になっていた。それで、びっくりしたね。

姉弟五人は一時的に親戚のおばさんの家に留まることとなった。しかし、Lさんとおばさんの家は貧しく、五人の子どもを引き取って養えるような環境ではなかった。そのうち、北澤さんを除くほかの姉弟四人は次々と中国人に連れて行かれ、それぞれ中国人の家庭に貰われ、買われた。

もう食べていけないし、姉さんも弟もみんな売られちゃったから。これが、しょうがないのね。で、私だけ

残ったんだ。

五人の姉弟はばらばらとなり、上の姉は柴という中国人の家に「世話」になった。二番目の姉が二〇〇元（当時ソ連軍によって発行された貨幣）で朱という地主の家に売られ、子守りや家事などでひどく働かされた。言葉が通じないし、大人のように働けなかったため、叩かれたり侮辱されたりしていたこともしばしばあった。それに耐えられなくなって、何度も逃げたことがあったという。

その当時、まだ無政府状態で、街のなかは混乱していましたよ。それで、そこで働いて、姉たちもそこで働いていたけど、とてもいられないから、逃げていたこともあったの、嫌だから。逃げていってもしょうがないよね、食べていけないんだから、それで、また売られてね。

姉弟が中和鎮に来てから数ヶ月後、一九四六年五月下旬に中和開拓団の避難民たちは日本に引き揚げるためにハルビンへ向かって移動した。両親がなく、養子としてあるいは労働力として中国人の家庭に入ってしまった姉弟たちは中和開拓団の避難民たちと一緒に行動することができず、中和鎮に取り残された。北澤さんは約一年余り、親戚のおばさんの家で暮らしていたが、おばさんの家も生活が苦しく、迷惑をかけたくないという思いでその家を出て、ある農家で働きだした。

それで、私は一年おばさんの家にいて、ここじゃとてもいられないからと言って、それで、あの、「苦力」、いわゆる地主の家に（行って）、豚追いでね、豚の放牧、（豚を）食べさせてくれればいいからって、そこに（働きに）行った。

この頃、北澤さんは一一歳だった。地主の家で豚追いなどをして、どうにか暮らしていた。初めは豚が怖いという思いがしたが、幸せそうな豚の親子を目にすると、放牧するのも楽しくなってきた。また、時々草原で自分のように残留することとなった日本人の少年にも会えるため、彼と日本のことを話せるのも楽しみだったという。

北澤さんは、この地主の家で約一年間働いたが、一九四七年の中国東北土地改革で、地主の土地や家財などは全部取り上げられ、働ける場所がなくなった。その後、一人暮らしをしている劉という中国人の男性に引き取られた。北澤さんは劉と一緒に町の郊外の菜園で野菜を作っていた。

そこにいたおじさんが菜園を作る関係で、俺のとこに来ないかと、一緒に菜園を作ってね、それで、いればいいかと。そのおじさんは一人なんだよ。山東省の出身なんだよ。それで、その人のとこに行って、行ったら、死んじゃったの。

北澤さんが劉さんの菜園に入ってまもなく、劉さんは急に病気で亡くなった。北澤さんは再び居場所がなくなり、一人となった。これからどこに行けばよいだろうかと迷いながら、街に戻り、一番上の姉と相談してみることにした。姉は北澤さんを二人暮らしの姜という老夫婦に預けた。

（姉の）知っている家があるから、ぜひ来ないかと、どういう家だって言ったら、やっぱり山東省の人で。それで、最初日本人の養子、〇〇という、姉より一級上だったかな、〇〇はその家にいたけど、農作業の時の事故で亡くなっちゃって。そのあと、子どもがいないもんで、私に来てくれって。私は行ってもいいけどね、子どもになるのは嫌だった、養子になるのは嫌だ（と言った）。それでもいいから、来てもいいから、それでそこに行ったのよ。そこに行って、ずっと昭和二八（一九五三）年まで、そこに大事にされて、よかった。

この語りで示したように、北澤さんは老夫婦とめぐり会ってから、一九五三年に北澤さんが引き揚げるまで大切に育てられた。北澤さんの養父は大工の仕事の傍ら農業もしており、生活は良かったという。姜家に入ってから、北澤さんは家畜の世話などを任された。養父母とも優しい人だった。養父は夕食を食べ終わると、いつもキセルを吸いながら、よく話しかけてくれたり、いろいろ教えてくれたりした。

　老姜家に行ってから、いま言う楽しいことというのは、そういうなんというかなあ、話を聞いたり、魚を取りに行ったり、そういうことが楽しかったよ。夜学に行ったりさあ、そういうことは楽しかった。

そのような生活のなか、北澤さんが特に記憶しているのは、養父が夜間学校に行かせてくれたことである。一九四九年一〇月に新中国が成立して、一九五〇年から全国で「識字運動」が行われて、各地に夜間学校が創設された。そんなある日、養父から「夜間学校に行かないか」と言われると、北澤さんは嬉しかったという。簡単なテストを受け、四年生のクラスに入ることとなり、それから約三年間夜間学校に通った。

こうした日本に帰国のめどが立たない、現地の中国社会に定着しつつ、「中国人になりきって、これからやらなきゃいけない」と思っていた頃の一九五一年、シベリアから日本に帰国した父から手紙が送られてきた。

　（手紙が）ぼろぼろになってね、もう赤十字は二ヶ月も、三ヶ月も置いといたんですよ。それで、届いた手紙には、親父がまだ生きているということがわかったんだ。

北澤さんは早速二人の姉に会って「父は生きて日本に帰っている」と伝え、すぐ父に「姉弟五人は中和鎮で元気で暮らしている」と書いて、日本赤十字社宛に手紙を送り返した。ようやく父と連絡を取れた北澤さんは一日も早く日本に帰りたいと思っていたのだ。

二人の弟のうち一人は北澤さんのすぐ近くにいる中国人の家で暮らしている。しかし、一番下の弟が転々と売られていたため、中和鎮の街にいない。どこにいるかは北澤さんも知らなかった。父のことを伝えるために、そしていつか弟を連れて日本に帰るために、弟を探し始めた。幾多の曲折を経て、弟が中和鎮の隣の集落に暮らしていることを突き止めた。

その時に家の兄弟たちのことを心配しているからさあ。弟が何しているか、どこにいるとか、姉さんの家にあまり行かなかったね。行くと、嫌がられるから、「日本」って、日本人というと嫌がられるから。

北澤さんは「いつか必ず弟を連れて日本に帰る」、「頭にはそればかりがあった」という。そんななか、一九五三年に残留することとなった日本人の後期集団引揚げが始まった。それによって、現地社会に残留することとなった日本人に対する調査が行われた。その時の様子を、北澤さんは次のように語る。

新政府になってからは、（日本人の）子どもたちが悪いんじゃないと、この難民になったというのは、いわゆる日本の一部の指導者のために犠牲になったんだから。それは、日本人、外人であろうと、何であろうと、平等に扱って、扱いなさいという新しい政府の政令が決まったわけ。当時は、いわゆる八路軍、それでいられたんだ、われわれ。それで、帰るときも希望をすれば、返しなさいと。帰りたいというなら（場合は）、申請に行った。

やっと日本に帰国できるようになったが、しかし、姉弟五人が揃って帰ることはできなかった。二人の姉は帰国したいという希望だったが、それぞれ中国人と結婚して、子どももいたため、子どもを置いては帰れない。また、中国国籍の子どもを連れて帰ることを認めるかどうか、そして中国の家族に許してもらえるかどうかを悩んだ末に、二人の姉は日本に帰国することを諦めざるを得なかった。

一方、北澤さんは二人の弟の養父母に会い、弟たちの希望を確かめて、二人を連れて日本に帰国することとなった。北澤さんが二人の弟を連れて日本に帰ることを自分の養父母に告げると、養父は「思いつめていた溜息をながながと吐き出しながらうなずいてくれた」（北澤 二〇〇二：一三七－一三八）という。兄弟三人は町の役場で日本に帰国すると申し込んだ。現地の公安局が所蔵する当時の北澤さんを記録する「日僑登記表」の備考欄には次のように記されている。

「送回国：本国有父親、其了解情況、愿意回国。」（延寿県人民政府公安局
（本国に送り返す：本国には父がおり、家族の状況を把握している、本人が帰国を希望している。）
「回国：本国有其父、可走、本人要回国」（松江省人民政府公安庁
（帰国：本国には父がおり、帰国してもよい、本人が帰国を希望している。）

（一九五三．二．二）

北澤さんのすぐ下の弟の記録欄には次のように記されている。

「送回国：虽是中国人养子、但其兄回国。故随兄一同回国。」（延寿県人民政府公安局
（本国に送り返す：中国人の養子であるが、その兄が帰国するゆえに、兄と一緒に帰国する。）
「回国：该人虽系中国人养子、但其兄回国。可随其兄北沢博史回国。」（松江省人民政府公安庁
（帰国：この人は中国人の養子であるが、兄が帰国するため、兄である北澤博史について帰国してもよい。）

（一九五三年二月二日）

北澤さんのもう一人の弟の記録も右記の内容と同じである。一九五三年二月二日に、兄弟三人は日本に帰国の申請を行った。その時の様子を北澤さんは次のように語る。

申請して、教えない家庭もあるんだ。小さいから、子どもだから、ほら、養母が行ってくれなきゃ、知らない人もいますよ。知っていても、あの、帰れない人もいた。もういろいろだったよ、その時に。

終戦後、北澤さんは方正県の収容所の時から約七年間中和鎮で暮らしていた。そのうち、いまの養父母とは五年近く生活していた。いよいよ帰国の日が近づくと、北澤さんの養父母は米一〇斗（斗は容積の単位、升の一〇倍）を換金して、兄弟三人に帰国の身支度をしてくれた。

出発の朝、帰国する人たちと残留を余儀なくされた人たちが別れる情景は寂しかった。この時、上の姉が子どもを連れて日本に六ヶ月の条件付きで里帰りを許可された。姉弟四人は二番目の姉と涙ながら、別れを告げ、馬車に乗って中和鎮をあとにした。数ヶ月後の一九五三年七月、姉弟たちは愛知県豊橋に在住している父の家に帰ってきた。

5. 帰国後の生活

北澤さんの父がシベリアから帰ってくると、長野県の故郷にはもはや自分の居場所はなかった。親戚は多くいたが、受け入れるような場所はなかった。そうした状況のなかで、北澤さんの父は再び故郷を離れ、国内の再開拓を希望し、愛知県に入植した。北澤さんは日本に引き揚げてから父のもとで暮らし始めた。日本に帰ってきたときの様子を、北澤さんは次のように語る。

私の父が再婚して、愛知県の豊橋というところで農業をやっていたから、そこに帰ってきて。私は（父の）

家に残って、下の弟が母親の実家、長野県上諏訪に住むお母さんの親父の親戚で、島田屋という生活用品店、そういうとこでみなはお世話になった。

北澤さんは父のもとに留まることとなり、父と一緒に農業を営んでいた。しかし、しばらく父の手伝いをしてから、北澤さんは自分が農業に向いていないという思いで実家を出て、静岡県にある小さな旅館で働くようになった。

開拓だから、大変だったから、（私は）農業なんてだめだと思ったからね。いま静岡県の旅館、小さな旅館におじさんが世話してくれてね、その旅館で働いたのよ。掃除をやったり、なんかでね。そうしたら、その旅館にいた人が、あなたみたいな若い人がね、こんなところよりね、大きな会社に、給料が安いけど、大きな会社に入ったがいいよと。

旅館で世話になったおじさんに「鉄道を経営している会社（西武グループ）は将来性があるから」と勧められた。このおじさんの紹介により、北澤さんは二六歳の時に、箱根にある「龍宮殿」というホテルに勤めるようになった。

ほいで、そこへ、二六歳の時かなあ、行くならば、箱根に行ってくれって、箱根に大きな「龍宮殿」というさあ、建物があるんだよ。いまでもあるけど。これが、そうなんだ、この建物は静岡県から移したの、解体して、箱根へ（移築した）。ここに勤めるようになって、あの、だんだんよくなった、給料が上がるしね。

北澤さんは、この旅館に勤めてから生活がだんだん安定するようになった。そして、会社は一九五六年に株式会社「プリンスホテル」として設立され、一九六四年の東京オリンピックが開催されたときには会社が大きく成長し、経営方式も変わったという。

オリンピックつったら、いまの天皇陛下、皇后が来てね、そこで大会をやったんだ。箱根。スキー、スケートのオリンピック大会の時に来てね、それで、だんだん日本も旅館というのがホテルに変わって、ホテル形式に変わってきた、そうしないと、外国人のお客さんを迎えられない、畳の上ではね。それで、うちの会社が皇室の別荘を全部買い占めちゃったから、天皇陛下、戦後天皇制というのはもう兄弟以外は全部平民に戻っちゃった。その民と同じ生活をしなきゃいけない、税金も納めなさいと、自分の、いわゆる皇室の付き合いがなくなっちゃって、自分の屋敷を売るようになっちゃった。それをうちの会社がぜんぶ買っちゃった。だから、私が龍宮殿にいたときに、株式会社プリンスホテルができてね。

その後、北澤さんは横浜に転勤することとなり、そこで経理や採用担当などの仕事をすべて任された。中和開拓団在満国民学校四年間、そして現地中国社会での三年間の夜間学校で学んだものでは、仕事には十分でなかった。北澤さんは仕事をこなすため、「ほとんど独学で」「本当に寝ている暇もなかったよ」というように、必死に勉強して努力を続けてきたという。それから、会社のある関東を中心にいくつかの場所に転勤し、一九九六年の定年まで約三五年八ヶ月働いた。中国から引き揚げてから五十数年の戦後の日本社会での生活を振り返って、「いろいろと苦労したが、良かった」と語る。

一方、北澤さんのほかの姉妹は、中国東北に残留することとなった二人の姉が日中が国交を回復してから、二人とも家族を連れて日本に永住帰国を果たしている。二人の弟は長野県で暮らしており、「いま、みんなは幸せだよ、それぞれ人並みの暮らしができるように」なったと話している。

▼姉たちの帰国

日中国交回復後、北澤さんが一番気にかけていたのは、姉たちの日本への帰国であった。いつも二人の弟に「姉たちを助けなければならない」と話しかけ、兄弟たちは姉たちの永住帰国に尽力していた。

だから、われわれは、私は弟たちにはっきり言っている。絶対に、自分で働いて、人に頼らずに一生懸命自分でやって姉さんたちの面倒を見なきゃいけないんだよ、と言う。もうそういうことを厳しく、私が言っているんだから。だから、姉たちが帰ってくるのは、みなは私が旅費を出したから、私が迎えに行って、現地に行って、病院にも入れて、で市役所にお願いして、市営住宅をもらってね、二番目の姉もそういうふうにしたけど。

こうした北澤さんの努力により、姉たちはそれぞれ一九八八年と一九八九年に永住帰国を果たした。姉たちとその家族を、帰国後も、北澤さんは自分の近くに呼び寄せ、子どもたちの就職などの面倒も見ていた。

学校のことだとか、病院に行くとか、電話が来るから行ってあげたり、だから、自分の家のことなんかは何もできなかったしなぁ、うん。私なんか、一〇年間、一日も休んだことがないね、そういうことで。会社に行って、会社が比較的に自由だから。小田原の子どもは、あの、白洋舎といってね、大きな上場会社でね、ものすごく大きな白洋舎という会社、私は付き合っていたから、そこで全部就職して、使ってもらえるようにして、辞めたのもいるし、まだいるのもいるし、それも自由だから。

ここで示したように、北澤さんは中国東北社会に残留した姉たちの永住帰国と帰国後の生活への援助をしてきた。

▼現在の生活

北澤さんは現在七四歳（調査時）である。一九九六年に退職してから、積極的に満洲体験者の集会に参加したり、これまでの自分の体験を語ったりしている。そして、二〇〇二年にこれまでの自分の体験を絵と文で書いて出版した。その動機について、北澤さんは体験記の最後に次のように記している。

戦前、国策によって満洲へ行った親たちは、家族を残して戦地へ行った。中国の大地、悲惨な爪跡を残して死んでいった収容所の難民たち。その足跡を思い出してどうしても描きたかった。永い間、東北の僻遠の地に閉ざされたまま、いつかは祖国に帰りたいという思い。その願いがかなえられたとき、孤児たちはすでに五十歳を過ぎていた。そうした孤児たちの代えがたい貴重な体験を知らせるために。（北澤 二〇〇二：一六三）

このような思いで、北澤さんは自らの満洲体験、中国体験、そして家族の歴史を語り継ごうとしている。北澤さんはわれわれの体験が単なる過去の歴史としてではなく、未来につなげていかなければならないと語った。

こういう時代（歴史）を今後どういうふうに正しく、未来につなげて残していくか、過去を忘れてはならない。

2　中国残留婦人の事例

事例1　KMさんの場合――「満妻として（生きるしか）しょうがないのよ」

（1）「KMさんの略歴」

日本	一九二一年三月二八日	長野県上伊那郡宮田村で生まれる。
	一九二八年	家族と共に諏訪市に転居、高島高等尋常小学校に編入。
←	一九三五年四月	長野県諏訪市高島高等尋常小学校を卒業。
	一九三五年	上京して親戚の家で家事の手伝いをし始めた。
	一九四〇年	帰郷、満洲浜江省延寿県中和開拓団に入植した夫と結婚。
満洲	一九四〇年五月	夫と共に渡満。
←	一九四〇～四五年	在満。
中国	一九四五年九月	中和鎮の中国人の家庭に入る。
日本	一九七五年三月	日本に永住帰国。
	現在	長野県駒ヶ根市に在住。

（2）KMさんとの出会い、インタビューの場

二〇〇三年、修士論文を完成させるために、長野県で中国残留孤児や中国残留婦人を対象に聞き取り調査を行ったときにKMさんと初めて出会った。当初、聞き取り調査に協力してくださった中和開拓団出身の残留孤児だったCさんの紹介により、二〇〇三年三月二四日、KMさんの自宅を訪問することができた。当日、Cさんに駒ヶ根市に在住しているKMさんの自宅まで案内してもらい、KMさんと対面し、インタビューを行った。

調査した当時、KMさんは八二歳という高齢だったが、しっかりとした足取りで迎えてくださり、八二歳の老人

と思えなかった。ＫＭさんは私たちと挨拶を交わしながら、お茶や自分でつけた漬物を出してくれた。ＫＭさんと雑談しながら、徐々にインタビューに入っていった。しかし、満洲での体験に触れ始めると、ＫＭさんの笑顔はなくなり、時折、語りのなかで沈黙を伴い、筆者たちの問いかけにためらう場面もあった。この時、ＫＭさんからは「中国残留婦人」という体験をまだ語れない、語り尽くせないというような印象を受けた。

この調査を終えて帰ってきてから、手紙や葉書でＫＭさんと連絡を取り合っていた。二〇〇五年、長野県伊那市でＫＭさんと再会を果たした。再会した経緯は次のとおりである。八月一一日、筆者は伊那市に在住している中国残留婦人ＫＴさんへのインタビュー調査をしたときに、事前にＫＭさんにも連絡を取り、二回目のインタビュー調査を申し入れた。ＫＭさんにも連絡したのは、二人とも同じ開拓団の出身で同じ中国村に残留することとなり、しかも二人の中国人の夫は兄弟であったからだ。ＫＴさんへのインタビューの後に、ＫＭさんをＫＴさんのお宅に迎え、お二人に語り合っていただきながら、インタビューを進めていった。

(3) ＫＭさんのライフヒストリー

1．生い立ちから渡満まで

ＫＭさんは、一九二一年三月二八日、長野県上伊那郡宮田村で商人の家庭に次女として生まれた。兄弟は、長女（一九一一年生まれ。開拓団で満洲へ行き、一九四五年四月に満洲で病死）、長男（一九一三年生まれ。九〇歳）、次女のＫＭさん、次男（一九二三年生まれ。八〇歳）、三女（一九二四年生まれ。七九歳）、四女（一九三〇年生まれ。七三歳）の六人兄弟であった。

ＫＭさんの父は、地元で漬物やお土産を中心とした日用雑貨品店を経営して、一家の生計を営んでいた。ＫＭさんが宮田村尋常小学校の三年生の時に、一家は諏訪市上諏訪へ引っ越した。諏訪市に来てから、ＫＭさんは高島高等尋常小学校に編入し、高等科二年を卒業するまでこの町で過ごした。ＫＭさんが学校を出た頃は、父親が経営した店は景気が悪くなっており、そして兄弟が多く、食糧が不足していたため、家計を助けるために奉公に出て行かなければならなかった時代だったという。

あの頃は、みんなはね、本当の、ほら、ちょっと製糸ね、盛りで。ほいで、ほとんどね、製糸に行っていたんですよ。ほいで、だけど、私の母は製糸に行くと、もっと苦労するから、お子守りに行って、家庭にね、家事見習いって、そのほうがいいかと。製糸のほうがお金を稼げるんですけど、母はね、製糸に行って、もっと苦労だからってね、そういうふうにしたんですけど。

当時、KMさんが暮らしていた諏訪市、そして隣にある岡谷市の周辺には、製糸の工場が多かった。同世代の人たちはほとんど製糸工場で働いていたが、KMさんは母親の勧めにより、東京の代官山にある親戚の家で家事の手伝いをすることとなった。その時、KMさんは一三歳だった、初めて家を離れたので大変寂しい思いをしたという。その時の様子について、KMさんは次のように語る。

（東京に来て、）寂しくて、泣いていたの。だけど、兄弟が大勢でね、やっぱり食事にね。兄弟は大勢でしょう、やっぱ、あの頃、口減らしというのよ、お金なんかもらわないでねぇ、むこうでご飯を食べさせてもらって。そして、いろいろ、家のことをね、習って、うん、そんなふうに。

このように、KMさんは一三歳の時から上京し、親戚の家で子守りや家事の手伝いの仕事をし始めた。KMさんは東京で一九歳まで働いていたが、その間に長野県上諏訪の実家に帰れたのは、祖父が亡くなったときだけだった。よその家に来て、当時はまだ子どもだったKMさんにとって、その生活には慣れないことが多かったという。

毎日泣いていた。（…中略…）まだ一三歳だった、子どももんで（だったので）。ほいで、食べるものは、おなかがすく、おなかがいっぱいにならないもんでね。自分の家におれば、何でもね、食べれるけど。よそへ行くと、そういうわけがいかないでしょう。ちょうどね、おしんが、おしんのね、えらい……、おしんああいうふうですよ。

KMさんは東京で約五年間暮らしていた。一九歳になったとき、KMさんは縁談の話を持ち込まれた。相手は、中沢村出身で下川吉雄（仮名）さんという農家の次男だった。吉雄さんは、一九三九年に一人で満洲浜江省延寿県中和鎮に第七次信濃村開拓団の団員として入植し、嫁探しのために帰郷していた。この頃、赤穂村に嫁いでいた姉一家が第七次信濃村開拓団の「補欠入植」という形で満洲に行くこともあり、KMさんは吉雄さんとの結婚を決め、姉たちと共に満洲に渡ることとなった。

私の姉は、ここの（赤穂村）、嫁で行ってきたのですよ。嫁で来て、そして、あの頃、やっぱりね、クリーニング店を開いていて、ほいで、景気が下り坂だったもんから、満洲に行け、満洲に行けってね、行くことになって。そして私の母が兄弟が多いから、姉さん（だけで）行っても心配だから、付いていてくれってね。私が姉さんと一緒、お姉さんに付いたわけよ。（…中略…）その時にね、ここの中沢村の生まれね、下川吉雄という人ね、あの、満洲へ先に行っていて、そして、家族招致というですよ、家族招致で。ほいで、お姉さんは行くからって、私はその吉雄のとこに世話になって、そして、結婚したんです。

このようにして、一九四〇年五月、KMさんは結婚したばかりの夫、そして姉の一家と共に満洲への旅路についた。二家族はまず舞鶴から船に乗り朝鮮の清津に渡った。そして、清津から汽車で牡丹江を経て、牙布力駅に着いてから森林鉄道に乗り換え、さらに満洲の奥地に進み、幾日を経てようやく中和開拓団に辿り着いた。

2. 満洲での生活

現地の開拓団に着いてから、KMさん夫婦はほかの入植者たちと約一年間の共同生活を送った。共同生活の様子を、KMさんは次のように振り返る。

生活は全部共同だった。子どもを持っている人は、畑に出れん、家で子どもの面倒を見たりして、それで働ける女の人は、みんな除草に出たり、一緒に炊事をやったりしてね。ほいで、男の人たちは馬や牛を使って畑や田んぼで農作業してね。

このように、共同生活は農作業から食事までほとんど全員で行った。そのため、個人で自由に行動したりすることはできなかった。制約が多かった共同生活に、KMさんは「ジャガイモは一つだって、共同だもんで、自分一人で全然自由にならないというのは切なかった」と語り続けた。その上、入植した当時の生活環境はまだ整えられていなかったため、馴染めないことが多かったという。

あのね、行ったときも泣いちゃうね。ご飯はね、お米のご飯は、あの、稗って知らない、稗ばかりでね。行ったときは、日本の兵隊が配給してくれた。お米のご飯があったわけ、あったけど、稗がいっぱいで真っ黒なのよ。それに、ほら、蝿はね、もう、まぁ、本当しょうがないもんで。ほいで、ご飯をバケツに（盛り付けて）、まぁ、バケツだって、新しいバケツでしょうけどね、バケツでご飯ね。洗面器ね、おかずが洗面器で。

翌年に個人の住宅が建設されてから、KMさん夫婦は、五区の南の部落に入ることとなり、水田と畑を合わせて数町歩、そして耕作用の馬が一頭配分された。夫婦の満洲での営農生活が始まった。KMさんは農業を経験したことがなかったが、夫が元々農家の出身かつ働き者だったので、生活が次第に軌道に乗り、楽をできるようなったと語る。

個人（経営）になると、やっぱり、野菜を作るところ分けてくれて、自分で作って、共同生活より、ちょっとね。ほいで、食べ物も、いくらか楽になりましたね。（…中略…）野菜ができるようになると、スイカとか、それから、メロンみたいのね、あれ（マクワウリ）とかを作ってね、うんと夏はいいですよ。スイカはいっぱい作って。冬は寒くてね、何もないけど。

この個人経営の二年目に、ＫＭさんの長男が生まれた。子どもが生まれてから、ＫＭさんはほとんど育児と家事に追われた。農作業は夫に任せていた。数町歩の耕地は、夫一人では耕作できないため、田んぼを朝鮮人に貸し出して小作料をもらい、畑は中国人を雇って営んだ。冬になると、部落の近くの山で炭焼きをして中和鎮で売り、副業で現金収入も得ていた。生活には何も不自由はなかったという。そのような暮らしのなか、一九四三年の暮れに次男が誕生した。ＫＭさんはその頃の生活について「二人の子どもに恵まれ、夫が優しくて、働き者でね、一番幸せだった」と、振り返る。

しかし、その幸せな暮らしは束の間のものであった。一九四四年三月頃、これまで一家を支えてきた夫に「一面坡の部隊に入隊せよ」という召集令状が届けられた。命令を受けてからまもなく、夫はＫＭさんそして三歳の長男と六ヶ月の次男に別れを告げ、開拓地をあとにした。現地に残されたＫＭさんは二人の幼い子どもを抱えながら、これからどうなるかと思うと、不安な気持ちでいっぱいだったという。

夫が出征してから、これまで夫に任せていた家の農作業は、ＫＭさんの肩にかかることになった。夫の代わりに、ＫＭさんは毎日二人の子どもをおぶって、農耕に出て草取りなどの農作業に追われていた。

その頃は、ほら、あの、兵隊さんとこへ、出荷、出荷ってね。作物を送るの、車で街まで運ぶのね。

そうした慣れない農作業が続いていた日々のなか、ＫＭさんはさらなる不幸に見舞われた。その頃、部落では麻疹が流行っており、二人の子どもも感染し、麻疹にかかった。子どもの病気が完治しないうちに、畑へ出て無理したせいか、二人の子どもは病状が悪化し、相次いで亡くなったという。

戦争が始まって、そして、麻疹があるでしょう、麻疹になるでしょう。麻疹にも、お医者さんがいない。そして、麻疹になってもね、子どもの面倒をあまり見れなくて、畑に出なきゃ、まぁ、だから、そういうことでね、麻疹で亡くなっちゃった。

二人の子どもに死なれ、出征した夫にどう伝えるか、ＫＭさんはその申し訳なさに、毎日泣きながら暮らした。子どもの死による悲しみからまだ立ち直っていないうちに、一緒に満洲に渡ってきた姉が辛労で結核となり、終戦の前に六人の子どもを残し、帰らぬ人となった。こうした重なる不幸のなか、ＫＭさんは敗戦を迎えた。

3. 敗戦を迎える――中国人の妻となる

終戦になってから、あの、皆はあれ（自決）ですよ。私も自決の仲間、うん、ね。私は姉が死んでいるし、（自分の）二人の子どもが死んでいるから、あそこを離れることが嫌でね、あれ何ですけど（死のうと考えていた）、自決の気持ちだった。

敗戦の十数日後、現地人の攻撃により、開拓団は混乱に陥った。そうした状況のなか、部落で生きていく希望を失い、避難するのを拒んで自決を選んだ人も数人いた。ＫＭさんもこの語りで示したように、二人の子ども、自分の姉が満洲で亡くなっており、自分もこの地で命を絶とうと決心した。そのため、KMさんは避難に出ていた開拓団の人たちと共に行動せずに、部落の近くの畑に入り、自決を図った。しかし、自決しようとしたときに、ある中国人のおばあちゃんに助けられたという。

命を助けてもらったものの、これからどうやって生きていけばよいだろうか。KMさんは「満人の人たち、知った人たちに助けを求めるわけ」、「そうしなきゃ、生きていけない」と敗戦後の厳しい状況を言いながら、「満妻として中国の人の妻になる」ほかは選択肢がなかった。KMさんは、かつて自分の部落で働いていた、顔見知りの中国人のLさんと結婚することとなった。その時の状況について、KMさんは次のように振り返る。

まぁ、満人の、ほら、開拓団の時に（雇っていた）満人のとこに来るようにしてね、おった人とか、見知りしたところへ。いくらか日本語が二言、三言わかっているから、そういう人とこへ助けてもらうんですけど。その人だって、食べるにも、ないわけよ。あのね、あの頃はね、中国の、あの満人の人たちは、嫁さんを貰えない人たち、最低の生活ね。だから、日本の人を貰ってね、なんだけど、そんな、しょうがないから。明日暮らしていけない、食べるものがなきゃ、暮らしていけないでしょう。

泣きの涙で（中国人の家庭に入った）。あの頃の中国の人なんかも最低の生活をしていた人だから、お風呂に入ったことがない、顔を洗ったことがない、もう真っ黒の手で、真っ黒の顔でね、仕方がない。満妻として（生きるしか）、しょうがないのよ。

「生きていれば、いつか日本に帰れる」という一縷の望みをつなぎ、KMさんは余儀なく現地の中国人の家庭に入ることにした。これにより、KMさんが再び故郷の日本に足を踏み入れたのは、終戦から三〇年後のこととなった。

4．中国社会での生活

Lさんは、結婚当時KMさんより一歳年上で二五歳、元々中和鎮の出身で、終戦の前に姉の家で働いていた。KMさんがLさんと一緒に生活を始めた頃、Lさんは土地を持たず、生活は貧しく、土地を借りて生計を立てていた。

▼慣れない中国人の家庭の生活

Lさんと一緒に生活し始めた当初、KMさんは中国語をまだ話せなかったため、夫とのコミュニケーションも取れなかった。その上、夫が短気な人だったため、しばしば誤解されたり、怒られたりしたこともあったという。中国人の夫のことについて尋ねると、KMさんは次のように振り返る。

それは、もう、日本人を馬鹿にして、なんかを言えば、叩かれたり、言葉が通じないからね。ほいで、満人の食べるもの（を作るのが）下手なのよ、日本人は。お米がないから、トウモロコシのご飯を作るにも下手だし、粟のご飯を作るにも下手だし、何もかも下手なのよ、だから、美味しくないもんで、怒られちゃった、叩かれちゃう、言葉が通じない。

KMさんは、これまで経験したことがなかった中国人の家庭の生活習慣に戸惑うばかりだった。そして中国人の夫に理解してもらえないことに一番苦しんでいた。「いまでも布団に入りゃ、思い出すと涙が出る」。

毎日の生活がね、ご飯（の作り方）を知らない。日本人が下手だから、粟にしても、中国の人たちは（料理するのが上手だ）。粟でも砂があるのよ、日本人はね、それ（砂をとるの）が下手だから、ご飯を食べてもカシャカシャだし、それで、怒られてさぁ。中国の人たちはね、上手なのよ。みんなは、砂を洗いながら、砂をね、残して、粟だけ流すように、私は余計不器用だからね。ほいで、あのトウモロコシの粉で、あの、パンにするんですけど、中国の人たちは発酵させて、柔らかくするけど、日本人は下手なもんだから、あの、硬い。「こんなものは人殺しができるじゃない」って、怒られちゃう、食べられない、ガチャガチャね。

このように、KMさんは日々戸惑いと不安に包まれながら生きていくしかなかった。そのうち、一九四六年にLさんとの間に長男が生まれた。その後、次男、長女、三男、次女という順に五人の子どもをもうけた。一九五三年に後期の集団引揚げが行われたので、KMさんはその時に帰りたかったが、子どもを連れては帰れなかったため、引揚げのチャンスを見送ることにした。

▼食糧不足の苦しい思い

一九五三年の後期集団引揚げが終了したあと、現地社会に留まったKMさんは、「人民公社」「大躍進運動」を経験したのち、六〇年代初めの頃に発生した食糧不足の時代に遭遇する。その時の苦しい思いを、KMさんは次のように語る。

一九六〇、六一、六二年の時にね、この三年は本当に食べるものはないの。木の葉も食べたりしてね。一度ね、ソ連が食糧を持ってっちゃった（この頃、中国はソ連に食糧を返済していた）でしょう、そして、中国には食糧がなくて、そして、もう本当に大勢死んじゃったね。

食糧が不足していたため、多くの家庭はわずかな穀物に木の葉やナスの葉を混ぜて料理し、飢えを凌いでいたという。

（…中略…）毎日ね、袋を持って落穂拾い、畑へね、このくらいのものを拾っちゃうね。ほいで、ナスの葉をとって干して粉にして、あの、キビの粉を少し（混ぜて）、葉がたくさん、真っ黒のような牛のうんちみたいなものね、食べるの。あの、木のね、木の葉を粉にして、薄く引いて、乾かして、粉にしてね、ほいで、それを、トウモロコシの粉が少しあったら、葉をたくさん入れるからね、そうやってね。

このような暮らしのなかで、ほとんどの人は栄養失調となり、浮腫の症状が出ていたという。KMさんは、自分の子どもが飢えて泣きやまないのを見ていられなかったため、仕方なく朝鮮人部落の畑で豆を盗もうとしたときに捕まえられたこともあった。

子どもたちも大変ですよ。いまの子（三男）は、いま家におる子は、（その時）私はお乳（母乳）が出ないのよ、出なくて。だから、いまも痩せているのね。一度ね、あの、朝鮮人たちの畑に行って盗んでくるのよ。冬ね、朝鮮の畑に行って盗んでくるけど、ほいで、あの、皆、盗んでくる。子どもたちに豆を食べさせるのがいいし。ほいで、盗んでこないとないのよ。一度、子どもたちはお腹がすくからと思ってさあ、行ったのよ、ね。人のものを盗ったことは嫌だけど、しょうがないでしょう。一度行ったらね、入ったら、夜中ね、あの朝鮮の見張りがいてね、捕まっちゃったの。捕まってね、凍った道でね、氷の道はね、引きずってね。ほいで、朝鮮の人たちの本部があるのよ、そこへ引きずってきたの。私たちのおるとこのそば、ちょうど親しい朝鮮の人がいたから、そうしたらね、「おばさんどうしてそんな悪いことをしたの」と言うけど、「子どもたちが（お腹）すいたから」とゆうたら、そしたら、「豆はね、おばさん、そこに豆をおいていいから、はやく帰りなさい」ってね、返してくれたね。だけど、家に帰ってきて泣いちゃった。

▼文化大革命時代

食糧不足の時代に続き、一九六六年に文化大革命が始まった。それまで、KMさんは頻繁ではないが、手紙で日本の家族との連絡を取っていた。その頃、KMさんの日本の実家は土産の商店を経営していたため、実家からKMさんに送られてきた手紙に「上諏訪○○商店」と書かれていたことで、KMさんは「資本主義」とつながっていたとして批判され、家族から隔離されたこともあった。

お前のお母さんは、日本人じゃないか、日本人は資本主義だ。ほいで、私の実家が商売しているから、たまたま家から帰ってくるようにって、手紙が入るんですよ。そうすると、上諏訪からなになに商店と書いてくると、お前のお母さんは資本主義だってね。悪く言われるのよ。子どもたちは、あの、会合に出られるけど、お母さんには言うなってね、内緒の会合があるわけ。子どもたちはね、会合に出られるけども、私たちは出られないし、家に帰ってきたら親に言っちゃうといけないとかね。

このほか、KMさんは同じ村に残留した孤児たちの手紙を代筆していたため、それが紅衛兵に発覚し、スパイ容疑とみなされた経験もあった。

紅衛兵は夜中に家に来てね、日本から来た手紙とか、あるかって言って、捜してね。私は余計なスパイ活動をしているって言われたの。いくらかには字が書けたでしょう。ほいで、日本から、あの孤児の人がおるのね。手紙が来るのを、私は読んでやって。ほいで、手紙の返事をしてやるでしょう。そういうことをしとっていると、それをスパイだっちゅうて、言われてね。

もう外に出ちゃうといけないとかね、人と話しちゃうといけないとかね。ほいで、一度ね、あの、どこの人だったかなあ、手紙が来てね。ほいで、あの、あれ（創価学会）があるじゃん、その人から来た手紙には創価学会のことが書かれていたと思う。ほいで、そう、御仏のようなことを手紙に書いてきたの。その人の妹がおって、妹は私のそばにおって、妹に送ってきた手紙には御仏のようなこと書いて、そして、これを信じておけば家に帰れるとかね、そのような手紙が来るわけ。そうすると、ね、あの頃は、あの、毛沢東的にはもう不信神だから、ほいで、ね、スパイだって、うん。

日本人は、ほら、ご無沙汰って言うでしょう、ご無沙汰というのは「阿弥陀仏」のような字と似ているじゃん。ほいで、「これはなんだ」と、毎日検査に来るね、紅衛兵の人たちは私の身を疑って。日本へ帰りたい子どもたちがおるから、日本の家族から場所がわかると、帰っておいでって、手紙が来るわけ。それでも、返事を書いてやったりして、そして、日本への帰る手続き、できるだけ、私もしてやるの。そうすると、余計スパイ扱いされてね。

▼一九七二年の日中国交正常化と日本への永住帰国

そうした日々の苦しい思いからようやく解放されたのは、一九七二年に日中の国交が回復されてからであった。KMさんは「田中首相が中国行ってから日本の人たちが、女の人たちが良くなったの」という。日中国交が回復されて以降、中国政府は残留日本人に対して、食糧や食用油、砂糖などの副食品を一般の中国人より多めに配給するようになり、そして残留日本人は日本へ帰国することもできるようになったのだ。

日本に帰ってきてもいいし、皆を集めてご馳走してくれたりね、中国の役人が日本の、あの、女たち、男たちもいたかな、ご馳走してくれたりしたね。そして、油の、一番の（貴重な生活必需品）、中国では油を使う、普通は中国の人でも油の配給が少ないのよ、だから、日本人には多くくれて、砂糖とかね。

ここでKMさんが語ったように、日中国交の正常化を機に残留日本人は優遇された。しかし、KMさんが何より嬉しかったのは日本に帰れることであった。KMさんは早速日本の家族と連絡を取り、日本に帰る手続きに取りかかった。その頃、中国人の夫が亡くなっていたこと、そして子どもも大きくなったことや日本の父も高齢だったことから、KMさんは一時帰国ではなく、日本への永住帰国を決心した。一九七三年に帰国の手続きを申請し始めてから、二年間もかかり、一九七五年にようやく日本への帰国が許可された。同年の三月に、KMさんは一番下の二人の子ども、一四歳の三男と一二歳の次女を連れて、三五年ぶりに故郷日本の地に足を踏み入れることができた。

5. 日本社会での生活

KMさんは兄弟たちに迎えられ、成田に着いてからまっすぐに向かったのは両親が住む長野県の上諏訪であった。

　父はね、大変喜んでくれた。帰ってくるって、すぐ（父に）言うと、年をとっているから、心臓によくないから、それを内緒に。私の兄の嫁さんと、そして、兄と、妹たちがね（迎えてくれた）。あの頃は成田空港で帰ってきたね。そいで、私の名前を書いて旗を持っていて、ここ（駒ヶ根）の市役所の人も一人がついてくれて。そして、あれね、あの実家に二、三日ばかりおった。すぐ駒ヶ根に来て、私の主人のね、亡くなった主人のお姉さんはおって、そのお姉さんの家にしばらくおって、ほいで、住宅を見つけてくれて、それで、入ったのです。

KMさんは、三五年ぶりにやっとの思いで日本の家族との再会を果たした。老いゆく父に抱かれて、父の胸でただただ泣いて、言葉も出なかった。実家に留まっていた間、KMさんは亡くなった母の墓参りをし、母に「ただいま」と報告した。そして、この時に前の夫が満洲で戦死したと知らされた。

実家に数日滞在してから、KMさんは二人の子どもを連れて先の夫の出身地の駒ヶ根市に行き、前の夫の姉の厚意により、義姉の家に泊めてもらった。のちに市から市営住宅を与えられ、KMさんの母子三人は義姉の家を離れて独立し、日本での生活を始めた。それまで、ＫＭさんは家族の人々に助けてもらったという。

私たちの兄弟、あの、主人のお姉さん、(義姉の)息子さんが三人おってね、本当によく面倒を見てくれて。いまだにね、息子の嫁さんたちの世話してくれて、いまだにけっこうやってくれています。

母子三人は市営住宅に引っ越してから、三男は家の近くにあった赤穂東小学校の養護学級に入学することができ、次女は普通の小学校三年生として編入した。三男は日本語を話せなかったため、最初の三ヶ月間にはＫＭさんは毎日学校まで付き添って、共に授業を受けて通訳していたという。

むこうの家に行ったあと、学校は家のそばにあって、先生たちも皆よくしてくれました。ほいで、子どもたちは言葉が通じないから、三ヶ月ね、子どもについて、学校に行ったね。それまでは、市役所がね、生活保護してくれて。

このように、二人の子どもは日本での学校生活を始めた。入学した当初、二人にとっても日本語の学習が難しかったが、時間が経つにつれて、徐々に日本の生活に順応できるようになったという。二人の子どもが日本の生活に適応していく過程について、ＫＭさんは「妹のほうが早かった」「兄ちゃんのほうが苦労したようですね」と振り返った。一方、子どもの学校生活から手が離れるようになってから、ＫＭさんは近所にある計算機の部品の製造工場に就職し、働きながら子どもたちを育てた。

日本に帰国したときには、ＫＭさんは五四歳だった、約三年間計算機の製造工場に勤めたのち、洋裁の会社に転職し、六七歳まで働き続けた。この間、三男は中学校を卒業したあと、大工に弟子入りをし、修業した。その後、地元出身の日本人女性と結婚し、自分でマイホームを建てた。なお、いま現在ではＫＭさんも三男と一緒に暮らしている。息子の成長について、KMさんは次のように振り返る。

この家を建てたのは、それでも一五年くらいなりますね（二〇〇三年時）。（三男は）大工に行ってね、大工さんが力を入れてくれて、そして、建てて。まぁ、借金をローンで払っているのですけど、土地も全部。割合におかげ様で、息子は、まぁ、中学校を卒業したけど、国家試験も出てね、大工のねぇ、国家試験があるんですよ、ほんで一人前の大工になれるから、それもね、（資格を）去年に取ったの。いまもね、棟梁になっている。（…中略…）おかげ様でね、あの、仕事はよくできるとほめられています。

調査した時点では、三男はすでに日本の国籍を取得し、日本の生活には特に不自由がなかったとKMさんは言う。そして、共に来日した次女も高校を卒業したあと、スームズに岐阜にある紡績工場に就職し独立した。のち、東京へ転職したり、中国の北京に留学したりした経験もあった。その間、九州出身の夫とめぐり会い、結婚し、二人の子どもに恵まれた。いま現在、中国との関係がある会社で働いている。

いま（二〇〇五年時）ね、仕事は中国に関係があると思う、仕事がね。いま、ここ（駒ヶ根市）から下諏訪まで毎日通っているの。それで、子どもが二人ね、私は面倒を見ているけどね。いま、子どもも高校と中学校だから、楽になったけど。今朝も（娘から）電話がきて、夏休み、会社も夏休みに入っているから、お婆ちゃんは今夜家に泊まりに来るように、電話が入っている。

一方、KMさんは日本に帰国してから、中国に残した三人の子どもに対して、「毎日忘れられないよ。大きくても、やはり親子ですよ。毎日目が覚めれば、何をやっているかなと心配」と述べた。そのため、九〇年代の初め頃、KMさんは退職したあと、中国に残した長男家族、次男家族、そして長女家族を日本に呼び寄せた。遅れてきた子どもたち、特に長男と次男が日本の生活に馴染めず、日本で十数年間生活をしてから、二〇〇〇年にそれぞれの家族を置いて中国に帰った。いま、KMさんが唯一気にかけているのは中国に戻った二人の息子のことだった。

子どもたちや孫たちに囲まれ落ち着いた暮らしを送っているKMさんは、「おかげ様で順調に日本の生活に戻りました。いま、私は幸せですよ」と帰国後の生活について締めくくった。

お婆ちゃんは幸せなんだよ。もう一人の娘がね、朝は仕事に行っているの、行っているけど、お昼から休みになるから、お婆ちゃんのとこに来るの、そういう電話もあってさあ、私は幸せですよ。一昨日までね、諏訪にある私の実家に、兄が今年亡くなって、三日ばかり行ってきたのよ。地元のところへ、私は行くところがあって、幸せなの。年をとるとね、どこも行けなくて、孤独、孤独でね、寂しい人たちが多いよ。

いろいろなことに、いま、感謝。うん。子どもがいろいろしてくれることにありがたいなあと思う、感謝。うちの嫁さんは、話をせんけど、まあ、感謝している。

KMさんは日本に帰国後の生活を「幸せと感謝」といった言葉で総括するのに対して、三六年間の中国社会での残留生活について、「いい思い出が一つもない、毎日泣いて暮らしていた」と対照的に語った。一見、KMさんは中国での残留体験をすべて否定したように見えるが、その反面、KMさんは「本当に紙一重の命を乗り越えてきたんだから、いま日本でどんな苦労でもやっていける」と苦しかった中国残留体験をポジティブにとらえている側面もあった。その気持ちを、KMさんは次のように吐露している。

そうだね。どう言っていいかな。まぁ、こういう体験も素敵なもんでね。満洲へ行って、こう言うね。戦争の紙一重のとこを抜けてきたちゅうことは、まあ、尊い体験だと思いますね。普通ね、体験できないじゃん、自分の人生でどんな辛いことにも打ち勝っていける力をね、そういう、あれがあるね。

事例２　ＸＬさんの場合――「親や兄弟を助けるために……」

(1)「ＸＬさんの略歴」

日本	一九二六年二月一二日	長野県上水内郡安茂里村で生まれる。
	一九三三年四月	安茂里小市小学校入学（一～四年）。
↓	一九三九年三月	安茂里尋常小学校卒業（五～六年）。
	一九三九年四～九月	愛知県一宮市日本紡績に勤める。
満洲	一九三九年一〇月一〇日	家族と共に満洲に渡る。
	一九三九年～四五年八月	中和開拓団。
↓	一九四五年九～一二月	方正県日本人収容所避難。
中国	一九四六年一～五月	中和鎮へ避難、中国人と結婚。
	一九七五年三月	日本に一時帰国（一回目）。
↓	一九八〇年四月	日本に一時帰国（二回目）。
日本	一九八四年七月	日本に永住帰国。
	現在	長野県長野市に在住。

(2)ＸＬさんとの出会い、インタビューの場

ＸＬさんは、長野県長野市に在住している。ＸＬさんの自宅を訪問する前には、中和開拓団の集会で二回ほどお会いしたことがあったが、ＸＬさんにインタビュー調査を行うきっかけとなったのには、次のような経緯があった。二〇〇四年に信濃毎日新聞の「日中を生きる」という連載企画が行われた際に、筆者は取材の一部の通訳と現地のコーディネーターを依頼された。取材先でＸＬさんの孫のＨＪさんに出会い、ＨＪさんへの取材のなかでＸＬさん

の中国残留となった経緯、そして永住帰国した家族の様子などを知ることとなった。その取材への協力を終えてから翌年の二〇〇五年に、ＨＪさんに事情を説明して、「ぜひ一度祖母のお話を聞かせてほしい」とお願いした。ＨＪさんに協力していただけることになり、二〇〇五年一〇月一六日、ＨＪさんと日中の仕事が終わってから長野市内で待ち合わせ、ＸＬさんへのインタビューに同行してもらった。

市内にある市営住宅団地の一棟の一室に一人で暮らしているＸＬさんは、当日温かく迎えてくれた。案内してくれた和室の部屋には、壁に昔の両親の写真が飾られ、そして両親の写真の横には亡くなった中国人の夫の写真が飾られていた。写真の下に仏壇があり、なかには花や果物が供えられていた。写真の反対側には最近「和紙ちぎり絵」の教室で作った作品が飾られている。ＸＬさんは普段、ほとんどこの部屋で過ごし、テレビを見たり、ちぎり絵をやったりしているという。ＸＬさんは「别客气、请坐（遠慮しないで、どうぞおかけください）」と話しかけてくれながら、お菓子やお茶も出してくれた。

ＸＬさんと部屋の真ん中にあるコタツを挟んで対面するような形になり、ＨＪさんは筆者と祖母の横に座っていた。筆者が聞き取り調査の経緯を改めて説明し終えると、ＸＬさんはこれまでの体験を話してくれた。時に筆者の質問を受けながら、ＸＬさんは終始穏やかな表情で生い立ちから渡満までのこと、満洲での暮らし、敗戦後に残留することとなった経緯、そして永住帰国後などについて約三時間半にわたって語ってくれた。

(3) ＸＬさんのライフヒストリー

1．生い立ちから渡満まで

ＸＬさんは一九二六年二月一二日、長野県上水内郡安茂里村小市に、七人兄弟の長女として生まれた。満洲に渡る前には、ＸＬさんと一歳違い、三歳違い、一一歳違いの弟三人、そして六歳違いと八歳違いの妹二人がいる六人兄弟であった。満洲に渡って終戦後の避難生活のなかで末子の妹が生まれたが、生後数ヶ月後に栄養不良で亡くなった。

両親はわずかな田んぼを耕作しながら、父が桶の製作やラジオの修理などもして一家の生計を立てていた。父について、ＸＬさんは「性格が明るかった反面、とても厳しかった」「手先はとても器用な人だった」と思い出していた。

お風呂とかさあ、昔のたらい、ああいうのを作ったりね。それから、御櫃、ご飯を入れる、この四角、きれいに作って。昔の何だっけ、こやし、あれをみな溜め合ったの、そこから畑へ担いだもんで、その桶を作ったりさあ。いろんな桶を何でも上手に作って、それの商売をやった。とても器用でね、なんでも。ラジオをなんか壊して組立て。それで、（ほかの）人もうちのお父さんのとこを頼んで、修理してもらったり、だから、うちのお父さんは人によく頼まれてやったんだ。

その頃、父が懸命に働いてくれたが、一家の生活は決して裕福ではなかった。子どもが大勢いたため、長女としてのＸＬさんは「しょっちゅう子どもをおぶってね、子守りして」いた。「家が忙しいときは、たまに学校を休んで、子守りをした」こともあるという。両親の手伝いをしながら、ＸＬさんは学校生活を送っていた。ＸＬさんは小学校の一年から四年まで小市小学校で勉強していたが、五年生に上がってから安茂里の本校に通っていたと語る。

ＸＬさんが小学校五年生の時、一九三七年八月に父が松本五〇連隊に召集された。しかし、翌年の一九三八年三月までわずか一年足らずで、ＸＬさんの父は除隊された。帰宅してからまもなく、父は開拓団の団員として満洲へ行くことを決心した。しかし、母が父の渡満に大反対し、夫婦は大喧嘩となった。その時の様子を、ＸＬさんは次のように語る。

それでお父さんは、まあ、自分が（満洲に）憧れていたわけ。行きたくて、そう。お母さんは行くのは反対していた。だから、うちで喧嘩、すごく喧嘩して。（母は）行くのは嫌だって。（父は）ラジオ、それから、この大きい柱時計、あんなのね、みんなこうやって壊した。それで、火鉢もあったんだ、その、みんな（を壊した）。短気を起こして。（…中略…）二人は合わないから、一人が行きたい、一人が反対、思い通りにいかなくて、喧嘩になったけど。お母さんはしょうがない、もう仕方がない、どうしてもお父さんは行くというから、仕方がなしに行ったわけ。

母の大反対を押し切って、一九三八年五月にＸＬの父は北御牧ヶ原の満洲農業移民訓練所に入所し、そこで約一ヶ月の訓練を受けてから中和開拓団の補充先遣隊員として満洲に渡り、同年一一月に中和鎮に入植した。父が満洲に行った翌年の一九三九年三月、ＸＬさんは一三歳で尋常小学校を卒業した。卒業すると同時に、ＸＬさんは同級生や近所の人たちと一緒に愛知県一宮市にある紡績工場へ働きに出て行った。「その時、家もなかなかね、貧乏で、窮家（貧しい家）」だったからだ。まだ子どもだったＸＬさんは「行くときは喜んでいたけど、山が見えなくて、家の村が見えなくなったら、寂しく、泣くくらい悲しかったね」と当時の思いを吐露した。その時の様子を、ＸＬさんは次のように語る。

五ヶ月働いたきり。／筆者：五ヶ月、大変だったのですか？／一三歳だよ、だから、私は背が小さいから、みなは、ああ、可愛い子だ、可愛い子だって言って、みなは飴をくれたりさあ。まあ、帰ってしまうと困るから、みんな可愛がってくれた。あの時、寂しかったね、まだ子どもだったさあ。親と離れて、働いて、家が貧乏だから。

ＸＬさんが紡績工場で五ヶ月ほど働いていたとき、父が家族を迎えるために満洲から帰ってきた。家族と一緒に渡満するため、ＸＬさんは紡績工場を辞めて、長野の実家に帰った。一九三九年一〇月一〇日、家族八人は近所や親戚に見送られ、故郷の小市をあとにし、満洲へ向かった。

2. 満洲の暮らし

初めて満洲を経験したＸＬさんは、「広い、何しろ一番広いことにたまげた」と満洲の広さに圧倒された。一家八人は、中和開拓団に着き、共同宿舎に入り、満洲での生活が始まった。開拓地に入った当初の生活の様子を、ＸＬさんは次のように語る。

入ったばかりの頃、共同生活よ。みんなと、ほら、寝泊まり、食事なんかは共同生活、何でも一緒にね、うん。それで、その何ヶ月くらい（経ったか）、半年くらいか、ちょっと忘れちゃったけど、うん。それで明くる年は、やっぱり共同で、その前（個人の家が出来上がるまで）は共同生活していたの。

父は桶の職人だったため、区単位での共同作業に加われなかった。中和鎮の街のなかにある団の加工部で味噌や醤油、日本酒などの醸造用の桶を作っていた。母はほかの婦人たちと一緒に炊事の当番をしていた。この頃は学校がまだできていなかったため、校長先生が各部落を回って授業を行っていた。こうした共同生活が約二年間続いてから、一九四一年、ＸＬさんが一六歳になったとき、開拓団は個人経営に切り替わった。ＸＬさんの一家は畑や田んぼ、そして農耕用の馬を分配された。

昭和一六（一九四一）年頃に今度自分での個人経営が始まった。それで、畑などを国からもらって、開拓し始めて。その頃は、私はまだ一六歳頃かな、だから青年学校というの、あの、中和鎮の学校に行ったの、それまで一七歳頃まで学校に行ったのね。それから、親たちは、農作業、農業ね、始めたの、馬一頭をもらって、ええ。

個人経営になってから、家の農作業が忙しくなったため、XLさんは青年学校をやめ、日々家の農作業の手伝いをしていた。この頃から終戦までの三～四年間は最も安定しており、食糧の心配がなく、耕作用の馬などのほかにヤギや鶏、豚などの家畜も大量に飼って、穏やかな生活を送ることができたという。

しかし、その安定した生活は長く続けられなかった。一九四五年五月の末頃、畑の種まきが終わり、田んぼに籾を直播した六月の初め頃、XLさんの父が風邪で倒れた。父が風邪で寝込んでいた間、田んぼの管理をできずにいたため、出ていた種籾の芽がほとんど虫に食われた。それに気がついたときは、もう途方に暮れてしまった。そんななか、XLさんの父の病状がさらに悪化し、肺炎となり、一九四五年七月に現地で亡くなった。不幸が続き、XLさんは悲しんでいた。

水田に行ってきたけど、ぜんぜん芽が出なくて、それで私はうんと苦労して、悲しくてさあ。水田を作って芽も出ないよ、お父さんが亡くなっちゃう。それで、長女であって、これからどうやって生活すればいいかと、うんと苦しく悩んだの。それで、今度お父さんが亡くなっちゃってね、終戦の一ヶ月前だ。それで、一ヶ月後、八月に終戦になったね。お父さんは七月に死んで、もう、その頃は本当に悲しかったね。

さらに、父亡き後は頼りにしていたすぐ下の弟（当時一九歳）には、八月一〇日に召集令状が届いた。現地の開拓団に残された母、XLさんとそのほかの兄弟たちは不安を隠せなかった。そんな不安な日々を過ごしていたなか、ハルビンの部隊に入隊した弟が、八月一五日の敗戦のため、すぐ除隊され、朝鮮人を装って開拓団に帰ってきたという。弟が無事に帰宅したことで、家族はほっと安心した。しかし、日本が敗戦したと聞いて、一家は再び不安に包まれていた。

3．避難生活――家族のために中国人の妻に

▼方正県の日本人収容所

八月の末、混乱のなかで、XLさんの家族七人は中和開拓団の避難民たちと共に方正県を目指した。方正県に辿り着く三日間の道のりにおいて、現地人の「襲撃」、ソ連軍の略奪、飢え、恐怖などにより、初めて敗戦の悲惨さを実感したという。

着のみ着のままで、家を全部捨てちゃって、財産をみんなは捨てて、もう（家を）出たわけさあ。毎日食べるものがないし、少し持っていたのは、ロシア人にとられちゃったんだ。だから、毎日、そのひもじい思いをして。それで、まあ、夜になれば、その道で、道路で寝てさあ、野宿。朝になると、もう露でビショビショくらいになっていたの。

九月三日にソ連軍の命令により、一家はほかの中和開拓団の避難民と共に方正県の郊外にある元伊漢通開拓団の跡地に入れられ、そこで馬小屋に割り当てられた。この時、XLさんの母親はすでに臨月が迫っていた。この日の夜、馬小屋で女の子を出産した。

方正に着いたときに、最初はね、馬屋、日本人の住んでいた開拓団の馬屋に寝てさあ、うん。その時は、馬屋だから、屋根があったから、よかった。それで、その時にちょうどお母さんはお産してさあ、大変だった。

馬小屋でXLさんとその兄弟たちは母の出産を見守って、一夜を明かした。翌日の朝になってから、近くの小学校跡へ移動すると命令された。XLさんの二人の弟は麻袋で簡易担架を作り、母と生まれたばかりの妹を乗せて、皆に遅れないように付いていった。小学校跡で四、五日を過ごしてから、また移動させられた。着いた先は、終戦

前日本の興農合作社の跡だった。ここで、XLさんとその家族は約四ヶ月暮らした。収容された当初の様子を、XLさんは次のように語る。

（避難民は）大勢だからね。それで、布団もない。昼間になるとさあ、外へ行って筵みたいなものを拾ってきて、それをかけて寝たの、うん。それで、少しね、ソ連軍が、粟とコーリャンと配給してくれたの。やっとそれでご飯を食べたり、配給して、あのお粥みたいね、一緒にもらって食べてさあ、お腹にいっぱい食べられない。

食糧不足のため、XLさんは開拓団のほかの避難民たちと一緒に外に出て、収穫したあとの畑から豆やトウモロコシを拾ってきて、鉄兜で煮込んでなんとか一家の命をつないでいたという。その頃、XLさんにとってこうした食糧不足より、年頃の若い女性がソ連兵に乱暴されることのほうが恐怖だった。当時の様子をXLさんは次のように回想する。

女の人きりだから、女の人も何だけなあ、ソ連軍に見られると、捕まっちゃうから、みんなは頭を坊主にして、女性も婦人もね、あとみんなは刈っちゃって。よく男の仕度をして。もうソ連兵と、この目と目の合わせるのも怖くて、すごく怖かったよ。私たちは、ちょうど、ほら、年頃でね、うん。それだけども、よくよく隠れる、隠れるようにして、見えないように、わからないようにして、その（ような）暮らしをして（いた）、うん。

九月を過ぎてから寒さが増し、栄養不良や寒さ、病気などにより、死者が続出した。XLさんとその家族は何とかその厳しい環境に耐えて、一二月三一日に中和鎮に引き返すまで生きていた。

それで毎日、毎日もう栄養失調になって、毎日、毎日人が死んでいて、幾人も。（…中略…）まあ、終戦になる、みじめなもんだよ。私らは、ちょっとまた二〇歳頃、体力があったからね、まあ、それで元気で、そこで四ヶ月くらいいいて。

しかし、収容所の状況がひどくなる一方、もはやそこに続けて避難していることは死を待つことに等しい。そこで、ＸＬさんが目にしたのは、生きるために余儀なく中国人の家庭に入る多くの婦人たちの姿であった。

婦人がね、（中国人に）連れられて、まあ、そういうふうに行かない人が残っていたんだ。残っていたけど、ようやく体も、体力もなくなっちゃって、やっぱり病気になっちゃって、どうしようもない。じゃ、そこにいれば、すぐ死んじゃうから、よく知っている人があったら、その知っている人のとこへ行ってもいいし、中国人の連れに来る人があったら、一緒に行ってもいいからって、そういうので、それで、行った人がいっぱい。そういう人たちが、いまの残留婦人。中国人と結婚したわけ、うん。

▼中国人の家庭へ

一九四五年一二月三一日、ＸＬさんとその家族は中和開拓団の避難民と一緒に行動し、中和鎮を目指した。ＸＬさんは、途中の加信鎮に一時滞在していたとき、団の関係者の多くが現地の中国人の家庭に入ったと振り返る。

その戻ったとき、もうやっぱりその知っている人がいれば、またそこへ行ったほうがいいわけで。それで、加信鎮で中国人に貰われた人もいたし、いっぱいいたね、そこにいても行くとこがなくて。それは、ほら、残留婦人、残留孤児になった。

その時、XLさん一家もそのような厳しい状況に置かれていた。そこで一家の消息を知ったかつて雇っていた中国人のDさんが加信鎮にやってきたとき、一家はDさんに助けてもらうことにしたという。

私のうちなんだけどなあ、このおじいちゃん、HJのおじいちゃんが、（私たちを避難先から）連れてくれたの、うん。（彼は）勝利村（中和鎮から四キロ離れている村）にいたから、（私たちが）加信鎮に避難してきたことがわかったらしいね。見にきたの、それとYさん、あの人も同じ部落の日本人の家に雇われていた、その奥さん（かつての雇い主の奥さん）を迎えに行って、それで連れて帰ったの、それでもう一人Sさん（中和開拓団の日本人の家で働いていた中国人）も、三人で。元の住んでいたとこへ連れて帰って、それで生き残ったの。みなは病気でね……。

XLさんの一家はDさんの世話で中和鎮から数キロ離れている天台屯に落ち着いた。屯内の空き家を借り、一家の現地社会での生活が始まった。しかし、食糧や防寒衣類などの生活必要品もなく、さらにこれまでの長い間の収容所での過酷な生活、そして極寒のなかの移動などにより、一家は次々と寝込んで倒れた。そんななか、方正収容所で生まれた四ヶ月余りの妹が亡くなった。

かける布団もないし、昔の、なんだ、「草墊子（むしろ）」を使って、それをかける、布団の代わりにね。このおじいちゃんが一枚の布団を持ってきて、その布団をお母さんにかけて、お母さんとその小さい子どもね、二人でかけている。私らは、何もかけず、寝ている。お母さんはご飯を食べられないしね、食べるものがなくて、だから、病気になっちゃったんでしょう。栄養失調になって、子どももおっぱいがなくて、亡くなっちゃったの。

こうして一家が病気になったとき、Dさんは一家の看病や食糧の調達などを世話してくれたという。一九四六年四月の半ば頃になると、XLさんの母親を除き、みんなは徐々に回復してきた。XLさんのすぐ下の弟が村の地主の家に働きに出て、そして二番目の弟とその下の妹はある農家に雇われ、それぞれ農作業の手伝いと家事、子守りをすることとなり、そしてもう一人の妹も中国人の家で子守りなどとして雇われた。

家の弟たちは、その天台屯でちょっと中国人のとこへ働きに行って、それで食べさせてもらったの。それで生き残って、うん。妹なんか一三歳か、そのくらいかなあ、侯という中国人の家に雇われて、そこで働いて、子守りしたりね。そんな小さいのに、「放牛（牛追い）」までやっていたよ。うちの妹がまだ小さいだけど、もう働かなきゃ食べていけないし、大変。それで河を渡るときになんか牛の上に乗って渡ったと言ったわ。うちの妹はいまでも、うちに来る、二人で話すけども。怖かったって、すごく怖かったって、まだ小さいのにね。

兄弟たちはただ一日三食を食べさせてもらうために、それぞれ中国人の家庭に入っていた。一方、XLさんは母の看病をし、幼い弟の面倒を見なければならなかったため、働きに行けなかった。そこで、家族のために、生きていくために、XLさんはDさんと結婚することを決心した。

筆者　ご結婚されたとき、抵抗感は?

XL　抵抗感というより、ただ話し合いで、結婚しないと見てやれないわけ、家族をね。結婚すれば、その家族のみんなの食べ物をくれるわけだ。（もし）あなた（が彼）と結婚してくれなければ、ほかの人と結婚するけど（と言われ）、うん。私も、さあ、（彼のことを）知っている、知り合い同士だから、それで兄弟や親を助けるために結婚して、自分が犠牲になって、親や兄弟を助けたわけ、それで結婚して、それで生き残ったわけ。

筆者　家族を救うために……。

ＸＬ　そう、そう、家族を、自分で犠牲になって。その時は二〇歳だよ。だから、まだ若いんだよ、だけど、仕方がなし。それで、お父さん（中国人の夫のこと）は、（私より）一七歳年上なんだよ。だけども、その年なんて考えてられない、ほかの人だったら、知らない人と結婚ができないしね、あの人は知っているんだから、家族を見てくれるので、じゃ、しょうがない。結婚して生活するという話だった。何も抵抗、それは何もなくて、話し合いでそういう話で結婚したわけ。もし日本に帰れるようになったら、いつ帰ってもいいって、という話まであった。

このような形で、一家は現地の社会で何とか落ち着くようになった。一九四六年五月頃、中和開拓団の避難民たちの日本への引揚げが始まった。しかし、ＸＬさんは中国人と結婚したこと、母親もまだ移動できるような健康状況ではなかったこと、そして家族としても離散したくないというような理由などから、引揚げを見送り、現地に留まることとなった。

４．中国社会での生活

現地に留まり、ＸＬさんは母、一番下の弟、中国人夫のＤさんと一緒に生活するようになった。その後、一九四七年の春、母の病状も完全に回復し、これまで住んでいた家は借家だったため、兄弟たちを取りまとめて、天台屯を離れ、中和鎮から四キロ離れた勝利村に移り住んだ。勝利村に移ってから、ＸＬさん夫婦は母たちとそれぞれの借家で生活するようになった。

勝利村に来てからまもなく、村全体で共産党の指導のもと土地改革が行われ、貧困層の農民を中心に「農会」が立ち上げられた。村の地主、富農の土地や農産物などはすべて取り上げられ、貧民や小作人などに均等に分配された。この時は、ＸＬさんの母とその兄弟たちも「土地一垧一畝六分と牛一頭」（ＸＬさんの母を記録する「日僑登記表」

の経済状況という欄による）を与えられた。この頃から、ＸＬさんの母と兄弟たちは、一九五三年に日本へ引き揚げるまで現地の中国人と同じ条件での自立した生活を始めた。

一方、ＸＬさんと中国人の夫との生活は、物資などが非常に乏しかった戦後の中国農村社会において、多くの中国人の家庭と同じように決して自由な暮らしはできなかったが、中国人の夫がよく働いてくれたため、生活にはそれほどの心配がなかった。夫婦の間は喧嘩することもなく、ずっと穏やかに過ごすことができた。中国社会での生活の様子を、ＸＬさんは次のように振り返る。

このね、おじいちゃんも働き者で、生活にはあまり困らなかったね。まあ、国というか、いろいろな面では、ないのはもうみんなないんだから、それはね。なんだっけ、自分のうちはあまりあの頃の生活に困ったことがなかったね。おじいちゃんはうんと働いたから。うんと働くの、このおじいちゃん、働きもんで、だから、何も困らなかったね、うん。人の家はね、食べるものがない、塩がない、油がない、みんなそういう、いっぱいそういう人がいたけど、おじいちゃんは家計のやりくりが上手だった。だから、何も、人の家に借りたこともないし、そういう面では楽だったね。

そのうち、ＸＬさんと中国人の夫との間に、一九四八年に長男が生まれた。その後、次男、三男、長女、四男、五男、六男という順に、七人の子どもに恵まれた。一九五三年、ＸＬさんが、長女を妊娠していたとき、後期の集団引揚げが再開された。この時、ＸＬさんの母とそのほかの兄弟たちは日本に帰国することを決めた。

▼一九五三年の後期集団引揚げ

ＸＬさんにとって、日本に帰れる時が訪れた。しかし、この時にすでに三児の母、そして四人目の子どもを妊娠しており、母たちと一緒に帰るか現地に留まるかについて悩んでいた。ＸＬさんは悩んだ末、子どものために母たちと一緒に日本に引き揚げることを諦め、現地に留まることを決意した。

筆者　その時は、帰れなかったということは、子ども？

XL　そう、そう。子どもは、みんなは帰る（引き揚げる）ときは、子ども三人が生まれたかなあ、三人が生まれて、四人目を妊娠していたの。だから、家のお母さんは、「お前はどうする、日本に帰っていくか、ここにいる、残るか」聞かれてさあ、子どもを置いて、親、兄弟と一緒に行って、一生暮らせないし。（もし）親や兄弟と一緒にすぐ帰って（いくなら）、じゃ、子どもをお父さんに置いてけって言われるし。だから、考えてみれば、子どもを置いて、自分と親と帰って、その気持ちも、そんな気持ちも本当に泣けたね。うん。子どもを置いて、帰っていけないと思って、それで子どものそばにいると思えば泣けないんだよね。子どもを置いて帰るなんて、それができなかったね。うん。もう悲しくて、自分に泣けちゃって、子どもを置いて、親と一緒にいられないし、自分で度胸を決めて、それで残ったの。そう、子どもがそばにいると思えばね、涙も出ないね。子どもを置いてね、子どもはかわいそうで、やっぱり帰れなかったね。そう、本当に、その時は辛かったね。まあ、終戦、この国のためにそんな辛い思いをした、しょうがないけども、相当辛かった、その時は。だって、みんなと別れるときは、本当に辛かったね。

XLさんが住んでいた村には、XLさんと似たような状況で残留することとなった中和開拓団の女性がほかにも四人いた。この時、四人のなかの一人が、三人の幼い子どもを中国人の夫に残し、日本に引き揚げることにした。その女性が自分の子どもと別れたときの光景を目にしたXLさんは次のように語る。

その時に、○○○さん（残留婦人二世）のお母さんは一緒に帰っちゃったけど、それこそ帰っていくときも、布を頭に被って見えないようにして行って、子どもを三人置いてね。日本に帰っちゃった。（帰ったあと）私に手紙をくれて、お腹を切られるように、そのくらい辛い思いをしたって。子どもを置いて、三人を置いていったんだよ。本当に悲しんで、よく手紙に、ね、本当にお腹を切られたような思いだったって。子どもを置いてきたね。（日本に帰る前に）兄弟の衆はもう帰って来なきゃ、もう兄弟の縁を抜かすわけ。そういうふうに手紙をしょっちゅうもらって、兄弟の衆に連れられて帰ったの。だけど、あれね、本当にかわいそうだけどね。兄弟に連れられて帰ったわけ、うん、帰ってこい、帰ってこいって、そんなところにいたんじゃ、一生ね、苦労するって。だから、どうしても（帰ってほしい）。

日本の家族と一緒に帰るかそれとも中国の家族のために現地に留まるか、彼女らにとって、どちらも断腸の思いでの決断を迫られた。ＸＬさんは母と兄弟たちに辛い思いで別れを告げ、中国社会で生きていくことを選んだ。

▼大躍進運動・文化大革命の時代

五〇年代の後半になってから大躍進時代に入り、人民公社制度も導入された。この頃から、村の単位で共同生産を行い、収穫した食糧を国に納め、余剰農産物を各農家に分配することになった。計画経済の下で、ほとんどの食糧を国に納めたため、農民の手に残る食糧は少なかった。食糧の購入にも、国の発行した「糧票」が必要で、農村部において「糧票」を簡単に入手することはできなかった。この頃の生活について、ＸＬさんは「厳しかったよ。十分に食べられなくて」「小麦粉を買うといっても、『没有粮票（糧票がない）』と買えない」と言う。

いまみたい、こんな贅沢じゃなかった。（ものが）ないから、むこうにはね。魚とか、肉とか、そういうものは本当に少なかったね、野菜のほうが多くてね。野菜は自分の家で作るけど。買いたくても、まだお金がそんなないしね。布だってさあ、切符があって買ったの。切符で、一人、何着で決まってて、あれは何年も続いたね。穀物を買うにも、やっぱり券があって、「糧票」というのがあったじゃん。だから、食堂に行っても、食べに行っても、食券がなきゃ買えなかった。まあ、いくら記憶があるんでしょう。

食糧不足という時代に続き、一九六六年には文化大革命が始まった。この時、XLさんは「おじいちゃんが生産隊の小隊長をやっていたから、元々貧農という出身だったし、何もされなかった、闘争もされなかった」という。この語りに続き、XLさんは自分自身について、「小さい村だったし、それほど激しい運動もなかった。普段、村人とよくしていたので、いじめもされない、差別もされなかった。みんなと同じように暮らしていた」と振り返る。XLさんを除く、そのほかの三人の残留日本婦人も特に影響を受けたことはなく、時に、みんなで集まったり、話したりすることもあったという。

行き合って、みんなで家に寄って、話をしたり、お茶を飲んだりするときもあった。日本人同士でね。四人がいたんだね。うちの村でね、四人がいた、日本人。日本人の婦人たちね。で、行ったり来たり、話したり、だから、日本語も忘れないで。いま、亡くなっちゃって、いまは三人がいるかなあ。「老辛家（辛さんのうち）」「老王家（王さんのうち）」と私、三人がいる。

5．故郷の日本へ

▼里帰り

一九七二年、日中国交が回復したあと、残留日本人は一時帰国ができるようになった。一九五三年に日本に帰国した弟と妹たちがXLさんの身元引受人になって帰国の手続きをしてくれたという。一九七五年三月、XLさんは三六年ぶりに故郷の長野県に帰ってきた。兄弟たちには温かく迎えられたが、日本に帰国したあとに病気で亡くなった母と再会を果たせなかったことには悔いが残った。XLさんは日本に来る前に六ヶ月の滞在期間を許可されたが、その期間が過ぎてから一年間滞在を延期し、翌年の一九七六年九月に、XLさんは中国に帰った。

ＸＬさんの二度目の里帰りは一九八〇年四月であった。この時の里帰りは自費となり、ＸＬさんは約二年間日本に滞在した。滞在中に、ＸＬさんは中国家庭の家計を助けるために上田市戸倉上山田の旅館に住み込みで働いたのであった。一九八二年一二月に中国に帰ったときに、ＸＬさんはテレビやカメラ、ＣＤカセットなどの中国の農村社会ではほとんど見られない電気製品を持ち帰った。村では初めてのテレビだったため、毎晩テレビを見にやってくる村の人々がいつも部屋にいっぱいだったという。

▼永住帰国――日本に生きる

ＸＬさんが中国に帰ってきてからまもなく、中国人の夫が病気で亡くなった。夫が亡くなってから、ＸＬさんは子どもたちと相談し同意を得て、家族で日本への永住帰国を決めた。日本の兄弟たちは、当初家族のために犠牲となったＸＬさんとその家族の永住帰国に対して、積極的だったという。

弟がね、身元引受人になってくれて、弟が先に帰ってきているからね。だから、（身元）引受人は難しいことがなかった。兄弟二人、みんな、ほら、兄弟が六人いて、五人は先に帰ってきたから、私は一人きり残ったんだから。

一九八三年七月、ＸＬさんは長男に付き添ってもらい、県の公安局に行き、「私は日本人だから、どうしても日本に帰りたい」という理由を述べ、長男の一家と一緒に日本へ帰国を申請した。日本への帰国の手続きから半年が過ぎてから、ＸＬさん自身の帰国は許可されたが、同行しようとする長男一家の帰国の許可が下りなかった。長男家族の帰国が許可されるまで待つと、自分のビザが切れてしまうため、一九八四年にＸＬさんは一人で日本に帰ってきた。その後、子どもたちを徐々に呼び寄せることにした。

ＸＬさんは日本に帰ってきてからすぐ、一九八〇年に一時帰国したときに働いていた旅館で再び働くようになり、家族の来日のための旅費を稼いでいた。

えっとね、帰ってきて一年ちょっとかなあ、前にはね、里帰りに来たときに働いた。またそこへ行ったの、うん。だから、帰ってきてから一年ちょっとかなあ、私は先に帰ってきて、すこし自分で金を貯めて、それで今度呼び寄せたの。（まず自分の子どもを）呼び寄せて、今度（子どもの）家族を呼び寄せたでしょう。私がいなきゃ、生活ができないわけさあ、言葉がわからないから、だから、私も（旅館の仕事を）辞めちゃった。辞めて家族の面倒を見なきゃ、言葉がぜんぜんわからないでしょう、だから役所の手続き、みんな私が自分でやる。

子どもたちは日本に呼び寄せられてから、みんな長野市内に定着した。長野市から離れている上山田戸倉で働いていたＸＬさんは、来日後の子どもたちの面倒を見るために、仕事を辞めて子どもたちの近くに住むことにした。

大変、もう。家族が多いからね。就職とか、何から何まで私がやった。みんなは言葉がわからないから、最初に来て、言葉が何もわからないでしょう。私は自分で日本語ができるしね。それで、あの、私が仕事から帰ってきて家にいたもんで。

来日した子どもたちの生活が自立するように、ＸＬさんはそれぞれの家族の面倒を見ていた。この頃、ＸＬさんの家族のように、多くの中国帰国者が長野市に帰ってきた。そんななか、中国語と日本語をともに話せるＸＬさんは市から自立指導員としてほかの帰国者の家族についても通訳などをしてもらいたいと要請された。

今度、市の方でもって、自立指導員に頼まれて、みんなに、帰ってきた人の通訳をして。市の方でも通訳がいないと困るからね、みんなは誰もまだね、両方ができる人があまりいない、私は日本語まだ忘れていない、中国語もできるから、その市の方でね、頼まれて。

その後、XLさんは長野市の自立指導員としてしばらく中国帰国者の支援にかかわる仕事に携わってきた。来日した自分の子どもたちは、もちろん初めは日本での生活は容易ではなかったが、そうした生活のなかで数々の困難を乗り越え、いまなお日本社会に適応できるよう努力し続けている。

▼現在の様子

いま、XLさんは一人で暮らしているが、時々子どもたちや孫たちが会いに来て、一緒に温泉に出かけたり、中国の餃子を作ったりして、老後の生活を楽しんでいる。また、地域の老人クラブにも入っており、みんなと一緒にゲート・ボールをやったり、ちぎり絵をやったりすることも、楽しみの一つである。筆者のインタビューの最中にも、老人クラブの人から「今度の活動に出られるかどうか」という確認の電話があった。

筆者　これはおばあちゃんが描いた絵ですか？
XL　描いたんじゃなくて、あの、和紙をちぎって、貼り付けたの、少しずつ。
筆者　きれいだね。描いているかなあと思っていた。
XL　これは、みんな絵じゃなくて、紙をこう手でちぎって、そのちぎり絵というのは、これだけど。
筆者　いまの趣味ですか？
XL　そう、そう、趣味。月に二回ずつ。何もやることがないから、もう勤めができないから、自分の趣味で。趣味がないと、ただぼけていくきりだから。頭を使って、夢中に集中して、体を動かしたり、頭を使ったりね。健康のためにいろいろとやっている。

そして、いま現在に対して、ＸＬさんはこれまで苦労してきたからこそ、いまは一番幸せだと語る。

いま、本当に一番、いま生きていて、一番まあ、あれだね、生活には、気楽の生活だ。いまね、若い頃は、勤めている頃は忙しかったけども、いまは何もできないし、老人のね、いまは幸せですよ。いまは人生の一番幸せ。何も不足がなくて、それこそ、いままで生きているうちで一番、いまは幸せだね。健康であれば、いま一番幸せ、えぇ。もう人生が本当に終わる頃に幸せになった。いままでうんと苦労して、さんざん苦労したね、大変な生活をしてきた。

事例３　ＫＴさんの場合――「やっと故郷に帰りました」

(1)「ＫＴさんの略歴」

日本	一九三〇年三月二六日	長野県上伊那郡南箕輪村神子柴に生まれる。
↓	一九三七年四月	南箕輪尋常小学校に入学。
満洲	一九三九年八月三一日	家族と共に満洲に渡る。
	一九四〇年四月	中和開拓団在満国民学校に編入。
↓	一九四二年三月	父が事故で亡くなったため、学校を中退し家の手伝い。
	一九四五年九月～一二月	方正県日本人収容所避難。
中国	一九四六年一月	中和鎮へ避難、家族を救うために中国人と結婚。
	一九七六年	日本に一時帰国（一回目）。
↓	一九八三年	日本に一時帰国（二回目）。
日本	一九八七年八月	日本に永住帰国。
	現在	長野県伊那市に在住。

(2) KTさんとの出会い、インタビューの場

二〇〇三年四月、長野県安曇野市で開かれた中和開拓団の親睦会に参加した際に、残留孤児のCさんの紹介により、KTさんと知り合った。その後、KTさんと連絡を取り合って、二〇〇三年四月、二〇〇五年八月、二回にわたって、KTさんの自宅にてこれまでのご体験を語ってもらった。

KTさんは一九八七年に日本に永住帰国してから、長野県伊那市に定着し、市の斡旋により、城南町の市営住宅に入居した。帰国当初、未婚だった末子の娘と息子の三人で生活していたが、その後子どもがそれぞれ独立し、現在一人で暮らしている。

一回目のインタビューの当日、KTさんは建物の外に出て筆者を待っていてくださった。「你好（こんにちは）、你好（こんにちは）」と言いながら、温かく迎えてくれた。KTさんは四階建ての市営住宅の二階の一室に住んでおり、部屋のなかはきれいに整理されている。案内してくれた和室の壁には日本地図や中国にいた頃の家族の写真などが飾られていた。そして、部屋のテーブルの上にお茶やお菓子を用意してくださった。

インタビューはKTさんとの雑談から入り、徐々に「いつ頃満洲に渡ったか」や、「当時の生活はどうだった」など、というようなことを確認しながら、KTさんにこれまでの人生経験のなかにある満洲での体験、中国社会での残留体験、日本に帰国したあとの体験を語ってもらった。約二時間にわたるインタビューで、KTさんはずっと穏やかな表情で波瀾万丈の人生を淡々とした口調で語ってくださった。

二回目のインタビューは、二〇〇五年八月の真夏の時だった。この時は、おもに前回聞き取って整理した内容をKTさんに確認してもらい、そして前回聞き漏らした問題や疑問に感じた点などについて再確認を行った。

(3) KTさんのライフヒストリー

1. 生い立ちから渡満まで

KTさんは、一九三〇年三月二六日、長野県上伊那郡南箕輪村神子柴に生まれた。上伊那郡は長野県の南部に位

写真５－１　渡満前ＫＴさん一家の記念写真
出所：KT さん提供

置し、戦時中、県内において隣の下伊那郡に続き、満洲移民を多く送り出した地区であった。

ＫＴさんは、八人兄弟の長女として生まれた。家は数反の田んぼと畑を持っていたが、父は毎日自転車で街のなかにある印刷会社に通って働いていたため、祖父（父方）と母が農業を営んでいたという。ＫＴさんは七歳の時に南箕輪尋常小学校に入学した。その頃の生活について、ＫＴさんは次のように語る。

> 学校生活は、まぁ、良かったけど、（家に帰ったら）遊ぶ時間はなかったね。朝、学校に行って、帰ってくれば、お母さんが畑にいるから、この台におく紙（メモ）があって、今日はどの畑に行っているから、すぐおいでって。家に帰ってきたら、その台の上に（母が用意してくれた）おやつを食べて、すぐ畑に飛んでいって、子守りして、ずっとそういう生活だったのね。

満洲に渡る前、ＫＴさん（写真５－１左端）は六人兄弟で、三人の弟と二人の妹がいた。三男の弟が四歳の時に病気で亡くなったため、満洲に渡ったときは両親と兄弟五人の七人家族だった。兄弟が多かったため、一家の渡満まで、ＫＴさんは長女として学校の傍ら母親の代わりに子守りの手伝いをしていた。

一家はなぜ満洲に渡ったか、当時一〇歳にすぎなかったＫＴさんにはその理由ははっきりとわからなかった。しかし、ＫＴさんは、当時の生活に困っていたというより、母と叔母さん（父の妹）との関係がうまくいかなかったことが渡満の決め手だろうと語る。

家は、私は一〇歳で（満洲に）行ったけど、家は田んぼがたくさんあったの、家もあったし、田んぼもあったけど、なんか知らんけど、お父さんが満洲へ、満洲へ行くってね。なんか四反の田んぼ、どのくらいだか知らんけど、結構たくさんあったよ。それで、家の周り畑がいっぱいあったしね、だけども、満洲、満洲って、満洲に行ったの。

なんか知らんけど、家のお母さんが言うには、叔母さんにうんといじめられたらしい、叔母さんが、お父さんの妹がね。ほいで、（母が）嫌だって、遠く離れたいって、言ったとか、そんな話は何回か聞いたことがあるけど。

一九三八年、KTさんの父は第七次中和鎮信濃村開拓団の先遣隊員として家族を残し、一人で満洲に渡った。翌年の一九三九年八月、KTさんの父は家族を迎えるために日本に戻ってきた。八月三一日、KTさんの一家七人は、故郷の南箕輪村をあとにし、満洲へ旅立った。約一週間の道のりで、九月五日にようやく入植地の中和開拓団に辿り着いた。

2. 満洲での生活

入植地に着いてから、約一年半の共同生活を経て、一九四一年に個人経営になったときに、一家は五区の南組（五区はさらに南と北という二つの部落に分かれていた）に入ることになり、個人住宅一棟を割り当てられた。一家による現地での営農生活が始まった（写真5－2参照、右から三番目がKTさん）。KTさんの父はこれまで農作業の経験が少なかったため、現地の中国人たちに教えてもらいながら、農作業を営んだ。その頃について、KTさんは次のように語る。

その頃ね、日本人は中国のああいう大変な作業ができないもんで、中国の人を使って、それで中国の人に教わって、大豆だとか、コーリャンとか、麻などを作っていた。麻を作っていたね、麻というのは、うんと細かくしといたほうが、細くていいんだって、それは日本人が知らんもんで、ほら、間引きしちゃって、こんな太くなっちゃったの、そういうこともあった。ほいで、煙草も作ってなあ、煙草を作って、中国の人に教わって、みなはそう、中国の人に教わって。

一方、農繁期を過ぎてから、KTさんの父は家庭の現金収入を得るために、副業として部落のほかの団員たちと一緒に近くの山で炭焼きをしていたという。

写真５－２　入植地に着いてからの様子
出所：KT さん提供

個人になって、自分で蜂を飼ったり、豚を飼ったりして、売ったりすると、自分のものになるけど。共同生活のうちはね、何も売ることができない。ほいで、お父さんたちは、山で炭焼きをして、炭焼きのお金は中和鎮へ炭を売りに行って、そのお金が現金ということだ、それを、みんなで分ける。副業、それで、山へ行って、焚物をとるとかね、そういうことをする、それは副業なんのよね。

しかし、この年の一〇月二九日、KTさんの父は炭焼きをしていた際に、伐採した木の下敷きになり、家に運ばれたときにはすでに息を引き取っていた。満洲に渡ってきて、わずか二年間で一家の大黒柱の父が事故で亡くなり、残されたKTさんの母そして兄弟たちは悲しみに暮れた。開拓団の本部は全員を集め、神主を招き、「団葬」という葬式を出してくれたという。

KTさんの父が亡くなったとき、母は身ごもっていた。父が亡くなってから、母は幼い兄弟の面倒を見るのに精いっぱいだったため、与えられた畑や田んぼの農作業には手が回らない状態で、一家の生活は厳しかった。この頃、開拓団の学校がすでに建設されていたが、KTさんは父のいない家庭で母の代わりに下の兄弟たちの面倒を見たり、そして少しでも苦しい家計を助けるためによその家で子守りなどをしたりしたため、ほとんど学校に行けなかったという。

その後の生活は話にならない。私はこの北組のね、TZさんという家に子守りに行って、そこで一年間。四月頃に行って、お正月の一二月大晦日の日に帰ってきてね。それから、このQSさんという人とか、ZYさんとかね。病気になった人とかね、お産する女、お産の世話をして、あの、「保母（家政婦）」にね。あっちこっち、仕事、病人を看護したり、そいで、昭和一六（一九四一）年から終戦まで。

こうして、KTさんは、一二歳（一九四二年）から一九四五年の終戦まで、部落のなかの日本人の家で転々と働いていた。そんななか、終戦の年の三月頃に、KTさんは近所の家庭で結核を患った女性の子どもを世話していたとき、自分も感染してしまった。

終戦の前の年かなあ、この五区南組のPZさんって、家のすぐ隣りの人、この人のとこへ子守りに行った。この奥さんが入院したんだ、昔は「肺病（結核）」、それで入院して、小さな赤ちゃんがいたの、その子を子守りにね、一週間だけ。病院で子守りをしたら、私も一六歳で感染した。それで、終戦の昭和二〇（一九四五）

年春、私は具合が悪くなって、倒れて。ほいで、治療して、まぁ、早かったもんで、治ったけどね。三月頃、病気で倒れて、そいで、注射したり、薬を飲んだりして、四月頃治ったら、八月に終戦。

KTさんにとって、約六年間の満洲での生活は、学校に通うこともできずに、家族という重荷を背負った、苦しい少女時代だった。そうした苦しい経験のなかで迎えた終戦によって、KTさんとその家族をさらなる不幸が襲う。

3．避難生活――「中国残留婦人」となる

▼方正県の日本人収容所へ

終戦になってから、KTさんの一家は中和開拓団の本隊と共に行動し、方正県の方向を目指して避難していった。その時の様子について、KTさんは次のように振り返る。

避難生活の時にね、もう、だいたい開拓団の男の人はみんなが兵隊に行っていたのよ。そいで、女と年寄りとか、子どもしかいなかったから。私とこでもね、それこそ、お母さんと子どもだけだったけど。ほか（の家庭）もまた一人の主婦が三歳、二歳、一歳（の子どもを連れている）とか、四歳、五歳（の子ども）とか、そういう人と助け合って、おぶってやったり、連れてやったりした。私は病気あがりだったけど、それでも、ね、家族を一生懸命（妹や弟を）守って、荷物を背負って、妹をおぶったりして、雨が降って、道が悪くてね、あの、中和鎮から加信鎮まで二〇キロ歩いて、泥の中を歩いたりして、方正まで行くのに、三日、四日はかかったと思うね。

方正県に辿り着いたあと、一家は多くの避難民たちと同じように、元々方正県にあった日本人の施設に入れられ、一九四五年一二月末までここで収容されていた。しかし、収容所のなかの生活は筆舌に尽くしがたい、極めて過酷

なものだった。一家はここに来て約四ヶ月の避難生活で、KTさんの七歳の弟（三男）、そして五歳（三女）と三歳（四女）の妹（二人の妹は満洲で生まれた）が相次いで発疹チフスで亡くなった。その時の様子を、KTさんは次のように語る。

布団も着る物も、かけるものもぜんぜんなくて、そこで、私の妹は二人、麻疹になってね、子どもみんな麻疹が流行った、「出疹子（発疹チフス）」、麻疹が流行って、皆、麻疹にかかって、暖かくできない、かけるものが、かけるもの、布団がないから（暖かくできなくて）、みんな、麻疹（の毒素が体外に）出れないんで。伝染病になった。

方正の収容所で、KTさんは三人の兄弟を失った。生き残った母とKTさんの兄弟四人は、一九四五年一二月三一日、中和開拓団の避難民たちと一緒に中和鎮に引き返すことを決断した。一家が中和鎮への途中の加信鎮に着いたとき、五人とも体力が尽き、KTさんの母が衰弱していたため、加信鎮に一ヶ月余り留まった。KTさんの母の病状が少し好転してから、母と四人の兄弟は中和鎮に移動した。しかし、中和鎮では誰かに助けてもらえるわけでもなく、住む場所や食べるものもなかった一家は、これからどうやって生きていくのか、なすすべもなかった。

▼家族を救う――二度の結婚

そのような状況のなか、KTさんは同じ部落の日本人に「中国人と結婚して家族の人を助けなさい」と言われた。その時、まだ一七歳だったKTさんは、中国人と結婚することは死ぬほど辛かった。しかし、家族を救うために、それ以外の選択肢がなく、「两担苞米（一〇〇キログラムのトウモロコシ）」という値段で中国人の地主の長男と結婚することとなった。そして、妹もある中国人の家庭に養女として貰われた。その時の様子を、KTさんは次のように振り返る。

この時は私が一七歳、そいで、中国人と結婚して、家族を救うわけ。食べ物をもらったり、食糧がね、家族の食糧をもらって、それで生活ができるようになった。

あの、なんだ、その頃、中国で「两担苞米二百五十块（二五〇元に相当する一〇〇キログラムのトウモロコシ）」と交換したの。それ、品物をもらった限り、（結婚が）嫌だということを言えないもんで、それがなかったら、お母さんたちは生きていけないしね。

余儀なく中国人の家庭に入り、中国人の妻になったKTさんは、その時の辛い思いを次のように記している。

中国人と結婚して家族の人を助けなさいと言われて、私の青春時代を失って死にたいほど悲しかった。辛かった。でも母が生きている限り、私は死ねない何とかしなければと考えてさんざん泣いたあげく仕方なしに決心して中国人の家に身をなげました。初めは中国語も何も分からなくて本当に悩みました。お母さんがいなかったら私も死は平気で何回も自殺しようかと考えていました……。

（KTさんの手記より）

KTさんが自分を犠牲にしたことで、母と弟たちの生活が何とか落ち着くようになった。しかし、中国人の家庭に入ったKTさんは、中国語もわからず、異なる生活習慣に戸惑い、家庭内でうまく交流ができずにいたため、しばしば中国人の夫と義理の父にいじめられ、虐待されていた。幸い、一九四六年に中和鎮が共産党の勢力になってから、地主に対する「減租減息（小作料と利息の引き下げ）」の運動が行われたことにより、地主とその息子が連行された。取り調べのなかでは、KTさんがこの地主の家で虐待されていたことも判明したため、KTさんは中和鎮の共産党政府によって解放されたという。

その人と長く続かなかったけど、何ヶ月かで別れたけどね。旦那のお父さんが、旦那も（私を）叩いたし。それで、八路軍がちょっとその頃来ていて。ね、こなんに（虐待された）、日本人でも国民、国民って、叩いていけないとゆって、それで政府に行って、それで政府へ行け、行けって、八路軍は連れて行ってくれて、ほいで、別れさせてくれたの。

そうした暮らしのなか、一九四六年五月、中和開拓団の引揚げが始まった。しかし、KTさんの母は、中国人の家庭に入った二人の娘のことを心配し、娘を残して日本に帰ることはできないという思いで、この時の引揚げを見送ることにした。

KTさんは地主の家を出てから、中国人の家庭に入った同じ部落の出身のKMさんの紹介により、Lという中国人男性と結婚することとなった。LさんはKMさんの主人の兄だったということもあり、信頼できると思ったKTさんは家族のことを考えて二度目の結婚を選択した。

その頃はね、そうしなければ、今日この家を出れば、今日も住むとこがないという状態だから、うん、私ばかりじゃないの、お母さんたちも住むとこがなくて、兄弟もね。だから、すぐさま男と一緒になって、私たちは家を探すことができない、どうすることもできないし。何とか生きていくということね、本当に誰かを頼らなければ……。

4．中国社会での生活

一九四六年一〇月、KTさんは母そして弟たちを連れて、L家に入った。Lさんは小さい頃に両親を亡くし、中和開拓団が入植してから、兄弟二人で日本人の家で働いていた。中国人の夫について、KTさんは次のように語る。

日本の人にはね、結構愛されていた。あの、仕事もまじめだったし、うん、兄弟は日本の人の家に住み込みで仕事をしていたけどね。二人とも日本の人に愛されて、仕事はまじめだし、いろいろなことをよくわかるし。それで、なんというか、狡いとか、ごまかしとか、盗むとか、そういうことをしないもんで、うん、小さい時に両親がなくて、苦労してきた兄弟だもんで、あの、とても日本人の人に愛されていた。

夫はKTさんより一二歳年上、KTさんが語ったように、まじめで優しい人だったが、家は貧しかった。KTさんがLさんと一緒に生活を始めた頃には、自分たちの土地も持っておらず、畑を借りてなんとか生計を立てていた。KTさんの弟たちもよその中国人の家で牛や馬を放牧して一日三食を食べさせてもらった。

そのような生活がしばらく続いていたが、一九四八年に中和鎮の土地改革が終わると、貧農の家庭には家族構成の均等割りで土地が分配された。KTさんの母とその二人の弟も中国人のように土地を与えられ、それ以降、生活が徐々に安定するようになり、一九五三年に日本に引き揚げるまで、KTさんの母と二人の弟は農業を営んだ。

一九五三年一月から、日本人の引揚げができるようになったという連絡が中和鎮の街に届いてきた。自分の意思により、日本への引揚げを希望する日本人は中和鎮政府へ申請を行うとのことだった。この時、KTさんの母は二人の弟を連れて日本に引き揚げると決めた。一方、KTさんは二児の母だったため、中国人の夫と子どもを残し母たちと一緒に日本に帰ることはできなかったという。

私たちはどうしても自分で産んだ子どもがかわいそう、お婆ちゃんもいない、おじいさんもいない。ほいで、お父さん（中国人の夫のこと）と子どもきりを置いて、じゃ、中国の生活はお金がなくてね、食事も。いまのようにいっぱい食べるものがあれば、困らないけども。毎日臼を引いて、粉を引いてご飯を作ったり、着る物だって、こっち破れて、あっち破れて、お母さんがいてこうついてやって、必死でやっているくらいだもんで、お母さんがいなかったら、子どもはどうなるかと思って、かわいそうって、その子どもを置いて帰るなんてね。ほいで、子どもがかわいそうだと（政府に）言ったら、「中国の子どもはかまわないで、いいから」と言われるけど、自分で産んだ子だから、そう、そんなにね、この品物のように、いらないから置いていくわけにはいかないんだから、って、思い切って帰らないで。

ＫＴさんは自分が子どもの頃に父が亡くなったという悲しさ、寂しさがずっと胸に染み込んでいたから、自分が親になって子どもと別れて日本に帰る気持ちにはなれなかったとその時の心境を明かした。そうした辛い思いをして、ＫＴさんは今度自分の子どものために中国に留まることを決心した。この頃、ＫＴさんの妹も中国人と結婚して、子どもや家庭を持っていたため、日本への引揚げを見送ることにした。

母と弟たちが日本に帰ってから、中国でＫＴさんは妹と二人となった。この時の帰国の機会を逃したＫＴさんは、一九八七年に日本に永住帰国を果たすまで、四二年間中国で生きてきた。中国人の夫との間には、長女、長男、次男、三男、四男、五男、次女の七人の子どもをもうけた。夫と二人で、七人の子どもを育てたのはとにかく大変だった、生活はずっと貧しかった。そうした生活のなかで、子どもたちの成長が自分の楽しみとなり、支えとなったと、ＫＴさんは語る。

生活はやっぱり困難。そのあとの生活も貧しい生活ばかし、毎年、毎年ね。貧しかったけども、子どもの成長を楽しみに（していた）。しかし、あれからというものは、中国はどんどんと変わっていて、生産隊になって、団体になって、生産隊になっちゃったもんでね。自由じゃないから、それだもんで、生活はよくなるわけない。しかし、個人個人で生活するんだったら、個人で一生懸命働くんだったら、なんとかお金も自由になれるけど。生産隊に入っちゃえば、何人家族で一人の「労力（労働力）」ではいくらも稼げないじゃない。その八人なら、八人の家族の食糧を一人の収入から引かれるもんで、毎年、毎年赤字になっちゃう。これはなんだ、一年中働いても、逆に生産隊にお金をね、払わなければならなかったんだ。

このように、七人の子どもを抱えていたKTさんと夫の農村社会での暮らしは苦しかった。特に食糧不足の時代では、「粗粮（トウモロコシやコーリャン、粟）」しかなく、米や小麦粉はほとんど食べられなかった。一年の中で、正月、五月節句の日、中秋節という祝祭日にしか餃子は食べられず、それは農家に小麦粉があまりなかったからだという。また、衣料品なども配給制だったため、子どもたちには満足に服を作ってあげられなかった。

その頃、「布票（綿布配給切符）」、それも一人の人に三尺しかなかったじゃない。だから、子どもたちが、男の子が多いから、私のとこには。仕事をしていれば、ズボンが切れたり、それを縫合していて、縫合していてね、貼ったり（継ぎを当てたり）、切ったりしていたから。もう、本当に着る物も、不自由だから、本当、子どもを育てている限り、苦しかったけど、子どもがかわいそうと思った。

この苦しい時代のなか、文化大革命に直面した。この時は、日々社会運動が行われていたため、個人の生活はいっこうに良くならなかった。そして、いつか自分も運動の対象となるのではないかという恐怖と不安を抱えながら暮らしていた。幸いに文化大革命の影響を受けることがなく、無事にその狂った時代を生き抜いたという。そんな文化大革命運動の最中、ある日、KTさんはラジオから「日中友好条約による国交回復の放送」を耳にし、「三〇余年間の暗闇から飛び出したような明るい気持ち」になったという。この時、残留婦人の日本への「一時帰国」が認められるようになり、KTさんはせめて死に目に会えなかった母の墓参りをしたい、そして先に帰国した兄弟たちに会いたい、自分の生まれた故郷を一目見たいという気持ちで、「一時帰国」を望んだ。それまでの思いを、KTさんは次のように語る。

日本に帰りたい、帰りたい思いがいっぱいだったし、一年に一回ずつ正月になって日本人の人が集まって、KMさんのとこで日本の昔の歌を歌ったり、ふるさとの歌を歌ったりして楽しんで、一年に一回ずつね。

一時帰国には、KTさんは自分だけではなく、中国に取り残されていた妹も連れて帰りたいという気持ちが強かった。それは、生まれた故郷の様子や言葉も忘れてしまった妹にその記憶をよみがえらせたかったからだ。日本で生まれた村の協力を得て、KTさんと妹は、一九七六年六月一一日、村の人々に見送られ、故郷の日本へ旅立った。満洲に渡ってから三七年ぶりに帰ってきた祖国だったが、自分の記憶のなかに留まっていた日本とは大きく変わり、まるで外国のような気がしたという。

日本に来て、私は昔の日本しか覚えていない。三七年ぶりに帰ってきたけど、東京に来てから、これは日本じゃないと思って、日本の着物も着ていない、あの和服も着ていないし、かかとのこんな高い靴を履いて、顔を真っ白にし、唇を真っ赤に塗って、これ日本人じゃない、これ、どこかの外国の気がする、思ったの。東京の羽田に出た、私と妹二人で、日本は変わったなあと、本当にビックリした。日本じゃないような気がした。

KTさんは一〇ヶ月ほど日本に滞在して、翌年の一九七七年二月、夫そして子どもたちが待っていた中和鎮に帰ってきた。KTさんが一時帰国してから二年後の一九八〇年に夫が病気で亡くなった。中国人の夫は息を引き取る前にKTさんに「俺が死んだら、子どもを連れて日本帰れ」と言い遺した。

それから三年後の一九八三年、KTさんは生活に苦しむ子どもたちのために、日本に来て働いて、子どもたちを助けたいと二度目の帰国をしようと考えていた。しかし、この時は実家の弟たちの同意を得られなかった。その経緯について、KTさんは次のように語る。

　実家の弟はね、お母さんは私と妹を置いてきたのが悲しくて、毎日泣いていたって。だから、私の弟がね、私に子どもを置いて日本に来るなと言うの。弟たちは、私を中国に置いて帰ってきたお母さんが泣いたのを見て、辛かったんだね。また、子どもを置いてくれば、姉さんはまたそういう思いになるから、なるべく子どものそばにいろと、帰ってくるなと言うんだよね。

しかし、KTさんは「何とか日本に帰りたい」という強い気持ちで、一九七六年に永住帰国したKMさんの息子に身元引受人になってもらい、弟たちの反対を押し切って、一九八三年に二度目の一時帰国を果たした。二度目の帰国では、KTさんは一年九ヶ月日本に滞在した。滞在中にはある病院で看護の手伝いの仕事をしたという。

　日本で、病院の「护理（看護の手伝い）」の仕事を一年くらいして、そいで、お金を稼いで中国の子どもたちにね。農業だから、お金ないから、子どもたちを助けてやろうかなあと思って。

この病院で働いたとき、院長先生から「家族を連れて日本に永住帰国したらどうか、子どもたちに納得してもらえたら、身元保証人（引受人）になってあげる」と言ってもらえたことをきっかけに、KTさんは子どもを連れて日本に永住帰国をしようと決意した。KTさんは一時滞在を中断し中国に帰って、子どもたちと相談し同意を得て、家族全員が日本に永住帰国することを決定した。

5．日本社会での生活

院長先生などの協力を得て、一家の帰国の手続きが行われ、一九八七年八月、KTさんは、独身の五男と中学校を卒業した次女を連れて、長野県伊那市に永住帰国した。帰国してから、KTさんと二人の子どもは、市で用意された町営住宅一軒に入居し、日本での生活を始めた。

住居などが決まってから、KTさんの娘は地元高校の一年生として編入した。息子の五男は町内にあるカレンダーの工場に勤めるようになった。この時、五七歳だったKTさんは、中国に残した家族を呼び寄せるために、清掃会社に就職し働き始めた。KTさんの努力により、一九八九年に長男と長女家族、そして翌年の一九九〇年に次男家族、一九九一年に三男家族を次々と日本に呼び寄せた（四男はKTさんが日本に帰国する前に心臓の病気で亡くなった）。

家族たちは日本に来てから、地域社会から手厚い援助を受けたという。KTさんが帰国した当初と同じように、市は来日した一家族に一軒ずつの町営住宅を与えた。そのほか、伊那中央ロータリークラブという団体が来日した家族のために、大きな歓迎式を開き、自転車、家具などといった生活必需品を寄贈してくれた。さらに、地域の農協の有線放送番組はKTさんの家族のことを取材して放送し、地域社会からの理解を求めた。その時に、番組を聞いていたカレンダーの大手メーカーの工場長がKTさんの一家の役に立ちたいという思いのもと、KTさん宅を訪ね、子どもたちに対して自分の会社に勤めることを勧めてきた。そうした流れのなかで、KTさんの長男夫婦と長女夫婦はこの工場に勤めることとなった。

来日当初、こうした地域社会からの援助により、KTさんとその家族は無事に日本での生活のスタートを切った。もちろんKTさんの子どもたちは来日してから言葉や生活習慣、子どもの教育などの様々な困難を抱えていたが、KTさんはそれぞれに手助けをして、そして兄弟たちもお互いに助け合いながら、徐々に日本の生活に馴染んでいくよう努力し続けている。帰国してから直面した様々な問題について、KTさんは「中国のことを思えば、何でも乗り越えられる」と語る。

> 中国の生活は辛い、貧乏、何もない、お金がない。みんなは農業をやって、貧しかった。中国のことを思えば、何の苦労があっても、それこそ乗り越えてきたから、どん底まで、本当に人間のどん底の生活をしてきたもんで。

インタビューした当時、KTさんの子どもたちは、もう日本にきて一二年や一三年が経っていた。KTさんの一番下の五男と次女もそれぞれ中国で配偶者を見つけ、日本に呼び寄せて結婚し、独立している。それぞれの家族について、KTさんはみんなの仕事は大変だけれど、生活はまあまあ安定しているという。

筆者　いま、お子さんたちの生活はどんな感じですか？

ＫＴ　いまの生活は特に困ったことがなかったね、まぁ、仕事をすればいいしね。仕事はきついけど、みなは正社員でね。長男のほうが、家を買っていないけど、次男も、三男も、五男もみんな、自分の家を買って、みんな、新しい（家）じゃないけど、中古だけど、みんな、家を買って。

一方、KTさん本人は日本に来てから約一〇年間、六七歳まで清掃の仕事をやり続けてきた。いま、KTさんは、一人で暮らしているが、子どもたちは近所に住んでいるため、頻繁に顔を出してくれるという。KTさんも時々孫の面倒を見たり、同じ団地に住む帰国者と話したりして、老後生活を楽しんでいる。

インタビューの最後に、筆者はKTさんにこれまでの人生を振り返ってどう思われますかと聞いてみた。KTさんは、筆者の質問を聞いて、十数秒経ってから、次のように言ってくれた。

何と言ったら、いいかなあ。もうなんとも言いようがない。小さい時に親と一緒に行かなければ、良かったなあと思うけども、親が行くから仕方がない。でも、生き抜いてきたから、帰って来れたのが幸せなんだよね。これが反対に、私は死んで、お父さんは生きていたら、子どもたちも一人でも日本に来れない。お父さんは中国人だからね。だから、私は生きていて、子どもたちがみんな日本に来て、この生活ができた。できているという、幸せに、子どもが幸せに（生活している）ということは、まぁ。（私が）生きていたからね。

事例4　SMさんの場合――「家族を助けるためにね」

(1)「SMさんの略歴」

日本	一九二八年八月二八日	長野県下伊那郡清内路村に生まれる。
↓	一九三六年四月	清内路村小学校。
満洲	一九三九年一二月二三日	家族と共に満洲に渡る。
	一九四〇年四月～四二年三月	中和開拓団在満国民学校。
↓	一九四三年四月～四四年三月	中和開拓団診療所で看護の手伝い。
	一九四四年四月～四五年八月	中和開拓団消費部の販売員。
	一九四五年九～一二月	方正県日本人収容所避難。
中国	一九四六年一月	中和鎮へ避難、中国人と結婚。
↓	一九七五年五～一一月	日本に一時帰国。
日本	一九九五年二月	日本に永住帰国。
	現在	長野県須坂市に在住。

(2)SMさんとの出会い、インタビューの場

SMさんへのインタビューは、二〇〇五年九月のことだった。SMさんは一九九五年に日本に帰国してから、健康状態が悪く、中和開拓団の集会にほとんど出席していないため、面識がなかった。筆者は中和開拓団の残留者への聞き取りのなかで、しばしばSMさんのことを聞き、いくつかの事実確認やSMさんの自身のことについて話を聞いてみたいと考え、電話で連絡を取った。SMさんは長男家族と一緒に暮らしており、筆者がSMさんの自宅に電話したときに、次男の奥さんが出てくださり、筆者の申し出を快諾してくれた。

九月四日、筆者はSMさんが在住する須坂市に向かった。SMさんは須坂市の中心部から少し離れている市営住

宅に暮らしている。当日、SMさんの息子夫婦が休みだったため、同席してくれた。インタビューの当時、SMさんは七七歳だった。SMさんは、以前脳梗塞で倒れたこともあり、筆者の尋ねることに対して、「そう」や「うん」というあいづちが多く、ところどころ「忘れちまった」とか、「頭がぼけちゃって」「何も覚えてない」というような言葉を返されることもあった。母の代わりに同席した息子さんからの答えが多かった。

それでも、SMさんは残留した当時のこと、日本の家族のことなどは記憶していて、語ってくれた。SMさんのように、体験者が高齢化しつつあり、その歴史を語ることが困難になってきている。彼らの体験を記憶として残し、それを記録していくのも一つの緊急な課題である。そのような意味で、ここではSMさんの本人そして長年ずっと一緒に生活してきた次男への聞き取りから得られたインタビュー資料と、中国の現地調査で収集したSMさんを記録する「日僑登記表」などの資料とをつき合わせながら、SMさんのライフヒストリーを示したいと思う。

(3) SMさんのライフヒストリー

私は、SMです。中国におって、この子たちのお父さんと結婚して、それでむこうに幾年もおったなあ。

この語りは、SMさんに対面して、筆者に発した最初の言葉である。この言葉には中国人の夫と結婚して、そして子どもが生まれ、長い間中国に取り残されていたという意味が込められていると思う。この残留の経緯は、SMさんは生涯忘れることがないだろう。

1. 日本から満洲へ

SMさんは、一九二八年八月二八日、長野県下伊那郡清内路村で生まれている。満洲に渡る前、両親はわずかな土地で農業を営んでいた。両親や当時の生活の様子についてははっきりと覚えていなかったが、筆者の質問に次のように答える。

筆者　当時、両親は何の仕事をしていたのですか？

ＳＭ　すこしの土地で百姓をやってたの。

筆者　その頃の生活はどんな感じだったのですか？

ＳＭ　「哎呀（えーやー：驚いたりする中国語の表現）」、貧しいね。何というか、家は子どもが多くて、貧しくて。子どもが多くて、兄弟が多くてね。

一家が満洲に渡ったとき、六人の子どもがいた。ＳＭさんは六人兄弟の三番目。ＳＭさんには兄が一人、姉が一人、妹が三人いた。ＳＭさんは小学校の四年生の頃、一九三九年一二月二三日、両親に連れられ、中和開拓団にやってきた。

あの、子どもの頃はね、お父さんやお母さんと一緒に中国に来たんだ。

団の個人住宅が完成してから、開拓団の三区に落ち着いた。ＳＭさんを記録する「日僑登記表」によれば、開拓団に着いてから、ＳＭさんは二年間中和開拓団在満国民学校に通い、その後、診療所で一年間看護の手伝いをしていた。そして、一九四四年四月から終戦までの間に、開拓団本部の消費部で販売員もしていた。当時の様子について、ＳＭさんは学校の建設に参加したことを記憶していたが、そのほかはほとんど覚えてなかったという。

筆者　ＳＭさんは現地に着いてから、続いて学校に通ったのですか？

ＳＭ　そう、そう。あの、学校がね、私たちは造ったの、あの、日本人の学校、建てるときに私たちは全部働いて、造ったの。

筆者　何年くらい学校に通っていたのですか？

SM　五年生か、六年生かと思うけど。それだけどね、頭がぼけちゃって、何も覚えてない。

渡満した前後の状況について、SMさんはあまり思い出すことができず、多くを語れなかった。

2．中国社会に生きる——中国残留婦人となる

終戦の直前、SMさんの兄が関東軍に召集され、敗戦したあと、三年間くらいシベリアに抑留されてから、一九四八年に日本に引き揚げた。終戦の当時、現地の開拓団には両親と五人の姉妹がいた。混乱のなか、一家は中和開拓団と共に方正県へ避難、そこで一九四五年の終わりまで暮らしていた。

筆者　その時はどんな感じでした？

SM　その時は、大騒ぎで、（日本が）負けたんだ、早く逃げろ、逃げろって。方正へ避難しに行った。

方正県の収容所では、当時SMさんの一番下の七歳の妹が栄養失調で亡くなった。そこで生き残った両親と姉妹の六人は、一九四六年一月頃、中和開拓団の避難民たちと共に中和鎮に引き返してきた。中和鎮に帰ってきたものの、両親の年齢が高く、しかも病弱状態だったため、働きに出て行くことができなかった。そのような状況のなかで、SMさんは、現地の中国人と結婚することとなった。

SM　うん。その時に、方正にいた。それで、帰ってきて、仕方がない、ご飯もない、何もないから、それで中国人と結婚しちゃった、家族を助けるためにね。

筆者　結婚したのは、一九四六年一月の頃ですか。
ＳＭ　うん、そう。その頃は、大変だったけど、そのうち落ち着いた。
筆者　結婚となったご主人のことは、以前から知っていたのですか？
ＳＭ　知らないけど。お父さん（中国人の夫のこと）は日本語を話せる。紹介してもらったの。
筆者　どなたが紹介したのですか？
ＳＭ　中国人。現地の人に紹介してもらった。もう食べ物がない、何もないから、仕方がないから、中国人と結婚して、そのうち子どもが生まれて、帰れなくなった。
筆者　結婚を決めたのは？
ＳＭ　お父さんたちがね、嫌だけど、仕方がない。

ここで示したように、ＳＭさんのほかの三人の姉妹も同じような状況のなかで、生きていくために、余儀なく中国人の家庭に入った。ＳＭさんと結婚する相手は、ＳＭさんより八歳年上、以前開拓団の日本人の家で働いたことがある、古くから中和鎮に住んでいた王さんという人だった。ＳＭさんは王さんと結婚してから、一九九五年、日本に永住帰国を果たすまで、約六〇年間中和鎮で暮らした。

ずっと中和鎮に暮らしてきた。ずっと中和鎮の街にいた。そこで約六〇年くらい暮らしていた。主人の親父の代から中和鎮に生活していた。日本に来るまで、中和鎮にいた。

中国社会での数十年の生活のなかで、ＳＭさんは中国人の夫との間に四男、二女、計六人の子どもをもうけた。結婚した当時、夫は土地もなく、貧しい生活を送っていた。一九四七年の土地改革で、一家には八畝（一畝は六・六六七アール）の畑が与えられた（日僑登記表による）。その後、自分たちで水田も開墾し、ずっと農業でやってきたという。

筆者　中和鎮に落ち着いてから、何をなされたのですか？

ＳＭ　畑を耕し、百姓をしていた。

次男　水田をやっていた。ずっと、日本に来るまで。中和鎮は、農業しかない、ほかの生活手段がない、工業もサービス業もない、農業に従事するしかない。まだ、米が産出しているから、まだよかった。

一九五三年、後期集団引揚げが始まると、ＳＭさんの両親は帰国を希望し、日本に引き揚げた。一方、この頃、すでにそれぞれ中国人と結婚した四姉妹は、子どもが生まれたため、両親と帰国したくても、子どものために帰ることができなかった。この時に帰国の機会を失ったＳＭさんは「日本に帰ることを思わない日は一日もなかった」とつぶやいた。ＳＭさんを記録する「日僑登記表」の最後の備考欄には、次のように書かれている。

「不送回国、与中国人结婚、生有子女、夫妻感情好、不愿回国」（延寿県公安局）
（本国に送り返さない、中国人と結婚し子どもがおり、夫婦は仲が良い、帰国を希望していない）
「不回日本、同意上述意见。」（松花江省人民公安庁）
（日本に帰りませんとの意見に同意する）

（一九五三年一月二三日）

ここで記録した内容は、ＳＭさんの帰国したい気持ちと一見して矛盾しているように見えるが、決してそうではなかった。この頃、帰国するかしないか、本人の意志次第だったが、自分の子どもたちのために帰れないという事情から「不愿回国（帰国を希望していない）」と言わざるを得なかった。ＳＭさんのように、一九五三年に最後の集団引揚げの機会を失った中和開拓団の女性は少なくなかった。SMさんは、それらの残留者の名前を次々と紹介してくれた。

KTさん、KMさん、KMさんはうちと同じ部落だった。中国語で言えば、老包家（包さんの家）、李○○的母亲（李○○さんのお母さん）。老李家（李さんの家）、李△他们（李△らの家）、李财的媳妇（李財さんの奥さん）。老Y家（Yさんの家）。YGさんも。

ここで示したように、中和鎮にはSMさんと似たような体験を持つ残留日本人女性も数名存在していた。数十年間も異国に取り残された彼女たちには、日本の国籍をそのまま維持し中国社会を生きる人もいれば、中国の国籍に変えた人もいた。SMさんは、およそ六〇年間の中国での生活のなかで、ずっと日本の国籍を保ったまま、毎年、約九〇キロ離れている県の公安局で在留の更新を行い続けた。日本人として中国で生き、文化大革命の時代には、自分自身は特に影響を受けなかったが、子どもは軍人になれなかったという。

筆者　文革の時、何か影響を受けたのですか？
ＳＭ　なかった。特に何もされなかった。ただの家庭主婦だったから、畑の仕事をして、豚を飼ったりしていたから、何の影響もなかった。
筆者　お母さんは日本人ということで、何か差別された経験がありますか？
次男　それはなかった。中和鎮の生まれですから、みなをよく知っていたし、仲を良くしてもらったし、村人から差別なんかなかった。中国にいた頃、自分の故郷ですから、日本人だかなんだか関係ないよ。特に関係なかったけど。ただし、文革の時に、私のように日本人母を持つ人は軍人になれなかった。

一九七二年、日中国交が正常化されたゆえに、翌年の一九七三年一〇月に、日本政府が中国残留となった日本人に一時帰国のための旅費を負担するという制度を発足させた。日中の国交回復を知ったSMさんは、早速一九七三年四月、現地の派出所で日本への一時帰国を申請した。その申請書（SMさんの档案に収載）は次のような内容である。

「归国探亲申请书」

保卫组负责同志：

近闻日本和中国已建立外交关系。所以，我要求回国探亲，希望能够看到离别了三二年的亲人。我父亲和母亲常患疾病，回去晚了，就有见不了面的可能，所以，要求政府和负责同志，再百忙之中给予办理。我十分相信我的要求能够达到目的。我知道中国政府对待我们都是十分关心。过去对我们的生活，学习都十分的帮助。对我们回国的要求也一定能够给予帮助和办理。在此感谢。

敬礼

申请人：SM

一九七三年四月二四日

「親族訪問一時帰国申請書」

公安警備担当者殿：

最近、日中国交が回復されたと聞きました。そこで私は一時日本に帰国し親族に会い三二年間離別した親族に会えることを希望いたします。私の両親は病気がちなので、もし帰国が遅れてしまったら、（亡くなって）会えない可能性があります。したがって、政府と担当者はお忙しいと思いますが、ぜひ処理していただきたいです。私の目的が達成できることを十分に信じています。中国政府は私たちに対して、十分に関心を持ってくださっています。かつて私たちの生活や学習を多いに援助してくださいました。今回、私たちの帰国の希望についてもきっとご援助し取り扱っていただけます。感謝を申し上げます。

敬具

申請人：ＳＭ

一九七三年四月二四日（筆者訳）

ＳＭさんが一時帰国を申請して一年が過ぎてから、一九七四年八月に日本への一時帰国が許可された。一九七五年の五月一四日、ＳＭさんは四七歳になって、三四年ぶりにやっと日本に帰ってきた。日本に帰国してから愛知県に移り住んだ両親と兄の家に六ヶ月間滞在した。

八〇年代頃、中国人の夫が亡くなり、ＳＭさんは家族を連れて日本に帰りたいと考えていた。しかし、日本にいる兄に同意を得られず、身元引受人になってもらえなかったため、しばらくの間帰国できなかった。そのうち、両親も亡くなったため、帰国はさらに難しくなった。一家の永住帰国について、ＳＭさんの次男は次のように語ってくれた。

私たちがまだ日本に帰国する前頃、私の祖父母は日本で亡くなった。手紙が届いたときに、母は泣き崩れた。私たちはいま日本に来て一〇年くらいになるが、その前の一五、六年前のことだった。

その時は、祖母が亡くなったし、手続きをしてくれる人がいなく、その後も伯父さんたちは積極的に帰国の手続きをしてくれなかったし。結局、政府に依頼して、帰国の手続きをとってもらい、保証人（身元引受人）を見つけてもらった。私の祖父母が亡くなったし、面倒を見てくれる人がいなく、一人伯父さんがいたが、高齢だった。

一九九五年二月、ＳＭさんとその家族は、ようやく日本への永住帰国を果たした。家族の帰国の身元引受人になってもらったのは、元中和開拓団の関係者であった。SMさんが六七歳になったときのことで、一時帰国から二〇年もかかった。

3．日本社会に生きる

一九九五年、SMさんは次男家族を連れて日本に帰国した。一家は帰国してから、埼玉県所沢市にある中国帰国者定着促進センターに入所し、そこで約四ヶ月間、日本語などの研修を受けた。研修を修了したあと、身元引受人の居住地である長野県に来て、長野県中国帰国者自立センターでさらに八ヶ月間の「生活の日本語」の研修を受けてから、身元引受人が居住する須坂市に落ち着くことになったという。

定着地の須坂市に来てから、最初の三年間は県の委託により、一家の日本での生活全般を指導するために、「生活指導員」がついていた。SMさんの次男は、「生活指導員には最初の市営住宅の斡旋や子どもの入学の手続きなどを世話してもらったが、その後の生活は、ほとんど自分たちで何とかして、やっている」と言う。SMさんは日本に来てから、高齢で働けなかったため、次男一家（妻、高校生の息子二人）と一緒に暮らしている。

SMさんの次男は、須坂市に来てから、日本語の先生の紹介により、精密機器を製造する会社に就職できた。会社は、自宅から自転車で約一〇分程度の場所にあり、いまでは一〇年間もこの会社に通い続けている。仕事の内容は、毎日、工場内でボルトの選別という単純作業を繰り返しているという。仕事について、SMさんの次男は次のように語っている。

筆者　仕事は大変ですか？

次男　うん、大変。結構きついです。いまは不景気ですから、いつまで働けるか不安です。以前、残業してもよかったが、いまでは、残業しちゃうといけない。

二〇〇五年のインタビューの時点で、ＳＭさんの次男は一人で仕事をして、一家の生活を支えている。以前、妻はパートとして地元にあるキノコを栽培する工場で働いていたが、中国の両親の看病のために、一時中国に帰国し、帰ってきてから会社に「もう来なくてもいい」と辞めさせられたという。そのことを、ＳＭさんの次男は次のように語っている。

いま働いてない。昨年まで働いていたが、中国から帰ってきてから「もう来なくていい」と言われたので、仕事ができなくなった。いまは、母の面倒を見てもらっている。母は年齢が高いし、足も悪いし、一人ではちょっと心配なので、母のことを任せている。

インタビューの最後に、ＳＭさんに日本に帰国したあとの気持ちを聞いてみた。

ＳＭ　（日本に帰ってきたのは）嬉しいけど、自分の両親に会えなかったよ。（日本に）帰って（きたときは）、（両親がもう）死んでしまったからね。

母の話に続き、ＳＭさんの次男は次の話を継ぎ足した。

次男　そういえば、私たちは日本に帰ってきて一〇年になるが、母の兄弟に会うことがなかった。ずっと伯父さんが亡くなるまで会ったことがない。日本人って、人情が薄いね、中国と違い。（中国から帰ってきた）おばさんたちはよく電話をしてくれるが、年をとるにつれて、行ったり来たりすることもできなくなったし、なかなか会えない。日本の親戚との付き合いは、それほど多くない。

一時間半にわたり、ＳＭさんのこれまでの体験を聞いた。ＳＭさんは健康がすぐれないにもかかわらず、一生懸命に過去の体験を思い起こし、筆者に伝えてくれた。ここで紹介したＳＭさんのライフヒストリーはＳＭさんの長い人生のなかで一部分にすぎなかったが、その一つ一つの言葉からは中国残留婦人の歴史の重みを感じさせられた。それと同時に、その歴史はもはや語られなくなる時代に来ていることから、体験者の歴史を残し、いかに記録していくかが緊急の課題として改めて認識させられた。

3　中国残留孤児の事例

事例１　Ｉさんの場合――「家族を救う、中国人家庭の童養媳になって……」

(1)「Ｉさんの略歴」

日本	一九三二年一一月四日	長野県上伊那郡飯島町高尾に生まれる。
←	一九三九年四月	飯島町小学校に入学。
満洲	一九三九年一一月	両親と共に満洲に渡る。
	一九四一年四月～四五年八月	浜江省中和開拓団。
←	一九四五年九～一二月	方正県日本人収容所で避難。
中国	一九四六年一～五月	中和鎮へ避難、中国人の家庭に貰われた。
	一九四八年	中国人と結婚。
←	一九七五年九月～七六年九月	日本に一時帰国。
日本	一九八〇年一〇月	日本に永住帰国。
	現在	長野県飯島町に在住。

（2）Iさんとの出会い、インタビューの場

二〇〇五年八～九月の間、筆者は長野県で中国残留日本人への聞き取り調査を行った。Iさんは、この時の調査のなかで出会った残留孤児の一人であった。Iさんへのインタビューのきっかけとなったのは、調査に協力していただいたAさんからの紹介だった。二〇〇五年八月一〇日、筆者はIさんの自宅を訪ね、Iさんの体験を聞くことができた。

Iさんは、紹介してくれたAさんと同じく、中和開拓団の出身だった。Iさんは、一九八〇年に中和鎮から日本に永住帰国を果たした。現在、生まれ故郷の長野県上伊那郡飯島町に末子の三男家族と一緒に暮らしている。

Iさんを訪ねた当日、小雨が降っていた。Iさんの自宅の近くに着き、電話を入れて連絡してみたところ、Iさんは傘をさし二人の孫を連れて出迎えてくださった。初めて会ったIさんは、眼鏡をかけた小柄の人で、グレーと白の格子縞のエプロンをしていた。「遠いところから来てくださり、どうぞ家に上がってください」と挨拶を交わしながら、筆者を自宅に案内してくださった。玄関にはIさんが故郷をイメージして自分で描いた絵や孫たちの写真が飾ってあり、絵を描くことや孫たちの世話は普段の生活の一部であることがわかった。

Iさんは二人の孫をリビングに遊ばせて、玄関のすぐ横の自分の部屋で筆者のインタビューに応じてくれた。Iさんは記憶が大変よく、終戦時に一二歳だったにもかかわらず、満洲時代での暮らし、そして長い中国社会での残留生活、永住帰国後の日本社会での生活などについて、言葉に詰まることはなく、淡々と話してくれた。しかも、インタビューが終わるまで、Iさんは終始流暢な日本語で話してくれた。これまでの残留孤児に対する聞き取り調査のなかで、Iさんほど流暢な日本語で対応されたことはなかった。深い印象が残った。

（3）Iさんのライフヒストリー

1．渡満まで

Iさんは一九三二年一一月四日、長野県の南部で六人兄弟の長女として生まれた。一九三九年一一月、Iさんが

七歳の時、開拓団の先遣隊隊員としてすでに満洲に渡った父親から家族招致を受け、Iさんを含めた兄弟六人が母に連れられ、満洲への旅が始まった。それまで、両親は地主から田んぼや畑を小作して生計を立てていた。なぜ両親が満洲に渡ったのか、当時、七歳だったIさんにはその動機がわからなかったというが、その頃の生活を、次のように振り返る

筆者　その頃の生活はどんな様子というか、どんな感じでした？

I　どんな感じと言っても、普通でしたよね。ただ、あの、子どもが多かったでねぇ。ずっと大変だったかもしれないけどね、うん。自分思うには普通の生活だったけどね。子どもは、あの頃もう六人いたから、満洲を渡るときね。（…中略…）だから、そう、別になんか変わったことがなかったし、普通の生活をしてねぇ。田んぼも、畑もあったけどもね。お金持ちの人の田んぼだったけどもね、それ（を）作ったりして。

Iさんが語る子どもが多かった、生活がずっと大変だった、土地が「お金持ちの人の田んぼだった」という「普通の生活」は戦前の日本社会における一般の農民たちの生活を示していると思われる。そのような困窮した生活から抜け出すために満洲へ行くという動機付けも考えられるのであろうか。Iさんの語りそのものからは制度的要因を読み取りにくかったが、個人の渡航決定の背後には全国で推進された満洲移民の国策という事実もあったことは無視できない。こうした社会的な背景と個人の状況が絡み合って、Iさん一家が渡満を決めるに至ったと考えられる。

2. 満洲の経験

一家は故郷をあとにして、満洲への旅路についた。開拓団に着き、馴染めない満洲の寒さを凌ぎながら、Iさん一家は満洲での新しい生活を始めた。はじめは共同生活だったため一軒の長屋には二家族が住むことになった。そ

して内地とはまったく異なった生活環境だったため、毎日が苦労の連続だったようである。オンドルの使い方さえわからず、満洲の寒さは耐え難いものであった。「水だって、寒い（の）に外へ行って、水を、（井戸のロープを巻きつけながら）こうぐるぐる回してね、あがってきて、家へ持ってきてね。お風呂に入れたり、いろいろ（したり）して。大変だよ」と、Ｉさんは振り返る。親に連れられてきて、想像もしていなかった満洲での経験はこうした慣れない日々から始まった。

▼在満小学校

満洲に渡る前、Ｉさんは日本で三、四ヶ月間学校に通っていた。しかし、開拓団に着いた頃は、開拓団の学校がまだ建設されておらず、校長先生が開拓団の八つの部落を巡回して授業を行っていた。開拓団の小学校は、Ｉさんが三年生になった頃にようやく建設された（写真５－３）。そこで三年間余り学校生活を送ったＩさんは、その頃の様子を次のように語る。

筆者　そこでの学校生活というかね、どんな感じでした、楽しかったんですか？

Ｉ　うん、楽しいというか、うん、でもみなが集まってね。先生がいろいろ話をしてくれたりして、勉強するけれども、戦争の話が主だね。だから、子どもというものは、すぐ話にのっちゃうからね。男ならよかった。兵隊に行けるなんて思うときもあったもんね。そのくらい、その話ばかりだったね。そう、そして学校でも畑をね、二〇「垧」（「シャン」と読む。土地の面積単位で、一垧の土地は約一ヘクタールである）。学校の子どもだけだよ。百人くらいの子ども、一年生から六年生までね。（…中略…）ほいで、二〇垧、田んぼもあるし、畑もあって、遠いよ。中国の畑は広いから、一つの畝がもう見えないくらい長いですよね。そんなとこ、子どもたちが毎日だよ、畑作りだよ。午前中は勉強して、あとは全部畑仕事。堆肥まで全部担いで入れるんだよね。牛も馬も豚も飼っているんだよね。それで、その堆肥を作って、みなで運んで入れて、大変だよ。

　戦争の拡大や食糧増産などを背景とした開拓団での学校教育では、学生に「聖戦遂行」の思想を叩き込み、また食糧増産のために内地と違ったカリキュラムで農業実習の時間を設けていたことが示されている。こうした「午前中は勉強して、あとは全部畑仕事……」というような状況において、学校での生活は楽しいというより大変だったというIさんの語りは印象に残る。

　また、「競争みたいに子どもたちも真剣にやるからね」、みなは「汗がビショビショ、裸だよ、女の子まで、上まで、校長先生が『みなが脱いで、裸でやろう』と言っててね、裸で」。「ほいで、肌が真っ黒になるほど日に焼けてね（笑）」、「いま考えるとおかしい」と語りが続く。さらにそれが「国のためだから」「仕方がない」「命令だから」という語りは、次のように展開していく。

写真５－３　信濃村開拓団国民学校旧址
出所：2004. 8. 23 筆者撮影

　冬になると、今度脱穀ね。取ったものを脱穀しなきゃいけない。大豆でも、トウモロコシでもね。トウモロコシは家のなかで一冬中、トウモロコシの実をとるの。機械じゃやれないから、ないから。みな手で、学生はやるんだよ。それは、国に出すためだよ、戦争の国に出すために学校の先生も（そういう教育して）、意思で、そうやらせたんだよね。仕方がないもん、それは、命令だから。

これまでIさんが語ったように戦時中軍国教育の思想を叩き込まれ、「男ならよかった。兵隊へ行けるなんて……」という「軍国少女」だったが、いまでは「国のため」「戦争のため」にかかわった自分の体験を思うと、切ない思いがするという。

いまは（国のためだと）思わないね。そう、あんなことをして、まで。なんで人の国まで行ったかと思って、切なくなってくる。その国に行って、人をさんざんいじめたりしてね。いいことをしてなかったじゃないの、日本人も。中国人の人はいっぱい非難を受けている。追い出されてね、その土地から、って日本が奪って行ってね、そう。（涙……沈黙）

▼家のなかの暮らし

前に少し触れたようにIさん一家は開拓団に着いてから、共同生活を送っていた。個人住宅などが整備されてから、Iさんの家は畑が「五垧を割り当てられた」。「五垧って、大きい、畑って広いよ」と思いながら、ほかに馬が一頭、そして豚や鶏なども飼っていたという。こうして個人経営になってから、両親は毎日「広い畑」で農作業に追われてばかりで、満洲での暮らしは楽ではなかったと語る。農繁期になると親の「手伝いして」いたこともしばしばであった。

筆者　その頃、ご両親はね、どんな様子だったのか、楽しく働いていたんですかね？

I　楽しいなんてなかったでしょう、あれでは。虻がおるし、ものすごい蚊がおるし。お父さんなんか、もう朝なんか、日が出ないうちにちょっと明るくなると、もう畑へ行って仕事をしてね。休む暇もなくて。そう、子どもたちまで、学校に行ったら、「お暇をもらってこい」と言ってね。紙を書いてくれてねぇ、先生に「これを渡しなさい」ってね。渡したあと、先生が「いいよ、帰りなさい」ってね。

学校から帰れば、親たちの農作業を手伝いするほか、「子どもが大勢だから（満洲に渡ったあともう一人妹が生まれた）」、親の代わりに「すぐ子どもをおんぶしちゃうね、お子守りしていたんですよ」と語り、親たちの手伝いをしなければならなかったという。そのような生活は終戦まで続いていた。

終戦の少し前から、「俺が兵隊にとられた（ら）、もう何もかも終わりだぞ」という父たちの言葉に、Iさんは初めて不安を覚えた。しかし、それは現実となった。父と別れたときの様子を、Iさんは次のように回想する。

そう、お父さんたちにお酌してね、お酒を飲まして。それで、お父さんにお酒を、お兄さんがお酒を注いでやって。今度次は私だけど。もう注げなかったね、手が震えて、悲しくて、涙がわーと出てね（……）。それもできなくて、何一言も話ができなくて、別れちゃってね。あの頃、もうちょっと大きかったらね、「お父さん、しっかりしてよ、必ず帰ってきて」くらい言えたのにと思ってね、そう。言えなかったね、ただ、泣くだけで。

父が徴兵されてから、母が部落の門番に出るたびに、子どもだけで夜を過ごすのは、「すごく心細いね、怖いね」「その時こそなんとなく闇のなかにおるような気持ちだった」と、Iさんは振り返る。こうした不安や恐怖に包まれたなかでIさん一家は終戦を迎える。

3．避難体験――中国人の家庭へ

終戦の幾日かあと、終戦の知らせが開拓団に届いた。やがてみんなは慌てて避難を始めた。幼い兄弟たちを「おんぶしてやったり」「手を引いて歩いたり」して、母と兄弟七人はただただ開拓団の人の群れについていく。方正県に辿り着いたところ、ソ連軍の命令によって開拓団の人々は県城から八キロ離れた伊漢通開拓団跡に収容された。そこで四ヶ月余りの避難生活を送っていたが、毎日寒さや伝染病などに襲われたため、開拓団の人々はそこで越冬できないと判断し、元開拓村の所在地中和鎮に戻ることにした。そしてかつて開拓団で働いていた中国人たちに助けを求めようと考えたのであった。

一九四六年元旦、Ｉさんの一家八人は、開拓団の人々と一緒に中和鎮を目指して移動し始めた。収容所にいたときから一家八人のうち、母、兄、妹二人の計四人が伝染病にかかり、衰弱していた。一日目に酷寒のなかでようやく辿り着いたのは加信鎮という小さな村落であった。そこである中国人の宿に泊めてもらったが、寒さのなかずっと長い時間歩いてきたので、Ｉさんの一番下の妹が重い病気になってしまった。もはや施すすべもないと判断したＩさんの母は、ある日本人に「死んでしまうより中国人にあげたほうが助かるかもしれない」と言われ、仕方なく、「思い切って手放しちゃって」、妹を中国人の家庭に預けたとＩさんは語る。

> 加信鎮におったとき、それで仕方がないもんで。一人の日本の人が来て、妹を預けた家の人と、どうやって知り合ったか知らないけども。「この人のうちは子どもがいないし、家族がいい人だからね、優しい人たちだから。あの、小さい子をやれなぁ」ってね。「そうしなきゃ、もしかしたら、死んでしまうよ」ってね。「死んでしまうよ、人にさらわれるかわからない」ってね。それで、中国の人は子どもが少ないんだよね、だから、日本人の子どもをほしくてね。あの、みなはこう回って、見ている。女のきれいな人がおるんだよね。めちゃほしがるんだよね。そういう人（日本人の子どもを目当てにする人）に連れられたら困るってね。それで、お母さんは、本当に仕方がないでね、もし死んじゃったら、かわいそうだって。命を助けてもらうために「あげるか」ってね、思い切って手放しちゃったんだね。それで、妹を、あそこの加信鎮においたんだよね。

▼家族を救うため童養媳[*11]となって

「妹を中国人にやってから」、ちょうど「お父さんがひょいと帰ってきた」。「お父さんはシベリアへ連行」された途中で逃げ出し、泊まっていた宿まで探しに来てくれた。父と再会して少し安心したが、その後一家は中国人の宿をあとにして開拓団の人たちと中和鎮へ向かって移動し続けた。中和鎮では、町の朝鮮学校を借りて泊まることができた。多くの開拓団の人たちは、以前自分の家で雇っていた中国人を頼り、なんとか身を寄せることできると、次々と校舎から出て行った。しかし、Iさん一家はかつて開拓団で暮らしていた頃、中国人を雇ったことがなく、中和鎮にはそういう助けてくれるような「知り合い」がいなかった。

校舎に取り残された一家は「食べるもの、考える方法も」ないという状況下、ある日本人に「子どもが大勢おるから、一人、中国人にやって、助けてもらいよ。そうじゃないと、みな死んでしまうぞ」と勧められた。それ以外生きていく方法がないと判断したIさんの父親は、Iさんを中国人の家庭にやらざるを得なくなった。その時、両親の会話を耳にしたIさんは、次のように回想する。

（父は）「子ども一人を中国人にやることを決めたけど、どうする」ってね。それで、お母さんは「仕方がないじゃないの。それは、そうしないと、みんなが死んでしまう。ここで死ぬか、生きるとこまでいかなくちゃ」ってね。「子どもたちだってかわいそうだし」ってね。それで、私に決めたんだよね。ほいで、私にきめて、私も思ったけど。何で私かなぁと思ったけどもね。それでも、「そうだなぁ、私は長女だしなぁ、そのくらい、責任があるなぁ」と思ってね、思ったの、あの時。うん、それで、お母さんに「いいよ」ってね。何も言わなんで、お母さんに抱きついて泣いただけでね、うん。それで決まったんだね（泣きながら語る）。

「長女だしなぁ」という責任感を感じたIさんはまだ一二歳だったが、家族を救うために、「童養媳」として中国家庭に入ることとなった。娘を犠牲にすることは父にとって切ない決断であり、その衝撃に耐えられなくなったのだろうか、一週間後、病気で亡くなった。父が亡くなってから、生活はさらに厳しくなり、残った兄弟五人のうち、三人が中国人に貰われた。一九四六年の五月頃、街に留まった開拓団の人たちは日本に引き揚げることとなった。しかし、母親は「人にやって助けてもらった子どもをどうやって、連れて帰るの」「いまさら、助かったって、連れて帰りますなんて言えない」と、日本へ引き揚げることを諦めた。

こうして、開拓団と一緒に集団で移動することができなくなった一家は、村のなかでばらばらになり、それぞれの中国人の家で「牛追いとか、豚追いとか」をしながら、「稼いできて、暮らしておった」。しかし、Ｉさんが中国人の家に入ってから二年目に、日々の厳しい生活に耐えられなくなった母は病気で亡くなった。

4．中国社会を生きる

中国人の貧しい農家に引き取られてから、学校にも行けなかった。はじめ耳慣れない中国語のなかでの暮らしはＩさんにとって大変だった。「何を言われたかわからないし、怒られているんだか、わからないし」、毎日「気遣い」をしながら「一生懸命尽くして」いたという。

よその人間だからね。よそのうちのために尽くさなきゃならないからね。自分の親じゃないから、余計気がねだからね。言葉がわからなくても、手まねでもいろいろやれと言われれば、なんでもやらなければならない、ね、と思った。私も一生懸命だったよ。もし嫌われて、殴られたら、ね、嫌な思いをすると、お母さんもかわいそうだと思った。一生懸命尽くして、でも二年目にお母さんも死んじゃったけどね。

中国家庭に貰われてから約二年後に、契約したとおりＩさんより九歳上、その家庭の長男と結婚させられた。その頃、夫の家族は大家族だったので、夫の祖父、両親、そして二人の叔父とその家族と同居していた。Ｉさんは日々家の家事と畑の仕事に追われるばかりだった。しかし、Ｉさんは厳しい農家の仕事に一言の不平も漏らさなかった。生活のために「それは仕方がない」と思っていたのである。それ以上に「よその人間」として中国で生きるには何があっても耐え続けるしかなかったのである。

その時は、あの人が悪いとか、私を厳しく使うとか思わなくて、お互いに働かなければならんなぁって、思って。一生懸命働いたけどもね。でも体が痛くなって。手が、もう回らなくなって、こう伸びなくなってね。いまもこのようになっているけど。もういざとなれば手が伸びなくって。もうね、「お母さん、はぁー、どうしょう、手が痛い」なんて言えなかったんだね。自分のお母さんなら「お母さん、手が痛い、今日は仕事が嫌だ」というのを言えるのに、それが辛かったね、人に言えないことは。

さらに、Ｉさんにとって「人に言えないこと」はどういうことなのか、Ｉさんは次のように語り続ける。

はじめのうちなんか、みなは「小日本鬼」とか、なんとかいろいろ悪口いっぱい言う人がおるもんでねぇ。（そのような中国人の視線が）もう身にしみちゃってね。私たちは、戦争で負けた人間だから、人の言うなりにならなきゃならんと思うことしかないもんね、そういうふうに思っていたからね。

ここで見てわかるように中国社会・家庭へ放り込まれ、中国社会を経験していくうちに、Ｉさんの中では「戦争で負けた人間」として「人の言うなりに」しなければならないという意識が形成され、それが自分の生き方において決定的なものとなった。

一九五三年に、集団引揚げが再開された。街に残ったＩさんの兄弟たちは日本に帰国することとなった。しかし、すでに長男を産んだＩさんが子どもを連れて日本に帰ることは義理の両親にとっては決して許せない行為であった。近所の中国人に「日本に帰るときが来たんだから、帰れなぁ」「子どもなんて一人を置いてって、いいじゃない、まだ若いから、日本に行け、いくらでも産めるから」「子どものことは忘れるよ」と勧められたが、Ｉさんは「親としては捨てられないんだよね。自分も辛い思いをしてきたから」、子どもを自分と同じ境遇にはさせたくないと思い、日本へ帰ることを断念した。

Ｉさんは子どものために日本へ帰国するチャンスを逃した。その後、一九五九年の日中国交の断絶により、Ｉさんの日本への帰国の道は、一九七二年に日中国交が回復するまで閉ざされた。激動の中国社会で「大躍進」「人民公社」「文化大革命」などの社会運動を経験し、三男、三女の子どもをもうけて、日々黙々と働くばかりだった。村人との関係に気を遣っていたし、無料で皆に服を作るなどして、一生懸命だった。その甲斐あって、文革時代には批判を受けることはなかったという。ただし、息子は学校での成績が良かったにもかかわらず、進学の試験さえ受けさせてもらえず、そのことが何より悲しかった。

昼間は畑の仕事、野菜を作っているし、豚を飼っているし、子どもの世話をするし、もう忙しくて、忙しくて、大変だった。それだもんで、差別というより気を遣ったね、日本人だから、人に頼まれると何も言わない、文句を言わないで作ってやるとかね、うん。子どもたちが言うんだよね。「お母さん、そんな気を遣わなくてもいいじゃないの」ってね。「できない、忙しいときは、忙しいって言えばいいじゃないの」と言うんだよね。うん、それも言えなかったね。そういうとこは自分が悪いかもしれないけど、自分は自分を責めていたんだね。

5. 日本社会を生きる

一九七二年に日中国交が回復してから、Iさんは一九五三年に日本に引き揚げた兄弟たちと連絡を取ることができた。一九七五年九月、Iさんは一時帰国を果たした。兄弟たちに会えて、懐かしい日本語を耳にすると、「昔のこと、すぐ思い出して。昔の言葉に戻って、昔の時に戻って、どんどん思い出すんだね」と嬉しそうな表情で語った。

自分では日本人だから、どんなことがあっても、日本に帰る。それだけは、忘れなんだね。いつも頭にあったね。いつかは日本に帰る。死んだら、魂になっても、帰る。それほどだったね。帰りたかったね。どんなことをしても、子どもを連れて帰る。(…中略…)それだもんで、どんなことをしても、日本に帰りたい、帰りたい。どんな苦労があっても、耐えられると思ってね、もう苦労なんか平気で耐えちゃうわ、思っておったから。

一時帰国から五年後、一九八〇年にIさんが語ったようにその強い気持ちで長男、三男、次女、三女の四人を連れて、長年望んでいた日本への永住帰国を果たした。自分の兄弟たちは日本に帰ってから県外に定着していたが、兄弟たちの生活に迷惑をかけたくないと思い、自分の生まれた故郷へ帰ることに決めていた。

七歳の時に故郷をあとにして、四〇年後やっとの思いで故郷の地に立った。出て行ったときには何も知らない子どもだったが、故郷を離れての四〇年間はいったい何だったのか。持ち帰ったのは異国で育った自分の子ども、中国人家庭に尽くしてボロボロになった体、そして数々の辛酸の思いだけである。帰国すれば、「日本の医学はみな進んでいる」から、中国で苦労を重ねた満身創痍の体を「全部治して、働いて、子どもたちを立派に育てよう」。そんな希望を持って故郷に帰ってきたのである。

Iさん一家は、まず町営住宅に入居することとなった。三女、三男はまだ中学生と小学生だったので、地元の中学校と小学校に編入し、入学することができた。長男も次女も友人の紹介で精密機器の会社に就職が決まった。Iさん自身は日本に帰国してから「早く病気を治して、働きたい」という気持ちで病院に通い始めた。しかし、長年の中国での無理な過重労働によって、関節が全部変形し、骨増殖症になってしまった。何度か手術をしたが、医師からは「もう治らない」という通告を受けた。それでも、内職の仕事を探し、家計を助けようとした。

それじゃ、内職をするって。内職を探してやっても、内職って、指を使うもんでね。この指が痛くて、痛くて、できなくて、断ってね。何回もやって、断ったんだよね。できなくて。

日本に来てから四年後、Iさんは何とか自分の生活費を切り詰め、貯めたお金で中国に残っていた長女、次男家族を呼び寄せ、家族全員を日本に迎えることができた。

私、お金を貯めんならんし、こんな生活を厳しくしてね、牛乳だって、買って、みなに薄めて飲ますんだよね。そのまま飲まさなくて、ほいで、息子たちは「ちょっと、この牛乳はおいしくないけど」(と言うし)、「いいよ、おいしくなくても牛乳は牛乳だから、飲ませるね」、そのくらいしてね。お弁当だって、ゴマ、塩をかけちゃうね、(簡単な料理を) 渡すくらい。そして、お金を貯めて、少し貯めて、それで帰れるようにしてやったんだよね。

はじめ子どもたちにとって日本での生活は平坦なものではなかった。しかし、Iさんが語ったように「いままであんな苦労してきた」から、「どんな苦労でも耐えられる」という気持ちで子どもたちと共に数々の困難を乗り越えて、日本での生活に馴染んでいくよう努力し続けている。

以上見てきたIさんが背負った満洲体験はいかなる意味を持つのか。子どもだったIさんは両親に連れられ、満洲に渡り、苦労そして不安のなかで日々を過ごした。敗戦そして逃避行を経て、家族のためにやむを得ず「童養媳」として中国人家庭に入った。四〇年余りの「残留」生活を経て、日本に永住帰国した。そうした人生の中で、Iさんにとって満洲とは何か、Iさんに聞いてみた。

私にとっての満洲は、そうだね、私の一生の人生を終わらせたとこだね。何もなくてね、夢も、希望も、何一つ生かすことができなくて、ただただ苦しんで働くだけだったんだよね。子どものために尽くしても、子どもの成長にプラスにならない、何て切ないことだと思った。

ここでは一見、Iさんの満洲体験のネガティブな部分のみがとらえられているように見えるが、その反面、満洲そして四〇年余りに及ぶ中国社会での「残留」経験のなかで、様々な苦難に持ちこたえて、満洲・中国を生き抜いてきたことが「どんな苦労でも耐えられる」という自信を彼女に与えたのである。

▼現在の生活

二〇〇五年の調査の時点で、Ｉさんが日本に帰国してから二五年が経ち、七二歳になる。孫たちも大学に通ったり、会社に就職したりしている。普段はまだ幼い孫の面倒を見ながら、好きな演歌を聴いたり、好きな絵を描いたり、庭で花を植えたりして、自分の生まれた故郷で子どもたちや孫たちに囲まれて静かな暮らしを送っている。

日本に来た頃、何もできないからね、ただテープを聴いたりしとっただけで、(テープを)もらったりして、花が好きだから、花を作ったりする。絵を描くことが好きで、こういう絵を自分で描いたりして。昔は、足を手術して動けないから、病院におるとき花を作ったりね、造花を作ったりして、家に帰ったら、絵を描いたりして。

事例２　Ａさんの場合——「日本人として、日本で人間らしく生きていきたい」

（1）「Ａさんの略歴」

満洲	一九四三年一月二八日	浜江省延寿県中和開拓団に生まれる。
←	一九四五年八～一二月	方正県日本人収容所に収容された。
中国	一九四六年四月	母、弟と生き別れ、ＬＭＹという中国人の養女となる。
	一九四九年	尚志県慶陽公社白江泡大隊に転住。
	一九五二年九月～五六年七月	尚志県慶陽公社白江泡小学校に入学（一～四年）。
	一九五六年九月～五八年七月	尚志県慶陽公社小学校（五～六年）。
	一八五八年	養母が亡くなった。
	一九五八年九月～六一年七月	尚志県師範学校（三年間）。
←	一九六一年九月～六二年七月	教師として尚志県慶陽公社中心小学校に赴任。
	一九六二年九月	尚志県慶陽公社白江泡小学校に転勤（帰国まで）。
	一九六二年	中国人と結婚。
	一九六六年	終戦後に離れ離れとなった弟と再会。
	一九八二年	養父が亡くなったあと、肉親捜しが始まった。
	一九八五年	一時帰国を果たした。
日本	一九九四年三月	日本に永住帰国。
	現在	長野県松本市に在住。

（2）Ａさんとの出会い、インタビューの場

本研究を始めた当初、中国残留孤児をテーマに修士論文を完成させるため、長野県松本市の周辺で聞き取り調査を行ったときにコーディネーターを務めてくれたＣさんの紹介により、Ａさんの話を聞くことができた。

Ａさんは、一九九四年に日本に永住帰国し、帰国後に長野県松本市に定着することとなった。二〇〇三年の初回

の調査では、三男の家族と共に市の中心部から離れた市営住宅に暮らしていたが、二〇〇五年に調査で再会したときには、Aさんは生活保護を受けるために、息子の家から出て、一人で老後生活を送っていた。

二〇〇三年五月一〇日の初回のインタビューでは、筆者はCさんに付き添ってAさんの自宅を訪ねた。当日、Aさんの近くに住んでいた弟のBさんも来ていただき、筆者、Aさん、Bさん、Cさんの四人で対面することとなった。このインタビューの時は、Aさんが両親のこと、終戦後の避難生活の中で母、弟と生き別れたあとの中国社会での生活および日本に帰国後の状況などについて語ってくれた。これにより、Aさんの家族について大まかな状況を把握することができた。

初回の調査を終え聞き取りの内容を整理し、二〇〇三年六月六日にAさんの承諾を得て、二回目のインタビュー調査を行った。二回目の調査は、Aさんの自宅で一対一となり、Aさんにこれまでの残留と帰国の体験を語っていただき、そして前回聞き漏らしたことや事実の確認などを行った。インタビューのなかでは、Aさんが時折涙ぐんで話していた様子が最も印象に残った。

二〇〇五年に行った三回目の調査と二〇〇八年に行った四回目の調査のおもな内容は、Aさんが二〇〇三年に結成された長野県残留孤児の原告団の副団長を務めていたことから、訴訟期と「和解」後の状況などについてであった。Aさんへの聞き取りは、すべて中国語で行った。

(3) Aさんのライフヒストリー

Aさんは一九四三年一月二八日、浜江省（現在の黒龍江省）延寿県中和開拓団に、長女として生まれた。弟が一人いて、一九四五年四月に生まれた。父は一九一〇年一二月二六日長野県上水内郡小川村に生まれ、一九三八年中和鎮へ農業移民として渡満した。一九四五年、敗戦の直前に父親は徴兵され、のちにソ連軍の捕虜になってシベリアに抑留され、一九四六年にシベリアで亡くなった。母は一九一五年二月一一日松本市岡田区下岡田で生まれ、一九四〇年に大陸の花嫁として父と結婚し満洲に渡った。一九四五年八月の終戦まで、一家は中和開拓団の七区で暮らしていた。

1．避難体験――中国人の家庭へ

敗戦後、Aさんは母親と弟との三人で開拓団と共に避難していた。一家三人とも方正県の収容所から中和鎮に引き返す途中の加信鎮で、寒さや飢えなどにさらされ、生きるために現地の中国人の家庭に入るほかは選択肢がなかった。

そこで、Aさんの母のSYKは二人の子どもを連れて、鍛冶の仕事をしていた姜という中国人の家庭に世話になったが、姜は麻薬やギャンブルに溺れ、不安定な生活を送っていた。姜家に入ってからSYKも鍛冶の仕事をやらされ、その上、姜家の仕事は多くかつ重労働であった。この時、Aさんの母子三人は、同じ開拓団で両親を亡くし、街で放浪していたCさんを助け、姜家で約三ヶ月共に暮らした。

しかし、姜家の生活に慣れなかったため、Aさんの母子三人とCさんはそこから出て、街の北門に落ち着き、同じ開拓団出身のSさんの家へ助けを求めに行った。Sさんも方正県の日本人収容所から中和鎮に引き返す途中の加信鎮で、余儀なく張という中国人の家庭に入っていた。Sさんは、SYKと二人の子どもを信頼できる、自分の家で馬車を操る仕事をしていた中国人の程さんに託した。程さんは優しい人だったが、家が貧しかった。SYKが二人の子どもを連れて程さんと一緒になった直後、三歳だったAさんが重病にかかったが、医者に診せるお金はなかった。そのため、SYKは娘を信頼できる、農民のLMY夫妻に預けるほかはなかった。

Aさんが LMY家に貰われてから、母のSYKは娘のことが心配で頻繁にLMY家に訪ねてきたという。しかし、養父母はSYKが訪ねてくるたびに、Aさんを連れて行ってしまうのではないかと不安になったため、ある日、加信鎮から四キロくらい離れた羅家崗という村落に移り住んだ。そこで、養父母はAさんに「LYY」という中国名をつけた。羅家崗に住み始めてから半年経った頃、SYKは娘の居場所を見つけ、また会いに来るようになった。養父母はAさんを実母に会わせることに不安を感じたため、一九四九年の初め頃に羅家崗から一〇〇キロほど離れた尚志県慶陽公社白江泡村に引っ越した。ここに移ったあとは、Aさんが母と会うことは一度もなかった。

2．中国社会を生きる

▼中国人家庭の養女となって

AさんはLMY家で中国人として育てられた。養父母には元々子どもがおらず、それほど裕福な生活をしていなかったが、養父母は自分たちが食べなくても、着なくても、Aさんには何の不自由もさせなかった。養父母について、とても可愛がってくれた、親切にしてもらったとAさんは語る。そうした暮らしのなかで、Aさんに一番印象に残っているのは、次のような情景である。

　一番印象に残っているのは、小学校に入る前のことですが、春になると、雪が解けて、家の近くに川となって流れてきます。ある日、私は母が残してくれた日本の下駄をはいて川へ水遊びをしに行って、水の中で走ったり、わざわざ水をかけたりして、全身ビショビショになりました。私は冷たい水にさらされるとおなかが痛くなったのですが、養母はこのことを承知していたから、家から呼びに来て、早く家に帰りなさいと言いましたが、私は遊びに夢中で養母の言うことを聞きませんでした。それで、養母は私を抱いて、家に連れて帰り、オンドルに押し込んで、叩きました。養母も泣いていました。いま思い出すと、養母は私のことを非常に可愛がってくれました……（涙）。

やがてAさんは小学校に入学する年齢になったが、村に小学校はなかった。その頃、一つの村につき生徒が三二人に達しないと開校できないという決まりになっていた。学校を開くために、Aさんの養父は、村中の一六世帯を一軒ずつ訪ね、ようやく八歳から一六歳までの子どもを三二人集めた。養父の努力により、村に初めての学校ができた。

Ａさんは四年間村の小学校に通ったが、五年生になってから慶陽公社小学校に転校した。小学校を卒業する寸前に養母が亡くなり、養父もすでに高齢になっていたため生活は苦しくなってしまった。ちょうどこの頃、卒業後の進路選択をどうするかという問題がＡさんに迫ってきた。Ａさんは、苦しんでいる家庭状況を考えて師範学校への進学を希望した。その時の経緯をＡさんは次のように語る。

この頃は成績も優秀でした。クラスの班長になって、各科目の代表にもなっていました。卒業の前、先生から「どんな学校へ進学したいのか、家に帰ったら親と相談して、希望学校を決めなさい」と言われました。家に帰り、進学のことを養父に告げ、養父は「お前を中学校に行かせたいが、私も六〇歳、体調が悪くなり、働けないから、お前を学校に行かせるお金がないんだよ」と言いました。しかし、私は進学ができるように師範学校を希望していました。師範学校に受かれば、住居、食事、服などを提供してもらえるので、交通費だけが自己負担になります。それで養父の同意を得て、師範学校を希望して、尚志県師範学校に合格しました。

▼小学校の先生となる

その後、Ａさんは無事に師範学校に進学することができた。三年間にわたる師範学校での生活では「大躍進」運動、「三年自然災害（一九五九年から三年続いた自然災害の時期を指す）」の時代に遭い、学生でありながらも社会主義建設に動員された。Ａさんが通っていた学校では、Ａさんのような学生たちには午前中授業を受けさせ、午後は「土法高炉」による錬鉄などの重労働や農作業をさせた。その時の様子を、Ａさんは次のように語る。

一九五八年に入学した頃、男子生徒たちは大きな鉄鉱石を割って、女子生徒たちはその割った鉄鉱石をさらに砕きました。その次には、コークス作り、鉄くずを集め、高炉によって製鉄しました。（…中略…）

一九五九年の頃、「深翻地」というキャンペーンを行い、それは人民公社への労働参加がおもな内容でした。

毛沢東の詩辞の中に「深翻三尺三」という言葉がありますが、その人たちが本当に深さを量りながら掘るのよ。本当に理解できない運動でした。毎日午前中は授業をやっていて、午後から一〇時まで土地を掘ります。多くのクラスメイトはその苦労に耐えられず、手が痛い、腰が痛いと訴えるものが現れだし、次々退学しました。

さらに、一九六〇年になってからは食糧が不足していたため、学校は一人に一食一六〇グラムの食糧しか与えていなかった。授業のあとに山や野外へ行って野菜をとって食べたり、冬には凍りついた木の葉を食べたりして飢えを凌いでいたという。それでも、Ａさんは度重なる苦難を乗り越え、一九六一年には無事師範学校を卒業し慶陽公社中心小学校に赴任し、教師としての生活を始めた。翌年には、当初養父の呼びかけにより作られた地元の白江泡小学校に転勤することとなった。Ａさんは先生になってから、独特な教授法で評価され、地元では知られた存在であった。

街に出ると、よく声をかけられましたが、相手が誰か戸惑ったこともあります。私は国語、数学、地理、自然といった授業を担当したことがあります。また、学校の少年先鋒隊の指導員として、少年先鋒隊の中隊と大隊委員会の工作を指導し、活動を組織する仕事も携わっていました。慶陽鎮人民公社において、実力がある先生と評価してくれていました。

小学校の教員になってからまもなく、養父の勧めで同じ村出身の男性と結婚することになった。主人はＡさんより一歳年上の農民だった。二人は四人の男の子に恵まれた。結婚したあと、Ａさんは病気がちの養父の看病、子どもの面倒、そして学生の指導、授業計画の作成などで大変忙しい日々を送っていたという。

▼離散した弟との再会

一九六二年、Aさんは養父に「実はお前は日本人だ」、そして、「お前はもう一人の兄弟がいた」と自分の出自を明かされた。当時六五歳の病気がちの養父がその真実を明かしてくれたのは、自分が亡くなったあと「娘」に孤独な思いをさせたくないという親の心遣いがあったからだ。

養父から聞かされた情報をもとに、Aさんは弟と離散した加信鎮の街へ弟を探しに出かけた。そこで、Aさんは何とか弟の消息を突き止めたが、この時、弟はすでに養父に連れられて吉林省に移り住んでいたことが判明した。Aさんは弟の養父の親戚に連絡を取って状況を説明してくれるように頼み、加信鎮から帰ってきた。

数ヶ月後、Aさんは弟の移転先を知ることができ、早速弟にこれまでの境遇、生年月日などを手紙に書いて問い合わせてみた。弟のBさんは姉の手紙を受け取って姉の状況を確認してみると、自分の状況とほぼ一致したため、Aさんが姉であることを確信した。これにより、二人の兄弟はしばらくの間手紙で連絡し合い、一九六六年にようやく中国で再会を果たした。その時の経緯を、Aさんは次のように語る。

一九六六年旧正月の六日、初めて吉林省遼源市友誼村に住んでいる弟の家を訪ねることにしました。それ以前はお互いに連絡を取っていましたが、顔を合わせることは一度もありませんでした。写真を交換していましたが、本人を見たことがなく、なんとなく心配していました。来る前に弟からの手紙で地図や駅を降りてからの弟の家までのルートを詳細に書いてもらいました。七日の朝、弟は駅に迎えに来てくれて、背が低い弟は出口の周辺に張られたフェンスに登って、私の姿を探していました。私は遼源市の駅に着いたあと、すぐ改札口から出て、近くの商店街へお土産を買いに行きました。ホームに戻ったら誰もいませんでした。駅の清掃員に友誼村へ行く道を尋ねたあと、弟の家へ向かいました。迎えに来てくれた弟は私を見つけられなかったことが気になって、前を歩きながらも後ろを振り返って見ていました。前の人は私の弟だと思ったので急いで弟に追いつき、道を聞く振りをして、話しかけたらやっぱり弟でした。この友誼村へ行く道で弟と一八年ぶりの再会を果たしました。その時の気持ちは複雑でした。悲喜こもごも、感に堪えませんでした（Aさんは弟との再会により、母は一九四八年に弟の養父との間に妹カンエイさんを産み、その二年後の一九五〇年に病気で亡くなったことを知った）。

▼文化大革命

一九六六年より、「十年動乱」とも言われる中国文化大革命が始まった。文化大革命は多くの人生に多大な影響を及ぼしたが、Aさんもその例外ではなかった。Aさんは弟の家を訪ねたのち、日本人であるために「日本のスパイ」なのではないかと疑われ、批判される対象となった。その結果、八ヶ月の停職処分を受けた。その苦しい思いをAさんは次のように語る。

一九六六年に文化大革命が始まり、鄧拓、呉晗、寥漠沙が批判されました。一九六八年になると中央級の幹部を批判の対象にしなくなり、一般人への批判が始まりました。私は日本人であることが知られているので、日本のスパイではないかと疑われました。取り調べが始まってから停職処分を受け、結果を待つということで職場から外されました。彼らの調査結果として、私が日本人であるという有力な手がかりを得られず、確かな状況を把握することができなかったため、冤罪が晴れて八ヶ月ぶりに小学校に戻ることができました。

Aさんの体験にあるように、こうした文化大革命の時代においては、多くの残留孤児は「階級闘争」の対象となり、差別や批判を受け、「侵略日本」「日本帝国」という歴史の重みを背負って、日々緊張と不安のなかで生きなければならなかった。そして、そうした日々のなかで、自分は「日本人」だということを初めて強く意識させられ、「日本人」としての思いを馳せるようなったと思われる。

▼日中国交正常化と肉親捜し

文化大革命の最中、一九七二年には「日中共同声明」が調印され、日中の国交が回復された。しかし、Aさんは養父の気持ちに配慮し、日本の肉親捜しをしなかった。その時の気持ちを、Aさんは次のように述べる。

養父は私のためにいろいろな苦労をして、私を育てました。もし私が日本に帰ったら、養父はたまらない気持ちになるだろう。それゆえ、養父が生きている限り私は日本の肉親を探しませんでした。

Aさんが日本の肉親を探し始めたのは、一九八一年一二月に養父が亡くなったあとのことである。翌年の一九八二年、Aさんは実の父を探したいと考えて、吉林省にいた弟、同母異父の妹のカンエイさんと相談したうえで父を探すことを計画した。そして、同年七月に兄弟三人は加信鎮に来て父の手がかりを探した。

夜は加信鎮の旅館に泊まって、昼間は加信鎮とその近辺の村を歩き回り、部落に着くと、「この部落には日本人が住んでいますか」と確認し、日本人と関係がある家を一軒、一軒訪ねました。しかし、日本の両親に関する有力な情報は得られませんでした。

そうしたなか、Aさんは加信鎮で偶然、元中和開拓団のCさんと再会することができた。一九四六年一月、方正県から加信鎮に避難してきたときに、Aさんの母は浮浪児となっていたCさんを自分の家に引き止めたのである。Cさんもまた Aさんの顔を覚えていた。この三四年ぶりの再会が、Aさんの身元の解明には大きな手がかりとなった。というのは、一九七五年にCさんは日本に一時帰国を果たし、元中和開拓団の関係者と会っていたのだ。Cさんは Aさんの父のことを知らなかったが、Aさんの母の名前と当時開拓団の小学校に勤めていたY先生の日本の連絡先を Aさんたちに教えた。そして、同年の九月、元中和開拓団の関係者が中和鎮を訪問することも Aさんに話した。

Aさんは加信鎮から帰ったあと、Y先生に中国語で書いた三枚の手紙を出した。手紙にはLMY家に貰われてから成人までの経歴、文化大革命での境遇、中国での弟との再会、そして自分に起こった三十数年間の中国での体験を書いた。

一九八二年、元中和開拓団の訪中団が中和鎮を訪れた。Aさんは、数十キロ離れている隣の村から駆けつけ、訪中団との面会を求めた。しかし、一九八二年当初、中和鎮はまだ外国人に開放されていない地区であったため、中和開拓団の訪中団は、勝手に街に出ることはできなかった。一方、残留者も勝手に訪中団に近づくことができず、公安機関の調整によって一人ずつ面会が可能になっていた。しかし、Aさんは訪中団の中には親族がおらず訪中団の中でもAさんを知っているメンバーがいなかったため、公安局に面会を認めてもらえなかった。Aさんはその時には訪中団との面会を果たせなかったが、その後訪中団に参加した旧開拓団のY先生と連絡が取れた。Y先生の助けによって、Aさんはようやく日本の親族を見つけることができたのである。その時、AさんからY先生に送られた手紙には、日本の肉親を探してくれたY先生への感謝の言葉、そして日本の家族や親族と再会したいというAさんの切実な思いが綴られている。

(前略)待ちに待った皆様が来てくださる日が来ました。私は二〇日の朝まだ暗い中に起きて、自転車で四五里(二二・五キロ:引用者注)の道を走りました。朝早く、七時に中和鎮に着きました。

私は胸いっぱいの喜びを、そして心、また情をおさえて公安局員が呼んでくれるのを待っておりました。けれども時間が来ても公安局員は呼んでくれません。私の心のなかはかなしくなってしまいました。(…中略…)私は父母の在りし日を思い起こし、なんと不幸なことかと思いました。なつかしい叔母、お兄さん(従兄:引用者注)が遠くはなれた祖国にあり、そして温かな皆さん、また先生方に私は助けて頂きました。(…中略…)日中友好になったおかげで、私たちは親人と会うことができます。先生の温かいおなさけは、私は永久に忘れることはできません。もし私が祖国へ行ける時がありましたら、私はきっと先生の所へお礼によらせて頂きます。私は心から感謝を申し上げます。

（「わが心のふるさと中和鎮を訪ねて」編集委員会 一九八三：五三）

このようにAさんは何とか自分の力で日本の親族を見つけ、一九八五年には一時帰国を果たした。それから九年後の一九九四年に、Aさんは従兄に身元引受人になってもらい、家族と共に日本に永住帰国した。

3. 日本社会を生きる

一九九四年三月、Aさんは五一歳の時に、家族七人（Aさん夫婦、長男夫婦、次男、三男、四男）で日本への永住帰国を果たした。帰国前にすでに結婚していた長男夫婦のほかはAさん一家は全員が国費で帰国した。しかし、一家は中国帰国者定着促進センターには入所せずに、直接身元引受人となってくれた従兄が住む長野県に来て、市営住宅に入居するまで、数週間にわたって身元引受人である従兄の家に滞在した。

▼日本での職業

定着先に着くと、Aさん一家は、生計を立てるため、まずは仕事を探さなければならなかった。しかし、一家は日本に帰国してから、日本で自立するための予備知識もなく生活指導を受けることもなく、しかも中国での職業経験などが十分に生かされず、単純労働に従事せざるを得ない状況であった。

Aさんは、先に紹介したように、日本に帰国するまで中国では数十年間小学校の教員をしていた。日本に帰国してからは、中国での教師としての経験や資格などをそのまま生かすことができず、日本で生活していくために十分な日本語教育も受けたことがなかった。そのため、Aさんは家の近くにある植物園で、日本語をあまり使わない簡単な手作業による花の栽培という仕事をするほか選択肢はなかった。仕事について、Aさんは「一日八時間作業し、一袋数一〇キロの土や肥料などを運搬することも時々あって、仕事を終えるとくたくたに疲れて家に帰ることが多かった」という。きつい仕事のわりに給料は安く、日当も四〇〇〇円しか貰うことができなかった。それでも、Ａさんは「言葉があまりわからないので、運転もできないし、遠くに行けない」ため、生活のためにそこで働くほかなかった。

中国で長年農業を営んできた夫は、来日当初は三男と建築現場で建設機材などを運んだり、足場を組み立てたり、解体したりするような仕事をしていた。給料は毎月手取りで二〇万円前後であった。来日してからすでに五〇歳を過ぎていた夫は、一家の生計のために日々仕事に追われていた。日本語を学習する時間もなかったので、職場でなかなか日本人の同僚とコミュニケーションを取ることができなかった。そのため、時々キツイ、キタナイ仕事に回されたり、同僚の日本人にいじめられたりすることもあったという。

そのほか、共に来日したＡさんの子どもたちは、当初、仕事がなかなか見つからず、次男は家の近くにある電子製造工場で時給四八〇円のアルバイトをしていた。長男は知り合いの帰国者の紹介でごみの運搬会社に就職したが、職場の環境が悪かったために仕事が長く続かなかった。その後、Ａさんの主人と三男が働いていた会社に転職した。その頃、四男は中学生だったので、家の近くの中学校に編入した。

二〇〇三年にインタビューした当時、Ａさん一家が帰国してからすでに九年が経っていた。この間、Ａさんの家族が長期間にわたって同じ職場で働いているケースはほとんどなかった。仕事の環境や条件が悪かったため、それぞれ少なくとも二回か三回転職した経験があった。このことについて、Ａさんは次のように語る。

長男はごみの運搬会社を辞めたあと、主人の会社に入って、足場組立という仕事をしていました。その仕事は夏は暑い、冬は寒い、雪が降ったら、滑っちゃう、危ないし、しばらくたってからボイラーを整備する会社に就職ができて、現在まで続けています。長男はいまの仕事にまあまあ満足しているよう。いま整備士の資格を取るために必死で勉強しています。（…中略…）

次男は三回会社を変えました。いま、コンクリート製造会社で働いているけど、もう七、八年になります、最初はいろいろ苦労をしていたようで、いま会社の課長になって、会社の中堅になっていますよ。四男は高校を卒業したあと、次男の紹介でその会社に入ったの。いまは次男と四男は同じ会社に勤めています。

▼日本語の学習と子どもの教育

Aさん家族は日本に来てから日本語の教育を受けたことがない。定着先で仕事を見つけるまで、地域のボランティア団体が開いた日本語教室に一ヶ月ほど通っていたくらいだった。家族の全員が職に就いてから、毎日仕事に追われて、日本語を勉強する時間がほとんどなかった。息子たちは、最初の二、三年間は言葉の壁が高かったが、いま現在では日常生活に関する日本語は「ほとんど大丈夫」だという。

一方、Aさんの孫たちは、日本で生まれ、日本の教育を受けているため、単に日本語に関する問題は見られない。逆に、中国語が話せず、家庭においてAさんとのコミュニケーションが十分に取れないのが現状であった。それゆえに、孫が受けている学校教育に不満を感じていたAさんにとって、個人的に孫たちを指導しようとしても現実的には不可能だった。

▼主人の死と家族のきずな

Aさんの夫はこの会社で四年間働き続けたが、その後血圧が高くなり体力もついていかなくなったために仕事を辞めざるを得なくなった。年齢制限や日本語能力の問題で、再就職しようと思ってもそれは容易ではなかった。その後、Aさんの夫は、家で二年間くらい孫たちの面倒を見たり、家の手伝いをしたりしていた。日本の生活になかなか馴染まなかったAさんの夫は、一九九九年にAさんに付き添って五年ぶりに中国に里帰りをした。

一人で家にいるから、寂しい思いがあったでしょう、どうしても中国に帰りたい、中国の親戚、兄弟に会いたいと言い出したので、私は付き添って主人と一緒に中国に帰りました。主人は故郷に戻ってから大変喜んでいました。親戚や友人に囲まれて、思いきり日本での経験、感じたことを中国語でみんなに喋っていましたよ。日本に来てからの六年間の思い、言いたいこと、全部話していました。

しかし、中国に滞在している間に、Ａさんの夫は脳梗塞で倒れた。中国の病院で一時的な処置を受けてから、すぐに日本に搬送されて治療にあたった。一命を取りとめたものの半身不随となってしまった。その後、Ａさんの夫は二年間病床生活を続けたが、二〇〇一年に病状の悪化により亡くなった。それまで、子どもたちは父親の闘病生活をずっと支えていた。その時の様子について、Ａさんは次のように語る。

子どもたちは仕事が終わると、何時になっても、すぐ、病院に駆けつけて、主人の足や腕を動かし、マッサージなどやってくれます。同じ病室の患者は主人の病状より軽くても、足や腕の筋肉が硬い。子どもたちに主人の体を動かしてもらったため、主人は亡くなるまでずっと足や腕など体が柔らかかった。看護婦さんは私の肩を叩きながら、「ご主人にはこのような子どもが必要、あなたも必要、私も必要だよ」と私に話しかけてくれました。子どもたちはよく親孝行をしてくれました。

Ａさんも夫が入院している間、夫の看病のために仕事を辞めた。しかし、不幸にもＡさんは夫の看病のために病院に通っていたときに交通事故に遭ってしまった。事故は軽傷で済んだものの足に後遺症が残り、その後は仕事ができない状態であった。二〇〇三年に六〇歳になったＡさんは、帰国してから四年余りしか働いてなかったので、二万円足らずの年金しか受領できなかった。また、子どもたちも生活が苦しく、Ａさんは子どもたちに迷惑をかけたくないという思いで、二〇〇五年にそれまで一緒に暮らしていた四男の家を出て、生活保護を受けることになり、一人での生活を始めた。その経緯をＡさんは次のように振り返っている。

主人が亡くなってから、足の怪我がまだ完全に回復していない頃、いろいろと仕事を探していました。しかし、面接の時は、年齢が高いことや日本語をうまく話せないという理由でいつも断られました。その頃、同居していた息子は、子どもが生まれたばかりで、嫁も子どもの世話で働きに行けなかった。息子は一家を養うために朝は新聞配達をして、日中は工場で働いていました。時々残業があると、睡眠時間は三、四時間しかなかった。息子があまりにも大変だから、なんとか息子の負担にならないようにと思って、息子たちの反対を押し切って、私が一人で市役所へ生活保護を申請しに行きました。

Aさんは市の職員による「警察の尋問」のような面接を経て、屈辱感を感じながら生活保護を受給することとなった。しかし、Aさんは生活保護を受けたものの、多くの制約があったため、自由に暮らせないのが実情であった。

▼祖国を訴える――日本人として、日本で人間らしく生きていきたい

日本に永住帰国したあと、このような状況に置かれたAさんは、日々の不安が募り、精神的なストレスがたまる一方だったという。そんななか、Aさんは偶然に「中文導報」(在日中国人に向け発行された中国語の新聞)から冒頭で述べたような関東の残留孤児たちが国を相手に損害賠償を起こしていることを知った。これをきっかけに、Aさんは県内に在住している孤児たちと連絡を取り合い、孤児原告団に参加しようと呼びかけた。のち関東の孤児原告団や弁護団の支援により、二〇〇三年に長野の残留孤児原告団が形成された。Aさんは原告団の副団長として全国の連絡会議に参加したり、長野県の原告団をまとめたりして積極的に訴訟活動に駆け回った。当初原告団に参加した気持ちをAさんは次のように語る。

政府に残留孤児に対する責任をきちんと認めてほしかったからです。帰国者たちに新しい政策、制度を取り

決め、安定な生活を与えて保障してもらいたい。そして、私たちに重くのしかかっていた精神的負担を軽減してもらいたい。

この訴訟の行方はすでに前述のように、二〇〇七年末に「改正中国残留邦人支援法」の成立を受けて全国で順次終結となった。Ａさんが参加した長野県の原告団は、二〇〇八年三月七日に長野県地裁でその訴えを取り下げた。当日、Ａさんはメディアに向けて「支援策は完ぺきではないが、多数の残留邦人は助けられ、一応生活が保障されることになった。この支援策をさらに改善できるようお願いしたい」（信濃毎日新聞、二〇〇八年三月七日）と意見を述べていた。この改正支援法が二〇〇八年四月から実施されてから調査時には一年が経っていた。この一年間の様子をＡさんに聞いてみた。Ａさんは自分の経験を踏まえながら、変化した点とそうでない点に分けて話してくれた。

生活保護を受けたときと比べれば、いまは新たな給付金を受けることで生活が以前より少し楽になりました。中国を訪問するときの時間は限られていますが、養父母のお墓参りができるようになったことが嬉しい。また、病気になったときは、医療費に対する心配がなくなったね。最近、私は中国帰国者支援交流センターが主催している日本語遠隔学習課程も受けています。以前、日本語教育を受ける機会がほとんどなかったから。

Ａさんは以上のような点をあげながら、既存の問題点にも言及した。Ａさんは「給付金を受給するときに収入認定があるから、収入のある息子と一緒に生活できないのが寂しい。これじゃ、生活保護とあまり変わらない」と指摘した。このほか、Ａさんには同母で異父の妹が一人おり、その妹はＡさんと同じような中国帰国者だが残留婦人二世にあたるため、支援の対象とはならない。Ａさんは改正支援法の枠の狭さを感じているという。最後に、Ａさんは「改正支援法が実施されたとはいえ、まだ一年足らずで多くの問題があり、今後孤児のみなさんと一緒によりよい政策の改善のためにやっていきたい」と語った。

事例３　Ｂさんの場合――「私たちの生きられる場所は……」

（１）「Ｂさんの略歴」

満洲	一九四五年四月一八日	浜江省延寿県中和開拓団で生まれる。
	一九四五年八～一二月	方正県日本人収容所に収容された。
← 中国	一九四六年四月	実母に連れられ、程という中国人の家庭に入った。
	一九五〇年	母が加信鎮仁義村で病死。
	一九五〇年	養父に連れられ、吉林省東遼県中心村に転住。
	一八五二年九月～五九年七月	吉林省東遼県中心村小学校に通う（一～六年）。
	一九五九年九月～六三年七月	吉林省遼源市第一中学（三年間学校の寮で下宿生活）。
	一九六四年	生産隊の臨時工員として働く。
	一九六五年	東遼県友誼村に属する生産隊の会計となる。
←	一九六六～七〇年	友誼小学校の工員となる。同年、離散した姉と再会。
	一九六九年一〇月	同村の中国女性と結婚。
	一九七〇年	遼源市プラスチック工場に転職（帰国まで）。
日本	一九九四年三月	日本に永住帰国。
	現在	長野県松本市に在住。

（２）Ｂさんとの出会い、インタビューの場

前節のＡさんのライフヒストリーのなかで紹介したように、Ａさんにインタビューをしたとき、弟のＢさんにも来ていただき、その時に初めてＢさんとお会いした。その後、Ｂさん個人へのインタビュー調査の日程を約束し、二〇〇三年六月七日にＢさんの自宅を訪問し、話を聞くことができた。この調査を終えてから、二〇〇五年と二〇

〇八年にまた再会を果たし、その後の状況などについて確認した。

二〇〇三年六月七日にインタビューした当初、Bさんは棟割り二階建ての市営住宅の一室に夫婦二人と次男の三人で暮らしていた。一階には夫婦が生活する六畳の部屋とキッチンがあり、二階は次男が生活する場所であった。当日、Bさんの息子と奥さんが外出しており、Bさんの部屋で一対一になってインタビューを行った。Bさんの家庭の状況について前回の調査である程度把握しており、姉のAさんの話も聞いていたので、Bさんには中国人の家庭に入ったところから語ってもらうことにした。

筆者の問いかけに対して、Bさんは終始落ち着いた表情と、淡々とした語り口調で、約二時間にわたって中国人の養父の家に入ってから、養父に大切に育てられた様子、中国社会での生活の様子、日本に帰国してからの状況という現在（二〇〇三年）に至る人生経験を語った。ここで提示したBさんのライフヒストリーは、すべて中国語で調査を行い、整理した内容を日本語に置き換えたものである。

(3) Bさんのライフヒストリー

1. 中国人の養子となる

Bさんは、前節で取り上げたAさんの実の弟にあたる。前節で述べたように、二人の兄弟は、避難途中の加信鎮でそれぞれ中国人の家庭に入って生き別れた。Bさんは母と共に程という中国人の家庭に入り、養子となった。そして、一九四八年にBさんの母は、中国人の養父との間に妹となるカンエイをもうけた。妹が生まれてまもなく、一九五〇年にBさんの母が加信鎮で病気により亡くなった。その後、Bさんは同母異父の妹と共に、中国人の養父に育てられた。

2. 中国社会を生きる

▼少年時代の暮らし

Bさんの母が亡くなったあと、生活状況がさらに厳しくなった。養父は男一人ではもはや二人の子どもの面倒を見ることができなくなった。その頃の生活について、Bさんは、「建国の当初、食べ物がない、着る物もない、生活は極めて貧しかった」と振り返る。そのため、養父は二人の子どもを連れて、吉林省東遼県中心村に在住していた従兄の家へ助けを求め、身を寄せた。

一九五〇年、一家三人は養父の従兄の家に身を寄せることになりました。おじいさんの家に三年間くらいお世話になって、私が小学校に入る年（一九五二年）におじいさんの家から出ました。一家三人は東遼県中心村で独立して生活を始めました。この頃、養父は体が弱く、肺結核にかかっていました。生活は困窮しているにもかかわらず、私を学校へ行かせてくれました。

Bさんは、七歳の時に移り住んだ中心村の小学校に入学した。同級生はほとんど同じ村の出身者だった。当時、村の規模は比較的大きかったので、小学校六年生までの学級を備えていた。そのため、Bさんは六年間の小学校を卒業するまで転校せずに村の小学校に通うことができた。当時から家庭の生活はずっと苦しかったが、学校に行くのが好きだったという。

あの頃、私はまだ小さかった。養父は病気だったにもかかわらず、朝ご飯を作ってくれました。ご飯といっても、全然ご飯とは言えない。とにかく私は朝ご飯を食べて、すぐ学校に向かう。学校から帰ると、今度は私がご飯を作る。私が九歳の時から、妹と二人でご飯を作るようになりました。その頃の一般家庭では九歳の子どもにご飯を作らせるなんて考えられませんでした。まあ、小学校の頃、家は貧しかったけど、勉強に対する意欲は強かった。学校が好きでした。

学校が好きだったBさんは、卒業するまでずっと優秀な成績を収めており、作文が苦手だったが、数学と国語などの科目は得意であった。そのほか、体育や音楽の授業にも積極的に参加したという。そして、学校生活のなかで、Bさんにとって忘れられないのが、先生たちの優しさであった。

私は腎臓が悪く、冬になると、時々失禁しました。先生は私の濡れたズボンを脱がせ、自分のコートを私に着せてくれて、濡れたズボンをストーブで乾かしてくれました。一年生から六年生まで担任の先生は何人か変わったが、みんなよくしてくれました。一、二年生の時、同級生との喧嘩で「小日本」「小日本」と罵られることがあったけど。しかし、先生からの差別や偏見はなかった。よく見守ってくれました。

学校生活に対して、家庭のなかでも、Bさんは中国人の養父に大切に育ててもらった。Bさんが小学校に入学した頃から養父は病気がちで仕事があまりできなかったため、家庭の経済状況は極めて苦しかった。しかし、それにもかかわらず、養父はBさんの勉強に必要な文具を揃えるために、経済面で様々な工夫をし、勉強をさせ続けた。実の息子のように育ててくれた養父に対して、Bさんは「感謝の気持ちがいっぱい」だと語る。

Bさんも勉強の合間に、病弱だった養父の家事を手伝ったり、妹の面倒を見たり、できるだけ養父の負担を軽減しようとしていた。しかし、時には自分の子ども心で養父に心配させるようなこともあった。八歳の頃、Bさんは近所の子どもたちと夢中で雪遊びをしていたことがあった。風邪を引くのを心配していた養父は、家へ帰るようにとBさんを度々呼びに来ていた。Bさんは、雪をかぶって自分を探しに来る養父の姿がいまでも鮮明に思い浮かぶという。このほかにも、次のようなエピソードを語ってくれた。

ある日、私はトウモロコシの粉で焼きパン（玉米面餅子）を作ろうと、薪を集めて、火をおこしてから水とトウモロコシの粉を混ぜたあと、直径一〇センチ、厚さ三センチぐらいのトウモロコシの粉の塊を作って鍋にくっつけました。そして最後に鍋を木の蓋で閉めました。これで食事の支度が完成したと思いながら外へ飛び出して、近所の子どもと一緒に遊びに行きました。外へ出たらすっかりご飯を作っていることを忘れてしまった。帰ってきたとき鍋の上に置いた木の蓋も燃えていたことがまだ印象に残っています。

このような暮らしのなか、Bさんは、一九五九年に何とか小学校を卒業することができた。Bさんが小学校を卒業する寸前の一九五八年、大躍進運動が始まるとともに農村には人民公社という制度が導入された。しかし、大躍進運動の失敗により、中国全土は食糧不足の実態に陥り人々の生活を苦しめた。こうした大きな社会運動を背景に、Bさんの家庭生活はさらに困難になった。この時、小学校二年生だった妹のカンエイさんに勉強をさせる経済能力もなくなり、学校をやめさせざるを得なくなった。そして、中学校への進学を控えていたBさんが、養父に「学校をやめて欲しい。進学試験に行って欲しくない、受かってもお前を学校へ行かせるお金がないから……」とも言われたほど、家庭の経済状況は厳しかった。

Bさんは家庭の状況をよくわかっていたが、せめて「進学試験は受けてみたい」という気持ちで養父に内緒で進学試験を受けた。そして、数日後、Bさんは見事に吉林省遼源第一中学校に受かったという結果が発表された。

養父は合格した私に対し、文句を言いませんでした、中学校へ進学することに同意してくれました。だが、入学金やテキストを買うお金がなかったため、どうしたらよいか困っていました。この時、養父は畑の前に相当太い一本の楊の木があることに気がつきました。養父はその木を倒して、一八元の人民元に換えました。この一八元で私は中学校に入学することができました。

Bさんが受かった吉林省遼源市第一中学校は、Bさんが住んでいた中心村から三〇キロほど離れていた。Bさんは自宅から学校に通うのは無理だったため、一九五九年に中学校に入学したあと、学校の寮に入居し、学校の食堂で食事をとっていた。そして、家庭の経済状況が苦しいという理由から、Bさんは学校から奨学金を支給してもらった。これにより、Bさんは何とか中学校に進学することができた。

▼中学校時代

Bさんは、一九五九年の秋、養父、そして妹と別れて一人で遼源市の学校へ行き、寮生活を始めた。家計が苦しかったため仕送りがなく、生活費は学校から毎月支給された二等七元の奨学金でまかなっていた。しかし、食べ盛りのBさんにとって、七元では次の奨学金が支給される前に使い切ってしまい、時には昼食を抜かしたこともあった。Bさんは、その頃の生活状況を次のように語る。

ある日、二等奨学金を受ける頃、私は食券をすでに使い切っていて、同級生はみんなで食堂へご飯を食べにいきましたが、私は一人で教室に座っていました。その時、学校を掃除する王おじいさんに見かけられ、「どうしてご飯を食べに行かないの」と聞かれました、私は「食券がなくなった」と答えました。王おじいさんは「お金がなくても、ご飯を食べるのだよ」と言いながら、ポケットから二毛銭を出してくれて、「早く、食堂へ行け」と言いました。この二毛銭はいまだに王おじいさんに返していません。王おじいさんは生きていればもう九〇歳以上になると思います。このことが私の記憶の中にずっとあります。しかも鮮明で一生忘れられない。

この「事件」により、学校は、家庭の経済状況に苦しんでいたBさんの奨学金を七元の二等から九元の一等に変更した。そして、学校生活のなかにおいても、いつも先生や同級生に助けてもらっていたという。

在学中、私は背が低く、小柄ですごく痩せていました。学校の行事で労働などがあったときは、いつも私を教室に残させ、教室内の掃除など軽い労働を割り当てました。先生や同級生に大変お世話になりました。みんなが親切にしてくれた。その頃はいろいろ大変だったけど、学校生活は楽しく、充実した生活ができました。

Bさんが二年生になったとき、これまで育ててもらった養父が病気で亡くなった。養父の死がBさんに大きな打撃を与えた。さらに、この頃は、Bさんはリンパ節結核という病気にかかっており、養父の死という精神的な負担が大きかったため、病状が悪化してしまった。一九六二年に中学校を卒業する前には、特にリンパ節膿瘍がひどくなったが、医者に診てもらう余裕すらなかった。

ある日曜日、ほとんどのルームメイトは遊びに出かけていました。私は何をしようかと思いながら、毎週日曜日には洗濯することが決まっていたので、洗濯物がなくても（洗濯物がないというより、着替える服がなかったから で、洗濯はただの見せかけのためだけです）洗濯するようなふりをして、着ている服を脱いで、水に濡らして、干していたのです。その日脱いだ服のシラミをとって潰している最中ずっと頭を下げていたので、無意識にリンパ腺を圧迫していて膿や血が一気に流れてきました。部屋に残っている同級生はそれを見たとたんに「出ている、出ている」と大声で叫んでいました。大量の膿が出たあとも病院へ行かず、傷口も処置しなかったので、傷口はなかなか癒合しませんでした。高校を受験するとき、身体検査が行われていて、診断書には「リンパ節結核潰爛期」と書かれていました。高校は受かったが、身体検査が不合格だったので、進学することができませんでした。その頃の私は一七歳で体重はわずか四七斤（二三・五キログラム）だった。水一杯のバケツも持てませんでした。

このように、Bさんは健康状態により高校への進学を断念した。中学校を卒業してから、中心村に戻り、従兄

りした。

従兄夫婦は学校の先生をしていたので、自分たちの医療費を使って、Bさんに薬などを買って与えたり、世話した（養父の兄の息子）の家に身を寄せた。Bさんは従兄の家で二年間ほど暮らし、体調の回復に向けて休養していた。

▼生産隊会計から小学校の工員へ

Bさんは従兄の家で約二年間暮らし、体調が徐々に回復してから、一九六四年の夏に臨時のアルバイトとして生産隊の畑で作物の見張りをしていた。翌年一九六五年、体調が良くなると、生産大隊から「会計をやりませんか」と誘われた。村にはBさんのように中学校まで卒業した人が少なかったからだ。Bさんは会計の仕事をすぐこなせるようになり、一年間生産隊の会計として働いた。その間、Bさんの仕事ぶりが評価され、「今後も続けてほしい」と引き留められたこともあった。

　仕事をしている間、友誼村を管轄する人民公社の幹部の一人が生産隊に視察に来て、私の仕事ぶりを評価してくれて、その生産隊にそのまま残って仕事を続けて欲しいと私に伝えました。生産隊に残ることは、私の「城市戸籍」を「農村戸籍」に換えることになるので、もし「農村戸籍」になったら、一生農村に押し止められることになるわけですから、従兄と相談したうえでその仕事を断りました。

Bさんが生産隊での会計の仕事を辞めた一九六六年、従兄の勤務している友誼小学校が工員一名と先生一名を募集していた。Bさんは従兄に「どちらかをやってみませんか」と勧められ、先生として教える自信がなかったため、工員の仕事を選択した。その仕事は、おもに学校に宿泊している先生たちに食事を提供したり、学生たちにお湯を沸かしたり、校庭を清掃したりという内容であった。Bさんが小学校に就職した年に文化大革命が始まった。文化大革命のなかで、Bさんは大きな被害には遭わなかったが、一度調べられた経験があったという。

ちょうど、一九六六年に文化大革命が始まって、転職などができなくなり、ここで四年くらい仕事を続けていました。文革中、迫害などは受けなかったけど、出身について公安局に調べられました。公安局の人は伯父さんの家に来ていて、「あなたの家に一人の日本人がいるだろう」と聞かれて、従兄は「彼は私の叔父さんの息子だ」と説明しながら、写真も見せてやりました。公安局の人はやせっぽちで小柄だった私の写真を見て、スパイじゃないだろうと判断し、調査を終えました。

▼結婚

そのような暮らしのなかで、一九六九年一〇月、Bさんは二四歳の時に知人の紹介によって、同村の女性と結婚することとなった。相手は、同じ村の出身で一〇人兄弟の長女であった。女性とその家族は、Bさんとの縁談の話が持ち込まれたとき、裸一貫に近いBさんのことを気にせずに快く応じた。

私たちは付き合うことになりましたが、隣人に「呉家の娘は嫁に行けないのか、何であの男と付き合うのか」とよく言われたことがあります。原因は私がやせこけていて、体が弱く、また、仕事は定職ではなかったからです。将来の生活はどうするのかと彼女の隣人から反対意見もあがりました。しかし、妻のお父さんは私に対しよい印象を持ってくれていました。私に両親がいなく、体も弱かったことに、同情してくれて、二人の結婚に反対しませんでした。結婚の直前に「家を建てなさい」と言われました。それを聞いた私はどうしたらいいのかわからなくなって、別れようと思いました。妻の父は「心配することないよ、私はあなたたちを援助するよ」と言ってくれました。妻の父の援助を受けて、家を建てる材料が揃って、それで村の人に手伝いに来ていただいて、六九年の春に新しい家を建てました。

一九六九年の春に、Bさんは義理の父や村人の援助により、家を新築した。同年の一〇月頃、Bさんは親族そして村人たちの見守るなか、簡単な結婚式を挙げた。結婚した当時、夫婦二人にとって、箸一〇膳と茶碗四つが自分たちの全財産だった。結婚後、Bさんは小学校の工員の仕事を続け、妻は生産隊に出て働いた。二人は清貧な暮しだったが、幸せであった。結婚後の様子について、Bさんは次のように振り返る。

夫婦ともに働いていました。まあ、できるだけ生活は節約していました。二〜三年の間で、家を建てたときの借金を全部返済することができました。一九七〇年に長男が生まれ、七三年に次男が生まれました。その頃、私の月給は三二元でした。生活はぎりぎりの状態だったけど、子どもの顔、妻の顔を見ると、すごく幸せを感じました。子どもたちは学校に上がっても、お小遣いがぜんぜんなかったけれども、二人はいつもいい成績を取ってくれました。毎年、子どもが冬休み、夏休みに入る前に、子どもの成績表を見るのが私の楽しみでした。子どもがよい成績をとってくれることは何より嬉しいことです。

▼国営工場へ転職

一九七〇年、Bさんは小学校の臨時工員だと安定できないという思いから、それまで働いていた小学校を辞めて、安定した収入がある国営工場に応募し、遼源市のプラスチックの国営工場の工員に転職した。入社した当初は文化大革命の最中であり、工場でも生産活動をしながら、いろいろな政治運動が行われていた。Bさんは、政治運動などに関心がなかったが、とにかく一生懸命働いていた。

採用されたあと、ボタンの生産現場に配属されました。労働条件が厳しい状況のなか、一生懸命働き、七一年末に「先進生産者」に選ばれ、賞品として魔法瓶が与えられました。その後、文化大革命が続くなか、工場内で政治運動が行われていたので、仕事の評価について報告書にまとめ工場に投稿することになりました。私が属する班はほかに誰も投稿しなかったため、私が自分のチームの仕事について報告書をまとめ投稿しました。その報告書が採用され、全工場で放送されました。工場の幹部らは私の報告書や仕事ぶりを評価してくれて、それにより生産現場から倉庫の管理職に配置されました。仕事の内容は製品の入荷、原材料の発注、補助材料、電器、設備機材、用具などの管理でした。

こうした努力の結果、Bさんは現場の工員から管理職に昇進した。その後、Bさんは主任を経て、課長になり、一九九四年に日本に永住帰国するまで十数年間この工場に勤めていた。

▼一九七二年の日中国交正常化

日中国交が一九七二年に回復された。このニュースを聞いたBさんは、不安と喜びを感じながら、「雷が鳴ったようにとても驚いたよ、信じられなかった」とその時の気持ちを吐露した。そして、日中国交正常化後の一九七五年に、残留日本人は日本に一時帰国できるようになった。しかし、この時、Bさんは日本という国をまったく知らなかったし、その上、自分の両親についての情報もなかったという理由から日本への一時帰国も肉親捜しもしなかった。

日本と中国の関係はどうなるか、私にとってまったく推測ができなかったけど、友好関係を回復してほしいと願っていました。一九七五年になると日本人は日本に帰れることを知っていたが、しかし、文化大革命はまだ終わっていないし、日本に帰ったら、中国のような政治運動に巻き込まれる心配があって、そして、どうやって自分の親を探せるか、手がかりがまったくありませんでした。八〇年代以前、中国社会は極めて保守的であって、日本に関する情報をまったく知らず、一九七八年以来、中国の改革開放政策が登場し、外国の資本、技術、文化を受け入れるようになって、日本に関する情報を得られるようになりました。

八〇年代になってから、前節で述べたように、Bさんは姉のAさん、妹のカンエイさんと共に加信鎮で父の消息を探し始めた。その後、身元が確認された。そして、一九八五年にBさんはAさんと共に日本への一時帰国を果たした。

3. 日本社会を生きる

Bさんは一時帰国を一九八五年にしてから一〇年後の一九九四年にようやく日本への永住帰国を果たした。それまで、姉のAさんと共に永住帰国する際に必要とされる身元引受人が見つからなかったため、しばらくの間日本への永住帰国を果たせなかった。一九九四年三月、Bさんの家族（Bさん、妻、長男夫婦、次男の五人）は姉の家族と共に、身元引受人になってもらった従兄の居住地である長野県松本市に定住することとなった。帰国した当初の様子を、Bさんは次のように語る。

　一九九四年に姉一家と私の一家は帰国しました。帰ってきた当初、姉たちと一緒に従兄の家に三週間くらいお世話になりました。その後市から公営住宅を割り当てられました。三ヶ月の生活保護を受け、職業安定所の斡旋で仕事を見つけたあと、生活保護が途絶えることになりました。

▼日本での職業

Bさん一家が日本に帰国したばかりの頃、長男夫婦に子どもが生まれて、その子が幼稚園に入るまで、Bさんの妻は仕事をせずに孫の面倒を見ていた。孫が小学校に入学してから、再び仕事を始めた。

　家にいて、孫の面倒を見ていたので、仕事をしませんでした。五～六年前から姉（Aさん）と一緒に植物園で働いていて、日給は四〇〇〇円でした、いまは六〇〇〇円に上がりました。毎日の仕事の内容が変わるからきつい時もあるけど。

一方、帰国してまもなくBさん自身は日本で一家の生活を支えていくために、建築現場で足場を組み立てるというとび職の仕事に就いた。この仕事は十分な体力を備えない限り、若者でもなかなか続かない職業である。しかし、ほかの仕事が見つからなかったBさんにとっては、選択の余地がなかった。仕事は辛くてもやるしかなかった。初めての日本での就職体験について、Bさんは次のように語る。

仕事を始めた当初、月給は二四万円だった。毎日鉄のパイプを運んだり、建物の周辺に作業台を組立てたり、工事が終わると作業台を撤去したりします。一年中外で作業していますので、雨の日でも、雪の日でも、暑くても、寒くても、休みがありませんでした。六年間ずっとこの仕事を続けていましたが、三年前、眼が悪くなって、作業するとき、上の作業台からパイプを受け取るとき、しっかり見えないので、何回も手を打ちました。仕事を続けるには危険と判断し、それで三年前にその仕事を辞めました。

Bさんはこのとび職の仕事を辞めてから、帰国者の知り合いの紹介である警備会社に転職することができた。しかし、その仕事は、工事中の道路で車を誘導したりするので、中級や上級レベルの日本語能力が求められた。Bさんはこの仕事を一年くらいしていたが、日本語での対応が十分にできなかったため、やむを得ず仕事を辞めた。

その後、Bさんは家から数キロ離れているクリーニング店で働くようになった。その仕事に対してBさんは、「給料は安いし、仕事はキツイ」と語る。Bさんはこの会社では倉庫の仕事を任されている。おもに洗ったシーツを台車に積みこんで、二〇〇～三〇〇キロのその台車を外へ運び、運送のトラックに積み込むという流れ作業である。この作業は、工場のなかの工程で一番の重労働であり、みんながやりたくないという。しかし、Bさんにはこの仕事ばかり回された。Bさんはなぜ従業員全員でローテーションを組まないのか、不思議で仕方がないという。さらに、日本人と中国人で賃金の格差があることに、差別されていると強く感じている。

私たちの勤めている会社はある意味で日本社会の縮図です。この会社は日本の社会の本質を映し出しています。新人の場合、日本人の時給は七八〇円だが、中国人の時給は七五〇円です。わずか三〇円ですが、わずかの数字の裏側には大きな意味が隠されていると思います。それが差別であり、偏見です。中国人にしろ、日本人にしろ、アメリカ人にしろ、みんな同じ人間であるのだから、平等にしてほしい。

以上が、日本に帰国したBさんの九年間の職業体験である。また、共に来日した二人の息子の職業経験については次のように語る。二人の息子は、日本に来た当初、電子部品製造工場で半年間アルバイトをしていた。その後、二人ともそれぞれ転職し、正社員として採用された。

いまは、長男は電子部品の製造会社に勤めています。毎週日曜日に三〇分ほど会社に行って、次週の使用原材料を準備します。長男の会社に作業員はたくさんいるけど、その仕事が彼に任されているということは、仕事がよくできているからだと思います。その工場にたくさんの帰国者の方がいたけど、ほとんど辞めさせられたのに。給料は毎月二五～二六万もらっている。残業があれば月三〇万円くらいもらえます。

次男は農具製造会社で働いていて、会社では中堅になる存在です。会社が新しい機械と古い機械を切り替えるとき、次男は社長に呼ばれて、工場長と三人で会社に泊まり、新旧機械を交換したのです。この点から仕事などでは会社側に信用されているのだと思います。長男の嫁もよく働いているし、時給一三〇〇円をもらっています。皆それなりに頑張っているね。まあまあの生活を送っている。

▼日本語の学習と孫の教育

帰国者たちにとって日本語の習得は日本社会へ適応するための基本的な条件となる。しかし、来日した当時すでに四〇歳を超えていたBさん夫婦にとって、日本語の習得が最も大きな壁であった。Bさんは「仕事にかかわる言葉がわかればもう満足だ」と自分の目標を示しながらも、「中国語のように日本語で話し日本人とコミュニケーションをとることは、一生できない」と日本語学習の難しさを訴えている。一方で、息子たちは徐々に日本語を話せるようになっていた。Bさんは普段の生活の中で、子どもたちに助けてもらう場面が多かったという。

日本で生まれた孫たちについては、日本語よりも、彼らに中国の教育を受けさせたいという。それは、日本の学校教育は自由過ぎて、子どもの成長に良くないという判断があったからである。孫の教育について、Bさんは次のように語っている。

学校での勉強時間が少ない。授業中でも学生に対し厳しくない。休みが多い。日本の学校では学ぶことができないと考え、子どもを長男の嫁の実家長春にある学校に行かせました。最近中国では私立小学校が盛んに創設されている。孫が在学している小学校は東北師範大学の附属小学校です。そこは教育の水準が高く、教育プランも充実していて、学校は全寮制になっています。学校は安全管理の面においてもかなり力を入れています。週末になると学校のスクール・バスに乗って、嫁の実家に帰って週末を過ごします。冬休みや春休みになると、日本に戻ってきます。親にも会えて、そして日本語も忘れないように勉強させています。

▼地域社会のなかで

地域社会においては、中国帰国者の間での相互交流、日本人との交流という二つの傾向が見られる。Bさんには言葉の壁があるため、日本人との交流は極めて少ないという。

日本人との交流はあまりないけど、摩擦もありませんでした。お互いにあまり交流しません、会うときに挨拶をするぐらい。

Ｂさんは日本人との交流も帰国者との交流もそれほど多くなかった。近所の気が合う帰国者と個人的に付き合う程度であった。この地域に住む中国帰国者たちは年に一度集会を開くが、かつて参加して不愉快な思いをしたこともあったから、最近はほとんど参加していないという。

一方、多くの中国帰国者に両国の文化、習慣、考え方の違いによる日本人の親族とのトラブルがよく見られるが、Ｂさんの一家と彼らの親族は非常にうまくいっているようである。そのことを、Ｂさんは次のように話す。

日本人の親族との関係はうまくいっています。普段は会う時間がないから、あまり会いません。正月とか、お盆に挨拶しに行きます。あちらも会いに来ます。従兄は毎年来るたびにリンゴ、白菜、ジャカイモ、米などを持ってきてくれます。従兄も七〇歳になりますが、なるべく世話にならないように自分ができることは自分でやります。だから、生活の自立だけではなく、日常の雑用もできるだけ自分で処理します。

▼老後生活の不安

二〇〇三年にインタビューした時点でＢさんは五八歳だった。この時は夫婦二人で何とかパートタイムで生計を立てていた。定年後はわずかな年金でどう生活していくか、Ｂさんは極めて不安だった。その不安の根底には、日本政府が中国残留日本人に対して老後の生活を保障する政策を整えていなかったことがある。こうした政府の怠慢な態度に対して、Ｂさんはその怒りを次のように語る。

老後の生活を考えてみると、年金が少ない、生活ができない、といった苦境をもたらしたのは私たち自身ではなく、国家間の戦争によってもたらされたのです。われわれは日本で生活する気がない、日本で仕事をする気がない、年金を納める気がない、などと言ったことはなく、われわれの運命が歴史、国家に翻弄されてきたのです。この責任は国家が取るべきです。私たちは中国に残され、帰国したときにはすでに四〇歳台、五〇歳台になっていました。年金の計算の方法を日本人と同様にするならば、私たちの老後生活は困難です。また、もし私たちが中国に勝手に行って日本に帰ってきて、あれこれ要求すると言うなら、それは道理ではありません。いまでは子どもたちは自立しているが、私たちは高齢のため、それなりの収入は得られません。生活を維持することは何とかできますが、仕事ができなくなったとき、限られた年金の中で生活を維持するのは無理があります。

続いて、Bさんは自分たちと北朝鮮拉致被害者たちの境遇を比べた。もちろんBさんは、日本に帰国を果たした北朝鮮拉致被害者への支援策に対して異議を申し立てるというつもりはないが、「同じ日本人なのになぜ雲泥の差があるのか」と理解に苦しんでいる。

年をとって日本語を勉強するのは困難です。仕事を探すことも大変でした。私たちは最低水準の生活の権利にも達していません。北朝鮮に拉致された人たちには帰国後、政府によるいろんな政策がありましたが、中国帰国者に対してはそのような待遇はなかった。拉致された人たちも私たちも日本人だよ。どうして私たちにそのような援護をしてくれないのですか。

▼中国あるいは日本に対する思い

インタビューの最後に、中国と日本という二つの社会に対する思いをBさんに聞いてみた。Bさんは帰国してからの一〇年間を「苦闘の一〇年間」と締めくくった。すなわち、日本に帰国してから自分たちの力で日本社会で生きていくために、とにかく一生懸命努力を重ねてきたのである。しかし、いまなお、個人の力では老後の生活を安心して暮らせない。そして、日中の間に生きてきたBさんは、その思いを次のように述べた。

日本人として、五〇年間中国の社会で生きてきたことは、私の人生にとっていろんな意味を持ちます。戦争のおかげで私たちが中国に残されて、日本人でありながら、中国人として育ててもらいました。中国の生活は貧しかったけど、中国社会からの差別・偏見はなかった。私たちは中国文化を持つが、日本人として、私たちは「祖国」を見てみたい、「祖国」で暮らしたい、それは誰でもある気持ちだと思います。私は「祖国」に帰れて、心から嬉しく思います。しかし、待ち受けたのはショックばかりで、日本人としては受け入れてもらえなかった。日本社会では中国人と言われ、中国社会では日本人と言われ、私たちの属する空間はどこにあるのでしょう、私たちが生きられる場所を求めたい。

▼いま現在

二〇〇三年のインタビューを終えてから数ヶ月後、Bさんは姉のAさんと共に長野県残留孤児原告団に一員として参加した。二〇〇七年末の「改正中国残留邦人支援法」の成立を受けて、二〇〇八年三月に長野県残留孤児原告団がその訴訟を取り下げるまで、Bさんは原告団の事務局の一員として県内の残留孤児たちと共に活動をしてきた。訴訟は一段落ついたが、原告団はまだ解散していないため、Bさんはいまでも事務局の仕事に携わっている。

その一方で、Bさん個人は二〇〇五年に健康状態が悪化し、仕事を辞めざるを得なくなった。そして、生活保護を受けた。二〇〇八年に「改正支援法」が適用されてから、現在は夫婦二人で新たな給付金を受けて暮らしている。

事例４　Ｃさんの場合――「中国人の家庭を転々とした残留生活」

（1）「Ｃさんの略歴」

日本	一九三四年一二月二三日	長野県南佐久郡南郷木村に生まれる。
満洲	一九四〇年	両親に連れられ、満洲に渡る。
	一九四二年	母が中和開拓団で病死。
	一九四五年春	父が中和開拓団の日本人女性と再婚。
←	一九四五年五～八月	在満中和開拓団国民学校の三年生として編入。
	一九四五年九～一二月	方正県日本人収容所に避難。父が死亡。
中国	一九四六～四七年	加信鎮で放浪生活。転々と貰われたり、売られたりした。
	一九四八～五二年	于という中国人家庭の養女となる。
←	一九五二年	一五歳年上の中国人男性と結婚。
	一九七五年	日本に一時帰国を果たす。
日本	一九九〇年二月	日本に永住帰国。
	現在	長野県松本市に在住。

（2）Ｃさんとの出会い、インタビューの場

本研究を始めた当初、調査対象者の紹介や中和会の活動に参加させてもらうことで、Ｃさんから多大な協力を得た。第四章のフィールドワークの記録で記述したように、筆者は来日した当初、長野県松本市に三年間ほど暮らしたことがあり、その時にＣさんと知り合っていた。

Ｃさんへのインタビューは、二〇〇三年に三回にわたりＣさんの自宅で行った。その後、二〇〇五年、二〇〇八年に再会を果たし、二〇〇三年に調査したあとの生活状況などについて確認することができた。Ｃさんは一九九〇

年に、中国人の夫と二人で日本に永住帰国し、長野県松本市に落ち着いた。Cさんは、夫と市の中心部から少し離れた市営住宅に居住しているが、夫が高齢のため、料理、掃除、洗濯など家事のほとんどをCさん一人でこなしている。

インタビュー当日、六畳の部屋でCさんとテーブルを挟んだような形をとって、話を進めていった。夫は外へ出かけていた。Cさんとはインタビューする前から、何度も会ったことがあり、自宅には何度か訪問していた。そのため、普段の日常会話から話が始まり、ほとんど緊張をせずに、徐々にインタビューのほうへ移っていった。Cさんはずっと変わらない表情で、入植まもない頃の母の死、逃避行のなかでの集団自決との遭遇、戦乱で父を失ったこと、そして避難先の現地社会で転々と売られたり、貰われたりした体験を一つ一つ語ってくれた。Cさんの波瀾万丈の人生と淡々とした語り口調が最も印象に残った。その後も何度かCさんの自宅を訪ね、インタビューを重ねた。ここで示すCさんのライフヒストリーは、数回の調査で記録した内容に基づいたものである。Cさんへのインタビューは中国語を中心に行ってきたが、時折Cさんは日本語を交えて語ってくれる場面もあった。

(3) Cさんのライフヒストリー

一九三四年一二月二三日、Cさんは長野県の南佐久郡南郷木村に生まれた。一九四〇年に農業に従事している父に従い、父、母、兄と妹の一家五人で中和鎮に入植した。満洲に渡って二年目の頃、母を亡くした。父は敗戦後の混乱に巻き込まれて死亡した。Cさんは中国に取り残され、一八歳で中国人と結婚した。一九七五年に一時帰国を果たし、一九九〇年に永住帰国した。

1. わずかな満洲の記憶

Cさんの一家は満洲開拓団の農業移民として、長野県から送出された第七次中和鎮信濃村開拓団に南佐久郡から参加した一五戸の内の一戸であった。Cさんは六歳の頃、家族と一緒に満洲に渡った。入植地に着いてから共同経営の生活を経て、六区に落ち着いた。Cさんが八歳の時、開拓団の小学校に入学する矢先に、母が現地の天候に馴染まず、そして産後に体調不良となったこともあり、満洲で亡くなった。その時の様子を、Cさんは次のように振り返る。

私が八歳（一九四二年）の時、一人の妹が生まれましたが、生後まもなくして亡くなりました。病気だった母も出産後に重い病気にかかり、ハルビンの病院に運ばれましたが、そこで亡くなりました。母が亡くなってから私は家の手伝いをしたり、妹の面倒を見ることになりました。八歳の私にとって忙しい毎日でした。学校さえ行けませんでした。半年が経って妹が同じ部落の日本人に貰われました。私は二年間くらいずっと家の手伝いをしていました。一九四五年の春に父は隣の部落五区の日本人女性と再婚しました。私は学校へ行けるようになり、一九四五年の五月の頃、初めて学校生活が送れるようになりました。

ここでCさんが語ったように、母が亡くなったあと、母の代わりに家事などの手伝いをせざるを得なくなり、学校にも行けなかった。父が再婚してから、Cさんはやっと学校に通えるようになったが、それも日本の敗戦とともに中断され、わずか三ヶ月間の学校生活となった。たった三ヶ月だけの学校生活について、Cさんは、「一年生と二年生の授業を受けたことがないのに、三年生として編入したため勉強について行けなくて、学校の生活は楽しいと思わなかった」と回想する。

2．避難体験――中国人の家庭へ

敗戦後、Cさんは父と養母そして兄の四人家族で避難していた。敗戦の直前、開拓団の一八～四五歳までの青年・壮年男子はほとんど関東軍に徴兵されていたが、Cさんの父は役員であったため、かろうじて現地に留まることとなった。しかし、一家が属した部落は、避難するときに、第三章で述べたように本隊と別行動をとったので、一三〇人余りも集団自決で犠牲となり、死亡率が最も高かった。Cさんの一家四人はその集団自決から逃れた家族の一つであった。集団自決を逃れたのち、一ヶ月ほど山中をさまよって、野宿をしながら、食糧もなく木の葉や野生の果実で飢えを凌いでいたという。

一〇月頃、先に方正県の収容所に入っていた本隊の救出により、方正県の収容所に収容された開拓団の本隊と合流することができた。収容所の中の生活は、食糧不足や寒さが増すにつれて病死者が続出し、極めて過酷であった。そんななかでも、一家四人はとにかく生きようと歯を食いしばっていた。しかし、Cさんの父は、一九四五年一二月末頃に、共産党が指揮する方正常駐部隊「大同盟」と通河県の国民党の部隊「保安隊」との方正の占領権をめぐる戦闘に巻き込まれて死亡した。Cさんの父は両軍の停戦の間に戦地の近くへ開拓団の婦人たちを十数人連れて枯れ草を取りに出かけていた際に、敵が侵攻してきたと思われたため、射撃された。そこでCさんの父も銃弾に当たって即死した。ほかにも何人かの婦人が負傷した。突然の父の死に、収容所に残されたCさんたちは途方に暮れてしまった。

一二月三一日、Cさん、養母と兄の三人は寄り添って中和開拓団の本隊と中和鎮へ避難しに向かった。しかし、中和鎮に辿り着く前に、寒さ、飢餓などにやられて、加信鎮に留まらざるを得なくなった。そこで、養母は余儀なく中国人の家庭に入ることを選択した。兄も中国人に貰われ、その家で働いて命をつないだ。一方、Cさんはどこにも身を寄せる場所がなく、街のなかで放浪する状態だった。

私たち一家は中和鎮まで行く体力がなかったので、加信鎮の近くにある部落に着き、そこで暮らそうということになりました。そこで一ヶ月くらい生活していましたが、食べるものもなく、どうやって生きていったらいいのかと困っていました。養母は加信鎮に住んでいる商という中国人の家に入り、その人の妻となりました。その頃、兄はほかの中国人に貰われ、私たちとは別れていました。養母は私を連れて商という人の家に入りましたが、商は体が弱くあまり働けない人だったため家が貧しく、私まで面倒を見ることができませんでした。

それから、私の流浪生活が始まりました。

行き先がないCさんは養母の姉の家族に助けを求めに行った。Cさんはそこに何とか引き取ってもらい、養母の姉の家族と共に一ヶ月間暮らしたが、その後は、また生活ができなくなった。この時は、前節で取り上げたAさんの事例で記述したように、Aさんの母がCさんを自分が世話になった中国人家庭に招いて、Cさんを一時的に保護した。しかし、そこもいられなくなり、CさんはAさんの家族と共にその家を出たあとにAさんたちと別れた。身寄りがないCさんは仕方なく、再度養母が入った中国人の家に行って助けを求めたが、養母の主人の商に家へ入れてもらえることはなく、謝という中国人の家庭に預けられた。謝家に入ったあとの様子を、Cさんは次のように語る。

謝家に何ヶ月くらいいたかは覚えていませんが、兄が日本に帰るということを聞き、どうしても兄と一緒に日本に帰りたいと思って、謝家から逃げ出しました。私は兄に会って泣きながら、「私も日本へ連れて帰って」とお願いしました。深夜になり、私は眠くなって、そのまま熟睡してしまいました。朝起きたら兄はもういなくなっていました。日本に帰ったらしい。私は寂しくて、寂しくて、一日中、泣き続けていました。

当時、Cさんより四歳年上の一四歳だった兄には、Cさんを連れて日本に帰るという能力もなかった。そのまま現地に取り残されたCさんは、兄が日本に帰ったあと、再び養母の姉のところへ身を寄せた。二〜三日経った頃、そこに謝家の奥さんがやってきて、謝家に入った当初Cさんに与えた服などを持ち去っていった。Cさんは仕方なく、麻袋で作った上着を着て、体を包み隠していたという。

ここで身を寄せた養母の姉の家族は、養母の姉、夫、娘の三人だった。一家三人は加信鎮の街から少し外れた場所で、地面に穴を掘ってその上に簡単な草ぶき屋根を作り、その穴の中で日本への引揚げを待って暮らしていた。

Cさんがここにきて一週間くらい経ったある日の夜中、強盗に遭い、養母の姉の家にある唯一の毛布を奪われてしまった。さらに、一家三人は強盗に殴られ、一二歳だった娘がそこで亡くなった。一家三人の足元に寝ていたCさんは被害を受けずに一難を逃れた。その時の情景を、Cさんは次のように回想する。

目を覚ますと、おばさんの娘の死体があり、とても愕然としました。周りの中国人は、私たちが泣いているのを気にしてくれ、見に来て、私たちを慰めてくれました。

その時、Cさんは様子を見に来た一人の中国人のおばあさんに「家に来ないか」と誘われた。この先はどうやって生きていくかと途方に暮れていたCさんは、そのままおばあさんのあとに着いていった。Cさんはその家庭で子守りや家事の手伝いをして、一日三食を食べさせてもらった。しかし、その家庭では三人の子どものうち、一人が精神障害を持っていたため、よく人を殴ったり、怪我をさせることがあった。そんなある日、Cさんが家事をしている最中、突然、その子が持っていたハサミでCさんの足を刺し、怪我を負わされた。Cさんはその恐怖で、傷口も処理せずにそのまま逃げ出した。

その家庭から逃げた出したのち、Cさんはまた養母の家に戻ってみた。しかし、今度は養母の中国人主人の商によって于という中国人の家庭に売られた。于家は母子二人だけの家族で、土地もなく、貧しい家庭だった。幸い、母子とも思いやりがある人で、家庭が困窮していたためCさんを学校に行かせられなかったが、Cさんが一八歳の時に現地の中国人と結婚するまで大切に育ててくれたと、Cさんは語る。

3．中国社会を生きる

現地社会に放り出されていた当初、Cさんは、転々と中国人の家庭に貰われたり、売られたりしていた。中国語もわからなかったため、日々恐怖、不安、孤独などを伴って暮らしていかなければならなかった。Cさんの少女時代はそうした生活のなか、楽しい学校生活もなく、労働力として、農作業に追いまわされる日々だった。

方正の収容所から加信鎮に来たとき、中国語が一言も喋れませんでした。中国語ができるようになるまで一年以上かかったね。最初は手ぶりをまじえながら、中国人とコミュニケーションをとりました。何をやっていても、手ぶりをしなきゃ通じないのだから、怖かった。中国人に何を言われているのか、まったくわからないから、怒っているような表情を見たら、ひたすら逃げました。（…中略…）一三歳の頃から、私は人に雇われて草刈りなど力仕事をしていました。私は仕事を怠けたりしなかったから、よく雇ってもらいました。一四歳になると、（成人の労働力として）よその村へ出稼ぎにも行っていました。

▼中国人と結婚

一九五二年、一八歳になったCさんは韓という中国人と結婚した。夫の韓さんは、Cさんより一五歳上の農民だった。戦時中、韓家は加信鎮の周辺に土地を持っている「富農」として知られていた。しかし、一九四六年から一九四七年まで行われた延寿県の「土地改革」で、韓家は土地、財産などすべてを没収された。韓さんの先妻は、土地改革の中の厳しい取り調べに耐えられずに亡くなった。その後、知り合いの紹介により、韓さんはCさんと結婚することとなった。結婚した当時、Cさんは夫の母親、兄弟たち、その家族などと共に暮らしていた。そのような大家族の共同生活において、Cさんは誰よりも辛抱強く働き者であった。その時の生活について、Cさんはこう語る。

分家する前、主人の兄弟五人とそれらの家族、また、主人のお母さんとみんなで一緒に住んでいて、大家族でした。姑は嫁の五人のなかでも、私に一番親切にしてくれました。私を「よく働く、おとなしい」とほめてくれました。一九五三年に姑が亡くなり、それで主人の兄弟五人が分家することとなりました。私たちは一間の部屋と畑を少し貰いました。

Cさん夫婦が独立した翌年の一九五三年、長男が生まれた。その年、中国にいる日本居留民で帰国を希望するものに、帰国援助をするという「北京協議」が行われた。すなわち、残留日本人は、日本に帰国する意思があれば、日本に引き揚げることができるようになったのである。しかし、Cさんは長男が生まれたばかりだったし、両親も中国で亡くなり、どこに帰ればよいかもうわからなくなっていたため、このチャンスを見送ることにした。

その頃（一九五三年）、加信公社が日本人に帰国を呼びかけていましたが、私は自分の名前と兄の名前以外、自分の出身地がどこだったか、開拓団はどこだったかなど覚えておらず、また、子どもを産んだばかりだったこともあり、帰れる状況ではありませんでした。その後、加信公社に近い部落に残留していた日本人のＫＢさんという人が私のことを知っていて、私の出身地、開拓団のことなどを教えてくれました。

▼社会主義改造運動のなかで

五〇年代の初めから、中国の農村では労働力などを相互に交換するという互助合作運動が始まった。それは土地や農具などを集団所有するという互助組や初級合作社などと発展していき、農業集団化が進められた。この頃、Cさん夫婦は、その運動に参加させられ、住み慣れた村を離れて山の奥でミツバチを飼育する仕事を与えられた。

あの頃は、農村で合作社運動が始まり、そのため土地や農具全部が徴収されました。私たちは、子どもを合作社の幼稚園に預けて、合作社の畑の草取り仕事を始めました。一九五八年から、私は子どもを連れ主人と一緒に蜂を飼いながら、山中での生活を八年くらい続けました。六〇年から六二年の「低標準」の時、部落に住む人たちは食糧がなく大変な生活でしたが、私は山で畑を作りジャカイモ、かぼちゃなどをたくさん栽培し、また鶏を飼っていたので、飢えることはありませんでした。食糧には困らなかったです。子どもたちは、米を食べたことはありませんでしたが、お腹がすくようなことはありませんでした。家の周りには誰も住んでいませんでしたし、近くに住んでいる部落の人との交流もあまりありませんでした。生活は落ち着いていました。

蜂を飼育するために、山の奥で暮らしていた一家の周りには民家がなかった。Cさんの長男は、小学校に入学すると、三〜四キロ離れている部落の小学校まで通わなければならなかった。Cさんの長男は通学中に何度も狼に遭遇した。Cさんは、長男が学校から帰ってくるのを毎日心配していたという。

長男が四年生の時、他の部落の子どもが学校の帰り道に何かの野獣に襲われた、ということがありました。ちょうどその日、長男は、学校が終わると、お腹がすいていたので部落の親戚の家に行っていました。そうでなければ、長男も被害に遭ったかもしれない。

Cさんは子どもの安全を考えて、一九六五年に山を下りて、加信公社に戻った。この間に長女、次女、次男、三男が生まれた。三女は一九六六年に加信公社に帰ってきてから生まれた。加信公社に戻ってから、Cさんの主人は生産隊に戻り、農業の仕事を続けた。

Cさんが加信公社に戻ってきた年に、文化大革命が始まった。文化大革命のなかで、多くの残留日本人は差別され、苦しい思いをした。しかし、Cさんは日本人だからといって差別されたりいじめられたりしたことはなかったという。八年間も山の奥で生活していたため、村に戻ってきても日本人として目立つことはなかったのである。

私には何もなかったです。一生懸命働いたから、周りの中国人にいい印象を与えたし、また、集会に参加しなかったし、できるだけ社会運動に巻き込まれないよう気をつけていました。

▼日中国交正常化と一時帰国

一九七二年に日中の国交が正常化すると、Cさんが住んでいた加信公社は、地域内の残留日本人に対し調査を行った。日本の敗戦後、中和開拓団が方正の日本人収容所から中和鎮に引き返すときに、加信鎮や中和鎮において多くの残留者が出た。Cさんのように、加信鎮に残留することとなった日本人は多く存在していた。中には、中和開拓団の関係者だけではなく、ほかの開拓団の関係者もいた。当時のほかの残留日本人との交流について、Cさんは次のように語る。

　加信公社は日本人に対する調査を行っていたよ。いろいろな書類を書かされました。公社に住んでいた残留日本人何人かと連絡を取っていました。大八浪開拓団のKSさんとか、中和鎮開拓団三区のOHさんとか、KZさんとか……。私はいつもKSさんに頼んで手紙を書いてもらったり、日本からの手紙を翻訳してもらったりしていました。なぜなら私は一九四五年五月に開拓団の国民小学校に入学しましたが、八月の敗戦によって私の学校生活も終わったため、日本語の読み書きができないからです。

日中国交正常化の二年後の一九七四年、Cさんは、残留婦人だったKSさんに頼んで、手紙を書いて長野県庁に送った。県の調査により、Cさんは敗戦で引き揚げた兄との連絡が取れた。翌年の一九七五年に、Cさんは日本への一時帰国を果たした。三五年ぶりに帰還した日本は、記憶のなかにある子ども時代の日本とだいぶ変わっていたと、Cさんは感じた。

　当時と実家の様子があまり変わっていなかったことを覚えています。それと、日本の生活水準が高いことに驚きました。食べ物にしても、着る物にしても、私の六歳頃の日本とぜんぜん違う。特に和服がなくなっていた。まさに外国に来たように感じました。日本に滞在中、妹や兄はよくしてくれましたが、一番悔しかったのが、妹と兄と会話することができなかったことです。何十年間分の話をしたかったが話せませんでした。

Cさんは、日本に半年間滞在した。実家だった南郷木村に三ヶ月ほど住み、その後、大阪に在住している兄のうちに三ヶ月間滞在した。この一時帰国は、Cさん一人だけで行った。滞在中、知り合いから「このまま日本で働かないか」と誘われた。Cさんはその時は働いてみようという気持ちになったが、中国の家族から「早く帰ってきてほしい」という手紙を受け、予定通り中国に戻った。

▼日本から学んだ野菜栽培

Cさんは、日本に滞在中、ビニールハウスの栽培技術に目を留めた。そして中国に戻るとビニールハウスによる野菜栽培を始めた。その頃、Cさんが住んでいた町では、ビニールハウスによる野菜栽培方法はまだ導入されていなかった。そこで、Cさんはビニールハウスで野菜栽培をやってみようと考え、自家の畑で温室栽培を実施した。それが大成功し、県からの視察団や当地の農家の人々も見学や勉強にやってきた。県の温室栽培のモデルとして、全県にも取り上げられた。

ビニールハウスの栽培が始まってからは、春に野菜の苗を育て、少し大きくなったらハウスの中に移すようにしました。春は風が強いため、ビニールハウスを守るために、夜はほとんど寝られないこともありました。野菜を出荷する時季になると、人力車で町、村を回って売りました。たまに二〇キロほど離れている町へ野菜を売りに行くこともありました。

こうしてCさんは、春と夏に野菜の栽培そして販売をしていた。秋や冬になると、ハルビンの卸販売店で日常生活用品や若い人に愛用されるアクセサリーなどを大量に仕入れて、加信鎮の市場で小売りをした。Cさんは、日本に永住帰国するまで、このように野菜の栽培や小売などで生計を立てていた。

▼日本に永住帰国

一九七八年からは中国では改革開放政策が打ち出され、中国は計画経済から市場経済へ移行し、国内に経済活性化がもたらされた。農村もそれに刺激され、八〇年代の後半になると、農村から都会への出稼ぎ現象が現れ、外国志向も高まっていった。こうした背景のなか、Cさんは、個人的に帰国したいという気持ちよりも、むしろ息子たちに「来日」をせがまれていた。

> 一時帰国した頃は日本に帰ろうとは思いませんでした。日本語が不自由だったので、帰っても大変だろうと思っていました。しかし、子どもたちからは日本に行きたい、行きたいといつも言われていました。
> また、加信鎮には残留日本人が多かったので、七〇年代後半から、八〇年代に日本に帰った人たちが中国に里帰りしてきたとき、「日本の生活はいい、日本は先進国だよ、中国は二〇、三〇年日本に追いつかないよ」と言っていました。子どもたちはこういったことを聞いて、日本に住んでみたいと私に言うようになりました。その頃、次男、三男は市場で魚屋をやっていて、長男は果物を販売していました。なかなかうまくいってなかったけどね。三女は仕事がなく、旦那さんは運送の仕事をしていましたが、一人で働いていたので生活がちょっと苦しかった。いろいろ考えたあと、日本に帰国すると決心しました。

4．日本社会を生きる

▼永住帰国のための身元引受人

一九九〇年、Cさんは中国人の夫と二人で日本に永住帰国した。永住帰国の手続きをするとき、日本の実の兄たちに相談してみたところ、「日本語が全然できないのに、日本に来てどうやって生活するのか」と強く反対され、身元引受人になってもらえなかった。Cさん自身も一時帰国の時に日本語が全然できなかったので、何をするにも一人でできないから、大変だと感じていた。しかし、子どもたちの日本に行きたいという願望が強く、Cさんは子どもたちのために、日本への帰国を決意した。

兄の反対を受けて、Cさんは、一九八一年、一九八二年、一九八六年に長野県中和鎮友好訪中団が中和鎮を訪れたときに出会ったY先生と、一九五三年に帰国したKBさんに手紙を出して、日本へ永住帰国したいということを相談してみた。しかし、兄の反対する意思が変わらなかったため、先生とKBさんはどうすることもできなかった。その後Cさんは、元中和開拓団出身者のMさんが中国を訪問したときに面会して、永住帰国の際に身元引受人になってもらえないかと頼んだ。その時の様子をCさんは次のように語る。

兄の同級生のMさんが中国を訪問したとき、ハルビンでMさんに会い、「私は日本に帰りたいです。そしてMさんに私の引受人になってほしい」とお願いしました。Mさんは「あなたの兄の同意があれば、私はあなたの引受人になってあげる」と言ってくれました。Mさんは日本に帰ったあと、私の兄、妹と連絡を取り、私の引受人になって、松本市で引き受けると説明してくれました。兄と妹は「自分の居住地では仕事を見つけるのが難しいが、もし松本に行くならば反対しない」と言いました。それでMさんは引受人となり、私は一九九〇年に日本に帰国しました。

この時、Cさんは、末子三女の家族（三人）と共に帰国をしようと手続きをしていたが、北京の空港で、三女家族に手続き上の不備が見つかり、共に帰国ができず、Cさん夫婦だけが先に帰国し、身元引受人になってくれたMさんが住む長野県松本市に落ち着いた。その翌年の一九九一年に、三女家族はCさんより一年遅れて来日した。

▼市営住宅に入居

松本市に来てから、Cさん夫婦は市役所の斡旋により、六畳と四畳半二間の市営住宅に入居することとなり、日本での生活が始まった。その時の様子を、Cさんは次のように振り返る。

住むところは、とても狭くて、お風呂もついていない。銭湯まで行くのに歩いて一五分くらいかかりました。主人は年をとっていたので不便でした。

このような環境のなか、一九九一年にCさんの三女家族が来日し、半年後に市営住宅に入居するまでCさんの狭い家で二世帯五人が一緒に暮らすこととなった。その翌年の一九九二年、Cさんは中国に残った三人の息子と二人の娘たちを日本に呼び寄せた。その経緯について、Cさんは次のように語る。

一九九二年一月に、息子三人と彼らの家族一二人が日本に来たので、大阪空港に迎えに行きました。長男家族と次男家族は私の家に住み、三男家族は三女の家に泊めてもらいました。一〇畳半の家で一一人が一緒に生活していたため、孫たちは喧嘩するし、私は毎日仕事しながら息子たちの住宅の斡旋、職業探しなどいろいろな面倒を見なければなりませんでした。長男は約一ヶ月後、三男は約三ヶ月後に市営住宅と町営住宅にそれぞれ入居できました。さらに六月には、娘の二家族九人も来日しました。この一年は本当に大変でした。

▼日本での職業体験

Cさんは、日本に帰国した当初、直接身元引受人が住む松本市に来ていたため、日本語教育や職業訓練をまったく受けていなかった。日本語をほとんど話せなかったCさんは仕事が見つかるのだろうかという不安を抱えていたが、この地域の中国帰国者の集まりに参加した際に、一人の残留婦人と知り合ったことで就職先が見つかった。

松本市に来てまもなく、松本市中国帰国者の集まりに参加しました。そこで出会った残留婦人のOSさんに「いつ帰ってきたのか、どこで働いているのか、日本の生活に慣れたか」など、いろいろなことを聞かれました。私は「日本語がわからないから、仕事はまだ見つかっていない」と答えました。それを聞いたOSさんは「私の会社で募集しているかどうかを聞いてみる」と言ってくれました。数日後、OSさんの紹介で、私はOSさんが勤めていた温泉旅館に就職することができました。

このように、Cさんは温泉旅館で働くようになった。Cさんに与えられた仕事は、洗い場で皿を洗ったり、運んだりすることだった。日本語が話せなかったため、仕事の場では他の日本人従業員とうまくコミュニケーションが取れず、時には職場でいじめられたり、差別を受けるというような体験もした。

一緒に作業していた日本人に、洗った皿を箱にいっぱい詰め込んで運べと命じられました。二人でも運べないものを、私一人で運べと言った。一週間、我慢してやっていたけど、腕が腫れて痛くなり、また腰痛にもなったので、ついに彼女に抗議しました。私は中国語で「私が洗った皿は、私が自分で運ぶ」と言いました。彼女は私の言っていることの理解ができませんでしたが、私の行動を見て、私が何を主張しているのかがわかったようでした。そのことで彼女を怒らせてしまい、私は彼女に頭を叩かれました。私は彼女に暴行を受けても、言いたいことが言えず、本当に悔しくて、悔しくて、泣きました。

こうした職場での体験により、Cさんは何度も辞めたいと考えた。そして、なぜ自分がこのような目に遭わなければならないのかと理解に苦しんでいた。しかし、一家の生活を支えていくためには仕事を続けなければならなかった。そんななかで、Cさんは必死に日本語を勉強し、一生懸命覚えようと努力を重ねた。その甲斐があって、仕事を始めてから一年くらい経った頃、日常会話や仕事場での用語などのほとんどをマスターした。仕事も覚えてきて、一人前の従業員となった。しかし、こうした努力にもかかわらず、差別がなくなったわけではなかったと、Cさんは語る。

日本語を話せるようになっても、仕事ができても、いじめは絶えませんでした。冬になると、みんなは新館の温かい部屋で仕事をするのに、私は旧館に回され、お湯が出ない部屋で茶碗を洗わされました。何回も仕事を辞めたいと思いましたが、生活がかかっているし、辞めても再就職ができないと、（苦しい思いに耐えながら）この会社に七年間勤めていました。

Cさんは職場で努力を続けてきたが、一九九七年一月に会社を辞めた。その理由は、入社してから絶えなかったいじめであった。Cさんは、しばしば料理長にののしられたり、いじめられたりした。そのことに精神的に耐えきれなくなり、余儀なく会社を辞めた。その時の苦しい思いを、Cさんは次のように回想する。

一九九六年頃、なぜだか知らないが、私が彼のいじめの対象となりました。毎日、料理長にああでもない、こうでもない、バカ、バカと言われていました。私はこんなに年をとっているのに、彼にバカ、バカと言われ、本当に悲しくなり、会社の社長に辞めると申し上げました。（…中略…）社長は「もう少し我慢して。じきにボーナスが出るし、一二月には忘年会もあるし、一月には新年会もあるし。長年頑張ってくれたから、新年会が終わってから辞めなさい」と言ってくれました。それで、私は一九九七年一月に会社を辞めました。

Cさんが仕事を辞めたのは六三歳の時だった。再就職もできず、七年間しか働いていなかったため年金も少なかった。そのため、Cさんは仕事を辞めたあとは生活保護を受けて暮らしている。

▼日本や中国の親族との付き合い

Cさんは、日本に兄と妹が一人ずついる。日本に帰国した当時、兄弟たちの反対があったので付き合いがあまりなかったが、Cさんの子どもたちは来日してから、みんな自立して何も迷惑をかけなかったので、Cさんの家族に対する兄と妹の気持ちも少しずつ変わってきたという。

最初の頃はほとんど連絡がなく、お互いに交流がありませんでした。いまは、常に妹と会っています。兄は大阪に住んでいるから、電話で連絡することが多いです。

一方、中国の親族とのつながりは、おもにCさんの息子や娘の配偶者たちが里帰りしたり、中国の両親に仕送りしたり、祝日に電話をかけるというようなことが多いという。

▼いま、そして将来に対して

二〇〇三年のインタビュー当時、Cさんはすでに仕事を辞め、夫と二人で生活保護を受けて生活していた。その時の生活について、Cさんは次のように語る。

日本に来たとき、主人は七二歳だったからね。仕事ができる状態ではなかったし、中国で農民だったから、年金や福祉などの待遇を受けられません。ここでは年金はもらえないが、生活保護は受けています。経済的余裕はそんなにないが、ぎりぎりで生きていけると思います。子どもたちもそばにいるから、困ったときに助けてくれるでしょう。

この時には、Ｃさんはまだ残留孤児の裁判活動に参加していない段階だった（その後原告団に参加した）。生活保護を受ける以外は、残留日本人の老後は何も保障がされていなかった。Ｃさんは国からの救済も諦め、「いざという時は子どもたちに頼るほかはない」と考えていた。

▼いま現在

二〇〇八年、Ｃさんと共に来日した中国人の夫が、八九歳で亡くなった。この年の四月に新たな残留邦人支援法が適用されてから、Ｃさんは給付金を受けるようになり、現在一人で暮らしている。

4　未帰還者の事例

中国残留婦人・下平節子さんとその家族――「いつか母を故郷へ届けてあげよう」

（1）「下平さんの略歴」

日本	一九一六年一〇月三一日	長野県上伊那郡七久保村に生まれる。
	一九二三～三〇年	上伊那郡七久保村尋常小学校高等科在学。
←	一九三〇～三五年	七久保村の青年会会員。
	一九三五年三月～三八年	諏訪郡川西村にある紡績工場で女工として働く。
満洲	一九三九年一二月	結婚、夫と共に中和鎮に入植（五区）。
	一九四四年	日本人夫が病死。
←	一九四五年四月	六区に住むＮＪという日本人と再婚。
	一九四五年八月～一二月	方正県日本人収容所に避難、夫が死亡。
中国	一九四六年一月～五〇年	方正県から加信鎮へ避難、余儀なく商という中国人の家庭に入る。一九五〇年離婚。
	一九五一年	劉という中国人と再婚。
	一九七二年三月二九日	死亡。

（2）下平節子さんの家族との出会い

下平さんは、右記の略歴に示したとおり、一九七二年九月に日中両国によって日中共同声明が出される直前に亡くなった。下平さんは一九三九年一二月に満洲に渡り、一九四五年八月の敗戦後のどさくさのなかで、余儀なく現地の中国社会に残留することとなり、二七年間も異郷に取り残され、二度と故郷に帰ることができなかった。

二〇〇三年に行ったＣさんへのインタビューのなかで、初めて下平さんのことを知った。下平さんは、入植した

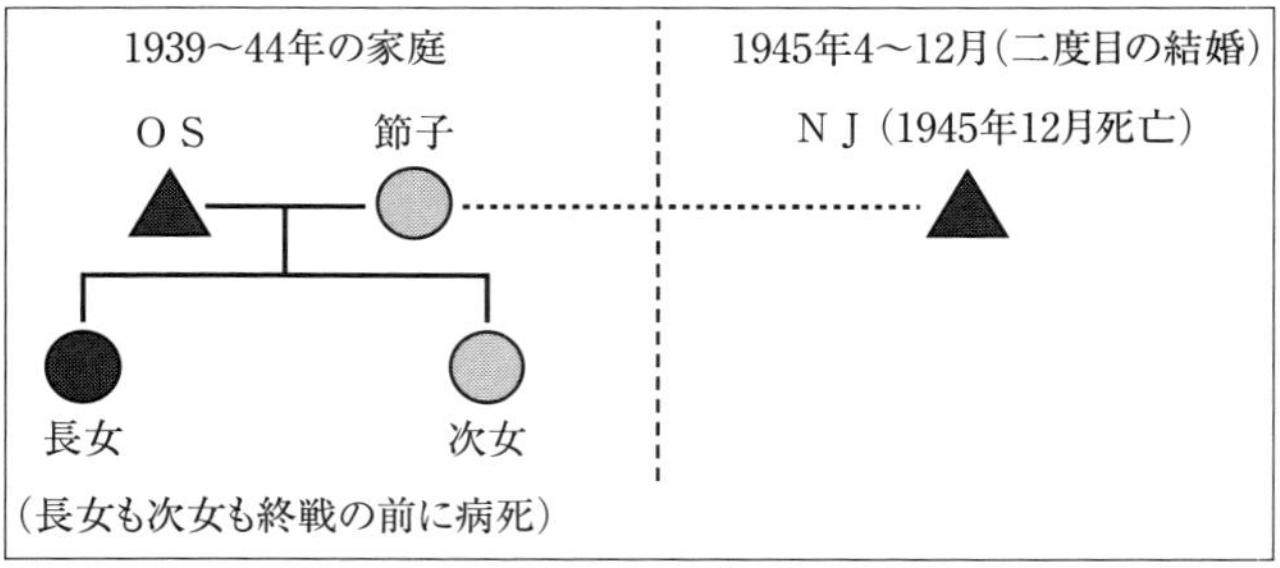

図５－１　開拓時代（1939～1945 年）の家庭状況

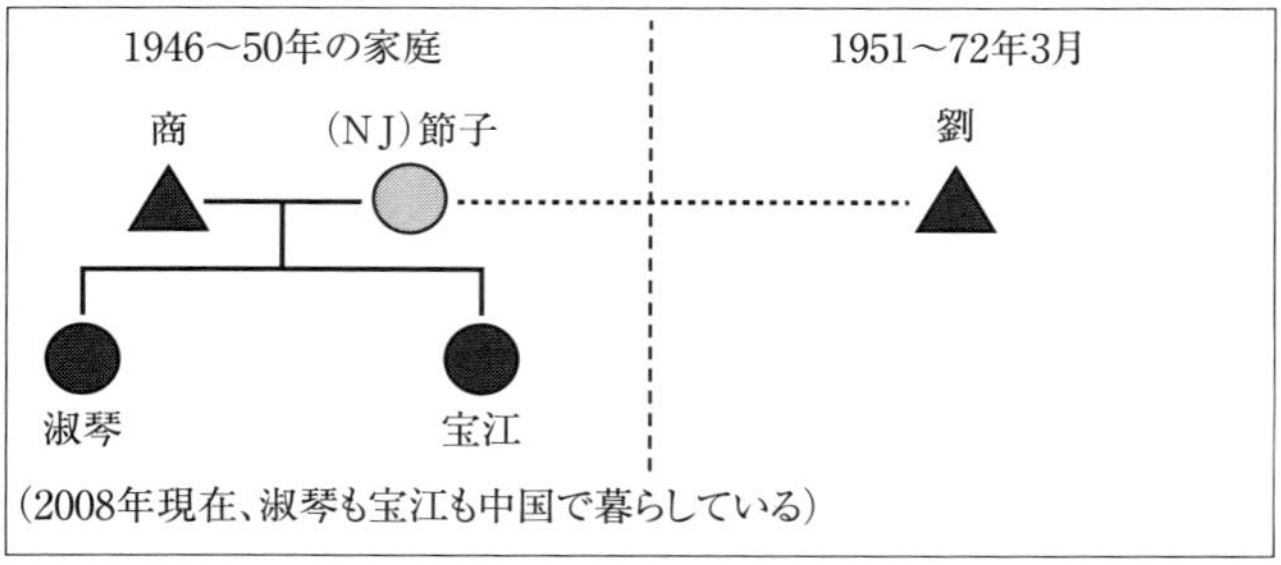

図５－２　敗戦後（1946～1972 年）の中国社会での家庭状況

当時の一九四四年に夫を病気で亡くし、翌年の一九四五年四月に、隣の部落にいたCさんの父と再婚した。Cさんの継母にあたる人物である。敗戦後、下平さんは、余儀なく商という中国人と一緒に生活するようになり、やがて二人の間に長女の淑琴さんが生まれた。しかし、夫があまりにも怠けもので働かないため、この「結婚」生活は長く続かず、一九五〇年に離婚した。離婚したときは、下平さんは長男の宝江さんを妊娠中だった。一九五一年に、妊娠中の下平さんは長女を連れて、劉という中国人と再婚した（図５－１、図５－２の家族図参照）。

筆者は二〇〇八年三月、中和鎮から四キロ離れた慶陽農場（当時の中和開拓団の入植地）で現地調査を行った際に、その町に暮らしていた下平さんの娘の淑琴さんと、またかつて数年間も下平さんと隣同士で生活していた王さんに出会い、下平さんのことについて話を聞くことができた。そして、ハルビンでは下平さんの息子の宝江さんを訪問することができ、宝江さんは半日も時間をとってくださり、インタビューに応じてくれた。インタビュー中、宝江さんは何度も涙をハンカチで拭いながら、母の一生を語ってくださった。さらに、調査後、宝江さんは現地の公安局に記録された母の下平さんの档案（個人の身上調書）を提供してくれた。宝江さんは母が病気で亡くなるまでずっと、母と共に生活していたので、ここでは、宝江さんへのインタビューを中心として、淑琴さんや王さんなどから得られた情報および現地の公安局が記録した下平さんの档案で補いながら、下平さんのライフヒストリーを示したい。

（3）下平節子さんのライフヒストリー

1．生い立ち、渡満、敗戦、残留婦人となる

下平さんは、一九一六年一〇月三一日、長野県上伊那郡七久保村に、農家で五人兄弟（兄、姉、兄、姉、下平さん）の末子として生まれる。一九三〇年に尋常小学校高等科を卒業してからは、約五年間、七久保村の青年会の会員として、村の保健婦の仕事に携わっていた。その後、一九三五年三月から一九三八年まで、女工として当時の長野県諏訪郡川西村にある紡績工場で働いていた。翌年一九三九年、二三歳の時に同村出身のＯＳさんと結婚した。そして同年の一二月に第七次信濃村開拓団のトラック運転手として渡満した夫と共に、中和開拓団に入植した。

下平さん夫婦は中和開拓団に着いてから、共同生活を経て五区に落ち着いた。やがて長女、次女に恵まれた。一家が希望に満ちた幸せな日々を送ろうとした矢先に、思いもよらない悲しい出来事が起こった。一九四四年頃、下平さんの四歳と二歳の娘が、風土病にかかり、相次いで病死してしまった。さらに一家を支えてきた夫も病気となり、まもなく現地の開拓団で亡くなった。わずか一年の間に、下平さんは夫そして二人の娘を亡くした。

一人になった下平さんは、一九四五年四月に知り合いの紹介で、隣の部落（六区）に住むＮＪという人と再婚することとなった。ＮＪは、前節で取り上げたＣさんの実の父であり、入植二年目の一九四二年に妻を亡くしていた。下平さんが再婚してから三ヶ月余りで、日本は敗戦を迎えた。そして、敗戦後のどさくさのなかで、前節のＣさん

の事例のなかで述べたように、再婚した夫は中国国内の内戦に巻き込まれて亡くなり、下平さんは再度夫を亡くしてしまった。

その後の一九四六年一月、避難のためにやってきた加信鎮では、泊まる場所も食べ物もなく、下平さんは街のなかをさまよっていた。そこで生きるために、下平さんは余儀なく商という中国人の家庭に入る選択をした。商は敗戦前に加信鎮にある日本人が経営する食用油や米を加工する工場で働いていたが、敗戦後に日本人が引き揚げたあとは工場も稼働しなくなり、土地も家庭もない彼は、貧しい生活を送る労働者となった。このような状況のなかで、下平さんは商と共に暮らし始めた。

2. 異郷を生き続ける

▼中国人の家庭へ

下平さんは商と一緒になったが、商は日雇いや臨時のアルバイトに頼って生計を営んでいて、仕事が保障されなかったため、生活は極めて苦しかった。やがて加信鎮では生活ができなくなり、一九四六年の暮れに、商は下平さんを連れて、中和鎮から四キロ離れていた慶陽農場の管轄である護林屯という集落に移った。この集落は元々中和開拓団が入植した頃の八区だった。

商は、集落の川沿いに一間の小屋を建て、二人はそこに落ち着いた。商には土地がなかったので、土地を借りて何とか生計を立てようとしたが、貧窮そのものであった。そうした暮らしのなか、この集落にきて二年が経ったとき（一九四八年）、下平さんは長女の淑琴を出産した。その頃の生活について、淑琴さんは次のように回想する。

私が生まれてまもない頃は、それこそ貧しかった。あまりにも貧困でした。父はいつも病気がちだったし、胃の持病がありました。何も仕事をしなくて、その頃の生活は全然話にならないね。

このように、長女の淑琴さんは一家が貧困だった理由を語った。また、長男の宝江さんは次のように語る。

その頃、父は確かに病気がちで、健康状態はそれほどよくありませんでした。その一方、父はあまりにも不精をしていたため、家族を養うことさえできませんでした。一家が生活するための収入がまったくありませんでした。その頃の農村では、土地がなくては生きていけない時代だから、それに怠けて働かないというのはなおさらです。母は本当に大変苦労しました。

このような生活環境のなか、一九五〇年、下平さんは二人目の子ども、長男（宝江）を妊娠した。しかし、この時も、商は身ごもった下平さんを世話することができずにいた。そこで、下平さんは商と協議したうえ、妊娠した身で三歳の長女を連れてその家を出ることにした。

おなかの赤ちゃん、そして三歳の子どもを抱えたまま商の家を出た下平さんは、子どもたちのために、同じ集落に住む劉景祥という中国人と再婚した。劉さんは、戦前遼寧省から出稼ぎで中和鎮にやってきて、ずっと結婚できずにいた独り者で、下平さんより二三歳年上の農民だった。下平さんが、劉さんの家に入ってまもなくの一九五一年三月に、前夫商との間にできた子どもが生まれた。劉さんは貧しい暮らしをしていたが、下平さんそして自分と血縁関係のない二人の子どもを大切にした。貧しい生活であったが、下平さんと子どもたちは劉さんと和やかな雰囲気のなかで暮らすことができた。そのことについて、当時、下平さんの隣に暮らしていた王さん夫婦は口を揃えて次のように語る。

節子はおじいちゃん（下平さんの夫のこと）と仲が良かったよ。おじいちゃんは結構年取った人で、温厚な人だった。二人が喧嘩したところを見たことがないよ。節子はよく働いていた。一日中暇なく、家事から畑仕事まで、ほとんど彼女一人でこなしていた。

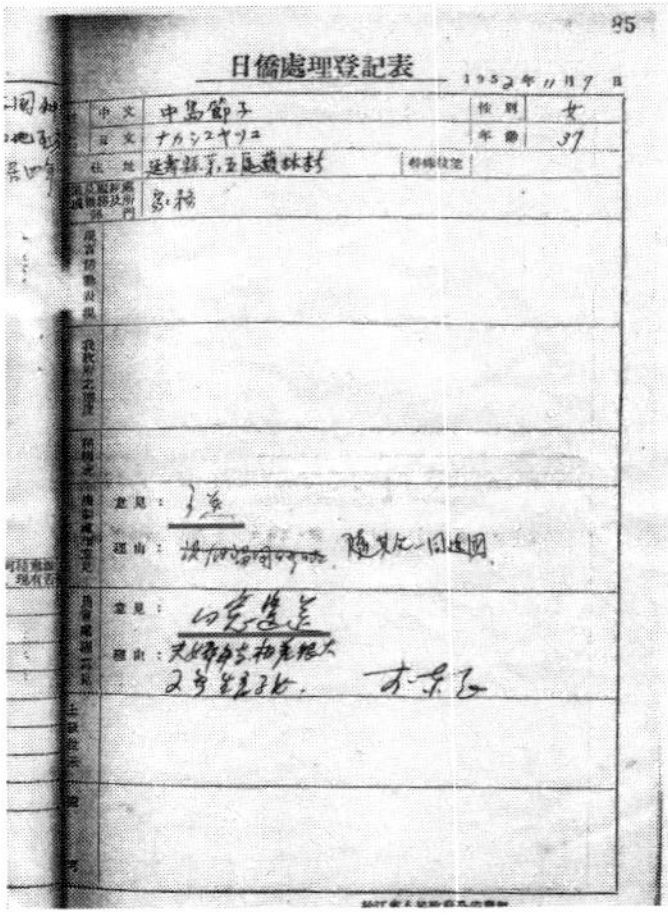

1952年11月7日の日付

写真５－４　「日僑処理登記表」

▼一九五三年に始まった後期の集団引揚げ

下平さんが一九五一年に長男を産んでから二年目の一九五三年頃に、後期集団引揚げが再開された。こうした背景の下で、一九五二年に下平さんが暮らしていた中和鎮において、日本の敗戦後に現地の社会に取り残された日本人に対する日本への引揚げ調査が行われたことがあった。この調査を受けた下平さんのその当時の記録が、延寿県の公安局に所蔵されている。

下平さんの状況を記録した一九五二年一一月七日付の「日僑処理登記表」[12]には、「可送（送還してもよい）」と県の公安局によって書かれており、これに対して松江省（現在黒龍江省）の公安庁は、「同意遣送（送還に同意する）」という調査結果を記している（写真５－４を参照）。そして、一九五三年に下平さんのような残留日本人たちが送還される前に、現地政府は最後の帰国／登録申請を行った。日本に帰国させるかまたは否かについて、下平さんの「日僑登記表」の備考欄には次のように記されている（写真５－５、②を参照）。

「送回国：虽与中国人结婚、但年龄相差太多了。因了解本国情况、又有亲属、可送回国。延寿县人民政府人民政府公安局印」

「本国に送還する。中国人と結婚したが、年齢の差があまりにも大きすぎだ。本国の状況を知っており、また親族があるので、送還してもよい。延寿県人民政府公安局印」

「回国、同意上述意见。松江省人民政府公安厅印」（一九五三、二、二七）

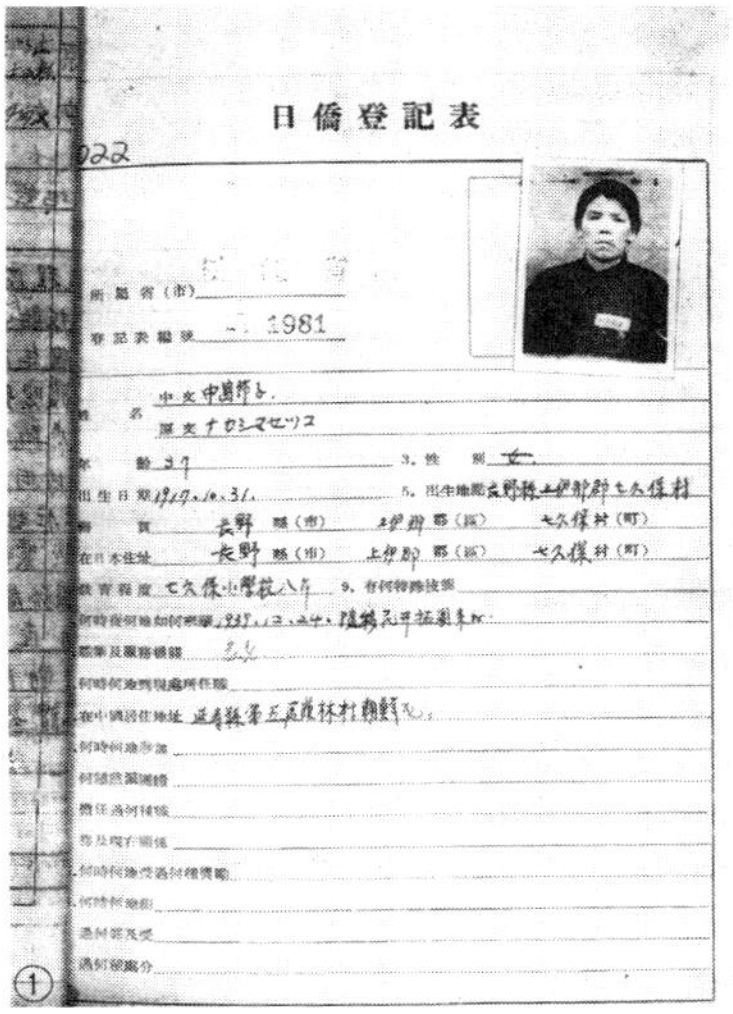
日僑登記表

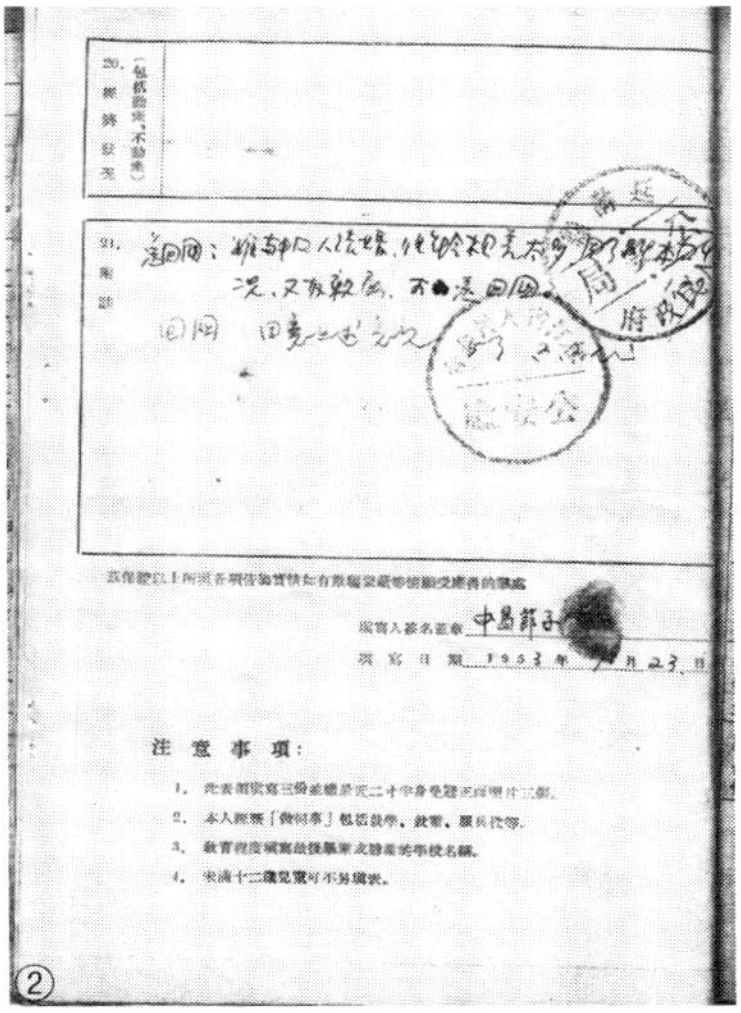
注意事項：

1953年1月23日の日付

写真5－5　「日僑登記表」

「帰国、上記の意見に同意する。松江省人民政府公安庁印」（一九五三年二月二七日）

この記録に示されているように、下平さんには一九五三年の集団引揚げで日本に帰国するチャンスがあった。また、下平さんはこうした一連の帰国申請を行ってきたことからも、下平さん自身が日本への帰国を希望していたと推測される。しかし、最終的に下平さんは、この引揚げを見送ることにした。その理由について、息子の宝江さんは、次のように述べている。

一九五三年、母は日本に帰ろうと思えば帰ることができたと思います。その頃は「遣返（送還）」と言いますが、私は当時の母の状況を記録する「日僑登記表」を見ました。結局、母が日本に帰らなかったというのは、その時は私が二歳で、一九五一年の生まれですから、姉が五歳だったので、母は二人の子どもを残して、一人で日本に帰ることを諦めたのでしょう（…涙…）。

下平さんは二人の幼い子どものために、日本への帰国を断念せざるを得なかった。この時帰国のチャンスを逃した下平さんは、二度と日本の地を踏むことができなかった。そして、下平さんは、病気や貧しさを強いられ、数十年間の中国での生活で世の辛酸をなめ尽くして亡くなった。

▼農村での暮らし

一九五〇年代後半頃から、農村では「人民公社」という農業集団化が始まった。人民公社は、一つの農家から何人の労働力を出したか、一日どのくらい働いたかを基準にして点数をつけ、その点数によって農家に収入を割り当てる。一九五八年の頃、下平さんの夫の劉さんはすでに六五歳（一八九三年生まれ）という高齢だったため、生産隊での集団労働に参加することができず、生活に困っていた。その頃の生活について、宝江さんは次のように振り返る。

　母が亡くなるまで、一家の生活はずっと苦しかった。その頃は、養父が年をとっていたし、私たちは小さかったし、母も病気がちでした。そうした苦しい生活のなかで、母の生きる唯一の希望は私と姉だったと思います。

子どもの頃の貧しかった家庭について、宝江さんは次のように語る。宝江さんが小学校に上がった頃、村に小学校がなかったので、毎日四キロ離れている隣村の小学校に通わなければならなかった。冬になると、雪が積もり、気温はマイナス三〇度くらいまで下がる。このような厳しい状況のなかで、宝江さんは小学校に通い続けた。

　その頃、家が貧しいことから、ちゃんとした防寒靴や手袋もなく、綿入れの上着とズボン一枚だけで冬を越し、下着なんかありませんでした。冬に通学するとき、針が刺さるような冷たい風に吹かれると、寒くてたまりませんでした。毎年手や足が凍傷にかかり、治ってもすぐ凍傷にかかりました。この頃の生活は本当に思い出したくない（…涙…）。母はいつも、窓ガラスに凍りついた氷を取り、枯れた茄子の茎と一緒に煮込んで、その煮汁を私の足や手に塗りました。そういう民間に在来の方法で治してくれました。

こうして、宝江さんは何とか六年間学校に通い続け、一九六四年無事に小学校を卒業し、そして中学校に進学することができた。中学校に入ると、宝江さんは家を離れて、農場の本部にある中学校の寄宿舎に下宿していた。苦しい家庭の生活状況を気遣って、毎週わずか二元の生活費で暮らせるよう何とかやりくりしていた。こうした厳しい状況のなかでも、宝江さんはずっと優秀な成績を収めており、高校そして大学進学にも希望を持っていた。しかし、宝江さんが中学校の三年生だった一九六六年に文化大革命が始まり、学校をやむを得ず中退した。その理由を、宝江さんはこう語る。

その頃、学生はみんな紅衛兵になりました。母が日本人であったことから、私は紅衛兵になる資格もありませんでした。それに、過激になった学生たちは、これまで自分たちを教えてきた先生たちを公然と批判したり、糾弾したりするので、私はとてもそれに参加する気になりませんでした。

こうした理由により、宝江さんは中学校を中退した。実家に戻った宝江さんは、年をとった養父、そして病気がちだった母の負担を軽減しようと、一五歳で生産隊の馬車に付いて荷物の運搬をするという重労働をやり始めた。「仕事は大変きつく、丸太や食糧などを運んだり、一五歳でも一袋一〇〇キロの米を担いだりして、一日の仕事が終わると、身体がガタガタになった」。少しでも稼ぎたいため、宝江さんはほとんど休みを取らずに毎日働いた。毎月給料をもらうと、真っ先に農場の購買部に向かい、母にビスケットと砂糖を一キロずつ買ってあげた。それが、その頃の農村では最高においしいお菓子と栄養剤だったのだ。

母は日本人ですから、甘いものが好きでした。しかし、その頃の農村って、甘いものなんかなかったよ。砂糖を買って、栄養剤のように一回一匙をお湯に溶かして飲むくらいでね。その頃、母は食事などもほとんど中国人の生活習慣と変わらなくなっていました。日本の料理が恋しくなっても、食材もなかったからね。

そのような生活環境のなかで、下平さんそして子どもたちにとって楽しみになるのが、毎年の正月の前日に行う餅つきだった。その時の様子について、宝江さんはこう語る。

家の近くには少しばかりの水田があってね、毎年餅米を栽培していました。正月になると、母は餅つきをして、出来上がった餅の上に大豆の粉をまいて、みんなで食べる。毎年作ったりして、とても楽しく母も喜んでいました。その時の母は日本への思いがきっとあったのでしょう。

当時のことで、宝江さんに最も印象に残っていることは、時々母が鶏の刺身を食べていたことである。東北の農村では、魚や肉などを生で食べる習慣がほとんどなかったため、鶏の刺身という現地にない料理方法で鶏を食べる母を、宝江さんは理解できなかった。「その時はどうしてそのように食べるかわからなかったが、いま振り返れば、母は、きっと日本の料理が恋しくなったに違いないのだろう」と振り返る。

▼村のなかで生きる日本人の母の姿

敗戦後、中国社会に取り残された下平さんは、紆余曲折な人生を経験し、貧困にあえぎながら暮らしていた。しかし、下平さんはどんな困難があっても、いつも明るく生きていた。そして、人柄がよく、村人たちとは仲良く付き合っていた。下平さんの娘の淑琴さんは、母のことを次のように言う。

母は記憶がとてもよくて、自分が小さい頃に学んだ日本の歌を全部覚えていました。時々私たちにも歌ってくれるんだよ。部落には朝鮮族の人もたくさんいたが、彼らも歌ったり、踊ったりすることが好きだから、誰かが誕生日の時にはいつも母を招待し、母に歌わせたり、踊らせたりしてね。日本人は私たちのように保守的じゃないから、歌わせれば堂々と歌うし、踊らせれば堂々と踊るし。母が人の前で歌ったり踊ったりするのは私と弟は恥ずかしいという思いがあるので、時々行かせないこともありました。

この話に続き、淑琴さんは母のことを次のように語り続けた。「母は本当に楽観的な人だった。頭痛の持病があったが、頭痛の時も鼻歌を歌いながら料理をした」。「母はとてもきれい好きとして村の中でも知られていた。よく働き、いつも家をきれいに片づけていた」。

淑琴さんが経営していた雑貨屋に、インタビューの途中に買い物にきた崔さん（六六歳の女性）に、下平さんの話を聞いてみた。崔さんは昔からこの村に住んでいた人で、下平さんのことについて、崔さんは次のように語った。

節子おばちゃんが生きていた頃、小さな小屋に住み、何もなくてね、生活は苦しかったよ。おばちゃんは亡くなるまで、一日も幸せな暮らしを享受しなかった。ずいぶん苦労したよ。それに五十何歳で早く亡くなったからね。生産隊の「大锅饭（共同生活）」の時は、おばちゃんがきれい好きだから、全員から信頼されて、生産隊の炊事がおばちゃんに任せられたよ。周りの中国人と仲良くしていたし、人柄がとてもよかった。

下平さんは、村のなかでもよく働き、気立てがよく優しい人という評判であった。村人たちとの付き合いについて、息子の宝江さんはこう語る。

その頃、家の生活は非常に貧しかったけれど、隣人が何かものを借りにくれば、母はいつも躊躇することなく、あればなんでも貸してやりました。村の人々も母は気持ちの優しい、性格が明るい、歌がうまい人だとよく言いました。私の家の隣には一人ぼっちのおじいちゃんが住んでいて、母は時々おじいちゃんの面倒を見ていました。何か食べ物を作ると、そのおじいちゃんにも分けてやったりしてね。

このように、下平さんは隣人や村人たちと非常に打ち解けて暮らしていた。村の人々も下平さんに対して親切に接していた。下平さんの隣人の王さんや崔さんは次のように言う。「節子を日本人だと思ってなかった。村人の一人として付き合っていたよ。彼女は人付き合いが良く、心が優しいから村の人々に尊敬されていた」。下平さんが最期に病気で倒れたとき、毎日下平さんの見舞いにやってくる村人が絶えなかった。そして、下平さんが亡くなった日には、村の人々は全員下平さんの葬儀に駆けつけた。

▼日本人の息子としての苦悩

村の中で、下平さん一家は村人と仲良くしていたし、村人にもよくしてもらっていた。何も偏見や差別を感じなかった。しかし、文化大革命が始まったあと、中学校を中退して村に帰ってきた宝江さんが働き始めると、仕事にいくら努力しても、彼には昇進や学習の機会が回ってこなかった。宝江さんは中学校を中退したとはいえ、当時は中学校に進学した者すらそう多くはなかった。その時の様子について、宝江さんは次のように振り返る。

一九六六年に村で働き始めてから一九七六年までのこの一〇年間は、私が内心どのくらい苦しんでいたのか、困惑していたのかを言葉では言い表せません。私は仕事に努力し、積極的に行動し、苦労もかえりみずに朝から晩まで精を出して働いたにもかかわらず、ずっと認めてもらえませんでした。

一九六六年から一九七六年という文化大革命のなかで、生産隊で働いていた宝江さんには、技能の学習や教育を受ける機会などがあるはずだった。しかし、日本人の母を持っていたため、そうした機会さえも奪われた。

ためになることはずっと私と無縁でした。例えば、生産隊の学校で臨時教員が募集されるときは、村の「貧下中農（貧農）」たちが選出し推薦するという制度でした。私は村人に人気があっていつも推薦されました。みんなは私のことを認めてくれるにもかかわらず、生産隊から農場本部へ報告されて政治審査が行われると、いつも拒絶されました。その理由は母が日本人だからだということです。私にはこのような機会が三回もありましたが、三回とも政治審査によって外されました。ずっとこのような感じでした。軍隊に入ることはなおさら不可能です。トラクターの運転さえ習得の機会すら与えてくれませんでした。生産隊で集団労働を行うときは、休憩中によく一人が選ばれてみんなに新聞を読みあげることがあります。字を読めない人にも順番に回しますが、私が字を読めてもやらせてもらえませんでした。そんな小さなことも許してもらえませんでした。

このように、宝江さんは当時の状況について「非常に困惑していた」という重苦しい気持ちを吐露しながら、さらに「その時はすっかり自信を失ったよ。成り行きに任せるしかなかった。そのような不公平な待遇に私はまったくどうすることもできなかった」と語り続けた。

その苦しい思いを母にも言えず、宝江さんはただただ自分の胸の内に仕舞ってじっと堪えていた。貧困生活、そして不遇な人生のなかで、その家庭にわずかな喜びをもたらしたのは、宝江さんの長女の誕生である。一九七〇年、宝江さんは二〇歳の時に同じ村の女性と結婚することとなった。この結婚の理由について、宝江さんは次のように語る。「その頃、母は病気がちだったし、養父の年齢も高く、姉もよそに嫁いでおり、私も朝から晩まで働いていたので、両親の面倒を見る人がいなかった」からだ。宝江さんは貧しい家庭、しかも日本人の母という「海外関係」を持っており、その時代では一般の女性から敬遠された。しかし、宝江さんの相手も「富農」という出身で、宝江さんと似たような社会階級だったこと、その上、宝江さんの家庭の状況を気にしなかったことから、二人は結婚に至った。結婚してから、妻が両親の面倒や家事を全面的に引き受けてくれたことで、生活は少しずつ好転した。

翌年、宝江さん夫婦に長女が生まれ、宝江さんは「この頃は母にとって人生で一番幸せな時期であった」という。下平さんはこの初孫をとても可愛がっていた。自分が病に苦しんだときも孫の泣き声を聞くと、真っ先に孫を抱き上げる。この小さな命が一家に希望と喜びを与えた。

▼母の死に目に会えなかった

一九七一年、宝江さんが所属する農場では、当時「农业学大寨（農業は大寨に学べ）」という毛沢東が唱えたスローガンのもとで、科学的に農業の栽培技術を学び、優良品種を育成するという運動が行われていた。その一環として、農場から知識と技術がある人を一人選出し、海南島で行われた農業研修に参加させることになった。それまで、宝江さんはちょうど一年間ほど生産隊の試験田で品種の育成に携わっていたこともあって、生産隊の隊長から「村には中学校に行けたのはお前だけだった、この仕事もやってきたし、お前のほかはいない」と言われた。宝江さんは、その頃病気だった母のことが気がかりだったので、行こうとは思っていなかった。

しかし、まだ文化大革命の最中ということから、仕事の割り当てには従わなければいけないという気持ちがあり、そして母から「お前は行っていいよ、私はまだ死なない、大丈夫だから」という理解を得たことで、宝江さんは一九七一年一〇月五日に家族に別れを告げ、村をあとにした。しかし、これが母と最後の別れとなった。翌年一九七二年四月の初め頃、約半年間の農業研修を終えて村に帰ってきた宝江さんを待ち受けていたのは、母の死という悲しい現実であった。下平さんは一九七二年三月二九日、異郷の中国でその人生を全うした。下平さんが逝った日は、奇しくも息子の宝江さんの生まれた日であった。臨終の時には息子の宝江さんの名前を呼び続けていたという。「母は私に何を伝えようとしたのだろう」と、宝江さんは、最期を看取れなかったことを、人生最大の悔いとして心に残した。いま、宝江さんの最大の念願は、母の遺骨を日本に届けて、母を日本の地で眠らせることだという。

母にとって中国は異国であり、悲しい思いがいっぱい詰まった場所でした。戦前中国に渡ってきて、一度も日本に帰ることができませんでした。母はいつかきっと日本に帰りたかったことでしょう。いま、私は日本で母のための墓地を探しています。いつか母の遺骨を日本に届けてあげようと努力しています。中国に「落葉帰根」という言葉があるように、母の遺骨を故郷に送り届けたことは、それも母の願いでしょうから。子どもとしてのほんのわずかな気持ちだけど、ほかに母に何もしてあげられないでしょう。

▼中国社会を生き続ける息子宝江さんの生活

宝江さんは海南島から帰ってきたあと、研修期間で学んだものを論文にまとめ、発表した。それが中国の農林水産省から賞を受けた。一九七六年、文化大革命の終結に伴い、宝江さんにこれまでにない良い機会が訪れる。同年八月、中国共産党への入党が認められた。そして、一九七七年には農場の統計員（生産隊において生産から収穫までの予算、支出、歳入を統計する仕事）が一人欠員となっていたところ、宝江さんが臨時職員として採用された。

この仕事は宝江さんにとって初めてだったが、何も問題なく、すぐ業務をこなせるようになった。宝江さんの仕事ぶりは、上司に気に入られた。宝江さんは臨時職員にもかかわらず、年末にハルビンの農場総局で開かれた年末総会に出張させられ報告もさせられた。ここでの仕事も、ハルビンの農場総局の局長に認められた。これにより、宝江さんは戻ってから、生産隊から慶陽農場本部の財務統計課に異動となり、さらに正式職員として採用された。宝江さんは「これが私の人生の転換点だった」と言う。

一九七七年、私は農場本部の財務統計課で働くようになりました。仕事は常に真面目にやっていました。その時、農場全体の統計が私に任されていました。私は農場全体の生産状況、経営状況、物流の状況などをすべて記録し、各部門の責任者に提出していました。その頃は、計画経済だったから、こうした統計資料が非常に必要になります。例えば、家畜の変化、トラクターの変化、土地の変化などについて、どうして変化したのか、どういう理由で減少したのか、あるいは増加したのかを分析し、統計を行う。農場の経営管理部門の責任者はこれに基づいて生産・管理、戦略の策定を行うのです。こうした私のやり方は農場全体の経営に非常に役立ったので、農場長も認めてくれました。

このように、仕事に対して真面目に取り組んでいたことが認められ、一九八三年に慶陽農場の副農場長に昇進した。九年間副農場長を経験してから、一九九一年の年末に、宝江さんは慶陽農場の農場長兼農場の共産党委員会の書記となった。

慶陽農場は、元々中和鎮信濃村開拓団の跡地に建設された中国国営農場であった。宝江さんは農場の最高責任者になったら、暮らしやすい農場を必ず建設したいと考えていた。この地は、かつて母が長い間生活した地でもあり、生活環境のよい農場を目指すのが自分の使命でもあると感じていたという。宝江さんは、農場長を務めた一九九八年までの六年間において、様々な改革を行い、問題解決に乗り出し、農民たちの利益を最優先にした。農場の一人あたりの平均収入は他の農場よりずっと高かった。四年間連続、黒龍江省農場総局の一〇五の農場のなか、各評定指標においてすべて首位に名を連ねた。それゆえに、宝江さんは多くの名誉を得た。黒龍江省農場総局の「労働模範」の称号を与えられ、そして延寿県人民代表大会代表やハルビン市人民代表大会の代表としても選ばれた。

こうした着実な成果により、宝江さんは一九九八年に黒龍江省農場総局のハルビン支局の公会主席（労働組合議長）に昇進し、慶陽農場からハルビンに異動となった。宝江さんがハルビンの支局に来てからは、総局華僑連合会主席、黒龍江省帰国華僑連合会の常務委員も務めている。そして、第六回、第七回の全国の帰国華僑連合会の総会に代表として参加した際に、当時の江沢民総書記と後の胡錦濤総書記の接見を受けた。

宝江さんはいま、この職場で活躍している。これまでの自分の人生を振り返って、宝江さんは次のように語る。

これまでの人生の中には、たくさんの不幸、そして苦労、戸惑いがありました。その一方、喜び、未練、懐かしい思いに値するものもありました。私の人生は世の中の辛酸をなめ尽くしました。いろいろと大変だったけれども、生活は充実していました。中国社会において、日本人の母を持つという特殊な家庭背景でしたから、他の人より世の中の辛さを体得することができたと思います。

▼母の故郷を訪ねる

宝江さんは、一九九五年、二〇〇六年、二〇〇七年の三回にわたって、日本を訪問した。一九九五年に初めて日本に来たときには、仕事の関係で徳島県を訪れた。徳島県で仕事を終えてから、長野県の母の生まれ故郷を訪れた。宝江さんは、そこで、初めて日本の親族、従兄たちと対面することができた。

私は何となく従兄と似ていました。従兄の家に着くと、近くに住んでいたKMさんが来てくださり、通訳してくれました。従兄は自宅を私に案内し、そして祖父と祖母のお墓参りに連れて行ってくれました。初めて母の実家に来て、特に親しく感じました。本当に家に帰ったような感覚でした。従兄たちの親切な対応に、相互の間のわだかまりが取り除かれたようだと感じました。短い滞在でしたが、日本を体験しました。何となく母の宿願を少し果たしてあげたような気がしました。母の代わりに母の親族に会えたことが何より嬉しかった。

宝江さんの二〇〇六年の訪日は、日本の従兄たちから招待されたものであった。二週間くらい日本に滞在し、親族たちと再会を果たした。その翌年の二〇〇七年は、仕事での来日だったため、親族を訪問できなかったという。

▼宝江さんとその家族の現在

宝江さん夫婦二人、そして三人の娘とその家族はハルビンで暮らしている。子どもたちは独立して別々に暮らしているが、毎日宝江さん夫婦の家に行き、一緒に晩御飯を食べる。それが一家の一番幸せな時だと、宝江さんは言う。宝江さん、そして子どもたちも日本に来るつもりはないが、いつか母を帰すべき故郷の地に帰したいと思っている。宝江さんは、その思いを次のように吐露する。

私が積極的に母の遺骨を日本に届けたいと思うのは、母に対する親孝行、贖罪と言ってもいいです。私は母がこの地に留まったら、数十年後、私が死んだ後にはおそらく母のことを思ってくれる人がいなくなるような気がします。だから、いつかできるのならば、私は日本で碑を建てて、母に安らかに眠る場所を探してあげたい。これは息子としての責任だと思います。

注

1　『長野県満州開拓史』（各団編）に掲載された中和開拓団の記録によれば、一九四一年に中和開拓団は個人経営に移行されると、一戸につき水田一ヘクタール、畑一五ヘクタールが与えられたと記述されている。しかし、ここでＮＭさんが言う「水田三ヘクタール、畑六ヘクタール」というのは、部落の立地によって、個人に与えられた水田と畑の割合が若干異なることを意味する。ＮＭさんが住む一区の場合は、開拓団のなかで「一番条件が良かった」「一番水田が多かった」ため、個人が所有する水田の面積がほかの開拓団より多かった。そのため、調整が行われ、畑の面積が減らされたと思われる。

2　インタビューを行ったのは、二〇〇五年八月であった。この時点で、ＮＭさんは八八歳だったにもかかわらず、日々農作業に励み、地域のために尽力していた。

3　ＫＢさんは、元中和開拓団の兵事係員だった。一九四五年七月の末に召集され、部隊に着いたのはすでに敗戦宣告の二日後のことだったため、直ちに除隊された。終戦後の混乱した状況のなかで、ＫＢさんは現地の開拓団を気にかけ、団の救援のためにハルビンに戻った。KBさんは、なんとかハルビン日本人会農民部から移動資金を得て、中和開拓団の生存者をとりまとめ、一九四六年一〇月に日本に引き揚げた。こうしたKBさんの尽力が、団の多くの人を帰国に導いた。戦後、KBさんは中和会開拓団の中心人物の一人として団の再建などの活動に積極的に参加していた。

4　満洲にいた頃、開拓団の小学校、青年学校にいた子どもたちのことである。言い換えれば、開拓二世と言ってもよい。

5　二〇〇五年、信濃毎日新聞は終戦六〇年を機に戦前県内から送出された元開拓団の関係者、残留孤児や残留婦人とそれらの家族の生活の様子を取り上げ、「日中を生きる」というテーマで連載を企画した。筆者はその企画の一部への取材協力を求められ、共同調査を行ってきた。木下さんへの取材はその一環であった。

6　木下さんにインタビューを申し入れる際に、私は残留日本人の三世であることを伝えていたが、木下さんは私を中国の留学生として認識していたようであった。

7　敗戦後の一家は次のような状況であった。木下さんの父親が一九四五年一一月に方正県収容所で栄養不足などによって亡くなった。収容所で生き残った二番目の姉と二人の弟の三人が中和鎮へ向かう途中、加信鎮で一番下の弟とはぐれ、その弟とは二度と再会できなかった。いまなお消息不明のままだという。中和鎮の中国人に助けられたのは、二番目の姉と木下さんのすぐ下の弟の二人だけだった。

8　琿春は延辺朝鮮自治州の東に位置する。南は図們江を隔てて北朝鮮と接し、東はロシアの国境と接している。

9　信濃毎日新聞、二〇〇〇年九月一七日。

10　同上。

11　一四八頁、注9参照。

12　中国現地公安機関で作成された残留日本人に関する記録である。この記録には名前、生年月日、性別など二一項目があり、詳しくは第三部第七章を参照。中国建国初期頃に「日僑処理登記表」と呼ばれたが、その後は「日僑登記表」に変更した。両者は同じものを指す。

第六章　満洲開拓をめぐる現地社会の人々の記憶と語り

はじめに

前章では、満洲開拓をめぐる中和開拓団における集団引揚者、中国残留婦人、中国残留孤児、未帰還者のライフヒストリーを検討した。そのなかでも、とりわけ集団引揚者と中国残留婦人のライフヒストリーから、満洲開拓時代および終戦後の難民期における現地社会に暮らす中国人との彼らの接触を読み取ることができる。本章では、かつて第七次信濃村開拓団の入植地だった中和鎮とその周辺をフィールドとし、満洲開拓をめぐる現地の人々の記憶と語りに焦点を当て、彼らと日本人移民者との関係を検討していきたい。

第一部の第一章で述べたように、一九三二年から一九四五年の終戦までには日本帝国による満洲支配の下で、約二七万人の日本人農業移民が様々な形でソ満の国境や抗日活動の激しい地域に入植させられた。[*1] このような日本の植民地主義の下に置かれた満洲は日本人、「朝鮮人」、中国人などの人々が出会う場となった。満洲を支配する側とされる側の末端に組み込まれていた日本人農業移民と現地の人々がどのような関係で暮らしていたか、特に支配される側に立つ現地の人々は日本人の入植者との相互作用のなかでどのような経験をしたのかを考察することが、本章のおもな課題である。

このような満洲移民と他民族との関係に関する先行研究の蓄積は、それほど多くはないが、おもに歴史学と社会学という二つの分野で扱われてきた。歴史学の分野では、一九七〇年代に発表された依田憙家の論考が注目される。依田は満洲における日本人、中国人、「朝鮮人」との関係を課題とし、とりわけ満洲への「朝鮮人」移民のプロセスとその実態に着目して考察し、日本帝国主義による中国侵略が本格化するにつれて一時的に中国人と「朝鮮人」の関係の悪化をもたらし、そして日本帝国主義の満洲占領によって「朝鮮人」移民に対する直接的な圧迫が生じたことを明らかにしている（依田 一九七六：四九一‐六〇三）。このような歴史学の研究を踏まえ、一九九〇年代以降には、社会学の分野において、まず蘭信三は、満洲に送り出された日本人の民族体験と民族意識について、彼らへの聞き取り調査のデータなどに基づいた分析から「国家間の力関係やステレオ・タイプによってあまり左右されず、個々の具体的接触によって規定されていた」（蘭 一九九四：三〇一‐三〇二）という結論を導いている。すなわち、蘭はこれまでの歴史学研究で指摘された民族的・階級的対立という視点を共有しながらも、満洲移民の民族体験と民族意識がそれに大きく規定されることはなく、日本人の移民者と現地の中国人や「朝鮮人」との「個々人の具体的接触」のなかで形成されていたことを明らかにしている。

一方、これらの研究に対して、猪股祐介は岐阜県郡上村開拓団を事例に、元開拓団の関係者への聞き取り調査と既存の記録資料などを駆使しながら、開拓団の営農形態と流通機構という二つの側面に焦点を当て再考を行った。その結果、満洲移民と他民族との関係は旧来の歴史学で指摘された開拓団の経営形態による民族的・階級的対立だけではなく、開拓団特有の流通機構という経済の仕組みが日本人の移民者と周辺の中国社会との接触を断ち切ったということを明らかにしている（猪股 二〇〇二：一七）。

こうした研究のほかに、坂部晶子（二〇〇八）『「満洲」経験の社会学――植民地の記憶のかたち』があげられる。本書は日本人の農業移民者を中心とした研究ではないが、「満洲国」という植民地の経験を、日本人の植民者の記憶と植民される側である中国東北社会における記憶という支配者‐被支配者、構造的強者‐弱者の枠組みのなかでとらえなおし、双方の記憶と語りについて分析し、ナショナルな記憶としての統合の圧力とその圧力との葛藤を示しながら、一元的な歴史の語りに抗した多声的な記憶の可能性を示唆している（坂部二〇〇八：二三一－二三四）。

以上で取り上げた研究成果は、ほとんど植民地支配をする側である日本人移民者に着目して論じられたものであるが、坂部の研究は支配する側とされる側の双方の考察を行った論考として注目される。そこで、支配される側に焦点を当てるという坂部の研究と共有する視点を持つ本研究は、坂部のように東北社会における満洲に関する集合的記憶の変遷や、特定地域における満洲に対する集合的記憶の生成のプロセスの解明などについてではなく、本書で取り上げた中和開拓団と現地の中国人との民族関係に限定して検討する。

本章では、かつて中和開拓団に雇用されていた中国人労働者、あるいは中和開拓団の建設に際し強制労働を強いられた中国人労働者への聞き取りをもとに、支配される側の現地の中国社会に暮らしていた中国人の視点から、中国人と支配者として現地に入植してきた日本人とが日常の暮らしのなかでどのような関係を結んでいたかを検討する。すなわち、日本人による満洲支配のなかで、現地の人々はいかに生きたのか、そして個々人の満洲体験をどのように記憶し、どのように語っているのかを明らかにしていきたい。

以下では、まずフィールド調査地である中和鎮と慶陽農場について概観したあと、聞き取り調査に協力してくれたインフォーマントを紹介する。そして、満洲開拓をめぐるそれぞれの事例を述べたうえで、最後に考察を行う。

1　フィールド調査地の中和鎮と慶陽農場

先に第一部第三章で述べたように、第七次中和鎮信濃村開拓団は長野県全域にわたって団員を応募し、県を母体として送出された全県編成移民団であった。一九三八年に、「浜江省」[*2]延寿県の東部に位置する中和鎮に入植した（九九頁図３－１、図６－１を参照）。中和鎮の街より東へ約四キロ離れている場所に本部が設置され、各部落は中和鎮の東側に点在していた。一九四五年八月、日本の敗戦とともに開拓団は崩壊した。一九四六年一月、共産党軍の三五九旅団（旅は旧時の軍隊編制）が延寿県を解放し、同年六月以降に共産党の支配地域となった（姜新志二〇〇三：七）。翌年の一九四七年、松江省政府は、経済の繁栄、政府収入の増加、人民負担の軽減、そして戦争のために農業を発展させ、実験的に農業の機械化を進めていくために、元中和開拓団の跡地を基盤に松江省第一号の農場を建設すると決定した（庆阳农场志编审委员会二〇〇二：七）。一九五三年には黒龍江省政府の指示により、農場は「黒龍江省国営慶陽農場」（以下、慶陽農場と略す）と命名された（庆阳农场志编审委员会二〇〇二：一七）。

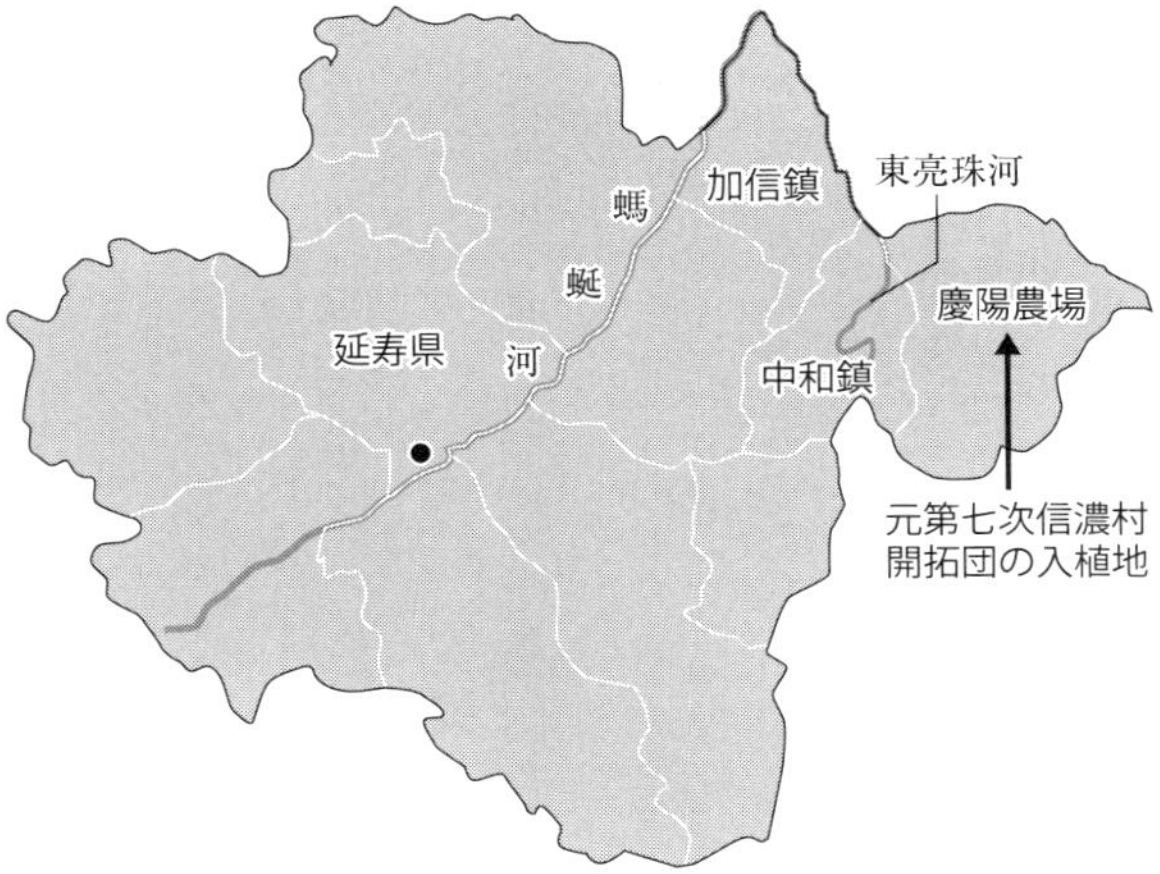

図６－１　現在の延寿県全域図

(1) 現在の中和鎮の概況

中和鎮は延寿県の東部に位置し、尚志市、方正県境に接している（図３－１を参照）。延寿県城から約六五キロあり、総面積は一三四平方キロで、人口は約一万三〇〇〇人である。耕地面積は約五三三〇ヘクタールであり、そのうち、水田面積は約四六六六ヘクタールを占めている。[*3] 中和鎮は米の生産を中心とした農業の町であったゆえに、延寿県内において暮らしやすい地域の一つであった。

九〇年代の後半に入ってから、中和鎮に通信設備が整備され、家庭電話の普及率は九〇パーセントに達し、携帯電話の使用率も六〇パーセントにのぼっている。また、町には光ケーブルも敷設され、農村社会におけるインターネットの利用はもはや神話ではなくなっている。街中には「電脳教室（パソコン教室）」や「網吧（インターネットカフェ）」の看板が立ち並んでいる。こうした情報化社会の到来は、農村社会に大きな変化をもたらした。

これまでのように農村社会に留まって一生農業に従事するというような意識はだんだん薄くなってきている。土地を賃貸して、出稼ぎに行く農民が多く見られる。中和鎮では、「朝鮮族」、日本人関係者が最も多く居住しており、特に「朝鮮族」のネットワークや日本人関係者のネットワークを利用した韓国、日本への国際移動が著しく見られる。街の中心部から約四キロ離れている「先鋒村」という「朝鮮族」集落は「村の若い人はほとんど韓国へ出稼ぎに行っている。村には老人だけが残されている。そのため、多くの家庭は土地を貸し出しており、村の農業による収入は土地の賃貸料だけだが、外国からの送金による個人の平均収入はほかの村を遙かに超えている」[*4]と鎮の幹部は説明する。

中和鎮の「朝鮮族」の人々は、第七次信濃村開拓団が中和鎮に入植する前、すでにその地域に居住していた。当初、吉林省が発布した条例に「外僑と朝鮮から移住してきた人々は土地を所有することを認められない」（元弘基・张一新 一九九八：三三）と記されていたので、多くの朝鮮の人々は漢族の人から土地を借りて生活を営んでいた。日本人が入植してきてからは、中国人の地主が所有していた土地はほとんど満洲拓殖公社により取り上げられた。朝鮮人は、中国人の小作人から日本人の小作人に変わった。一九四二年、延寿県内には朝鮮人が約一万二六〇〇人もいたと記録されている。

一方、中和鎮と日本との接点については、先に第一部第三章で述べたように、一九四六年に中和開拓団が引き揚げたあと、中和鎮の周辺に残留した団の関係者が多数存在し、その数は「一〇〇人以上を超えた」（元中和鎮信濃村開拓団編 一九七五：二九七）とも記録されている。現地の延寿県公安局外事課の外僑登録申請書の記録によれば、一九五三年に再開された集団引揚げでは、日本人一一六名が日本に引き揚げたが[*5]、特に中和鎮周辺の残留者が最も多かった。そして、一九五八年に集団引揚げが終了したあとも、様々な事情により引き揚げられずに、中和鎮に取り残された日本人孤児や婦人が多く存在していた。一九七二年に日中の国交が回復したあと、残留者とそれらの家族の日本への帰国、元開拓団の関係者による現地への訪問などにより、再び中和鎮と長野県の関係が深まった（趙彦民二〇〇七a：二〇二－二〇八)。

(2) 慶陽農場――第七次中和鎮信濃村開拓団の入植地

慶陽農場は、先に述べたように、元々中和開拓団跡地に建設された中国の国営農場である。農場の立地はほぼ当時の中和開拓団の配置をそのまま利用しており、本部と八つの作業区に分かれている。現在慶陽農場の本部に約四〇〇〇人、八つの作業区に四三〇〇人、計八三〇〇人の住民が暮らしている。[*6]

一九四五年八月、開拓団の日本人が引き揚げたあと、中和鎮とその周辺にいた少数の農民たちがそこに移ってきて、小さな村落が形成された。一九四七年には、延寿県政府は農業技術者たちを派遣し、元中和開拓団の五区で小規模モデル農場を建設し始めた。一九五〇年になると、元中和開拓団の本部を農場の本部として規模を拡大しつつ、当時の中和開拓団が所有した土地の一部(三区、二区、四区、五区)を管理して、農業経営を行ってきた(庆阳农场志编审委员会二〇〇二：二六)。一九五三年には黒龍江省政府の指令で、これらの農場は統合され、「国営慶陽農場」となった。

このような背景があるので、現在農場に居住している住民は、わずかな地元の出身者を除いて、ほとんどが他地域から移ってきた人々である。漢民族を中心とした住民のほかには、「朝鮮族」、満族などといった少数民族の人々、そして日本人などの外国人で構成されていた(庆阳农场志编审委员会二〇〇二：一二七)。日本人に関しては、例えば、第五章で取り上げたような、八〇年代に日本への永住帰国を果たすまでずっとこの農場で暮らしていた残留孤児のIさんのケースや、亡くなるまでこの地で生活していた残留婦人の未帰還者である下平節子さんのケースがあった。一方、元中和開拓団の団員やその関係者らは、日中の国交が回復してから、一九八一年、一九八二年、一九八六年、二〇〇〇年の四回にわたって訪中団を組織し、慶陽農場を訪問した。こういった残留日本人の存在、日中国交正常化以降の元中和開拓団の現地訪問により、信濃村開拓団を送り出した長野県とかつて入植地だった慶陽農場との現地レベルの交流が続いてきた。

表６－１　調査対象者

調査対象者	出生年	年 齢*	調査日時	調査場所	備 考
Ｗさん	1914年	91歳	2005. 3. 30、2005. 4. 5	中和鎮	山東省からの移民
Ｌさん	1927年	78歳	2004. 8. 23、2005. 4. 2	慶陽農場	延寿県東関村出身
Ｚさん	1920年	85歳	2005. 4. 3	中和鎮	中和鎮出身

＊調査時の年齢

（3）調査対象者

以上のような調査地の背景を踏まえ、筆者は満洲国時代当時の中和開拓団とかかわっていた中国人労働者への聞き取り調査のため、二〇〇四年、二〇〇五年、二〇〇八年の三回にわたって中和鎮と慶陽農場を訪ねた。中和鎮では、終戦まで中和開拓団で働いていたＷさん、Ｚさんにインタビューをした。慶陽農場ではＬさんに出会った（表６－１）。Ｌさんは中和開拓団で働いた経験はないが、当時の中和開拓団の用水路が建設されたときに強制労働をさせられた多くの労務者のなかの一人だった。以下では、現地で暮らしている三人の老人へのインタビューに基づいて、日本が満洲国を支配していた時代における、彼らと日本人移民の民族関係を見てみたい。

2　満洲開拓をめぐる現地社会の人々の経験

（1）中和開拓団の「苦力」として――Ｗさんの事例[*7]

生い立ちから東北への移民まで

二〇〇五年の聞き取り調査の時点で、Ｗさんは九一歳の老人だった。Ｗさんは、一九一四年二月四日、山東省に生まれ、代々ずっと農業を営んでいた。当時の家庭は、両親と叔父（父親の弟）、Ｗさんの合わせて四人で暮らしていたという。その頃の生活について、Ｗさんは「家は土地が少なかったので、生活は極めて苦しかった」と振り返っていた。

二〇歳を過ぎた頃、苦しい生活を抜け出すために、Wさんは出稼ぎに出て行った多くの人たちのように、出身地の山東省から「関東」*8、いわゆる満洲にやってきた。当時、おもに山東省、河北省、河南省、山西省などの地域から、人口の過剰、土地不足、そして自然災害の多発などの原因により生活基盤を失った人々が、満洲へ生活のつてを求めてやってきていた。満洲に辿り着いたWさんが、最初に落ち着いたのは佳木斯《ジャムス》という町であった。Wさんはそこでレンガ作りや荷物の運搬などの仕事についていたという。その後、鶏西の炭鉱で石炭を掘るなど、東北の奥地で働きまわった。

Wさんが、二八歳だった頃、中和開拓団で働いている同郷者から「中和開拓団で働かないか」と誘われた。「炭鉱での労働は厳しい。そして、その頃には労役が頻繁に割り当てられた」ため、Wさんは「日本の開拓団にいれば強制労働は避けられる。生活も保証される」という判断から中和鎮にやってきた。

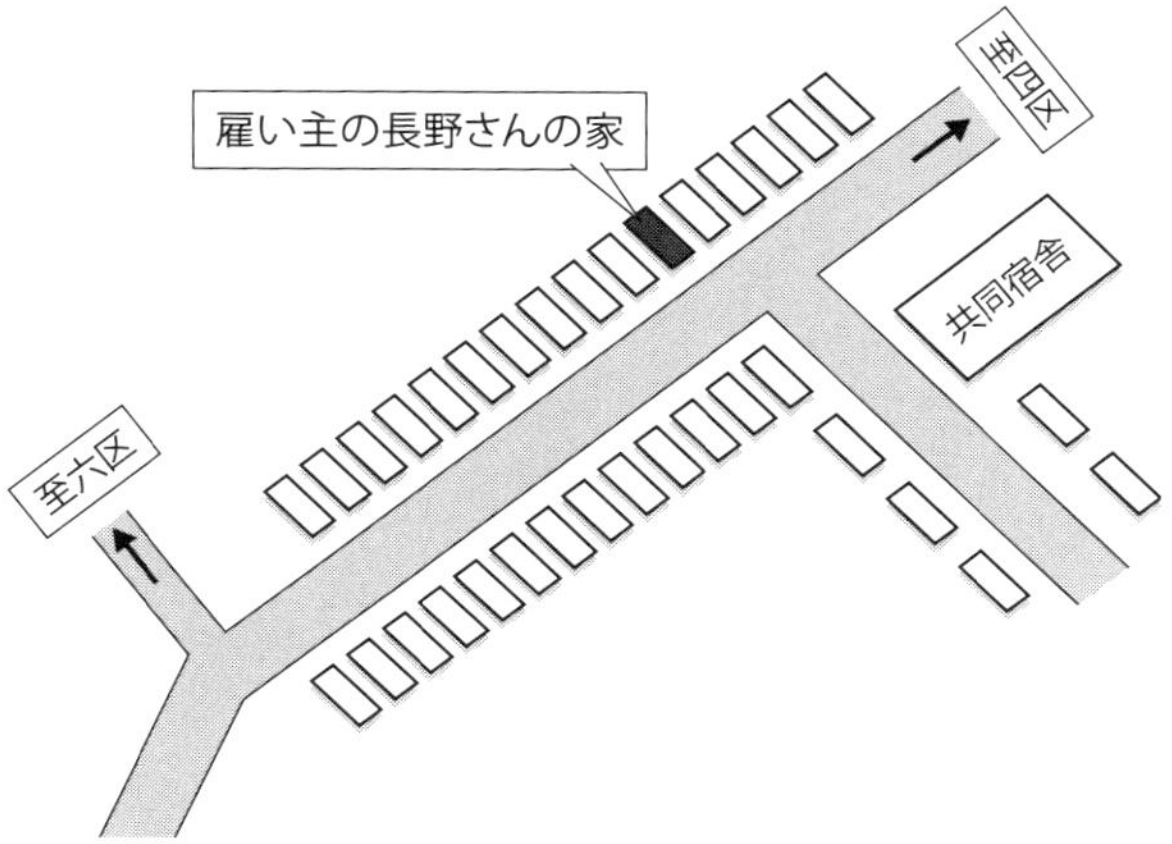

図6－2　中和開拓団七区の略図

日本人に認められたWさんの仕事ぶり

Wさんは中和開拓団七区の長野さん（仮名）の家に「長工」*9として雇われた。七区では日本人が雇っている中国人労働者たちのために「共同宿舎」を設けていた。Wさんはそこに住み込んで、雇い主の長野さんの家に通いながら、働き始めた（図6－2を参照）。

当時、長野さんの家は約八町歩の畑、一町歩の水田を所有していたと、Wさんは記憶していた。水田は朝鮮人に貸し出し、小作料を徴収するという形をとっていた。Wさんはおもに畑の仕事を任された。毎日の農作業は、春に馬で畑をすき起こしてから、大豆、トウモロコシの種を撒くこと、夏に畑の雑草を取り除いてから耕すこと、冬に薪をとることで、これらの作業は一年中ずっと繰り返されたという。

その頃、Wさんは若くて働き盛りだった。開拓団のなかでもよく働くと、日本人からの評判がよかった。七区には約八人の「長工苦力」が働いていたというが、そのなかでも、Wさんの仕事ぶりが最も認められていたと語る。

　中和開拓団の部落ではどこに行っても、日本人が話しかけてくれるし、他の日本人の家に農作業の道具などを借りに行ったときも、すぐに貸してくれるんだよ。他の中国人はだめさ、相手にもしてもらえなかったこともあった。

　長野さんの家では、気性の荒い日本馬を一頭飼っていた。暴れだすと、誰もとめられない。農作業にも役立たなかったため、長野さんは困っていた。その時、わしが馬を川沿いの森へ連れ込んで、馬を木に縛りつけて、鞭で打って、調教した。それで、馬は、わしを見る度に怯え、わしの言うことを聞くようになった。

このように、日本馬はWさんが調教したので、農作業に使えるようになった。こうした仕事ぶりにより、いち早く開拓団の日本人たちに認められたという。

農繁期、畑の雑草とりは最も重要な仕事の一つである。しかし、八町歩の畑は、Wさんと長野さんの二人だけでは人手が間に合わなかった。七～八人の「短工」という日雇い労働者を雇って、鋤で雑草をとってもらう。Wさんは雑草をとったあとの畑に畝を立てた。日照時間が長い満洲の地で農作物の水分を保つためである。Wさんは満洲の栽培技法に慣れていない開拓団の日本人にも、時にはアドバイスをしていたという。その時の様子を、Wさんは次のように語る。

長野さんの家の畑に畝を立てる作業をやっていたとき、隣のＯＧさんは畝の間のくぼみの深さも知らず、こんな浅い畝を立てたんだよ。それを見たわしは彼に「それで芽が出るものか、あんな浅くて、水分がすぐ蒸発してしまう、芽が出るわけがないだろう」と冗談を交えながら、ＯＧさんに話しかけた。ＯＧさんはわしに「じゃ、どうすりゃいいのかい」と言った。わしは「鋤を固定していたネジを外して、深く掘れるところに位置を変えるといい」と、ＯＧさんに言った。ＯＧさんはわしの言ったとおりに鋤の位置を変えた。そうしたらうまくできた。その頃は、開拓団の日本人と仲が良かったよ。

その頃、Ｗさんは、「どうせ仕事だから、やるならいい仕事をする。認められるとそれは何より嬉しいものだよ。これもだめ、あれもだめ、そういうふうに言われると、気持ちが悪いし、給料もたくさんもらえないし、雇い主にも不満を持たせるし」という価値観を持ちながら、懸命に働いていた。こうした仕事に対するまじめな姿勢により、開拓団の日本人から信用を得ていた。そのことについて、Ｗさんは次のように語る。

時々、長野さん家のすぐ隣にいた長野さんの叔父にあたるＹＹさんに呼ばれて、よく一緒に酒を飲んだりしていた。ＹＹさんは七区の一番えらい人だった。雇った苦力がしっかり働かないと、ＹＹさんに叩かれることもしばしばあった。以前、長野さんの家に馬家屯出身の李という苦力がいたけど、仕事があまりできなくて、よくＹＹさんに叩かれていた。ＹＹさんは私が長野さんの家で働き始めてから仕事を認めてくれて、よくしてくれた。

Ｗさんが一生懸命働いた結果として、日本人に信頼され、互いに良い関係を築いたことが窺える。しかし、Ｗさんは雇い主長野さんの家に対する不満も抱いていた。それは、一九四四年頃、長野さんが徴兵されたあと、妻と二人の幼い子どもが家に残され、家の畑の農作業がすべてＷさん一人に任されたことである。「時々、長野さんの妻茂《しげ》さんに少ない給料でキツイ仕事をさせられた」ので、Wさんはそこで働くのが嫌になって、何度もやめようと考えていたという。しかし、YYさんに「お前がやめたら、畑は全部荒れちゃうし、あの暴れ馬は誰にも使いこなせないし、母子三人だけの家庭だし、何とかしてもらえないか」と頭を下げられた。それを受けて、Wさんは終戦まで長野さんの家で働き続けた。

日本の敗戦を迎えて

一九四五年八月頃、Wさんは普段通り宿舎を出て、長野さんの家の畑に向かった。しかし、いつもにぎやかな畑はたいへん静かだった。Wさんは「変だなぁ」と思いながら、七区に駆けつけた。そこで目にしたのは、団員らが荷物を詰め込んだり、おにぎりを作ったりしている、慌ただしい様子であった。

Wさんが七区の様子を見に行ったその時に、YYさんに行きあった。その場でYYさんに「日本が負けたから、私と一緒に逃げましょう」と言われた。Wさんは、日本人たちと一緒に逃げるつもりはなかったので、混乱の機会に乗じて七区を出ることにした。

日本人が現地の開拓村を出てから幾日か経ったあと、Wさんが七区に戻ってみると、宿舎を含めて七区の建物はほとんど現地の中国人、朝鮮人に焼き払われていた。自分が住んでいた宿舎も焼かれていて、泊まる場所もなくなってしまった。そのため、Wさんは七区から四キロ離れた亮子屯という集落へ友人の助けを求めに行った。そこで、一間の藁葺きの家を借りて、新たな生活が始まった。

残留日本婦人を助け、そして「結婚」へ

Wさんが、亮子屯に住みついた数ヶ月後のことであった。亮子屯から約五五キロの方正県日本人収容所から「雇い主の奥さんの茂さんが困っている、助けてほしい」という連絡が入った。この頃、茂さんは方正県日本人収容所で極限的な状況に置かれていた。その時の状況について、茂さんによって戦後に書かれた体験記のなかには次のよ

うに綴られている。

そこで食べていたものは、コーリャン、アワなどの皮をむかないもので、これを鉄カブトのなかで毎日突いて皮をむき、どうにか飢えをしのいでいましたが、お腹をこわす人が続出して大変でした。ここで長男はハシカになりましたが親の熱で温めるよりほかに仕方ありません。ハシカがのどにきて苦しみ、抱っこしている私を押したり、むしったりして苦しみながら息を引き取りました。次男は体が弱かったので、飢えや寒さに勝てず、それほど苦しむことなく亡くなりました。

一人になってしまった私は、生きられるところまで生きなければ、こんな苦しい思いをして亡くなった子供のことを誰にも知らせることもできない、子供の供養のためにも生きたいと思うようになりました。

（綱島茂 一九八五：一六四－一六五）

Wさんは、終戦前に稼いだお金を持って、歩いて方正県に向かった。現地に着くと、「倉庫のようなところで、ちゃんとした寝る場所も食べ物もなかった。かなりの数の日本人が冷たいコンクリートの上で寝泊まりしていた」光景を目にしたという。たくさんの避難民のなかから茂さんを見つけ出し、用意したお金を渡した。助けに来たWさんに会った茂さんは何も話さなかった。ただただ泣くだけだった。「そのお金で難関を乗りきるといい」と心の中で思いながら、Wさんはまた中和鎮に戻った。

その後、一九四五年一二月末まで方正収容所に避難していた中和開拓団は、第一部第三章で述べたように、そこでは越冬できないという判断で団全員は中和鎮に戻るという決断をした。茂さんは中和開拓団と一緒に中和鎮に戻るとき、寒さ、飢えにさらされ、着いたとたん発疹チフスにかかった。そこで、またWさんに命を助けてもらった。茂さんが回復すると、隣の友人の仲立ちによってWさんと結婚することになった。この結婚について、茂さんはこう振り返る。

長い間世話になり、そこから逃げ出すわけにもいきません。仕方なく「妻」ということになりましたが、それでも引き揚げがあったら日本に帰りたい気持ちでおりました。悔しくて、悔しくて毎日泣いていました。

（綱島　一九八五：一六六）

そのうち、Wさんと茂さんの間に男の子二人と女の子一人が生まれた。東北地区が解放されてから一九四六年に土地改革が行われ、その時Wさんは約三町歩の土地を与えられた。家庭を持ったWさんは、朝から晩まで汗水たらして働いていた。その頃の生活はそれほど豊かではなかったが、まずまずの生活であったという。しかし、この静かな生活は、一九五三年の茂さんの引揚げにより、大きな波紋を投げかけられた。

離別、そして再会

一九五三年、残留日本人の集団引揚げが再開した。Wさんには、茂さんが日本に引き揚げるとは思いもよらなかった。茂さんは引き揚げる前日に「明日、日本に帰る」とWさんに告げた。あまりにも突然のことにWさんは戸惑った。やっと生活が安定するようになり、三人の子どももうけていたので、「妻」が日本に帰ることが理解できなかった。しかし、Wさんは「妻」を止めようとしなかった。その時の気持ちを、Wさんは次のように振り返る。

どう思ったって仕方がない。帰りたいと言っているんですから。止めるわけにいかないし、私はまだこの地で生きていかなければならなかった。この村には、彼女を含めて五人の日本人婦人がいた。ほかの四人は誰も帰らなかった。彼女だけが帰った。仕方ない。

一方、日本に帰りたい茂さんの気持ちは次のようなものであった。

最後の引き上げがあると知らされ、日本の身内からは手紙が来るし、子供はかわいいし、どうしていいかわかりません（でした）。しかし、私は決心しました。一生、敗戦国民と言われて暮らすのはとても耐えられないので日本へ帰る手続きをしました。（綱島 一九八五：一六六）

出発日、茂さんは生後まもなくの娘を連れて、六歳と四歳の二人の息子をWさんと共に残し、村をあとにした。街の引揚げ集合場所に着いて、車に乗ろうとしているところ、ある中国人夫婦に「私に子供をくれませんか」「私は子供がいなくて寂しくて困る。大事に育てるからぜひ頼む」（綱島 一九八五：一六六）とせがまれた。「三月の子供を連れて帰るのも不安だし、その女性が私のそばを離れないので思い切って預けることに決めました」（綱島 一九八五：一六六–一六七）。その後、茂さんは一人で日本に引き揚げた。

村に残ったWさんは、その後、人民公社、大躍進、文化大革命といういくつかの時代を経て、なんとか男一人二人の幼い子どもを成人まで育てた。日中国交が回復したあとの一九七四年に、すなわち音信が途絶えてから一九年目に茂さんから一通の手紙が届いた。しばらくの間、手紙による連絡が続いた。八〇年代初期には、Wさんの長男と長女は日本への短期訪問をすることもできた。一九九〇年、長男一家は日本に移住した。

二〇〇〇年、Wさんは日本に永住していた長男の家を訪ねた。初めての日本だった。茂さんと約半世紀ぶりに複雑な思いのなかで対面することとなった。約一ヶ月間の日本滞在を終えてから、Wさんは中和鎮に戻り静かな暮らしを送っていた。そして、インタビューから三年後の二〇〇八年、Wさんは九四歳の生涯を終え、人生の幕を閉じた。

(2) 満洲国の「協力者」として――Lさんの事例

日本の教育を受けて

Lさんは、一九二七年一二月二〇日に延寿県東華区で生まれ、二〇〇四年にインタビューした時点では七八歳だった。Lさんは農家の出身で、四人兄弟の長男であった。当時の家庭は両親、長男であるLさん、姉が一人、弟が二人、合わせて六人家族であった。

九歳の時にLさんは私塾に入り、そこで二年間くらい孔子や孟子の思想について勉強していたという。その後、日本は満洲に対する支配基盤を徐々に固めて、日本語などを導入し、東北部における日本の同化教育を進めた。当時は植民地言語教育の一環として、国民高等学校の教育プログラムでは日本語と中国語とモンゴル語が「国語」と定められていた。旧来の伝統教育はすべて廃止されることとなった。それまでに私塾に通っていたLさんは、私塾から当地の「公安小学」校に移らされ、約四年間日本の教育を受けていた。

Lさんは当時受けた日本教育について、「日本語の授業は週に六回あって、一日一回、一回の授業は一時間程度だった。そして一時間のなかで四五分間日本語について勉強し、残り一五分間はゲームなどをする」時間もあったと語った。また、「同級生は全員漢族の人であって、他民族の人は一人もいなかった。先生は日本人の先生ではなく、朝鮮出身の先生でとても厳しかった。授業中、中国語は一切禁止されていて、中国語を喋ってしまったら、ひどい体罰を受けた」という記憶が鮮明に残っている。このように、Lさんは公安小学校で四年間、日本の教育を受けた。家庭の生活が苦しく、小学校を卒業後に中等学校に進むことができなかったため、農業に従事している両親を手伝った。

強制労働の経験

一九三七年、日中戦争が始まったことで、日本は労働力が決定的に不足することとなった。翌年一九三八年四月の日本の国家総動員法の制定、そして一九四一年の太平洋戦争突入などにより、朝鮮、台湾、満洲において多くの農村労働力が鉱業、軍事基地の建設などに強制的に動員された。このような背景において、Lさんは延寿県に入植してきた中和開拓団が水田を灌漑する用水路を建設するために、県内から強制労働させられた大量の中国人の一人であった。Lさんはその時一六歳であった。その時の徴用は、二つの方法があったとLさんは言う。一つは、徴兵に合格できない人、いわゆる「満洲国兵」[*10]に不合格の人が兵役の代わりに三年間強制労働をさせられるというものであり、もう一つは、国家総動員法の一環で、県の勤労奉仕隊として「勤労奉仕」という名目で各町村に割り当てられ、短期間の労務をさせられるというものであった。その頃は、Lさんはまだ徴兵の年齢に達していなかったが、勤労奉仕隊の一員として、用水路の建設に強制的に徴用された。その時の様子を聞いてみると、Lさんは少し荒い声で次のように語る。

> すぐそこよ、（慶陽農場の）第四作業区[*11]の西にある李花屯河だよ（写真６－１を参照）。あの時は、私はまだ一六歳だったともう。もう一〇月末の頃かね、寒くてね、川の底も凍っていて、骨を刺すような冷たい水のなかに素足で入って掘らなければならなかったんだ。寒さに我慢できずに突堤に上がると鞭で雨のように打たれた。

当時一六歳だったLさんにとって、このような厳しい労働条件に強制的に徴用されたことは、一生のトラウマとなった。その体験と記憶は彼の人生と共に生き続けると思われる。中和鎮に入植した信濃村開拓団のための用水路建設は、全県から中国

写真６－１　当時造られた用水路
この場所は当時中和開拓団八区だった。現在は慶陽農場の第四作業区となっている。
出所：2005. 4. 2 筆者撮影

人労働者が集められ、約三〇〇～四〇〇人が徴用されているようだったという。現場で監督の役を務めたのは「朝鮮人」だけだったと、Lさんは言う。現場の様子について、Lさんは「あんな冷たい川に入ったら、足の感覚がすぐなくなってしまう。どんな丈夫な人でもすぐやられる」。さらに、現場監督だった朝鮮人たちに対しては次のように言う。「朝鮮人が一番悪い。彼らはご都合主義の人たちだった」。支配される立場に立つLさんにとって日本人だけではなく朝鮮人からの抑圧もあり、「その時は本当に仕方がなかったんだ」とも語った。

Lさんが言う「仕方がない」は、植民地の強権統治には正面から抵抗ができないという意味と読み取れる。支配される社会の末端に置かれているLさんのような人々は、支配国である日本に抑圧されただけではなく、他民族、自民族からの幾重の抑圧も受けなければならなかった。このことについて、Lさんは次のように語る。

一六歳になると国民手帳を与えられる。それを持っていないと浮浪者とみなされるから、すぐ捕まえられる。捕まえられたら、炭鉱へ、炭鉱に送られるんだ。少なくとも二～三年強制労働をさせられるんだ。炭鉱に行かされたら、もう生きて帰ってこられないぞ。

支配者の日本に協力する中国人による抑圧ものすごく多かったさぁ。延寿県の勤労奉仕隊二中隊に閻という副隊長がいた。彼はわれわれと同じ漢族の人だったが、彼が一番残忍な人だった。強制労働の命令に従わない、行かないとすぐ逮捕されちゃうし、矯正院に送られるんだ。しかし、行けば生きて帰れるかどうかもわからない。中和開拓団の用水路を建設したときに、生き残った人は少なかった。元気に生きて帰ってこられた人はほとんどいなかった。現場で病気になっても、相手にされずに治してもらえないし。人間じゃないよ。死んだら、そこらへんに放り出され、野良犬に食いきられてしまう。

ここでLさんが語ったように、当時、中和開拓団の用水路建設時の極限的な労働状況のなか、多くの労働者が命を落とした。そして、そうした悲惨な状況を言い表す歌のような言葉は、日本の敗戦後に生き残った労働者たちの間で伝えられてきた。戦後六〇数年を経ても、Lさんはその言葉を忘れていない。

日本鬼子真狠肠　日本の侵略者は本当に腹が黒い
李花屯把大河挖　（冬でも）李花屯の川を掘らされた
冻得群众泪连连　民衆に涙が出るほどの寒い思いをさせ
筋断骨折没人管　筋が切れても骨が折れても相手にしてもらえない

右記の言葉について、Lさんは「これが、強制労働で辛い経験をし、そして亡くなった人々のためのある種の追憶であり、また日本による侵略の歴史を記録することでもあった」と説明する。

満洲国の「協力者」として

強制労働をさせられたLさんは、二度と「勤労奉仕」に行きたくないという切実な思いから、いかにして強制労働に割り当てられないかを考えていた。そこで、Lさんは日本の教育を受けたことを利用し、知り合いである「偽満官吏（満洲国政府に協力する中国人官僚）」を通じて「村公所（村役場）」の「傭員（臨時職員）」として働くようになった。その経緯について、Lさんは次のように語る。

どうすれば強制労働を避けられるのかについてずっと悩んでいた。その頃は、親父がアヘンの依存者だったので、同じ「煙館（アヘンを飲ませる店）」に通うある偽満官吏と親しくなった。その偽満官吏が地元の有力者だったから、親父が彼に「何とか家の息子が労役を避けられるような方法はないか」と相談したのだ。そして、彼の紹介で私は村公所の「傭員」になったのだ。

このようにして、Lさんは村公所の「傭員」として、日々雑用や使い走りなどをして働き始めた。これにより、Lさんの状況は一転した。いつか労役を割り当てられるという不安と恐怖から脱出し、これまでの支配される側の立場から満洲国の協力者となった。このことについて、Lさんは「何より強制労働から逃れたかったからだ。そうしなければ、何度も死んでいたはずだ」と語った。

Lさんは「傭員」になってからまもなく、「雇員」[*12]に昇進した。そこで、Lさんに任された仕事は、おもに労務および戸籍などの管理であった。具体的には、管轄する地域の各所帯に労務を割り当てるという労働力の調達、徴兵の年齢に達しているか否かに関する戸籍の管理、そして勤労奉仕のための短期間労務人員の徴集、豚の皮や麻などの軍需品を造る原材料の徴集に携わっていた。こうした満洲国を支配する側に協力したことを事実としながらも、Lさんは自分は決して村人をいじめたり、強要することなどはしなかったと語る。その理由を、Lさんは次のように語る。

わしはこの仕事を約二年間やったけれども、村の人々に対して威張ったりいじめたりしたことはなかったよ。この仕事を始めたときに、親父から三つ注意を言われた。①勝手に人に食事をおごらせないこと、②権勢に頼って貧しい人たちをいじめないこと、③女性に近づかないこと。わしは親父に言われたことをきちんと守っていたよ。もしあなた（筆者）がこのことを信じられなければ、私が昔住んでいた東華村に行って聞いてみればいい。わしが彼らに協力したことは事実だが、本当は使役を逃れるため、生きていくためだった。

この言葉からわかるように、Lさんは満洲国の協力者になっても、支配する側と同調して村の中国人たちを圧迫するようなことはしなかったと強調している。さらに、Lさんは次のように語り続けた。

わしは労役の辛い体験を味わったことがあるからこそ、できるだけ村人たちにわしと同じような苦しい思いをさせたくなかったんだ。だから、警務の人と一緒に各家に回って労働力を調達しに行く前には、こっそりと労役に割り当てられる人に逃げるかあるいは隠れるようにと連絡しておくんだ。そうすれば、警務の人たちと一緒に当人を連行しに行ったときには、もう家にいなくなっているから。

日本による中国の東北社会に対する植民地統制がもたらした支配と被支配という社会構造において、Lさんはよりよい個人の生活、安定した暮らしを求めるための限られた生の選択（抑圧されるかまたは協力するか）を利用したのであり、何とか生きようとしたのである。

Lさんは、一九四三年から一九四五年までの約二年間、村公所で働いた。日本の敗戦による満洲国の崩壊で、Lさんの村公所での仕事はなくなり、本来の生活に戻った。延寿県は、日本の統治から解放されても、しばらくの間混乱が続いていた。一九四六年一月、東北民主連軍が県内に進駐し、国民党の反対勢力を打ち破って延寿県を解放した。同年六月、延寿県で土地改革運動が始まった。土地改革はおもに都市や農村における封建社会の勢力を解体し、旧来の土地所有制度を廃止し、広範な貧しい農民たちに土地を均等に与え、徹底的に「翻身」することで真の国の主人公となる、ということであった（王玉卿 二〇〇三：一一四）。そこで、運動の原則として共産党の晋察冀中央局が発する「五・四指示」に従い、雇農や貧農たちを団結させ、土地を持っている地主、漢奸、悪人の上役などと徹底的に闘争するようになった。そのなかで、かつて満洲国時代に偽満警察だった人やLさんのように偽満政府に協力した人なども清算の対象となった。幸いに、Lさんは先に述べたように、支配する側に立ちながらも、村の中国人たちの味方をしていたおかげで、その難を免れたという。

その後、一九四九年に新中国が建国されたあと、Lさんは延寿県手工業連合社の傘下にある赤レンガ工場に勤め、レンガ造りの技術を習得した。一九五五年、Lさんは技術者として慶陽農業に赴き、慶陽農業の赤レンガ工場の立ち上げに携わった。工場が建設されてからも、Lさんは慶陽農場に落ち着き、現在に至っている。

(3)開拓団の日本人は優しかった——Zさんの事例

Zさんへのインタビューは、二〇〇五年に中和鎮の養老院で行った。Zさんはずっと家庭を持つことなく、一九四九年に中国が建国されたあとは、生産隊で働き、年をとってから地元の中和鎮養老院に入り、老後生活を送っている。

一九二〇年、Zさんは中和鎮から十数キロ離れた致富屯に生まれた。両親は代々農業を営んでいた。しかしZさんが一五歳になるまでに両親は相次いで病気で亡くなった。生活のために、Zさんは弟を連れて中和鎮へ出稼ぎにやってきたという。

筆者　中和鎮に来てからの生活はどんな感じだったですか？

Z　地主の家の作男だった。両親とも亡くなったので、あっちこっちの地主の家で豚飼いとか、雑用などをして、そうやって食いぶちを稼いでいた。

この語りで示したように、Zさんは、中和鎮に来てから、中国人の地主の家をまわって豚飼いなどをしながら生活をしていた。そのような暮らしのなか、一九三八年に第七次信濃村開拓団の本隊が中和鎮の周辺に入植し、一九四一年に中和開拓団が個人経営に移行すると、これまで中国人の地主の家で働いていたZさんは、開拓団の日本人の家で働くようになったという。

一九四一年から、Zさんは中和開拓団の日本人に雇われ、一九四五年の終戦まで約五年間働いた。はじめは、中和開拓団二区のXSさんという人の家で一年間くらい豚飼いをしていた。その翌年から日本の敗戦までは、三区のUKさんの家で畑の手伝いなどの農作業をしていた。中和開拓団の日本人に雇用されたときの生活の様子について、Zさんは、部落の中には「苦力」たちの小屋があって、そこに住み込みのような形で朝から畑に出て、夕方に帰ってきて、夕飯を済ませたら休憩するという暮らしを数年間繰り返していたと語る。

仕事は、おもに畑での大豆やトウモロコシの栽培であった。夏には雑草を取ったり、畑を整地したりしていた。冬の農閑期には、雇い主の家の燃料を確保するために、近くの山へ薪を集めに行ったという。このように、Zさんは終戦までに中和開拓団で数年間働いた経験があった。そういった生活のなかでの開拓団の日本人との接触について、Zさんに聞いてみた。しかし、Zさんは当時のことをあまり記憶していなかったため、具体的なエピソードを語ることはできなかったが、二人の日本人の家庭で働き、日本人の雇い主によくしてもらったことを断片的に語った。

筆者　開拓団の日本人の家庭で働いていたことについて、何か印象に残ったことはありますか？

Ｚ　とにかく「掌柜的（雇い主）」はよくしてくれた。その頃、私は弟が一人いたので、弟にも食べさせなければならなかった。でも、私一人の稼ぎでは弟の面倒を見るのは苦しかった。私を使ってくれたXSさんは私の兄弟たちに時々食べ物や着る物を援助してくれたよ。

Zさんは、部落の中で日本人と会ったときには、日本人たちに「チャンさん、チャンさん」と呼ばれた。中和開拓団で五年間働いていたが、いじめられたことはなかったという。特に農作業を行うときには、雇い主のUKさんや奥さんも一緒だったり、時折、性格が明るいUKさんの奥さんが冗談を言ってくれたりして、仲良く仕事をしていたということを回想しながら、Zさんはさらに次のように語りだす。

開拓団で出会ったXSさんとUKさんは本当に優しかった。自分の家庭でおいしいものを作るたびに、いつも子どもたちを呼んで「苦力」の私たちにも届け、食べさせてくれたんだ。

Zさんが語ったのは、日本人たちに良くしてもらったという自らの体験に基づいたものである。こうしたZさんの話から、筆者はZさんに、開拓団が持つ侵略の側面について聞いてみた。

筆者　日本の開拓団が中和鎮にやってきたことで、現地の人々に多大な影響を与えたと思いますが、それについてどう思われますか?

Z　その時は、そんなことを考えたことがなかった。だって、どうやって明日を食いつなぐのかで精いっぱいだった。

以上で示したように、Zさんは、約五年間中和開拓団で働いた経験を思い出しながら、日本人との接触について語ってくれた。ここからわかるように、彼の語りはあくまでも日本の植民地政策による支配と被支配の関係を抜きにした、個々の付き合いのなかで形成された人間関係を出発点としたものであった。

3　支配される現地社会に関する考察

以上のように、本章はかつて中和開拓団と直接または間接にかかわっていた現地社会を生きてきた三人の老人への聞き取り調査を通して、彼らがどのように日本の植民地支配に置かれた中国東北社会を生きてきたかを述べてきた。ここでは日本による満洲への植民地支配が行われたなかにおける、調査地である延寿県の状況に即して考察してみよう。

一九三二年に満洲国が建国されてからまもなく、吉林省公署[*13]は二一〇号訓令を公布した。その内容とは「従来から各県は、公布の当日から三日後までにすべての県政府を県公署と改称する」(姜学編 二〇〇三：四九)というものでああった。また、同年七月に公布された「自治県令」には、「参事は県長を補佐し、県の行政に参画する」という条項が設けられた。これらの措置により、一九三三年に延寿県の県長に李春魁という中国人が任命され、参事官には鈴木三蔵という日本人が赴任してきた（姜学・张全本 二〇〇三：二九）。このように、一九三三年以降、延寿県は実質的に日本の統制下に入った。

一九三三年から一九四五年まで日本の支配下に置かれた延寿県に、日本から四つの開拓団が送られてきた。この四つの開拓団は、本書で取り上げた一九三八年に入植した中和開拓団のほか、一九四一年に李花屯に入植した長野県小県郡（現在の上田市）開拓団、一九四二年に長発村に入植した奈良県大塔村開拓団、そして一九四三年に宝興村に入植した長野市を送出母体とした転業帰農開拓団であった。終戦時に延寿県内には一九一九人の日本人が在留しており、そのうち、開拓団の関係者は一七九九人を占めていた（木島三千男編 一九八六：三二）。

こうした日本人の入植が現地社会に大きな影響をもたらしたことは言うまでもないが、そのなかでも日本人移民の用地を獲得するために、現地人の土地を廉価で買い上げたこと、入植してきた開拓団に中国人の民家を提供するため不法占拠したことなどによる被害が最も多く報告されている。ここで紹介した延寿県に入植してきた四つの開拓団もほとんど既墾地に入植し、満洲拓殖公社が彼らのために現地人の家屋を買い取っていたことが、『長野県満州開拓史』や『奈良県満洲開拓史』などの日本側の資料から読み取れる。[*14] また、現地の延寿県の档案館に所蔵してある「偽満時代の延寿県における日本の経済略奪」（以下、「延寿偽満期文史資料」と称する）という資料にも、本県に入植してきた開拓団による現地人に対する土地の略奪、飛行場や用水路などの建設のための勤労奉仕による労務者の調達・徴集、そして強要された糧穀出荷および物資などの供出などといった側面による被害がより広範に記録されている。

したがって、こうした日本による植民地支配の政策が、それまで維持されてきた現地社会の仕組みを乱すだけではなく、そこに暮らす人々の生活も規定した。満洲国期の延寿県は、手工業や工業、商業などがほとんど発達していなかったため、多くの人は農業で生活を営んでいた（延寿县伪满期文史资料编辑委员会 一九八八：三六－三九）。そうした農業に従事する現地の人々は、おもに①地主、②富中農、③貧雇農という三つの階層となっており、本章で取り上げた三人の事例は、③貧雇農の階層に位置づけることができる。この時期において県内の土地は、ほとんど①地主と②富中農に集中しており、土地全体の六七・五パーセントが地主や富中農によって所有されていた（延寿県地方志办公室編 一九九一：一二三）。

一方、開拓団の入植に伴って、地元の地主や富中農を中心に、彼らの土地が日本人の移民用地として買い取られて、彼らは自分の土地から離れざるを得なくなった。これに連動して、それまで地主や富中農から土地を借りて、あるいは地主や富中農の小作人として生活を営んでいた貧雇農が生活できなくなったり、働く場を失ったりすることとなった。そこで、より良い生活を求めて故郷を離れていく者もいれば、開拓団の日本人の家庭の小作人になった者もいた。先に紹介したWさんやZさんの事例からわかるように、元々土地をほとんど持たない貧雇農だった彼らは、より良い生活を求めると同時に「労務の供出を避けるため」や「生きていくため」という動機が加わり、開拓団の日本人の家庭で働くようになったと思われる。

前記のZさんとWさんの二つの事例に対して、Lさんの事例では、直接開拓団のなかで働いていた経験はなかったが、中和開拓団の用水路を建設するにあたって、労役を割り当てられた。「延寿偽満期文史資料」によれば、日本人移民者が延寿県に入植してから、神社の建設や開拓団の水田整備による用水路の建設のために、県内から大量の労務人員を偽満延寿政府は徴用し、現地の多くの人々が被害を受けたと記述されている（延寿县伪满期文史资料编辑委员会 一九八八：四六－五三）。一九三五年から一九四五年までは延寿県の人口が二回にわたり減少したという記録があり[*15]、その理由が「日本の侵略者による殺戮、偽満洲国政府による搾取や労役および自然災害など」（延寿県地方志办公室編 一九九一：六二三）とされている。

満洲国期における延寿県という現地社会は、日本による植民地支配と搾取に翻弄されていた。そして、そうした支配と被支配というマクロな構造のなかに、本章で取り上げたような、あまり問われることのない、多様でミクロな個別の体験も存在していた。

おわりに

本章では、日本の満洲に対する植民地的な統治の過程における現地社会に暮らしていた人々の経験を通して、彼らとそこに入植してきた日本人との民族関係を検討してきた。

現地社会を生きる人々にしてみれば、日本による植民地的支配に規定されながら生きていかなければならなかった。本章の事例を見てわかるように、Wさんが佳木斯《ジャムス》から中和開拓団へ移動し、開拓団で働くようになったのは、厳しい労役に割り当てられるのを恐れていたからである。開拓団で働けば、労役を逃れられるほか、収入や衣食住も保証されるということが、開拓団で働く決め手となった。ここでもう一度、第五章で取り上げたNMさんの事例に見られた「喜んでくる」「彼らは仕事がないんだから」「日本人のほうが、食べ物をたっぷり食べられる。金をちゃんともらえるから」という語りを想起してほしい。両者の考えが必ずしも一致していないことがわかる。日本人の入植者が語ったような「彼らには仕事がない」「喜んでくる」などという理由は、Wさんが開拓団で働く動機の一側面にすぎなかった。

また、Lさんは中和開拓団の用水路の建設に労工として駆りだされていた。過酷な労働現場から生き残った彼は、いつ再度労役に割り当てられるのかという不安な暮らしを解消するために、父親の知り合いだった偽満官僚の紹介を通して、支配側の「協力者」として区公署で働くようになった。このようなWさんやLさんの事例から、彼らは日本による現地社会への植民地的支配という重圧のなかで、より「安定的な生活」を求めるために、限られた生の選択を利用し、何とか生きようとしたことが読み取れる。

一方、日本人移民者と個々の付き合いにおいて、直接かかわっていたのは、Wさんの事例とZさんの事例である。「部落のどこに行っても日本人が話しかけてくれる」「どの日本人の家に行っても農具などを貸してもらえる」「日本人が食べ物や着る物を援助してくれた」「日本人は優しかった」という二人の語りを見ればわかるように、日本人との個々のレベルの付き合いには対立の関係がなく、相互が非常に良い関係を築いていた側面が窺える。また、こうした個々の付き合いは終戦後も続いていたことが、Wさんの事例から確認できる。さらに、こういった現地の人々は日本人との関係を語る際にほとんど植民地という支配と被支配の社会構造を抜きにし、個々の接触体験に即して語っていることがわかる。彼らの視点に即してみた場合は、個々の付き合いの裏には、前述したような、現地の中国人が労働者として強制的に動員されたり、搾取されたりすることもしばしばあったことを忘れてはならない。以上より、マクロな植民地の社会構造による抑圧も同時に存在していたことが明らかとなった。

注

1　満洲移民の送出形態から見れば、試験（武装）移民団、自由・分散・自警移民団、全県編成移民団、分村移民開拓団、分郷移民開拓団、集合・農工帰農開拓団、報国農場、創設期の義勇隊開拓団、全国混合編成義勇隊、長野県単独義勇隊開拓団、訓練途上の義勇隊・義勇軍などに分類することができる。
2　現在黒龍江省の地域の一部である。
3　http://www.hlyanshou.gov.cn/zhaonghe.htm（二〇〇五年五月一三日閲覧）
4　二〇〇五年四月二日、中和鎮政府の幹部への聞き取り調査より。
5　二〇〇四年四月一日、延寿県公安局で収集した資料の統計による。
6　二〇〇四年四月二日、慶陽農場の胡順潔農場長へのインタビュー調査による。
7　二〇〇五年三月三〇日（八時三六分～一〇時四一分）、四月五日（九時三四分～一一時八分）の聞き取り調査より。
8　関外というのは長城の東の外れである山海関より東の地区を指している。

9　住み込みで働く、常雇いのことを指す。

10　日本軍に協力する満洲国政府の兵士のことである。中国では「偽軍」とも言う。

11　第四作業区は当時中和開拓団の八区であった。

12　旧時、給料の一番低い職員のことを指す。

13　一九三二年に満洲国が建国された当時には、延寿県は吉林省の直轄であったが、一九三四年に浜江省に合併された（中華人民共和国民政部、建设部編一九九一：六二九）。

14　中和鎮信濃村開拓団、李花屯小県郷開拓団、宝興村長野郷開拓団、長発村奈良県大塔村開拓団は既懇地に入植したということについて、それぞれ『長野県満州開拓史・各団編』の一三八頁、三九六頁、五一九頁、『奈良県満洲開拓史』の七七頁に記録されている。

15　満洲国期における延寿県人口の減少は、一九三四年から一九三五年までに一三万七一〇六人から一〇万六四七七人となり、そして一九四四年から一九四五年までに一六万一八六〇人から一五万四八八九人となったという記録がある（延寿県地方志办公室編一九九一：六二三）。

第三部　戦後のなかの満洲

第三部は、序章で設定した研究課題に基づき、満洲移民の戦後に焦点を当てて考察を行う。満洲移民の戦後は、第三章で取り上げた中和開拓団の事例からわかるように、一九四五年八月から一九四六年の集団引揚げが開始されるまでの難民期を経てから、集団引揚者と「残留者」という二つのグループに分かれていた。集団引揚者は、前期（一九四六－一九四八年）や後期（一九五三－一九五八年）の引揚げで日本に帰国した。これに対して、残留者は数十年間の間に日本の植民地支配の歴史を背負って中国社会を生き続けなければならなかった。このように、満洲移民の戦後は、それぞれの社会に生きてきた個人の体験によって構成されている。

そこで、ここでは、中和開拓団の事例を中心として、中国残留日本人と集団引揚者という二つの側面から満洲移民の戦後をとらえていく。具体的には、第七章は戦後の中国社会における残留日本人に対する政策を考察する。これに続いて第八章は、日中両社会を生き抜いてきた残留日本人の生活実態を明らかにする。そして第九章は、満洲開拓をめぐる集団引揚者の戦後の活動、すなわち慰霊・建碑・訪中を中心に考察する。

第七章　戦後中国の残留日本人政策

はじめに

本章の課題は、集団引揚げの機会を逃した残留日本人が戦後の中国社会でどのように在留していたか、また中国政府が残留日本人に対してどのような国家管理を行ったかについて明らかにすることにある。これまで、中国社会における残留日本人の政策に関しては、おもに日中関係という枠組みのなかで残留日本人の引揚げ問題を軸に研究が進められてきた[*1]。そのため、残留日本人が帰国を果たすまで、外国人としていかに中国社会に統合されたかといった問題は、ほとんど注目されてこなかった。管見では、南誠（二〇〇九）「戦後の中国における『日本人』政策――ポストコロニアルと国民統合の視点から」のほかは見当たらない。

南は、戦後の中国における日本人政策を一九四五年八月から一九六〇年までの間で三つの段階に分け、第一段階（一九四五年八月～一九四八年）では国民党も共産党もそれぞれの支配地域から日本人を「遣返（送還）」することを政策の前提としており、国民党が支配する大都市においては在留日本人を集中管理する方式がとられたのに対して、共産党政権はそのような管理方式を取らなかったと指摘している。第二段階（一九四八～一九五二年）では、一九四八年に東北を支配下に置いた共産党政権が、戦犯や捕虜を除いて当初東北社会の運営のために留用した日本人と、第一段階で日本に引き揚げることができなかった一般日本人を一括して日僑として管理し、日本人会を発足させて社会統合を図るようになっていたとする。しかし朝鮮戦争が東北地域に拡大することへの恐れ、国内を安定させるための国家危機管理上の必要性、そして日本への帰国を望む日本人の要望などにより、中国政府は一九五二年に日本人の集団帰国支援を表明し、翌年一九五三年に帰国事業が始まったという。これに続き第三段階（一九五三〜一九五八年）では、日本人の帰国援助と社会統合政策が同時に展開されたと説明している。

こうした南による一九四五年八月から一九六〇年までの中国における日本人政策についての考察と分析は、筆者もおおむね妥当であると考える。しかしながら、南の論文ではまだ十分に検討されていない点が残されている。同論文は基本的に戦後の中国の都市部に在留する日本人を考察の対象としており、東北農村地域に取り残された残留日本人の状況については明らかにされていない。同じ残留といっても、農村部と都市部ではその体験が大いに異なっていた。一九四六〜一九四八年の間に東北の農村部では土地改革が行われているが、同時期に都市部に在留していた日本人はこの土地改革を経験していないのである。そこで、本章では、まず共産党政権の下で行われた土地改革において、農村部の残留日本人がどのように処遇されていたかに焦点を当てる。

また、分析対象の範囲についても、南論文が一九四五年八月の日本敗戦後、中国全土に取り残された日本人を広く扱っているのに対して、本章では満洲移民、とりわけ第七次中和鎮信濃村開拓団（以下、中和開拓団と略す）の残留者の事例を中心に分析することとしたい。特に一九四六年五月に中和開拓団が日本に集団引揚げを行ったあとに現地農村社会に取り残された人たち（一九五三年に始まった後期の集団引揚げで帰国を果たした一時的残留者を含む）が対象となる。一九四九年一〇月一日に新中国が成立したあと、中国政府がこうした農村部に取り残された日本人たちをどのように管理し、どのような政策で彼らに対応してきたかを明らかにすることが分析課題となる。

これらを考察するにあたって、本章では一九四六年から一九八〇年までを考察の対象期間とする。中国の現地調査で収集した残留日本人に関する記録が掲載されている「档案」『延寿県志』『ハルビン市志・外事志』『黒龍江省志・公安志』および聞き取り調査などに基づいて考察する。

1　一九四六年から一九四八年の土地改革と残留日本人

第三章で述べたように、一九四六年五月に中和開拓団が日本に引き揚げたあと、現地に残留を余儀なくされた人は「百人以上を超えた」（元中和鎮信濃村開拓団編　一九七五：二九七）と記録されている。このなかには、一九五三年に再開した後期の集団引揚げで帰国を果たした者と、その後も残留した、いわゆる中国残留日本人が含まれていた。

これらの残留者のなかには、当時家族単位で残留した者も少なくなかった。例えば、第五章で取り上げた残留婦人のＸＬさん、ＫＴさん、残留孤児のＩさんなどの事例は、それぞれ家族単位で現地に留まっていた。『延寿県志』によれば、その頃全県ではこのような残留日本人の家庭が一五戸あった（延寿県地方志办公室編　一九九一：六七二）。そして、そのうち中和開拓団の出身者が一〇戸を占めていた。[*2]

こうした残留者たちは、一九四六年一月に中和鎮に引き返したときに現地の社会で生活の余裕がある地主の家や富農／中農の家に入って豚追いや牛の放牧などの雑役で食いつないだり、かつて開拓団で働いていた中国人に頼ったりして生きていた。一九五三年に日本に引き揚げてきたＸＬさんの弟の小林袈裟治さんは、その時の様子を自分の手記に次のように書いている。

滞在先の中国人宅で、働ける者は使用人として働き、家事手伝いをする婦人、子守りに雇われた幼女、養子に貰われた人、将来の息子の嫁にと貰われた少女等々、それぞれが生きるために、中国人家庭で生活した。中には客人として優遇された人もいたと聞いた。

（小林　二〇〇二：三四）

その頃の自分の家族の様子について、袈裟治さんは次のように記している。

兄は天台屯の地主、韓家の使用人となる。私（十六歳）とすぐ下の妹裟田子（十三歳）は同じ天台屯の、父生存中の友人宅李家の使用人になった。私は農事の手伝い、妹は家事手伝いと子守りだった。

（小林二〇〇二：三五）

このように、中和鎮の周辺に取り残された残留者たちは、生きていくために現地の中国人家庭に統合されていた。彼らがそれぞれ中国人家庭で徐々に落ち着くようになった一九四六年の中頃になると、延寿県でも土地改革の運動が始まった。土地改革運動は中国共産党によって進められたもので、この運動に至るまでは延寿県の支配権をめぐって国共内戦が続いていた。

一九四五年八月以後、日本の敗戦とともに延寿県が解放された。九月、ソ連軍は延寿県に進駐、日本の開拓団を含めて県内のあらゆる集団の武装を解除し、臨時政府を設立して治安維持などにあたっていた。その翌月、共産党政権を支持する民主人士だった朱殿超が当時の浜江省副省長李兆麟の委託を受け、ソ連軍の承諾も得て臨時政府を解散した（姜学編二〇〇三：二二八）。朱殿超は県長として延寿民主政府を組織、旧満洲国期の保安隊を接収し治安大隊と改編し、元警察署長の蘭金甲を治安大隊長として任命した。

しかし、この民主政府樹立から二ヶ月も経たないうちに、治安大隊長の蘭金甲が国民党からの委任を受け入れ、武装反乱を起こした。そこで、民主政府県長の朱殿超などが逮捕され、蘭金甲は国民党軍の代表として延寿県を接収すると同時に民主政府を解体すると宣告、旧満洲国期の官吏だった鄭恩澤を県長として就任させた（延寿県地方志办公室編一九九一：二二）。

このような国民党による延寿県の支配は一九四六年一月の中旬頃まで続いたが、一月二四日、中共八路軍三五九旅団に延寿県は包囲・攻撃され、蘭金甲は逃走、共産党は延寿県の支配権を奪回した。二月、三五九旅団は延寿県から撤退し、中共哈東一分区と守備を入れ替えた（延寿県地方志办公室編一九九一：二二）。この後、中共哈東一分区の司令員、地委書記の温玉成が延寿県の工委書記を兼任し、李龍琪を副書記、劉志民を県工委員とする延寿県政府が発足した（姜学編二〇〇三：一二九）。

共産党が延寿県の支配権を取り戻してから、延寿県政府は国民党などの残存勢力を粛清するための「剿匪運動」を始めると同時に、共産党中央局の「五・四指示」に従って土地改革運動を展開していった。土地改革はこれまでの封建土地所有制を覆し、すべての農民たちに土地を平等に再分配し、経済と政治における「翻身」を図るという目的だった。その背景としては、国民党との内戦が続き軍事情勢も不利な状況に置かれた共産党が、農村人口の約七割を占める貧農の支持を得ることで、解放区における敵対勢力の排除を期待したという要因が指摘し得る。

このような背景のなかで、延寿県は一九四六年に「土改工作隊」を組織、県内の各村屯に派遣し、村屯を単位とする政府・「農会」を成立させ、土地改革を進めていた（延寿県地方志办公室編一九九一：二一）。この頃、中和鎮から約四キロ離れた亮子屯に暮らしていた残留者の小林袈裟治さんは、村に入ってきた土改工作隊が村民に向けて行った宣伝の様子を次のように振り返っている。

> 貧農民と雇用人（無産者階級）を大団結させ、中農を仲間に入れて、富農と大地主を打倒しなければならない。そして自分達の全中国を解放しよう。貧雇農民達よ立ち上がれ、決起せよ、赤旗の下に集まれ、闘争せよ等々、とにかくその語調は実に勇ましく激しいもので、短期間のうちに辺鄙な農山村にも農会（農業組合）を組織した。（…中略…）その勢いは正に怒涛の如くであった。
>
> （小林二〇〇二：三七－三八）

延寿県の土地改革は一九四六年六月から一九四八年まで三段階で行われた。すなわち、第一段階は「清算剝削帳，打开土改局面」（これまでの搾取を清算する、土地改革の局面を打開する、一九四六年六～一〇月）、第二段階は「反奸除霸，反地主倒算」（地主や富農ら悪党と闘い、彼らの反攻を防ぐ）、「查黑地，煮〝夹生饭〟」（隠している土地を調べ、徹底的に清算を行う、一九四六年一一月～一九四七年七月）、第三段階は「砍挖運動」（地主や富農などが隠している家財や武器などを探し出す

運動、一九四七年七月～一九四八年三月）である（王玉卿 二〇〇三：一一四‐一一二）。

第二段階と第三段階において延寿県の土地改革運動が頂点に達した。『延寿県志』によれば、「一九四六年一二月、地主、富農、反革命分子、悪質分子、匪首、偽満官吏、偽満国軍などの一三四九人に対し、闘争、清算を行った。その内、二五〇人を銃殺した。土地四万九八〇〇垧[*3]を没収した。そのほかは食糧三二八九石、馬や牛三六八頭、豚四七九頭、大車八〇台、住宅二〇〇〇棟を没収した」（延寿県地方志办公室編 一九九一：一二四）と記録されている。これに続いて、第三段階では闘争がさらに大規模となった。「一九四七年七月七日の『砍挖運動』は全県の四〇〇ヶ村、屯に及び、六万人が参加した。大地主、悪い上役などの二九四七人を闘争し、極悪な反動分子を九〇人銃殺した。土地一万五六八六垧、食糧六八〇〇石、牛や馬五二七五頭、豚三四一三頭、鉄車一〇〇四台、農具五五〇〇件、住宅一万一四三五棟、現金四五〇〇万余り、金五四・四両（一両は約五〇グラム）、銀二〇〇両余り、小銃など七七丁、弾四九四〇発を没収した」（延寿県地方志办公室編 一九九一：一二四）。

全県で土地改革の運動が広がるなかで、残留日本人たちが暮らしている村でも激しい闘争が繰り返されていた。残留日本人が中和鎮に引き返してきた当時、働いていた地主の家が次々と闘争・清算の対象となった。その時、亮子屯の地主の楊家から家を借りていた小林袈裟治さんは、家主の一家が闘争対象とされた様子を次のように回想している。

屯内の貧雇農民等が隊を組み、近くの屯や村、鎮の大地主や富農宅へ闘争に行った。替わりに他所の屯や村、鎮などの貧雇農民らが、隊を組んで自分達の屯の、地主や富農等の家に来て闘争（略奪）をして行った。彼等も顔見知りの家に入っての闘争は、やりにくく、他所へ行って徹底的に闘争したらしい。…中略…。そのうちに今度は私の家主宅も同じようにされて、食糧、家畜、衣類まで持ち去られてしまった。最後は釜まで持ち去ろうとしたが、家主の老婆と奥さん方に泣きつかれ、釜や食器だけは置いて行った。

（小林 二〇〇二：三九）

この語りにあるように、土地改革は基本的に共産党による国内向けの「階級闘争」であり、旧来の農村社会の経済構造、権力構造を変えることが目的であった。敗戦後、現地社会に組み込まれていた残留日本人は土地改革運動のなかで現地の貧農や小作農と同じように、土地を均等に割り当てられた。残留日本人はこの土地改革運動のなかで、現地の社会に再編され、新たに生きる道を与えられることになった。このことについて、少し具体的に以下の三点を述べておきたい。

第一に、土地改革により、当時地主の家に売られた残留日本人女性たちが解放されたことである。この点について、第五章で取り上げた残留婦人KTさんの事例と集団引揚者北博史さんの事例を想起してほしい。KTさんは一家を助けるためにわずかな食糧と引き換えにカシンベック病[*4]を持つ地主の長男と結婚させられた。結婚したあとは地主の家族からひどい仕打ちを受けた。このような事情が中和鎮の「土改工作隊」に把握されると、「土改工作隊」はKTさんと地主の息子の婚姻を解消させ、KTさんに自由を与えた。一方、北澤さんの事例では、二番目の姉が地主の家に売られ、虐待を受けていたというが、北澤さんの姉を地主の家庭から解放させたのも「土改工作隊」だった。このように、残留日本人が中和鎮に避難してきた当時、生きていくために地元の地主や富農との間でやむを得ず結んだ理不尽な「契約」が、土地改革運動のなかで「土改工作隊」や農会の介入により解消されることとなった。

第二に、先に述べたように、ばらばらに中国人の家で働いていた残留日本人の家庭が、土地改革を機に家族単位での暮らしができるようになったことである。つまり、土地改革で地主や富農などの土地や家財が取り上げられたことにより、残留日本人はそこで働けなくなる。そこで、地元の農会は残留することとなった日本人の家庭にも、中国人の家庭と同じように、土地を平等に割り当てたのである。こうして家族単位で現地に取り残された中和開拓団の一〇戸の家族すべてが、土地改革で与えられた土地によってほぼ自立して生活することができるようになった。

第三点に、中和鎮周辺の土地改革では、先に述べた家族ごと残留することとなった家庭以外の、中国人の家庭に統合された残留孤児や婦人に対しても現地の農民たちと同じように土地が均等に割り当てられたことである。「日僑は敗戦国の国民であるけれども、戦犯ではないため、現地政府は彼らに生きる道を与えた」（延寿県地方志办公室編一九九一：六七二）のであった。筆者が現地で収集した残留日本人の「日僑登記表」の第二〇項目「経済状況」の欄には、土地改革の時に与えられた土地の面積、住宅、家畜などが記録されている。例えば、夫婦共に一九五三年まで残留することとなった中和開拓団のZQさんの登記表には、次のように記録されている。

二〇．経済状況：「土地を一垧割り当てられ、一室半の住宅を購入した。」

また、五人家族で残留することとなった中和開拓団のYZさんの一家の記録は次のようであった。

二〇．経済状況：「五室半の住宅、土地一・一四垧、豚一頭を割り当てられた。」

残留日本人に土地を割り当てる延寿県のような土地改革はほかの地域でも行われていた。例えば、一九三九年に三江省樺川県公心集に入植した読書村（現在の南木曾）開拓団の出身者だった可児力一郎さんは、終戦後の避難先の方正県に残留することとなった。可児さんがいた方正県でも、一九四七年前後に土地改革が行われ、残留日本人に土地が割り当てられたことを次のように記している。

この改革では東北部の居住者全てに農地が割り当てられた。各地区ごとの農地を、その地区の全住人に平等に割り当てるという方法がとられたので、人口密度が高い地区は割り当て面積が小さく、密度が低い地区は面積が大きいという具合だった。このような地区差はあったものの、外国人である日本人にも平等に面積が割り当てられた。その代わり、自分の土地を耕作して、秋の収穫が終わった時に公糧と呼ばれる、その土地の等級に応じた年貢を納めることになった。方正県臨江区では、一人につき五畝（一畝は七五〇平方メートル）が割り当てられた（…後略…）。

（可児二〇〇三：九六）

このように、終戦後の前期集団引揚げで帰国を果たせなかった残留者の多くは、一九五三年の後期集団引揚げが開始されるまで現地政府から与えられた土地で暮らしていた。ただし、ここで一つ注意しておきたいのは、残留日本人は土地改革の恩恵を受けたといっても、彼らが現地社会で安定した生活を送れたとまでは必ずしも言えないということである。物資が乏しい戦後の中国では、中国人の家庭も含めて、人々の暮らしは苦しいものだった。そういった環境のなかで、中国社会を生きる彼らは、大切に育ててもらった人もいれば、ただの労働力として酷使された人もいる。前述した可児さんは、中国人の家庭で労働力として、日々大変な作業に追いまわされた体験を次のように書き留めている。

大人でも体力がなければ厳しい仕事を、十三歳の子供がするのは無理な話だった。渾身の力を振り絞っても、アワの茎は切れない。だが、礼（中国人の姓：引用者注）の父親がいつも監視していて、切れなければ鞭が飛んできた。

（可児二〇〇三：七九）

また、彼らは中国人の家庭に入った当初、中国語を話せなかったため、日々戸惑い、不安、孤独に包まれながら生きていくしかなかった。中和開拓団の出身で残留孤児だったCさんは、その時の体験を次のように語る。

方正収容所から加信鎮に着いたとき、中国語が一言も喋れなかった。中国語ができるようになるまで一年以上かかったね。最初は手ぶりをまじえながら、中国人とコミュニケーションをとった。何をやっていても手ぶりをしなきゃ通じないのだから、怖かった。中国人に何を言われているのか、まったくわからないから、怒っ

ているような表情を見たら、ひたすら逃げた。（趙彦民二〇〇七a：一五三）

さらに、彼らは中国人として育てられながら、「侵略日本」「日本帝国」という歴史の重みを背負って戦後の中国社会を生きなければならなかったのである。

2　新中国の成立と残留日本人に対する国家管理

一九四八年、東北社会では土地改革が終了すると同時に、全域がほぼ解放されることとなった。建国に向けて、東北行政委員会は当該地域における治安維持、そして潜伏していた国民党などの反動勢力などによる破壊を防ぐために、人口・戸籍管理を実施し始めた。一九四八年四月一六日に『東公字第二号令』「八月一日より地域内の男女一六歳以上の者に対して居民証制度を実施する」（黒龙江省地方志编辑委员会二〇〇一：三七七）という通告が公布され、その一環として、東北公安総局は四月二八日、全域の住民に対して戸籍登録の申請を求めた。ついで七月に黒龍江省は、各地区市町村の一六歳以上の男女に居民証を交付する一方、省内に暮らしている外国人に対しては外国人登録申請（外僑戸籍簿）を要請し、登録した者に「外国僑民居留証」（写真７－１を参照）を交付するという措置をとった。[*5]

一九四九年一〇月一日、中華人民共和国が樹立され、翌一九五〇年、国家公安庁と東北公安部の指示に従って、黒龍江省は当該地区内の一六歳以上の外僑を対象に全面的な調査と登録を行った（黒龙江省地方志编辑委员会二〇〇一：三八二）。黒龍江省に残留した日本人は、おもに松花江の両岸にある方正県、通河県、延寿県、依蘭県、鉄力県、甘南県、嫩江県、讷河県の周辺に生活していた（黒龙江省地方志编辑委员会二〇〇一：三八二）。

延寿県における残留日本人の調査については、当時の残留者を記録する「外僑登記申請書」（一九五〇年）や「外僑登記表」（一九五三年、一九五五年）から一九五〇年、一九五三年、一九五五年に行われていたことが判明した。一九五〇年の調査は、すべての残留者に対するものではなく、前節で述べたような家族ごと残留することとなった日本人の家庭や、身元などが十分把握されている者が対象となった。例えば、一九四六年の初頭に様々な理由で中国人の家庭に入った幼少の子どもたちは、一九四八年に行われた戸籍調査では中国人の養父母の申請によって中国人家庭の子どもとして登録されていることが多く、彼らは日僑登録の対象とされなかった。一方、一九五三年一月の調査はおもに同年に始まる後期の集団引揚げの準備に備え、残留者の帰国希望に関する聞き取り調査だった。

当時の調査の詳細を記録している一九五三年の「日僑登記表」によれば、聞き取り項目として以下の二一項目が設けられていた。①名前、②年齢、③性別、④生年月日、⑤出生地、⑥本籍、⑦日本での住所、⑧教育レベル、⑨特殊技能の有無、⑩いつ、どこから、どのように中国にきたか、⑪職業および勤め先、⑫いつ、どのように現職に就いたか、⑬中国の現住所、⑭いつ、どこでどの団体あるいは党派に属したか、担当した役職および現在との関係、⑮賞罰の有無、⑯犯罪経歴の有無、あるいは処分の有無、⑰本人の詳細な経歴（いつからいつまで、どこで、何をしていたか）、⑱日本の親族と社会関係（名前、年齢、性別、本籍、現住所、職業および役職、本人の所属する団体および党派、担当した役職）、⑲中国の親族と社会関係（名前、年齢、性別、本籍、現住所、職業および役職、本人の所属する団体および党派、担当した役職）、⑳経済状況、㉑備考欄（この欄には一九五三年の集団引揚げで帰国するか否かについて記録されている）。

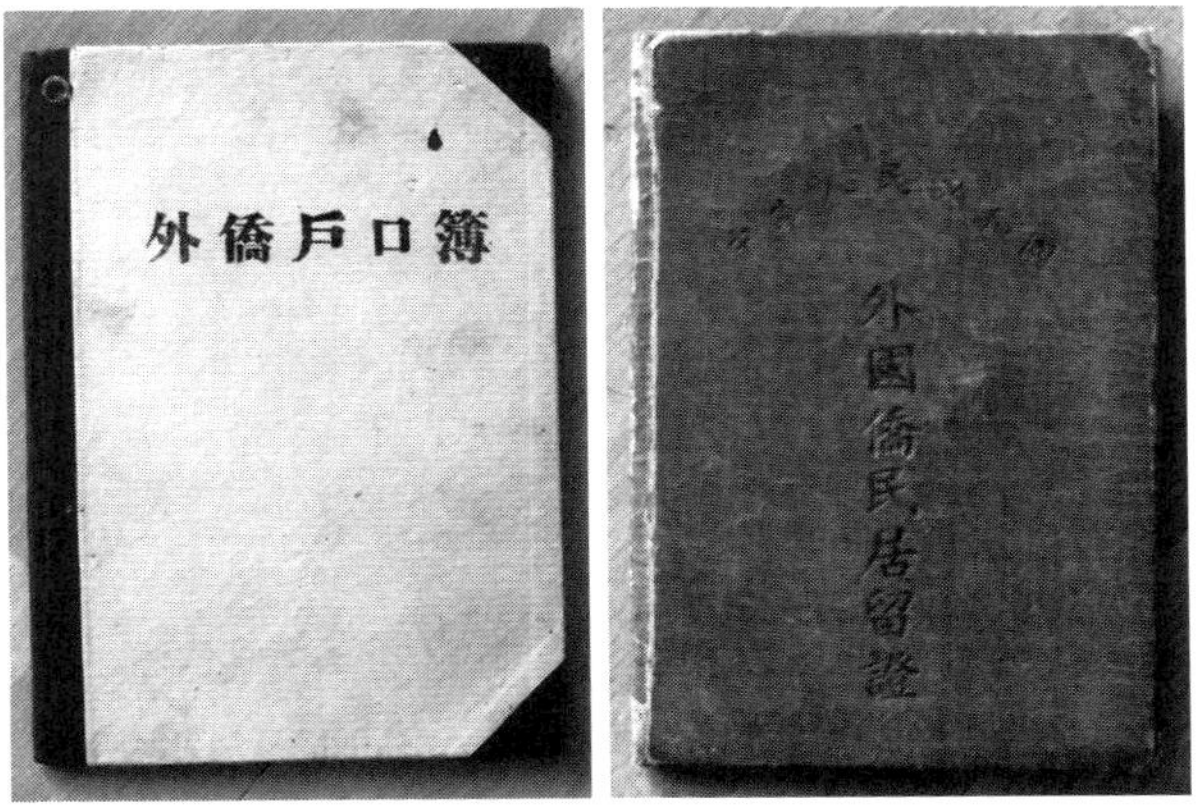

写真７－１　外国人戸籍と外僑証明書
出所：2007. 2. 27 筆者撮影

次に、中国現地調査で収集した残留日本人の「档案」に基づいて、一九五三年に延寿県から日本に引き揚げた残留者の状況を見てみよう。引揚者の名前を特定できないようナンバー（No.）で表すことに

表7－1　1953年に延寿県から日本に引き揚げた残留者の状況

名前	生別	年齢	出身地	現在居住地	開拓団	備考
1	女	45歳	長野県	加信村*	中和開拓団	母、中国人と結婚、残留
2	女	21歳	長野県	加信村	中和開拓団	長女、終戦時13歳　中国人養女
3	女	19歳	長野県	加信村	中和開拓団	二女、終戦時11歳　中国人養女
4	女	18歳	長野県	加信村	中和開拓団	四女、終戦時10歳　中国人養女
5	男	19歳	長野県	加信村	中和開拓団	甥、終戦時11歳　中国人養子

＊本文中では便宜上、現在の名称の「加信鎮」で統一したが、時期によって「加信村」「加信子」と呼ばれていた。以下、「中和村」についても同様。
出所：延寿县公安局 1983b：3-10, 35-46

表7－2　1953年に延寿県から日本に引き揚げた残留者の状況

名前	生別	年齢	出身地	現在居住地	開拓団	備考
6	男	57歳	長野県	中和村	中和開拓団	夫
7	女	58歳	長野県	中和村	中和開拓団	妻

出所：延寿县公安局 1983b：12-14

する。また年齢は一九五三年一月に調査が行われた時点のものである。

表7－1の1～4は母と三人の娘である。5は1の甥にあたる。この一家の登記表から以下の状況が読み取れる。1は一九四六年に五人の子どもと甥の六人で加信鎮に残留した。そこで、1は六歳の長男を連れて一〇歳上の中国人男性と結婚、長女、次女、三女、四女、甥はそれぞれ別の中国人家庭の養女と養子となった。調査時点で、三女は家族と離れてハルビンのある工場で働いていたと記録されている。そして、この調査の直後に始まった集団引揚げで、1～5は日本への帰国を果たした。一方、この時に長男がどうなったのかについての記録はない。

表7－2にある6と7は、夫婦である。一九四六年一月、中和鎮に避難してきたとき、一家は夫婦と四人の娘の六人だった。当時、すでに長女、次女は一家を救うために、中国人と結婚していた。一九五三年の集団引揚げの時には、6と7の夫婦二人だけが日本に帰国した。次女、三女、四女は彼らの登記表によると「中国人と結婚し、子どもがいるために帰国しない」と記録されており、姉妹三人とも残留することとなった。長女については当時県外に転出していたため、記録がなかった。

表７－３　1953 年に延寿県から日本に引き揚げた残留者の状況

名前	生別	年齢	出身地	現在居住地	開拓団	備考
8	男	59 歳	長野県	中和村	中和開拓団	父
9	男	22 歳	長野県	中和村	中和開拓団	三男、終戦時 14 歳
10	女	18 歳	長野県	中和村	中和開拓団	長女、終戦時 10 歳、中国人養女
11	男	13 歳	長野県	中和村	中和開拓団	四男、終戦時 5 歳

出所：延寿县公安局 1983b：15-16, 82-86

表７－４　1953 年に延寿県から日本に引き揚げた残留者の状況

名前	生別	年齢	出身地	現在居住地	開拓団	備考
12	男	60 歳	長野県	中和村	中和開拓団	父
13	男	23 歳	長野県	中和村	中和開拓団	次男、終戦時 15 歳
14	男	22 歳	長野県	中和村	中和開拓団	三男、終戦時 14 歳
15	女	19 歳	長野県	中和村	中和開拓団	長女、終戦時 11 歳
16	男	15 歳	長野県	中和村	中和開拓団	五男、終戦時 7 歳

出所：延寿县公安局 1983b：17-26

表7－3にある8～11は、父と三人の子どもの四人家族である。当時の状況について、二〇〇八年に中和鎮への現地調査で当時の一家を知る白という中国人から話を聞くことができた。白さんによれば、一家が中和鎮に引き返してきたときには、家族全員にひどい凍傷があったため、白さんの叔父が一家を引き取って看病していた。一家の健康状態が回復すると、一四歳だった三男は、村の中国人の家へ働きに出て行った。白さんの叔父は10の長女を養女として引き取り、大きくなったら自分の息子と結婚させようと考えていたようで、そのため一家の面倒を見ていたという。一九五三年一月の記録によれば、家族四人ともに日本への帰国を希望し、のち日本に引き揚げた。*6

表7－4の12～16は、父と四人の子どもである。一九五三年の調査記録によれば、一九四六年一月、一家は中和鎮で残留することとなった。一九四六年から一九四七年の間、次男、三男はそれぞれ中国人の地主の家で働いて一家の生計を支えていた。一九四八年以後、土地改革で一家には住宅と約一ヘクタールの土地が与えられ、農業を営んで暮らしていた。一九五三年の集団引揚げで、一家五人は日本に帰国した。

表７－５　1953年に延寿県から日本に引き揚げた残留者の状況

名前	生別	年齢	出身地	現在居住地	開拓団	備考
17	男	57歳	長野県	中和村	泰阜村開拓団	父
18	女	52歳	長野県	中和村	泰阜村開拓団	母
19	男	24歳	長野県	中和村	泰阜村開拓団	長男
20	女	23歳	長野県	中和村	泰阜村開拓団	長女
21	男	17歳	長野県	中和村	泰阜村開拓団	次男

出所：延寿县公安局 1983b：29-34

表７－６　1953年に延寿県から日本に引き揚げた残留者の状況

名前	生別	年齢	出身地	現在居住地	開拓団	備考
22	女	60歳	山形県	黒山村	北韮山屯開拓団	母
23	男	23歳	山形県	黒山村	北韮山屯開拓団	長男
24	男	17歳	山形県	黒山村	北韮山屯開拓団	次男

出所：延寿县公安局 1983b：37-42

表７－７　1953年に延寿県から日本に引き揚げた残留者の状況

名前	生別	年齢	出身地	現在居住地	開拓団	備考
25	男	18歳	長野県	中和村	中和開拓団	中国人養子
26	男	14歳	長野県	中和村	中和開拓団	中国人養子
27	男	12歳	長野県	中和村	中和開拓団	中国人養子

出所：延寿县公安局 1983b：43-48

表７－５にある17～21は、夫婦と子ども三人の五人家族である。一九五三年の調査記録によれば、一家は長野県泰阜村の出身であり、一九四六年に中和鎮で残留することとなった。子どもは四人がいたが、末子の次女は中国人に引き取られていた。一九五三年の集団引揚げでも次女を残して五人で帰国した。

表７－６の22～24は、母と二人の息子である。一家は一九四六年に延寿県の黒山村で残留することとなった。当時は二人の娘を含めて、五人家族だったが、一九五三年の集団引揚げでは、母と二人の息子の三人だけであった。二人の娘について、当時の調査記録によれば長女は中国人と結婚しており、次女は学生だったと書かれているが、帰国の有無に関する情報は記載がなかった。

表７－７の25～27は、兄弟である。

表7－8　1953年に延寿県から日本に引き揚げた残留者の状況

名前	生別	年齢	出身地	現在居住地	開拓団	備考
28	男	23歳	山梨県	葵興村	南都留開拓団	長男、終戦時15歳
29	男	21歳	山梨県	葵興村	南都留開拓団	次男、終戦時13歳
30	男	16歳	山梨県	葵興村	南都留開拓団	三男、終戦時8歳

出所：延寿县公安局 1983b：49-54

表7－9　1953年に延寿県から日本に引き揚げた残留者の状況

名前	生別	年齢	出身地	現在居住地	開拓団	備考
31	女	47歳	長野県	中和村	中和開拓団	母
32	男	24歳	長野県	中和村	中和開拓団	次男
33	男	16歳	長野県	中和村	中和開拓団	三男
34	男	26歳	長野県	中和村	中和開拓団	長男
35	女	20歳	長野県	中和村	中和開拓団	長男の嫁（残留日本人）
36	男	24歳	長野県	中和村	中和開拓団	次女の夫（残留日本人）
37	女	21歳	長野県	中和村	中和開拓団	次女

出所：延寿县公安局 1983b：55-58, 61-68

25は第五章第一節で取り上げた集団引揚者の北澤さんのことである。一九四六年に姉二人を含む兄弟五人で中和鎮に避難してきたが、そこで五人ともやむなくそれぞれ中国人家庭に入ることになった。一九五三年の集団引揚げ時、二人の姉はすでに中国人と結婚して子どもがいたため、帰国できず、兄弟三人だけで日本に帰国した。

表7－8の28～30も、三人の兄弟である。調査記録によれば、一九四五年一二月に叔母に連れられ依蘭県から延寿県に避難してきて葵興村で残留することとなった。一九四九年まで、長男の28は村の地主の家で働いていたが、一九四九年から一九五三年の間は、土地改革で与えられた土地（二垧三畝）で暮らすようになっていた。二人の弟はそれぞれの中国人家庭に引き取られた。一九五三年、兄弟三人は日本に引き揚げた。

表7－9の31～37は、母、長男、長男の嫁、次男、三男、次女と次女の夫である。表に記載はないが、この一家の長女は第五章第二節で取り上げた残留婦人XLさんである。長男、次女はそれぞれ残留日本人同士と結婚した。一九五三年、中国人と結婚した長女を除いて、家族は日本に引き揚げた。

表7－10　1953年に延寿県から日本に引き揚げた残留者の状況

名前	生別	年齢	出身地	現在居住地	開拓団	備考
38	男	22歳	長野県	中和村	中和開拓団	長男
39	男	19歳	長野県	中和村	中和開拓団	次男
40	男	18歳	長野県	中和村	中和開拓団	三男
41	女	16歳	長野県	中和村	中和開拓団	次女
42	男	14歳	長野県	中和村	中和開拓団	四男

出所：延寿县公安局 1983b：71-80

表7－11　1953年に延寿県から日本に引き揚げた残留者の状況

名前	生別	年齢	出身地	現在居住地	開拓団	備考
43	男	55歳	長野県	中和村	中和開拓団	父
44	男	23歳	長野県	中和村	中和開拓団	次男
45	女	17歳	長野県	中和村	中和開拓団	次女

出所：延寿县公安局 1983b：87-92

表7－12　1953年に延寿県から日本に引き揚げた残留者の状況

名前	生別	年齢	出身地	現在居住地	開拓団	備考
46	男	43歳	長野県	中和村	中和開拓団	夫
47	女	38歳	長野県	中和村	中和開拓団	妻

出所：延寿县公安局 1983b：93-96

表7－10の38～42は、五人の兄弟である。表には出ていないが、この一家の長女は、第五章第三節で取り上げた残留孤児だったIさんである。第五章で述べたように、Iさんは一家を救うためにやむなく中国人の家庭に入った。両親は中和鎮で亡くなり、一番下の妹（三女）は加信鎮で中国人家庭に引き取られた。一九五三年の集団引揚げの時に、結婚して子どもも生まれたIさんと中国人家庭の養女となった三女を除いて、ほかの兄弟は日本に帰国した。

表7－11の43～45は、父と次男、次女の三人である。家族の記録資料によれば、一九四六年、父と四人の子ども（次男、三男、長女、次女）は中和鎮で残留することとなった。長女は中国人家庭の「童養媳」となり、三男は中国人家庭の養子として引き取られた。次男は、一九四六年から一九四七年まで村の中国人の家で牛の放牧をしていた。一九四八年から一九

表7－13　1953年に延寿県から日本に引き揚げた残留者の状況

名前	生別	年齢	出身地	現在居住地	開拓団	備考
48	男	51歳	沖縄県	加信村	伊漢通開拓団	父
49	女	42歳	沖縄県	加信村	伊漢通開拓団	母
50	男	20歳	沖縄県	加信村	伊漢通開拓団	長男

出所：延寿县公安局 1983b：97-102

表7－14　1953年に延寿県から日本に引き揚げた残留者の状況

名前	生別	年齢	出身地	現在居住地	開拓団	備考
51	女	45歳	長野県	中和村	中和開拓団	母
52	男	22歳	長野県	中和村	中和開拓団	長男
53	男	19歳	長野県	中和村	中和開拓団	次男

出所：延寿县公安局 1983b：103-108

五三年までは土地改革で与えられた土地で農業を営んで暮らしていた。一九五三年の時点で次女も中国人と結婚していたが、中国人の家庭を残して父、兄と共に日本に引き揚げた。

表7－12の46～47は、夫婦である。一九四六年、中和鎮に残留することとなった。記録によれば、夫婦は一九四六年から一九五一年まで、中和鎮で農業に従事していた。一九五一年から一九五三年までは省営農場で養蜂の仕事をしていた。一九五三年、夫婦は帰国を希望し、日本に引き揚げた。

表7－13の48～50は、夫婦とその息子である。一九四六年、家族四人で方正県伊漢通開拓団から加信鎮に避難してきた。そこで、長女は村の中国人と結婚し、一九五三年の時点で六歳の子どもがいた。集団引揚げで帰国したのは両親と長男の三人だけと記録されている。

表7－14の51～53は、第五章第二節で取り上げた残留婦人KTさんの母親と二人の弟である。第五章のKTさんの事例で示したとおり、一九五三年の集団引揚げで帰国を果たせなかったのは、中国人と結婚して子どもが生まれていたKTさんともう一人の妹である。

表7－15にある54～73は、一九四五年一二月から一九四六年一月の間の避難の道のりで家族と離れ離れとなったり、一人だけ生き残った人たちである。彼らは生き延びるために一時的に中国人

表7－15　1953年に延寿県から日本に引き揚げた残留者の状況

名前	生別	年齢	出身地	現在居住地	開拓団	備考
54	男	19歳	長野県	中和村	中和開拓団	中国人養子
55	男	22歳	宮城県	中和村	連江口開拓団	中国人養子
56	女	37歳	長野県	中和村	中和開拓団	中国人妻
57	男	16歳	長野県	中和村	中和開拓団	中国人養子
58	男	27歳	長野県	中和村	勤労奉仕隊	
59	男	15歳	山形県	中和村	不明	中国人養子
60	女	37歳	長野県	加信村	中和開拓団	中国人妻
61	男	22歳	鹿児島県	加信村	伊漢通開拓団	
62	男	24歳	鹿児島県	加信村	勤労奉仕隊	
63	男	16歳	山形県	加信村	不明	中国人養子
64	男	19歳	長野県	加信村	不明	中国人養子
65	女	37歳	岐阜県	加信村	読書村開拓団	中国人妻
66	女	29歳	福島県	加信村	西陽開拓団	中国人妻
67	男	23歳	山形県	加信村	太平川開拓団	中国人養子
68	女	29歳	沖縄県	加信村	不明	中国人妻
69	男	25歳	長野県	延寿県城	窪丹崗報国農場	
70	男	20歳	徳島県	延寿県城	佐木台開拓団	中国人養子
71	女	28歳	奈良県	延寿県城	大塔村開拓団	中国人妻
72	男	16歳	不明	平安村	不明	中国人養子
73	男	14歳	不明	凌河区	不明	中国人養子

出所：延寿县公安局 1983b：1-2, 27-28, 59-60, 109-142

家庭の養子、あるいは中国人の妻となり、一九五三年の集団引揚げで帰国を希望し日本に引き揚げることができた。これらの帰国者の年齢を注意してみると、ほとんど一八歳以上の者で、一八歳以下の者は五人にすぎない。

以上のように、一九五三年に延寿県から引き揚げた日本人残留者は、中和開拓団の関係者が半数以上(四三名)を占めており、彼らは中和鎮と加信鎮を中心に居留していたことがわかる。これらの残留者のほとんどが一九四六年から一九四八年の土地改革が終わるまで中国人の家で働いたりして命をつないでいた。

一方、一九四八年以後、残留者の多くは生活が落ち着くようになり、独力で、あるいは中国人の家族と共に農業を営むなどして暮らしていた。

建国後まもない一九五一年、中央政府政務院（現在の国務院）は、「外国僑民出入および居留暫定規定」を公布し、中国領内に暮らしている外国人に対して「中国の法令を遵守しなければならない」（第四条）、「中国人民政府公安機関が定めた戸籍制度を遵守しなければならない」（第五条）などと規定し、これを守る在留生活を求めた。ただし、先の事例で示したように、農村部に在留していた開拓団関係の民間日本人に対しては、その生活を特に制約・制限したりせず、人道的見地から彼らを農村社会に安定的に統合させようとしていた。

しかし、一九五二年に中国政府は残留日本人の帰国支援を表明し、翌年一九五三年に中国赤十字社と日本三団体（日本赤十字社、日中友好協会、日本平和連絡委員会）による後期集団引揚げが具体化された。一九五三年から一九五八年まで、黒龍江省では三回（一九五三年、一九五六年、一九五八年）にわたって残留日本人の送還が行われた（黑龙江省地方志编辑委员会 二〇〇一：三八四－三八五）。先に取り上げた延寿県に一時的に残留することとなった日本人たち（表7－1から表7－15まで）は、全員一九五三年の引揚げで日本に帰国した。

このように、一九四八年に共産党が東北に政権を確立してから、当該地区に居留していた日本人に対しては「外僑戸籍」の登録、管理が行われ、中国建国の初期になると、特に農村社会に残留した日本人を現地社会に安定的に統合するという措置がとられていたが、一九五三年に後期集団引揚げの決定により、残留日本人を「遣送」するという政策に転換した。

3　残留日本人の在留と国籍

後期集団引揚げは一九五三年から一九五八年まで続いていたが、延寿県における残留日本人の帰国は一九五三年の時だけだった。この時の集団引揚げが終了したあとも、延寿県にはまだ多数の残留日本人が存在していた。

一九五四年一一月、公安部が「全国における外僑の総調査に関する指示」を通達した。これに従い、一九五五年、黒龍江省公安庁は全省において外僑登録会議を開き、省内に在留している外僑に対する調査を点から面、都市から農村へと実施していくことを決定した。調査にあたっては、一九五四年に公布された「外国僑民居留登録及び居留証の発行暫定規定」に基づき、省内七〇の市、県などで一二歳以上の外国人の登録が行われ、居留証が交付された（黒龙江省地方志编辑委员会二〇〇一：三八二）。ただし、この調査では、勾留中犯罪者、また中国人と外国人との間に生まれた一八歳未満の子ども、および中国の国籍を持つ残留日本人孤児、中国人家庭の養子となった日本人孤児などは「外僑」としては扱わず、登録の対象としなかった（黒龙江省地方志编辑委员会二〇〇一：三八二）。

延寿県では一九五五年三月から五月までの間、県内に居留する外国人に対する調査登録が行われ、外国人の「档案」が作られた。この時に「外僑」として登録された日本人は、おもに一九五三年の集団引揚げで帰国を断念した残留婦人、残留孤児の人たちと、新たに判明した残留者である。一九五五年の当時、外僑として登録された具体的な人数は資料の制約により完全には把握できていないが、確認できたものを表7‐16に示しておく。

表7‐16を見てわかるように、外僑として登録された残留日本人の約三分の一を中和開拓団の関係者が占めている（1～17）。しかし、中和開拓団には後期の集団引揚げが終了したあとに残留者が四二名いたと記録されている。二つの数字が一致しないのは、延寿県の外僑として登録された一七名の中和開拓団の残留者のほかにも、中国人の家庭に入ったために登録の対象とされなかった幼い孤児たちや、延寿県外の方正県、尚志県、葦河鎮などの地域に転出した残留者もいたからであろう。

では、日本の国籍を持つ残留日本人は、その後どのように中国に在留していたのだろうか。先に述べた「外国僑民居留登録及び居留証の発行暫定規定」（一九五四年）によれば、「居留証の有効期限は六ヶ月、一年または数年となる。しかし、居留期限は最長五年を超えてはならず、発行機関が実際の状況に応じて対応する。在留期間が満了したあとも継続して在留する場合は、在留期間満了の一ヶ月前に切り替えの申請を行わなければならない。二ヶ月以下の居留者は臨時居留証を交付する」（第五条）と規定されていた。したがって、中国で生活し続けていた残留者ら

表７－16　残留日本人の調査登録リスト

名前	性別	年齢	出身地	居住地	開拓団	備考
1	女	39	長野県	慶陽農場	中和開拓団	残留婦人、1972年3月現地死亡
2	女	29	長野県	中和郷*	中和開拓団	残留婦人、日本国籍
3	女	29	長野県	中和郷	中和開拓団	残留婦人、日本国籍
4	女	20	長野県	中和郷	中和開拓団	残留婦人、日本国籍
5	女	39	長野県	中和郷	中和開拓団	残留婦人、日本国籍
6	女	27	長野県	中和郷	中和開拓団	残留婦人、日本国籍
7	女	25	長野県	中和郷	中和開拓団	残留婦人、日本国籍
8	女	23	長野県	中和郷	中和開拓団	残留孤児、日本国籍
9	女	23	長野県	慶陽農場	中和開拓団	残留孤児、日本国籍
10	女	23	長野県	加信郷	中和開拓団	残留孤児、日本国籍
11	女	22	長野県	加信郷	中和開拓団	残留孤児、1969年7月現地死亡
12	女	21	長野県	加信郷	中和開拓団	残留孤児、1961年に中国国籍加入
13	女	21	長野県	加信郷	中和開拓団	残留孤児、1969年に中国国籍加入
14	女	19	長野県	中和郷	中和開拓団	残留孤児、1963年に中国国籍加入
15	男	19	長野県	加信郷	中和開拓団	残留孤児、1963年に中国国籍加入
16	男	17	長野県	延寿県城	中和開拓団	残留孤児、中国国籍（入籍年不明）
17	女	14	長野県	加信郷	中和開拓団	残留孤児、1961年に中国国籍加入
18	女	44	山形県	太安郷	北靠山屯開拓団	残留婦人、日本国籍
19	女	33	長野県	北寧郷	満鉄	残留婦人、日本国籍
20	女	31	長野県	延寿県城	泰阜村開拓団	残留婦人、日本国籍
21	女	25	長野県	加信郷	泰阜村開拓団	残留婦人、1969年に中国国籍加入
22	女	24	長野県	凌河郷	李花屯開拓団	残留婦人、日本国籍
23	女	21	長野県	加信郷	李花屯開拓団	残留孤児、1969年に中国国籍加入
24	女	20	埼玉県	中和郷	小八浪開拓団	残留孤児、日本国籍
25	女	17	長野県	加信郷	李花屯開拓団	残留孤児、1961年に中国国籍加入
26	女	17	山形県	加信郷	三道崗開拓団	残留孤児、日本国籍
27	女	17	不明	中和郷	不明	残留孤児、1966年に中国国籍加入
28	男	15	福島県	中和郷	不明	残留孤児、1964年に中国国籍加入
29	男	15	鹿児島県	中和郷	伊漢通開拓団	残留孤児、1960年に中国国籍加入

＊本文中は中和鎮で統一した。加信郷についても同様に、本文中は加信鎮で統一した。
注：ここで示した年齢は1955年に調査が行われた時点の年齢である。
出所：延寿县公安局（1949; 1983d; 1984; 1986; 1996）より作成

は定期的（一年または五年ごと）に在留資格を更新しなければならなかった。在留更新について、第五章で取り上げた残留孤児Iさん（表7-16の9）は、当時の様子を次のように振り返っている。

そう、（国籍を）変えなかった。そいで、赤い手帳があったのね。中国は外僑というの、外僑、そう、そう。それあってね、あの、毎年あれをするんだよね、登録というか、在留申請ね。毎年やっていたの、そう、そう。*7

ここでIさんが語った在留申請の申請書は一枚の書類からなり、おもに氏名（中国名/日本名）、性別、生年月日、国籍、現住所、職業、居留証番号、発行機関、在留期間、申請理由などの項目がある。Iさんは一九五七年に在留申請を更新したとき、申請書に次のような理由を書いている。

私は子どもがおり、現在の家庭や生活が安定している。社会労働にも参加している。日本に帰ることができないので、一年の延長を申請する次第です。*8

残留日本人は外僑として、このような手続きを経て中国での在留生活を送っていた。

一方、表7-16で示したように、外僑として登録された二九名の残留日本人のなかには、中国での在留期間が長くなるにつれて、中国国籍に転籍した残留孤児が一一名（12〜17、23、25、27〜29）、残留婦人が一名（21）いた。日中国交が断絶したあとの一九六〇年から一九六九年の間に全員が転籍した。文化大革命が始まった一九六六年までに転籍したのは一九六〇年一名、一九六一年三名、一九六二年一名、一九六三年二名、一九六六年に一名の計八名だったのに対して、それ以降は一九六九年に三名のみとなっていた。なお、入籍の年次が確認できなかったものも一人いた（16）。

中国の国籍を取得するためには、入籍の申請書（写真7-2を参照）に必要な事項を書かなければならない。入籍申請書は三頁からなる。はじめの頁には①申請者の氏名、性別、生年月日、出身家庭、本人階級、国籍、教育程度、②現在地、職業および会社の住所、いつから中国にきたか、③中国国籍取得の理由、④いつ、どこでどの団体あるいは党派、団体、軍隊、宗教などの組織に属したか、担当した役職および現在との関係といった項目があった。二頁目は、県あるいは省、自治区、直轄市の外事部門、僑務部門、公安部門の申請者に対する中国国籍取得審査意見である。三頁目は申請者の家庭関係、主要な社会関係、経歴などを記入する項目である。一九六六年より前に中国国籍を取得したグループとそのあとで中国国籍を取得したグループに分けて、残留日本人の中国国籍取得の状況を以下で見てみよう。

一九六六年より前のグループについては、まず一九六〇年に中国国籍を取得した29を取り上げてみる。29は一九六〇年に中国の国籍を取得したときに、その理由を次のように書いて申請している。

> 私は日本人の孤児である。敗戦の時に両親が死亡した。六歳の時に〇〇〇の家に引き取られ、私を育ててくれた。（養父は）私に小学校六年までの教育を受けさせ、手職（理髪）も学ばせてくれた。養父は自分の子どもがおらず、私を養育してくれた。養父の養育の恩に報いるためにずっと養父の子どもでいたい。そのため、私は社会主義国家の公民になること、平和な中華人民共和国で生活することを願い、中華人民共和国の国籍を申請する次第である。

これに対して、審査する公安部門は次のような意見を述べている。

> 29は日本人孤児である。六歳の時に、両親が死亡したため、

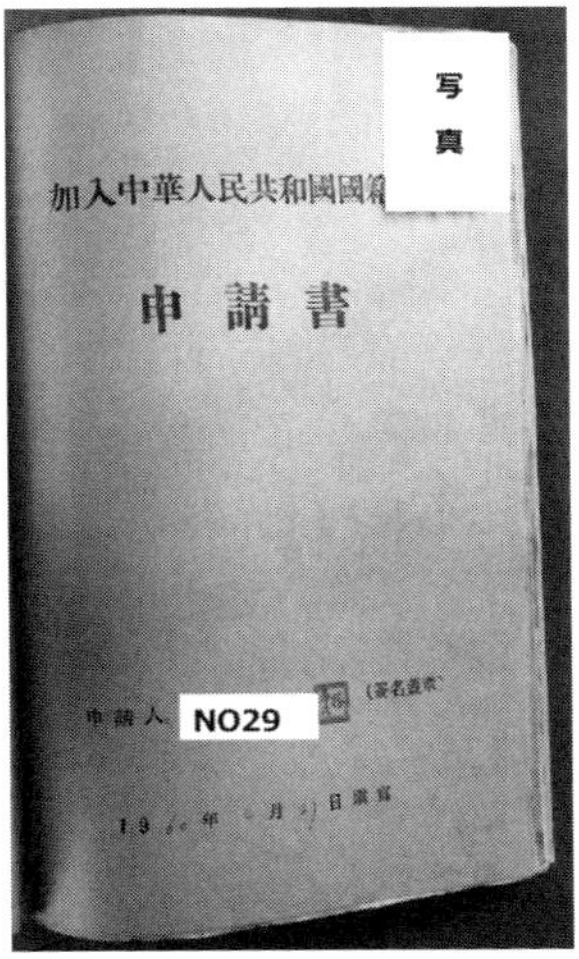

写真７－２　国籍取得申請書
出所：2007. 2. 27 筆者撮影

中国人の○○○によって育てられた。29は現在中和人民公社の販売部の理髪店に勤めている。この数年、29は仕事に対して積極的で真面目だったし、思想も進歩的である。本人の過去は潔白であり、家族には複雑な政治的背景がない。また、本人にも中国の養父のほか、複雑な社会関係がなく、その上、海外とのつながりもないため、われわれは彼の中国国籍取得申請に同意する。

このほかの七人は、おおむね①子どもの頃から中国に来ており、中国の生活に慣れていること、②中国人と結婚しており、子どもがいること、③本国との通信がなく、日本の両親が亡くなっており、日本語を話せないことなどを理由に中国国籍取得を申請していた。

一方、一九六九年に中国国籍を取得した三人はどのような理由で申請したのだろうか。ここでは23の国籍取得申請書を見てみよう。

最高指示

われわれの事業を指導する核心的な力は中国共産党である。われわれの思想の理論を指導するのはマルクス・レーニン主義である。

入籍申請書

まず、われわれの偉大な領袖、われわれの心の太陽である毛主席の長寿を願う。

毛主席の親密な戦友、林副主席（林彪）が永遠に健康であることを願う。

私は強い気持で中国の国籍を取得することを願いたい。一人の偉大な中華人民共和国の公民になりたい。毛主席の本を読み、毛主席の話を聞き、毛出席の指示に従い、毛主席の良い戦士となる。私が国籍取得の申請をした理由は

一）私は中国の公民と結婚して数十年になり、しかも子どもがいる。

二）私は心から中国を愛し、中国人民を愛する。
三）私は心からいっそうわれわれの偉大な領袖毛出席を愛し、偉大かつ栄光、正しい中国共産党を愛する。われわれは非常に幸せな生活を送っている。われわれの前途は希望に満ちている。したがって、私は中国の国籍を取得することを決心した。偉大な領袖毛主席について一生革命を遂行し、社会主義の建設のために貢献する。

申請人：〇〇〇
一九六九年八月三日

これと別の二つの申請書（13、21）も、ほぼ同じ形式、内容となっており、日付もほぼ同時期の一九六九年八月三日と同年八月四日であった。この申請書からわかるように、一九六六年以後の文化大革命のなかで国籍取得したグループは国内の政治運動の影響を大きく受け、申請書にはそれまで必要のなかった中国、共産党、毛沢東などを称賛する文言を申請理由として書かなければならなかった。また、激しい政治闘争が繰り返されていた文化大革命に直面して、身の危険を感じた残留日本人たちが、中国国籍の取得を希望したのではないかとも推測される。また、六〇年代の初期、中国政府は残留日本人の帰国を厳しく制限するようになっており、基本的に帰国申請を受理しない政策をとっていた（黑龙江省地方志编辑委员会 二〇〇一：三八八）ため、子どもの将来に悪い影響を与えないよう、中国国籍への切り替えを希望したとも考えられる。

六〇年代ではこれら残留日本人の国籍取得申請に対して、当地の公安機関および管轄する市、省の公安機関が審査を行った。申請書からは、その審査について明確な基準を確認することはできなかった。おもに申請者の社会関係・海外関係、申請者の仕事などに対する態度や犯罪の有無、帰国の可能性などから総合的に判断されていたと思われる。

このように、一九五五年以降、一九五八年まで続いていた後期集団引揚げの終結、そして一九五九年に日中国交の断絶といった状況のなかで、中国政府は当初外僑として登録した日本人孤児、婦人による国籍取得の申請に対する審査を徐々に緩めていった。『黒龍江省志・公安志』第六三巻によれば、黒龍江省における外僑の国籍取得（おもに残留日本婦人と朝鮮人）は、一九四九年二名、一九五一年三名にすぎなかったが、一九五五年三三名、一九五六年一八〇名、一九六一年一〇七名、一九六五年一三八名、一九六六年一四六名と増加し、一九六七年は最も多く二二二名に増加していた（黒龙江省地方志编辑委员会 二〇〇一：三八三）。ただし、残留婦人は国籍取得するケースが少なく、一九五三年に日本に引き揚げた家族との連絡が取れていたことや、第五章で取り上げた残留婦人のライフヒストリーのなかにあるように、「いつか生きて日本に帰りたい」という強い意識で日本人として生きていたことから、日本の国籍を変えない人が多かった。

五〇年代後半から六〇年代までにおける中国政府の残留日本人に対する管理政策の変化によって、当初のカテゴリーは日僑と中国籍日本人の二つに分かれた。これらに終戦の直後に中国人の家庭に統合された残留孤児というカテゴリーを加えたものが、いわゆる中国政府がいう「三種人」（日僑、中国籍日本人、日本人孤児）である。

一九七二年九月の日中国交正常化を契機に中国政府は残留日本人に対する政策を大きく転換した。一九七三年六月と九月、周恩来総理は二回にわたって中国政府が残留日本人の一時帰国を支援することを日本政府に表明し、同年一〇月、公安部、外交部、財務部が中央政府と周恩来総理の指示により共同の通知を出した。これによって、中国政府は、中国建国後初めて日本に一時帰国する「三種人」に対して往復の旅費を提供し、同行する子女には適当な旅費を補助し、さらに経済的困難者には旅費のほか適当な生活費も補助するという方針を明らかにしたのであった（黒龙江省地方志编辑委员会 二〇〇一：三九九）。

こうして一九七四年から残留日本人の一時帰国が始まった。例えば、第五章の残留婦人や残留孤児の語りにもあるように、一九七五年に残留婦人のKMさんが日本に永住帰国、同年、残留婦人のXLさん、SMさん、残留孤児のIさん、Cさんが一時帰国を果たした。一九七六年にはKTさんが一時帰国を果たした。こうした日中国交正常化後の残留日本人の一時帰国は、八〇年代以降に始まった残留孤児の訪日調査につながる大きな要因の一つでもあった。

おわりに

以上のように、本章は一九四九年の中国建国を中間点として、建国前の共産党政権が主導する土地改革（一九四六～一九四八年）において、農村部にいた残留日本人がどのように処遇されたのか、そして建国後の新中国政府（一九四九～一九八〇年）が、国家として残留日本人をどのように管理し、それはどのような政策に則ったものであったのかについて検討してきた。

一九四六年から一九四八年までの東北土地改革において、農村部に取り残された日本人は現地の中国社会に再編され統合されていた。このことをめぐって次の二点を指摘することができる。一点目は、避難生活のなかで家族を救うため、あるいは生きていくために地主や富農の家に売られた日本人は、土地改革の過程で解放され自由を与えられたということである。二点目は、土地改革では残留日本人にも現地の農民たちと同じように土地を均等に割り当てられたことである。残留日本人を現地社会に安定させようという政策があった。

一九四八年に土地改革が終了して東北地域における統治を確立させると、共産党は同地域に残留した日本人に対して外国人の戸籍調査登録の協力を要請した。一九四九年一〇月に新中国建国がなされると、一九五〇年に在留外国人を対象とした再調査が実施され、残留日本人は日僑として登録管理されることとなった。その翌年の一九五一年に、国務院は残留日本人を含めた外国人在留の長期化に備え、「外国僑民出入および居留暫定規定」を公布した。一方、一九五三年の後期集団引揚げに関する決定により、中国政府は残留日本人を本国へと送還する政策に転換した（南二〇〇九）。この政策の転換は、全国規模で行われたものであり、都市部と農村部との差異はほとんどない。ただし例外として、辺鄙な農村部において引揚げの情報が残留者に伝わらなかったことも考えられる。

一九五三年に始まった後期集団引揚げの事業は一九五八年まで続いた。中国政府はこの送還事業を実施すると同時に、一九五五年以降、様々な理由で帰国を果たしていない一二歳以上の残留日本人を日僑として登録した。彼らが外国人として中国で生活していくためには一年または五年に一度在留資格を更新しなければならなかった。

一九五八年には後期集団引揚げが終結し、日中国交は全面的に断絶した。また、六〇年代の初期より中国政府は残留日本人の帰国申請に対して基本的に受理しない政策を打ち出し、さらに一九六六年には文化大革命が始まった。これらの諸要因により、帰国の見通しがつかなくなった残留日本人は、家庭や子どものために中国の国籍を取得するようになった。黒龍江省の六〇年代における国籍取得者数のデータから見れば、中国政府は国籍取得申請に対して徐々に政策を緩めていた。本章で取り上げた延寿県における残留日本人の状況と照らし合わせてみると、それは明らかである。日中国交が断絶されているなかで、中国政府が残留日本人を中国社会に統合しようとした政策の一面を窺うことができる。

一方、一九七二年に日中国交が正常化されると、残留日本人に対する政策が大きく転換した。一九八一年に日本政府による残留孤児の訪日調査が実施されるまで、中国政府は残留日本人の帰国や里帰りを支援し続けた。それゆえに、一九七二年の日中国交正常化の直後、多くの残留日本人は早い段階で里帰りや帰国を果たせたのである。

注

1　残留日本人の引揚げ問題に注目した研究として、呉万虹（一九九九）「中国残留日本人の帰国――その経緯と類型」『神戸大学雑誌』第四九巻第一号、大澤武司（二〇〇三）「在華邦人引揚交渉をめぐる戦後日中関係――日中民間交渉における『三団体方式』を中心として」『アジア研究』第四九巻第三号、南誠（二〇〇五）「『中国残留日本人』の歴史的形成に関する一考察」『日中社会学研究』第一三号、王偉彬（二〇〇五）「在中国日本人の引揚げに関する一考察」『修道法学』第二七巻第二号、佐藤量（二〇一三）「戦後中国における日本人の引揚げと遣送」『立命館言語文化研究』第二五巻第一号などがある。中国側の研究では、張志坤・関亜新（二〇一〇）『葫蘆島日侨遣返的调査与研究』社会科学文献出版社があげられる。

2　二〇〇五年、二〇〇七年の現地調査で入手した当時の記録資料から加算したものである。

3　「垧」は、中国の土地面積の単位であり、地方によって基準は異なる。東北の多くの地方では一五畝、西北では三畝あるいは五畝を、それぞれ一垧とする。中国の一畝は、六・六六七アールにあたる。

4　カシンベックとは、中国東北地区の農村部に多発する風土病である。症状は骨端や骨幹端に発育異常が起こり、変形性関節症を呈する。

5　『黒龍江省志・公安志』によれば、一九四九年の新中国成立後の黒龍江省には三一ヶ国、五万二六一八名の外国人（一六歳以上）がいた。そのなかで多くを占めているのは、ソ連人、朝鮮人、日本人であった（黒龙江省地方志编辑委员会 二〇〇一：三八一）。

6　二〇〇八年三月八日、中和鎮の敬老院での白成林さんへの聞き取り調査による。

7　二〇〇五年八月一〇日にIさんの自宅で行った筆者の聞き取り調査による。

8　『延寿县公安局巻宗・日侨档案』案巻第一四号、Iさんの記録档案より。

第八章　中国残留日本人の戦後体験
——第七次中和鎮信濃村開拓団を事例として

はじめに

前章で中国における残留日本人に対する政策を中心に検討してきたが、本章では満洲移民の戦前史と戦後史との連続という視点から、戦後の中国と日本という二つの社会を生き抜いてきた中国残留日本人の経験を通して満洲移民の戦後をとらえてみる。

満洲移民の戦後についての先行研究は、序章で述べたように、いち早く満洲移民体験者の全人生を視野に入れて満洲体験および戦後体験を扱った蘭信三の『「満州移民」の歴史社会学』（一九九四）がある。蘭は満洲移民の戦後体験を東陽開拓団の戦後再開拓の様子と、ある残留中国残留婦人の生活史を通して考察している。

中国残留日本人について、蘭はある中国残留婦人を事例に、終戦後の中国社会に生きる不安感や疎外感が原因で日本への郷愁が強くなり、逆にそれが生きていく支えになったという「一人きり」の残留婦人の生活世界のありようを描いた（蘭 一九九四）。蘭が示したこのような「一人きり」の残留婦人像に対して、山下知子は残留婦人への聞き取り調査をもとに終戦後に日本人が多数残留した方正県の周辺には、「緩やかな日本人同士の繋がりがあった」

（山下知子 二〇〇三、二〇〇九）可能性を指摘した。また、このことに関連して、残留婦人が一人ではないにもかかわらず「一人きり」と語られてしまった理由について、山下は二つの要因があったと分析する。すなわち、一つは、残留婦人には中国で外国人として生活するがゆえの不安定感や孤立・孤独感があったとする（山下 二〇〇九：一六三）。もう一つは、同じ境遇にある残留婦人から裏切られた経験から周囲に対する不信感があったからだという（山下 二〇〇九：一六四）。

こうした一人残留婦人の生活世界を通して満洲移民の戦後をとらえようとした蘭や山下の分析や指摘は、筆者もおおむね妥当であると考える。しかしながら、両者の研究では十分に検討されていない点が残されている。例えば、蘭は開拓団が崩壊したあとの集団引揚者と残留者をそれぞれのカテゴリーごとに分析したものの、それらのカテゴリーの間にどのような関係性があったのかについて言及していない。また、山下が指摘する戦後の中国社会に取り残された日本人のネットワークについては、さらに一歩踏みこんで、そのネットワークがあったか否か、あったとすればどのように形成され、どのような機能を果したかを詳細に検討する余地がある。

以上のような問題関心を踏まえ、本章では引き続き第七次中和鎮信濃村開拓団（以下、中和開拓団と略す）の残留者を対象として、彼らの戦後体験を①一九四六年から集団引揚げが終了する一九五八年前後まで、②一九五八年から日中国交回復の経緯を踏まえて肉親捜しが始まった一九八一年まで、③一九八一年から現在に至るまでの帰国およびその後の日本在住という三つの時期に区分し、中国東北社会に取り残された日本人がいかに中国社会を生き抜いてきたのか。いかに日本に帰国したのか、いかに日本社会を生き抜いているのかを明らかにし、彼らの「残留」から「帰国」の過程で形成された「人的なつながり」の内実についてより具体的に考察する。

1　中国と日本という二つの社会を生きる

（1）戦後の中国社会を生きる残留日本人の結びつき

前章で示したように、終戦後の中和開拓団の残留者のほとんどは旧開拓団の入植地中和鎮周辺と、そこから北へ約二〇キロ離れている加信鎮周辺に在留していた。彼らは、終戦後の混乱した中国社会を生き抜くために、残留日本人同士のつながりを求めた。このつながりには、日本人同士の相互扶助という特徴があった。社会が動揺し、不安定化するなかで、同じ境遇を持つ残留日本人の結びつきは断続的、一時的なものが多かったが、この個々のつながりは、残留者にとっては中国社会への適応と日本への帰国などの道程で大きな役割を果たすこととなった。以下では、いくつかのケースから終戦後中国社会に取り残された日本人の相互扶助の関係を取り上げてみよう。

まず、AさんとCさんのつながりを紹介する。避難生活で浮浪児となったCさんは街頭にさらされ、街中を引き回されたとき、残留婦人となったAさんの母親に助けられて、一時的に保護された。これが、AさんとCさんの初めての出会いであった。こうして、CさんはAさんの一家三人と一緒に中国人の家で共同生活を送った。その後、二人はそれぞれ中国人の家庭の養子となり、中国人として育てられたが、八〇年代の初め頃、Aさんがかつて離散した日本の肉親を加信鎮へ探しに行ったとき、Cさんと三四年ぶりに再会することとなった。そして終戦時一一歳だったCさんの記憶から、実母の出身地と当時の開拓団が判明した。またCさんから元開拓団の小学校に勤めていたY先生に関する情報を聞くことができ、自分の身元判明にかかわる大きな手がかりを見つけた。それが一九八五年の一時帰国の大きなきっかけとなった。戦後の中国社会に日本人同士のつながりがあったことにより、Aさんは日本に「一時帰国」を果たすことができたのである。

二つ目に、現地に残留した女性同士の助け合いである。やむなく現地の中国人の家に入った女性が一人いれば、ほかの残留女性に自分の周辺の信頼できる中国人を紹介することがよくあったという話を聞く。つまり、中国人の家に身を寄せた者同士が、同じ日本人の紹介を通じて中国社会で「共に生き抜く」連帯関係を作るケースである。例えば、Aさんの体験にあるように、終戦後の混乱状況のなかで子どもを連れて何とか生き延びるために、中国人の「妻」となったAさんの母親が、はじめに身を寄せた中国人の家では、日々恐怖と不安に包まれる生活であった。そこで、Aさんの母親は子どもを連れてそこから逃げ出し、街でさまよっているときに、すでに現地の中国人と一緒になっていた同じ開拓団出身のSさんに助けられた。そしてSさんの紹介を受け、Aさんの母親は母子三人が生き抜いていくため、再び次の中国人の家に入ったのである。

また、同開拓団残留婦人となったKTさんとKMさんの場合、二人の夫となった中国人は兄弟同士であった。第五章で取り上げたKTさんの語りのなかにあるように、KTさんが地主の家から解放されたあと、KMさんはKTさんに自分の中国人夫の弟を紹介したのである。つまり、KTさんとKMさんは共同残留体験者であるばかりではなく、親族でもある。開拓団の崩壊とともに中国社会に投げ出された彼女らは、中国社会で出会うことにより、日本人としての同族意識が中国という「異国」での「残留生活」を支える力となったのであろう。筆者がインタビュー調査を行ったとき、KTさんは二家族が共に映った白黒の記念写真を私に見せながらこう語った。

　これが、私の主人だもんで、これがL（KMさんの長男）……。これはKMさんの旦那さん。あの、お父さんたちは兄弟なの。（…中略…）（KMさんの）旦那さんのほうが、大人しい人だったし。ほいで、兄弟が二人だけ。だから、いまでもKMさんとは二人でね、よくやっていて。*1

この言葉で注目したいのは「いまでもKMさんとは二人でね、よくやっていて」という言葉である。「いまでも……よくやっていて」という言葉には過去の経験がこめられている。現在「よくやってい」るように「過去」も二人は「よくやっていた」のである。この語りには、長い「残留」生活の過程で二人の間に「共同の残留体験」の記憶をきずなとする日本人同士のつながりがあると思われる。

三つ目に、集団引揚げが終了したあとの中国社会において生まれた、日本語のできる残留婦人とできない孤児とのつながりである。残留婦人の場合は日本の学校教育を受けた経験があるため、手紙の読み書きはほとんど問題がない。しかし、孤児の場合は中国人の家庭に入ったため、幼い頃に覚えた日本語は記憶のなかにほとんど残っておらず、日本語で書いたり、読んだりする能力を身に付けていない。このように、日本語の読み書きができない孤児は日本語に堪能な残留婦人に頼んで、手紙を書いてもらったり、読んでもらったりしていた。特に一九七二年に日中国交が回復したあと、肉親捜しが始まり、日中の間で通信の往来が頻繁になると、残留婦人と孤児とのつながりも強まったのである。

Cさんの語りのなかに自分とかかわっていた大八浪開拓団のKNさん、また同じ開拓団の出身者Oさん、KZさん、KMさんといった残留日本人が頻繁に登場していた。Cさんが暮らしていた地区では、自分の周囲に他の残留日本人も存在していて、日中国交回復後、Cさんは日本との連絡を取るための手紙を、KNさんに頼んで書いてもらったり、翻訳してもらったりしていたという。

このような手紙のやり取りがなされていたという語りを通して、地域のなかに残留日本人のつながりが存在していたことが確認できる。Cさんの語りの中に出てくる人物は、Oさんが現地で亡くなったほかは、皆日本に永住帰国し、現在までその緊密な関係が保たれているという。

また、大変な政治的混乱をもたらした文化大革命時代にも、KMさんは孤児のために手紙を代筆しており、そのことが紅衛兵に発覚し、スパイ扱いされた経験もあった。こういった「緊張時代」があるからこそ日本人同士の同族意識が強化され、個々の結びつきが形成されているのであろう。できるだけ孤児たちを助けたいと思ったKMさんはその時の体験を、次のように振り返る。

紅衛兵は夜中に家に来てね、日本から来た手紙とか、あるかって言って、捜してね。私は余計なスパイ活動をしているって言われたの。いくらかには字が書けたでしょう。ほいで、日本から、あの孤児の人がおるのね。

手紙が来るのを、私は読んでやって。ほいで、手紙の返事をしてやるでしょう。そういうことをしとっていると、それをスパイだっちゅうて、言われてね。（…中略…）

紅衛兵の人たちは私の身を疑って。日本へ帰りたい子どもたちがおるから、日本の家族から場所がわかると、帰っておいでって、手紙が来るわけ。それでも、返事を書いてやったりして、そして、日本への帰る手続き、できるだけ、私もしてやるの。そうすると、余計スパイ扱いされてね。*2

日本の終戦とともに中国社会に放り出された開拓団の人々は、国家による保護を失い、集団引揚げまで難民として生死の境をさまよい、想像を絶する極限状況のなかで避難生活を余儀なくされた。中和開拓団の事例で示したように日本終戦直後に遭遇する現地の中国人からの攻撃、知らされなかったソ連軍の侵攻、一三〇人余りも犠牲になった集団自決、「死と隣り合わせ」という危機と不安にさらされるなかで、個々人の連帯は混乱した中国社会を生き抜いていくための唯一の支えとなっていた。

逃避行という非日常のなかで多数の残留日本人が生み出され、KTさんのように家族を救うためにわずかの食糧との交換で、カシンベック病を持つ地主の息子と結婚せざるを得なかった者もいた。また、Iさんの場合は、終戦当時一二歳であったが、一家は「食べるもの、考える方法も」ないという状況下、「童養媳」として中国人の家庭に引き取られた。

Cさんの事例では、父親が共産党と国民党との内戦に巻き込まれて亡くなったあと、Cさんは転々と中国の家庭に貰われたり、売られたりした。一方、終戦当時はまだ三歳であったAさんと一歳のBさんの場合は、母親に連れられた避難の途中、寒さ、飢えなどに苛まれ、Aさんはやがて病気となり、なすすべもない母親は何とかAさんの一命を取り留めるために彼女を中国人家庭に託し、自らは赤ん坊であったBさんを連れて中国人の家庭に入った。

このように、彼らはそれぞれの運命を辿り、中国社会に統合されていった。中国社会を生きる彼らの行く末は様々である。A、Bさんのように中国家庭の中で貧しいながらも、養父母に大切に育ててもらったケースもあれば、C

さんのようにただの労働力として酷使されたケースもある。

中国の家庭に引き取られた彼らは、日本人でありながらも中国人として育てられたが、戦後の中国社会で「侵略日本」「日本帝国」という歴史の重みを背負って生きなければならなかった。彼らの多くは少年時代に同級生や隣人の子どもたちに「小日本鬼子」とののしられ、いじめられてきた。そして成人、結婚の時期には文革（一九六六－一九七六年）のあおりで「日本スパイ」と見られ、思想改造の対象として批判された。また、二世世代の子どもたちは進学・就職するとき、親が日本人であるため、能力があったにもかかわらず進学・就職させてもらえないという差別を経験した。

一方、残留婦人の場合は、KMさんの語りの中にあるように、「生きていれば、いずれは日本に帰る」「満妻として、しょうがないのよ」というような生きる希望と中国人との結婚で味わった侮辱感を併せ持つアンビバレンスを抱えながら、一生懸命に中国人の家庭や農村社会の中で働き、自分を犠牲にしていた。また彼女らは、中国人の家庭に入った当初、中国語をまったく話せなかったため、家庭内でのコミュニケーションが取れず、誤解され、いじめられた経験もあった。KMさんは開拓団にいた頃、米を主食として食べていたが、中国人の家庭に入った当初、その家庭では米がほとんどなく、トウモロコシなどを主食として食べていた。トウモロコシを調理したことがないKMさんは、「何もかも下手なのよ、だから、（料理が）美味しくないもんで、怒られちゃう、叩かれちゃう」と語ったように、中国の風習になじまないため、日々戸惑いと不安に包まれながら生きていくしかなかった。このように戦前・戦中の日本の植民地満洲の経験を背負い、戦後悪化する日中関係に直面した彼らの生活には、常に緊張・不安・恐怖が同居していた。

こうした緊張・不安・恐怖を和らげたのは、その社会に張り巡らされた残留日本人の結びつきである。第七章で示したように、集団引揚げが終了したあと、中和鎮とその周辺の中国社会に多数の中和開拓団の残留者が取り残された。筆者が二〇〇五年三月に中和鎮でインタビュー調査を行ったとき、一九七五年八月と記されたかつて中和鎮で暮らしていた一〇人の残留婦人の記念写真（写真８－１を参照）に出会い、中和鎮には、中和開拓団の関係者のほか、終戦当時、方正県の日本人収容所から避難してきた他の開拓団の関係者も多数いたことを知った。中和鎮とその周辺に残留することとなった彼らは、先に紹介したようにそれぞれ孤立した存在ではなく、様々なルートで日本人同士の接点を保持していたのであり、彼ら自身の異郷での「共同体験」[*3]を「きずな」とする結合が形成されていたのである。その結合はその社会全体に対抗できるほど強い結束力を持っていたわけではないが、不安や緊張に接したときの支えとなる一種の「慰安の構造」を形成していた。その構造の中の残留日本人の個々の結びつきは、戦後の中国社会で情報伝達、相互扶助、生き抜くための精神的支柱となる機能を発揮したと言えるであろう。

写真８－１　中和鎮の残留日本婦人たち
出所：孟繁臣さん提供

(2) 集団引揚者と中国残留日本人の帰国

一九四六年から在満日本人の集団引揚げが始まると、それまで旧満洲地区にいた開拓民は相継いで日本に引き揚げてきた。戦後日本の困窮した生活を抜け出すために、満洲から引き揚げてきた開拓団民は一九四六年九月に自主的に東京で全国開拓自興会[*4]を結成し、各府道県において必要に応じて支部を設けた。長野県においては同年一〇月開拓民自興会長野県支部を発足し、翌年の一九四八年には社団法人「長野県開拓民自興会」が設立され、県下において郡、町村、元開拓団を単位とする支部も合わせて組織された。一九七〇年になってからは「長野県開拓自興会」と改称している。一九六〇年代から七〇年代にかけて、長野県開拓自興会は各支部会を中心に元開拓団関係者への調査や名簿の整理などを行っていたが、このことは元開拓団単位で

写真８－２　中和開拓団の慰霊碑
出所：2007. 4. 16 筆者撮影

の再組織の契機となった。慰霊碑の建立、記念誌の発行などの活動にも同時に取り組んでいた。

　こうした流れのなかで中和開拓団の元団員の間でも、一九七六年に北信に在住していた数名の関係者が、団の生存者の調査を開始し、慰霊親睦団体としての中和会の設立、そして慰霊碑の建設および記念誌の発刊に至った。一九七五年三月八日、慰霊碑の竣工式と同時に初回の慰霊祭が行われた（写真８－２参照）。それ以来、毎年四月の初め頃、「思い出の会」を開き、かつての満洲体験を語り合っている。また三年に一度、慰霊碑の前に関係者が集まり、亡くなった親、妻子、兄弟、親族たちの冥福を祈り、慰霊祭を営んできた。現在では、元団員たちの高齢化が進んでいるため、開拓二世が中心となって活動が続けられている。[*5]

　彼らは旧満洲の土となった肉親や同志の思い出に涙を流し、何としても旧満洲の地での慰霊を果たしたいと念願し続けた。しかし、戦後約三〇年間、日中国交断絶のため、一部の友好交流団体を除いて一般の日本人の訪中は難しく、現地への再訪を果たすことはできずにいた。

　一九七二年、日中国交正常化後、集団引揚者は旧入植地への友好訪問、現地での慰霊、残留者との再会が可能になった。一九八一年四月一〇日には、中和鎮友好訪中団二七人が、成田空港を出発、中和鎮・方正、新香坊と、現地および避難地を訪ねた。現地の中国政府の協力によって、墓参りを兼ねて三十余年隔絶した残留者との再会を果たした。また、翌年の一九八二年と一九八六年には、中和開拓団は訪中団を組織し、前回と同じコースを辿り、友好、鎮魂、残留者との再会のための訪中を続けた。それ以後、中和開拓団の関係者が個人ベースで現地を訪ね、また、長野県開拓自興会による組織的な訪中活動も毎年行われた。

こうした訪中活動は、慰霊のほかに、最後の集団引揚げのチャンスを逃した残留孤児や残留婦人となった同胞との再会のためでもあった。中和開拓団はかつて行った三回の訪中活動を記念誌に記している。[*6] その内容は残留者との再会、再会したあとの手紙による通信記録などであり、大きく紙面に載せている。残留者と数十年間ぶりの再会を果たしたことや残留した肉親との再会を果たせなかったことなど、彼らの一つ一つの訪中の思い出が寄せられている。例えば、一九八一年の第一次訪中団に参加した木下主計さんは、一九四四年に両親と一緒に中和開拓団に入植し、終戦後に残留した同郷のMAさんに偶然出逢った様子を、次のように綴っている。

……中和鎮面会所に私たちの車は着きました。そこでの私は本当に忙しかった。IさんやKTさんを初め、三十余名の人と会い、写真や、そして小さな贈りものをと夢中でした。そんな中で、KTさんから君のことを聞かされ、とても驚きました。私は君に「MA君か」と日本語で話しかけましたね。君は、中国風の帽子に、服装もすっかり人民服が似合い不思議そうに私を見つめるだけでした。日本語はできないのかと問う私に、KTさんが「当たり前だよ、その人は牛の糞で、暖をとって大人になったんだよ。」

（「わが心のふるさと中和鎮を訪ねて」編集委員会 一九八一：一二一）

木下さんは残留した同郷MAさんに「何一つしてやれなく、誠にすまない」というような気持ちを持っていた。木下さんは日本に帰国してからすぐMAさんの身内を捜し、MAさんの帰国のために駆け回った。MAさんに対するその思いを次のように書き留めている。

祖国を離れて四十年近く、それを選ぶのは君の自由ですが、何もしてやれなかった吾々が、祖国へ君を、君もまた祖国を見たかろうと思うのは、こちらの勝手読みでしょうか。MA君よ、帰って来い。

（「わが心のふるさと中和鎮を訪ねて」編集委員会 一九八一：一二二）

また、かつて中和開拓団の学校に勤めていたY先生は、第二次訪中団に参加し、中和鎮から二二・五キロ離れた町で生存しているAさんと初めて連絡を取ることができた。にもかかわらず、Aさんとの面会を果たせなかったことが心残りで諦めきれぬ思いのなか、訪中を終えた。面会できなかったのは、一九八二年当初、中和鎮がまだ外国人に開放されていない地区だったため、中和開拓団の訪中団は、勝手に町を出ることができなかったからである。一方残留者も勝手に訪中団に近づくことができず、公安機関の調整で一人ひとり面会した。Aさんは訪中団の中には親族がおらず、事前に連絡を受けていたが、Y先生の顔を知らなかったため、公安局に面会を認めてもらえなかった。その時の様子を、Y先生は次のように書き留めている。

……Aさんがはじめて連絡がついて面会に来てくれたのですが、これも面会ができなくて本当に残念でした。尚志県という隣りの県から自転車に乗って四五里（一キロは二里）の道をはるばるやってきて面会を待ったけれどとうとう会えなかったので、どれ程がっかりしたかその気持ちがよく分かります……。

（「わが心のふるさと中和鎮を訪ねて」編集委員会 一九八三：四九－五〇）

Y先生は帰国したあと、Aさん、Bさん、Cさんなど、残留者との文通を続けた。残留孤児・残留婦人となった彼らの手紙には日本の肉親を探してくれたY先生への感謝の言葉、そして切実に日本の家族や親族と再会したいという思いが綴られている。AさんがY先生に宛てた次のような手紙を紹介しよう。

（前略）待ちに待った皆様が来てくださる日が来ました。私は二〇日の朝まだ暗い中に起きて、自転車で四五里（二二・五キロ：引用者注）の道を走りました。朝早く、七時に中和鎮に着きました。

私は胸いっぱいの喜びを、そして心、また情をおさえて公安局員が呼んでくれるのを待っておりました。けれども時間が来ても公安局員は呼んでくれません。私の心のなかはかなしくなってしまいました。（…中略…）私は父母の在りし日を思い起こし、なんと不幸なことかと思いました。なつかしい叔母、お兄さん（従兄：引用者注）が遠くはなれた祖国にあり、そして温かな皆さん、また先生方に私は助けて頂きました。（…中略…）日中友好になったおかげで、私たちは親人と会うことができます。先生の温かいおなさけは、私は永久に忘れることはできません。もし私が祖国へ行ける時がありましたら、私はきっと先生の所へお礼によらせて頂きます。私は心から感謝を申し上げます。（「わが心のふるさと中和鎮を訪ねて」編集委員会 一九八三：五三）

このように日中の国交が回復すると、旧開拓団関係者の訪中により、それまで途絶えていた残留者との交流が可能になった。終戦後の逃避生活から引揚げまでの過程で、中和開拓団は一〇〇人以上の残留者を出し、一九五三年の集団引揚者を除くと、その多くはまだ中和鎮や加信鎮の周辺で生活していた。このように一九八一年から始まった中和開拓団の訪中活動は、中和鎮や加信鎮の周辺で残留者となった人々の生存確認、身元判明、帰国促進に大きく貢献したことがわかる。

（3）日本社会を生きる中国帰国者家族・親族のきずな

一九七二年に日中の国交が回復した二年後の一九七四年から残留婦人の日本への一時帰国が可能となり、また一九八一年には中和開拓団の訪中が始まり、多くの残留孤児の身元が判明した。彼らの日本への永住帰国の時期はまちまちであった。例えば残留婦人ＫＭさんのように日中国交が回復してから二年後の一九七四年にすぐ帰国できた人もいれば、残留孤児Ａさん、Ｂさん、Ｃさんのように早い時期に身元が判明していたにもかかわらず、身元引受人という日本政府が課した制限で九〇年代になってからやっと日本への永住帰国を果たせた人もいた。

中国社会での度重なる苦難を乗り越えて、四〇年もの間、中国人として異郷に放置された彼らは、やっとの思いで日本人として帰国したが、文化の違い、言葉の壁、職場での差別、生活苦などの様々な困難に直面せざるを得なかった。しかも行政の対応は乏しく、前述の残留婦人や孤児たちのように日本の地方都市に定着している彼・彼女らに対する地域社会からの援助もほとんどなく、孤立した状況にある。こうした状況のなかで、彼らとその家族は、日本社会で生きていくために家族・親族、帰国者同士など限られた人間関係に依存し、ともに助け合い、相互扶助という「連帯」を形成している。[*7]

聞き取り調査のなかで確認できたように、残留婦人や孤児らの家族は地域社会の日本人との付き合いがないわけではないが、援助をしてもらえるような親密な関係ではない。彼らが日本社会で生きていくうえで、重要な役割を果たしてきたのは、家族・親族のきずなであった。家族構成員の間では様々な形で相互協力・相互扶助の精神が存在している。以下では、日本社会を生きるための家族・親族による「支え」を取り上げて見ていきたい。

まず第一に、Aさん家族のように、息子四人の嫁のうち、三人はAさんの教え子だったという事例がある。家庭関係において、姑と嫁の関係であるばかりではなく、先生と生徒との関係でもある。このような家庭関係は中国東北農村社会の習俗を引きついだものだと考えられる。東北社会では「和能生財」という俗語がある。すなわち、家族全員が仲良く、みなで助け合っていれば、家庭が裕福になることを意味する。家族内の「和」を求めるうえで、最も重要なのは姑と嫁、嫁の間の関係だと言われている。そういった親密な家族関係が、日本社会へ適応していく際にも大きな役割を果たしている。

第二に、就職における家族間の情報の提供、相互扶助のケースが見られる。同一家族の構成員が同じ業種に従事している傾向が強い。例えば、Cさんの家族の三女は市の福祉センターのビル清掃員として雇われたあと、懸命に働き、会社と良い関係を築き、自分の親族や姉妹を関連施設に紹介し、職を獲得している。清掃という仕事は日本人にとって理想的な仕事ではないが、自らの言語にハンディがあるため求人率が低い中で何とか生計を立てる帰国者にとっては「いい仕事」である。また、一九八七年に永住帰国を果たした残留婦人のKTさんは、日本に呼び寄せた子どもたちの来日後の就職については、「最初五男夫婦だけそこで働いたの」と語り、「給料はまあまあ」であったため、その後五男の紹介により家族はほとんど同じ会社に就職していると語った。

いま、みんなは、「豆腐屋」で（働いている）。（仕事は）キツイけど、正社員になったのかなぁー。嫁さんのほう、あのー、うちの息子たちはみんな「豆腐屋」だね。あの長男だけが、（…中略…）会社だけど、次男夫婦と、三男夫婦と、五男夫婦と、ほいで、長男の嫁と、全部「豆腐屋」にいるの。*8

職の確保は、帰国者たちにとって生きるための最も基本的な要素である。しかし「日本語が話せない」し、「生活指導員は仕事を紹介してくれない」「私たちに味方してくれない」と彼らが語った「四面楚歌」とも言い得るような状況のなかで、Cさんの家族やKTさんのように家族・親族の間で協力し、助け合いながら職を手にするケースも見られる。

第三に、言語の面でも、家族の間で相互に協力し合っていることが確認できる。同じ職場に勤める親子で、親の日本語が不自由なため、息子が日本語を使って親を助けるケースもある。例えば、Aさん家族の三男は父親と同じ会社に就職し、日本語があまり話せない父親の面倒を見ている。また、親が病気になったとき、二世あるいは三世が親に付き添って診察を受けるケースもしばしば見られる。

そのほか、日常生活のなかで家族の重要な事項を決めるとき、家族内で相談したうえで、外部との交渉はほとんど二世家族に任せるケースもよく見られる。なぜなら、残留孤児の一世は、帰国後に初めて日本語を学習するのが一般的であり、また、生計を立てるための毎日の仕事に追われて、日本語をマスターすることが極めて難しいからだ。

第四に、彼らが日本に定住しながら、中国の親族とつながっているという点があげられる。彼らは中国の親族との間でお互いに協力し合い、日本社会で満たせない要求を中国の親族の中に求めていく。例えば、子どもの教育を重視しているBさん家族の長男は、日本の教育に対し不信感を持っているため、二人の子どもを嫁の実家に預け、中国で「英才教育」を受けさせている。このように親が子どもに中国教育を選択させることで、中国の親族とのつながりを強めている。

また、女性の配偶者が出産するとき、中国の両親を日本に呼び寄せ、生後まもない赤ちゃんの育児の手伝いをしてもらうことがある。二〇〇三年にAさん家族を対象にインタビュー調査を行ったとき、Aさん家族の四男は中国の義理の両親のために親族訪問の手続きを申請している最中であった。このように中国の親族との助け合いが日本の生活への適応にも役割を果たしていることが確認できる。

以上に述べた例のほか、残留孤児や残留婦人の家族と中国親族のつながりに関して、送金、電話、里帰りという現象がしばしば見られる。送金について、ほとんどの配偶者は中国の親に仕送りをしている。電話について言えば、それぞれの家庭において配偶者のほうが中国にいる親に対する心遣いがある。また、電話のやりとりを通じて、親の声を聞いて自分を安心させる。里帰りについては、家族によってそれぞれであるが、二～三年に一度家族単位で帰るケース、あるいは配偶者だけが中国に帰るケースもある。このように、配偶者と中国の親族は送金、電話、里帰りなどを通して、中国の親族と相互依存の関係を維持している。

最後に、日本の親族との交流については、Cさんが帰国するとき、兄と妹に反対されたため、日本に帰国した当初、兄と妹との付き合いはほとんどなかったという。子どもたちの日本社会での生活が自立し、日本語が話せるようになってから、お互いに電話や訪問をするようになったという。一方、A・Bの両家族の場合は、日本の親戚に温かく受け入れてもらっているが、普段の生活のなかではそれほど緊密に連絡し合っている状態にはない。

以上、一地方都市に住む残留孤児や残留婦人の家族を中心に家族・親族の強いきずなを確認した。彼らとその家族は、日本に帰国・来日したあとの日本社会への適応において、国家・行政の政策が不十分であるため、様々な困難に直面しているが、家族・親族の協同と扶助という家族関係を支えに日本社会を生き抜いているのである。

(4) 中国帰国者同士のネットワーク

残留婦人や残留孤児が中国社会で築きあげた人的つながりは、日本に帰国してもその機能を維持している。また、地域の中国帰国者の集会などに参加し、職場や地域の日本語教室での出会いにより、新たな人間関係が形成されることも確認できる。

これまでの調査のなかで、帰国者同士のつながりにおいては、基本的にお互いに情報の提供、職業の紹介、慰安親睦などが果たす役割が注目される。例えば、Cさんは日本に帰国した当初、地域の帰国者の集まりに参加した際、残留婦人のSMさんと出会うことにより、仕事を紹介してもらった。

また、Aさん、Bさんの両家族が永住帰国するとき、すでに日本に帰ってきたCさんからの援助が大きかった。例えば、Aさん、Bさんの家族が帰国したあと、二家族の長男らの仕事はCさん家族の三男の紹介によっている。日常生活の場面では、休日に仲の良い帰国者たちが集まって、酒を飲んだり、お互いに会社勤めで経験したことを話し合っている。こういったことは、一見ただの付き合いのように見えるかもしれないが、個人の転職、再就職などにつながると思われる。

こうした帰国者同士のネットワークは、前述した地方都市に住む残留孤児や残留婦人の事例だけではなく、一九九六年に筑波大学社会学研究室が東京都周辺に住む中国帰国者二世・三世を対象に行った調査にも現れている（駒井洋一九九六）。相談相手として中国帰国者を選ぶのが、五五・六パーセント、日本人を選ぶのが一二・八パーセント、また帰国者以外の中国人を選ぶのが六パーセントで、誰にも相談しないのが四パーセントとなっている（駒井一九九六：一一六）。日常生活のなかで中国帰国者同士が密接なつながりを持っているのである。ただし、本章で取り上げた事例のように、地方都市に定着している帰国者たちは、都会に定着している帰国者たちほど大規模なつながりは形成されていない。むしろ彼らの間では、いわば「帰国者仲間」に見られるような比較的小単位での付き合いにより、仕事の紹介や情報の交換が行われている。

また、残留孤児や残留婦人の帰還事業はすでに二〇年を過ぎ、高齢化した彼らの多くは、依然として厳しい生活

写真８－３　Ａさんも参加した抗議行動（名古屋、2006年）
出所：2006. 10. 22 筆者撮影

状況に置かれている。*[9] このため二〇〇三年、長野県に住む残留孤児は、国の支援が不十分で精神的苦痛を受けたなどとして、国に対し損害賠償を求める訴訟を起こした（写真８－３を参照）。この訴訟活動を通じて、残留孤児の間で新たなネットワークが形成されている。定期的な集会などで残留孤児たちは過去の中国での辛い経験を話し合ったり、帰国後の苦しい思いを語ったりして、彼らの「集合的記憶」を喚起させている。「普通の日本人として人間らしく生きる」という権利を求める道のりのなかで、心が傷だらけの孤児一人一人が結ばれたのである。これまで見てきたように日本社会において、中国帰国者は家族・親族のレベルでの助け合いと帰国者同士のネットワークによる「連帯」によって、日本社会を生き抜いている。しかし、彼らの生活状況を見れば、日本社会の中で周縁化されている個々の「連帯」のなかで相互扶助を求めることには限界がある。彼らにとって、血縁による家族・親族のきずな、「共通体験」を持つ個々の結びつきが日本社会への適応に役割を果たしているといっても、彼らが現実に良い社会状況に置かれているとは限らない。むしろ、帰国者の多くは日本社会を生き抜くために家族・親族、帰国者同士という狭い範囲での人間関係にしか頼らざるを得ないのが現実だった。

彼らが置かれていた厳しい社会的な現実として、四つの側面があった。

第一は、言葉の壁である。Ａさん、Ｂさんのように日本に帰国した時点ですでに四〇代後半から五〇歳以上であり、日本語教育をまったく受けないまま、日本の社会に入り、自立を余儀なくされた人が少なからずいる。彼らは生計を立てるため、日々仕事に追われており、勉強する暇もなく、いまでも日本語をほとんど話せない状況にある。

第二は、就職における困難である。残留婦人や孤児らの家族の就職経験から見てもわかるように、行政による就職の斡旋や支援はほとんど見られない。就職は家族・親族そして帰国者同士の紹介、斡旋によるものである。それに帰国後十分な日本語教育を受けられなかったため、単純労働、低賃金の職に就かざるを得ない。また、職場で激しい差別を受け続けてきた点は容易に看過できない問題として指摘できるであろう。

第三は、高齢化した孤児たちの老後への不安である。四〇代、五〇代になってからやっと帰国できた孤児たちは、終戦時に生まれた人もすでに六〇歳を過ぎ、退職年齢を迎えつつある。しかし、日本で働いた年数が少なく、しかも正社員として採用してもらえず、パートやアルバイトが多いため、定年になってもわずかな年金しかもらえない。それゆえに孤児の多くは、生活保護に頼らざるを得ない。

第四は、彼らの多くは精神的に不安定な状態にある。地域社会に定着しても、ほとんど周りの日本社会に理解してもらえず、「日本人」でありながら、職業上、社会生活上の様々な場面において、「中国人」として扱われた。また、孤児の多くは日本語を話すことができず、日本社会において人間関係を広げることもほとんど不可能であった。結果として、帰国者たちは、家族・親族そして帰国者同士による狭い人間関係のなかでしか、自分の居場所を見つけることができないでいる。

このような帰国者たちの「生きられた経験」のなかにあるように、家族・親族そして帰国者同士の相互扶助や「連帯」によって、日本社会を何とか生き抜いていかなければならない。それを裏返して言えば、日本政府が帰国者たちに対して、十分な公的援助を行ってこなかったこと、残留孤児や残留婦人の問題をずっと放置し続けてきた責任を問わざるを得ないのである。

このような状況のなか、残留孤児や残留婦人らは日本政府に責任を認めさせるため、二〇〇二年一二月から関東地区に在住している残留孤児を中心に、国を相手に賠償訴訟を始めた。こうした流れに影響を受けて、長野県に在住する中国残留孤児たちも、原告団（二〇〇四年時、七九人）を結成し、二〇〇四年四月二八日に国家賠償訴訟を提訴したのである。本章で取り上げたAさん、Bさん、Cさん、Iさんも原告団の一員であり、特にAさんの場合は原告団の副団長を務め、積極的に訴訟活動に駆け回っていた。

この訴訟の行方は二〇〇七年末に「改正中国残留邦人支援法」の成立を受けて全国で順次終結となった。この改正支援法は二〇〇八年四月に実施されたが、その後の孤児たちの生活がどう変わったかについては、第五章のAさんの事例で示したとおりである。

おわりに

本章では、戦前に長野県から送り出された第七次中和鎮信濃村開拓団を事例として取り上げた。日本の終戦とともに中国社会に取り残された日本人孤児や婦人の個々人の経験に焦点を当て、満蒙開拓団の戦後を終戦時から現在に至るまでの時間軸を三つの時期に分けて設定した。そして、それぞれの時期と対応するそれぞれの社会において、中国残留日本人とその家族によって形成された「人的つながり」が、それらの社会を生き抜いていくために重要な役割を果たしたことを明らかにした。以下では、開拓団の残留日本人が生きてきた戦後の経験を時間軸と移動の空間に即してまとめよう。

第一に、一九四五年八月の終戦に伴って満洲の奥地に取り残された開拓団は難民生活に陥り、それは翌年一九四六年四月から始まった集団引揚げまで続いた。集団引揚げは前期と後期にわたり、一九五八年に終わりを告げた。中和開拓団の場合は、本隊は一九四六年一〇月にわずか二〇四人しか日本に引き揚げることができなかった。第七章で示したように、様々な事情によって現地には一四七人も「残留」となり、そのなかの数人は方正収容所の周辺にある中国人の家庭に入ったが、ほとんどの残留者は中和鎮や加信鎮を中心とした周辺の村に点在していた。家族ごと残留することとなったケースがあれば、中国人の妻あるいは養子となったケースもある。一九四八年の前期集団引揚げが終了した時点で、残留者の多くは中国人の家に雇ってもらい、家族あるいは日本人同士の間で支え合いながら残留生活を凌いでいた。一九五三年に後期の集団引揚げが再開となった際に、中和開拓団の残留者一四七人のうち、一〇五人は日本に帰国することができた。しかし、中国人との間で生まれた子どもを一緒に連れて帰国することができない婦人、中国の家庭に預けられたときに小さかったため、自分の出身さえ知らなかった孤児、そして引揚げの情報すら知らなかったなどの理由で、後期集団引揚げが終了したあとも四二人が現地に取り残された。

終戦後、一時的にあるいは、最後の集団引揚げのチャンスを逃して、一九七二年の日中国交正常化までの長い間にわたって残留することとなった人たちは、すでに述べてきたように、中国社会で孤立した存在ではなかった。彼らの間では中国社会を生き抜くために、残留することとなった日本人同士の間の助け合いという個々人のつながりが形成され、その個々人の連帯が中国社会への適応に大きな役割を果たしたことを確認できた。これまで中国社会における残留日本人の一般的構図については、孤独で「一人きり」の残留婦人像を示した研究（蘭 一九九四：二五二）や、これに対して「中国東北社会に緩やかな日本人同士の繋がりがあった」と問題提起を行った論考（山下 二〇〇三：二五三）も存在する。これらの先行研究に対して、本章では中和開拓団の事例から戦後の中国社会で残留日本人たちによる具体的な「人的つながり」を示すことができ、中国社会を生きてきた残留日本人の生活実態が明らかになった。

第二に、一九七二年の日中国交正常化以降、中国に取り残された日本人たちは、十数年も途絶えた日本との通信ができるようになり、また残留婦人の「一時帰国」に伴い、残留者の消息は日本の留守家族にも寄せられた。一方、一九四六年一〇月と一九五三年に日本に引き揚げた中和開拓団の人たちは、帰国してから解散となり、それぞれの故郷に帰ることとなった。故郷に帰っても戦後の日本社会における食糧難、就職難という厳しい状況のなか、再び県内や県外（青森県、茨城県、岩手県）あるいは海外（ブラジル）へ生計を求めていくほか選択肢がなかった。

また満洲で家族や両親を亡くした少年少女たちは、親戚の家に身を寄せるしかなかった。こうした集団引揚者は、六〇年代の終わり頃にわずかながらも生活の余裕がやっと持てるようになった。そして長野県開拓自興会により旧開拓団への記録、名簿の整理という要請も加え、中和開拓団は「中和会」として発足し、七〇年代の前半には慰霊碑の建立および記念誌の発行に取り組んでいた。八〇年代の初めから、旧入植地への訪問、慰霊、そして現地の残留者の救済を展開してきた。こうした集団引揚者は旧入植地への訪問に伴い、それまで途絶えていた残留者との交流が可能になり、残留者の生存確認、身元判明、および帰国促進に大きな役割を果たしており、残留婦人や残留孤児、彼らの家族が日本に帰国してからも、団の元関係者らによる自立支援を受けている。このことに関して、従来の先行研究では、同一集団ではない残留者と集団引揚者を対象とする「縦の分析」が行われがちであるため、両者の間での関係性があまり見えてこない。本研究は、一つの集団に絞り、集団内部における集団引揚者と残留者を考察することによって、「横の関係」を見出した。

第三に、一九八一年に第一次の肉親捜しが始まり、中国社会に取り残された日本人たちは、日本への帰国ができるようになった。一九五八年に集団引揚げが終了したあと、現地に取り残された中和開拓団の残留者は、現在、数人を除いてほとんど日本に帰国している。中和鎮とその周辺に点在していた残留者たちの間には、先に述べたように中国社会を生き抜いていくために残留者たちによる「人的つながり」が形成されていた。そのつながりは、残留婦人や残留孤児が日本に帰国してもその機能を維持しており、さらに日本に帰国してから地域社会で他の帰国者と出会うことにより、新たな人間関係も形成されている。残留孤児や残留婦人とその家族は、帰国後の日本社会への適応過程において、国家・行政による定住支援が不十分であったために、厳しい生活状況に直面せざるを得なかった。そうした状況のなかで、帰国者たちの家族・親族そして中国社会で形成された「人的つながり」と日本社会で形成された帰国者同士のネットワークを頼りにしながら、日本社会を生き抜いていかなければならないのである。

以上のように、一九四五年八月の終戦という時点から現在に至るまでを一つの時間軸として、中国から日本へという空間のなかで、残留日本人の個々人の経験を中心とした、開拓団の戦後を考察してきた。一方、開拓団の戦後をとらえていくため、もう一つ重要な要素となる集団引揚者の戦後体験がどのようなものであったのかについては次章で考察することにする。

注

1　二〇〇三年四月二六日にKTさんの自宅で行った筆者の聞き取り調査による。

2　二〇〇三年三月二四日、二〇〇五年八月一一日に、KMさんの自宅で行った筆者の聞き取り調査による。

3　残留婦人と残留孤児の体験はそれぞれ異なるが、両者は社会の「弱者」として共通の体験を持っていた。

4　一九四六年、旧満洲からの引揚げが開始され、開拓民は引き揚げてからの困窮状況を打開するため、一九四六年九月に各県の代表者を東京に集め、全国開拓自興会を結成した。当初その目的は、おもに①自興精神を振り起こし、自力で更生の道を開く、②自力更生の道として国内緊急開拓に取り組むというものであった。

5　筆者は二〇〇三年から二〇〇八年までほぼ毎年元中和開拓団の集会に参加してきた。元団員が高齢となっているため、参加者が年々減少している傾向にある。二〇〇三年の活動への参加者は六〇数名であったのに対して、二〇〇七年には半数の三〇数名にすぎなかった。

6　「わが心のふるさと中和鎮を訪ねて」編集委員会（一九八一、一九八三、一九八七）『わが心のふるさと——中和鎮を訪ねて』（第一集、第二集、第三集）である。

7　日本に帰国した残留孤児とその家族が、日本で自立した生活が送れるように、一九八四年に埼玉県所沢市をはじめ、全国各地で中国帰国残留孤児定着促進センター（一九九四年に中国帰国者定着促進センターと改称された）が開設された。国費による残留孤児と一緒に帰国した家族世帯は、そこで六ヶ月弱の日本語教育と生活指導を受ける。本書で取り上げたAさん、Bさん、Cさん、Iさんはこのような恩恵を受けずに、直接身元引受人の生活地のもとに定着し、市から三ヶ月だけの生活保護を受けたのみで、そのまま自立を強いられた。

8　二〇〇三年四月二六日、KTさんの自宅での筆者の聞き取り調査による。

9　帰国が遅れた残留孤児たちは、日本で働いた年数が少なく、受け取る年金もわずかであるため、生活保護に頼らざるを得ない。二〇〇八年四月の改正支援法が実施されるまで、残留孤児の七割は生活保護を受けて暮らしていた。

第九章　満洲開拓をめぐる「記憶の場」の形成と継承
――戦後の日本社会における集団引揚者の事例を中心に

はじめに

前章では中国残留日本人の経験を通して満洲移民の戦後史の一側面を考察したが、本章では戦後の日本社会を生きる集団引揚者を対象にして、満洲移民の戦後史を検討してみたい。

開拓団の戦後において集団引揚者を対象とした先行研究は、大きく二つの流れにまとめられる。すなわち、①戦後の緊急再開拓、②戦後の日本社会における満洲開拓をめぐる記憶と語りについて、である。以下に、それぞれについて整理して述べておく。

①戦後の緊急再開拓とは、一九四五年一一月の「緊急開拓事業要領」の閣議決定に基づき、敗戦直後の日本社会における食糧不足、外地からの引揚者や復員者の急増による国内の過剰人口を解消するためにとられた施策であった。こうした戦後開拓に関する研究は、六〇年代から七〇年代にかけて、おもに農業経済学、地理学、郷土史といった視点から進められてきた。例えば、戦後に愛知県北設楽郡に入植し、開拓農村の形成とその実態について考察した研究（伊藤守一 一九七二）や、日本における戦前から戦後までの開拓史を考察した研究（野添憲治 一九七六）な

どがあげられる。これらのほか、郷土史として編纂されたもの（長野県開拓二十年史編集委員会 一九六六）もある。一方、九〇年代になってからは、序章で紹介したように蘭信三の『「満州移民」の歴史社会学』（一九九四）が注目される。蘭は熊本県から送出された東陽開拓団を事例として、戦前と戦後の連続という視点から、東陽開拓団の満洲開拓、避難生活、引揚げという一連の出来事のなかで団員の間には強い信頼関係で結ばれた「きずな」と共同意識が生まれたとし、それが引揚げ後まもなくの日本での生活困窮を抜け出す際には、再び集団として国内の未開地へ再入植することに結びついたと説明している（蘭 一九九四）。

戦後の緊急開拓は五〇年代の末頃にほぼ終了した。こうした蘭が指摘した敗戦直後の日本社会での生活再建の手段として形成された共同体（再集団化）に対して、第八章で述べたような六〇年代に入ってから元開拓団や町村の単位での慰霊・建碑・訪中などの活動により形成された「シンボルとしての再集団化」もある。すなわち、集団引揚者は定期的に開催される慰霊祭や同志会などで共に満洲の体験を想起し、語り合うことにより、満洲にまつわる記憶の場が徐々に生成されたのである。

このような②満洲開拓をめぐる記憶と語りについての研究は、坂部晶子の『「満洲」経験の社会学』（二〇〇八）と猪股祐介の「満洲体験を語り直す」（二〇〇八）があげられる。これらの先行研究について本章との関連から言うと、坂部の著書の「慰霊というコメモレイション」の章では満洲移民の逃避行の体験に焦点を当て、引揚げの体験が戦後の日本社会において表出されたとき、慰霊というコメモレイションによって形成された集合的記憶が個人の記憶を回収しきれず、両者の間には「落差」が存在することを指摘している（坂部 二〇〇七、二〇〇八）。一方、猪股の研究は岐阜県から送出された黒川開拓団を事例とし、戦後における黒川開拓団の遺族会の慰霊や訪中などの活動を考察した結果、満洲体験の語りが八〇年代以降の訪中などに伴って変化してきたことを明らかにした。その変化が生じたのは、①旧入植地の訪問により現地住民に対する加害意識が芽生えた、②元団員が共に現地を訪問するという活動のなかでこれまで語りえない記憶が語りだされた、③満洲体験を持たない世代の遺族会参加が促された、と旧来の慰霊という文脈と異なる満洲体験の再定義が生まれたと指摘している（猪股 二〇〇八：三〇七）。

このように、戦後の日本社会における集団引揚者を対象とした先行研究を二つの方向に即して整理してみた。そこで、本章では①の戦後緊急開拓の状況を踏まえたうえ、②の満洲開拓をめぐる記憶と語りについて具体的に検討することにしたい。②に関する坂部や猪股の研究はおもに満洲開拓の体験がどのように想起され語られているのか、表象されているのか、またはどのように語りなおされているのかといった点に光を当て分析してきた。しかしながら、それ以前の問題として、集団引揚者が戦後の日本社会でどのような状況のなかで満洲開拓にまつわる「記憶の場」を形成したのか、また満洲体験を記憶としてどのように継承しているのかなどについて、まだ検討する余地がある。

そこで、本章ではフィールド調査地である長野県を事例に、満洲開拓をめぐる集団引揚者の記憶の形成と継承について集団（開拓団）、ローカル、トランスナショナルな文脈において検討してみる。本章は次のような構成をとる。第一節では戦後混乱期の日本社会における集団引揚者の状況を概観する。第二節では満洲開拓の体験を語ることができなかった時代の要因と状況を考察する。第三節では、満洲開拓にまつわる「記憶の場」がどのように生成されたかについてローカル、トラスナショナルな活動に焦点を当てて検討する。第四節では満洲開拓という記憶の継承について考察を行う。第五節では本章のまとめを記載する。

1　敗戦直後の日本社会における集団引揚者の状況

一九四五年八月、日本は敗戦を迎えた。それまで長く戦争を続けてきた日本は、壊滅的な打撃を受けていた。各地は空襲で焼け野原となり、人々は廃墟のなかから生活の再建を始めた。そんななか、最も深刻なのは食糧不足の問題であった。その理由は、次のようなものだった。一つは長い戦争のなかで農民は徴兵されたり、軍需の仕事を割り当てられたりすることで農業に専念できなくなり、さらに農薬不足による病害虫の増加、肥料不足に伴う地力減退という悪条件が積み重なってきたこと、そして一九四五年秋の天候が不順だったことが加わり、米の生産量が例年より半減したこと（野添 一九七六：一二一－一二二）。もう一つは、敗戦まで台湾や朝鮮から内地へ米を移入してきたが、敗戦後にはできなくなったことである（野添 一九七六：一二二）。

これらの諸要因のほかには、第一章で述べたように、敗戦時に海外にいた日本人は約六六〇万人であり、在外人口が日本の敗戦とともに内地へ引き揚げ、国内の人口が急増したこともある。こうした理由により、戦後まもない日本社会は極度の食糧不足、生活物質の欠乏という状況のなかにあった。

例えば、本書で取り上げたフィールド調査地である長野県の場合は、一九四六年九月の時点では戦災者・引揚者等の生活困窮者が県人口の三〇パーセントにも達したと記録されている（長野県開拓自興会満州開拓史刊行会 一九八四a：七二六）。地域社会では外地から帰村、帰郷してきた復員者や引揚者を受け入れる余裕すらなかった。第五章第一節で取り上げた集団引揚者NMさんやYWさんの語りのなかにあるように、帰郷してきた際に、周囲から「余計なもの」とみなされていたという苦い思いが語られている。また、終戦の直前に徴兵されシベリアに抑留された北澤博史さんの父も、一九四七年に無事に帰郷を果たしたものの、故郷には受け入れる場所がなかった。その時の思いを、北澤さんの父は次のように振り返っている。

> 二十二年の暮、シベリアから舞鶴港に入港したが、帰るに家なく、身内親戚は沢山あったが、そこはすでに「故郷」では無かった。互いに自己の事に明け暮れて他を顧る余裕なく「捕虜帰り」は敬遠されていた。着のみ着のままでシベリアぼけした孤独の中年者を見ては無理もない事とも思われた。
>
> （北澤正文 一九七五：一四〇）

このような食料不足という事情のなかで外地からの復員者や引揚者の増加といった問題に対して、厚生省は一九四六年四月二五日に「定着地における海外引揚者援護要綱」を決定し、その一環として各都道府県庁、地方事務所、市町村役場に「引揚者相談所」を設置し、復員者や引揚者の仕事や住宅の斡旋を始め、生活の全般に関する諸問題に対処した（厚生省引揚援護庁 一九五〇：八五）。

したがって、長野県においては拓務課が廃止され、一九四六年度から厚生課援護係が設けられ、また各町村の拓務係は援護係へと変わった。そして、国による援護施策のほかには、長野県は第二章で論じたように、戦時中に官民一体となって満洲移民の送出を積極的に推進していたという背景から、送出者の責任として県が独自の援護施策を講じた（長野県開拓自興会満州開拓史刊行会 一九八四a：七二七 - 七二八）。県による独自の援護の施策は、前述の国による援護内容のほかに弔慰費、郡市慰霊祭の費用、母村負債整理費の支給などが加わっていた（長野県開拓自興会満州開拓史刊行会 一九八四a：七二八）。他方、こうした国や県による援護体制のほかには、開拓者援護会、開拓自興会、同胞援護会、厚生協会という民間団体も組織され援護活動にあたっていた。これらの民間団体のなかで、おもに満洲から引き揚げてきた開拓民の救済に携わったのは開拓自興会である。

長野県開拓自興会は、一九四六年九月に東京で結成された全国開拓自興会の支部として、同年一〇月に引き揚げた開拓民によって自主的に発足した団体である。開拓自興会設立の目的は、帰郷してきた開拓民が困窮した生活から抜け出すために、「自興精神を振り起こし、自力で更生の道を開く」（長野県開拓自興会 二〇〇一：三）である。終戦後に帰郷、帰村を果たした開拓民の多くは、先に述べたように母村が食糧不足のなかで増加する引揚人口を抱えていたことと、また国や県から支給された援護資金だけでは母村に定着することは困難だったため、再び故郷を離れて国内緊急開拓に参加し生きていくほかは手段がなかった。長野県自興会は国や県のバックアップを受けながら、当初の事業[*1]としておもにこうした引揚開拓民の再入植希望者の入植斡旋に取り組んでいた（長野県厚生団体連合会記念史編集委員会 一九七一：八五）。

長野県における国内緊急開拓事業は、①県内入植、②県外入植、③海外移住に分けて進められていた。長野県は満洲移民の送出数が全国一位だったゆえに引揚者も多く、県内だけでは受け入れることが困難だった。そのため、県外への入植、海外への移住も展開されていった。

県内への入植は、同じ開拓団や同一郡市町村出身者を組織し入植させるという措置をとっていた。入植者の出身は、一九四八年九月までの統計によれば、満洲開拓引揚者三八パーセント、農家子弟三四パーセント、軍人三パーセント、その他二五パーセントという比率になっている（長野県開拓自興会満州開拓史刊行会 一九八四a：七三六－七三七）。県下での入植地は高冷地、火山灰土であるため強酸性で、燐酸、苦土などの欠乏による不良土壌が多く、農業生産は極めて困難だった（長野県開拓二十年史編集委員会 一九六六：六二）。県下の約八三パーセントの開拓農家は、こうした厳しい自然環境に入植していたため、離農率が非常に高く、農業経営の側面から見れば成功しているとは言い難い。

県内への入植に対して県外への入植は、茨城県が最も多く、それから北海道、大分県、愛知県、静岡県、岩手県などの順で続いている。こうした県外への入植は、長野県開拓自興会および地方事務所農地課が中心になって斡旋したものが最も多く、一九五〇年度までに送出した一五〇〇戸のうち、満洲移民関係者が約八割を占めていると推定されている。一方、これらの県外への再入植者は、県内への入植の状況と違って、離農率が非常に少なかった。その理由は、入植者の努力、受け入れ道府県の指導、送出母体の後援によるところが大きい。また、県外への入植の大部分は戦前の満洲移民を送出した際に実施した分村計画に基づく送出で、母村が責任を持って事業を促進したとされる（長野県開拓自興会満州開拓史刊行会 一九八四a：七四一－七四三）。

一方、戦後の長野県における海外への移住は、おもに過剰人口の対策ないしは失業救済の一つとして位置づけられる（長野県開拓二十年史編集委員会 一九六六：一〇八）。戦後の海外移住の送出にかかわったのは、本書の第二章で論じた信濃海外協会（一九四四年に長野県開拓協会と改名）である。ただし、信濃海外協会は、一九四五年の敗戦とともに機能しなくなり、一時解散となった。県民のブラジルへの移住はまだ可能だということから、一九五〇年一二月に有志などにより、再び信濃海外協会が発足した。会長には長野県知事林虎雄、副会長に宮沢佐源次、理事に長野市市長、県市町村会長、信濃教育会副会長、力行会会長の永田稠などを決定した（永田編 一九五二：三一九－三二〇）。会の目的として戦前とは異なり、「海外移住によって世界各地の開発に貢献し、あわせて世界・日本文化の向上に寄与するための運動・事業をする」（長野県開拓自興会満州開拓史刊行会 一九八四ａ：七四三）とする。一方、県の対応には戦前のように積極的な姿勢は見られず、国の施策を市町村に通達するというレベルにとどまった（長野県開拓自興会満州開拓史刊行会 一九八四ａ：七四五）。このような状況のなか、一九五二年から一九六三年までの一一年間に長野県は六八六人を南米などの国に移住させた。戦後の国外移住者を府県別に見ると、四七都道府県のなかで長野県は二三位にとどまっていた。

以上のように、戦後の長野県における集団引揚者を取り巻く社会的な状況について述べた。本書で取り上げた中和開拓団の引揚者もこうした状況に置かれていた。彼らは家族や親族に受け入れられるケースがあれば、戦後の厳しい日本社会を生きていくために再び県外に入植したケース、あるいは県内に入植したケース、そして海外に移住したケースもあった。

2 「抑圧された」満洲開拓の記憶

集団引揚者における満洲での体験は、戦後の日本社会で長い間あまり語られてこなかった。その理由は大きく言えば、個人を取り巻く厳しい戦後の生活環境、個人が抗することができない社会状況、そして個人体験のトラウマ性という三つの側面から考えられる。以下ではそれぞれの側面について述べておきたい。

(1) 敗戦後の混乱期を生き抜く引揚者

以上で述べたように、満洲やシベリアから引き揚げてきた開拓民は、戦後の厳しい社会状況のなかに置かれていた。明日をどうやって暮らしていくのか途方に暮れる一方だった。そして、彼らは生活の再建をするという苦労の連続のなかで、満洲の体験とは何だったのかを振り返るゆとりすらなかった。第五章で取り上げた集団引揚者のN

Mさんの語りのなかにあるように、「食っていくのはやっとのとこ（ろ）で」、「そんなことを考える余裕がなかった」のである。

引揚者らは家族や親族に受け入れてもらった場合でも、県内外などへ入植した場合でも、戦後の日本社会での再出発は容易なものではなかった。生活は息が詰まるほど苦しかった。例えば、中和開拓団の六区の出身者ら一〇名は、一九四八年に北佐久郡北御牧村八重原に入植した。入植した当時の体験は次のように書き残されている。

九尺二間の居住のための小屋を現地白水に先づ二戸（オンドル式）を建て開墾作業に従事した。（…中略…）小屋は丁度満洲の満人、朝鮮貧農小屋よりまだ悪いような中に配給になった布団と蚊帳、鍋釜、バケツ、鍬くらいよりほか何も無く味噌汁といいたいが何時も食塩汁を作っておった満洲ニイ《（ママ）》より下等な生活であった。

（八重原開拓農業協同組合 一九六六：一四四）

ここで示したとおり、戦後の日本での再開拓は、極めて過酷だった。本書の第三章で述べていた中和開拓団が満洲に入植した当時の様子と比べてみれば、その差異は明らかである。中和開拓団の場合は、満洲では既墾地に入植し、トラクターなど近代的な機械を利用し、さらに現地の労働者に頼り営農を行っていた。これに対して、戦後の日本での県内外への入植は、鍬一つだけに頼るしかなかった。シベリア抑留を経て、一九五〇年に青森県に入植した赤羽惣重さん夫婦は、当時の開墾の様子を次のように記している。

雪溶けを待って開墾が始まった。それはまったくの原始的な方法で、この地方では「モッタ」といって、重さ四キロもある開墾専用の鍬があって、一鍬ずつ耕して畑を作り、種をまきながら耕地の面積を広げて行った。四、五年かかって四丁歩位開墾した頃、やっとブルドーザーなどが入ってきて、四丁歩位は機械で開墾をしたりするようになった。

（赤羽惣重、赤羽基子 一九七五：四六）

この記録から赤羽さん夫婦が入植した当時の苦労が窺える。赤羽さん夫婦が入植してからいろんな不安、苦労を経験しながら、やっと安定した生活を送れるようになったのは六〇年代の終わり頃だったようである。この体験記も敗戦から三〇年が経過したときに、中和開拓団の慰霊碑の建立に合わせて元団の関係者から要請され書かれたものである。この要請を受けて、赤羽さん夫婦は初めて過去を振り返り、それまでの三〇年間の生活を体験記として書き留めている。

思えば、「あの日」（終戦の日：引用者注）から三十年、「十年一と昔」の諺もある通り、三十年といえば人生の盛りの大部分の歳月である。それがゆっくり考えてみる余裕もないようなめまぐるしい年月であった。その生きるために夢中で過ごしてきた。「あの時」を振り返ってみると感慨新《ママ》なものがある。

（赤羽惣重、赤羽基子 一九七五：四四）

赤羽さん夫婦のように、満洲やシベリアから帰郷した個々人の多くは、食糧難や就職難という敗戦直後の混乱期から、土地改革、朝鮮戦争、民主主義の導入などを経て、六〇年代の池田内閣の所得倍増計画による高度経済成長期までの慌ただしくめまぐるしい社会変化のなかで、「生きるために夢中」で、過去はどうであったかを「ゆっくり考えてみる余裕」すらなかったのである。そうした生活に追われていた日々のなかでは、彼らは満洲での「楽しかった」「良かった」という思い、そして九死に一生の逃避行、家族や親族を失うという悲しい、苦しい思いを共に心の奥にしまいこんでいった。

（2）「否定される満洲」[*2]

以上で述べたような戦後の厳しい環境のなかで、切迫した生活に苦しめられたゆえに集団引揚者は過去を振り返る余裕もなかった。しかも戦後日本社会の仕組みが大きく転換したことも彼らが持つ満洲の体験を抑圧し、語りにくい状況を作っていた。

つまり、一九四五年八月一五日の敗戦日を中間点として、戦前の天皇制、軍国主義、植民地主義という社会体制に対して、戦後の日本社会では、民主主義の導入、新憲法の制定により新しい国家体制へと急変したのである。このような急激に変化した戦後の日本社会においては、かつての日本の植民地主義、アジア太平洋戦争がもたらした戦禍に対する批判が「平和と民主主義の歴史学」として語られてきた（森武麿 二〇〇二：六四〇）。その流れのなか、公の記憶としての満洲の記憶について、蘭信三は次のように指摘している。満洲国は日本帝国によって作り上げられた傀儡国家であり、帝国の海外膨張による侵略であったゆえに、渡満した個人の動機はどうであれ、満洲への移住は侵略的行為であり、満洲移民は帝国の先兵として役割を果たしていたという公的歴史観が、戦後の日本社会のマスターナラティブとなった、と（蘭 二〇〇七：二一九、二〇〇九：一九）。

このように、戦後の日本社会が平和と民主主義という新たな価値観に転換されるとともに、満洲あるいは満洲にかかわった個々人の経験は否定されるようなものであった。そのような社会状況のなかに置かれていた引揚者らの経験は、異なる敗戦の体験を持つ内地の人々に理解されることが難しかったため、かつての満洲の体験を公的な場では語ることがなくなり、封印されるようになった（蘭 一九九四：一九五、二〇〇八：六一）。そうしたなか、彼らは「自らの人生を戦後の社会のなかでどのように位置づければよいのかという難問と立ち向かわねばならないために、自らの体験を体験者同士で語り合うほかはなかった」（蘭 二〇〇八：六〇）。こうした大きな社会状況の変化という圧力のなかで、満洲体験者の記憶の語りが抑圧されていったと同時に、マスターナラティブに抗する引揚者の集団的記憶が生み出されていく。引揚者の集団的記憶がどのように形成されるのかについては、次の節で具体的に述べたい。

(3) トラウマとしての引揚げ体験

戦後の日本社会において引揚者が満洲開拓の記憶についてしばらく沈黙し続けたのは、以上であげた二つの側面のほかに、引揚げ体験のトラウマ性もその一面として考えられる。本書の第三章で取り上げた中和開拓団の事例で示したように、満洲移民の引揚げ体験は悲惨さを極めた。第一章で述べたとおり、終戦時に満洲の奥地には約二二万人の開拓民がいた。そのうち八万人が引揚げの道のりで亡くなり、そして一万余りの人が余儀なく現地に取り残された。一方、この全国の満洲移民の三六パーセントという未帰還率に対して、長野県のそれは五九パーセントにのぼる。在満一般人の約一二パーセントの未帰還率と比し極めて高いことから、開拓民が受けた多大な被害を想像できる。

ここでもう一度中和開拓団の逃避行の様子を思い出してほしい。中和開拓団は敗戦後に現地をあとにしてからの避難の道のりで、約六割の人が犠牲となり、「集団自決」で最も多くの死者を出した。「集団自決」での死から逃れた、当時一七歳だった横田富久雄さんは、自分の目の前で母そして弟妹を失った強烈な体験を次のように記している。「あの一瞬の悲劇が胸の奥深く苦しく痛く焼付き、生涯消す事は出来ないであろう」（横田 一九七六：五〇）。これは、横田さんが引き揚げてから三〇年後に元中和開拓団の記念誌の発刊に応じて寄せたものである。この体験を書くにあたって、横田さんは、「あの時」から三〇年が過ぎても、「重くにぶいペンを取《（ママ）》っていると、あの人達の顔が浮かんできて思う様に書けなくなってしまうのである」（横田 一九七六：四九）と当時の心境を明かしている。ここで横田さんが言う書けなくなるということから、「あの時」の光景をどのような言葉で言い表すかは困難であることと、そして「あの時」の体験を振り返るだけでも、当事者にとって何より苦痛であることが窺われる。そのため、当事者の多くは、そのトラウマの体験を自分の心に留めておくほかはない。

第五章第一節で取り上げたYWさんは、ここで述べた横田さんと同じ「集団自決」を経験した一人である。筆者はYWさんへのインタビューを数回重ねた。YWさん一家は、当時七人で渡満していたが、日本に引き揚げたのは、YWさん一人だけだった。筆者がYWさんへの聞き取り調査を行う前には、YWさんは自分の満洲での体験をほとんど話したことがなく、十数年間一緒に暮らしていた妻にさえ詳細に語ったことがなかったようであった。二回目の調査を終えて、御礼を言って帰ろうとしたときに、YWさんの妻から「今日、主人の話を聞いてくれてありがとうね。主人の家族はみんな満洲で亡くなっていることを知っているが、今日の話は私も初めてだった」と言われた。つまり、身内の人にさえ語りえなかったという引揚げ体験のトラウマ性がYWさんの事例から了解される。悲惨さに満ちた引揚げの体験が人々をどれほど傷つけたかは計り知れない。自身の引揚げ体験を素材にしベストセラーとなった『流れる星は生きている』の作者である藤原ていは、家族にとって引揚げの傷跡がいかに深かったかについて、同書のあとがきで次のように明かしている。

いつの間にか、私共夫婦の間には、「引揚げの話」は、禁句になってしまっていた。当時五歳だった長男も、今は三五歳。（…中略…）一児の父にもなった。その彼が引揚げの話にふれると、黙って席を立ってしまう。（藤原 二〇〇〇：三一八）

引揚者の多くは戦後の日本社会で引揚げの体験を引きずりながら、生きていかなければならない。その体験の苦しみがあまりにも深いため、日常生活のなかでは、それを決して簡単に語ることができない。

3　満洲開拓にまつわる「記憶の場」の生成

以上で述べたように、満洲開拓の記憶は戦後の日本社会では長らく忘却に追いやられてしまっていた。しかしながら、六〇、七〇年代以降、引揚者たちは、自らの間で満洲開拓の記憶を語り始め、継承しようとする動きを見せ始めた。

写真9－1　全国満洲開拓記念碑
出所：http://www.asahi-net.or.jp/~un3k-mn/0815-manmou-sakuragaoka.htm より、2009 年 10 月 16 日閲覧

それは、先に述べた開拓自興会の活動と大きく関連している。敗戦後日本に引き揚げてきた開拓民たちは、戦後厳しい状況のなかで自分たちの生活を守るために自ら開拓自興会という民間団体を組織した。当時、開拓自興会は、おもに満洲から引き揚げてきた、活路のない開拓民たちに対して国内再入植などの事業に取り組んでいた。一方、一九五八年頃に国内再入植の事業はほぼ完了したため、それ以降、開拓自興会の活動は、主として①引揚者給付金の支給、②満洲開拓物故者慰霊碑の建立、③遺骨収集促進、④開拓史編纂、⑤第一三回慰霊法要の執行という新たな活動に切り替わった（長野県開拓自興会満州開拓史刊行会一九八四a：七九五）。このなかには、②の慰霊碑の建立、④の開拓史の編纂という二つの議題が、これまで忘れ去られつつあった満洲開拓の記憶を掘り起こすきっかけとなった。

全国慰霊碑の建立計画は、元々一九五七年の長野、新潟、山形、福島の四県の自興会が新潟市で全国拓魂碑を建設しようとした協議に基づいている。その後、この計画は全国開拓自興会の一事業として決定され、一九五八年七月に「満州開拓殉難者の碑建設実行委員会」が組織され、計画が実行に移された。記念碑建設地は、東京都聖蹟桜ヶ丘が候補地として選定され買収された（長野県開拓自興会満州開拓史刊行会一九八四a：七九六）。建設資金は、全国自興会会員から三〇〇万円、政府および他の団体から七〇〇万円、計一〇〇〇万円の寄付を集めた（満洲開拓史復刊委員会一九八〇：八四〇）。記念碑の設計は当初満洲の方向に向かい天を仰いで痛嘆する彫像だったが、平和を願う会員の心情には一致しない、暗い影のみ強調したものとして批判が強かったため、大理石の碑に「拓魂」を彫りこむことに変更した（長野県開拓自興会満州開拓史刊行会一九八四a：七九六－七九七）。「拓魂」という二つの文字は当時満洲移民を積極的に推進した人物の一人である加藤完治が揮毫したものである。記念碑は一九六三年七月に竣工（写真9－1を参照）、翌月八月一〇日に除幕式および合祀祭が行われた。当日は、宮内庁をはじめ、各界から献花があり、各県自興会の代表約五〇〇人が駆けつけて参列し、内閣総理大臣や東京都知事が追悼の辞を述べた（満洲開拓史復刊委員会 一九八〇：八四〇）。祭事は満洲における約八万人の犠牲者の霊を慰め、悲劇を想起する試みである。それ以降、毎年四月の第二日曜日に全国の開拓団関係者を中心に犠牲者への慰霊などの記念活動が継続され現在に至っている。

このように、全国満洲開拓記念碑の建立により、これまで個々人の記憶の奥にしまいこまれていた満洲の経験が想起される契機となり、そしてその個々人が持つ多様な経験が共同体の記憶として凝縮し、慰霊碑という形で表象され可視化されていくようになった。また、定期的に開催される慰霊祭が、満洲の経験、悲惨に満ちた引揚げの体験を想起する場ともなっている。これらの点は、ピエール・ノラが言う「記憶の場」（ノラ編 二〇〇二）の問題としてとらえることができる。ノラによれば、「記憶の場」とは「人間の意思もしくは時間の作用によって、なんらかの社会的共同体のメモリアルな遺産を象徴する要素となったもの」（ノラ編 二〇〇二：一八―一九）である。終戦から約二〇年間が経過しようとする戦後の日本社会で、前節で述べたようなこれまで満洲の体験を語りえなかった引揚者らは、自らの間で「共同体のメモリアル」を作り上げ、共同体の記憶を表象する「記憶の場」を生み出している。

また、ノラは「記憶の場」の「場」について、物質的な場、象徴としての場、そして機能としての場という三つの意味を持っており、それぞれの属性が常に共存していると指摘している（ノラ編 二〇〇二：四八）。ここでノラが指摘する「場」という問題が、戦後の日本社会における引揚者らによる共同体の記憶の形成には非常に重要である。つまり、戦後の日本社会で満洲開拓慰霊碑の建立や慰霊祭の開催は引揚者らにとって満洲を想起する「物質的な場」となり、それと同時に満洲移民が敗戦から引揚げの過程で最も多くの犠牲を払ったことの「象徴としての場」であり、そして祭典や記念活動という過程のなかで当事者らが体験を語り合うことにより、過去に対する想起と再確認、当事者らの間で生まれた共感や共鳴、満洲体験を持たない世代への記憶の伝承などにつながる「機能としての場」であるからだ。

満洲開拓の記憶を記録として残していくという事業は、当初このような記念碑の建立のほかに、「満洲開拓史」

の編纂も進められていた。満洲開拓史の編纂は早くも一九四八年に開拓民援護会によって計画されており、同会の理事を務める浅川其二と参事長の長谷川誠一を中心に資料収集、執筆を行っていた（満洲開拓史復刊委員会 一九八〇：八四〇）。しかし、同年、開拓自興会が法人化されると同時に開拓民援護会が解散となり、開拓自興会は、これまでの開拓民援護会の財産と事業を受け継いだ。そのような流れのなかで、満洲開拓史の編纂もそのまま継続されていたが、資金難によりしばらく刊行することができなかった。

一九六五年、開拓自興会はようやく正式に満洲開拓史刊行会を組織し、翌年の一九六六年、『満洲開拓史』の初刊に至った。そして一九八〇年に『満洲開拓史』の復刊を果たした。初刊では「満洲開拓青少年義勇軍」に関する記述が不完全だったため、復刊にあたってその部分を改めて増補し改訂された（満洲開拓史復刊委員会 一九八〇）。『満洲開拓史』の刊行は、満洲で犠牲となった人々の霊を慰め、満洲開拓の歴史を後世に伝えたいという生者から死者に対する願いが込められている。また、『満洲開拓史』は読物として満洲開拓関係者の間で流通することにより、満洲開拓記念碑と別の形での「記憶の場」を生成すると同時に、満洲開拓にかかわっていた人々という集合体のモデルストーリーともなり、満洲開拓をめぐる集合的記憶の形成という役割を果たしたと考えられる。

以上のように、六〇年代初め頃から始まった全国開拓記念碑の建立と慰霊祭の開催、そして『満洲開拓史』の発刊は、非常に大きな意味を持っている。すなわち、これらの事業の展開は全国開拓関係の諸団体に大きな影響を与え、満洲開拓の歴史と記憶の形成を促し、一つの流れが作り上げられていった。また、これらの記念行事と諸活動は、満洲開拓の経験を想起する一つの手段および一種のモデルとして、地域、市町村の開拓団諸団体の間に拡散し、それらの諸集団で再生産されていく。

全国開拓自興会は、各県自興会、県下のかつて満洲移民を送出した市町村からなる自興会支部、元開拓団からなる団体である。全国開拓記念碑の建立、『満洲開拓史』の刊行を終えると、全国自興会の事業は一段落したため、その後活動を各県の開拓自興会や各支部、市、郡町村単位あるいは元開拓団単位に切り替えてゆくこととなっていた。このようなとき、全国開拓記念碑建立や『満洲開拓史』の発刊の影響を受け、六〇年代から七〇年代まで全国各地の満洲開拓諸団体の間で建碑、慰霊、記念誌の発刊という活動が盛んに行われるようになったのである（長野県開拓自興会満州開拓史刊行会 一九八四a：七九七）。六〇～七〇年代に長野県において多くの開拓記念碑が建立された大きな要因はここにある。

以下に長野県における開拓記念碑建立・慰霊などの状況を見てみよう。

（1）満洲開拓をめぐるローカルな「記憶の場」の形成――建碑・慰霊・開拓記念誌

全国開拓自興会の活動の影響を受けて、長野県開拓自興会および県下の各支部では、六〇年代後半から記念碑の建立と、それに合わせた記念誌の発刊などの活動が展開されるようになった。それまで沈黙し続けてきた引揚者たちは、ようやく満洲の経験を語り合う場を持つことができ、自ら満洲の記憶を継承しようとして集団、ローカルな記念祭事を行い続けるようになった。

建碑・慰霊・開拓記念誌の発刊

長野県における開拓関係者の慰霊・建碑などの活動は、本章の末尾に掲げた表9－1で示した戦後の長野県における元開拓団の活動一覧でわかるように、六〇年代後半～七〇年代に集中している。ここで、まず注意すべき点は、慰霊碑の建立や記念誌の発刊にあたっては、元開拓団の関係者に呼びかけ、団の再組織をしなければならないということである。戦後、満洲から日本に引き揚げてきた開拓団はすぐに解散となった。解散してからまもなくの頃、自主的に「同志会」という形で再組織されたごく少数の開拓団を除いて、ほとんどの開拓団は六〇年代以降に慰霊碑の建立とそれに合わせた記念誌の発行をきっかけとして再組織された。当初、元開拓団の単位で慰霊碑を建立するために組織された実行委員会は、建設地の斡旋、建設資金集め、元団員に関する消息調査、名簿の作成、記念文集の編集などを取りまとめていった。このような一連の作業を進めていくことによって、記念碑の竣工に伴う慰霊祭の開催および記念文集の発刊と同時に、敗戦後に解散した開拓団が「再集団化」され組織として発足することに

写真９－２　慰霊祭会場
出所：2003. 10. 18 筆者撮影

写真９－３　泰阜村慰霊碑
出所：2004. 10. 18 筆者撮影

なった。そして、これらの集まりは、慰霊碑の建立や記念誌の発刊という大きな事業を終えても、組織としてそのまま存続し、定期的に[*3]「思い出の会」や「慰霊祭」を開催し、いまなお続けている。坂部の研究で取り上げた満洲都市部での学校を機縁として結合された「同窓会」と満洲の体験を想起するうえで同じような性格を持っていると言える（坂部 二〇〇八：五七－九三）。このような満洲開拓に関する「同志会」あるいは「拓友会」というような諸団体[*4]は、表９－１で示すとおり、長野県下には多く存在している。これらの諸団体による定期的に開かれる慰霊祭や親睦会が満洲開拓をめぐるローカルな「記憶の場」の形成、満洲開拓という記憶の継承を支えている。

　次に注意しておきたいことは、慰霊行事の形式である。戦前の開拓団の送出形態（県編成あるいは分村・分郷）によって、戦後に再結合された諸団体の慰霊の形式は異なる。分村や分郷で送出された開拓団は、戦後慰霊碑の建立などで再組織された際に、母村の責任として村の一事業としてバックアップされることが多い。記念碑の建設地も表９－２で示すとおり、ほとんど母村から提供され記念碑を村内に置いている。そして慰霊祭を行うときには、村の一行事として村の戦没者の慰霊と共同で行う。このような典型的な事例として、表９－１のNo.20、表９－２のNo.17の泰阜村の慰霊祭を取り上げる。

泰阜村は、毎年一〇月一八日に戦没者および開拓犠牲者の慰霊祭が村内の筑紫神社で行われている（写真9－2を参照）。神社内には満洲開拓の慰霊碑が設置されており（写真9－3を参照）、戦没者二二二人と満洲開拓犠牲者六三八人が祀られている。慰霊祭は、約四五分間行われ、次のような流れである。村の収入役が開始の辞を述べることで始まり、全員起立、拝礼、国歌斉唱、戦没者と満洲開拓犠牲者の数についての言及、黙禱（一分間）、追悼の言葉（村長、下伊那郡遺族会長、村議会議長、泰阜村遺族会長、大八浪会会長より）、起立、「靖国神社の歌」合唱、「満洲開拓犠牲者に捧げる歌」合唱、献花（村長、下伊那郡遺族会会長、村議会議長、泰阜村遺族会会長、大八浪会会長などの順）、起立、拝礼、閉会の辞で終了する。

この慰霊祭への参加者は、主催者にあたる村の役人、そして村の遺族会の関係者、元大八浪開拓団の関係者などである。儀式を終えると、参加者全員は神社の近くにある村の施設へ移動し、そこで村長、遺族会会長、大八浪会会長による簡単な挨拶を経てささやかな親睦会が開かれたあと、村としての年に一度の慰霊行事が終了する。一方、大八浪会は、村の行事が終わると近くの天竜峡温泉旅館へ場所を移し、そこで一泊して総会そして元大八浪開拓団の関係者[*5]を中心とした親睦会を開く。会の関係者らは近況報告や過去の満洲での体験などを語り合う。

一方、県が母体として編成し送出された開拓団の場合は、元団員たちは戦後日本に引き揚げてきてから解散となったため、生活を求めて県内あるいは県外に散らばった。彼らが元団の単位で再組織し、慰霊碑を建設する際には、前述の分村・分郷という泰阜村開拓団のように母村からの援助はなく、自分たちの間で寄付金を集め、記念碑の建設地を探すしかなかった。本書で取り上げた中和開拓団は、そのような一事例である（表9－1、No.15、表9－2、No.8）。中和開拓団は戦後に慰霊碑を建設するにあたって、建設用地の獲得に非常に苦労したと記録されている[*6]。そして定期的に開催される慰霊祭は、前述の泰阜村のような村が中心となる「フォーマルな儀式」に対して、中和会の場合は慰霊の儀式は極めて「簡単なもの」で、しかも参加者はほぼ会の関係者に限られている。中和会の慰霊祭は、まず会長が簡単な挨拶を行い、僧侶による読経が行われ、参加者が一人ずつ線香をあげるという順である（写真9－4、写真9－5を参照）。碑の前で慰霊行事を終えたあとの流れは、泰阜村大八浪会と同じように、ホテルあ

写真９－４　僧侶による読経
出所：2004. 4. 1 筆者撮影

写真９－５　参加者による参拝
出所：2004. 4. 1 筆者撮影

るいは旅館に移動し、そこで総会を開き、一年の活動結果や会費の支出などが報告される。総会のあと、皆は食事や温泉を楽しみながら、より会いたい人に寄り添って語り合う。

以上のように、戦後元開拓団の単位で再組織された大八浪会と中和会の慰霊形式を対照的に見てきた。二つの団体によって行われている慰霊祭から表象される満洲開拓の記憶は、次のように共通する点と相違点がある。共通する部分は、両者とも多くの犠牲者が出ており、犠牲者らの霊を慰め、追悼し、想起し、そして多大な犠牲を払ったという悲惨な記憶を記録として語り継いでいき、未来の平和そして日中友好につなげていくことが目的とされている点である。一方、相違点として、泰皐村の場合は戦没者と満洲開拓犠牲者に対する慰霊行事が共同で行われており、死者を弔い、哀悼するだけではなく、村長の慰霊の言葉のなかに「先の大戦において祖国日本のため、国策に準じ犠牲となられた二二二名勇士、また満洲開拓戦士として渡満し、ついに異国の土となられた六三八名の拓友の御霊（…後略…）」[*7]とあるように、顕彰的な性格も強く帯びている。これに対して、中和会の慰霊祭はどちらかと言えば、元団の生存者を中心に行われており、僧侶の読経が行われていることから、亡くなった家族や親族を供養し、哀悼の意に重点を置いていることが読み取れる。

また、泰阜村の慰霊祭は村の行事として行われており、そこで語られた満洲開拓の記憶は集団的記憶となるだけではなく、村史としてあるいは地域の歴史としても語り継がれている。一方、中和会ではほとんど会の関係者によって慰霊などの行事が行われ、死者を哀悼するという共通の目的により集団内部での一体感、連体感が産出され、集団という枠のなかで活動が行われる。

また、満洲開拓慰霊碑の碑文が満洲開拓の経験をどのように表象しているのかという点に留意するべきである。表9－2は、長野県開拓自興会が編纂した資料をもとにまとめた戦後元開拓関係者が建設した開拓記念碑のリストである。ここに示したとおり、六二基が県下に設置されており、県外では東京都聖蹟桜ヶ丘に安置された全国満洲開拓記念碑の周辺に、県の開拓義勇隊関係者によって建設された記念碑が一五基あった（表9－2、No.64－78）。このほか、戦後五〇周年の記念行事として、一九九五年に長野県日中友好協会、信濃教育会、長野県開拓自興会が中国黒龍江省方正県の郊外にある「日中友好園林」に「和平友好記念物」（表9－2、No.2）を建設した。

これらの記念碑の特徴で、まず目につくのは、碑に刻まれた碑名である。碑名は大きく三つのパターンに分けられる。①は「慰霊碑」または「開拓殉難」「開拓観音像」などと名付けられているものであり、これが圧倒的に多い。②は、「拓魂」「拓友」などと表記されるものである。一方、③は、①の「慰霊」、②の「拓友」でもなく、戦前の満洲移民政策を批判的にとらえ、反戦と平和を訴える「日中友好不再戦の碑」（表9－2、No.40）である。①と②について、坂部が指摘したように、①は「死者への祈念」、②は「満洲開拓そのものを記念する」と大別できるが、両者とも満洲開拓によって亡くなった仲間への哀悼や祈念であるゆえに厳密に分けられるものでもない（坂部二〇〇八：一〇六）。

第二の特徴は、記念碑の揮毫者についてである。戦前、満洲移民は国策として推進され、長野県は官民一体となって積極的に満洲移民の送出に取り組んだこともあり、戦後記念碑が建立された際には、県知事の揮毫によるものが多く、一七基あった。また、分村・分郷による移民の送出が多かったことから、村の村長や役人によるものも見られる。そのほか、日中友好協会の関係者、住職や元開拓団の幹部が揮毫したものがある。

写真９－６　長野県開拓自興会慰霊碑
出所：2004. 9. 18 筆者撮影

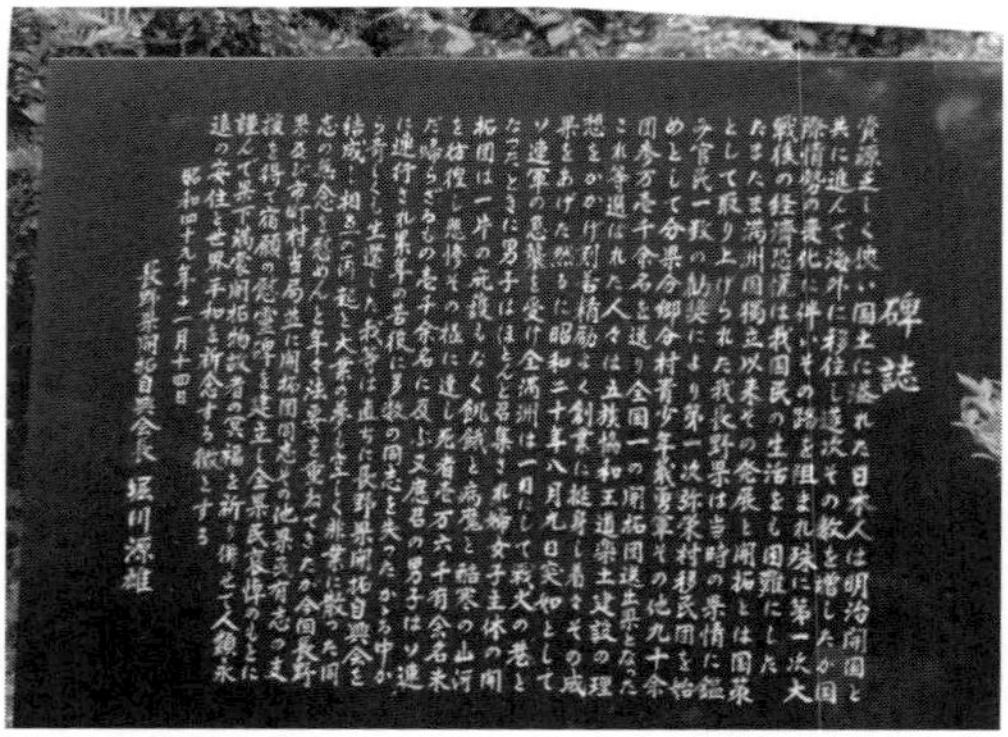

写真９－７　碑文
出所：2004. 9. 18 筆者撮影

第三の特徴は、記念碑が設置された時期である。引き揚げてからまもなくの四〇年代末頃に建立されたのは一基（表９－２、No.37、碑文なし）だけである。このほか、建立された時期が不明の一基（No.52）を除いて、五〇年代には一一基、六〇年代から七〇年代までは先に述べたとおり最も多く、五二基（県内四〇基、県外一二基）あった。八〇年代に五基（県内四基、県外一基）、九〇年代には中国の現地に建てられた記念物を含めると六基となっている。

以上のような記念碑は満洲の経験をどのように記述し表象しているのか。この点について、坂部が詳しく分析している。坂部によれば、これらの記念碑の碑文は、開拓団の悲劇を後世に伝える目的でコンパクトにまとめられており、基本的に三つのパートからなっていると指摘する。すなわち、第一のパートで満洲入植の経緯を説明することから始まり、第二のパートでは開拓団の悲惨な逃避行の体験について記述し、続いて第三のパートでは開拓の記念、犠牲者への哀悼、平和への祈念を述べている（坂部 二〇〇八：一〇七－一〇八）。例えば、一九七四年に長野県開拓自興会が長野市善光寺の雲上殿に設置した慰霊碑の碑文を見てみよう（写真９－６、写真９－７を参照）。

資源乏しく狭い国土に溢れた日本人は明治開国と共に進んで海外に移住し、遂次その数を増したが、国際情勢の変化に伴い、その路を阻まれ、殊に第一次大戦後の経済恐慌は我国民の生活をも困難にした。たまたま満洲国独立以来その発展と開拓とは国策として取り上げられた。我長野県は当時の県情に鑑み、官民一致の勧奨により第一次弥栄村移民団を始めとして、分県分郷分村青少年義勇軍その他九十余団参万壱千余名を送り、全国一の開拓団送出県となった。これ等選ばれた人々は五族協和王道楽土建設の理想をかかげ刻苦精励よく創業に挺身し、着々その成果をあげた。然るに昭和二十年八月九日突如としてソ連軍の急襲を受け全満洲は一日にして戦火の巷となった。ときに男子はほとんど召集され、婦女子主体の開拓団は一片の庇護もなく飢餓と病魔と酷寒の山川を彷徨し悲惨その極に達し、死者壱万六千有余名未だ帰らざるもの、壱千余名に及ぶ又応召の男子はソ連に連行され累年の苦役に多数の同志を失った。かかる中から奇しくも生還した我等は直ちに長野県開拓団自興会を結成し相互の再起と大業の夢も空しく非業に散らばった同志の無念を慰めんと年々法要を重ねてきたが、今回長野県及び市町村当局並に開拓団同士その他県民有志の支援を得て宿願の慰霊碑を建立し、全県民哀悼のもとに謹んで県下満蒙開拓物故者の冥福を祈り併せて人類永遠の安住と世界平和を祈念する徴とする。

昭和四十九年十一月十四日　　長野県開拓自興会長　堀川源雄*8

この碑文に示されているように、入植経緯を書いている第一のパートでは、当時の国策に従い、「五族協和」「王道楽土」の建設に邁進したという戦前の表現をそのまま用いている。

このような碑文の記載について、坂部は、当時の国策そのものに対する批判的表現あるいは当時の行為を反省的にとらえるものが若干あるものの、ほとんどの記念碑には似たような文章の構成で肯定あるいは中立的な表現が記載されていたと分析している（坂部 二〇〇八：一〇九－一一二）。言い換えれば、これらの記念碑の満洲開拓をめぐる記述は二つのパターンに分かれて表象されている。一つは、当時の満洲開拓政策に対して肯定あるいは中立的な語り方をしているもので、この事例が一般的で圧倒的に多い。もう一つは満洲開拓政策に対して批判的な語り方をしているもので、これは少数である（全部四基、表9－2、No.5、No.21、No.39、No.40）。

これらの碑文はなぜ以上のように二つのパターンに分かれて表象されているのだろうか。前者は、前述したような六〇年代に建立された全国開拓自興会の慰霊碑の影響を大きく受けている。すなわち、全国開拓慰霊碑の建立によってそれまで語られてこなかった満洲開拓の経験が初めて形として公的な場で示され、それが集団的記憶として全国開拓関係者の間で共有されるようになる。のち、慰霊碑の建設が各県の開拓自興会、県下の開拓諸団体の事業として切り替わっていく際には、全国開拓慰霊碑に書かれた碑文が一種のフォーマルな書式（モデルストーリー）となり、全国の元満洲開拓団関係者のなかで流布され共有されていったと考えられる。以下で取り上げる全国開拓慰霊碑の碑文と先に紹介した長野県開拓自興会の慰霊碑の碑文とを比較してみれば、満洲開拓をめぐる全国の状況と地域の状況についての記述は異なるが、三つのパートからなる書式が一致していることがわかる。

この碑は満蒙広野に無惨に散った八万の開拓者とその人々を守りつつ自らも逝った関係者多数の御霊が合祀してあります。昭和七年はじめられた満州の開拓事業は満蒙の天地に世界に比類なき民族協和の平和村建設と祖国の防衛という高い日本民族の理想を実現するために重大国策として時の政府により行われたものであります。凍土をおこし黒土を耕し、三十万の開拓農民は日夜祖国の運命を想いながら、黙々と開拓の鍬を振るいました。然しその理想の達せられんとした昭和二十年の夏、思わざる祖国の敗戦により、地と汗の建設は一瞬して崩れ去り、八万余の拓士と関係者は、満蒙の夏草の中に露と消えていきました。そして、そこには未だ一輪の花も供えられたことがないのです。ここに同志相図り、水清きこの多摩川の丘に一碑を建てて、祖国と民族のために、雄々しく不屈の開拓を闘い抜き、そして散っていった亡きこれらの人々の御霊をお祀りするとともに再びかかる悲しみのおこることなき世界の平和の実現を心からお祈りするものです。

昭和三十八年八月　建設委員長　安井　謙*9

以上のような記念碑に対して、満洲開拓の政策に対して批判的あるいは反省的にとらえている記念碑はどのような背景で造られてきたのだろうか。ここでは、表9-2のNo.40の「日中友好不再戦の碑」とNo.21椨川村開拓団の「拓友の碑」を取り上げて、碑が建設された背景を説明しておきたい。

「日中友好不再戦の碑」は長野県阿智村長岳寺の境内に設置されている。長岳寺の住職山本慈昭は終戦直前の五月に阿智郷開拓団の教師として家族を連れて渡満した。しかし、わずか二ヶ月で敗戦となり、逃避行のなかで山本慈昭はソ連軍に連行されてシベリアに抑留され、現地に取り残された妻が死亡、二人の子どもは残留孤児となった。山本慈昭はシベリアから引き揚げたのち長岳寺の住職をしながら、日中友好運動と残留孤児の帰国活動に最も精力的に取り組んだ。ここで取り上げた「日中友好不再戦の碑」は山本慈昭による日中友好運動の一環として建立されたものである。その経緯は次のとおりである。

山本慈昭は日本に引き揚げてきた当初、村の役場で海外引揚者に関する業務を担当していた。引揚者に関する業務に携わりながら、山本慈昭は最も切実な問題として解決しなければならないのは開拓犠牲者の遺骨収集と未帰還者の帰国だと認識していた。しかし、日中の国交が正常化されないなかで解決の糸口は見つからなかった。そこで、山本慈昭は県内日中友好協会の一会員に事情を説明して相談したところ、その会員から次のようなことを言われた。

　戦時中に日本は中国河北省を中心に約四万人の労務者を連行し、彼らは日本各地のダム工事などで強制的に徴用されて働いた。しかも多くの人が苦役に耐えられずに亡くなり、殺されていた。その人たちの遺骨はまだ放置されたまま、不明となっている。さらに伊那谷でも、天竜村平岡ダム工事の際に中国人六二名が殺されてうやむやになっている。まずこうした問題を片づけることが先決だ、人の道でもある。*10

この話を受けて、山本慈昭は日中友好協会に入会し、平岡ダム中国人犠牲者の遺骨収集と記録の調査に乗り出した。一九六三年一二月、中国紅十字会の代表団を招待し、地域の関係者を集めて犠牲となった中国人労務者の慰霊

写真９－８　在日中国人殉難碑
出所：2005. 10. 18 筆者撮影

祭を行った。一九六四年四月二〇日、山本慈昭および諸関係団体、地元の人たちが集まり、平岡ダムの湖畔に中国赤十字会会長李徳全が揮毫した「在日殉難中国烈士永垂不朽」（写真９－８を参照）の文字を刻んだ慰霊碑を建立し、除幕式を行った（山本 一九七一：二五六）。

一九六五年一一月、日中友好協会が中国人殉難者の遺骨送還訪中団を組織し、連行された四万人余りの労務者の名簿、そして六四〇〇人余りの死没者名簿などを中国へ送還した。山本慈昭は一七人からなる訪中団のメンバーの一人として参加し、天竜村平岡ダムで犠牲となった中国人六二人の位牌と遺骨の一部を持参した。訪中団一行は周恩来首相など中国の要人に招待され、会談が行われた。会談のなかで、山本慈昭が周恩来首相の話に感銘を受けたことが、帰国後に「日中友好不再戦の碑」を建立するきっかけとなった。以下は、山本慈昭が手記に書き留めた周恩来首相の言葉である。

「日本軍国主義が発動した侵略戦争による中国犠牲者は凡そ一千万人におよんで、それも軍人ばかりではなく、多くの民衆が犠牲になっている。また皆さんの記録によれば、日本に強制連行された人は約四万名、死んだ人は約七千名といわれている。あんた方の日本でも、犠牲者は大きかった。一般民衆も中国の東北地区（満州）での大きな犠牲のために、多くの人々が悲しんでおられる事も知っている。このように過去の経験から、侵略戦争を発動した側も、発動された側も、みんな人民が犠牲になることを銘記しなくてはならない。（…中略…）両国が二度とこうしたみにくい戦争を起こさないよう、お互いに友好を深めることが第一だと思います云云。」（山本 一九七一：二五六）

このような経緯で、山本慈昭は帰国後の翌年の一九六六年に地元の日中友好協会の会員と、阿智郷、南信濃郷、そして他の引揚関係者、市町村に呼びかけ、「日中友好不再戦の碑」（写真9－9を参照）の建設を計画し実行した。日中友好を呼びかけ、戦争を批判的にとらえた記念碑が建設されたのは日本全国で初めてのことだったと記録されている（長野県開拓自興会満州開拓史刊行会 一九八四b：四八六）。山本慈昭は戦後の日中国交正常化がなされないなかで日中友好運動に取り組み、そして一九六五年という早い時期に中国への訪問・交流を果たすことによって、かつての日中戦争に対する歴史認識を再確認することができ記念碑の建立に至ったと言えよう。

山本慈昭による日中友好不再戦の碑の建設という活動は基本的には県の日中友好協会の枠のなかで行われていた。日中当時満洲開拓関係の諸団体の間でも日中友好不再戦のような碑を建てるべきではないかと議論されていたが、日中友好協会に歩調を合わせる必要はないと判断されたゆえに、県内の開拓関係者の建碑にはほとんど影響は及ばなかった（長野県開拓自興会満州開拓史刊行会 一九八四a：八〇〇）。それでも、ごく一部の開拓団体が山本慈昭らによる日中友好に共鳴し、活動に取り組んでいた。例えば、西筑摩郡（現在塩尻市）蘭花楢川村開拓団では、戦後、元副団長の小島義雄さんと土川克広さんが「蘭花会」を組織した。蘭花会は一九七四年一〇月に村の諏訪神社の境内に「拓友之碑」という記念碑を建立し除幕法要を行った（写真9－10、写真9－11）。碑文を見てみると、簡潔で先に取り上げた諸開拓団体の慰霊碑の碑文と異なり、いつどこに入植したか、入植者の人数と犠牲者の人数を記述したうえ、犠牲の原因となった満洲開拓の政策について批判的に書いている。

写真9－9　日中友好不再戦の碑
出所：2006. 2. 23 筆者撮影

写真９－10　楢川村開拓団慰霊碑
出所：2006. 4. 29 筆者撮影

写真９－11　裏の碑文
出所：2006. 4. 29 筆者撮影

（…前略…）誤った国策に従って鍬を振るった満洲開拓、終戦によって
辿った悲惨な結末、その苦難に身をもって対処した拓友。再び起こして
はならないあの惨劇、我等は日本と中国の世世代代の友誼を願ってこの
碑を建立する。

碑文を作成した土川克広さんは、六〇年代の半ば頃から山本慈昭らの団体と共に日中友好の活動に取り組んでいた一人だった。碑文の作成について、土川さんは「当時日中友好の活動に参加しており、戦前の満州開拓政策を反省してこれからの日中友好のためにしなければならないことを意識しながら考えた」[*11]と振り返っている。このように、戦後日中友好協会の活動とかかわっていたごくわずかな開拓団体が、先に取り上げた開拓団と異なる満洲開拓の記憶を生み出している。

第四に注意すべきなのは、以上のような六〇～七〇年代における記念碑の建設に合わせて、多くの開拓団は同時に記念誌の刊行も進めたことである（表９－１を参照）[*12]。これらの記念誌の多くは基本的に団の単位でまとめられている。例えば、本書で取り上げた中和開拓団の場合は、一九七五年に慰霊碑を建設した数ヶ月後に記念誌を刊行した。中和開拓団の記念誌は、団幹部と県知事による序文から始まり、入植地の地図、各区の地図、団の歴史に続き、区ごとに分かれて個々人による満洲の思い出、学校の思い出が綴られており、最後に慰霊碑建設の経緯について述べるという構成である。これとは別に団の名簿も調査して整理されている。このように各開拓団が刊行した記念誌は、一九八四年に刊行された『長野県満洲開拓史（各団編・名簿編）』の基礎データとなっている。こうした活動は、個々人が持つ満洲の記憶を集団の記憶、そして地域の記憶としている。

このように、戦後における元開拓団の建碑・慰霊・記念誌の刊行という活動が満洲開拓をめぐる「記憶の場」の形成において大きな機能を果たすと同時に元開拓団の「再集団化」の契機ともなった。

(2) 満洲開拓をめぐるトランスナショナルな記憶の形成——旧入植地への訪問

以上に述べてきたように、六〇年代から七〇年代までにおいては、元開拓団の単位で「再集団化」された諸団体は、慰霊碑の建立と記念誌の発刊などの活動をローカルなレベルで行ってきた。一方、一九七二年に日中国交が正常化され中国へ訪問ができるようになると、これらの開拓関係の諸組織はいち早く八〇年代の初期から現地での慰霊と残留者の激励という目的で旧入植地を中心とした訪中活動を開始した。

訪中

旧開拓関係者の多くは、これまで取り上げた中和開拓団の事例で見たように、敗戦時に家族や親族、開拓者仲間などが現地で犠牲あるいは残留者となった。彼らにとって、いち早く現地での慰霊、残留者との再会を果たすことは念願だった。例えば、第三章で取り上げた集団自決から逃れた中和開拓団の遠藤猛さんは、一九八一年に三六年ぶりに現地への再訪を果たした。この時の訪中の気持ちについて、遠藤さんは次のように綴っている。

> もとより今回の訪中は観光が目的ではなく、あの無意義な戦争の為に尊い犠牲となり、異国の大平野の片隅に捨てられるが如く斃れていった肉親同胞の霊に、日本の土一にぎり、御線香一本を持ち、せめて形ばかりの供養ができ、「霊安らかに」の想いの墓参であり、当時現地にやむにやまれぬ事情で残らざるを得なかった同士諸君に再会、交流旧情を温め、第二の故郷とも思う中和鎮の当時を一人間として思び《(ママ)》、同時に中国政府各関

係当局を表敬訪問致し、相互理解を深め、今後愈々日中友好が促進される事と念願……。

（遠藤 一九八一：六〇）

このような当事者たちの想いにより、八〇年代の初期から旧開拓関係者による訪中が本格的に始まった。訪中は、基本的に県自興会または元開拓団の単位で希望者を募集して訪中団を組織し、県開拓自興会、日中友好協会、旅行社の協力によって企画されたものである。訪中のコースは各訪中団によって様々であるが、ほとんど旧入植地を中心としてかつて引き揚げたときの道、街を訪れたり、中国で建設された唯一の日本人公墓（方正県日中友好園林）を参拝したり、かつて自分たちが経験した場所を回った。

これらの訪中は、第八章で論じたような現地での慰霊という開拓関係者らの長年の念願を叶えることと、残留者の帰国促進と救済の役割を果たすほかに、満洲開拓をめぐる記憶の多様性をもたらしている。すなわち、これまでローカルなレベルで語られてきた満洲開拓の記憶をトランスナショナルな記憶へ、そして未来に向けた日中友好へと広げていった。このことについて、以下の点から確認できる。

一つは、猪股が岐阜県黒川開拓団遺族会の事例を取り上げて指摘したように、訪中団が熱烈な歓迎を受け、現地住民に対する加害意識が生ずることである（猪股 二〇〇八：三〇七）。このことは、本書第五章のNMさんの事例、木下さんの事例にも確認できるであろう。このような訪中によってもたらされた加害意識とそれまで個人が持っていた被害意識とが入り交じったなかで、日中友好が一つの回路として位置づけられるようになった。

もう一つは、前述の点と関連して満洲開拓の歴史を平和と友好へつなげるべく強調するために中国で記念碑を建立したことである。一九九五年の終戦五〇周年の記念事業として、長野県開拓自興会は県からの補助を受けて中国で平和友好の記念碑を建てることを決定した。県自興会は県下の各支部に協力要請を行いながら、日中友好協会、信濃教育会とで「日中平和友好之碑建立実行委員会」を組織した。実行委員会は、黒龍江省ハルビン市方正県と合意し、県内にある日本人公墓の境内に「和平友好」記念碑（写真9－12を参照）を建設した（長野県開拓自興会 二〇〇一：一九－二二）。建設の趣旨は、長野県が全国一の開拓団・義勇隊の送出県でその犠牲も最も多大であったことから、教訓として日中不再戦、日中友好・平和を願うことであった（日中平和友好之碑建立実行委員会 一九九五：三五）。一九九五年一〇月一七日の除幕式には、日本からの訪中団（県下の各開拓団関係者、日中友好協会、信濃教育会、県の役人からなる）と中国側の人員、合わせて三五〇人が参加した。

この除幕式で県自興会長の土屋弘さんは建碑について次のように語っている。

……逃避行の悲劇を如何にして後世に伝えるべきか、如何にして同志の鎮魂をなすべきか、また、中国人民の因習を尊重しながら如何にして温情に報いるべきかを模索しつつ折衝の末、決定したものが「平和友好之碑」であります。

（土屋 一九九五：二）

また、長野県吉村午良知事は次のように呼びかけている。

……戦後半世紀を経過し、戦争体験の風化が危惧されておりますが、私たちは、この碑の持つ意味を深く認識し、戦争の悲惨さと平和の尊さを次の世代に語り継いでいかなければならない……。

（吉村 一九九五：三）

写真９－12　「和平友好」記念碑
出所：2005.4.4 筆者撮影

これらの言葉で示されるように、現地への訪問などにより満洲開拓の記憶は再編され、単なる犠牲の語りではなく、未来に向けた日中友好の教訓としての語りへと再編されていく。

中国における満洲開拓の「記憶の場」――「方正県日中友好園林」

「和平友好」の記念碑が設置された「方正県日中友好園林」（以下、日中友好園林と略す）は、「方正県日本人公墓」とも呼ばれる。開拓関係者らが訪中するコースのなかで必ず訪れる場所の一つとして知られている。近年では、度々日中のマスメディアに取り上げられ知名度が高くなりつつある。

日中友好園林は、方正県城の東側に位置し、県城から約一五キロ離れている砲台山麓にある。日中友好園林には、約五〇〇〇人の開拓団の犠牲者が埋葬されている。一九四五年八月以降、満洲の奥地に入植していた開拓民たちはハルビン方面へ向けて避難するために方正県に集結した。開拓民の間で収容所で越冬する際の苛酷な状況のなかで多くの死者が出た。一九四六年春、方正県地方政府は収容所の周辺に散乱した日本人の死体を郊外の砲台山麓に運び処理を行った。しかし、時間が経つと、これらの遺骨が風雨にさらされたままになった。

六〇年代初期、方正県に在住していた一人の残留婦人がこれらの遺骨を発見し、地方政府に処理してほしいと陳情した。これをきっかけとして、一九六三年に方正県地方政府は中央政府の許可を得て、砲台山の西北に日本人公墓を建設した。一九七五年、地元にダムを建設するため、墓地が現在地の砲台山北側に移転された。一九八四年、日本側の要請を受けて、黒龍江省政府は鶏西市麻山地区で集団自決によって亡くなった開拓民五三〇人の遺骨を方正県日本人公墓に移転し、麻山地区日本人公墓を建立した。*[13]

この施設は方正県外事弁公室が管理しており、一九七二年の日中国交正常化以後、一九八〇年代初期から日本の友好訪中団体、開拓団関係者、残留者とその家族などによる訪問を受け入れている。*[14] 一九九五年、「和平友好」の碑を建設した際に、長野県自興会は会員から集めた募金で公墓および周辺の道路などを改めて整備し「陳列館」なども整えた。同年、終戦当時方正県に残留し、一九七四年に日本に帰国した残留孤児遠藤勇さんは資金を寄付し、境内に「中国養父母公墓」を建立した。また、二〇〇四年、方正県政府は八〇年代の初め頃に当地区の稲の品種改良に大きく貢献した北海道出身の藤原長作さんの記念碑を建てた（図9－1を参照）。

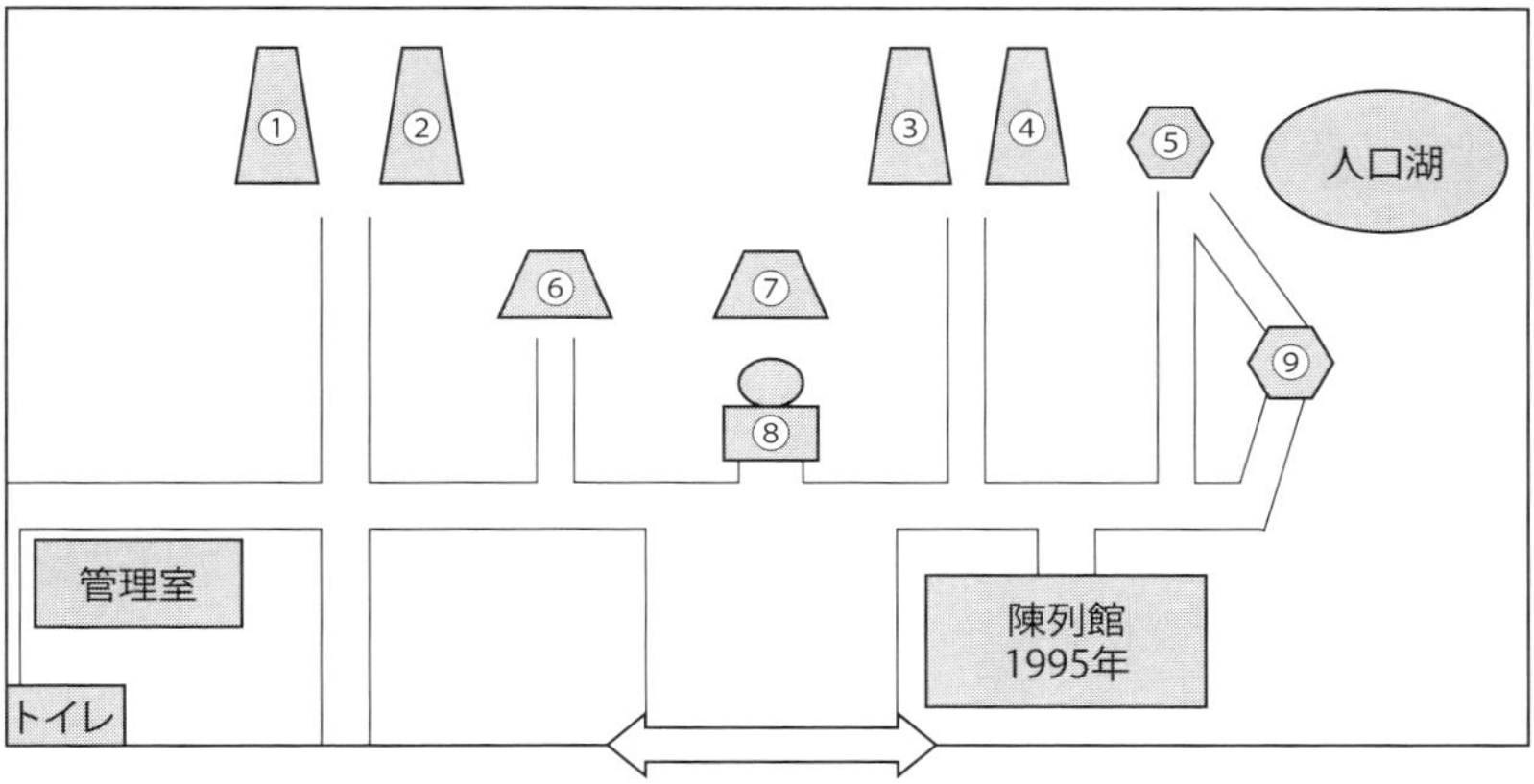

図９－１　方正県日中友好園林平面図
①麻山地区日本人公墓地　②方正地区日本人公墓　③中国養父母公墓　④藤原長作記念碑
⑤長城亭　⑥中日友情記念物　⑦中日友好往来記念物　⑧和平友好記念物　⑨富士亭

一九九五年に開館した陳列館は、パネルで部屋を二つのブロックに仕切り、満洲時代から現在までの方正県の歴史を三つの部分に分けて展示している。第一ブロックは、壁のポスターに戦時中の日本による方正県への侵略の記憶（中国の民衆や抗日ゲリラの討伐や虐殺、強制連行、日本人開拓団の入植）と、方正県の人々による様々な抵抗の記憶を中国語で説明している。ポスターの下に設置された棚には、出土した各種砲弾、機関銃や鉄かぶと、日本式の飯盒、スコップなどが並べられている（写真９－13を参照）。

第二ブロックは戦後の日中友好の往来に関する説明からなる。壁のポスターには方正の人々は終戦時に残留婦人や残留孤児を養い育てたという「以徳報怨（恨みに報いるに徳をもってする）」の記憶から始まり、公墓を維持管理するために日本の友好団体から受けた寄付の記録、方正地区の水稲品種の改良に貢献した藤原長作さんの事績、方正県と日本のかかわりについての記録、中国養父母公墓の建設経緯、日本によるODA援助の記録などが綴られている。そして、このブロックの真ん中に設置された陳列窓のなかには、これまでこの地を訪ねてきた日中友好団体や開拓関係者などが持ってきた日本の記念品、満洲開拓に関する書籍、手紙などが多数展示されている（写真９－14を参照）。

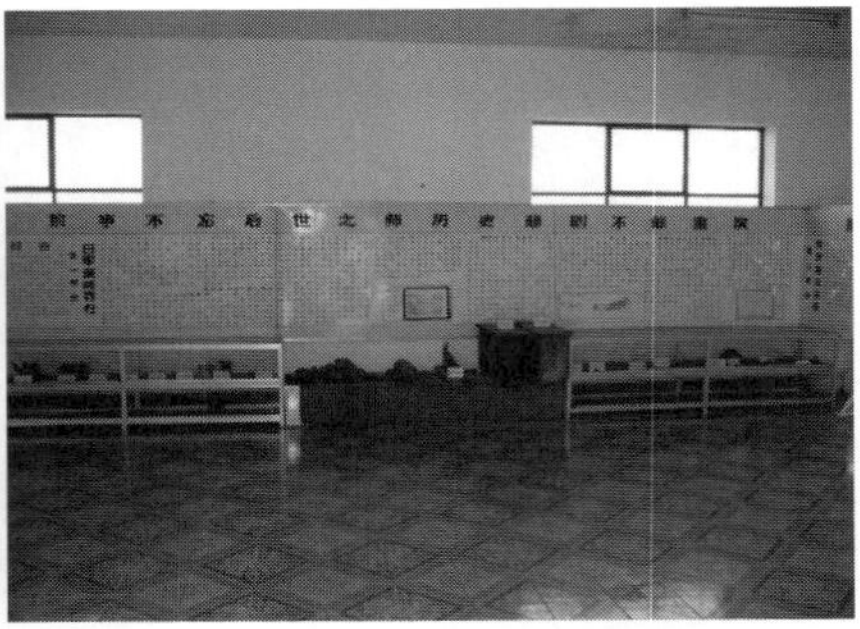

写真９－13　第１ブロック
出所：2005. 4. 4 筆者撮影

写真９－14　第２ブロック
出所：2008. 3. 9 筆者撮影

こうした八〇年代以降に元開拓関係者らが行った中国での慰霊、現地の人々との交流、日中平和友好を象徴する記念碑の建立などは、これまで語られてきたローカルな記憶をトランスナショナルな記憶へとシフトさせる役割を持っている。方正県の日中友好園林はまさしく日中両国における満洲開拓の記憶を凝集する「記憶の場」としての機能を果たしている。ただし、ここで注意すべき点は、多くの日本人の開拓関係者にとってこの場所は犠牲となった家族・親族・同志を想起する場であり、満洲開拓による大きな犠牲の象徴の場であることである。一方、中国にとってのこの場所は、日本による侵略の歴史的記憶を記録する場、そしてこの地区の青少年に対し愛国教育を実践する場である。また、残留婦人や残留孤児を養い育てたという中国人の寛容さを示す場でもある。しかし、そのような満洲開拓をめぐる両者の歴史認識のずれを日中平和友好という回路につなげ、未来を模索する場であることは確かである。

4　満洲開拓という記憶の継承に向けて

二〇〇〇年代に入ってから、満洲開拓関係者が高齢化し、中国への訪問などの事業が一段落した。地域のなかでは満洲開拓の歴史が風化しないように継承に向けた動きが見え始めた。

(1)「満蒙開拓を語りつぐ会」

「満蒙開拓を語りつぐ会」は、二〇〇二年に長野県飯田市で発足した。飯田市とその周辺の下伊那は、戦時中に長野県内において満洲移民を最も多く送出した地域であった。しかし、そのような地域の歴史が戦後の長い間に正面から問われることはなく、地域社会における満洲移民への理解は断片的でぼんやりとした状況にあったと、この会の設立を呼びかけ、会が発足されてからは顧問を務める蘭信三は指摘する（蘭 二〇〇八：七三－七六、二〇〇九：二四）。そうした状況のなか、満洲開拓体験者、地元の人々、研究者という三者の共同作業で「地域の歴史」を掘り起こし、明らかにすることが「満蒙開拓を語りつぐ会」の活動であった。

会の活動について具体的に言えば、飯伊地方の開拓体験者・中国帰国者から直接当時の生活ぶりなどを聞き取り、編集作業を行い、聞き書き集を刊行することである。会の最大の特徴は、外からやってきた研究者に頼るのではなく、会員たちが自らの手で地域の歴史を明らかにする点である（蘭 二〇〇八：七三）。

会が発足した当時のメンバーは、飯田市や下伊那郡地区に在住、三〇歳から七〇歳にわたる地元の出身者約三〇名であった。そのなかには、満洲体験者も一〇名いた。会は聞き取り調査を行う前や進行中に定期的にセミナーを開き、会員の満洲体験者を講師として当時の様子や状況などを教えてもらい、また研究者を招いて満洲移民の歴史、聞き取り調査の技法、録音データから文字化、そしてライフヒストリーの作品までについてレクチャーをしてもらう（本島和人 二〇〇六：五五－五六）。

そのような活動が行われ、語りつぐ会が発足して三年が経過した二〇〇五年に、当時会の代表を務めていた筒井芳夫さんは、中日新聞の取材に対し、満洲体験者との出会いから感じたことと聞き取りの実践について今後の抱負を次のように語っている。

満蒙開拓の体験者はこれまで、語る機会がなかった。孫に話しても信じてくれないという人もいたし、肩身の狭い気持ちもあるようだ。全国一といわれる長野県からの満蒙開拓団の歴史を風化させることなく語りつぎたい。[*15]

二〇一〇年には、語りつぐ会が発足してから約七年になった。その成果として、『下伊那のなかの満洲』という聞き書き集八冊（第一集から第八集）を公刊した。このような「満蒙開拓を語りつぐ会」の確実な活動は地域で認知され大きな反響を呼んでいる。地域そして県内における満洲移民の体験が語られだす、そしてそれを語り継ぐ気運をもたらしたからである。

例えば、二〇〇五年五月、飯田日中友好協会が満蒙開拓の歴史を後世に伝えていこうという目的で「満蒙開拓体験語り部の会」を発足させた。協会は飯田下伊那地方の帰国者・引揚者をリストアップし、語り部（ボランティア）を募集した。満洲開拓体験者らを語り部として、地域の学校や各種団体などからの要請に応じて派遣し様々な体験を語ってもらっている。[*16]「満蒙開拓体験語り部の会」の発足から二年間が経過した二〇〇七年の時点で、三五〇〇名を超える地域の人々に体験を語っている。[*17]

こうした活動は飯田下伊那地区にとどまらず、長野県内のほかの地域にも見られる。二〇〇七年一〇月二四日付の信濃毎日新聞には、須坂市南部地域公民館と、区長や公民館分館長らで構成される南部地域づくり推進委員会が、二〇〇七年一〇月二三日に戦時中この地区から送出された珠山開拓団の関係者らを招いて「語り聞く会」を臥竜山公会堂で開き、住民ら約一〇〇人が参加し元開拓体験者らの話を聞いたと掲載されている。[*18]以上のように満洲開拓の記憶はもはや体験者の個人の記憶、集団の記憶にとどまらず、地域の記憶として共有され広がりつつある。

(2) 満洲開拓の記念館

長野県立歴史館満洲移民コーナー

長野県立歴史館の近現代史を展示するブロックには満洲移民のコーナーがある。この満洲移民のコーナーは一九九四年に長野県立歴史館が開館されると同時に設けられた。満洲移民について展示するスペースとそれに関係する展示品は非常に限られているが、常時満洲移民をテーマにして展示する県内では唯一の施設だった。このコーナーを設置した目的は、長野県において満洲移民の送出が一番多かったため、当時の県民がどのように暮らしたかを紹介し、その暮らしと満洲移民の送出とのかかわりを示すことである。[*19] 開館当時はおもに教科書、写真、地図などを展示していたが、二〇〇三年以降には長野県開拓自興会に協力してもらい新たな展示品や資料などを集めるという作業が進められている。[*20]

満洲移民を展示するコーナーは写真9－15で示したように、壁の一面を利用し「一五年戦争と県民」「戦時下の県民のくらし」「打撃を受けた県民のくらしと満洲移民」という三つのテーマに分けて、それぞれのテーマごとに当時の写真、古新聞、グラフなどを用いて説明している。このパネルによる説明文の下には、入植した当時に使用されていた毛布、リュックサック、スプーン、水筒、飯盒、下げ鞄、入植当時の写真（五点）、満洲開拓者の手記一点が展示されている。これらの展示品は三ヶ月や半年ごとに変えるようにしている。[*21] こういった展示品のほかは、館内の資料室に満洲移民に関する一次資料、当事者の手記、著書が多数所蔵されている。ここの展示の仕方から見ると、一五年戦争が多くの県民を苦しめ、そして経済不況によって多くの満洲移民が生み出され、終戦時に多くの犠牲が払われたという主旨で満洲移民の歴史像を描いている。

写真9－15　県立歴史館満洲移民コーナー
出所：2005. 3. 15 筆者撮影

利用者は、おもに県内の小学生で、入館者数の六～七割を占めている。また社会の授業の一環として六年生の学習内容に組み込まれ利用される場合も多い。[*22] 総じて言えば、県の施

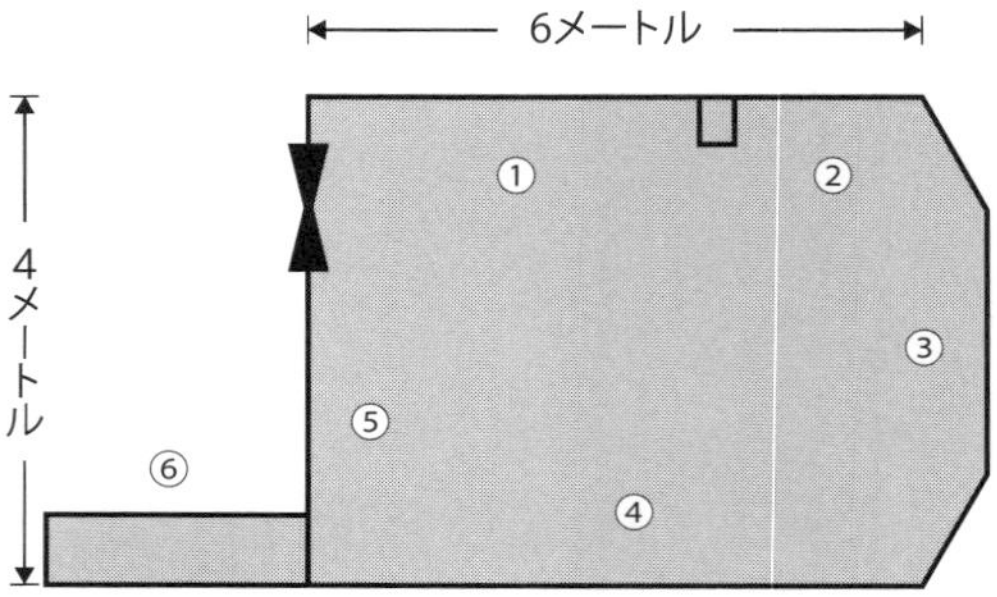

図9－2　大日向開拓記念館の平面図（2005年9月時点）

設であるこのコーナーは、満洲移民というローカルな歴史の次世代への伝承および歴史教育の場としての機能をおもに果たそうとしている。

大日向開拓記念館

満洲開拓の当事者によって開設された記念館もある。二〇〇五年二月一一日、北佐久郡軽井沢町大日向の元開拓団員らは地区の公民館内の一角に戦前の分村、戦後の大日向への再入植などに関する資料、写真、農機具、生活用品などを集めた大日向開拓記念館を開館した。

旧大日向開拓団は当時村の経済更生の一環で村の約半数二一六戸、七九六人を満洲へ移民させ、分村開拓団の第一号として全国で知られている。敗戦後の避難生活のなかで、約半数以上が死亡した。村に引き揚げてきた団の生存者らは、一九四七年四月に浅間山麓の追分という場所に再入植した。

大日向記念館は図9－2に示したように、面積は約三〇平方メートルで、分村→満洲移民→戦後の再開拓という順で展示品を並べている（写真9－16）。①の壁には満洲に入植した時の写真五点、映画「大日向村」を紹介する写真、日本国内における再開拓の時の写真六点、賞状五点を飾っており、その下のカウンターには防寒帽、防寒服、炊具一三点、ラジオ、時計などを陳列している。

②の壁には昭和二二（一九四七）年から昭和三五（一九六〇）年までの写真を飾っており、そのなかには天皇が現地を巡行した際の写真が含まれている。その下のカウンターには農作業器具（馬の鞍、消毒機、飼草切り、はかり）が並べられている。

③のあたりは窓となっており、窓の下には大日向開拓記念館の看板、消防用トビ、集乳缶、浅間演習地反対運動

のプラカードが展示されている。

④の壁の左部分には昭和三三（一九五八）年から昭和五〇（一九七五）年までの大日向村の変化を記録する写真などが飾られており、右側には大日向開拓団のあゆみ、地区の地図、新聞記事、天皇陛下御奏上書などを額縁に収め掲げている。その下のガラスケースのなかには各種の鋸（のこぎり）、斧、クサビ、ピート包丁、棒はかり、鍬などが並べられている。⑤の部分は資料を収めるガラス張りの本棚であり、その中にはこれまでの決議録がずらりと並んでいる。そして部屋の真ん中には農作業用具（カルチベーター、鎌、鋤など）が展示されている。

これらの展示品は戦後の再開拓に関するものが多く、戦後の国内での再開拓がいかに困難であったかを物語っている。この地区では一九五〇年代の終わり頃から農地を売ったり転業したりする人が増え、二〇〇五年には専業農家が一軒だけとなり、当時の開拓一世も二〇人ほどとなってしまった。そこで、この村の歴史を次世代に伝えるために、開拓当事者らは公民館の新築に合わせ、各家の倉庫に眠る開拓当時の農具や資料を集めて開拓記念館の開館に尽力した。[*23] このように、満洲体験者たちが自分たちの力で、満洲開拓および国内再開拓の歴史を継承しようとしている。

写真９－16　入り口と所蔵資料
図９－２の⑥の位置
出所：2005. 9. 5 筆者撮影

満蒙開拓平和記念館

二〇〇六年、飯田日中友好協会が中心となって「満蒙開拓平和記念館事業準備会」を立ち上げ、建設運動を展開した。「満蒙開拓平和記念館」は、二〇一三年四月二五日に長野県下伊那郡阿智村に開館し、満蒙開拓の歴史に関する啓発、継承そして平和の訴えなどの活動に取り組む記念館・資料館であり、日本全国で初めての民間運営の施設である。

当初の「満蒙開拓平和記念館事業準備会」がまとめた事業計画によれば、その目的はおもに次の三つである。第一に、満蒙開拓では全国から約二七万人が渡満し、日中双方から多くの犠牲者を出したにもかかわらず、満蒙開拓に特化した記念館、資料館は全国のどこにもなかった。そのため、全国において満洲移民を最も多く送出した長野県、そして県内で最も多く送出した飯田・下伊那地区に施設を設置し、国内および海外に向けて発信する場とすること。第二に、多くの犠牲者（日中双方）を出した満蒙開拓にかかわる諸資料を保管、研究、展示し、戦争の悲惨さと平和の尊さを次世代に語り継ぐための拠点とすること。第三に、残留邦人など帰国者の交流する場、日中友好活動に寄与し得る場所としても活用すること（満蒙開拓平和記念館事業準備会二〇〇七）。

完成した「満蒙開拓平和記念館」は展示室、セミナールームと資料研究室を備えている。展示は戦前から戦後に至る満蒙開拓の歴史を八つのコーナーに分けて写真、映像、体験者の証言などを用いて伝えている。このような常設展示のほかには語り部の会による体験者の講演、当館が主催する慰霊祭なども定期的に開催している。開館から二年後には来館者が六万人に達した。「満蒙開拓平和記念館」が一つの「記憶の場」として、満蒙開拓の記憶の継承に重要な役割を果たすことは間違いないだろう。満蒙開拓の記憶を地域に広げ、共有するうえで大きな意味を持っている。

おわりに

本章では、フィールド調査地である長野県を事例として、戦後の満洲開拓をめぐる集団引揚者の記憶の形成と継承について考察した。満洲開拓をめぐる集団引揚者の記憶は、おおむね敗戦時から五〇年代までを「抑圧」、六〇年代から七〇年代までを「生成」、八〇年代から九〇年代までを「越境」、二〇〇〇年代以降を「継承」と時代ごとにとらえることができ、それぞれの時期において満洲開拓の記憶が形成される背景と過程を明らかにした。特に六〇年代から七〇年代までに行われた慰霊・建碑・記念誌の発刊などのローカルな活動が、満洲開拓にまつわる「記憶の場」の形成にどのような機能を果たしたのか、また八〇年代から九〇年代までになされた旧開拓関係者の訪中により、満洲開拓の記憶がどのように再編されたかを検討した。

終戦時から五〇年代までの間、集団引揚者らは満洲開拓の体験を長い間、心の奥に沈殿させ語ることができなかった。その理由として、まず終戦直後に満洲から引き揚げた個々人は戦争のダメージをぬぐいきれていない日本社会に居場所を見つけられず、食糧難や就職難という状況に直面するなかで、満洲はどうであったかを考える余裕すらなかった。また、戦後に民主主義へと移行した日本社会では満洲の歴史は日本帝国主義の侵略の歴史であり、満洲開拓にかかわった個々人は帝国主義の先兵とみなされた。そのような大きな社会環境に抗することができない個人は、満洲の経験を記憶として心に閉じ込めるほかはなかった。さらに、個々人の体験の悲惨さとその体験のなかで絡み合う人間関係、状況の複雑性が内在されていることも体験を語り得ない一因であった。

六〇年代から七〇年代までにおいて、全国開拓記念碑の建立、『満洲開拓史』の発刊、定期的に開かれる慰霊祭などが満洲開拓の記憶を想起する契機となった。それは、全国開拓関係の諸団体に大きな影響を与え、満洲開拓をめぐるローカル（集団、地域）な「記憶の場」の形成に重要な機能を果たした。そして、そのような全国記念行事と諸活動によって表象される引揚げ体験を中心とした満洲開拓の記憶が、一つのモデルとして地域、市町村の開拓団諸団体の間に拡散し流通していった。ローカルな次元で表出された満洲開拓の記憶は、坂部が指摘したように当時の満洲開拓政策に対する若干の反省と批判があったものの、ほとんどは敗戦後の逃避行のなかで大きな犠牲を払った犠牲者らへの哀悼を想起するための慰霊碑建立、慰霊祭開催という形での被害の記憶であった（坂部 二〇〇七、二〇〇八）。

一方、一九七二年に日中国交が正常化したあとの八〇年代の初期から、元開拓関係者らは中国への訪問ができるようになった。この訪中により、現地での慰霊そして残留者への激励や救済を果たしたにとどまらず、現地の中国人と交流するなかでこれまで語られてきたローカルな満洲開拓の記憶が再編され、加害の記憶が生み出されてくる。戦争の被害と加害の意識を織り込んだ満洲開拓の記憶を、日中平和友好という回路につなぎ未来を模索するようになってきた。

近年では、満洲移民体験者の高齢化により、満洲開拓の記憶が失われつつある。そうしたなかで、満洲開拓体験者と地域の人々によって満洲開拓という記憶の継承に向けた様々な活動がなされている。例えば満洲開拓の記憶を記念館という形で展示し、地域の人々、次世代へと語りかけている。また、「満蒙開拓を語りつぐ会」のように、体験者と地域の人々とが共同作業を行いながら、満洲開拓の記憶を記録し、語り継ごうという実践が行われている。これらのことにより、満洲開拓の記憶はもはや体験者の個人の記憶、集団の記憶にとどまらず、地域の記憶として共有され広がりつつある。

注

1　一九五〇年代の末頃に国内緊急開拓の事業が終了したあと、自興会の活動は六〇～七〇年代では未帰還者の調査並びに引揚げ促進、引揚開拓民の国家処遇改善、物故者の慰霊、慰霊碑の建立や開拓記念誌の編纂に移行し、一九七二年に日中国交が正常化してから八〇年代以降はおもに訪中などの活動などが行われてきた。

2　蘭信三（二〇〇七）「中国『残留』日本人の記憶の語り」山本有造編『満洲――記憶と歴史』京都大学学術出版会、二一九－二二〇頁、蘭信三（二〇〇八）「戦後日本社会と満洲移民体験の語りつぎ」浜日出夫編『戦後日本における市民意識の形成』慶應義塾大学出版会、六〇－六二頁、蘭信三（二〇〇九）「オーラル・ヒストリー実践と歴史との『和解』」『日本オーラル・ヒストリー研究』第五号、二三頁を参照されたい。ここでは以上の蘭の研究に負うところが大きい。

3　開拓団によってそれぞれであるが、多くは一年に一度親睦会あるいは慰霊祭を行っている。

4　これらの諸団体の多くは、満洲の入植地の名前を取り入れて組織の名前を付けている。例えば、本書で取り上げた中和開拓団の場合は「中和会」、第八次大八浪泰阜村開拓団の場合は「大八浪会」と名付けている。

5　戦後母村に引き揚げてきた大八浪開拓団の生存者の一部は再び県外に入植した。慰霊祭に参加するために県外から駆けつけてきた団の関係者も少なくない。

6　中和会は長野市善光寺の雲上殿の一角を慰霊碑建立の予定建設地として申し込んだが、善光寺から許可されなかったため、慰霊碑の建設は一時取りやめになった。その後、中和会は何とか雲上殿から数キロ離れた花岡平霊園で建設地を購入することができ、永代管理料を納め、慰霊碑の建立を果たした（元中和鎮信濃村開拓団編　一九七五：三八六）。

7　二〇〇五年一〇月一八日、第五三回泰阜村慰霊祭に参加した際の現地調査による。

8　二〇〇四年九月一八日、長野県での現地調査による。

9　長野県開拓自興会（二〇〇五）『長野県満州開拓の碑――写真と記録』ほおずき書籍、一一四頁。

10　山本慈昭（一九七一）「私の日中友好運動の記録」長野県厚生団体連合会記念史編集委員会『生と死の実録――楽土よいずこに』伝文社、二五六頁より要約したものである。

11　二〇〇七年五月一三日、筆者の木曾福島における土川克広さんへのインタビュー調査による。

12　六〇～七〇年代に刊行された満洲開拓の記念誌が存在するが、それ以前に刊行されたものも多数見られる。

13　ここで述べた方正県日本人公墓の建設経緯は、ハルビン市方正地区支援交流の会再編事務局編（二〇〇三）『風雪に耐えた「中国の日本人公墓」――ハルビン市方正県物語』東洋医学舎、奥村正雄編（二〇〇四）『天を恨み　地を呪いました――中国方正の日本人公墓を守った人々』をもとにまとめたものである。

14　二〇〇五年四月四日、方正県外僑弁公室のスタッフへの聞き取り調査による。

15　二〇〇五年一〇月五日の中日新聞。

16　二〇〇五年八月一日の中日新聞。

17　二〇〇七年八月一六日の南信州新聞。

18　二〇〇七年一〇月二四日の信濃毎日新聞。

19　二〇〇五年三月一五日、長野県立歴史館での聞き取り調査による。

20　同上。

21　同上。

22　同上。

23　二〇〇五年二月一一日の信濃毎日新聞。

表9－1　戦後における長野県内開拓団の再結合、建碑・記念誌発刊、訪中一覧

No	団名	入植	戦後再結成会名	結成時	建碑期間	記念誌・発行年	訪中
1932－1935年試験移民期に送出した開拓団							
1	弥栄村開拓団	1933	長野県弥栄会	1947. 8	1970. 8	『満州弥栄村を引揚げて』1958	
2	千振開拓団	1933	集団再入植		1975	『満洲千振開拓史』1965	1981. 5
3	瑞穂村開拓団	1934	瑞穂会	1963. 8	1963	『あゝ瑞穂村 ── 第三次開拓団』1982	1981. 8
4	開原城子河開拓団	1936	城子河会	1947	1977	『満州城子河開拓史』1980	1980. 7
5	哈達河開拓団	1936	哈達河会	1969. 4		『麻山の夕日に心あらば』1970	
6	西弥栄村開拓団	1938					
自由移民と分散・自警移民団							
7	高山子満鉄鉄道自警村	1937	高山子会	1972			
8	白山子松島開拓組合	1937					
9	江密峰松島開拓組合	1937					
10	双河鎮松島開拓組合	1937					
11	水曲柳開拓団	1937	水曲柳会	1975	1972. 8	『あゝ水曲柳』1952	1980. 9
12	鳴倫貝尓笠井村	1937					
長野県単独開拓団							
13	黒台信濃村開拓団	1936	黒台信濃村同志会	1972. 2	1972. 1	『惨！ムーリンの大湿原 ── 第五次黒台信濃村開拓団の記録』1972	1981. 6
14	南五道崗長野村開拓団	1937	長野村同窓会	1948. 8	1975. 4. 29	『望郷 ── 生きて故国へ』1980	
15	中和鎮信濃村開拓団	1938	中和会	1974. 4	1975. 3. 8	『あゝ中和鎮』1975	1981. 4
16	張家屯信濃村開拓団	1939	張家会			『張家屯誌』1978	
分村開拓団							
17	四家房大日向村開拓団	1938	集団再入植		1964. 11. 3	『満州・浅間開拓の記 ── 長野県大日向村開拓団の記録』1983	1982. 1
18	富士見分村王家屯開拓団	1939	拓友会	1953. 8	1968. 12	『富士見分村満州開拓史』1954	
19	老石房川路村開拓団	1939	川路自治協議会		1972	『満州分村開拓記──老石房川路村』1979	

20	大八浪泰阜村開拓団	1939	大八浪会	1975	1978. 3. 18	『満州泰阜分村 —— 後世に伝う血涙の記録』1979	1981. 8
21	公心集読書村開拓団	1939	自興会木曾支部	1948	1959. 8	『北満の哀歌——読書分村録』1950	1981. 8
22	窪丹崗千代村開拓団	1939			1971. 3. 1	『平和へのお願い——千代村開拓団の記録』1977	
23	新立屯上久堅村開拓団	1939	上久堅拓友会		1973. 9	『生死の境 —— 上久堅開拓団の記録』1973	
24	南陽伊那富開拓団	1941			1958. 1		1984. 9
25	旭日落合開拓団	1942					
26	蘭花楢川村開拓団	1944	蘭花会		1974. 1		
27	石碑嶺河野村開拓団	1944			1974. 8. 15		1980
28	推峯御嶽郷開拓団	1945			1957. 4. 28	『推峯』1973	
分郷開拓団							
29	小古洞蓼科郷開拓団	1939	同志会	1948	1958. 10	『小古洞開拓団沿革史』1958	
30	大古洞下伊那郷開拓団	1939	大古洞開拓団を偲ぶ会	1965. 7		『大古洞開拓団殉難の記』1968	
31	羅圏河大門開拓団	1940	羅圏河会	1973	1953. 4	『羅河圏——満州大門村開拓誌』1978	
32	万金山開拓団高社郷	1940	高社郷同志会		1951. 8	『満州開拓団高社郷写真集』1977	1980. 6
33	索倫河下水内郷開拓団	1940	索倫会	1964. 8		『下水内出身者満州開拓史』1966	1983. 5
34	尖山更級郷開拓団	1940	更級郷和合会	1947. 1	1967. 4		1978. 5
35	劉大櫃芙蓉郷開拓団	1940	芙蓉会	1963. 1		『芙蓉郷開拓団史』1970	
36	蜜山千曲郷開拓団	1940			1975. 6	『あゝ開拓千曲郷の断末』1974	
37	孫船八ヶ岳郷開拓断	1941	慰霊並に語り合いの会	1976. 8			
38	東索倫河埴科郷開拓団	1941	県開拓自興会埴科分会	1946. 1	1967. 4	『果しなく黄色い花咲く丘が —— 第十次東索倫河埴科郷開拓団の記録』1978	1981. 5
39	薬泉山黒姫郷開拓団	1941	黒姫郷新興会	1947	1954	『あゝ満洲黒姫郷』1977	
40	三台子小諸郷開拓団	1941	集団再入植		1968. 1		
41	李花屯小県郷開拓団	1941	小県会	1970	1970. 3. 22		1981. 5
42	双龍泉第一木曾郷開拓団	1941	同志会		1972. 7		
43	珠山上高井開拓団	1942	珠山会	1962. 9	1962. 1		1982. 5

44	小主南安曇郷開拓団	1942	同志会	1977			
45	永和三峯郷開拓団	1942	永和会	1949	1977. 9	『満州開拓誌』1978	
46	太平溝富貴原郷開拓団	1942	同志会	1955			
47	苗地伊南郷開拓団	1942					
48	第二木曽郷宝泉開拓団	1942	集団再入植	1948	1974. 12	『第二木曽郷宝泉開拓史 —— 平和への願いをこめて』1975	1979. 9
49	瑪瑯河東筑摩開拓団	1942	拓友会	1947. 1		『東筑摩郷のあゆみ』1968	不明
50	東横林南信濃郷開拓団	1943					
51	金沙北安曇郷開拓団	1943					
52	北哈嗎阿智郷開拓団	1944	日中友好手をつなぐ会	1972	1966		1980. 7
集合・農工・帰農開拓団							
53	康平長野開拓団	1939					
54	歓喜嶺佐久郷開拓団	1941	同志会	1951. 10	1951. 10. 5		1982. 5
55	城子溝農工開拓団	1941	同志会	不明			
56	西東安農工開拓団	1942					
57	宝興長野郷開拓団	1943	長野郷同志会	1973. 3			
58	新京特別市信磨村開拓団	1942	信磨会	1975			
59	濃々河飯田郷開拓団	1943 1945					
60	向陽岡谷郷開拓団	1943					1983. 6
61	康平松本郷開拓団	1943					
62	嫩江農工開拓団	1943					
64	盤山南佐久郷開拓団	1944					
報国農場							
65	窪丹岡報国農場	1944	想満会	1964. 3		『追憶　北満の記録』1978	1979. 7
66	下伊那報国農場	1944					
67	上高井郷報国農場	1945	珠山会	1964. 9	1964. 9. 10	『満洲難民行』1980	
68	長野県報国農場	1943					

創設期の義勇隊開拓団							
69	饒河少年隊大和村北進寮	1934					
70	晨明義勇隊開拓団	1940	晨明拓友会	不明			
71	伊拉哈義勇隊開拓団	1941	伊拉哈会	1948. 8	1967	『伊拉哈回顧録』1977	
全国混成義勇隊開拓団							
72	大東義勇隊開拓団	1941	青山 大東拓友会	1948. 1 1965. 8	1977	『思い出の青山・大東――第一次大東義勇隊開拓団史』1981	1981. 9
73	大隈義勇隊開拓団	1941	東寧会	1974	1978	『日輪』1974	
74	大林義勇隊開拓団	1941	大林朋友会	1950			
75	寧年義勇隊開拓団	1942	寧年拓友会	1977. 9			
76	八洲義勇隊開拓団	1941	八洲会	1968. 3	1970. 8. 16	『遥かなる赤い夕陽』1973 『燃える北満の青春』1979	
77	七道嶺義勇隊開拓団	1941	大和七道嶺拓友会	1973. 2		『満州開拓義勇軍物語』1968	
78	南英義勇隊開拓団	1941	同志会	1968		『拓友再会記念報』1972	
79	北斗義勇隊開拓団	1942	北斗親睦会	1967. 9			
80	旭日義勇隊開拓団	1941	鉄訓九中隊・旭日開拓団拓友会 / 鉄山同士会	1968. 9 1970. 4		『拓魂――九中隊の記録』1969	
81	長崗義勇隊開拓団	1941	長崗会	1971		『曠野に残したもの――満蒙開拓青少年義勇軍第一次長崗開拓団』1978	1981. 8
82	宝石義勇隊開拓団	1941					
83	金鋼義勇隊開拓団	1941	金鋼拉哈蜜会	1975	1973		1982. 6
84	牙克石義勇隊開拓団	1942					
85	鳳翔義勇隊開拓団	1942	鳳翔会	1963	1975		
86	慶山義勇隊開拓団	1942	慶山朋友会	1971. 1	1974		
87	南台子義勇隊開拓団	1943	坂下中隊拓友会	1977	1980		
88	凌雲義勇隊開拓団	1942	凌雲同志会	1970	1970		
89	一徳義勇隊開拓団	1943	一徳会	1963	1974		

長野県単独義勇隊開拓団							
90	国美義勇隊開拓団	1942	拓友会	1967	1973		
91	曙義勇隊開拓団	1942	曙会				
92	柏葉義勇隊開拓団	1943	柏葉会	1965	1969		1983. 6
93	鳳鳴義勇隊開拓団	1943	鳳鳴会	1948	1966	『曠野の露をともに踏み ―― 第三次小林中隊鳳鳴義勇隊開拓団』1979	
94	北尖山北信義勇隊開拓団	1944	北信拓友会	1947. 3	1963	『北斗の星座――第四次北信義勇隊開拓団北村中隊記』1977	
95	西海浪竜川義勇隊開拓団	1944	竜川会	1947	1971		1981. 6
96	東海浪瑞原義勇隊開拓団	1944	瑞原会	1947	1971	『あゝ満洲開拓義勇隊――東海浪始末記』1967	1982. 6
97	信州綜合義勇隊開拓団第 1 次	1945	鉄驪会・弥高会・伊哈拉会	1948. 1		『呼蘭――満州開拓青年義勇隊久保田中隊顛末記』1967	
98	信州綜合義勇隊開拓団第 2 次	1945	弥富会	1974. 8			
99	信州綜合義勇隊開拓団第 3 次	1945	第五次伊拉哈会	1948	1962		
100	八洲義勇隊開拓団	1945	八洲会		1967	『遥かなる赤い夕陽』1973	1981. 8
訓練途上の義勇隊・義勇軍							
101	対店義勇隊柿崎中隊	1943	対店会	1947. 3		『柿崎中隊のあゆみ ―― 元満蒙開拓青少年義勇軍』1975	1981. 6
102	鉄驪義勇隊小池中隊	1943	竜志会	1946. 9	1961. 4. 19	『鉄驪の丘』1973	
103	嫩江義勇隊丸山中隊	1943	嫩江一八丸山会	1947		『丸山中隊の回想録』1976	
104	興安義勇隊斉藤中隊	1944	興安拓友会	1947	1976. 11	『興安の友 ―― 元満蒙開拓青少年義勇軍斉藤中隊回顧録』1974	1982. 6
105	三江義勇隊両角中隊		三江会	1947	1949 1976 1978	『北満の体験記』1950	
106	東安義勇隊頓所中隊		北信友誼同志会	1947			1982. 7
107	長野第十一勝岡中隊	(未送出)					
108	長野第十二増尾中隊	(未送出)					
109	長野第十三渡辺中隊	(未送出)					

表９－２　長野県満洲開拓記念碑一覧表

No	名称	設置期間	建立者	揮毫者	設置場所	備考
1	拓魂碑	1974. 11	長野県開拓自振興会	長野県知事 西沢権一郎	長野市上松善光寺雲上殿東裏	長野県開拓自興会が独自で行ってきた
2	和平友好記念物	1995. 9. 17	長野県開拓自振興会	長野県知事 吉村午良	黒龍江省方正県方正鎮砲台山麓	長野県開拓自興会・日中友好協会・信濃教育会
3	殉国	1970	長野県弥栄会	不明	南安曇郡穂高町豊里	長野県出身者
4	慰霊之碑	1972. 10	第五次黒台信村同志会	長野県知事 西沢権一郎	長野市上松善光寺雲上殿東裏	黒台信濃村丑山仁智露による撰文
5	水曲柳開拓団殉難犠牲者慰霊之碑	1994. 3. 28	水曲柳開拓団団員一同	長野県知事 吉村午良	飯田市下久堅 牧野沢	水曲柳開拓団団員一同
6	慰霊碑	1975. 4. 29	南五道崗長野村同志・同窓会	長野県知事 西沢権一郎	長野市上松善光寺雲上殿東裏	建設委員長原繁生による撰文
7	満州開拓観音像	1974. 8. 16	南五道崗長野村河野地区遺族	不明	下伊那郡豊丘村河野・泉龍院境内	子どもの犠牲が多かったため、観音像を設置
8	慰霊碑	1975. 3. 8	中和鎮信濃村 同志会	長野県知事 西沢権一郎	長野市花岡平霊園	生存者一同
9	開拓之礎	1964. 11. 3	大日向開拓団 同志会	稲垣征夫	北佐久郡軽井沢町大日向公民館庭内	犠牲者への記念、天皇の巡幸
10	満州開拓殉難者供養塔	1954. 8	富士見町拓友協会	大本山総持寺 勅賜禅師玄宗	富士見町南原山	大本山総持寺三光寺住職川窪千峰による撰文
11	地蔵尊	1978. 8	満洲富士見分村拓友会 在満国民学校同窓会	不明	富士見町南原山	子どもの犠牲が多く出た
12	満州勤労奉仕隊員　鮎澤静子・千代江之墓	1955. 9	兄　鮎澤鐵蔵、 父　鮎澤千万吉	不明	岡谷市川岸東三丁目	
13	満蒙開拓青少年義勇軍殉難之霊	1977	小林みよ	拓道書	富士見町南原山	個人による建立
14	拓魂碑	1968. 12	富士見町満洲開団関係者一同	大僧正半田孝海敬	富士見町保育園北側高台	富士見町満洲開拓関係者一同による撰文
15	樋口団長胸像	1969	富士見町引揚者一同	不明	富士見町保育園北側高台	

16	惟拓碑	1972. 4. 30	川路自治協議会	善光寺名誉貫主大僧正半田孝海	飯田市川路神社	後世に伝え、長く民族の協和と平和を願う
17	満州大八浪開拓団慰霊碑	1978. 3	泰阜村村民並び生存者一同	村長・松下利雄	泰阜村平島田	碑の裏に犠牲者の名が刻まれている
18	拓魂碑	1959. 8	読書村自興会	長野県知事西沢権一郎	南木曽町読書	碑文は村長鈴木常雄により作成
19	満州開拓慰霊碑	1976. 10. 11	千代地区満州慰霊碑建立委員会	長野県知事西沢権一郎	飯田市千代米川・八幡神社境内	慰霊碑建立委員会
20	満州開拓碑	1973. 9. 23	上久堅開拓団拓友一同	長野県知事西沢権一郎	上久堅神之峰城跡本丸跡	開拓精神を記念
21	拓友之碑	1974. 1	蘭花会	楢川村村長武澤重人	楢川村役場前諏訪神社境内	日本と中国の世代の友誼を願う
22	慰霊碑	1957. 4	推峯御嶽郷	副団長浦澤富意知	三岳村大泉寺	犠牲者と生存者の名を刻む
23	満州開拓慰霊碑	1958. 9	北佐久郡町村会	大森幸雄	佐久市岩村田上の城	
24	高森町満蒙関係殉難者慰霊碑	1981. 4. 17	建設委員会・遺族及び生還者一同	長野県知事吉村午良	下伊那郡高森町下市田大丸山公園	北林只人による撰文
25	大門靖国霊社	1953. 4	大門遺族会	靖国神社宮司筑波藤麿	小県郡長門町大門	碑文の詳細は不明
26	満州開拓者殉難慰霊塔	1951. 8	満州開拓団殉難者下高井郡慰霊委員会	山口菊十郎	中野市東山公園	山口菊十郎よる撰文
27	慰霊の碑	1995. 8	慰霊碑建設委員会	飯山市長・小山邦武	飯山市大字飯山楯之平	碑文は秋永操による撰文
28	更埴満州開拓殉難塔	1967. 4	更埴満州開拓殉難塔建設委員会	不明	千曲市上山田城山頂上	碑文は斉藤新三による撰文
29	更埴満州開拓殉難慰霊碑	1994. 6	更埴満州開拓殉難塔護持会	善光寺大本願智光上人	千曲市上山田城山善光寺別院	更埴満州開拓殉難塔を移転してきたもの
30	千曲郷開拓団戦争殉難者慰霊碑	1975. 6. 29	千曲郷同志会	内閣官房長官井出一太郎	南佐久郡北相木村宮の平諏訪神社内	後世に伝え、平和を願う
31	満州開拓黒姫郷開拓団	1954. 8	上水内郡北山部七カ村	柏原村長中村与惣治	信濃町柏原・小丸山公園	碑文は月原義方による撰文

32	李花小県開拓団物故者慰霊碑	1975. 3. 20	李花小県会	岡川保	上田市別所温泉安楽寺境内	碑文は李花小県会長柳沢辰雄よる撰文
33	満州開拓之碑	1972. 7	山口村開拓団関係者	長野県知事西沢権一郎	西筑摩郡山口村役場前	碑文は拮原和美（元開拓団青年学校講師）による
34	満州珠山開拓慰霊碑	1962. 11	満州珠山開拓慰霊碑建立委員会	建立委員長長井正雄	須坂市臥龍公園内	開拓事業を記念し、犠牲となった同胞の霊を慰める
35	拓魂碑	1977. 9	元満州三峯郷開団永和会	長野県知事西沢権一郎	上伊那郡高遠町満光寺境内	碑文は永和会・会長澤上定男よる撰文
36	満州犠牲者慰霊塔	1968. 11. 27	伊南わらび会	不明	駒ヶ根市中沢下割常秀院・山門前	
37	宝泉木曽郷殉歿者供養塔	1947. 8. 15	木祖村（施主　湯川栄江）	深沢又佐	藪原極楽寺境内	碑文はなし、犠牲者68人の名が刻まれている
38	拓魂　宝泉開拓団記念碑	1974. 12	宝泉開拓団記念事業実行委員会	長野県知事西沢権一郎	木祖村村民センター敷地内	1974年藪原から現在地に移転
39	東筑摩開拓殉難碑	1983. 10. 30	東筑摩郷拓友会	不明	塩尻市市営東山霊園	
40	日中友好不再戦の碑	1966	旧西部地区八ヶ村民、並びに同地区中国引揚者および遺族関係者、日本中国友好協会長野県阿智支部	長岳寺貫主山本慈昭	阿智村駒場長岳寺境内	誤った軍国主義政治への批判、反戦
41	満州哈達河供養地蔵尊	1979. 4. 6	哈達河会員一同	長岳寺貫主山本慈昭	阿智村駒場長岳寺境内	子どもなどの犠牲者が極めて多く出た
42	満州開拓殉難之碑	1975. 5. 30	清内路村	長野県知事西沢権一郎	下伊那郡清内路村下清内路諏訪神社	
43	満州佐久郷開拓団物故者含霊塔	1951. 10	送出関係町村・団員	不明	佐久市市原成田山境内	碑文はなし
44	満蒙開拓殉難慰霊碑	1954. 11. 3	南向村（現中川村）	不明	上伊那郡中川村大草	碑文は加藤完治による撰文
45	少年の塔	1961. 4	上伊那町村会・伊那市・駒ヶ根市	作像者・瀬戸団治	伊那公園内・招魂社境内	少年義勇軍を記念する
46	満蒙開拓之碑	1971. 11. 3	満蒙開拓記念碑建立委員会	長野県知事西沢権一郎	飯田市上郷黒田	碑文は串原義直による撰文

47	喬木村満蒙開拓殉難者慰霊碑	1982. 4	当村満蒙開拓殉難者慰霊碑建設委員会	長野県知事 西沢権一郎	喬木村阿島八幡社境内	
48	慰霊之碑	1996. 9	島岡勤・千波	玉川寺二十四世　広済浩秀	飯田市上久堅堂平	個人による慰霊碑の建立
49	八州魂	1970. 8. 16	八州会	不明	塩尻市善知鳥峠	
50	拓友之碑	1973. 4	国美　拓友会	川原正男	松本市美須々護国神社境内	碑文は佐藤剛吉による撰文
51	拓魂	1969. 9. 23	柏葉会	加藤完治	軽井沢松塩沢 780 土屋弘宅地	碑文はなし
52	満蒙開拓青少年義勇軍殉難之霊招魂碑	不明	曙会	全国市長会会長 松本市長・降旗徳弥	伊那公園内　招魂社境内	犠牲になった少年義勇軍への記念
53	満州開拓鳳鳴義勇団供養塔	1966. 1	鳳鳴同士会	元鳳鳴義勇隊開拓団団長・小池由作	諏訪市元町貞松院境内	碑文は鳳鳴同士会により作成
54	二龍山農場開拓碑	1955. 2	八ヶ岳暁天同窓会	日展会員（本科五回生）山口栄太郎	諏訪郡原村（暁天公園）	
55	二龍山農場追悼碑	1977. 8	八ヶ岳暁天同窓会	宇都宮大学教授・堀内宗一	諏訪郡原村八ヶ岳央農業実践大学構内	碑文は堀内宗一による撰文
56	北信拓友会記念碑	1963. 9	北信拓友会	小出聖水	長野市城山清泉女学院高校北隣	丸山正太郎による撰文
57	吾等の魂を永遠に此処に刻む	1971. 10. 11	龍川会	不明	伊那公園内招魂社境内	少年義勇軍開拓団
58	牡丹地蔵	1971. 9	瑞原会	不明	北佐久郡軽井沢町浅間山泉洞寺境内	少年義勇軍開拓団
59	慰霊碑	1967. 5	八洲会	不明	長野市善光寺雲上殿東裏	碑文は原浄造による撰文
60	拓友之碑	1986. 11	満蒙開拓青少年義勇隊斉藤中隊	元中隊幹部 小川袈裟男	松本市美須々護国神社境内	碑文は合木匡信ほかによる撰文
61	少年義勇隊之碑	1976. 3	諏訪三江会・上伊那三江会・下伊那三江会・三江会東京支部	衆議院議員 小川平二	諏訪市温泉寺境内	碑文は三江会一同により作成

62	わかい拓友の碑	1979. 11	三江会生存者一同	不明	飯田市大宮神社境内	
63	シベリア強制抑留者慰霊之碑	1998. 9. 27	財団法人全国強制抑留者協会・長野県支部慰霊建立委員会	長野県知事吉村午良	伊那市春日公園	シベリア抑留者
県外で建てられた満州開拓記念碑（少年義勇隊の記念碑が中心となっている）						
64	拓魂碑	1963. 8. 10	満州開拓殉難者之碑建設委員会	不明	東京都多摩市連光寺聖蹟桜ヶ丘	全国拓友協会
65	殉難者之碑	1967. 8. 20	第一、五次伊拉哈義勇隊	不明	同上	伊那地区、県外の山形、岩手県により編成
66	義勇隊開拓団慰霊碑	1975. 10. 26	金剛拉哈蜜会（古川中隊）	不明	同上	長野県 47 名
67	大東山開拓団慰霊之碑	1977. 4. 11	青山大東義勇隊開拓団世話人会	不明	同上	長野県関係者 33 名犠牲
68	拓友よ安らかにねむれ	1978. 2. 12	東寧会	不明	同上	長野県出身者 155 名
69	開拓殉難者之碑	不明	大林朋友会	不明	同上	長野県出身者 47 名
70	開拓団慰霊碑	1974. 2. 8	朋友会（山本中隊）	不明	同上	長野県出身者 36 名
71	殉難者慰霊碑	1980. 2. 11	坂下中隊拓友会	不明	同上	長野県出身者 8 名
72	村木中隊物故者之碑	1974. 4. 21	一徳会（村木中隊）	不明	同上	長野県出身者 27 名
73	嫩江丸山中隊之碑	1976. 4. 29	嫩江一八丸山会	不明	同上	送出主体は長野県
74	対店柿崎中隊慰霊之碑	1976. 10. 10	対店会（柿崎中隊）	不明	同上	出身者は長野県東北信を中心
75	鉄驪小池中隊慰霊碑	不明	竜志会（小池中隊）	不明	同上	出身者は上下伊那郡、諏訪郡
76	千振開拓団慰霊碑	1979. 4. 12	千振開拓農業共同組合	不明	同上	長野県の犠牲者 51 名
77	凌雲義勇隊開拓団慰霊碑	1970. 3. 28	凌雲同志会	不明	同上	長野県出身者 21 名
78	東寧報国農場隊勇士之霊	1976. 8. 9	元東寧県報国農場長岡島熙明	不明	同上	
79	極楽世界	2000. 10. 20	日本人墓地建立世話人礎会・ハルビンの会新香坊収容所縁者有志	不明	水戸市河和田町本法寺別院	中国から現在地に移転、碑文は中国語で書かれている

出所：長野県開拓自興会（2005）、伊那谷の満蒙開拓慰霊碑を記録する有志の会編（2005）、長野県開拓自興会満州開拓史刊行会（1984a,b）より作成。

終章

はじめに

本書は、満洲移民の事業が実施された一九三二年から現在に至るまでを考察対象として、①地域における満洲移民送出のプロセスとその社会的構造、集団（開拓団）における満洲開拓の歴史的記憶の形成について考察したうえ、②満洲移民および中国残留日本人の個々人を対象に、彼らが生きてきた満洲・中国・日本での経験に焦点を当て、彼らのライフヒストリーを記述し、それを通して、満洲移民の歴史をとらえなおすことを試みた。同時に、③戦後に満洲移民から分離した集団引揚者と残留者の二つの側面から満洲移民の戦後史に注目し、包括的に考察を行った。

以下では、各部の内容をまとめながら、序章で設定した本書の諸課題に即して、本書が明らかにしたことを確認する。そして、今後さらに検討を深める必要のある研究課題について述べておきたい。

1　地域、集団における満洲移民の歴史と記憶についての検討

第一章では、これまでの満洲移民事業の歴史を展開（一九三二－三六年）・送出（一九三七－四一年）・崩壊（一九四二－四五年）といった区分に戦後期（一九四五年－）を加えて整理しなおし、本研究全体の起点として、後述する内容の土台とするための全体的な歴史背景を検討した。そこでは、従来の歴史学の先行研究の成果を踏まえながら、満洲移民の戦後期、すなわち難民期の様子、集団引揚げの過程、戦後日本社会における集団引揚者の様子、中国残留日本人の日本への帰国および彼らが帰国したあとの生活の様子といった側面などを検討し、満洲移民の戦後史への接合作業を行ってきた。こうしたことにより、従来の研究視点と異なる、満洲移民の戦前と戦後の連続性という問題関心を提示し、本書における研究の射程を示した。

第二章は、第一章のなかで述べた全国で推進された満洲移民政策を踏まえたうえで、本研究のフィールド調査地である長野県という一つの地域に焦点を当て、長野県における満洲移民送出のプロセスと地域的基盤を明らかにした。これは本研究の第一の課題となるものである。その結果、日清・日露戦争以降の信濃教育会を中心とする長野県教育会による「海外発展」の思想形成、大正期から昭和期にかけての信濃教育会や信濃海外協会による積極的な海外移住推進活動、そしてこれらを通じて蓄積された移民送出の経験とその地域的基盤が、満洲事変以降、特に一九三六年に満洲移民が国策として推進された際に、移民送出に大いに活用されていたことを明らかにした。また、これまで長野県が多くの満洲移民を送出した理由については、もっぱら昭和恐慌による不況という経済的側面から検討されてきたが、これに対し、本章では経済的理由のほか、信濃教育会や信濃海外協会を中心とした行政側による移民送出が、極めて大きな役割を果たしていたことを指摘した。

こうした長野県における満洲移民の送出について検討したうえで、第三章では長野県から送出された第七次中和鎮信濃村開拓団（以下、中和開拓団と略す）を事例として取り上げ、一つの集団に焦点を当て、送出から現在に至るま

での集団の歴史的記憶を考察することを課題とした。これまで満洲開拓をめぐる記憶の語りは、主として集団引揚者によってなされてきた。その記憶の語りの特徴は、戦前期のノスタルジアとしての甘美な思いと敗戦直後の苦渋に満ちた逃避行の思いという極めて対照的なものであった。本章ではこうした満洲開拓をめぐる記憶の語りの変化をより一層明確にするため、戦前における中和開拓団の入植経緯や土地の獲得、現地における団の建設、共同経営や個人経営の様子、および終戦直後における避難生活、引揚げと残留の状況、そして戦後における中和開拓団の「再集団化」後の活動などからなる集団の歴史を、聞き取り調査や中和開拓団の記念誌などによって跡づける作業を行った。また、その歴史的記憶の形成の過程において加害と被害の記憶が織り込まれていたことを浮かび上がらせながら、戦後の日本社会で表出された集団（開拓団）的記憶は主として被害の記憶に凝縮されていることを確認した。ただし、満洲開拓をめぐる集団的記憶がいかなる背景で形成されたかについては第九章で論じたとおりである。

以上のように、第一部ではマクロレベルにおいて本研究の全体的背景となる満洲移民の戦前史と戦後史を整理、概観したうえで、地域における満洲移民送出のプロセスと社会的基盤、満洲開拓をめぐる集団的記憶の変遷と形成を明らかにした。

2　個人の経験からみた満洲移民の歴史

第二部では、個々人の経験というミクロレベルに焦点を当て、満洲移民の歴史を植民地支配側に立つ日本人の農業移民者と支配される側に立つローカルな人々の二つの側面から考察を行った。これは本研究の第二の課題となるものである。

第五章では、日本人移民に焦点を当て、戦前と戦後を貫く個人の経験を通して満洲移民の歴史をとらえなおすことを試みた。具体的には、中和開拓団の集団引揚者四人、残留婦人四人、残留孤児四人、未帰還者一人、計一三人を対象としたライフストーリー・インタビューに基づき、それぞれ個人の人生の軌跡を跡づけながら、彼らの生きてきた経験のなかで満洲・中国・日本がどのようなものとして存在したか、どのようにそれらは語られてきたのかを彼らの語りを通して検討した。

(1) 個人の経験のなかの満洲・中国・日本

満洲の生活体験をめぐって

以上の一三人のライフヒストリーからは、言うまでもなく彼らの人生のなかで満洲での経験が極めて大きな位置を占めており、明らかに満洲とのかかわりは彼らの人生のうえで最大の転機となっていることがわかる。そのような満洲の生活体験を振り返ってみたとき、彼らは満洲の生活をどう語ったのか。

集団引揚者の四人では、NMさん、木下さん、YWさんが満洲の生活を「楽しかった」などと肯定する一方、北澤さんは否定的にとらえている。

「よかった。おもしろかったよ。働けば働いただけ自分の収入になるんだから」と語るNMさんは、個人経営になってから憧れていた広大な土地を手に入れたことを喜んでいる。満洲での生活は、「日本から見ればもう最高の生活」だったという。渡満前に入隊検査に失敗し、三男として実家に厄介になっていた頃と比べることで、満洲の生活を肯定的に評価していると思われる。木下さんの場合もNMさんと似たような口調であり、満洲の生活は内地より恵まれていたことを強調して語っていることがわかる。

YWさんが語った「楽しかった」ストーリーは、NMさんや木下さんが語った「楽しかった」ストーリーの文脈と異なる。渡満した当時、YWさんは子どもだったゆえに、そのストーリーの基底にあったのは、「馬の橇に乗り、おもしろかった」ことや、家で働いていた中国人と「話したり、(魚釣りなどを) 教えてくれたりしたもんだからね、楽しかった」というどこでも見られる子どもの日常生活であった。ここで留意すべきなのは、先に取り上げたNM

さんのような「開拓一世」と、幼少時に満洲に連れて行かれたYMさんのような「開拓二世」とが、同じく「楽しかった」と語っても、そこに込められる意味や内容は異なっているという点である。

一方、北澤さんは満洲の生活について否定的であった。北澤さんは戦前、幼少時に両親に連れられ満洲に渡った数年後、母が結核を患って現地で亡くなったことや、終戦の直前に父が召集されたことを背景に、両親がいない家庭での寂しい思いが記憶に鮮明に残されていた。この出来事は北澤さんの満洲体験のなかで大きな割合を占めている。北澤さんは正面から満洲の生活を否定するような言葉を発しないが、北澤さんが満洲の生活に対して否定的な評価をしていることは明らかである。

残留婦人と残留孤児の事例では、KTさん、Cさん、Iさんも満洲の生活に否定的であった。「（満洲）の生活は話にならない」と述べたKTさんは、渡満してまもない頃に父を亡くしたため、学校も通えずに部落のなかの日本人の家で転々と働き稼ぐという苦しい生活を強いられていた。Cさんの体験もKTさんと似たようなものであり、満洲で母を亡くし、父が再婚するまでずっと家の手伝いをさせられていた。満洲の生活では楽しい思いはなかったという。Iさんも、学校で食糧増産に動員されたことや、家で家事などを手伝わされたことなどを語り、戦争を否定することから、満洲の生活体験を否定的に語っている。

以上のような諸事例に対して、残留婦人のKMさんとXLさんは、満洲の生活について肯定と否定の感情を織り交ぜて語った点が特徴である。例えば、個人経営の頃の生活について「二人の子どもに恵まれて、夫が優しくて、働き者でね、一番幸せだった」と肯定的に語ったKMさんは、夫が出征したあとの慣れない農作業のなかで二人の子どもを亡くしたことをあげて、毎日泣いて暮らしていたと満洲の生活を否定する語りへと変わる。

このように、満洲の生活体験を振り返る際、その体験に対する評価は渡満前の家庭状況および渡満後の生活状況などが基準になっていることがわかる。これまで満洲の生活は「ノスタルジア」の体験として多く語られてきた。しかし、ここでは取り上げた各事例から、満洲の生活を必ずしもノスタルジアの回想としてだけとらえるのは十分ではなく、満洲の生活をめぐる「肯定的な語り」「否定的な語り」、そして「肯定したり否定したりする語り」が同時に存在することが指摘できる。

集団引揚者の戦後体験の語りをめぐって

以上で取り上げた集団引揚者の四人は、それぞれの時期に日本への帰国を果たした。木下さんとYWさんは一九四六年に帰国し、NMさんはシベリアの抑留体験を経てから一九四七年に日本に引き揚げた。北澤さんは戦後の中国での一時残留の生活を経て、一九五三年の後期集団引揚げで帰国を果たした。

集団引揚者、特に「開拓一世」の場合は、戦後日本の体験を回想するとき、第九章で述べたように、往々に引き揚げてから地域社会に受け入れられず、周囲からしばしば差別や疎外された体験から始め、戦後の日本社会での再起がいかに困難だったかについて満洲の体験を基準としながら、語りを展開していく傾向が多く見られる。

例えば、本書で取り上げたNMさんは、シベリアから故郷に帰ってきたとき、村人から「お前さん、引揚げじゃないか……」と言われ、「余計なものが来たような顔をしてなあ」と語り、敗戦直後の就職難、食糧難にあった戦後日本社会になかなか受け入れてもらえなかったことを明かしている。その後、NMさんは家族の理解があって両親から受け継いだ土地で農業を始めた。「土地には石がゴロゴロ転がっているし、石を取り除かなきゃ、どうにもならん」と語ったNMさんは、「むこう（満洲）の仕事とぜんぜん（違う）」と満洲の営農と比較して、戦後の生活環境がいかに過酷だったかを強調して述べていた。

NMさんの事例に対して、両親が満洲で亡くなった木下さん、YWさんのような「開拓二世」の場合は、地域社会とのかかわりというより、受け入れる親族との関係を中心に語っているのが特徴である。木下さんのように親族に温かく受け入れられるケースもあれば、YWさんのように親族に受け入れる余裕がなく、親切にしてもらえなかったケースもある。特に帰国した当時一四歳の少年だったYWさんにとっての戦後日本での生活は極めて苛酷なものだった。「満洲のほうで死んじゃったほうがよかったかなぁって」と述べたYWさんは、両親のいない他人の家に居候するのが何より辛かったという気持ちを吐露している。

一方、一九五三年に父のもとに引き揚げてきた北澤博史さんについては、彼の語りのなかで示された戦後の日本での生活体験は少なく、どちらかと言えば中国での一時残留の体験が多い。帰国直後の日本社会での生活の様子について具体的な評価は見られなかった。父が従事している農業の仕事を短期間手伝っていたが、農業に慣れなかったため、サービス業に転職し、その後の生活はだんだん安定しているというような語りが展開されている。

このように、同じ集団引揚者のなかでも世代の相違、そして帰国時期によって体験の語りと内容が異なってくる点に注意する必要がある。

中国残留日本人の残留と帰国の体験の語りをめぐって

中国残留日本人がどのように中国に残留し、日本に帰国したか、どのように二つの社会を生き抜いてきたのかは、第七章と第八章で述べたとおりである。ここでは、残留婦人、残留孤児、未帰還者が中国と日本の生活体験をどのように語ったのかを見てみたい。

まず、残留婦人についてである。ここで取り上げた残留婦人四人は、彼女らのライフヒストリーで示したように、残留者となったのは本意でないことが明らかである。残留体験について、四人の語り方は二つに分かれている。一つは、KMさんのように、中国人家庭の生活に適応できず、中国人の夫から理解を得られず、文化大革命の時にひどい仕打ちを受けたゆえに一日も早く日本に帰国したかったという語り方である。もう一つは、XLさんとKTさんのように、中国家庭の生活習慣に徐々に慣れ、中国人の夫に大切にしてもらい、文化大革命の時に差別された体験がなく、中国人の夫が亡くなったあとに日本へ帰国を果たしたという語り方である。

KMさん、XLさん、KTさん、SMさんは、それぞれ一九七五年、一九八四年、一九八七年、一九九五年という順に永住帰国を果たした。帰国後の体験について、「幸せと感謝」を述べたKMさんは、帰国を果たした喜びを表している一方、中国での残留体験を「いい思い出が一つもない」と否定したり、または「本当に紙一重のところを乗り越えてきたんだから、いま日本でどんな苦労でもやっていける」と肯定したりするとらえ方をしていた。X

Lさんは「いままでさんざん苦労してきた」からこそ、「いま、本当に一番、いま生きていて一番幸せ」と、かつての残留体験、中国体験を総括しながら、現在の生活を位置づけている。KTさんも同じように、「中国のことを思えば、何の苦労があっても」乗り越えられるという。さらに、「生き抜いてきたから、帰って来れたのが幸せなんだよね」と語るKTさんは、自分が帰国を果たしただけではなく、子どもたちも連れて来られたこと、共に日本で生活ができているることに安堵している。

ここで注意すべきなのは、彼女たちが語る「いまは幸せ」という言葉についてである。彼女らとその家族は、決して日本で裕福な生活を送っているわけではない。彼女らのライフヒストリーからわかるように、帰国後の日本社会を生きていくために苦労を重ねてきた。しかし、中国の残留体験を思い出すと、その苦労を乗り越えたことが、いまを生きる力となっている。現在の生活に対する「いまは幸せ」の評価は、帰国を果たした安堵感が影響しており、そして「さんざん苦労してきた」中国の残留体験が比較の基準となっている。この「幸せ」は家族のきずながあって築かれた「ささやかな幸せ」である。

次に、残留孤児についてである。本書で取り上げた残留孤児Iさん、Cさん、Aさん、Bさんの四人は、終戦時にそれぞれ一二歳、一〇歳、三歳、一歳であった。残留と帰国の体験について、年齢が一番上のIさんは満洲の生活体験、逃避行の体験を基底にし、中国の残留体験と日本の帰国体験を関連づけて語っているのが特徴である。一方、Cさん、Aさん、Bさんの場合は、満洲の体験の記憶をほとんど持たず、敗戦後の中国社会での体験から語り始めている。三人の体験の語りは、中国人の養父母との出会い、中国社会での様々な出会いや出来事への遭遇、帰国後の苦しい生活体験からなる。

四人は自らの残留と帰国の体験についてどう評価しているか。「満洲は私の一生の人生を終わらせたとこだね、夢も、希望も、何一つ生かすことができなくて……」と述べたIさんは、体験をもたらした根源である戦時中の日本植民地政策、戦後の日本政府の乏しい対応を痛烈に批判している。Aさんも「政府に残留孤児に対する責任をきちんと認めてほしい……」と語るように、残留日本人の政策改善を訴え続けている。そして、四人とも当初の集団訴訟に参加して、多くの孤児と共に日本社会に向けて自分の生きてきた経験の根底に何があったのかを問いかけている。ただし、ここで取り上げた四人のライフヒストリーは単なる「裁判の語り」ではないことに注意してほしい。

最後に、未帰還者の事例について述べておきたい。ここで取り上げた下平さんは一九七二年の日中国交回復の直前に亡くなった。下平さんの息子宝江さんと娘淑琴さんへのインタビューを中心に下平さんの中国での残留体験を取り上げげた。息子の宝江さんは母下平さんの残留体験について、下平さんは東北農村社会での貧困生活を強いられ、病気を患っていたが、いつも明るく楽観的な生活態度をとっていたと語る。そして、下平さんはよく働き、気立てのよい人だったゆえに、村で尊敬され信頼される存在だった。文化大革命の時に、下平さんは偏見や差別を受けなかったが、彼のほうが日本人の母を持っていることから、いろんな不運に遭遇した。その逆境を乗り越え、幸せな生活を送っているいまは、下平さんが生前に日本への郷愁を抱いていた様子を思い出し、いつか母の遺灰を返すべき故郷の地に戻したいと語る。

以上のように、集団引揚者、残留婦人、残留孤児、未帰還者というカテゴリーごとに個々人のライフヒストリーに組み込まれた満洲・中国・日本の体験についての語りの解釈を試みた。ここでの意図は、単に個々のライフヒストリーを羅列して並べるのではなく、各カテゴリーにおける個々の経験を提示したうえ、それぞれを相対化させると同時に、それぞれが相互に補完する関係のなかで、経験を多様的かつ重層的にとらえることを試みたのである。

(2) 集団的記憶に対する個人経験の多様性

中和開拓団の事例から見てわかるように、日本の敗戦と同時にその支配関係が逆転した際、開拓団は崩壊し、開拓民は辛苦に満ちた避難生活を経て、集団引揚者と中国残留日本人という二つのグループに分離した。このことは、言うまでもないが、彼らが自らの意思によって選択したわけではなく、日本の植民地支配の歴史に規定され強いられたものである。戦後、彼らはそれぞれ日本社会あるいは中国社会を生き抜いてきた。集団引揚者は日本↓満洲↓

（シベリア）↓日本という人生を辿ったのに対して、中国残留日本人は日本↓満洲↓中国↓日本または日本↓満洲↓中国という人生を辿り、その軌跡は異なった。

これまで述べたように、中和開拓団という一つの集団に焦点を当て検討した結果、集団内における個々人のライフヒストリーから示されたそれぞれの異なる人生の軌跡は、開拓団の戦後における主体の多様性（あるいは満洲開拓をめぐる記憶の多声性）や複雑さを表していることが明らかとなった。しかし、戦後の日本社会ではそのような満洲開拓をめぐる主体の多様性、多声性が必ずしも受容されているとは言えない。例えば、第三章、第九章で述べたように、戦後の日本社会における満洲開拓の歴史の記憶は、主として集団引揚者の「再集団化」によって語り始められていた。その記憶の特徴はおもに敗戦後の引揚げ体験に集約され語られている点である。そこで形成された集団的記憶には以上で取り上げたような残留日本人の体験が含まれていない。

戦後の日本社会における残留日本人の存在は、第五章、第八章で取り上げた中和開拓団の残留婦人、残留孤児の体験のなかにあるように、一九五九年に日本政府によって制定された「未帰還者特別措置法」において安易に「死者」として処理され、長い間慰霊の場で弔われており、日本社会一般もこの問題には忘却の姿勢ないしは無関心であり続けた。残留日本人の問題がようやく日本社会に認知されたのは、一九七二年の日中国交正常化に伴う残留日本人の帰国以降である。しかし、残留日本人たちは帰国後も日本政府による援助が不十分だったため、苦しい生活を強いられてきた。それゆえに、二〇〇二年より、残留孤児たちは集団で国を相手に賠償訴訟を起こした。こうした訴訟活動をきっかけとして、残留孤児たちはようやく自らの生きてきた歴史を語り始めている。その一方、未帰還者である下平さんの事例で示したように、日本への帰国を果たせないまま、その体験を語る機会もなく現地で亡くなった残留日本人も少なくない。

以上のように、中和開拓団の個々人の事例をカテゴリー（集団引揚者、残留婦人、残留孤児、未帰還者）ごとに取り上げ、満洲移民の戦後における主体の多様性、重層性を浮かび上がらせた。それと同時に同一の集団（開拓団）内における、中国残留日本人の体験の語りを取り上げることで、戦後日本社会における集団引揚者によって表出された集団的記憶を相対化し、満洲開拓をめぐる記憶の多声性を示すことができた。また、本研究のような一つの集団に焦点を当て、集団内における諸主体の多様な経験をミクロのレベルから丹念に跡づけ、明らかにしていく作業は、満洲移民の歴史の「全体像」への理解に新しい視点を提示するものである。

(3)ライフヒストリーの可能性

満洲移民および中国残留日本人の体験の語りは、これまで述べたとおり、長らく抑圧されてきた。本研究では、こうした長い間、光が当てられてこなかった満洲移民および中国残留日本人という主体の経験を掬いとるために、ライフヒストリーという手法を用いた。このような手法は、歴史を見る際の焦点を変えるために使われうると同時に、新しい歴史研究の分野を切り開くことができると、イギリスの歴史学者ポール・トンプソンは指摘する（トンプソン二〇〇二：二〇）。本書は、このような視点を据えて、これまで叙述されてきた満洲移民の歴史と異なる「もう一つの歴史」を描き出そうとした。

また、本研究では、満洲移民の歴史を本書で取り上げた各事例のライフヒストリーを通してみるだけではなく、個人が組み込まれていた社会の歴史、すなわち第一部と第三部で述べたような満洲移民の戦前史と戦後史へ考察を広げることで、個人の経験とそれに重なり合う社会の歴史とを相互的かつ多層的にとらえようと試みた。すなわち、個人のライフヒストリーを単なる個人の生活世界として提示するだけではなく、個人の生涯にわたる社会史と交差させることによって、より満洲移民の歴史を立体的に見出そうというねらいであった。

以上のように日本人農業移民を対象として満洲開拓の歴史をとらえなおしたうえ、第六章では、視角を変えて、かつて中和開拓団の日本人の家に雇われていた中国人労働者二人、中和開拓団の建設の際に強制労働させられた中国人労働者一人に焦点を当て、彼らへの聞き取り調査に基づいて、ローカルな社会で暮らしていた中国人の視点から、彼らと現地に入植した日本人とが、日常の暮らしのなかでどのような関係を結んでいたかを検討した。その結果は、以下の二点にまとめることができる。

①ローカル社会を生きる現地の人々にしてみれば、日本による植民地支配に規定されながら、生きていかなければならなかった。そのような抑圧の中で、より「安定的な生活」を求めるため、労役などを避けるために、入植してきた開拓団に入って働いたり、または支配側の「協力者」となったりするという限られた生の選択を利用し、何とか生きようとしたことが読み取れた。これに対して、第五章で示した日本人の入植者が語ったような「彼らは仕事がない」「喜んでくる」という推測が、彼らの働く動機の一面でもあった。

②一方、ローカルな人々は日本人との個々のレベルの付き合いにおいては対立の関係がなく、相互が非常に良い関係を築いていた側面が窺えた。また、こうした個々の付き合いは開拓団の人々が敗戦後の難民生活の苦境を抜け出すための救いとなったことも確認できた。さらに、こういったローカルの人々は日本人との関係を語る際にほとんど植民地という支配と被支配の社会構造を抜きにして個々の接触体験に即して語っていることがわかる。しかし、開拓団で働く現地の人と日本人による個々の付き合いを裏返してみれば、①で指摘したような、マクロな植民地の社会的構造による抑圧も同時に存在していたことも明らかである。

このように、第二部では、日本人農業移民と現地の人々の視点から満洲開拓をめぐる個人の記憶と語りについて検討した。

3 満洲移民の戦後史についての検討

満洲移民の戦後は、第二部で取り上げた個々人のライフヒストリーを見てわかるように、難民期を経てから中国残留日本人と集団引揚者という二つのグループが形成された。第三部では、こうした中国残留日本人と集団引揚者を対象として、二つの側面から満洲移民の戦後について考察した。これが本研究の第三の課題なるものである。

第七章では、中和開拓団の残留者の事例を中心として、戦後の中国社会における残留日本人に対する政策を考察した。具体的には、一九四六〜一九四八年の間に行われた土地改革運動のなかで共産党政権が東北農村部にいた残留日本人に対してどのように処遇したか、また一九四九年に新中国になってから一九七二年の日中国交正常化までの中国政府が残留日本人にどのような管理政策をとっていたかについて、残留日本人を記録した「档案（個人の身上調書）」、聞き取り調査、地方誌などを用いて明らかにした。ここでの知見は以下の三点にまとめることができる。

①一九四六〜一九四八年の東北土地改革において、農村部に取り残された日本人は現地の中国社会に再編され統合されていた。このことについて、二点を指摘することができる。一点目は、避難生活のなかで家族を救うため、あるいは生きていくために地主や富農の家に売られた日本人は、土地改革の過程で解放され自由を与えられたことである。二点目は、土地改革で残留日本人にも現地の農民たちと同じように土地が均等に割り当てられたことである。それは、残留日本人を現地社会に安定させようという政策であった。

②一九四九年に新中国が成立した後、一九五〇年に中国政府が在留外国人を対象とした再調査を実施し、残留日本人を日僑とする登録管理を行った。そして、翌年の一九五一年には、国務院が残留日本人を含めた外国人在留の長期化に備え、「外国僑民出入および居留暫定規定」を公布した。一方、一九五三年に後期集団引揚げの決定により、中国政府は残留日本人を本国へ送還する政策に転換した（南誠二〇〇九）。

中国政府はこの送還事業を行いながら、一九五五年に様々な理由で帰国を果たせない一二歳以上の残留日本人を日僑として登録した。彼らが外国人として中国で生活していくためには一年または五年に一度在留を更新しなければならなかった。しかし、一九五八年に後期集団引揚げは終結し、日中国交は全面的に断絶された。また六〇年代の初期には、中国政府が残留日本人の帰国申請を基本的に受理しない政策を打ち出し、さらに一九六六年には文化大革命が始まった。これらの諸要因により、帰国の見通しがつかなくなった残留日本人は、家庭や子どものために中国の国籍に入籍するようになった。日中国交が断絶されるなか、中国政府は残留日本人の入籍申請に対する規制を徐々に緩和していった。日中国交が断絶しているなか、残留日本人を中国社会に統合しようとする一面を窺うことができる。

③一方、一九七二年に日中国交が正常化されると、残留日本人に対する政策が大きく転換した。一九七三年六月および九月、周恩来総理は二回にわたって「中国政府が残留日本人の一時帰国を支援する」ことを日本政府に表明した（黑龙江省地方志编辑委员会二〇〇二）。これにより、一九八一年に日本政府による残留孤児の訪日調査が実施されるまで、中国政府は残留日本人の帰国や里帰りを支援し続けた。それゆえに、一九七二年の日中国交正常化の直後、多くの残留日本人は早い段階で里帰りや帰国を果たすことができたのである。

こうした政策の下で、中国残留日本人は中国で土地改革、新中国の成立、後期集団引揚げ、日中国交断絶、文化大革命、日中国交正常化などといった歴史の出来事を体験した。彼らの残留した中国での体験と帰国した日本での体験がどのようなものだったかを追求したのが第八章である。

第八章では引き続いて中和開拓団の残留者を対象として、彼らの戦後体験を①一九四六年から一九五八年の集団引揚げが終了する前後まで、②一九五八年から一九七二年の日中国交回復の経緯を踏まえて一九八一年に始まった肉親捜しの時期まで、③一九八一年から現在に至るまでの帰国・来日の時期、という三つの時期に区分し、彼らはいかに中国社会を生き抜いてきたのか、いかに帰国したのか、いかに日本社会を生き抜いているのかについて検討しつつ、彼らの残留から帰国の過程で形成された「人的つながり」をより具体的に明らかにした。ここで分析した結果は以下の三点にまとめることができる。

①中和開拓団は後期集団引揚げが終了したあとも四二人が現地に取り残された。終戦後、一時的に、あるいは最後の集団引揚げのチャンスを逃し一九七二年の日中国交正常化までの長い間にわたって残留することとなった人たちは、中国社会で必ずしも孤立した存在ではなかった。彼らの間では中国社会を生き抜くために、残留者となった日本人同士の助け合いという個々人のつながりが形成され、その個々人の連帯が中国社会への適応に大きな役割を果たしたことを確認できた。従来の研究に対して、本章では中和開拓団の事例から戦後の中国社会における残留日本人たちの「人的つながり」が示され、中国社会を生きてきた残留日本人の生活実態を明らかにした。

②一九七二年の日中国交正常化以降、集団引揚者は旧入植地への訪問に伴い、それまで途絶えていた残留者との交流が可能になり、残留者の生存確認、身元判明、および帰国促進に大きな役割を果たすこととなった。残留婦人や残留孤児、彼らの家族は日本に帰国してからも、団の元関係者らによる自立支援を受けている。このことに関して、従来の先行研究では、同一集団ではない残留者と集団引揚者を対象とする考察が行われがちであるため、両者の間の関係性があまり見えてこない。本章は、一つの集団に絞り、集団内部における集団引揚者と残留者を考察することによって、相互の関係性を見出した。

③第三に、一九八一年に第一次の肉親捜しが始まり、中国社会に取り残された日本人たちは、日本へ帰国できるようになった。一九五八年に集団引揚げが終了したあと、現地に取り残された中和開拓団の残留者は、現在、数人を除いてほとんど日本に帰国している。中和鎮とその周辺に点在していた残留者たちの間には、①で述べたように、中国社会を生き抜いていくために残留者たちによる「人的つながり」が形成されていた。そのつながりは、残留婦人や残留孤児が日本に帰国してもその機能を維持しており、そして日本社会での他の帰国者との出会いにより、新たな人間関係も形成され発展していった。残留孤児や残留婦人とその家族は、帰国後の日本社会への適応過程において、国家・行政による定住支援が不十分であったために、厳しい生活状況に直面せざるを得なかった。そうした状況のなかで、帰国者たちの家族・親族そして中国社会で形成された「人的つながり」と日本社会で形成された帰国者同士のネットワークを頼りにしながら、日本社会を生き抜いていかなければならないのである。

こうして、それぞれの時期と対応するそれぞれの社会において、中国残留日本人とその家族によって形成されたネットワークが、それらの社会を生き抜いていくために重要な役割を果たしたことを明らかにした。

以上のように、第七、八章では中国残留日本人を通して満洲移民の戦後史の一側面を考察したが、満洲移民の戦後史をとらえていくため、もう一つ重要な要素となる集団引揚者の戦後がどのようなものであったかを追求したのが、第九章である。

第九章では、第一部第二章で取り上げた長野県の事例に立ち返って、戦後の地域社会における満洲開拓をめぐる集団引揚者の記憶の形成と継承について考察した。特に、集団引揚者がどのような状況において満洲開拓にまつわる「記憶の場」を形成したのか、また満洲体験を記憶としてどのように継承しているのかを検討した。その結果、満洲開拓をめぐる集団引揚者の記憶は、おおむね敗戦時から五〇年代までを「抑圧」、六〇年代から七〇年代までを「生成」、八〇年代から九〇年代までを「越境」、二〇〇〇年代以降を「継承」と時代ごとにとらえることができ、それぞれの時期における満洲開拓の記憶が形成される背景と過程を明らかにした。具体的には、以下の四点にまとめることができる。

①終戦から五〇年代まで、集団引揚者らは満洲開拓の体験を長い間、心の奥に沈殿させ語ることができなかった。その理由として、まず終戦直後に満洲から引き揚げた個々人は戦争から立ち直れない日本社会に居場所がなく、食糧難や就職難という状況に直面するなかで、生きていくために満洲での経験はどうであったかを考える余裕すらなかった。また、戦後の民主主義に変わった日本社会では満洲の歴史は日本帝国主義の侵略であり、満洲開拓にかかわった個々人は帝国主義の先兵とみなされた。そのような大きな社会環境に抗することができない個人は、満洲の経験を記憶として心に閉じ込めるほかはなかった。さらに、個々人の体験のトラウマ性とその体験のなかで絡み合う人間関係、状況の複雑性が内在されていることも体験を語ることのできない一因であった。

②六〇年代から七〇年代までにおいて、全国開拓記念碑の建立、『満洲開拓史』の発刊、定期的に開かれる慰霊祭などが満洲開拓の記憶を想起する契機となった。それは、全国開拓関係の諸団体に大きな影響を与え、満洲開拓をめぐるローカル（集団、地域）な「記憶の場」を形成する機能を果たした。そして、そのような全国記念行事と諸活動によって表象された引揚げ体験を中心とした満洲開拓の記憶が一つのモデルとして地域、市町村の開拓団諸団体の間に拡散し流通していた。ローカルな次元で表出された満洲開拓の記憶は坂部晶子が指摘したように当時の満洲開拓政策に対して若干の反省と批判があったものの、ほとんどは敗戦後の逃避行のなかで大きな犠牲を払った犠牲者らへの哀悼、想起のための慰霊碑建立、慰霊祭開催という形での被害の記憶であった（坂部二〇〇七、二〇〇八）。

③一方、一九七二年に日中国交が正常化されたあとの八〇年代の初期から、元開拓関係者らは中国への訪問がで

きるようになった。この訪中において、現地での慰霊そして残留者への激励や救済を果たしたにとどまらず、現地の中国人と交流するなかでこれまで語られてきたローカルな満洲開拓の記憶が再編され、加害の記憶が生み出されてくる。戦争の被害と加害の意識を織り込んだ満洲開拓の記憶を、日中平和友好という回路につなぎ未来を模索するようになってきた。

④近年では、満洲移民体験者の高齢化により、満洲開拓の記憶が失われつつある。そうしたなかで満洲開拓体験者、地域の人々によって満洲開拓という記憶の継承に向けて様々な活動がなされている。満洲開拓の記憶を記念館という形で展示し、地域の人々、次世代へ語りかけている。また、「満蒙開拓を語りつぐ会」のように、体験者と地域の人々とが共同作業を行いながら、満洲開拓の記憶を記録し、語り継ごうという実践が行われている。これらのことにより、満洲開拓の記憶はもはや体験者の個人の記憶、その集団内の記憶にとどまらず、地域の記憶として共有されている。

以上まとめたように、本研究は満洲移民の戦前と戦後の連続性を一貫して追求しながら、満洲移民の戦前における移民送出の地域社会的構造の解明、戦後における集団引揚者、中国残留日本人を対象としたそれぞれの分析、個人史の考察という三つの側面を通して、満洲移民の歴史を立体的にとらえなおすことを試みてきた。以下では今後に残された問題点に触れておきたい。

4　今後の課題

(1) 地域の社会的構造と個人の語りについての課題

本書の第一部の第二章では、戦時中の長野県において満洲移民を積極的に送出した社会的基盤を明らかにした。

しかし、第二部第五章で示した個人の体験の語りは必ずしも当時のそのような社会的な基盤を十分に反映していると言えない。本研究は取り上げた当時団員であった調査対象者が一名だけだったので、今後調査対象を拡大し、個人への聞き取り調査をする際に、この問題を十分に意識しながら、課題の解明を進めていきたい。

(2)戦後再開拓についての課題

本書の第三部第九章で述べたように、終戦後に帰郷、帰村を果たした開拓民の多くは、食糧不足、就職難などの問題によって母村に定着することが困難だったため、再び故郷を離れて国内緊急開拓に参加していた。本書で取り上げた集団引揚者の事例の中では、国内緊急開拓に参加した人々の戦後体験について言及してこなかった。今後、国内緊急開拓に参加した元開拓民たちの戦後体験がどのようなものだったか、それについてどう語っているのかなどについても取り上げて明らかにしていくことは必要であろう。

(3)中国東北地域研究との関連

これまで満洲移民の研究はほとんど日本人移民に焦点を当て進められてきたが、中国側の視点を取り入れることは少なかった。本書はこのような点を認識しながらも、まだ十分に応えることができなかった。今後、中国東北地域史の研究の枠組みのなかで満洲移民事業が中国でどのようにとらえられているのか、現地の人々は満洲移民をどう見ていたのかに関して研究を進める必要がある。

あとがき

筆者は中国帰国者の三世である。本書の中でフィールド調査地として出てくる加信鎮や中和鎮は筆者が子どもの頃に過ごした場所でもあった。

この二つのあまり知られていない小さな町には、日本に関する痕跡が残されている。戦後、元中和開拓団の跡地は中国の国営農場となっていた。子どもの頃、親戚の叔母さんが時々冗談まじりに「あなたのおばあちゃんは日本人だよ」と言っていたのを鮮明に覚えている。なぜ私にそう言ったのか、いまだにその意図はわからない。しかし、これが確かに私の記憶の奥深くに残る日本との接点であった。

毎年の学校の長い休みが終わって新学期が始まると、同級生たちはよく自分の祖母の家で過ごした楽しい体験を語り合っていた。しかし、私の生活には祖母という存在はなかった。祖母の家に遊びに行くということはなおさらだ。私は母に「おばあちゃんはどこにいるの、日本人なの」というようなことを聞いたこともある。母は祖母と別れたとき、六歳だった。祖母の過去の体験は母も詳細にはわかっていないが、ある日の朝の出来事としてあった別れの光景は、はっきり覚えているという。祖母は日本に帰国してからしばらくの間母たちと手紙でのやり取りをしていたが、文化大革命が始まると連絡が途絶えた。

そのころ町にはまだ十数人の日本人が暮らしており、普段大人たちの世間話を聞いていると、時々開拓団、残留婦人や残留孤児という言葉を断片的に耳にした覚えがある。しかし、当時七~八歳だった私にとって、祖母および彼女と同じような運命を辿ってきた残留日本人の体験に想いが及ぶことなど到底ないことだった。

こうした子どもの頃の潜在的記憶は、私が来日してから大学で勉強する過程で、中国残留日本人の問題に近づく契機となったと思う。大学では、異文化コミュニケーションを主題とするゼミナールに参加していた。授業の一環として外国人が多く暮らす豊田市にある保見団地へフィールドワークをしていたことで、初めて日系南米人の存在を知るようになった。そして異文化に関する文献やマスメディアなどにより華僑、在日韓国・朝鮮人という「オールドカマー」の歴史やベトナム難民、中国留学生、外国人研修生、中国帰国者などという「ニューカマー」の生活現状と境遇への理解が深まった。こういった問題への関心から、私はマイノリティが持つ異文化とホスト社会の主流文化との相関関係に興味を持つようになった。この過程で子どもの頃の潜在的記憶がよみがえり、私自身のことを含めた中国帰国者という問題を研究してみようと考えていた。

学部時代におけるこうした中国帰国者という問題との出会いが自分にとっての原点である。大学院に進学してから、研究対象を確定したものの、どのような方法と視点で研究を展開していくかを定めることができず、しばらく研究が進まなかった。紆余曲折を経てようやく主体の経験に焦点を絞って、ライフヒストリーという手法に辿り着いた。マクロ的な植民地政策、制度、支配構造の下に生きてきた個人の数奇な運命や経験については、長い間研究の対象とされてこなかった。そこで、博士論文では満洲移民や中国残留日本人の記憶と語りに自分の耳を傾け、主体者の「声」を拾い上げ、個人の「生きられた経験」を通して満洲移民の歴史をとらえなおす作業を試みようと決めた。

本書は、二〇〇九年度に名古屋大学大学院国際開発研究科に提出した博士論文「『満洲移民』の歴史と生活体験——長野県第七次中和鎮信濃村開拓団の事例を中心に」に若干の加筆修正を加えたものである。これまで発表した論文と本書の各章・節との対応を以下に示しておく。

第二章「長野県における『満洲移民』送出のプロセスと地域的基盤——大正期から一九四五年までを中心に」『国際開発研究フォーラム』第三八号、二〇〇九年

第五章第三節事例一「ある中国残留孤児のライフヒストリー」『アジア遊学』〈特集・中国残留孤児の叫び――終わらない戦後〉第八五号、勉誠出版社、二〇〇六年
第五章第三節事例二「A家族の生活史」『満洲愛国信濃村の生活――中国残留孤児達の家族史』三重大学出版会、二〇〇七年
第五章第三節事例三「B家族の生活史」『満洲愛国信濃村の生活――中国残留孤児達の家族史』三重大学出版会、二〇〇七年
第五章第三節事例四「C家族の生活史」『満洲愛国信濃村の生活――中国残留孤児達の家族史』三重大学出版会、二〇〇七年
第六章「『満洲開拓』をめぐる現地社会の人々の記憶と語り」『愛知大学国際問題研究所紀要』第一三八号、二〇一一年
第七章「戦後中国の残留日本人政策」『愛知大学国際問題研究所紀要』第一四二号、二〇一三年
第八章「満蒙開拓団の戦後――中国残留日本人を事例として」『多文化共生研究年報』第五号、二〇〇八年
第九章第一～三節「战后日本满洲移民『记忆之场』的生成」『民俗研究』総第一〇九号、二〇一三年

これまで満洲移民や中国残留日本人を対象とした研究を進める過程で、実に多くの方々に支えられてきた。まず、修士課程と博士課程において長年ご指導をいただいた名古屋大学大学院国際開発研究科の櫻井龍彦先生に御礼を申し上げたい。在学中、櫻井先生は様々な面で私を温かく見守ってくださった。論文の指導にあたって、よく院生室に立ち寄って「趙くん、この新聞記事を読んだか、この論文を知っているか」と史料や先行研究の紹介をしてくださった。また、先生は授業や校務などでご多忙にもかかわらず、私に付き添って日本や中国でフィールドワークを行い、聞き取り調査の実践も教えてくださった。さらに今回本書の出版にあたって明石書店をご紹介いただいただけではなく、原稿へのコメントや日本語の訂正もしてくださった。

副指導教員であった東村岳史先生からは、修士課程に入学してから、先生の授業や勉強会に参加させていただき、何もわからないまま大学院生になった私に対して、論文の書き方、調査データの分析の仕方をご指導いただき、研究の視野を広げるためのアドバイスをいただいた。サヴェリエフ・イゴリ先生からは、先行研究の書籍や資料などを紹介していただいたり、ご専門である移民研究の立場から幾度も貴重なご助言をいただいた。藤村逸子先生からもいつも温かい励ましを受け、博士論文の中間報告や学位論文の審査にあたって、貴重なコメントやご助言をいただいた。そして、在学中、内田綾子先生にもたいへんお世話になった。アメリカ先住民史がご専門の先生からは、少数派の人々の生活史について歴史学や社会史の視点から多くのご教示をいただいた。

さらに、学外の研究会においても様々な先生方にご助言、ご指導をいただいたことは、本書にも大きく影響している。特にお世話になったのは上智大学の蘭信三先生である。当時、先生が主管する「中国帰国者問題研究会」に研究協力者のメンバーとして加えてくださり、その後も満洲移民や中国帰国者を対象とした研究企画に参加させていただき、多くの研究発表や報告の機会が与えられたことは、私には何事にも代えがたい切磋琢磨の機会となった。ここに厚く御礼を申し上げたい。

学友たちにも感謝したい。ともに学び、ともに語り合い、ともに遊ぶ友人の存在は大きい。私のつたない日本語も日本の友人たちに直していただいたところが多い。特に新海英史君、櫻井雅俊君、小仲珠世さんには、大変お世話になった。また本書の日本語については伊藤ひろみさんにも見ていただいた。ここに深く感謝を申し上げたい。

そして何よりも、私のインタビュー調査に協力してくださった語り手の方々に心から感謝の意を表したいと思う。調査の中で家族のように温かく受け入れてくださった調査対象者の方々には、御礼の申し上げようがない。語り手の方々のご協力がなければ、研究の進展はありえなかった。また、二〇〇三年から二〇〇八年まで、毎年開かれている元中和開拓団の「思い出の会」の活動に参加させていただき、中和開拓団の歴史を教えてくださった元中和開拓団の関係者の方々にも深く感謝したいと思う。皆様からのご協力とご支援が、強い励ましと原動力になった。なお、調査対象者の方には実名での記載のご了承をいただいていたが、引用文献から実名が判明する場合に限りお名前の記載をさせていただいた。

また、中和開拓団のほか、長野県開拓自興会、公新集読書村開拓団の関係者、大八浪泰阜村開拓団の関係者、李花屯小県郷開拓団の関係者、阿栄旗開拓団の関係者などにもご協力をいただいた。関係資料の収集にあたって、日本では長野県立歴史館、長野県立図書館、信州大学図書館、飯田市歴史研究所、大日向村開拓記念館の職員の方々に大変お世話になった。中国では、中国遼寧省大連市旧満鉄図書館、吉林省長春市にある東北師範大学、吉林大学、吉林市档案館、黑龙江省档案馆、延寿県档案館などで資料の閲覧や複写に便宜を図っていただいた。

これまでの調査と研究は、日本学術振興会特別研究員奨励費（文部省科学研究費補助金）ならびに名古屋大学大学院国際開発研究科「グローバル・プラクティカム」の支援を受けた。心から感謝を申し上げたい。また本書の刊行は、中国貴州民族学・人類学高等研究院の海外出版補助金により可能となった。貴州民族学・人類学高等研究院の納日碧力戈先生、龍宇暁先生、李生柱先生にはたいへんお世話になった。ここに記して深謝を申し上げたい。

出版の機会を提供してくださった明石書店の小林洋幸氏、遠藤隆郎氏に厚く御礼を申し上げる。特に本書の編集の過程で遠藤隆郎氏には随分とご迷惑をおかけしたことと思う。ネイティブではない私が書いた日本語を校正するにあたって、多大なご尽力をいただいた。遠藤氏の貴重なアドバイスやご指摘は日本語の問題だけではなく、構成や内容にも及び、優れた編集者と出会えたことに喜びを感じている。ここに改めて心から感謝の意を申し上げたい。

最後にこれまでの研究生活を支えてくれた家族に感謝したい。ありがとう。


本書を祖母および同時代に犠牲となったすべての人々に捧げる。

二〇一六年六月

趙彦民

参考文献

赤羽惣重・赤羽基子（一九七五）「一すじの流れ」元中和鎮信濃村開拓団編『追憶――あゝ中和鎮』信毎書籍

浅田喬二（一九六八）『日本帝国主義と旧植民地地主制』御茶の水書房

――（一九七三）『日本帝国主義下の民族革命運動――台湾・朝鮮・「満州」における抗日運動の展開過程』未來社

――（一九七六）「満州移民農業移民政策の立案過程」満州移民史研究会編『日本帝国主義下の満州移民』龍溪書舎

浅野慎一・佟岩（二〇〇六a）『異国の父母――中国残留孤児を育てた養父母の群像』岩波書店

――（二〇〇六b）「取り残された人間」ヒューマン・コミュニティ創成研究センター編『人間像の発明』ドメス出版

――（二〇〇六c）「中国残留孤児の労働・生活と国家賠償訴訟――兵庫県原告団にみる「日本の地で、日本人として人間らしく生きる権利」」『労働法律旬報』一六三三

――（二〇〇九）「血と国――中国残留日本人孤児の肉親捜し」『神戸大学大学院人間発達環境学研究科研究紀要』第三巻第一号

蘭信三（一九九四）『「満州移民」の歴史社会学』行路社

――（二〇〇七）「中国『残留』日本人の記憶の語り――語りの変化と『語りの磁場』をめぐって」山本有造編『満洲――記憶と歴史』京都大学学術出版会

――（二〇〇八）「戦後日本社会と満洲移民体験の語りつぎ」浜日出夫編『戦後日本における市民意識の形成――戦争体験の世代間継承』慶應義塾大学出版会

――（二〇〇九）「オーラル・ヒストリー実践と歴史との〈和解〉」『日本オーラル・ヒストリー研究』第五号

蘭信三編（二〇〇〇）『「中国帰国者」の生活世界』行路社

――（二〇〇六）『アジア遊学』〈特集・中国残留孤児の叫び――終わらない戦後〉第八五号、勉誠出版

――（二〇〇八）『日本帝国をめぐる人口移動の国際社会学』不二出版

――（二〇〇九）『中国残留日本人という経験――「満洲」と日本を問い続けて』勉誠出版

蘭由岐子（二〇〇四）『「病いの経験」を聞き取る――ハンセン病者のライフヒストリー』皓星社
飯田幸造（一八九九）「移住心」『信濃教育会雑誌』第一五〇号
飯田市歴史研究所編（二〇〇六）『時報・村報にみる「満州」移民――資料集』飯田市歴史研究所
――――・（二〇〇七）『満州移民――飯田下伊那からのメッセージ』現代史料出版
伊沢修二（一九〇三）「信濃教育と対外思想」『信濃教育雑誌』第二〇三号
石川友紀（一九七二）「日本出移民の時期区分について」『琉球大学法文学部紀要』社会篇第一六号
井出孫六（一九八六）『終わりなき旅――「中国残留孤児」の歴史と現在』岩波書店
――――・（二〇〇八）『中国残留邦人――置き去られた六十余年』岩波新書
伊藤守一（一九七二）「戦後開拓農村の形成と実態――愛知県北設楽郡設楽町大字西納庫内、駒ヶ原・沖ノ平両開拓地の場合」『法社会学』第二四号
伊那谷の満蒙開拓慰霊碑を記録する有志の会編、長野県開拓自興会指導・監修（二〇〇五）『満蒙開拓と伊那谷――慰霊碑は語る　伊那谷地区満蒙開拓慰霊碑等記録集』伊那谷の満蒙開拓慰霊碑を記録する有志の会
猪股祐介（二〇〇二）「『満洲移民』の植民地経験――岐阜県郡上村開拓団を事例として」『相関社会科学』第一二号
――――・（二〇〇七）「想起される『満洲』――岐阜県郡上村開拓団を事例として」山本有造編『満洲――記憶と歴史』京都大学学術出版会
――――・（二〇〇八）「満洲体験を語り直す――岐阜県黒川分村遺族会を事例として」蘭信三編著『日本帝国をめぐる人口移動の国際社会学』不二出版
今井良一（二〇〇五）「戦時下における『満州』分村開拓団の経営および生活実態――長野県泰阜村第８次大八浪開拓団を事例として」『村落社会研究会』第二三号
上野千鶴子（一九九八）『ナショナリズムとジェンダー』青土社
上野千鶴子編（二〇〇一）『構築主義とは何か』勁草書房
――――・（二〇〇八）「満洲農業移民における地主化とその論理」蘭信三編『日本帝国をめぐる人口移動の国際社会学』不二出版
上野良一（一九七五）「運命」元中和鎮信濃村開拓団編『追憶――あゝ中和鎮』信毎書籍
浦山みつの（一九七五）「難民の旅」元中和鎮信濃村開拓団編『追憶――あゝ中和鎮』信毎書籍
呉万虹（一九九九）「中国残留日本人の帰国――その経緯と類型」『神戸大学雑誌』第四九巻第一号

——．（二〇〇〇）「中国残留日本人の中国定着」『六甲台論集』（法学政治学篇）第四七巻第二号

——．（二〇〇四）『中国残留日本人の研究——移住・漂流・定着の国際関係論』日本図書センター

江畑敬介・曽文星・箕口雅博編（一九九六）『移住と適応——中国帰国者の適応過程と援助体制に関する研究』日本評論社

遠藤猛（一九七五）「嗚呼在満八ヶ年」元中和鎮信濃村開拓団編『追憶——あゝ中和鎮』信毎書籍

——．（一九八一）「訪中を終えて」「わが心のふるさと中和鎮を訪ねて」編集委員会編『わが心のふるさと——中和鎮を訪ねて』第一集

王偉彬（二〇〇五）「在中国日本人の引揚げに関する一考察」『修道法学』第二七巻第二号

大久保真紀（二〇〇六）『中国残留日本人——「棄民」の経過と、帰国後の苦難』高文研

大澤武司（二〇〇三）「在華邦人引揚交渉をめぐる戦後日中関係——日中民間交渉における『三団体方式』を中心として」『アジア研究』第四九巻第三号

太田正充（一九三八）「更級農業拓殖學校に於ける拓殖科の新方針と其の内容」『信濃教育』第六一六号

大畑正吉（一九四二）『開拓農場法の解説——満洲開拓民の指針』朝日新聞社

小川津根子（一九九五）『祖国よ——「中国残留婦人」の半世紀』岩波新書

奥村正雄編（二〇〇四）『天を恨み　地を呪いました——中国方正の日本人公墓を守った人々』（私家版）

小都晶子（二〇〇八ａ）「満洲における『開発』と農業移民」蘭信三編『日本帝国をめぐる人口移動の国際社会学』不二出版

——．（二〇〇八ｂ）「『満洲国』初期における日本人移民用地の取得と中国東北地域社会」西村成雄・田中仁編『中華民国の制度変容と東アジア地域秩序』汲古書院

外務省アジア局中国課監修（一九九八）『日中関係基本資料集——一九四九－一九九七』霞山会

加藤陽子（二〇〇二）『戦争の日本近現代史——東大式レッスン！　征韓論から太平洋戦争まで』講談社現代新書

可児力一郎（二〇〇三）『風雪に耐えて咲く寒梅のように——二つの祖国の狭間に生きて』信濃毎日新聞社

木島三千男編（一九八六）『満州１９４５年』地久館

喜多一雄（一九四四）『満洲開拓論』明文堂

北澤博史（二〇〇二）『二つの祖国——ある中国残留孤児の証言』夢工房

北澤正文（一九七五）「思い出すままに」元中和鎮信濃村開拓団編『追憶——あゝ中和鎮』信毎書籍

城戸久枝（二〇〇七）『あの戦争から遠く離れて——私につながる歴史をたどる旅』情報センター出版局

木下主計（一九九七）「延吉収容所で死体置場から生き返る」福山琢磨編『孫たちへの証言』第一〇集、新風書房
木下主計（不明）「木下主計さんの手記」
木下貴雄（二〇〇三）『中国残留孤児問題の今を考える――中国「残留孤児」という名の「日系中国人」』鳥影社
桐山實夫（一九八九）『幻灯の炎よ永遠に』信濃教育会
金美花（二〇〇七）『中国東北農村社会と朝鮮人の教育――吉林省延吉県楊城村の事例を中心として（1930－49年）』御茶の水書房
厚生省援護局編（一九七八）『引揚げと援護三十年の歩み』ぎょうせい
――――（一九八七）『中国残留孤児――これまでの足跡とこれからの道のり』ぎょうせい
厚生省引揚援護庁（一九五〇）『引揚援護の記録』厚生省引揚援護庁
小林袈裟治（二〇〇二）「古希を迎えて時々の思いで」（手記）
小林弘二（一九七七）『満州移民の村――信州泰阜村の昭和史』筑摩書房
小林英夫（一九七五）『「大東亜共栄圏」の形成と崩壊』御茶の水書房
駒井洋（一九九六）『中国帰国者二世・三世――中国と日本のはざまで』筑波大学社会学研究室
坂部晶子（二〇〇〇）「植民地の記憶の社会学――日本人にとっての『満洲』経験」『ソシオロジ』第一三七号
――――（二〇〇七）「慰霊というコメモレイションと当事者の語りのあいだ――開拓団の逃避行の記憶をめぐって」『北東アジア研究』第一三号
――――（二〇〇八）『「満洲」経験の社会学――植民地の記憶のかたち』世界思想社
坂本龍彦（二〇〇三）『証言 冷たい祖国――国を被告とする中国残留帰国孤児たち』岩波書店
桜井厚（二〇〇二）『インタビューの社会学――ライフストーリーの聞き方』せりか書房
――――（二〇〇三）「ライフヒストリー研究における〈インタビューの経験〉」『資料ハブ地域文化研究』No.2
――――（二〇〇五）「ライフストーリーから見た社会」山田富秋編『ライフストーリーの社会学』北樹出版
桜井厚・岸衛編（二〇〇一）『屠場文化――語られなかった世界』創土社
桜井厚・小林多寿子編（二〇〇五）『ライフストーリー・インタビュー――質的研究入門』せりか書房
櫻井正一（一九七五）「建設の思い出」元中和鎮信濃村開拓団編『追憶――あゝ中和鎮』信毎書籍
佐藤量（二〇一三）「戦後中国における日本人の引揚げと遣送」『立命館言語文化研究』第二五巻第一号

信濃海外協会（一九二六、一九二九）『海の外』第四六、八一号
信濃教育会（一八八七、一八八九、一八九一、一九〇六）『信濃教育会雑誌』第四、三〇、五二、二三八号
――・（一九一七、一九一八、一九二一、一九三二、一九三四、一九三五）『信濃教育』第三七九、三八三、四二二、五四三、五七〇、五八六号
信濃教育会編（一九三五）『信濃教育会五十年史』（上・下）信濃教育会
――・（一九七七）『信濃教育会九十年史』（上・下）信濃教育会出版部
陳野守正（一九八八）『先生、忘れないで！』梨の木舎
創価学会婦人平和委員会編（一九八六）『永遠の大地もとめて』〈平和への願いをこめて一六　満蒙開拓（長野）編〉第三文明社
第五次黒台信濃村開拓団同志会（一九七三）『惨！ムーリンの大湿原――第五次黒台信濃村開拓団の記録』第五次黒台信濃村開拓団同志会
太平洋戦争研究会編（一九九六）『図説 満州帝国』河出書房新社
大連中等学校満蒙研究会編（一九三二）『満蒙を正視して』大連中等学校満蒙研究会発行
高橋泰隆（一九七四）「日本ファシズムと農村経済更生運動の展開」『土地制度史学』第六五号
――・（一九七六）「日本ファシズムと『満州』農業移民」『土地制度史学』第七一号
――・（一九九七）『昭和戦前期の農村と満州移民』吉川弘文館
拓務省編（一九三八）『拓務要覧』拓務省
竹下貞美（一九七五）「第七次中和鎮信濃村開拓団のあゆみ」元中和鎮信濃村開拓団編『追憶――あゝ中和鎮』信毎書籍
立川健治（一九八九）「島貫兵太夫と力行会――信仰・成功・アメリカ」『史林』七二（一）
田中恭子（一九九六）『土地と権力――中国の農村革命』名古屋大学出版会
谷富夫編（二〇〇二）『民族関係における結合と分離――社会的メカニズムを解明する』ミネルヴァ書房
中国帰国者支援交流センター（二〇〇五）『二つの国の狭間で――中国残留邦人聞き書き集』第一集
――・（二〇〇八）『二つの国の狭間で――中国残留邦人聞き書き集』第二集
――・（二〇〇九a）『二つの国の狭間で――中国残留邦人聞き書き集』第三集
――・（二〇〇九b）『二つの国の狭間で――中国残留邦人聞き書き集』第四集
――・（二〇一〇）『二つの国の狭間で――中国残留邦人聞き書き集』第五集

中日新聞特別取材班（一九八八）『風雪の日々今も――読書開拓団の50年』中日新聞本社
趙彦民（二〇〇五）「『中国帰国者』の『残留』と『帰国』の経験――『中国残留孤児』とその家族の生活史を事例として」『多文化・多民族研究』第一号
――．（二〇〇六）「ある中国残留孤児のライフ・ヒストリー」『アジア遊学』〈特集・中国残留孤児の叫び――終わらない戦後〉第八五号、勉誠出版
――．（二〇〇七ａ）『満洲愛国信濃村の生活――中国残留孤児達の家族史』三重大学出版会
――．（二〇〇七ｂ）『聞き書き資料集』（私家版）
――．（二〇〇八）「満蒙開拓団の戦後――中国残留日本人を事例として」『多文化共生研究年報』第五号
――．（二〇〇九ａ）「長野県における『満洲移民』送出のプロセスと地域的基盤――大正期から１９４５年までを中心に」『国際開発研究フォーラム』第三八号
――．（二〇〇九ｂ）「中国残留孤児の生きられた歴史」蘭信三編『中国残留日本人という経験――「満洲」と日本を問い続けて』勉誠出版
――．（二〇一一）「『満洲開拓』をめぐる現地社会の人々の記憶と語り」『愛知大学国際問題研究所紀要』第一三八号
――．（二〇一三）「戦後中国の残留日本人政策」『愛知大学国際問題研究所紀要』第一四二号
張蘭（二〇〇七）「中国残留孤児の帰国動機――語られ方をめぐって」『日本オーラル・ヒストリー研究』第三号
――．（二〇〇九）「中国残留孤児二世のアイデンティティ――ライフストーリー研究から」『日本オーラル・ヒストリー研究』第五号
塚瀬進（一九九八）『満洲国――「民族協和」の実像』吉川弘文館
――．（二〇〇四）『満洲の日本人』吉川弘文館
土屋弘（一九九五）「日中平和友好之碑建立事業を実施して」日中平和友好之碑建立実行委員会『日中平和友好之碑建立事業報告書』
綱島茂（一九八六）「『残留孤児』と三十年目の再会」創価学会婦人平和委員会編『永遠の大地もとめて』〈平和への願いをこめて一六満蒙開拓（長野）編〉第三文明社
鄭暎恵（一九八八）「ある『中国帰国者』における家族――適応過程に生じた家族の葛藤」『解放社会学研究』第二号
佟岩・浅野慎一（二〇〇九）「ポスト・コロニアルの中国における残留日本人孤児」『神戸大学大学院人間発達環境学研究科研究紀要』第二巻第二号

トンプソン、ポール（二〇〇二）『記憶から歴史へ――オーラル・ヒストリーの世界』（酒井順子訳）青木書店〔=Paul Thompson, 2000, *The Voice of the Past* 3rd edition, Oxford University Press. 1st published 1978.〕
中島多鶴・NHK取材班編（一九九〇）『忘れられた女たち――中国残留婦人の昭和』日本放送出版協会
永田稠（一九三三）『農村人口問題と移植民』日本評論社
――.（一九七三）『信州人の海外発展』日本力行会
永田稠編（一九五二）『信濃海外移住史』信濃海外協会
――.（一九六六）『力行会七十年物語』日本力行会
長野県（一九三八）『満洲信濃村建設の記』長野県
長野県開拓自興会（二〇〇一）『長野県開拓自興会二〇〇〇年記念誌』ほおずき書籍
――.（二〇〇五）『長野県満州開拓の碑――写真と記録』ほおずき書籍
長野県開拓自興会満州開拓史刊行会（一九八四a）『長野県満州開拓史・総編』
――.（一九八四b）『長野県満州開拓史・各団編』
――.（一九八四c）『長野県満州開拓史・名簿編』
長野県開拓二十年史編集委員会（一九六六）『開拓二十年史』
長野県厚生団体連合会記念史編集委員会（一九七一）『生と死の実録――楽土よいずこに』伝文社
長野県中和鎮友好訪中団編（一九八一、八三、八七）『わが心のふるさと――中和鎮を訪ねて』第一、二、三集
長野県歴史教育者協議会編（二〇〇〇）『満蒙開拓青少年義勇軍と信濃教育会』大月書店
中野卓・桜井厚編（一九九五）『ライフヒストリーの社会学』弘文堂
中村国穂（一九一四）「伯国に於ける第一回日本移民上陸の光景」『信濃教育』
奈良県拓友会（一九九六）『奈良県満洲開拓史』新風書房
日中平和友好之碑建立実行委員会（一九九五）『日中平和友好之碑建立事業報告書』
野添憲治（一九七六）『開拓農民の記録――農政のひずみを負って』日本放送出版協会
野溝しづ（一九七三）「楽しかった現地生活」第五次黒台信濃村開拓団同志会『惨！ムーリンの大湿原』第五次黒台信濃村開拓団同志会
野村彦助（一九七五）「三十年余の過去を振りかえって」元中和鎮信濃村開拓団編『追憶――あゝ中和鎮』信毎書籍
ノラ、ピエール編（谷川稔監訳）（二〇〇二）『記憶の場――フランス国民意識の文化=社会史〈第一巻〉対立』岩波書店

林郁（一九八三）『満州・その幻の国ゆえに――中国残留妻と孤児の記録』筑摩書房

原朗（一九七六）「戦時統制経済の開始」『岩波講座 日本歴史20』〈近代7〉岩波書店

ハルビン市方正地区支援交流の会再編事務局編（二〇〇三）『風雪に耐えた「中国の日本人公墓」――ハルビン市方正県物語』東洋医学舎

反差別国際連帯解放研究所しが編（一九九五）『語りのちから――非差別部落の生活史から』弘文堂

班忠義（一九九二）『曽おばさんの海』朝日新聞社

プラマー、ケン（一九九一）『生活記録の社会学――方法としての生活史研究案内』（原田勝弘・川合隆男ほか監訳）光生館〔=Plummer, Kenneth 1983 *Documents of Life: An Introduction to the Problems and Literature of a Humanistic Method*, London: George Allen & Unwin.〕

藤沼敏子（一九九八）「年表：中国帰国者問題の歴史と援護政策の展開」『中国帰国者定着促進センター紀要』第六号

藤森克（一九一四）「植民思想養成資料」『信濃教育』第三三八号

藤原帰一（二〇〇一）『戦争を記憶する――広島・ホロコーストと現在』講談社現代新書

藤原てい（二〇〇〇）『流れる星は生きている』中公文庫

古川貞雄・井原今朝男・小平千文ほか（一九九七）『長野県の歴史』山川出版社

古川万太郎（一九八一）『日中戦後関係史』原書房

ベルトー、ダニエル（二〇〇三）『ライフストーリー――エスノ社会学的パースペクティブ』（小林多寿子訳）ミネルヴァ書房〔=Bertaux, Daniel 1996 *Les récits de vie : Perspective ethnosociologique*, Nathan Université.〕

保苅実（二〇〇四）『ラディカル・オーラル・ヒストリー――オーストラリア先住民アボリジニの歴史実践』御茶の水書房

松平誠・中嶌邦編（一九九三）『生活史』光生館

松村高夫（一九七二）「満州国成立以降における移民・労働政策の形成と展開」満州史研究会編『日本帝国主義下の満州』御茶の水書房

満州移民史研究会編（一九七六）『日本帝国主義下の満州移民』龍溪書舎

満洲回顧集刊行会編（一九六五）『あゝ満洲――国つくり産業開発者の手記』農林出版

満洲開拓史復刊委員会（一九八〇）『満洲開拓史』全国拓友協議会

満洲国史編纂刊行会編（一九七〇）『満洲国史・総論』満蒙同胞援護会

――――（一九七一）『満洲国史・各論』満蒙同胞援護会

満洲国通信社編（一九三九）『康徳六年満洲国現勢』満洲国通信社
満州史研究会編（一九七二）『日本帝国主義下の満州』御茶の水書房
「満洲泰阜分村――七〇年の歴史と記憶」編集委員会編（二〇〇七）『満洲泰阜分村――七〇年の歴史と記憶』不二出版
満蒙開拓平和記念館事業準備会（二〇〇七）『「満蒙開拓平和記念館」事業計画（素案）』
満蒙開拓を語りつぐ会編（二〇〇三）『下伊那のなかの満洲』聞き書き報告集一
――（二〇〇四）『下伊那のなかの満洲』聞き書き報告集二
――（二〇〇五）『下伊那のなかの満洲』聞き書き報告集三
――（二〇〇六）『下伊那のなかの満洲』聞き書き報告集四
――（二〇〇七）『下伊那のなかの満洲』聞き書き報告集五
――（二〇〇八）『下伊那のなかの満洲』聞き書き報告集六
――（二〇〇九）『下伊那のなかの満洲』聞き書き報告集七
満蒙同胞援護会編（一九六二）『満蒙終戦史』河出書房新社
南誠（二〇〇三）「『中国帰国者』の歴史的形成に関する一考察」『「中国帰国者」の社会的適応と共生に関する総合的研究』平成一二年度～一五年度科学研究費基盤研究（B）研究成果中間報告書・研究代表者蘭信三（課題番号：一二四一〇〇四八）
――（二〇〇五）「『中国残留日本人』の歴史的形成に関する一考察」『日中社会学研究』第一三号
――（二〇〇七）「『中国残留日本人』の語られ方――記憶・表象するテレビ・ドキュメンタリー」山本有造編『満洲――記憶と歴史』京都大学学術出版会
――（二〇〇九）「戦後の中国における『日本人』政策――ポストコロニアルと国民統合の視点から」『二一世紀東アジア社会学』第二号
三村安治（一九一四）「植民教育論」『信濃教育』第三三二号
本島和人（二〇〇六）「満洲体験者と市民の出会い――地域で満蒙体験を語りつぐこと」『日本オーラル・ヒストリー研究』第二号
元中和鎮信濃村開拓団編（一九七五）『追憶――あゝ中和鎮』信毎書籍（非売品）
森武麿（一九七一）「日本ファシズムの形成と農村経済更生運動」『世界史認識と人民闘争史研究の課題』青木書店
――（一九七六）「戦時下農村の構造変化」『岩波講座 日本歴史20』〈近代7〉岩波書店
――（二〇〇二）「戦前と戦後の断絶と連続――日本近現代史研究の課題」『一橋論叢』第一二七巻第六号、

――．（二〇〇五）「満州開拓地跡を訪ねて考える」『「帝国」と植民地――「大日本帝国」崩壊六〇年』年報・日本現代史一〇
両角繁（一九七五）「第二の故郷後にして」元中和鎮信濃村開拓団『追憶――あゝ中和鎮』信毎書籍
八重原開拓農業協同組合（一九六六）「開拓二十年の足跡」長野県開拓二十年史編集委員会『開拓二十年史』
山下知子（二〇〇三）「中国残留婦人における『満洲の記憶』――ある中国残留婦人の記憶」平成一二年度〜一五年度科学研究費基盤研究（B）研究成果中間報告書『「中国帰国者」の社会的適応と共生に関する総合的研究』研究代表者蘭信三・課題番号：一三四一〇〇四八
――．（二〇〇九）「異郷の地で『私』を生きるを読んで」蘭信三編『中国残留日本人という経験――「満洲」と日本を問い続けて』勉誠出版
山田豪一（一九六二）「満州における反満抗日運動と農業移民」『歴史評論』第一四二、一四三、一四五、一四六号
山田昭次編（一九七八）『近代民衆の記録〈6〉満州移民』新人物往来社
山室信一（一九九三）『キメラ――満洲国の肖像』中公新書
山本慈昭（一九七一）「私の日中友好運動の記録」長野県厚生団体連合会記念史編集委員会『生と死の実録――楽土よいずこに』伝文社
山本慈昭・原安治（一九八一）『再会――中国残留孤児の歳月』日本放送出版協会
山本有造（二〇〇七）「『満洲』の終焉――抑留・引揚げ・残留」『満洲――記憶と歴史』京都大学学術出版会
ヤング、ルイーズ（二〇〇一）『総動員帝国――満洲と戦時帝国主義の文化』（加藤陽子・高光佳絵ほか訳）岩波書店〔=Louise Young 1999 *Japan's Total Empire: Manchuria and the Culture of Wartime Imperialism*, University of California Press.〕
横田富久雄（一九七五）「俺は生きるんだ、死にたくない!!」元中和鎮信濃村開拓団編『追憶――あゝ中和鎮』信毎書籍
好井裕明・桜井厚編（二〇〇〇）『フィールドワークの経験』せりか書房
吉村午良（一九九五）「ごあいさつ」日中平和友好之碑建立実行委員会編『日中平和友好之碑建立事業報告書』日中平和友好之碑建立実行委員会
吉田将一（一九七三）「生きている喜び」第五次黒台信濃村開拓団同志会『惨！ムーリンの大湿原――第五次黒台信濃村開拓団の記録』第五次黒台信濃村開拓団同志会
依田憙家（一九七六）「満州における朝鮮人移民」満州移民史研究会編『日本帝国主義下の満州移民』龍溪書舎
李海燕（二〇〇九）『戦後の「満州」と朝鮮人社会――越境・周縁・アイデンティティ』御茶の水書房

劉含発（二〇〇三）「日本人満洲移民用地の獲得と現地中国人の強制移住」『アジア経済』第四四巻四号、二〇–四九頁
若尾祐司・羽賀祥二編（二〇〇五）『記録と記憶の比較文化史——史誌・記念碑・郷土』名古屋大学出版会
「わが心のふるさと中和鎮を訪ねて」編集委員会（一九八一、八三、八七）『わが心のふるさと——中和鎮を訪ねて』第一、二、三集
若槻泰雄（一九九一）『戦後引揚げの記録』時事通信社

新聞

時事新報　一九三〇年七月一八日
信濃毎日新聞　二〇〇〇年九月一七日
信濃毎日新聞　二〇〇五年二月一一日
信濃毎日新聞　二〇〇七年一〇月二四日
中日新聞　二〇〇五年八月一日
中日新聞　二〇〇五年一〇月五日
南信州新聞　二〇〇七年八月一六日

中国語文献

高乐才（二〇〇〇）『日本〝満洲移民〟研究』人民出版社
关亚新・张志坤（二〇〇四）『日本遗孤调查研究』社会科学文献出版社
哈尔滨市地方志编纂委員会（一九九四a）『哈尔滨市志』第一巻、黑龙江人民出版社
——（一九九四b）『哈尔滨市志・民政・侨务』第三三巻、黑龙江人民出版社
——（一九九六）『哈尔滨市志第三二巻・公安・司法行政』黑龙江人民出版社
黑龙江省档案馆编（二〇〇三）『东北日本移民档案』（黑龙江巻一～一〇）广西师范大学出版社
黑龙江省地方志编辑委员会（二〇〇一）『黑龙江省志・公安志』第六三巻、黑龙江人民出版社
——（二〇〇二）『黑龙江省志・侨务志・旅游志』第五九巻、黑龙江人民出版社

姜新志（二〇〇三）「延寿史话」姜学編『延寿之歌』中国戏剧出版社
姜学編（二〇〇三）『延寿之歌』中国戏剧出版社
姜学・张全本（二〇〇三）「延寿县历任县令、县长更迭表」姜学編『延寿之歌』中国戏剧出版社
庆阳农场志编审委员会（二〇〇二）『庆阳农场志（一九四七－一九八五）』（内部資料）
孙春日（二〇〇三）『〝满洲国〟时期朝鲜开拓民研究』延边大学出版社
孙继武・郑敏編（二〇〇二）『日本向中国东北移民的调查与研究』吉林文史出版社
田桓主編（二〇〇二）『战后中日关系史一九四五－一九九五』中国社会科学出版社
王欢（二〇〇四）『归根——日本残留孤儿的边际人生』世界知识出版社
王胜今（二〇〇五）『伪满时期中国东北地区移民研究』中国社会科学出版社
王希亮（一九九一）『日本对中国东北的政治统治一九三一－一九三五年』黑龙江人民出版社
王玉卿（二〇〇三）「延寿土地改革运动」姜学編『延寿之歌』中国戏剧出版社
延寿県地方志办公室編（一九九一）『延寿县志』中国三环出版社
延寿县公安局（一九四九）『延寿县公安局卷宗・日侨档案』案卷第三五号
――（一九八三a）『延寿县公安局卷宗・备查卷・部分下落不明日侨材料（第一冊）』案卷第九五号
――（一九八三b）『延寿县公安局卷宗・一九五三年归国人员（第二冊）』案卷第九六号
――（一九八三c）『延寿县公安局卷宗・一九五三年归国人员（第三冊）』案卷第九七号
――（一九八三d）『延寿县公安局卷宗・日侨档案』案卷第一〇、一二、一三、一四、二六、二九、三〇、八六、九二号
――（一九八四）『延寿县公安局卷宗・日侨档案』案卷第三二、三三号
――（一九八六）『延寿县公安局卷宗・日侨档案』案卷第三六、三七号
――（一九九六）『延寿县公安局卷宗・日侨档案』案卷第三九、四二、四五、四六、四八、五〇、五一、五二、五三、五八、六二号
延寿县伪满期文史资料编辑委员会（一九八八）『伪满期日本对延寿县的经济掠夺』延寿县档案馆
元弘基・张一新（一九九八）「延寿县朝鲜族概况」『延寿文史资料』第六号
张志坤・关亚新（二〇一〇）『葫蘆岛日侨遣返的调查与研究』社会科学文献出版社
趙彦民（二〇一三）「战后日本满洲移民『记忆之场』的生成」『民俗研究』総第一〇九号
中华人民共和国民政部、建设部編（一九九一）『中国县情大全』中国社会出版社

ハ行

マ行

ナ行

サ行

索　引

【著者紹介】
趙　彦民（ちょう・えんみん、ZHAO Yanmin）
1973年、中国黒龍江省に生まれる。2010年、名古屋大学大学院国際開発研究科博士課程修了、博士（学術）。2010年、中国・山東大学歴史文化学院講師。現在、中国貴州民族学・人類学高等研究院研究員、山東大学文化遺産研究院副教授。
主要著書・論文：『満洲愛国信濃村の生活 ―― 中国残留孤児達の家族史』（単著、三重大学出版会、2007年）、「中国残留孤児の生きられた歴史」蘭信三編『中国残留日本人という経験 ――「満洲」と日本を問い続けて』（勉誠出版、2009年）、「長野県における『満洲移民』送出のプロセスと地域的基盤 ―― 大正期から1945年までを中心に」『国際開発研究フォーラム』（第38号、2009年）、「战后日本满洲移民『记忆之场』的生成」『民俗研究』（总第109号、2013年）

【本書の刊行に際し、中国貴州民族学・人類学高等研究院の海外出版助成を受けた。記して感謝申し上げる。】

「満洲移民」の歴史と記憶
―― 一開拓団内のライフヒストリーからみるその多声性

2016年7月28日　初版第1刷発行

著　者　　趙　彦　民
発行者　　石井　昭男
発行所　　株式会社　明石書店
〒101–0021 東京都千代田区外神田6-9-5
電話 03（5818）1171
FAX 03（5818）1174
振替　00100-7-24505
http://www.akashi.co.jp/
装幀　明石書店デザイン室
印刷/製本　モリモト印刷株式会社

（定価はカバーに表示してあります）　ISBN978-4-7503-4379-2